dt
premi

Uli Franz
und
Atandra Köster

Im Schatten des Himmels

Roman

Deutscher Taschenbuch Verlag

Originalausgabe
April 2000
© 2000 Deutscher Taschenbuch Verlag GmbH & Co. KG,
München
www.dtv.de
Umschlagkonzept: Balk & Brumshagen
Umschlagbild: Ausschnitt aus der ›Tapisserie der Chinesischen Kaiser‹
(1692–1705), Musée Leblanc-Duvernoy, Auxerre
Satz: Fotosatz Reinhard Amann, Aichstetten
Gesetzt aus der New Baskerville 10/12· (QuarkXPress)
Druck und Bindung: Kösel, Kempten
Gedruckt auf säurefreiem, chlorfrei gebleichtem Papier
Printed in Germany · ISBN 3-423-24212-4

Wie all die Jahre schneite es zu Schulbeginn – auch zu Valerii Anno Domini 1606. Noch lag der Schallsche Edelhof dunkel im Schneetreiben, als die Weckschelle Adam aus den Kissen scheuchte. Der Junge zündete die Zimmerkerze an und schlüpfte, vor Kälte schnatternd, in den bereitgelegten Samt. Im Kerzenlicht zog er sich an, im Kerzenlicht tastete er sich die Stiege hinab in den warmen Bauch des großen Hauses. Wie er angekleidet, die Lockenmähne gezähmt und die viel zu große Schleife unterm Kinn geknüpft, in die Küche trat, glich er mit seinen vierzehn Jahren einem verfrüht ins Halfter genommenen Fohlen.

Süßer, öliger Duft weitete seine Nase. Er schnupperte, als er die Magd am Feuerherd hantieren sah. Der Duft und das Brutzeln von Schmalz in der Pfanne versöhnten ihn mit der Kälte des frühen Wintermorgens. Eierkuchen! Genau das Richtige zum Schulanfang. Adam schnalzte mit der Zunge. »Lecker, Johanna, wo ist der Sirup?« Die Nasenspitze vorgereckt, trat er unter den Rauchfang, wo Johanna die Eierkuchen briet. »Du weißt, morgens mag ich's immer süß.« Schnell goß er sich vom schwarzen Rübensirup in die Pfanne.

»Na, wirst du wohl! Und außerdem heißt das erst mal ›Guten Morgen‹!« empörte sich die altgediente Obermagd, ihre Küchlein beschützend.

»Aber bitte schön! Guten Morgen, Frau Johanna«, verbeugte sich Heinrich, der neben seinen Bruder Adam geschlüpft war, und steckte einen Schleckfinger in die Teigschüssel. Gähnend trat Reinhard, der älteste der Schallschen Brüder, ein und ließ sich auf die Eckbank fallen, wo die Magd Hagebuttentee, Brot und Hafergrütze auf den Tisch gestellt hatte. Kaum daß sie saßen, verschlangen die Jungen Bissen um Bissen, mampften und futterten, als fürchteten sie den Hungertod.»Los!« schmatzte Adam mit vollgestopften Backen. Sirup tropfte ihm vom Kinn auf die feine, mehlgestärkte Schleife.»Wir dürfen nicht zu spät zur Messe kommen.« Als hätte er nichts gehört, wischte Reinhard Krümel vom Tisch und schlürfte seelenruhig seinen Hagebuttentee.

»Aber der Henrici, der lauert uns auf«, flehte Heinrich, blickte von einem zum anderen und sprang von der Eckbank hoch.»Stimmt. Also los!« Adam schnappte sich noch einen Brotkanten, hastete ins Vestibül, zog den Hut vom Ständer, warf sich den Radmantel um und stürmte, von seinen Brüdern gefolgt, ins Schneetreiben hinaus. Im Dunkeln rannten die drei durch die Breite Straße, vorbei an den Bordellen am Berlich, wo die Schleierfrauen noch in den Federn lagen.

Außer Atem, Schneepfützen unter sich lassend, schlüpften sie zum letzten Glockenschlag durch das Portal von Sankt Andreas. »Guten Morgen, Pater Henrici«, dienerten sie und zogen übertrieben artig die Schülerhüte.

Auch dieses Jahr lauerte der strenge Griechischlehrer aus Altona wie ein Racheengel zwischen den Steinmauern des Gotteshauses.»Ein herzliches Willkommen den jungen Herren von Schall«, erwiderte der Jesuitenpater nicht weniger geheuchelt.

Als die drei an das Weihwasserbecken traten und sich die nasse Kälte in die erhitzten Gesichter sprenkelten, kniete die Gemeinde der Gymnasiasten, ihrer Anverwandten, Freunde und Gönner gerade nieder. Unter den stechenden Blicken des Jesuiten bekreuzigten sich Reinhard und Heinrich wild und grinsend knicksten sie absonderlich tief. Adam jedoch bekreuzigte sich ernst und verbeugte sich sittsam. Gerade noch rechtzeitig huschten sie in die locker besetzte, hinterste Bank. Entlang der kargen Wände warfen Kerzenlichter zuckende Schatten auf Chorgestühl und Chorfenster. Zum Heizen glühten Kohlebecken, von denen beizender Rauch in das Kirchenschiff stieg.

An diesem verschneiten Dezembermorgen trat der Cöllner Erzbischof, Ernst von Bayern, an den Hochaltar und rief zum

Schülerheer hinab: »Lasset uns beten!« Die Gemeinde erhob sich mit gesenkten Häuptern. Auf das Murmeln und Hüsteln folgten die hymnischen Worte *Gloria patri et filio et spirito sancto.* Die wogend wiederkehrenden Klänge der Offiziumchoräle waren soeben im eiskalten Kirchenschiff davongeschwebt, da sprach der Erzbischof: »Ihr Menschenkinder, in euch wurde die Saat des katholischen Glaubens gelegt. Lasset die Früchte wachsen durch rechtes Lernen und rechte Gottesfurcht, damit ihr eines Tages die Ernte einbringen könnt. Die Zukunft unseres Glaubens seid ihr, euch gehört die Welt.« Er schwang die Arme auf, als sammle er das gesamte Schülerheer an seiner Brust. »In dieser neuen Zeit verblassen die Landesgrenzen. Ich sehe bereits den Tag nahen, da alle Gottesgläubigen mit ihren Rosenkränzen eine Kette um die Erde legen und um die Fürsprache unserer Muttergottes beten.« Der Erzbischof erinnerte die Schülerschar an ihre Rechte und Pflichten, um dann, die Hände über der mächtigen Bibel gefaltet, in seinem goldglänzenden Ornat zu verharren. Er betete vor, die Gemeinde betete nach, kniend, andächtig. Beim Credo fiel der Chor ein, das Echo aus Knabenherzen füllte die Mauern mit stimmbrüchiger Inbrunst und die Augen der hoffnungsvollen Mütter, Muhmen und Großtanten mit Tränen.

Den Altar im Rücken, stemmte der Erzbischof das gleißende Ziborium zur Ehre Gottes empor. Wie er an das letzte Mahl von Jesu vor der Gefangennahme erinnerte und den Heiligen Geist anrief, Brot und Wein in Leib und Blut Christi zu verwandeln, floß aus Adams halbwüchsigem Herzen ein heißer, sehnsüchtiger Strom zum Altar hin. Als er wenig später nach vorne trat und die Hostie auf der Zunge spürte, glaubte er zu verbrennen. Glühend heiß kam sie ihm vor und er flüsterte: »Vater im Himmel, sei mir gnädig, ich bin ein Sünder, ein ganz schlimmer Sünder.« Schweiß brach bei dieser Selbstanklage hervor, der Junge wurde blaß. Schnell erhob er sich und schritt mit regungslosem Gesicht, an seinen Schulkameraden vorbei, zurück in die Kirchenbank.

»Gott dient den Menschen und die Gemeinde dient Gott! Schüler des Tricoronatum! Der Herr gab das Licht, nehmt es und tragt es in die Welt. Gehet hin in Frieden!« Die warmleuchtenden Kerzen erschauerten. Weihrauchschwaden verwirbelten und Halleluja auf Halleluja entlud sich in erlösender Entgegnung. »Wir widersagen dem Bösen!« murmelten Hunderte gesenkter Häupter, als der Erzbischof sie ein letztes Mal mit beringtem Handschuh segnete.

Ich widersage, ja ich widersage, ja, ich will versuchen zu widersagen, hämmerte das Gewissen von innen gegen Adams Schläfen. Reumütig senkte er seinen Kopf auf die Brust. Ich muß damit aufhören. Doch sofort lachte etwas höhnisch in ihm. Gottvater, Muttergottes, ich werde mir Mühe geben, mich zu zügeln. Ich werde versuchen, die Gelübde zu halten. Entschlossen schob er sich eine Haarlocke aus der Stirn. Mit der Oblate hatte sich ein erster Schatten auf seine kindliche Seele gelegt.

Endlich graute der Tag und das Hochamt ging zu Ende.

Noch schwirrte das Amen zwischen den Kapitellen, da knufften sich bereits die ersten Knaben aus den Bänken. Doch sie mußten sich gedulden, denn den Auszug aus Sankt Andreas diktierte die Hierarchie. Auf die geistlichen Honoratioren folgten die weltlichen, auf die weinenden Erstkläßler der Infima die Eltern und Sippverwandten und allerhand Halbwüchsige. Da sich die Bankreihen von vorne nach hinten auflösten, konnten die Schallschen Brüder erst mit den Letzten ins Freie drängen. Allerorts gab es Schieben, Stolpern und Drängeln, weil irgendein Anonymus im Schutz der Menge eine alte Rechnung beglich.

Unter dem aufgeklarten Himmel begann das Abschiednehmen. Verwandte und Schüler trennten sich. Wie gewohnt formierte sich die Schülerschaft zu einer Prozession, um das kurze Wegstück zum Dreikronen-Gymnasium hinüberzuziehen.

»Aufgepaßt!«

Zu spät! Ein harter Schneeball war über den Kirchenvorplatz herangeschossen und hatte sein ahnungsloses Opfer am Kopf erwischt. Der Getroffene schrie und preßte die Hand auf das Ohr. Sein Nachbar fuhr herum, bückte sich und schickte eine hartgepreßte Antwort zurück. Die Reihen brachen auseinander und johlend stürzte sich vom Erstkläßler bis zum Bakkalaureus alles in die Schlacht.

»Aufhören!« schrien die Jesuitenpatres durcheinander. »Sofort aufhören!«

Adam fand sich zwischen den Linien, als eine geballte Ladung an seinem Hinterkopf zerplatzte. Er bückte sich und raffte Schnee.

»Schau an, schau an! Habe ich den Adel also auch erwischt«, blökte eine Stimme dicht über ihm. Er spürte sich am Kragen hochgezogen. »Na warte Adelssöhnchen, jetzt bist auch du reif für den Karzer. Wie schändlich für einen so frommen Schüler!« schnaubte Jesuitenpater Henrici.

Von wegen fromm, dachte Adam und ließ sich, um dem schlechten Atem zu entfliehen, vollends in den Schnee fallen. Von oben herab schaute der derbe Jesuit erschrocken auf den hingestreckten Knaben und löste augenblicklich seine Hand von dessen Kragen. »Um Gotteswillen, Junge, es wird dir doch nichts geschehen sein?«

»Nicht der Rede wert. Man erhebt sich selbst.« Ächzend, mit schmerzverzerrtem Gesicht wankte Adam davon, bis ihn das Getümmel vor Lehrer Henricis Augen verbarg. Wie er diese Buttnase verabscheute!

Ein Fingerpfiff gellte, überall fiel die weiße Munition in den zertrampelten Schnee. Einer der jungen Magister hatte seine Autorität ins Spiel gebracht und die Horde gehorchte augenblicklich. Immerhin war das Mütlein gekühlt und der Schülerzug trottete wenig später durch das wappengeschmückte Tor der Schulanstalt in der Maximinen Straße. Im Eingangsgewölbe zerbröselte die Horde in Grüppchen. Mit dem Läuten der Schulglocke ebbte der Lärm im Innenhof ab und der Pedell wagte sich wieder aus seiner eingerußten Ofennische hervor.

»Die Logica bezieht ihr neues Quartier im ersten Stock am Ende des Ganges!« Ein kleiner, älterer Herr in schwarzer Soutane hatte sich zu Adams Haufen gesellt und prälaterte gegen das Geplapper und Schwatzen der Jungen an. Wie eine gefügige Herde trieb er seine Klasse durch den nach frischem Kalk riechenden Flur. Auch dieses Jahr huschte Adam als erster durch die Klassentür und besetzte einen Platz in der hintersten Reihe.

9

»Der gemeinsame Nenner bei kleinen Leuten ist, daß sie über große Leute nicht hinwegsehen können. Logisch? Also, die Langen nach hinten, die Kurzen nach vorn. Das nennt man angewandte aristotelische Logik, meine jungen Herren Pennäler!« Murrend setzte sich der zierliche Adam auf die ihm zugewiesene Bank in der ersten Reihe.

»Die in den hinteren Reihen führen meist etwas im Schilde. Nicht wahr, junger Mann?« Der Jesuit klopfte Adam mit seinem Zeigestock auf die Schulter. Als wenn sein Geheimnis auf Offenbarung drängte, schoß Adam die Blutröte in die Ohren. »Im übrigen bin ich Gotthilf Kasen, euer neuer Logiklehrer. Bitte nehmt eure Faszikel und Tafeln.« Wie mit einem Taktstock kringelte und schnörkelte der kleine Lehrer das Schuljahrespensum *Manuductio ad Logicam Philippi du Trieu* an die frischgeschwärzte Wandtafel. Auf die zweite Zeile setzte er mit der Kreide in Schwüngen *Porphyrii Isagoge*. Pater Kasen schaute auffordernd von seinem Katheder auf die Klasse nieder. »Die Einleitung des Porphyrius beschäftigt uns als nächstes. Wenn wir dieses Pensum verdaut haben, wollen wir uns fragen, in welcher Beziehung stehen die Vernunft und die Begierden des Menschen zur göttlichen Allmacht. Wir bedienen uns der Nikomachischen Ethik des Aristoteles. Mehr dazu später. Ich kann nur hoffen, daß ihr noch viel von eurem Lateinwissen aus der Rhetorica im Kopf habt, denn Vergil, Sallust und Ovid werden euch in diesem Schuljahr wieder begegnen. Ihr habt inzwischen auch die nötige Reife, euch mit der Lehre unseres Ordensgründers in einem Arbeitskreis zu beschäftigen. Du dahinten, wie hieß unser Ordensgründer?«

Der dösende Schüler stammelte mit rotem Kopf: »Ignatius von Loyola.«

»Richtig. Und wann hat er den Orden gegründet?« Zwei glasige Augen schauten Pater Kasen ahnungslos an. »Nun ja, das werden die Interessierten unter euch noch erfahren. Soweit, so gut. Noch Fragen?« Pater Kasen mühte sich von seinem Pultpodest herab und schritt mit rücklings verschränkten Händen die Sitzreihen entlang. »Keine Einwände? Gut! Ich erwarte, daß sich jeder freiwillig am Lehrunterricht und an den wöchentlichen

Disputationen gegen die Physica beteiligt. Ich werde euch alle zwei Monate schriftlich prüfen. Vergeßt nicht, ihr seid die Elite, die Besten vom Rhein!«

»Hört, hört!«

»Jawohl, Lizentiaten in spe! Und wie mir euer Rhetoriklehrer versichert hat, werdet ihr alle, alle hier im Raum, das Pensum schaffen.«

Pater Kasen sorgte für Verwirrung, denn er beendete die erste Unterrichtsstunde lange vor dem Schellen. Auf dem Weg zur Tür sah er jedem der neugebackenen Logiker aufmunternd ins Gesicht: »Ich hasse es zu dozieren. Ich bin kein Prophet und kein Messias! Lernt selbständig zu denken und eigenverantwortlich zu handeln. Pünktlich um sieben Uhr morgen früh will ich alle wiedersehen.«

Die Logica löste sich auf und Adam Schall von Bell machte sich alleine auf den Heimweg. Bevor er in die noble Gasse Im Laach einbog, kaufte er sich noch schnell einen frischgedämpften süßen Wecken.

Mit der Schulter schob er das schwere Hausportal auf, hängte den Radmantel an den Haken und sprang die knarrende Stiege hinauf. Kauend ließ er sich auf seinem Bett in der Oberstockkammer nieder und lugte, ob der Dirnenspiegel noch in seinem Versteck lag. Das sauige, verbotene Buch hatte er in einem geheimen Schrankfach des Vaters entdeckt und an sich genommen. Gelenkig streckte er die Glieder. Nochmals nahm er sich vor, dem Bösen zu widersagen. Das schwor er sogar.

n den folgenden Wochen bedrängte das unergründliche Weiß die Cöllner Bürger immer stärker. Die feinen Damen rafften ihre Röcke, um nicht in Verdächtiges zu treten. Vor den Portalen kämpfte das Gesinde mit Reisigbesen gegen den heftigen Himmelssegen von oben. Am meisten litten die Alten unter der feuchten Kälte. Zum Stubenhocken verdammt, zerbiß ihnen der Herdrauch die Augen. Der Mangel an Bewegung und frischer Luft bescherte ihnen die Gicht. Zu guter Letzt waren auch noch die Speisekammern leergeräumt.

Doch irgendwann lockerte der Himmel seinen Griff und der viele Schnee begann so rasch zu schmelzen, daß der Rhein über Nacht sein Bett verließ. Jetzt kam die Bescherung von unten! Als auch das Ungemach der Überschwemmung behoben war, stand Carneval nichts mehr im Weg.

Die Cöllner tauten langsam wieder auf.

Eine Woche vor Carneval saßen die drei Schalljungen bei Sauerbraten und Knödeln in der Küche. Kienholz explodierte im Herd, über dem an Ketten ein brodelnder Kupferkessel hing. Dampfschwaden zogen den Rauchfang hinauf, wo Würste und Schinken dörrten. Auf einem Dreifuß simmerten zwei kleine Eisentöpfe. Die alte Obermagd Johanna drehte einen Braten am Spieß. Ein Wandregal baute sich an der rußgeschwärzten Herdseite auf. Seine Bohlen quollen über von Patriziergeschirr – Zinnteller, Zinntöpfe, Zinnkannen und Silberbecher mit Wappenprägung. Frechener Töpferware hatte sich dazwischengeschmuggelt. An der Wand gegenüber dem Herd öffnete sich ein Brunnenloch mit Steintrog und Ziehpumpe.

Achtlos standen Holzfässer, Bottiche, Vorratskrüge und eine

Zinnwanne herum. Kerzenlicht verzauberte die Schlamperei. Die Rauchküche wärmte einen Teil der beiden Oberstockwerke und des Giebelstocks. Doch die Herdwärme reichte bei weitem nicht aus. Im Backhaus des rückwärtigen Hofes mußte noch ein Ofen befeuert werden, denn der Schallsche Edelhof gehörte zu den größeren Anwesen der reichen Stadt Cölln.

Immer zur Winterszeit bevölkerte sich die Küche. Von Advent bis zur Fastenzeit wurde hier gewohnt und gearbeitet, geheizt und gewaschen, gegessen, gefeiert, geflucht und gebetet. An das Beten mahnte eine Muttergottes mit Jesusknabe, unter der ein ewiges Lichtlein von Goddard, dem väterlichen Diener, gehegt wurde.

»Dieses Jahr bin ich beim Carneval dabei. In den Hafengassen«, überraschte Adam seine essenden Brüder.

»Du? Du artigster aller Meßdiener.« Ungläubig ließ Reinhard die Zinkengabel mit dem aufgespießten Knödel sinken.

»So richtig verboten verkleiden, daß dich keiner erkennt? Am Hafen?« Heinrichs Kinderaugen leuchteten.

»Die Hafenjungs lauern Edelsöhnchen auf, um sie zu verkeilen. Ungefähr so«, Reinhard zerquetschte den Knödel mit der Gabel. »Ich würde mich da raushalten.«

»Aber kostümiert erkennt ihn doch keiner. Als was gehst du?« bohrte der jüngere Bruder und rückte näher.

»Der Kleine hat mehr Mumm als du, Langer, ich laß mir nichts mehr verbieten. Aber dir, Zwerg, werde ich es auch nicht verraten.« Geheimnisvoll lächelnd, rührte Adam in seiner Soße.

Die Obermagd Johanna hatte beim Linsenverlesen zugehört. »Zu Carneval wird nicht nur geprügelt. Es hat schon der eine oder andere bessere Herr seinen Ruf verloren«, meinte sie spitz. »Dafür büßt so manche Familie noch heute und lebt mit dem Heiland über Kreuz.«

Als sich seine Brüder über die süße Grütze hermachten, ging Adam in Gedanken seine Vorbereitungen durch. Wenige Tage zuvor war er zum Malzbüchel geschlichen, um bei einem jener neumodischen Kleiderverleiher herumzustöbern. In diesem Winkel der Stadt, nur einige Klafter vom Kaufhaus für Drogwaren und Spezereien entfernt, hatte ein Krämer Kostüme aus aller Herren Länder zur Auswahl aufgehängt. Camouflage verspricht ein gutes Saisongeschäft, hieß es neuerdings in der Stadt. Nachdem der Krämer seinen Geldbeutel gesehen hatte, durfte er sich, obwohl er eigentlich noch zu jung war, aus den Hinterlassenschaften spanisch-niederländischer Seefahrer eine ausgediente Kluft zusammenstellen. Die Sachen waren zwar etwas groß, aber billig. Das Bündel hatte er in einem Ledersack nach Hause geschmuggelt und unter seinem Bett versteckt.

»Zwerg, dir würden die Augen aus dem Kopf fallen, wenn du wüßtest, als was ich mich verkleide.« Adam lehnte sich zurück und strähnte sich die blonden Locken.

»Als was gehst du nun …?«

»Pssst, Geheimnis!«

Drei Tage später läuteten die Kirchenglocken endlich den Carnevalsmontag ein. Ab sofort durften die Mächtigen von Kirche und Rat wieder genarrt, die Karten zwischen Männlein und Weiblein neu gemischt und der große Durst gelöscht und gelöscht werden.

Der Straßenaufstand des Pöbels beunruhigte den Patrizierstand beim sittsamen Familienfest und traditionellen Königsbraten. Umherziehende Trommler und Pfeifer pfefferten die Gassenluft so scharf, daß mancher Familienvater von seinem rosinensüßen Sauerbraten weggelockt wurde. Nicht wenige der feineren Herren versackten im Bierdunst oder in den Kissen einer knusprigen Venuspriesterin.

Sobald die Sonne in die Kammer schien, stand Adam auf.

Carneval! Jedes Geräusch vermeidend, zog er den Sack unter dem Bettgestell hervor. Stieg leise in die viel zu weite Hose, raffte sie mit einem Strickgürtel und schlüpfte in die schmucke Uniformjacke, der nur vier der goldenen Knöpfe, leider aber die ganze linke Epaulette fehlte. Er weitete die magere Brust und betrachtete sich im Spiegel, den er der Stiefmutter stibitzt hatte. Vorsichtig prüfte er den Haarwuchs auf seiner Oberlippe. Die große Nase ist eure Familientragödie, pflegte die Stiefmutter zu sagen. Aber mit der schwarzen Schuhwichse, die er sich jetzt ins Gesicht rieb, fand er sie ganz passabel. Bevor er sich einen

Roßhaarbart zwischen die Ohren und über das glatte Kinn hängte, warf er sich ein verwegenes Lächeln zu. Mann von Welt! Gegerbt von den Wassern des Lebens. Nichts Gewagtes war diesem Spiegelbild entgangen.

Ganz vorsichtig, ohne daß die Bohlen knarrten, ließ er seine Füße ausschreiten. Nach einer letzten Korrektur der Jackenschultern schlich er, zufrieden mit seiner Verwandlung, aus seiner Kammer.

Das einzig Lebendige, was ihm an diesem Morgen im Hause begegnete, war das zarte Glimmen der letzten Herdglut. Wie ein eingeschmuggelter Nachtgast entriegelte er das Portal und schlüpfte auf die Gasse Im Laach hinaus, wo ihm vereinzelte Nachtschwärmer begegneten. »Hallo, hallo, wilder Seemann! Wen will Er denn überfallen? Nimm doch uns als Beute, wir wären schon immer gerne Seemannsbräute!« Die, die so geträllert hatte, schüttete sich fast aus vor Lachen und schwankte auf ihn zu. Erschrocken breitete er die Arme aus, um die torkelnde Frau aufzufangen, die ihm in ihrer ganzen Fülle entgegensank. Ihr schwarzes Haar, das über seine Schulter floß, verströmte einen süßen, zimtigen Duft. Ihre Hände um seinen Hals reckte sie ihm ihren zum Kuß geöffneten Mund entgegen. Erschrocken entwand er sich der klebrigen Umschlingung. »Na komm schon, sei kein Spielverderber!«

Angewidert flüchtete er die alte Stadtmauer entlang.

Hinter Ställen, Waschhäusern und noch geschlossenen Krämerstuben betrieb eine Witwe in der Nilgasse eine Wirtschaft, die bei aufmüpfigen Bürgern, studentischem Volk und schwänzenden Schülern beliebt war. Zur Nil-Wirtin zog es Adam jetzt hin, denn hier gab es schon für sieben Fettmännchen ein herzhaftes Gabelfrühstück. Bereits in der Tür hörte er: »Kommen se' rein, kommen se' rein.« Die Wirtin streckte ihren grauen Kopf mit der frischgestärkten Haube aus der Durchreiche. Durch Butzenfenster fiel Licht in den hutzeligen Gastraum.

»Zwei Dinkelkrüstchen, einen Pott Milch.« Er schob sich einen Hocker zurecht. Zufrieden schaute er an seiner einst tintenblauen Kapitänsjacke hinab und erfreute sich am Goldglanz der noch vorhandenen Zierde. Bedachtsam legte er den Säbel auf das Tischchen und zog den Knoten des Kopftuches im Nacken strammer. Das Jucken der Bartfuseln ertrug er tapfer. Wie er so auf seinem Hocker hing, wurde die Tür der Gaststube aufgerissen. Mit lautem Gejohle tanzten Teufelsdämonen, ein fiedelndes Hühnerpärchen, Eselsköpfe und jede Menge vermummtes Volk herein. Ihm folgte ein römischer Procurator, der herrisch ein *pedum* auf die Bretterdielen stieß und mit großer Geste ankündigte:»Cleopatra! Agrippina die Jüngere! Agrippina die Ältere!« Mit einem dreifachen»Salvete!« wurden die rotbackigen Bräute begrüßt. Wenig später war die Gastwirtschaft rammelvoll.

Dem Seehelden wurde allmählich hinter seinen Bartzotteln zu heiß, er zog die Augenklappe tiefer ins Gesicht und entfloh in Richtung Hafen. Forschen Schrittes durchmaß er die Gassen. Schon bald trug der Wind das Hämmern der Schiffsbauer und den Teergeruch weitgereister Schiffsplanken vom nahen Rhein herüber.

Auf einem Platz zwischen Marktständen stapelten sich Fässer mit eingesalzenem Hering, Kiepen voll säuerlich riechender, schrumpeliger Früchte, Körbe und Töpferwaren, Tongefäße mit sauer eingelegtem Kappes und Ballen stinkender Häute von Schafen und Rindern. Aus den umliegenden Krämerstuben hörte man Händlerfeilschen, Frauengezänk und Kindergebrüll. Neben Limburger Käse und minderwertigem Kotzfleisch lockte der Duft von Spezereien Dicke und Dünne, Grade und Krumme an. Cöllner und Auswärtige, Hunde und Schweine waren zum Schwatzen und Fressen gekommen.

Im Rücken eines echten Flußschiffers schob er sich in die erstbeste Hafenschenke. Der Schiffer winkte ihn an seinen Stehtisch.»Komm, trink einen mit. Scheinst Freude an der Seefahrt zu haben. Mit der Kluft könntest du bei mir gleich anheuern, Jung. Ich bin nämlich der Jan aus Zons. Wirtschaft, dem wilden Seemann ein Keutebier.«

Stolz hob der Junge das spendierte Quart und stieß mit seinem neuen Freund an. Beim dritten Schluck schwor er sich, wenigstens einmal in seinem Leben eine Flußreise zu wagen.

Die Kneipentür schwang auf, der Lärm verstummte. Der Flußschiffer hob die Augenbrauen und pfiff durch die Zähne. »Ohoo! Was haben wir denn da?«

Eine glänzende Erscheinung schwebte in den Raum. Das Wesen hüllte sich in ein Kostüm aus schwarzem Tuch. Von Schulter zu Schulter spannte sich ein Kragen gleich einem Pfauenrad aus venezianischem Silberbrokat. Davor bewegte sich das stolzerhobene Haupt wie auf einer Puppenspielerbühne. Die Haare waren verhüllt und eine kaltlächelnde, silberne Maske verbarg das Gesicht.

Eine Schneise des Erstaunens und der Bewunderung öffnete sich zum einzig freien Platz in der Wirtsstube – am Stehtisch der beiden.

»Will der Matrose mit einem Fräulein vom Lande vorliebnehmen?« säuselte eine rauchige Stimme aus dem Mundspalt der Silbermaske.

Wortlos rückte Adam zur Seite. Der Parfümduft und das leblose Gesicht verschüchterten den Vierzehnjährigen ungemein.

Ihr silberglänzender Handschuh zauberte zwischen den Falten des Kleides ein besticktes Köchertäschchen hervor. Bedachtsam zog sie ein silbernes Trinkröhrchen heraus. Er erstarrte, als die Menschenpuppe das Röhrchen mit dem einen Ende zwischen die Metallippen und mit dem anderen in sein Bierglas tauchte.

»Ahhh! Wie das mundet! Solch ein Stengelchen hast du noch nie gesehen.«

»Nee, hab ich nicht.« Er mußte mit ansehen, wie sein Bier im Silberröhrchen verschwand.

»Ein neues Quart für meinen jungen Freund«, bestellte Jan. Er wandte sich der Silberdame zu. »Hör mal, laß dem Jung was drin. Wo hast du denn die jecke Larve her, so was hab ich noch nie gesehen …«

»Welch häßliches Wort! Jecke Larve! Sagt bitte Couvertüre. Ich sage ja auch nicht zu deinem Kleinen: Du einäugiger Schmuddelmatrose.«

»Welch häßliches Wort. Matrose! Sagt bitte Pürat.« Mutig kopierte Adam ihren kapriziöser Ton. »Woher stammt das schüücke Teil?«

»Natürellement aus Venedig.«

»Wölch ein Jammer, so was Schönes gibt es bestimmt nür dort.«

»Darum reist ünseresgleichen ins süperbe Venedig zum Einkaufen.«

»Ünsereins reist nach Konstantinüpel zum Einkaufen.« Adam polierte einen seiner Knöpfe. »Und wo wohnt man?«

Verschwörend legte sich ihr Seidenhandschuh auf seinen Unterarm. Er genoß das Prickeln, das in seinen Körper hineinfloß. »In Godesberg! Und selbst?«

»Ich komme aus Lüftelberg, in der Nähe von Rheinbach«, sagte er mit klopfendem Herzen.

»Muß ich das kennen?« Die Maske strich ihm mit dem Trinkröhrchen über die schuhwichsbeschmierte Wange.

Nach dem zweiten Quart wich die Scheu aus seinem Körper und er spürte, wie ihre breitgepolsterte Schulter ganz sachte an die seine rückte.

»Der Corso kommt, der Corso kommt«, rief aufgeregt das Wirtskind von der Straße.

Jetzt gab es in der Gaststube kein Halten mehr.

»Komm mit«, lud ihn das leere Lächeln der Silbermaske ein.

Er eilte ihr ins Gedränge nach und aus Angst, sie zu verlieren, ergriff er ihren Arm.

In Küppers Hafenrelais soffen die Postpferde und Treidelgäule mit den Männern um die Wette. Auch sie bestellten nochmals zu trinken. Nach wenigen Schlucken legte sie ihren Arm um seine Schulter und bugsierte ihn in den angrenzenden Pferdeunterstand. Dort machte sie sich zwischen den angebundenen Tieren zu schaffen und zog einen ungesattelten Rappen am Halfter von der Futterkrippe weg.

»Ist das deiner?«

»Gewiß, für eine Zeit.«

»Das kannst du nicht machen, dafür können sie dich einsperren.«

Die Silbermaske machte eine wegwerfende Handbewegung und tätschelte den losgebundenen Hengst. »Ich taufe dich Ludus und leihe dich kurz aus. Sieh mal, mein hübscher Matrose! Seine Flanken und Fesseln, was für ein Feuer! Komm her, halt mal. Paß gut auf, daß uns kein Spielverderber erwischt.« Sie drückte dem überrumpelten Jungen die Zügel in die Hand. Brav behielt er die Gasse im Auge, während sie sich von einem hohen Tritt seitlich auf den blanken Rücken hievte. Verblüffend gelenkig schwang sie ihr rechtes Bein über den Pferdehals und ordnete kichernd ihre Kleiderpracht. »Komm hinter mich!« lockte sie ihn, sich hinter ihre Röcke zu setzen. Wortlos folgte er der Aufforderung und sofort lenkte sie den Hengst in eine Seitengasse. Nachdem die beiden um zwei Ecken gebogen waren, erreichten sie ein offenes Ufertor. Von dort ging es am Rhein entlang.

»Festhalten, Pirat!« Sie gab dem Pferd die Sporen. Haltsuchend griff er um ihre Taille. In gestrecktem Galopp jagten sie über die sandigen Säume des Flusses.

Sein Körper schmiegte sich dicht an ihren. Hinter dem Bayenturm fiel das Pferd in leichten Trab. Verwirrt und entzückt bemerkte er, wie sie ihm ihr festes, bauschig verhülltes Gesäß entgegenschob. Süßes Empfinden keimte in seinen Lenden. Er schloß die Augen, legte seine Wange an ihren Rücken und überließ sich vertrauensvoll dem Rhythmus des Tieres und ihrer Führung. Sie spürte genau, wie er an ihrem Rücken in Wallung geriet. Anstatt den Hintern nach vorne zu nehmen, entgegnete sie seinen prallen Druck. Schrill lachend trieb sie das Pferd zum gestreckten Galopp. Er verschmolz mit ihren stoßenden Backen – dann schwanden ihm die Sinne.

Momente später schreckte er aus seinem Lustritt auf. Verwirrt spürte er die klebrige Nässe zwischen den Schenkeln. Noch immer schlangen sich seine Arme um ihre Taille. Erst als die Reiterin das Pferd zum Stehen brachte, löste er den Griff.

»Steig ab!«

Während er von dem dampfenden Pferderücken herabglitt, schaute er verstohlen auf den feucht hervorquellenden Fleck in seinem Schritt.

Ihren dolchenden Blicken folgten gemeine Worte: »Na, kleiner, geiler Arschrutscher, möchtest jetzt wohl noch, daß ich meine Röcke lüfte?« Mit einem Ruck zog sie ihr totes Lächeln vom Gesicht.

Adam riß die Augen auf, sein Herz raste, er konnte es nicht fassen.

»Wenn du mal wieder Lust auf meinen feisten Arsch verspürst«, höhnte der Demaskierte, »dann schwing dich nach Godesberg herauf.« Mit seinem Hintern wackelnd, sprengte er auf dem Rappen davon.

Der hintergangene Junge riß sich zitternd Bart und Binde vom Gesicht. Wie betäubt starrte er dem Entschwindenden hinterher. Ein bitteres Würgen drückte ihn zu Boden. Unzucht mit einem Mannsbild! Er erbrach sich. Scham und Demütigung lösten sich in Schluchzen und Strömen von Tränen. Er hatte das Keuschheitsgelübde gebrochen, das er in der Marienweihe so innig abgelegt hatte. Schwach und kindlich lag er im klammen Gras und erwartete von oben ein Zürnen. Doch der Himmel schwieg und verharrte hinter einer fahlen Wolkendecke. Von Rausch und Weinkrämpfen benommen, schlief er ein.

Es dämmerte bereits, als die Kälte ihn wieder auf die Beine zwang. Bis ins Mark verwundet, machte er sich auf den Heimweg. Heimlich, wie er das Haus verlassen hatte, schlich er zurück in seine Kammer, wo er das versaute Leihkostüm in den Ledersack zurückstopfte. Von seiner wiederkehrenden Sündhaftigkeit angewidert, verkroch er sich im Bett. Schluchzend zog er sich die Decke über den Kopf und heulte und heulte. »Muttergottes, ich habe mein Versprechen gebrochen. *Sancta Maria, mater Dei, ora pro nobis.* Muttergottes, bitte für mich Sünder.« Er heulte, weinte und betete und wünschte sich, nie geboren worden zu sein.

Als ihn die Sonnenstrahlen am Dienstag, am großen Carnevalstag, weckten, schrien Leib und Seele nach Reinigung. »Johanna, bring mir eine Schüssel heißes Essigwasser«, rief er die Treppe hinab.

»O je«, schallte die Stimme der Obermagd erschreckt herauf, »doch nicht etwa naßwaschen! Junge, was hast du vor? Wie oft soll ich dir noch sagen, daß Wasser die Haut öffnet und verdorbene Luft eindringen läßt. Ich besorge dir lieber trockene Tücher zum Abreiben.«

Niemand kann verdorbener und schmutziger sein als ich, dachte er und bestand auf dem geforderten heißen Essigwasser.

Pater Kasen hatte ihnen nämlich erzählt, daß Ignatius von Loyola seine vereiterte Nase mit Wasserspülungen geheilt hatte.

Wenig später brachte Johanna ein schweres Kupferwännlein und einige Tücher und Lappen von der Rauchküche herauf. Kopfschüttelnd stellte sie das Wännlein und die Tücher vor seine verschlossene Kammertür. Kaum war sie wieder die Treppe hinabgestiegen, holte er das Utensil herein und schloß sofort wieder ab. Um seinen nachgiebigen Leib zu bestrafen, wollte er sich der Tortur des Naßwaschens unterziehen.

Angewidert kniete er sich nackt über die dampfende Schüssel und befreite sein unschuldig herabhängendes Glied von Schuld. Mit dem Lappen wusch er alle Körperöffnungen. Das saure Wasser rann ihm in Ohren, Nase, Mund. Wohltuend spülte es den Schmutz des letzten Tages von seinem Knabenkörper und, wie es ihm schien, aus seinem wunden Herzen. Nachdem er sich trockengerieben hatte, wischte er die Wasserlache mit den Tüchern auf und schlüpfte vor Kälte bebend zurück ins Bett. Als hätte die Jungfrau Maria sein Gebet erhört und ihn von seinen Sünden gereinigt, spürte er schon bald eine versöhnliche Wärme im Blut.

Den großen Carnevalsdienstag verbrachte er mit leichtem Fieber im Bett und war für keinen zu sprechen. Obwohl man ihm gutes, gar festtägliches Essen vor die verschlossene Stubentür stellte, rührte er nichts an. Erst an Aschermittwoch, als in den Kirchen die bemalten Hungertücher gehißt und bei den Stadtbäckern die Fastenbrötchen handwarm feilgeboten wurden, verließ er seine Kammer, um sich in der Messe ein Aschenkreuz auf die Stirn geben zu lassen. Zum Befremden aller fastete er wie ein biblischer Büßer. Morgens aß er einen eierlosen Fladen und abends Sauerkraut mit Hering. Zur Ohrenbeichte schlich er in eine abgelegene Kirche, wo ihn keiner kannte.

Vierzig Tage später, am Tag des Fastenbrechens, schaute der junge Sünder dürrer und jämmerlicher aus als am Tag der größten Verfehlung seines Lebens. Offenkundig hatte er mit der Dosis gegen sein *delictum carnis* übertrieben.

Da splittert Glas!« Der ganze Speisesaal lauschte. Wieder klirrte es.

»Ein Fenster ist zerbrochen!« schrien die Tricoronater durcheinander. Alles sprang vom Essen auf und drängte aus dem Saal, wo die Dreikronen-Schüler täglich zum zehnten Glockenschlag zu essen pflegten. Noch bevor der erste den Gang hinabgeflitzt war, gellte es durch das Treppengewölbe »Die Montaner! Die suchen Streit! Die haben zwei der Wappenfenster eingeworfen. Auf, die haben eine Abreibung verdient.«

Wie *feurio* aus tausend Kehlen verbreitete sich die Nachricht im Schulhof und auf den Fluren. Alle, die frei hatten, und alle, die sich freinahmen, rannten im Hof zusammen. Der Fensterbruch hatte die schwelende Fehde zwischen dem jesuitischen Tricoronatum und dem städtischen Montanum neu aufflammen lassen. Im Rheinland wollte jedes der beiden Gymnasien das beste sein. Den Ehrgeiz der Rektoren verstand die Schülerjugend auf ihre Art.

»Denen zeigen wir's. Los, wir stellen sie am Haus zur Rübe«, rang eine kernige Stimme das Gewirr nieder. Ein Schülerpulk umschwirrte eine Gestalt, an der alles kantig wirkte, sogar der Haarschnitt. Arno von Moers hieß dieser stadtbekannte Raufbold adeliger Herkunft. »Wir treffen uns Trankgasse Ecke Badstraße«, kommandierte er die halbwüchsigen Tricoronater. »Wir müssen verhindern, daß die Lumpen von der Schola Artium den Montanern zu Hilfe kommen. Beeilung, los!« Arno von Moers teilte die Umstehenden in eine kleine und eine größere Kampfgruppe ein. »Jupp, du marschierst mit zehn Mann zur Ecke Sankt Pauwels und Sankt Andreas. An der Friedhofsmauer wartet ihr auf mein

Zeichen. Der große Trupp folgt mir zur Stolkgasse«, ordnete er an und rannte schon zum Schultor hinaus.

Durch die Einheit ihrer Reihen aufgeputscht, liefen an die fünfzig Tricoronater auf die Straße. Nach dem Aprilgewitter spritzte der Morast und die Horde gröhlte. Arglose Weibsleute mit Körben und Kindern drückten sich verschreckt an die Hauswände. Quiekend wegspringende Ferkel wurden Opfer gezielter Steinwürfe, mit denen sich die Hitzigen einschossen.

»Jetzt schlagen sie sich wieder!« Ein Grüppchen Hausfrauen hatte sich in die Bäckerei Schmitz & Cremer geflüchtet und keifte: »Ja, ist es denn die Möglichkeit? Das sollen die Söhne der besseren Herrschaften sein? Erst letzten Sonntag gab es hinter Sankt Clara eine blutige Schlägerei zwischen Studenten und Handwerksgesellen ...«

»Ja, und hören Sie mal, sogar von der Artistenfakultät sollen welche dabeigewesen sein und Fassbinder und Zimmerleute sollen dabei übel zugerichtet worden sein. Der Frau vom Weinsberger Hof fehlt seitdem der Hund.« Eine feinere Dame verschluckte sich vor Aufregung an einem Gebäck, dessen Holunderfüllung auf ihren Mühlsteinkragen troff.

Im Schutz ihrer Ladentür tat die Bäckersfrau wichtig: »Die Studiosi tragen seit neuestem Waffen bei sich.« Verstört spähte sie die lärmgefüllte Gasse hinauf. »Die bekommen sie von den Soldaten, wenn sie denen schlechte Weiber zuführen.«

Aufgereizt vom Angstgehabe braver Bürgersleute pflügte der Kampftrupp durch die schlammige Straße, als gehörte ihm bereits die Stadt. Arnos Führungsgelüste hatten mit seiner Gefolgschaft aus befehlsgewohnten, höheren Söhnen leichtes Spiel. »*Viva Tricoronatum, pugnemus*«, schrie er und riß die Faust hoch.

»Es lebe das Tricoronatum! Auf in den Kampf!« gröhlte sein Gefolge.

»Die feigen Hunde haben sich verdrückt!«

»Paßt auf, die lauern in der Stolkgasse!«

Noch lag die Warnung in der Luft, da preschten die Montaner hinter der Ecke zur Stolkgasse hervor. Mit wüsten Rufen prallten die Gegner aufeinander. Fäuste fuhren in Gesichter und Bäuche. Doch es durfte kein Blut fließen. Ein ungeschriebenes Gesetz wollte, daß bereits eine ausreichende Anzahl verschandelter oder geraubter Uniformen dem gegnerischen Gymnasium zum Sieg verhalf.

Adams Tricoronaterkluft war im Jahr zuvor von einem Montaner Rüpel so ramponiert worden, daß er dafür mit Karzer gebüßt hatte. Für ihn hieß es jetzt Rache nehmen – aber überlegt. Abseits des Schlachtgetümmels faltete er seine neugeschneiderte Tricoronater-Uniform zusammen. Sorgfältig legte er die schwarze Samtjacke, die Schleife und das Barett auf ein Steinmäuerchen. Als er das Getümmel beobachtete, schob er sich die aufgeplusterten Hemdsärmel hoch. Mit einem Sprung stürzte er sich auf den Feind. Die Sehnen angespannt, in den Knien federnd, packten seine Fäuste einen ebenbürtig kleinen Montaner und machten den Verdutzten zur Zielscheibe seines langgehegten Zornes. Erst als dem Montaner die halbe Knopfleiste fehlte, die Schleife welk herabhing, der herabgestoßene Hut einem schlammigen Fladen glich und Blut aus der Nase tropfte, ließ er von dem kleinen Montaner ab. Gerade als er den nächsten Gegner greifen wollte, sprang ihn einer von hinten klammernd an. Mit aller Kraft versuchte er den unsichtbaren Angreifer abzuschütteln, doch der klebte regelrecht auf seinem Rücken und würgte ihn. Mit einem Ruck riß er den Hinterhältigen zur Seite und schleuderte ihn über sein ausgestelltes Bein nach vorne. »Friedrich, du?«

»Alle Jahre wieder«, ächzte Friedrich und grinste gequält aus dem Schwitzkasten. Adam lockerte seinen Griff und Friedrich platschte in den Morast der aufgewühlten Straße.

»Blödes Schwein.« Schimpfend ließ sich Friedrich hochziehen und gemeinsam stolperten sie an den Rand des Kesseltreibens. Am Mäuerchen angelangt, schlüpfte Adam grinsend in seine unversehrte Schuljacke und genoß die neidischen Blicke des Montaners, der schon wieder die ersten Knöpfe gelassen hatte.

Friedrich Spee von Langenfeld, den Montaner, und Adam Schall von Bell, den Tricoronater, verband eine fromme Liebe zur wiedergeborenen Venus Urania, wie die Jungfrau Maria unter der Schülerjugend seit neuestem schwärmerisch hieß. In der heiligen Marienweihe hatten beide der Muttergottes ewige Keuschheit geschworen und waren in die katholische Engelsbruderschaft eingetreten. Da aber ihr Kampf für die Ehre der unbefleckten Seele schwerer wog als alle Ehrscharmützel um den Ruf ihrer Schulen, standen die beiden Engelsbrüder schnaufend, aber friedfertig nebeneinander und glotzten auf die Balgerei. »Komm, laß uns verschwinden, bevor die Stadtwache aufkreuzt.«

»Hier nimm, bevor du dich in den Unterricht zurückwagst! Vielleicht kannst du sie gebrauchen.« Stolz streckte Adam dem verdreckten Friedrich eine Montanerschleife hin. »Meine Beute.«

Da ihm die seine fehlte, steckte Friedrich das kostbare Stück dankbar ein. »Bis Sonntag!«

Am Sonntag drauf hockten die beiden Ministranten in der Sakristei von Sankt Andreas. Langsamer als sonst räumten sie das Meßgeschirr weg und pulten den Talg von den Silberleuchtern. Die Gemeinde hatte sich längst verlaufen und der Custor saß schon beim Sonntagsbraten, als sie noch immer im düsteren, vollgestopften Seitenraum der Stiftskirche rumtrödelten.

Adam druckste herum. »Ich glaube, ich kann nicht keusch sein. Ich bin kein guter Mensch.« Er grinste Friedrich an. »Ich bin voller Sünde«, sagte er und schwang sich auf den Sakristeitisch.

Friedrichs Hände nestelten plötzlich nicht mehr an den Knüpfbändeln des Meßgewandes. »Sündig? Weiber, du? Daß ich nicht lache!«

»Nun ja! Nicht so direkt, aber man rutscht da ja so manchmal in was rein.«

Zu Friedrichs Erstaunen griff sich Adam den Meßweinkrug und füllte den Weihekelch randvoll. Dann nahm er einen großen Schluck.

»Und indem du den Weihbecher entweihst, entledigst du dich wohl aller Sünden? Gib her, vielleicht hast du recht?«

Schweigend ging der Kelch von einer Hand zur anderen. Sollte Adam seinem Freund alles beichten? Den Ritt und die Sauerei mit dem Hurenbuch?

»Du bist dabei, das Leben kennenzulernen!« Friedrich gönnte sich einen großen Schluck, während seine dunklen Augen den Jüngeren unverhohlen musterten. »Erzähl, irgendwann erwischen einen die Ferkeleien immer, ich weiß.«

»Nein, Friedrich, es ist anders als du denkst. Ich habe erfahren, wie leichtfertig mein elendes Fleisch die besten Vorsätze bezwingen kann.« Adams Gesicht hatte alles Forsche verloren. Hilfesuchend blickte er auf seinen Freund. »Gott ist doch so mächtig. Er sieht alles, und er hat so vieles verboten. Hierfür wird er mich vielleicht ganz fürchterlich bestrafen.« Er hob den Kelch, prostete Gott zu und trank ausgiebig. »Um mich zu einem guten Katholiken zu machen, bräuchte ich, nehme ich an, die Zucht und Ordnung eines strengen Klosters. Aber weißt du …, die Versuchungen gefallen mir.«

»Meine Mutter sagt, daß es die Söhne vom lasterhaften Schall eines Tages schwer haben werden. Vielleicht fängt es bei dir gerade an?« Friedrich nahm Adam den Kelch aus der Hand, leerte ihn, putzte ihn und räumte ihn sorgfältig in den Schrank.

Mit gesenkter Stimme fuhr Adam fort: »Kürzlich hörte ich den Erzbischof predigen. Er erzählte von Landesgrenzen, die verblassen, und forderte uns Schüler auf, in die Welt hinauszugehen. Das gefiel mir. Wenn es nach mir ginge, würde ich mein Bündel packen …«

»Abhauen?«

»Ja, weg von hier, raus aus Cölln. Aber nicht wegen der Sache oder der Sünde oder Gott oder so, sondern wegen eines Rheinschiffers. Wie der von Rotterdamer Freunden erzählte, die bis nach Westindien gesegelt sind, wollte ich sofort mit. Eigentlich ist es mir egal, ob es erlaubt ist oder nicht. Gott bestraft sowieso alles, was Spaß macht, aber ich will trotzdem was erleben.«

Friedrich hängte sein Meßgewand in den Schrank und begann, sich das schulterlange schwarze Haar zu kämmen.

Schweigend räumte Adam die Leuchter in das Fach. Beim Sortieren der abgebrannten Talgstummel fragte er Friedrich: »Du findest es gar nicht so schlimm, daß ich so rede?«

»Ach, weißt du, für einen Heiligen bist du noch zu jung. Und die meisten unserer Heiligen haben auch erst den Sumpf durchwatet, bevor sie fromm wurden.«

Seufzend schloß Adam das schwere Kirchenportal und drehte den Schlüssel im Schloß. Da hatte der Friedrich recht, Ignatius von Loyola hatte doch auch vor seiner Wandlung zum guten Menschen ein schlimmes Leben geführt. Dieser Gedanke beruhigte ihn, denn die eine oder andere Verfehlung bedeutete nicht gleich, daß aus einem nichts mehr wird.

»Aber behalt's für dich, ja?« bat Adam seinen Freund. »Was soll ich für mich behalten, du hast mir doch gar nicht erzählt, was du für Schweinkram machst«, lachte Friedrich und verabschiedete sich von Adam mit einem aufmunternden Schlag auf die Schulter.

Die Maisonne machte sich die Stadt zu eigen. Sie trocknete die Fachwerke und die Fahrrinnen, zog den Alten die Gicht aus den Knochen und ließ den Jungen die Säfte einschießen. Um der Stubenenge zu entfliehen, stießen Menschen allerorts Türen auf. Waidblaufärber, Wollkämmer, Kistenmacher, Faßbinder und viele der alteingesessenen Zünfte verrichteten ihre Arbeiten wieder im Freien. Auch die Müßiggänger hatten ihre Schemel nach draußen gestellt. Hühner, Schweine, Ziegen, Hunde, alles nützliche und unnütze Hausgetier siedelte mit den Menschen aus den rußigen Räumen in die Frühlingssonne um.

Bei aufgesperrtem Fenster, die Tür von innen abgesperrt, hielt sich Adam in seiner Kammer im zweiten Oberstock auf. Als er mit seinen Brüdern das letzte Mal an Weihnachten bei den Eltern auf Schloß Lüftelberg gewesen war, hatte er einige Landkarten aus Vaters Bibliothek entwendet. Diese Karten hatte er an alle vier Wände genagelt und so die weite Welt in sein Stübchen geholt. Der Stapel aus eigenen und geliehenen Büchern, der auf Schemelhöhe angewachsen war, und die überquellenden Papierstöße auf dem neumodischen Deckelpult reichten kaum aus, um seinen Wissensdurst zu löschen. Sogar der gewölbte Deckel der Kleidertruhe mußte als Buchablage herhalten. Er lag auf seinem Fichtenbett und dachte über ein Gespräch mit einem Mitschüler nach. »Ich wüßte da was«, hatte dieser ihm verraten, als sie hinter Büchern über Abenteuerliches flüsterten. »Das ist aber ziemlich deftig und nicht ganz ungefährlich.«

»Und was?«

»Such die Juristenburse auf. Frag dort nach *Depositio cornuum*.«

Das verschlagene Leuchten in dessen Gesicht hatte ihn so neugierig gemacht, daß er beschloß, die Juristenburse aufzusuchen und nach dem rätselhaften *Depositio cornuum* zu fragen. Sobald der Tageslärm in der Gasse vor seinem Fenster abebbte, wälzte er sich vom Bett und holte aus der Truhe das gute Kamisolwams, ein gestärktes Linnenhemd und das Lütticher Barett hervor. Vom Haken neben dem Wandkruzifix nahm er den Hausschlüssel und hängte ihn sich an den Gürtel. Er horchte lange, damit ihm keiner in die Quere käme, dann schlüpfte er durch die Gesindepforte aus dem Schallschen Edelhof.

Unter den schwarzen Kronen des Neumarkt-Wäldchens roch es nach frischem Eichblatt. Mit jedem gewonnenen Schritt strömte das Elixier der anbrechenden Nacht in seine Brust. Zielbewußt schritt er aus, denn im nördlichen Stadtviertel kannte er sich bestens aus. Erst hinter dem Klotz des Laurentianer Gymnasiums zauderte er vor dem Dunkel der Gassen, wo Dreckhaufen lauerten und lichtscheues Geziefer raschelnd das Weite suchte. Am Grubenweg, in den er jetzt einbog, kauerten übelriechende und schiefe Giebelhäuser. Eines dieser ausgezehrten Häuser mußte die Wohngemeinschaft der Juristenfakultät beherbergen. Er horchte auf. Aus einem der nahen Häuser klang Singen und Gröhlen. Seiner Sache nun sicher, stieg er die Steintreppe hinauf und klopfte. Einmal, zweimal. Erst als er gegen die Fensterluke schlug, sprang diese auf. »Es ist niemand da!« Eine mürrische Stimme versuchte ihn abzuwimmeln.

»Ich bin auf der Suche nach einer Auskunft über *Depositio cornuum*«, trug er höflich vor.

»Ohooo! Wie erlesen, *Depositio cornuum*«, äffte ihn einer nach. »*Es tu scolaris?* Will da ein Tricoronater seine Hörner loswerden? Warte, ich geh den Pater suchen.« Das Fensterchen quietschte, als es zufiel.

Adam wurde immer mulmiger, wie er in das Gassendunkel hineinstarrte. Er lehnte mit dem Kopf an der Hauswand und sah nach oben. Über ihn beugte sich der Giebel wie ein müder Gaul. Endlich wurde in seinem Rücken polternd aufgesperrt. Im Lichtspalt winkte eine Hand näherzutreten. Er schob sich durch den Spalt. Noch in der Tür würgte ihn die dicke Luft. Der Bursianer mit der mürrischen Stimme war im Dunklen vorausgeschwankt und hatte ihn zwischen wild gestapelten Abfallkörben, Fässern, Kästen und zerbeultem Hausrat stehengelassen. Den Gedanken kehrtzumachen, verwarf er schnell. Ich will's wissen. Daß es nicht mit gewöhnlichen Dingen zugehen wird, hatte der Paul ja gesagt, dachte Adam und tastete sich weiter durch das Gerümpel.

Die wackelig in den Angeln hängende Tür knirschte, als er in den rauchvergilbten Gemeinschaftsraum der Burse trat. Durch den Zechernebel erblickten seine brennenden Augen zwei dichtbesetzte Langtische, an denen lamentierende, räsonierende und dreckig lachende Studenten der Juristerei saßen. Wie Gewitterwolken stand der Qualm über ungekämmten Köpfen. Schulterlanges Haar wirbelte um wild debattierende Jungengesichter. Hier hatten sich die Zöglinge der Wenigerbetuchten versammelt. Hier fehlte es an allem, was man landläufig unter Kultur verstand. An mütterliche Fürsorge oder väterliche Strenge dachte hier niemand. Den Bursianern, zwischen fünfzehn und fünfundzwanzig Jahre alt, schien ihr Saustall großartig zu gefallen. Da niemand von seiner Person Notiz nahm, setzte er sich auf einen Stoß Holzscheite am kalten Ofen und sah sich wartend um.

Auf den Tischen feierte ein bacchantisches Laboratorium Triumphe. Zwölfarmige Leuchter warfen flackerndes Licht auf angebissene Brotlaibe, Käsebrocken, aufgeweichte Butterriegel, angeschnittene Zwiebeln, Wurstzipfel in Bierlachen, jede Menge angeschlagener Humpen, Gläser und halbvolle Teller. Auf freigeschobenen Flächen wurde Tarock gespielt und brüllend gewürfelt. Zwischen all den Trümmern entdeckte er zwei altertümliche Kettenhandschuhe, einige Dolche und mehrere Sticher. Am nächststehenden Tisch wuchtete sich ein kleiner fetter Rotschopf hoch und stemmte seine Arme auf die Tischplatte, kniff die goldbewimperten Augen zusammen und hob schwankend seinen überschwappenden Krug. »Laßt uns saufen und fressen bis morgen früh!« brüllte er. »Schlemmen und demmen was das Zeug hält.« Wie auf das Blöken eines Leithammels, antwortete die Horde mit dem schief, aber inbrünstig ersungenen Liedchen:

> Laßt uns fröhlich sein ohne Sorgen,
> wer uns nichts borgen will,
> komme morgen.
> Wir haben nur kurze Zeit hier auf Erden
> Sauf also dich voll und lege dich nieder
> steh auf und sauf und besaufe dich wieder.

Während ein Dutzend Halbwüchsiger die Stimmen wetzten, teilte ein Mundschenk, vermutlich der einzige Nüchterne im Raum, bursengebrautes Freibier aus.

Erst jetzt schien er entdeckt worden zu sein. Ein Schrank von einem milchbärtigen Kerl erhob sich, stemmte seine Arme in die Hüften und stampfte auf ihn zu. Aus glasigen Augen musterte er ihn bestimmt eine halbe Stumpenlänge lang. »He, du! Bist du für die Fuchsentaufe gekommen?« Fragend runzelte er die picklige Stirn. Mit seinem Finger stupfte er in Adams Wams. »Na, hat uns die Mamm heute wieder rausgeputzt?«

Adam rückte zurück. »Ich wollte mich beim Pater Beanorum nach der Hörner-Zeremonie erkundigen.«

»Pater Beanorum, jawohl, das bin ich. Hännes heiß ich und bin gequält ... verflucht ... gewählt für dieses Semester.«

Obwohl dieses Großmaul bereits üppig gebechert hatte, flogen ihm die weiteren Fragen wie Pfeile von der Zunge. »Hast du die Logikklasse absolviert?«

»Ja«, antwortete Adam forsch und fügte kleinlaut hinzu: »Beinahe!«

»Kannst du schlucken? Vier Quart mußt du schon verdrücken können.«

»Spielend«, log Adam.

»Gut!«

»Wie steht's mit Hübschlerinnen? Schon eine bestiegen? *Facies ad faciem?* Oder von hinten?«

Adam konnte nur blöde gucken.

»Was, du hast dir noch keine Schnuckelmuschel gegönnt! Dann bist du ja ein echter Gelbschnabel.«

Adam mußte schlucken.

»Und du willst die Fuchsentaufe machen?!«

»Ja schon, aber was ist das eigentlich?« wollte Adam wissen.

Der Dicke lachte hämisch. »Um das zu erfahren, braucht's einen ganzen Kerl – und sechs Albus.«

»Sechs Albus?« Von Geld hatte Paul nichts gesagt.

»Noch Fragen?«

Adam schüttelte den Kopf, obwohl er nichts verstanden hatte.

»Gut, dann werden wir zum Johannis- Sonntag die Zeremonie an dir vollziehen.«

Plötzlich wurden die Humpen hochgerissen und von den Langtischen her grölte es aus einem Dutzend Münder:»Braaavooo, beanus pennal, bravo beanus pennal!« Fäuste trommelten auf die Tische. Das Geschirr klirrte. Erst jetzt wurde dem Examinierten klar, daß alle dem Verhör gelauscht hatten. Stolz über seinen Mut, immerhin hatte er gerade eine Katze im Sack gekauft, stand er auf und ergriff ein angebotenes Bursenbier.

»Sonntag. Pünktlich zum neunten Abendbimmeln am großen Zolltor!« schärfte ihm Hännes ein und streckte ihm die fleischige Hand entgegen.

Adam schüttelte die dargebotene Hand ohne zu wissen, daß das Einschlagen in dieser Burse soviel galt wie ein Schwur.

Wieder erschallten Trinksprüche und die Versammelten luden zum Reihumsaufen ein. Er lehnte dankend ab und stolperte in das Gassendunkel hinaus.

Den Heimweg begann er rechnend. Wenn ich für einen Albus drei Quart vom besten Rotbier bekomme, dann kostet mich die Taufe achtzehn Quart. Das ist ja Trinkgeld für zwei volle Monate! Für das Geld könnte ich ja auch für ein ganzes Quartal Kerzen zu meinem Seelenheil in Maria im Kapitol aufstellen. Aber diesen Gedanken verwarf er schnell. Mit jedem Schritt durch die Nacht veränderte sich seine Gemütslage. Als erstes sickerte ihm ein Tropfen Ungewißheit ins Blut; die Bursianer schienen nicht zimperlich zu sein. Dann folgte ein Tropfen Mut; in Keilereien machte er eigentlich eine gute Figur. Als er an Sankt Aposteln vorbeilief, lauerte ihm ein warmer Nachtregen auf. Er trotzte dem Naß, das ihm in den Kragen rann, als sei es schon Teil der Prüfung. Erhobenen Hauptes frohlockte er und setzte jeden seiner Schritte. Zum ersten Mal in seinem Leben würde er sich auf etwas wirklich Geheimes, Unbekanntes und vielleicht sogar Gefährliches einlassen.

Am Mittag des entscheidenden Sonntags im späten Juni wählte er seinen Aufzug besonders sorgfältig. Man mußte ja nicht gleich sehen, daß er die Hosen voll hatte. Er bekleidete seinen schmalen Körper mit einem weißen Leinenhemd. Da er das Scheuern des hartgestärkten Spitzenkragens unter Kinn und Ohren partout nicht ausstehen konnte, verzichtete er auf die sittsame Halskrause. Umso bedachtsamer stieg er in das neue Beinkleid. Für den Sommer hatte der spendable Vater den Jungen leichte, geschlitzte Pluderhosen schneidern lassen, dazu dünngewirkte grüne Kniestrümpfe und einen hüftlangen Schultermantel aus leichtem, lavendelblauem Samt. Eigentlich haßte er Kniestrümpfe, entweder waren sie zu eng oder sie schlotterten um seine dünnen Waden. Aber heute kam ihm alles lockerer und großzügiger vor. »Der äußere Schein entscheidet über den ersten Eindruck«, trällerte er und musterte sich im Spiegel der Stiefmutter, die wohl auch in diesem Sommer im Lüftelberger Schloß bleiben würde. Trotz des Zetermordios der Dienstboten, Johanna und Goddard, hatte er sich das blonde Haar bis zu den Ohrläppchen hinauf modisch stutzen lassen. Mit Mutters Frisierbürste kämmte er sich die hohe Stirn frei und gab der Schallschen Nase großzügig Raum. Am liebsten hätte er sich auch noch ein Kinnbärtchen zugelegt, doch dafür reichte der blonde Kieferflaum noch nicht aus. Nochmals rieb er sich seine tadellosen Zähne mit Zimtwasser blank und prüfte den Achselgeruch. Müßte mal wieder auf die Schwitzbank, dachte er naserümpfend, aber erst, wenn alles vorbei ist. Angekleidet warf er sich auf das Bett – vor Aufregung war er zu früh geputzt.

Bevor das abendliche Glockengeläut die Cöllner Bürger an den ewigen Wechsel von Werden und Vergehen erinnerte, geisterten ihm Fluchtgedanken durch den Kopf. Noch immer konnte er alles abblasen und in die Abendandacht entweichen. Immerhin feierte man allerorts den Johannistag. Doch im nächsten Augenblick sah er sich auf jenen grobschlächtigen Kerl zutreten und seine Männlichkeit beweisen – ritterlich, aber auch lässig. Das Gedankengebräu, das eine ganze Woche in ihm gegärt hatte, verscheuchte schließlich die Feigheit aus dem Blut.

Beim achten Läuten der nahen Sankt Aposteln-Glocken war er auf, sprang die Treppe hinunter und verlangsamte seinen Schritt erst unter den Neumarkt-Eichen.

Er betrat den Ausschank »Em Scheffge«, wo er sich im Stehen ein kleines Keutebier genehmigte. Der dunkle Kräutersud brannte bitter, aber von weißem Domherrenbrot unterfüttert, legte er sich schnell beruhigend auf sein Gemüt. Er lief zum Domhof, denn er mußte zum Rhein hinab.

Das Abendlüftchen nahm dem Dom und dem darauf erstarrten Holzkran, der seit siebenundvierzig Jahren den Winden trotzte, das Bedrohliche. In der Dämmerung wurden die Kirchenfenster festlich durchleuchtet. Der Chor sang zur Ehre Gottes, und die flirrenden Stimmen der Kastraten erfüllten den Abend. Adam verscheuchte den sachten Wunsch, im gleißenden Altarlicht, von Weihrauch liebkost, in frommer Gemeinschaft dem Herrn zu lobsingen und machte, daß er weiterkam.

Der Weg hinter dem Dom, hinunter zum Fluß, war im Dunkeln nicht geheuer. Hastig eilte er am Hochgericht vorbei und umrundete das Stadtverlies im Frankenturm, ohne zu den Gitterfenstern der Mörder und Diebe hinaufzuschauen. Seit Carneval hatte er den Geruch von geteertem Holz, Trockenfisch und feuchten Abfällen nicht mehr gerochen. Beleuchtete Fensterchen erhellten das Pflaster zum großen Zolltor hinab, hinter dem der unsterbliche *Rhenus fluvius* lebte. An die grobbehauene Ufermauer neben dem Torgewölbe gelehnt, wartete er. Hier sollte er abgeholt werden. Mit wachsender Unruhe starrte

er in das Dunkel, das nur von den weißen Zungen der Sandbö-
schung und von verstreuten Lichtpünktchen am Deutzer Ufer
erhellt wurde. Noch hielt sich der Mond versteckt. Fast hätte er
vergessen, warum er an der Stadtmauer lehnte, als ihm einer
von der Seite »mitkommen« ins Ohr flüsterte. Bevor er sich von
dem Schreck erholen konnte, war er dem Fremden zu einem
Steg gefolgt, an dem sich das Wasser glucksend rieb. Ein Böt-
chen, im dem ein Schatten kauerte, dümpelte auf den Wellen.
Der Fremde sprang mit beiden Füßen hinein und rief:»Komm!«
    Adam zauderte. O Mutter Maria! Noch nie hatte er ein solches
Gefährt bestiegen. Schon gar nicht solch eine lächerliche Schaukel, die schon für ihn alleine zu klein erschien. Zu dritt in solch
einer Schale und auch noch in mutterverlassener Nacht über den
schwarzen Rhein. Er gab sich einen Ruck und machte einen stor-
chenhaften Schritt hinab auf die schwankenden Bohlen. Das
Holz seufzte morsch. Sofort kauerte er sich nieder. Der Fremde
zog ein Tonpfeifchen aus der Tasche und fing an zu schmauchen,
als hätte er alle Zeit der Welt. Wenn ich ein Weibsbild wäre, würde
ich jetzt kreischen, dachte Adam und krallte seine sorgsam ge-
putzten Fingernägel in den Bootsrand. Der Fluß riß das Fährböt-
chen schmatzend an sich. Die Lichter des Cöllner Ufers flogen
vorbei, die schwarzen Wellen zerbrachen das Mondlicht in blit-
zende Irrlichter.»Ich kann nicht schwimmen«, rief er.
    »Das trifft sich gut, ich auch nicht.« Der Ruderer lachte mun-
ter.»Hier, mein Feiner, nimm das Holz, leg dich ins Zeug, sonst
treibt es uns bis Rotterdam. Mach's wie ich!« Der fremde Junge
reichte zwei grobe Ruderblätter nach hinten.
    Es dauerte ein Weilchen, bis Adam das Geheimnis des Hand-
ruderns durchschaut hatte. Er bemerkte, daß der Kahn seinem
Riemenschlag gehorchte. Ein wohliges Gefühl von Kraft und
Freude stieg in ihm auf. Ich bin mitten in einem unglaublichen
Geschehnis! Ich, Adam Schall von Bell, rudere zu Vollmond
über den Rhein, jubelte eine innere Stimme. Er vergaß, daß
seine neuen Schuhe im schwappenden Bootswasser aufweich-
ten und übersah die beiden Gestalten, die vor ihm in der
grauschwarzen Schale kauerten. Auch fragte er sich nicht mehr,
wohin die Nachtfahrt ginge.

Schlag um Schlag kamen die Lichtlein von Deutz näher. Plötzlich gab es einen Ruck und das Boot schrammte auf das sandige Ufer.

»Aussteigen!«

»Bezahlt ist schon!« Der Fährjunge hatte seinen flachen Kahn schon wieder ins Wasser geschoben und machte sich davon.

Erst jetzt erkannte er, daß ein Mädchen mit herübergefahren war. Während er das Wasser aus seinen Halbstiefeln kippte, musterte er sie.

Sie lachte verschmitzt. »Ich weiß, was du in Deutz willst. Ich bin die Käte. Folg mir.«

»Danke«, murmelte Adam und stapfte hinter ihr her über knirschenden Kies.

Sie lief auf die dunklen Umrisse einer Kirche zu, und er folgte ihr durch ein geschmiedetes Friedhofstürchen, hinter dem sie zwischen den Grabkreuzen hindurchtänzelte. Bei der jenseitigen Pforte des Gottesackers riß sie so beherzt am Armsünderglöcklein, daß dieses laut gellend anschlug. In der nahen Pfarrei ging Licht an, ein Fenster wurde aufgerissen. »Macht, daß ihr wegkommt, sonst laß ich den Hund raus«, schrie eine Männerstimme wütend.

Zum ersten Mal rannte Adam um sein Leben. Zu zweit jagten sie durch die engen Deutzer Gassen. Adam konnte kaum Schritt halten.

Plötzlich war er allein, sie war verschwunden. Atemlos hielt er im Laufen inne und suchte sie. Niemals hätte er einem Frauenmensch soviel Tollkühnheit zugetraut. Alleine stand er jetzt vor einem maroden Haus. Die Eingangstür war halb geöffnet, Licht fiel auf das Pflaster. Schritt um Schritt tastete er sich vor. In der Diele hatte jemand einen verbeulten Leuchter hingestellt. Das unruhige Licht beschien eine steile Stiege. Mit der einen Hand ergriff er den Leuchter, mit der anderen das Geländer, dann zog er sich hinauf.

Vermutlich hatte das letzte Hochwasser die Bewohner vertrieben. Es stank beizend nach Katzenpisse und schimmeligem Wandverputz. Unter seinem zögernden Schritt ächzte das Holz. Die Flamme drohte auszugehen. Die alte Angst, gegen die er schon als Kind in den Kellergewölben von Schloß Lüftelberg angekämpft hatte, überkam ihn. Die oberste Stufe endete vor einer Tür. Vorsichtig drückte er die Klinke nieder. Sie war verschlossen. Er klopfte.

»Wer da?«

»Ich!«

»Was willst du?«

»Ich will zum Pater Beanorum.«

»Ach so! Du bist gleich dran.«

Adam hockte sich neben die brennende Kerze und wartete. Ein spitzer Schrei, gefolgt von einem hündischen Winseln, drang an sein Ohr, er erstarrte. Dem Schrei und dem Winseln folgte nach langer Zeit von drinnen ein *»Bravo beanus pennal, bravo bec jaune!*« Die Tür wurde aufgerissen und eine gebückte Gestalt mit einem Tuch vor dem Mund stolperte an ihm vorbei die Holzstiege hinab. Paul hat's gewußt. Adams Herz raste.

»Herein, der Kandidat darf nähertreten!«

Die Türe wurde von innen aufgezogen. Außer den Flammen von sechs Altarkerzen, die im Wind zuckten, bewegte sich nichts. Im Speicher standen zwei Schemel, eine Platte, die auf eilig zusammengezimmerten Böcken lag, und auf einem spinnenbeinigen Tischchen ein Meßkelch. Auch eine Truhe.

»Der Kandidat schließe bitte die Tür!«

Adam fuhr herum. Drei ungleich große Gestalten traten auf ihn zu. Sie trugen Metzgerschürzen und hatten Kapuzen über die Gesichter gestülpt.

»Der Kandidat möge meinem Gesellen den Obolus aushändigen.«

Mit schweißnassen Händen zog er seine Börse hervor und zählte sechs Weißlinge in den Handschuh des Kleinsten. Dieser schnauzte ihn an: »Weg mit dem Wams, weg mit der Hose.«

»Ausziehen?«

»Alles ausziehen! Hose, Strümpfe, Hemd.«

»Auch das Leibhemd?«

»Dein Feigenblatt kannst du anbehalten.«

Der Große stellte den Meßkelch vor Adam hin und befahl: »Piß rein!«

Schnell sprang der Kleine dazwischen, griff den Kelch und schüttete den Inhalt durch die Dachluke in die Nacht hinaus, daß es klatschte. Dann stellte er das leere Gefäß vor Adams Füße. Adam nahm den Weihekelch und zog das Leibhemd hoch. Kaum, daß sein Strahl klimpernd hineinschoß, entriß ihm der Kleine das Urinal. »Genug erleichtert! Pater Beanorum möchte mit der Zeremonie beginnen.« Harsch wurde er angewiesen, sich auf den Tisch zu legen. »Nein, nicht auf dem Bauch, auf dem Rücken sollst du reifen.«

Ehe er protestieren konnte, wurde er mit Lederriemen an Handgelenken und Füßen festgeschnallt. Jetzt lag er bis auf das vollgetropfte Wollhemd nackt auf dem rauhen Holz. So wehrlos wurde ihm angst. Hinter ihm knarrte es. Vermutlich hatten die Kerle die Truhe geöffnet.

»Sage lebewohl zu deiner Torheit.«

Stechend süßlich fuhr ihm ein Gestank der Verwesung in die Nase. Die Gehilfen stülpten ihm einen ausgehöhlten Tierschädel, an dem ein Hautlappen baumelte, über den Kopf und gröhlten: »Ritscheratsche, ritscheratsche ab das Horn, ritscheratsche ab das Horn.«

In seinem verkrampften Leib braute sich der Ekel zusammen, er spürte, daß an dem Schädel gerüttelt und gesägt wurde.

»Pack zu, hau rein, weg damit, ab damit«, salbaderte der Pater Beanorum. »Des Tölpels Torheit steckt in diesem Horn, der Weisheit dienen die Hörner nicht, drum ab, drum weg damit.«

»Kopf und Geist sind befreit, die Torenhörner fortgerissen.« Mit diesen Worten hoben die drei den widerlichen Ochsenkopf von seinem Kopf und steckten eines der abgesägten Hörner in den halbgefüllten Meßkelch.

Würgen bäumte ihn auf, er japste nach Luft. Ein Arm packte ihn, aus dem Hinterhalt ergoß sich ein Schwall scharfen Branntweins in seinen aufgesperrten Rachen und in die Nasenlöcher und floß in Ohren und Hemd. Er hustete, röchelte, der Branntwein explodierte in seinem elenden Körper. Dem Fusel folgte der Hauer eines Keilers, der ihm in den Mund geschoben wurde.

»Draufbeißen!«

Angewidert schmeckte Adam Fauliges im Mund.

Die Kapuzenkerle rezitierten:

> Du Sau des Lebens friß den Zahn der Zeit,
> den dir die Engel und der Teufel gaben.
> Von Angst bist du befreit,
> weil Männer Wahlen haben.
> Der Weg des Mannes ist die Wahl
> und Kraft brauchst du für diese Qual,
> fortan bist du nun selbst der Eber.
> Der Eber ist der Kräftegeber,
> spuck also aus den Keilerzahn,
> ab jetzt bist du ein ganzer Mann.

Erst als sich die Kapuzenkerle vor Lachen ausschütteten, ließ die Verwirrung nach und er wagte, den Keilerzahn auszuspucken.

Unbeirrt durch das nächtliche Geschehen in der Deutzer Dachkammer war der Vollmond auf den Morgen vorgerückt. Durch die Dachluke fiel jetzt soviel Licht, daß Adam auch ohne Kerzen sehen konnte, wie sie ihm einen Totenschädel vorhielten. Betäubt hörte er ein durch die Kapuzen gedämpftes Raunen. »Küß seine kalte Stirn, küß seine kalten Wangen. Um deine Demut zu beweisen, sauf. Vom Kinderstrull zum Männersaft!«

Ungläubig starrte er auf den halbgefüllten Kelch, während ihm die Fesseln abgenommen wurden. An den zuckenden Schultern sah er, daß seine Peiniger noch immer vor unterdrücktem Lachen bebten. Der größte und dickste von den dreien brüllte:»Mach schon, du feiger Hund. Trink und werde, was du pißt!«

Ich werde mir selber beweisen, daß ich nicht feige bin, dachte er und überwand die Angst vor der eigenen Courage.

Beim Gestank seines Harns wurde ihm speiübel. Er atmete tief durch, hob den Kelch an die Lippen. Schaudernd setzte er ihn wieder ab, seine Unterlippe zitterte. »Das soll das wenigste sein, wovor ich mich fürchte!« brach es aus ihm heraus und auf einen Zug kippte er seinen Piß in sich hinein. Augenblicklich gefror sein Blut, Totenblässe trat ihm ins Gesicht, ihn würgte, er mußte husten. Eiskalter Schweiß brach in Strömen hervor.

Schwindel ließ ihn kreiseln. Vor seinem Inneren spaltete sich die Erde und stülpte ihre Eingeweide glühend nach außen. Er glaubte zu ersticken.

»Bravo beanus pennal, bravo bec jaune! Bravo beanus pennal!« brüllten die drei und rissen ihre Kapuzen von den verschwitzten Gesichtern.

»Ach ihr seid's«, meinte Adam matt, als er den Mundschenk und neben diesem den pickligen Hännes aus der Burse erkannte. Am liebsten hätte er gleich seine neugewonnene Männlichkeit bewiesen und jedem dieser Halunken einen Kinnhaken verpaßt. Doch nicht einmal sein schmerzender Körper schien ihm mehr zu gehören.

»Der Studentensitte ist genug gefrönt«, rief der dicke Hännes. Die Gehilfen löschten die Altarkerzen und in tiefer Nacht machten sie, daß sie aus dem leeren Haus fortkamen. Der Kandidat schlich ausspuckend hinter ihnen her. Als sie die Ufergasse erreichten, empfing sie der Rhein mit einer frischen Brise. »Verdammt, wir sind zu spät! Kein Boot!« brummte Hännes und suchte den Wasserspiegel ab. Adam kniete im Ufersand und wusch sich den Sudel vom Gesicht. Alle warfen sich in den Sand. Vor Erschöpfung schlief Adam ein. Als er erwachte, war die Mondscheibe verblaßt und hing wie eine durchscheinende Blüte über dem sonnenbeschienenen Dombaukran am anderen Ufer. Irgendwie kam er auf die Beine und torkelte den drei zerdrückten Nachtgestalten zu einem verwaisten Kahn hinterher. Sie entwendeten das der Nacht vertrauensvoll überlassene Gefährt und paddelten über den Strom ans Cöllner Ufer.

Wie er durch die Gassen zum Neumarkt hinaufeilte, befiel ihn ein Jucken am Hals und hinter dem rechten Ohr. In seiner Kammer schaute er sofort in den Spiegel. Den Hals und die Wangen überzogen bereits rote Schuppenlamellen und die befallene Backenhaut glich einer Birkenrinde. In den Armbeugen schuppte sich die Haut silberweiß. Der Anblick trieb ihm das Entsetzen in die Augen, aus lauter Verzweiflung zeigte er sich der Obermagd.

»Ach du armer Junge. Ist es wieder mal so weit? Beruhige dich, schon als Kind bist du nicht daran gestorben. Laß Johanna machen.« Mißtrauisch warf die Alte ihm einen Blick zu. »Der junge Herr war doch nicht etwa beim Hexengesindel am Stadtgraben. Von Hexenspucke kommt so was, sagt man. Na ja, der Heiland wird seinen Segen nicht gleich von einem schlecht erzogenen Balg nehmen!«

»Hexenspucke?« Von Grauen gepackt, schlich Adam zurück in seine Kammer, wo er hinter abgesperrter Tür einen Rosenkranz nach dem anderen betete. Immer wieder fragte er sich, wie weit wohl der picklige Hännes mit dem Teufel verstrickt sei?

Johanna versorgte über Tage den Aussatz mit Kamille. Der Wiesenduft, der aus den Säckchen strömte, tat unendlich gut, doch gegen seine Ängste half die Behandlung wenig. Aus Angst davor, daß seine Mitschüler die Spuren von Hexenspucke auf seiner Haut entdecken, womöglich dadurch sogar erfahren könnten, daß er mit dem Gehörnten gespielt hatte, schwänzte er die Schule für Wochen. Nicht einmal an den Mahlzeiten mit seinem aus Lüftelberg angereisten Vater und seiner anmutigen Stiefmutter Katharina nahm er teil.

In den besseren Häusern Cöllns standen die Herrschaften im Sommer mit der Sonne auf. Kaum daß die Butzenfenster erstrahlten, schoben sie die Federbetten weg. Doch im Sommer Anno Domini 1607 kam so mancher Frühaufsteher unter den Patriziern erst gar nicht aus dem Bett.

Obwohl das Sonnenlicht bereits golden in den Schallschen Edelhof flutete, wurde in der ehelichen Schlafstube nur eine Fliege wach. Das Flügeltierchen fing an zu tanzen und sich zu putzen, als stünde ein großer Tag bevor. Sirrend flog es los. Aber nicht zum Licht, sondern dorthin, wo es nach Erbrochenem roch, zur Wange eines Schlafenden. Es tanzte über sein Gesicht, über die Kissen und zurück zu seinen Lippen. Der Erwachende röchelte und wischte nach der Fliege. Vergebens, seine Hand sank in das Tal der Kissen zurück. Erst ein Jucken gab seinen Fingern Kraft, ließ ihn das Federbett wegtreten und seine Fingernägel in die nackte Schenkelhaut fahren. Hier waren über Nacht Pusteln hervorgebrochen.

Katharina erschrak, als sie die eheliche Schlafstube betrat. Ihre Knie versagten, wie sie ihren Gatten in Erbrochenem liegen sah. Mit schwachen Fingern griff sie nach dem Bettpfosten. Obwohl der Erwachte sie aus feuchten Augen anbettelte, fand er weder Aufmunterung noch Gnade. Sie ekelte sich, wie der alte Mann so sauer riechend dalag und ihr seine kranken Schenkel hinstreckte. Als sei das Lager eine Jauchegrube, trat sie näher, den Schürzenzipfel vor die Nase gepreßt. Kurz beäugte sie den Aussatz auf der dichtbehaarten Schenkelhaut, erschrocken wich sie zurück. Ihre Kälte, die ihr Gesicht steingrau werden ließ, war keine Frucht des Augenblicks. In dieser geizig kleinen, stickigen Nachtkammer, deren Holztäfelung noch von seinen Großeltern stammte, beliebte er sie zu beschlafen. An diesem verfluchten Ort beliebte er, der fünfunddreißig Jahre ältere, verwelkte Mann, sie, die Junge, Blühende, aufs gröbste zu besteigen!

Beim Herrgott, was ist bloß das? fragte sie sich und zutiefst beunruhigt starrte sie auf den Ausschlag nahe dem Hoden. Die wunde Haut beunruhigte sie mehr als die Geschichte ihrer beiden freudlosen Ehejahre. Ob das wohl ansteckend ist? Angstvoll rückte sie den Bettschemel unter das Fenster.

Im Gegensatz zu ihrem siechen alten Gatten erstrahlte Katharina in der Schönheit einer Neunzehnjährigen. In ihrem Körper, unter einem lindgrünen Hüftkleid verborgen, war noch kein zehrendes Kind herangereift. Ihre Brüste hatten bisher nur Männerlippen gesäugt. An ihren sinnlichen Tagen schnürte sie sich die Taille ein und zeigte ihre Fesseln. In dieser Zeit, meist kurz nach Vollmond, ließ sie das Busentüchlein über dem flachgeschnürten Mieder loser spielen. Ein flämischer Maler, der sie kurz nach ihrer Heirat in Öl verewigt hatte, schwärmte für ihren langen Hals und die winzige Verwirrung in ihren Augen. Hausfreunde pflegten sie für ihr verschwenderisches, herbstrotes Haar *de' fussich Gräfin* zu titulieren. Mit gefalteten Händen saß Katharina vor der Wand und starrte auf ihren Gatten hinab, der sie immer noch aus tränenden Augen anflehte. Angewidert wendete sie sich ab, dabei streifte ihr Blick das Kruzifix mit der vertrockneten Rose, einer Hochzeitsgabe.

Mittlerweile hatte sich die Fliege in die schützenden Lakenfalten verkrochen und eine Stille, die tiefer drang als das Stöhnen des Kranken, erfüllte die Schlafkammer.

Draußen polterte es, die Gräfin erschrak. Die Kammertür wurde aufgestoßen und die Magd Johanna trampelte herein wie in einen Stall. Ihre Augen jagten vom Elend des Gebieters zum verstörten Antlitz seiner jungen Frau.

»Was hat er?« fragte sie kalt.

»Ein übler Aussatz! Auch noch innen an den Schenkeln!«

»Heiliger Rochus, steh uns bei! Erst der Junge und jetzt sein Vater.«

Vorsichtig warf sie einen Blick auf die Haut des Kranken. Hastig bekreuzigte sie sich.

Nochmals bekreuzigte sich die Magd und wich zur Tür zurück. Für einen Moment starrten sich die Frauen an. »Es muß sofort Hilfe geholt werden, damit wir das Pestelend nicht auch noch kriegen.«

»Einen Bader, Johanna. Besser, besorge einen Medicus! Schnell!« Die Ehefrau griff nach der Geldkatze unter dem Mieder.

»Was er jetzt braucht, ist frische Luft!« befahl Johanna, griff über den roten Schopf ihrer Herrin hinweg und riß das Fenster auf. Ihr Blick strafte den Mann im Bett für seine Krankheit und den Wandschrank dafür, daß er offenstand. Die Geldkatze in der Faust, eilte sie aus der Schlafstube und in einem Schwung die Stiege hinab.

Im Vestibül tauschte sie ihre Schürze gegen einen Umhang.

Bevor sie das Portal hinter sich ins Schloß warf, stopfte sie einige widerspenstige Haarsträhnen unter die Haube und hastete auf die morgenkühle Gasse hinaus. Das hat er jetzt davon. Geht unter die Leute und setzt mir nichts dir nichts alles aufs Spiel. Warum mußte er gerade jetzt vom Schloß herabkommen? Womöglich steckt wieder ein Luder dahinter. Abfällig schüttelte sie den Kopf und etwas Unergründliches züngelte in ihren Augen.

Der nahe Neumarkt war zur Brandstatt verkommen. Selbst zu dieser frühen Tageszeit qualmten an allen Ecken Feuer aus Holzkohle, Schwefelstein, Wacholder und Schwarzpulver. Die gifthauchvertreibenden Seuchefeuer hatte der Stadtrat verordnet und der Erzbischof geweiht.

»Nichtsnutzig, lachhaft, nur schädlich für die Brust«, schimpfte sie und eilte weiter über den menschenleeren Platz. Sie war früh unterwegs. Doch eine solche stille, totengleiche Stadt hatte sie nicht erwartet! Nirgendwo lockten Buden oder Stände, niemand hängte Federbetten zum Lüften aus den Fenstern, nirgendwo steckten Mägde ihre Köpfe zusammen. Die Ödnis, durch die sie hastete, nahm die Ewigkeit vorweg. Sie ahnte, daß die Pestangst die Stadt verzehrte und die Menschen hinter verschlossenen Türen festhielt.

Wie sie im Laufen an den schmucken Fachwerkhäusern hochschaute, sah sie vereinzelt bleiche Gesichter in den Fenstern. Hinter dem gekreuzten Stabwerk verkrochen sich Gefangene der Angst, die ihr eigenes Brot buken, aus gehortetem Kräuterwürz und Malz eigenes Bier brauten und selbst im eigenen Haus nur mit dem Mund voller Knoblauch herumirrten.

Zeiten des Irrsinns waren diese Zeiten der Pest, aber auch Zeiten der Wahrheit.

Erzfromme suhlten sich im Schlamm von Orgien, um ihren todgeweihten Leibern den letzten Lusttropfen abzupressen. Ungläubige knieten neuerdings wie festgemauert vor den Altären oder stürmten die muffigen Beichtstühle. Betschwesterliche Naturen verschworen sich der Schwarzen Magie. Währenddessen machte die Obrigkeit und ihre Tarnspitzel nicht nur auf diese Satansbündler Jagd. Auch Unschuldige unter den 40 000 Cöllnern wurden Opfer des Lauerns. Vielen erging es so übel wie jenem Greis, der die Kirchenbank vor dem Hinsetzen mit dem Mantel abwischte. Aufgehetzte Kirchturmgeister deuteten diese sorgsame Geste als Aussäen von Gifthauch. Noch während der Andacht wurde der harmlose Greis ergriffen, aus Sankt Gereon gezerrt und in das geschlossene Seuchenlager in der Lungengasse verbracht. In Zeiten der Seuche feierte auch die Häme Triumphe. »Euch Sündern«, fauchten Kanzelpfaffen, »wird es wie den Philistern ergehen, die zu Tausenden an der *pestis* starben, weil sie die Bundeslade raubten.«

Als Johanna um eine Hausecke bog, durchzuckte sie der Schreck. Vor ihr ging eine dunkle Gestalt in einem ölgetränkten, nach Essig riechenden Lederumhang. Das halbe Gesicht verschwand hinter einem Mundtuch und in der freien Hand trug sie die rote Rute der Unberührbarkeit. Zur Pestwarnung nagelte dieses Amtswesen ein Strohbündel an das Portal eines zur Totenstätte verdammten Patrizierhauses.

Johanna durchquerte die ausgestorbene Stadt zum Alter Markt, wo sie beim *Artzney-Mischer* Hilfe erhoffte; Hilfe für den Kerl, dem sie einst hörig war. Vor der Pharmaziestube am Rathaus wimmelte es von Menschen wie in der Fleischhalle zu Michaeli.

Kräuterweiber, Wahrsager, Schwarzkünstler und schmierige Bader lagerten auf Strohmatten und priesen ihre Heilkünste an. Johanna haßte diese selbsternannten Heiler. »Lumpenpack, könnt euch nicht mal einen Katzenbraten leisten«, fauchte sie in das Sacktuch hinein, das sie zum Schutz vor Mund und Nase gepreßt hielt. Da die Ladentür noch verschlossen war, wartete sie ungeduldig mit der Menge.

»Was glaubt ihr, wo die Seuche herkommt? Natürlich aus den verferkelten Notquartieren der Spanier am Nordtor. Nicht umsonst reden alle von der hispanischen Seuch'«, zeterte eine hagere Gestalt, die ihr Lästermaul durch Stumpenqualm und ihren Leib durch eine gewaltige Lederschürze zu schützen suchte. »Erinnert ihr euch an die spanischen Söldner, die von ihren Truppen auf dem Durchmarsch in die Niederlande verwundet zurückgelassen wurden?«

»Nein, nein guter Herr! Der Moribundus ist über die Stadt gekommen, weil Cölln unter einen schlechten Aszendenten geraten ist«, widersprach ein Männlein, das von einem Bein auf das andere trat, und gegen die Seuche Handschuhe und eine doppelstöckige, kräutergefüllte Haube trug.

»Alles Humbug, das Gift der Influenza wird von den Juden ausgesät. Diese Brunnenvergifter gehörten verbrannt! Wie in Basel und Speyer.« Bei jedem dritten Wort fächelte sich die Kaufmannsfrau mit einem beizend riechenden Essigtuch Luft zu.

Johanna preßte ihr Schnupftuch fester vor die Nase und quetschte sich nach vorne. Rücksichtslos, mit einem Arm rudernd, zwängte sie sich durch die Hilfesuchenden und die Bagage mit ihren verdreckten Tinkturfläschchen und verwelkten Kräutlein in den mittlerweile geöffneten Raum, wo es aus jeder der vielen Magazinschubladen noch gesünder roch.

Erst am schulterhohen Verkaufstresen kam sie zum Stehen. Über Tiegel, Dosen, Bechergläser, Filter, Glaskolben, Phiolen und eine Tarierwaage hinweg hofierte sie den Artzney-Mischer, der einen ledernen Mundschutz trug. »Schnell! Verehrter Herr! Mein Gebieter, Graf Heinrich Degenhard Schall von Bell, stirbt.«

»Weib, sieh dich um, wer stirbt nicht?«

»Beim Herrgott! Der Kranke ist der reiche Patrizier Schall von Bell. Ihr müßt doch wissen, vom Schallschen Edelhof.«

»So, so, ein reicher Patrizier. Na, wo ist denn dein feiner Edelhof?«

»Drüben an Sankt Aposteln.« Scharf schnitt ihre Stimme in das Gewinsel der abgedrängten Leute. Sie faßte in den Brustschlitz des Mieders, um die Geldkatze hervorzukramen. Ihre Hand stockte, denn der Artzney-Mischer reckte vier seiner verätzten Finger.

»Nein, drei! Drei Silberthaler und nicht mehr.«

»Wat nix koss, dat is och nix«, rüffelte er über den Tresen.

»Beutelschneider! Dann kommt schnell!«

»Gemach, gemach, Weib! Nicht ich, mein bester Medicus wird dir helfen.«

Wer sich zutraute, in den Zeiten der *pestis* mit Kräutermaske, Essigbad und Aderschlag dem Gifthauch zu trotzen, durfte sich Medicus nennen und konnte im Pestsommer 1607 ein schönes Häuflein Thaler raffen.

»Vier Thaler!« forderte ein jüngerer Feistling, der neben dem Artzney-Mischer Kräuter abwog, und streckte ihr seinen abgewetzten Handschuh hin. »Ich entscheide!«

Die Obermagd war klug genug, um blitzschnell einzuschlagen. Mit angewidertem Blick warf sie zwei polierte Thaler in die fordernde Hand. »Den Rest gibt's später. Jetzt macht aber!«

In aller Ruhe stopfte der vierschrötige Medicus seine Arme in einen knöchellangen Mantel aus Öltuch. Nachdem er diesen zurechtgeschüttelt hatte, schwang er einen Ledersack derart heftig über die Schulter, daß es scheppperte und klirrte. Abfällig musterte er das Menschengetümmel, dann drängte er wie ein sturer Ochse ins Freie. Da sich in seinem breiten Kreuz anscheinend die gute Laune eingenistet hatte, stimmte er das Baderliedchen an:

> Häst du Jöck am Po
> Oder plog dich jet anderswo
> Kum eren und sag, wat dich dröck
> Mer helfen dir, wann mügelich noch hück

»So abgebrüht«, grummelte die Magd und stremmte ihre Waden.

»Weib, renn nicht so, der Schweiß verdirbt mir das Wams«, stöhnte der eingemantelte Feistling.

Erst als der Kleeblattchor des Sankt Apostelnstiftes zwischen den Eichenkronen auftauchte, fand er bei dem Weib Gnade, und Seite an Seite eilten sie in die Patriziergasse Im Laach. Kurz bevor das Scheppern einer Leichenkarrenschelle Gassenfenster einen Spalt aufspringen ließ, verschwanden die beiden im Haus.

In der Eingangshalle stellte er seinen Medizinsack ab und lüftete mehrmals den Öltuchmantel, als wolle er fliegen. »Nicht übel das Gemäuer«, brummte er und ließ einen abschätzenden Blick über die Gobelin-Landschaft, die Schweizer Stundenschlaguhr und die vielen Hirschgeweihe an der Portalwand gleiten. »Jetzt geht's wohl dem Jäger an den Kragen, nicht wahr, Magd?« feixte er.

»Medicus, Medicus, Euch kann wohl nichts erschüttern«, rief sie und schüttelte den Kopf. Während sie ihren Umhang wieder gegen die Hausschürze eintauschte, forderte sie ihn auf, seinen schweren Mantel abzulegen.

»Na, na! Ihr zeigt ja auch nicht Euren gefälligen Leib. Im übrigen hält mich der Mantel am Leben. Er ist meine Rüstung.« Augenzwinkernd deutete er auf die altmodische Ritterrüstung am Sockel der klotzigen Treppe. »Im Gegenteil, ich kleide mich erst richtig an!« Aus dem abgestellten Sack zerrte er eine Maske mit Vogelschnabel und winzigen Sehschlitzen. »Mit gifttötenden Kräutern gefüllt!«

Bevor er sich die Maske über das Gesicht stülpte, goß er Essig in die Lederhandschuhe. Dann ließ er sich von der Magd an der Hand zur Krankenstube hinaufführen.

Das Fenster war verschlossen, die fuchsrote Gräfin hatte sich getrollt. Im Gemach empfing sie verdorbene Luft und ein halbnackter Körper. Der Magd schwindelte, wie sie ihn zwischen den Laken leiden sah. Auf der Haut blühten inzwischen Schwären und Knoten. Die rotgefleckte Brust hob und senkte sich rasselnd. Die Zunge hing gleich einem Stück Leder zwischen den aufgeplatzten Lippen. Der Schwerkranke war dem Fieberwahn verfallen und bemerkte die Ankömmlinge nicht. Johanna durchschritt auf Zehenspitzen das Gemach. Ihre Abscheu verbarg sie in einem mit Kräutersud getränkten Mundtuch. Unruhig setzte sie sich auf einen Schemel, während der Medicus entschied, was zu tun sei.

Aus dem Sack angelte er eine Holzzange hervor und zog damit das verhunzte Laken weg. Schweratmend richtete er sich wieder auf und brummte »vergeudet«. Anstatt die Tinkturgläschen mit Knabenharn, Krötenlaich, Knoblauchpreß und Hühnergalle einzusetzen, langte er nach einem Stichmesser und dolchte die Geschwüre auf. Während sich der Giftsaft breiig über die gesunde Haut ergoß, wischte er das Instrument der letzten Hoffnung am Bettlaken ab. »Vielleicht wird es helfen«, preßte er dumpf hinter seinem Schnabel hervor. Geschwind raffte er seinen Umhang und, als säße ihm der Tod im Nacken, sprang er zur Tür hinaus. Johanna eilte hinterher. Erst in der Küche wurde er wieder Mensch. Als er sich die Schnabelmaske vom Gesicht zog, sah Johanna, daß er von der Stirn bis zum Kinn vor Schweiß troff. Verstohlen wollte sie ihm die restlichen Thaler hinlegen, doch er kam ihr zuvor: »Vielleicht braucht Ihr dieses schweißtreibende Pülverchen. Aber vorsicht, nur im Falle von plötzlichen Ohnmachten, Frostschütteln und Mattheit.«

Als der Mann mit schweißverklebtem Haar unter der Kaminhaube stand, »Hinfort, hinfort, ihr giftigen Schwaden!« in die Flammen wisperte und trockenen Wacholder mit Granatkörnern ins knackende Feuer warf, schob sie ihm aus Furcht vor Hexerei einen Extrathaler in die Tasche, nur daß er schnellstens verschwinde.

Während sich die Mittagshitze aus der leidenden Stadt stahl, glaubte Johanna an ein Wunder. Kaum daß sie wieder in die Krankenkammer trat, richtete sich der Graf keuchend auf und seine wasserblauen Augen strahlten fieberfrei. »Johanna, zu trinken … schnell … viel«, scheuchte er sie schon wieder in alter Gutsherrenmanier. Kein Wort des Dankes! Johanna gehorchte stumm und verfiel in verbitterte Geschäftigkeit. Hastig wärmte sie einen Hühnerrest und eingekochten Kohl, spritzte einen

Schoppen und schaffte beides dem Hausherrn hinauf. Während er gierig aß und trank, wechselte sie ruppig Laken und Bezüge. Gesättigt schickte er sie nach Katharina.

In frischem Kleid und engem Mieder, das Haar gescheitelt und gerafft, glitt Katharina im Einklang mit dem schmeichelnden Abendlicht herein. Die junge Gattin spürte am Blick der anderen Frau, daß diese ihr etwas verschwieg. Dieser Blick! Dieser haßerfüllte Weiberblick verfolgte sie seit ihrer Hochzeit.

»O, meine Katharina, wie schön du bist!«

»Gefall ich dir? Welch eine Freude, dich wohlauf zu sehen. Soll's noch mehr zu essen sein? Willst du Licht?« Katharinas Stimme rieselte kreideweich. »Mein Gemahl, wünschest du deinen Sohn Adam zu sehen? Er ist im Haus.«

»Später…« Erschöpft sank er zurück in die frischen Kissen und schloß die Lider.

Katharina nickte und zischte Johanna zu: »Er wird genesen!« Auf Zehenspitzen schlich sie aus der Krankenkammer, die Magd hinterher.

Doch im Morgengrauen wurde Katharina in der angrenzenden Kammer von einem Winseln geweckt. Sie lauschte. Es klang nach einem totgeweihten Höhlentier. Unwirsch stand sie auf und schlich leise in die Krankenstube hinüber. Um die Früchte der Nacht zu erkennen, genügte das erste Tageslicht. Beulen, groß wie Enteneier, quollen in den Achselhöhlen und der Beuge schmutzig gelb hervor. Besessen warf sich der Körper hin und her. Dem Schlund entstieg ein Winseln, bald ein Heulen und Stöhnen. Die Frau bedeckte nicht einmal seine Blöße mit dem Laken, sondern machte auf der Stelle kehrt und stürzte in die Küche hinab, wo die Obermagd alleine am Tisch saß und Brotbrocken in dampfende Milch tunkte. »Laßt nach dem Geistlichen rufen«, flüsterte Katharina leichenblaß und sank auf die Eckbank am Herdfeuer. Sie vergrub ihr Gesicht in den Händen, ihr nachtwirres Haar floß in Strähnen auf den Tisch. Während ihr Gemahl im Stockwerk darüber mit der Endgültigkeit rang, sorgte sie sich um ihre Stellung als Hausherrin. Was sollte aus ihr, einer Geborenen von Mirbach werden? Gerade mal neunzehn Jahre alt und schon Witwe. Während die Magd seelenruhig ihr Eingebrocktes löffelte, nagten in Katharina die Nöte, vor allem die Not, wie sie nach dem Tod des Gatten von seinen Söhnen behandelt würde. Sprach der Älteste, Reinhard, doch jetzt schon wie ein Gutsherr mit Verachtung auf den Lippen zu ihr. Der Jüngste, Heinrich, war ihr selbst nach zwei Jahren Zusammenleben noch immer ein Rätsel, während Adam ihr aus dem Weg ging oder ihr mit verträumtem Blick begegnete. Sie seufzte so verzweifelt, daß die alte Magd von der Milchschüssel aufsah. »Was gibt's?«

»Nichts. Wo ist Adam? Vergräbt er sich noch immer? Sein Ausschlag ist doch längst verheilt. Er soll sich bei seinem Vater sehen lassen.« Katharinas Gesicht war in maskenhafter Schönheit erstarrt. Verborgen unter der Tischplatte marterten ihre Fingernägel die Haut der Nagelränder, bis sie bluteten.

Mit dem Gleichmut des Alters begegnete Johanna dem Unausweichlichen. Sie löffelte ihre Milch aus, wischte sich den Mund am Schürzenzipfel ab und stellte die Schale in den Spültrog. Gesättigt und voll Bedacht stieg sie alleine in die Krankenstube hinauf. Ein Türspalt klaffte. Leise trat sie ein und schlich ans Bett. Ein forschender Blick ins Gesicht des Grafen genügte ihr, um Bescheid zu wissen. Ohne Zögern tat sie das, was solche Augenblicke vom Gesinde fordern. Sie lief auf den Treppenabsatz hinaus und rief nach unten in die Küche: »Lene, schnell, schnell! Rosenessig, Aquavit und genug Abreibetücher.«

Die Begegnung mit dem Sterben gehörte zu ihrer Arbeit. Schon die drei früheren Gattinnen des Grafen, Adama Kessel von der Nürburg, Anna von Wylich und Maria Scheiffart von Merode, hatten in ihrem Beisein den Tod gefunden. Dafür hatte sie aber auch vier Kindern in die Welt geholfen. Zu einem dieser Kinder stieg sie jetzt hinauf. Sie klopfte, ohne Antwort zu erhalten. Beherzt drückte sie die Klinke, doch die Tür blieb verschlossen. Schließlich raunte sie durch den Türritz: »Adam, komm heraus, dein Vater liegt im Sterben! Vergiß endlich deinen lächerlichen Ausschlag!« Umgehend stieg sie wieder zum Sterbezimmer hinab.

Aus der Küche schallte das Hantieren mit Kübeln und Kellen

und das Klappern von Kasserollen herauf. Die junge Lene gab ihr Bestes, auch wenn es nur der banale Versuch war, den Tod mit Geschäftigkeit zu überlisten.

Unter dem Ausschlag hatte sich ein neues Gesicht hervorgepellt. Durch einen Wandel in tieferen Schichten hatte die Nase an Vorsprung eingebüßt und fügte sich harmonischer in das Jungengesicht ein. Die Angst vor Hexenfluch und Gottesgericht hatte den Fünfzehnjährigen reifen lassen.

In den Wochen, in denen er sich aus Angst verkrochen, sogar in der Schule gefehlt hatte, war neben dem Erflehen von Sündenerlaß das Studieren des großartigen Kartenwerkes *Rudimenta Cosmographica* seine wichtigste Beschäftigung. In all den Wochen hatte er es abgelehnt, mit seinen Brüdern auf das Heimatschloß Lüftelberg heimzukehren, um der Seuche zu entfliehen. Seitdem sein Vater darniederlag, wühlten ihn Ängste auf. Hatte er die Seuche ins Haus gezogen? Hatte womöglich das teuflische Hurenbuch dem Tod die Tür geöffnet? War er nur deshalb nicht am Hautausschlag gestorben, weil er noch für seine Sünden büßen sollte? Jetzt rief man nach ihm. Sollte er hinabsteigen zu seinem sterbenden Vater? Zu einem Mann, der sich schon immer mehr um Weiberschenkel gekümmert hatte als um Gott. Noch vor ein paar Tagen hatte Vater ihn höhnisch einen Milchbuben genannt. Kurz darauf hatte er sich vergnügungssüchtig unter die Leichtfertigen und Schamlosen gemischt. Und jetzt wurde er für seine Luderei mit dem Siechtod gestraft.

Schließlich löste Adam den Rosenkranz vom Wandkruzifix. Wenn Johanna nicht übertrieben hatte, dann müßte er gleich in die sterbenden Augen seines Vaters blicken. Der Schweiß verklebte ihm die Hand, die sich um die Holzperlen schloß. An der Tür machte er nochmals kehrt und nahm ein frischgepreßtes Sacktuch aus der Truhe.

Kurz darauf trat er in das elterliche Schlafgemach. Ein Windhauch empfing ihn. Seine Stiefmutter und Johanna hockten auf Schemeln unterhalb des weitgeöffneten Fensters. Mund und

Nase versteckten sie in Tüchern. Er tat es ihnen gleich. Trotz frischer Luft und Räucherwerk stand ein aashafter Geruch im Zimmer. Gebeugt trat er an das Krankenlager, das beim flüchtigen Hinsehen nur von Kissen und Decken belebt schien. Er sank auf die Bettkante nieder. Er hatte erwartet, daß ein elendes, immerhin aber vertrautes Gesicht und brüchige, immerhin aber väterliche Hände von ihm Abschied nähmen. Doch welch ein Irrtum! Ein aschgrauer Leib lag zwischen den Laken wie verquollenes Treibholz.

Adam starrte lange auf seinen Vater.

Plötzlich, als spähe der Sterbende im Gehen zurück, schlug er die Augen auf. Ein unbekannter Schimmer traf in des Jungen Herz.

»Vater!«

Zu spät. Der Tod folgte mit einem stummen Beben.

Den letzten Lidschlag lang schaute Adam Vertrautes und eine Bitte im brechenden Augenblau. Mein Gott, er hat mich im letzten Atemzug gewarnt. Eine Flut von Zuversicht, ein Strom von Güte brandete in sein Herz, so überwältigend, als wäre durch den Tod ein Damm geborsten. Seine Finger legten sich um die Hand des toten Vaters und er verbarg sein Gesicht noch tiefer im schützenden Tuch. Für seine Tränen schämte er sich vor den Frauen. Erst als er »danke« flüsterte und vor der Bettstatt niederkniete, um mit verschnürter Kehle zu beten: »Vater unser im Himmel, geheiligt werde dein Name ...«, erwachten Katharina und Johanna aus ihrer Lähmung. Am Knarren der Dielenbretter hörte er, daß auch sie in seinem Rücken niederknieten. Sein Vaterunser verflog wie die Seele des Toten und hinterließ eine Stille, die nicht bedrückender hätte sein können.

Wie er noch immer kniete, hörte er Johanna murmeln »Gottlos gelebt, gottlos gestorben. Ohne letzte Ölung ist er gegangen.« Die Magd trat an die Bettstatt und zog mit versteinertem Gesicht das Laken über den Kopf des Toten. »Oder möchte sich die Ehefrau noch einmal an dem Anblick ergötzen?« In ihren geröteten Augen lauerte Spott. »Dieser Mann war nur sich selber treu. Mein aufrichtiges Beileid, Frau Katharina!«

Das Stundenschlagen vom nahen Sankt Apostelnstift holte

die Hinterbliebenen in den Alltag zurück. Johanna trat auf den Treppenabsatz hinaus, stieß eine Luke auf und rief in den Hof hinab: »Meinrad! Meinrad, wo steckst du?«

»Hier!« hörte sie ihn verschlafen antworten. »Warum störst du mich bei der Arbeit?« Mürrisch Heu aus der Joppe klopfend, zeigte sich der Pferdeknecht im Scheunentor.

»Komm ins Haus, ich hab dir was zu sagen.« Johanna stieg ins Vestibül hinab, wo sie ihm den Tod des Hausherrn mitteilte. »Meinrad, sorg dafür, daß auf dem Schloß alles für ein schnelles und prächtiges Begräbnis vorbereitet wird. Und bevor du nach Lüftelberg reitest, benachrichtigst du die Base auf Horbell, dann den Schwager in Wylerswist. Vergiß bloß nicht, beim Bruder in Morenhoven vorbeizureiten. Verstanden? Ich sorg dafür, daß die Leiche schon morgen in Lüftelberg ankommt. Ich laß auch die Schwadorfer Sippschaft benachrichtigen. Jetzt aber fort mit dir!«

Höchste Eile war geboten, denn die Obrigkeit ließ bereits ganze Straßenzüge mit Holzgattern verbarrikadieren und bewaffnete Wachen vor den Pesthäusern aufziehen. Seit diesem Seuchensommer durften auch die hochgestellten Toten nicht mehr auf den Gottesäckern am Domhof von Sankt Peter und an Sankt Mariegraden beigesetzt werden. Ohne Leichenzug, ohne Aufbahrung und ohne Messe mußten auch sie in Massengräbern vor der Stadtmauer verscharrt werden. Amtshalber sechs Fuß tief – so befahl es der jüngste Ratsbeschluß, die erste Hygiene nach Einführung des *Schyssefegers* und seines stinkenden Nachtkarrens. Nach der neuen Hygiene war also auch die Seuchenleiche des Adligen Heinrich Degenhard Schall von Bell vom Verscharren in grobaufgerissener, ungeweihter Erde bedroht. Diese Schande mußte ihr um jeden Preis erspart werden.

Noch hallten dem Pferdeknecht Johannas eindringliche Worte im Ohr, als er sich auf den Rappen des Verstorbenen schwang. Fast einen Tagesritt brauchte er bis in die Voreifel. Es dämmerte und die schilfgrünen Auen entlang der Swist verdunkelten sich bereits. Die abendlichen Felder dufteten nach frischem Sensenschnitt und getaner Bauernarbeit. Der Mond schob sich am klaren Osthimmel empor. Jämmerlich lahmend, tauchte das

Roß in die letzte Talsenke vor den Lüftelberger Gütern ein. Am Mühlenbach saß Meinrad ab und führte den Rappen an der Trense über die mondbeschienene Steinbrücke. Ein schwarzes Bohlentor verschloß den Weg in den Schloßhof. Jetzt galt es, die dicken Burgmauern mit Rufen zu durchdringen. Ein Fünkchen Licht unter dem Dach des Gesindehauses verriet, daß noch jemand wach war. »Hohoo! Ich bin's, Meinrad, der Pferdeknecht!« brüllte er. »Aufmachen, verdammt, hört mich denn keiner?« Erschöpft ließ er den Klopfring auf die Bohlen donnern. Endlich tat sich hoch über ihm eine funzelig schimmernde Luke auf und ein Haarschopf fuhr heraus. »Wer da?« grummelte eine Weiberstimme.

»Ich bin's! Meinrad! Ich komm von Cölln.«

»So spät! Hast du wieder gesoffen?«

»Dummsinn, mach sofort auf!«

»Schon gut, schon gut, ich mach ja schon.«

Wenig später stand der Reiter im Hof und übergab der schlaftrunkenen Änne im Schein einer Nachtfackel die Zügel des schäumenden Gaules.

»Behalt dein Vieh! Ich hab dir schon aufgemacht.«

Meinrad hielt die Flüchtende am Nachtrock fest.

Die Weibsmagd protestierte: »Laß los, ich bin auf dem Weg ins Bett!«

»Das hat Zeit! Unser Graf ist tot und du denkst nur an deine warme Bettlade. Schäm dich Weib.«

»Hui, der Graf ist tot!? Leever Jott, wie konnte das passieren? Hat ihn der Schlag gerührt?« Sie schlug sich die Hand vor den aufgerissenen Mund.

»Elendiglich verreckt ist er!« Meinrads lauernde Augen hatten ihr halbentblößtes Fuder Holz entdeckt. Er schob sich seitlich an sie heran, griff ihr um die Hüfte und flüsterte: »An der Cöllner Seuch'!«

»Die Seuche«, flüsterte sie und zurrte sich zurückweichend das flüchtig geknöpfte Hemd vor die schwere Brust, »wütet in Cölln. Um Himmelswillen, das darf keiner wissen, sonst laufen wieder alle weg. Wie damals. Mutter Maria, der Hof darf nicht nochmals verwaisen.«

Sich das Sitzfleisch reibend, stampfte der Bote bereits auf den Gebäudeklotz zu, der sich mit den Ecktürmen wie eine altertümliche Burg gegen den Nachthimmel abhob.

Alarmiert vom Hufschlag und den Stimmen im Hof, öffnete sich am Sichterker ein Guckfensterchen. »Wer da?« mißtraute eine helle Stimme.

»Ich bin's, Meinrad.«

»Nanu, mitten in der Nacht?«

Obwohl Meinrad vor Müdigkeit taumelte, nutzte er das Warten, um sich den Staub vom Lederwams zu klopfen. Zwei Riegel ratschten und eine Kette rasselte. »Seid gegrüßt, junger Herr!« brachte er matt hervor. »Ich komme geradewegs aus Cölln mit einer bösen Botschaft für Euch und Eure Geschwister.« Der Knecht knetete das staubige Barett zwischen den Fingern und vermied, den siebzehnjährigen Sohn des Toten anzusehen.

»Eine böse Botschaft?«

Zusammen traten sie in das holzgetäfelte Entree. Nur noch wenige Talglichter brannten, es roch nach verkohltem Docht. Der Pferdeknecht machte einen Schritt zurück, holte Luft, dann war es gesagt: »Euer Vater verstarb in den Morgenstunden an der Seuche.«

Reinhard riß die Augen auf. »Vater tot? Ein Opfer der Cöllner Seuche?« Er wendete sich ab und verstummte. Als sich der erste Schrecken gelöst hatte, legte ihm Meinrad die Hand auf die Schulter. Reinhard schluchzte. Angelockt durch die Geräusche erschienen zwei Gestalten in zerlegenen Nachthemden auf den obersten Stufen der Freitreppe. Kerzenlicht fiel auf den kindlichen Heinrich und das unebene Antlitz seiner viel älteren Stiefschwester Sibilla unter ihrer Nachthaube.

Der Knecht verbarg seine Erregung und wiederholte die Hiobsbotschaft. Er mußte um Fassung ringen, denn die Todesnachricht prallte an den beiden ab, als trügen sie Kettenhemden. Verlegen zog er seine Hand von Reinhards Schulter zurück. Sibillas Kaltschnäuzigkeit mochte er noch verstehen, stammte sie doch aus der ersten, unglücklichen Ehe des Verstorbenen mit Adama Kessel von der Nürburg. Seit dem Tod ihrer Mutter geisterte Sibilla als frühvertrockneter Graurock durch das Schloß. In ihrer absonderlichen Art erzählte sie jedem, daß ein Fluch auf dem Schallschen Stammbaum laste. »Ein Fluch, der Frauenmenschen ausmerzt«, beliebte sie mit irrem Blick zu flüstern. Nun hatte Sibilla in den achtundzwanzig Jahren ihres Lebens immerhin drei Stiefmütter erdulden müssen. Mürbe vom Leben bereitete sich die unbemannte Jungfer seit kurzem auf das Nonnendasein vor.

Doch was war mit Heinrich? Immerhin war er das Herzenslieb des Verstorbenen gewesen. Meinrad ärgerte sich über den kleinen Scheißer, der so unberührt die Nachricht vom Tod seines Vaters registrierte. Um hinter seinen Streichen herzuräumen, hatte das Gesinde alle Hände voll zu tun. Eigentlich hätte Meinrads Ärger dem Verstorbenen gelten müssen, denn dieser hatte dem Fratz alles durchgehen lassen. Blind war er in seiner Lebenssucht, dachte der Knecht, und blind ist er gestorben. Da sich keiner zu Wort meldete, nutzte er das betretene Schweigen und entschwand in seine Dachkammer. Kurz darauf krochen auch die Waisen zurück in ihre Betten. Im Schloß erlosch das letzte Licht.

Wie eh und je zur Sommerszeit weckte der erste Hahnenschrei das Gesinde. An diesem Morgen allerdings scheuchte die Todesnachricht Knechte und Mägde schneller aus den Bettkisten, als dies ein Eimer Wasser vermocht hätte.

»Die Leiche wird um die Stunde der Mittagshore eintreffen«, wies Meinrad alle ein, bevor er für ein weit sichtbares Zeichen sorgte. Er kletterte die Leiter im Eckturm hinauf und senkte das Schallsche Banner auf halbmast.

Noch vor der Frühmesse wiegte die Magd Änne ihr Geschwank ins Dorf hinüber und baute sich auf dem Anger auf.

»Der Tod geht um!« lockte sie die Dörfler an. »Drunten im gottlosen Cölln geht's ans Sterben.« Die Wascharme in die Hüften gestemmt, spähte sie in die Runde der zusammenlaufenden Bauern. »Keine Sorge, unser Swisttal verschont der Herrgott. Natürlich wollt ihr Vorwitzigen jetzt wissen, wen's erwischt hat. Das seh ich doch euren malefizigen Augen an!« Änne wollte kein Quentchen ihres starken Auftrittes verschenken.

Blicke voller Sensationshunger saugten sich an ihren Lippen fest.

»Wer ist tot?«»Wo wird gestorben?«»Wann?«»Was sagt die?« »Wie ist der verstorben?«»Sicher hat es wieder eines von den Luderweibern weggerafft.«

»Luderweiber?! Von wegen! Keines der hemdlosen Frauenzimmer!« Änne verstummte. Sie gönnte sich einen langen Blick auf die Stierenden. »Den ritterbürtigen Grafen hat der Tod erwischt. Gestern ist er zum Heiland eingegangen.«

»Unseren Grafen?«

Ein Chor des Entsetzens brauste auf und Änne ließ die Hände befriedigt auf ihr Herz sinken. »Ja, Heinrich Degenhard Schall von Bell zu Lüftelberg.« Und kaum hörbar, flüsterte sie: »Den Bruder Liederlich.« Schluchzend nestelte sie ein Nasentuch aus dem Mieder hervor.

»Woran ist der hohe Herr denn gestorben?«

»Woran, woran? Frag nicht so schamlos. Um die Mittagszeit wird das Kondukt aus Cölln eintreffen. Man erwartet, daß ihr anständig Referenz erweist.« Ihre Tratschmission war beendet, hüftschwingend walzte sie den Schloßweg zurück.

Bereits beim Amen in der Frühmesse wußte das ganze Dorf Bescheid. Die Unterbauern, die beim Grafen in Hand- und Spanndiensten standen, zeigten sich vom Tod ihres Herren überaus betroffen. Die gut zweihundert Lüftelberger schätzten den verstorbenen Grafen, denn die niedere Gerichtsbarkeit pflegte er milde und nachsichtig auszuüben und seine Pfaffenspende floß großzügig. Im Ausgleich für Milde, Großmut und Umsicht schwieg man über allerlei Pikanterien.

»Wer unterstützt mich bei den Vorbereitungen?« Fragend ließ der Lüftelberger Pfarrer seine Messe ausklingen. Pater Beatus Manderscheid nutzte das Beisammensein, um kräftige Hände für den Grabaushub zu verpflichten. Als Dorfgeistlicher hatte er für das Seelenheil zu sorgen, für das leibliche Wohl der zu erwartenden Trauergemeinde die Backfrauen und der aus Bonn eingetroffene, fahrende Konsum. Die Schneider von Flerzheim, Rheinbach und Meckenheim sahen sich plötzlich mit eiligen Änderungen an schwarzen Röcken, Wämsern und Kniehosen überhäuft. In Lüftelberg ergriffen die Altbäurinnen die Gelegenheit, um die Luken ihrer Häuschen und Hüttchen zu putzen. Die jungen, auf das Poussieren erpichten Maiden kehrten die Wege und den Dorfanger.

Die fleißigen Hände erlahmten und die Hälse reckten sich, als endlich eine Jagdhornfanfare erschallte. »Er kütt, er kütt!«

»Der Leichenkarren hat die Swist überquert und biegt jetzt auf die alte Römerstraße ein«, meldete ein berittener Jäger.

Plötzlich hielt sich jeder für abkömmlich. Die Dörfler eilten zum Mühlenbach, um das angekündigte Kondukt von nahe zu begaffen.

»Ja, was ist denn das? Seht nur, wie ärmlich sie daherkommen«, zischelte eine Bäurin, ungläubig den Kopf schüttelnd, wobei sie im Laufen eine Gans rupfte. Heugabeln, Sicheln, Säuglinge und Körbe geschultert, drängte sich das Volk des Grafen am Weg und rätselte über die Wagenladung, die da aus der Stadt heranrollte. Ungläubig starrte man auf die gräfliche Fracht. »Heilige Lüfthildis! Die Stoffwurst muß die Leiche sein!« Inmitten der fetten Wiesen sah der Zug erbärmlich aus. Zwei graue Mähren zerrten an einem Karren, dessen Räder quietschend um die Achse eierten. Auf der Bretterpritsche lag ein mannslanges, dickverschnürtes Bündel festgezurrt. Getarnt als Stoffuhre war der Leichnam gegen ein Stichgeld von zehn Hellern aus Cölln herausgeschmuggelt worden.

Der Kutscher saß seitlich auf der Pritsche, um an den Steigungen abspringen zu können. Hinter dem Karren trabten zwei edle Rosse. Auf dem ersten saß hochgereckt der zweitälteste Sohn des Toten, der fünfzehn Jahre alte Adam. Auf dem zweiten wiegte sich die junge Witwe Katharina im Damensitz. Auf weniger edlen Pferden folgten die Obermagd Johanna, der alte Goddard, die Magd Lene und ein Stallgehilfe des Cöllner Edelhofes.

Obwohl die Sonne die Sommerwiesen bis zu den fernen Wäldern mit weißgoldenem Glitzer übergoß, schob sich mit dem Heranrucken des Karrens ein Trauerschatten über die Menschen. Wer von den wenigen Männern eine Kopfbedeckung trug, ließ diese in die Hände gleiten. »*Misericordia domini*«

wurde erschüttert ausgerufen, »Barmherzigkeit, Herr, Barmherzigkeit!«

»Herr erbarme dich!« hechelten Stimmen, und eine Handvoll Weiber sank, Gebete in die hochgerafften Schürzen schluchzend, auf die Knie.

Ohne einzuhalten polterte der Karren vorbei. Der Kutscher dirigierte die Gäule den Schloßweg hinauf und an der Bruchsteinmauer vorbei, die den Friedhof mit der Dorfkirche Sankt Peter verband. Vor dem Seitenportal erlöste er sie mit einem »Brrrrrh«.

Pater Beatus Manderscheid, ein Ministrant und Reinhard, der älteste Sohn des Toten, hielten sich schon bereit, um den getarnten Leichnam in die Kühle des Kirchenschiffes zu schaffen. Unter dem Bildnis der heiligen Lüfthildis stand ein offener Sarg bereit. Rasch hoben die Männer das hartverschnürte Bündel hinein und schlossen eilig den Deckel. Die Cöllner Last roch bereits bedenklich. Erst jetzt bekreuzigten sie sich und folgten der Aufforderung des kleinen kräftigen Paters, Hände und Gesicht mit Rosenessig zu waschen. Die Totenmesse werde am nächsten Morgen stattfinden, verkündete er, bevor er sie wegschickte und sich in ein stilles Gebet vertiefte.

In der Nacht züngelten Blitze über dem Dorf und Wolken entluden hergetragene Lasten. Als die neunte Morgenstunde nahte, erstrahlte der Himmel in Azur. Unter Glockengebimmel zog sich die Trauergemeinde immer dichter um das Portal von Sankt Peter zusammen. Zottelige Scheitel und sittsame Hauben geneigt, verharrten die Gemeinen im Spalier bis die Noblen die Kirche betreten und die ersten Bänke besetzt hatten. Erst jetzt durften an die hundert festtäglich gekleidete Bauern, der Kürschner, der Wollkämmer und der Fleischer in das Gotteshaus strömen. Mit der Fahnenpracht und dem Blumenmeer an der Altarseite hätte sich die Lüftelberger Dorfkirche mit jeder kurfürstlichen Stadtkirche von Kleve bis Andernach messen können. Wiesensträuße betörten durch Minzeduft.

Selbst als alle Bänke besetzt waren, wollte keine richtige Ruhe einkehren. Es waren so viele Menschen gekommen, daß sich die Nachzügler mit den Portalstufen im Freien begnügen mußten.

Den Saum der Feierlichkeiten bildeten wie immer die Armseligen. Auf Wink von Pater Beatus Manderscheid stimmte der kleine Chor *Requiem aeternam dona eis, Domine* an. Und dann ließ Pater Beatus seine kurzen Arme aufschwingen, als wolle er der gesamten Trauergemeinde das Himmelreich öffnen. »Ihr Lebenden! Wieder ist einer von uns gegangen und hat Weib und Kinder, Güter und Freunde hinterlassen. Heute trauern wir um den Grafen Schall von Bell. Doch wie das Leben spielt, fließt nicht jede Träne, die unter uns geweint wird, aus Trauer. So manche stillverschlossene Quelle fließt am Sarg aus Bitterkeit und Zorn. Macht das Hinscheiden des Grafen zum Prüfstein eures eigenen Lebens. Wen hinterließet ihr, wenn ihr jetzt stürbet? Jemanden im Zorn? Verletzt und unversöhnt? Und welcher Gedanke würde euch im Grabe noch bewegen? Wen hinterließet ihr liebend, wen in verzeihender Trauer? Wer von euch hat vorsorglich sein Haus bestellt? Gewiß bangt jetzt der eine oder andere um sein Seelenheil. Warum? Doch nur, weil er dem Tod bis heute gleichgültig, mit dem Ruf ›Nach mir die Sintflut‹, begegnet ist. Damit ist jetzt Schluß! All denen unter euch, die noch heute aus tiefstem Herzen ihr Gewissen prüfen, die Messe zur Vergebung nutzen und die heilige Beichte ablegen, all denen steht der Himmel zur Todesstunde offen. Ich sage euch, Tod und Leben, Licht und Schatten, Schuld und Sühne gehören zusammen wie Milch und Kuh.«

Die Bauersleute hingen bewundernd an Pater Beatus' Lippen. Auf diese einfachen Gemüter wirkte er wie ein Zauberer, der das Wort erwürgen und neu gebären konnte, denn ihr eigenes Reden empfanden sie wie Holzhacken: ein Schlag daneben und schon war das Unglück da. So hüstelte keiner und keiner rotzte, als er fortfuhr: »Ich sage euch, hinauf in den Himmel oder hinab in die Hölle, beides liegt in eurer Hand!«

Der Tod des Grafen hatte auch einen Prälaten in die Dorfkirche verschlagen. Der Abgesandte aus dem kurfürstlichen Bonn, das vom steuerlichen Segen des Schallschen Hauses profitierte, hatte sich in die vorderste Bank gequetscht und lächelte eifrig bemüht. Seine Finger zwirbelten am Leichnam Christi, der angekettet auf seiner scharlachroten Ornatsbrust ruhte. Im Stillen ärgerte sich der Prälat über den Kollegen auf der Kanzel, weil diesem das Spendenvolk an den Lippen hing. Wie er Pater Beatus' letzten Ausruf hörte, erlosch sein falsches Lächeln. Das mit dem Himmel und der Hölle könnte ihn den Römischen Kragen kosten, notierte er hinter der Stirn. War doch in Bischofskreisen vereinbart worden, daß nur dank priesterlichem Beistand das Seelenheil erreichbar sei. Jedoch beschloß er, wieder einmal zugunsten seines Klingelbeutels zu schweigen.

Der bäuerliche Prediger, dessen Lebendigkeit das Kirchenschiff so nachhaltig füllte, war keineswegs ein strafversetzter Kirchenbruder oder gar ein degradierter Ordensmann, wie zänkische Berufskollegen gerne unter das Volk streuten. Dieser Prediger war keiner, der die Stola nur gegen eine Gebühr umlegte, sondern einer, der gegen das dominikanische Ablaßsprüchlein »Sobald das Geld im Kasten klingt, die Seele in den Himmel springt« zu wettern verstand. Pater Beatus Manderscheid gehörte zum Stand der hochgebildeten Jesuiten.

»Ihr alle! Du und du und du da und auch ihr da hinten.« Der Fingerzeig des Jesuiten schoß mitten in die Gemeinde hinein. »Ja, ihr alle! Fühlt euch aufgefordert! Im Augenblick des Todes ist es zu spät, um zwischen Jammertal und Paradies zu wählen. Schon heute, ja, sofort, gilt es die Wahl zu treffen. Ich empfehle euch, wählt den Himmel! Nur dort wird der Gerechte mit paradiesischer Glückseligkeit belohnt.«

Seit der Prediger auch seinen Fingerzeig auf ihn geschleudert hatte, saß Adam aufrechter. Ich werde den Himmel wählen, dachte er erleichtert, Vaters jämmerliches Ende ist mir eine Warnung. Aber im Vaterhaus sind die Sitten zu locker, als daß sie mich vor dem Zugriff des Teuflischen schützten.

Ihn schauderte, das goldgestickte *Iesus hominum salvator* des Altartuches verschwamm vor seinen tränennassen Augen. Der majestätisch verhüllte Sarg des Vaters stand unendlich still und einsam in dem Blumenmeer. Er nahm Abschied vom Vater. Und aus diesem Abschied wurde ein Abschied vom kleineren Bruder Heinrich, der neben ihm mit eisiger Miene und geradem Rücken die Predigerworte über sich hinwegbranden ließ. Auch von Reinhard, der ihm oft ein liebevoller älterer Bruder gewe-

sen war. Und von Stiefschwester Sibilla, die vor ihm saß. Sibilla
trug ihr Kruzifix schon jetzt wie eine Nonne auf der schwarzver-
hüllten Brust. Wieder drangen Pater Beatus' Worte an sein Ohr.

»Der Graf hat gelebt, gehurt, gesoffen. Aber... Er hat seine
Söhne auf den rechten Weg gebracht und seiner Tochter den
Eintritt in den Nonnenstand erlaubt. Er hat Recht gesprochen
und von Herzen geteilt.« Der Prediger verbeugte sich in Richtung des bischöflichen Abgesandten. »So beteten auch die Kollegen nicht umsonst um sein Seelenheil. Ihr alle werdet zu guter
Letzt heimfinden zu Gott, dem Herrn! Amen!«

»Amen!« flutete das Echo hundertfach zurück. Der Chorge-
sang, das Miserere, das Halleluja und das Gebet bündelten den
eindringlichen Abschiedsgruß. Bei Beerdigungen pflegte Pater
Beatus lange läuten zu lassen und auch an Musik wurde nicht ge-
spart. Als er mit gefalteten Händen zwischen seinen Ministranten auf den Mittelgang zuschritt, schulterten zehn Träger in
schwarzem Sammet den Sarg, über dem das Schallsche Wap-
penbanner in Blau, Rot und Silber glänzte. Als erstes folgten,
von schleppender Trauermusik im Schritt gehemmt, die Söhne
Reinhard, Adam und Heinrich in damastenen Palträcken und
den für den Sommer viel zu heißen gefütterten Pumphosen.
Nach alter Tradition wölbte sich über ihrer Brust ein Küraß und
die Degen klirrten leise. Heute duldete Adam den steifen, ausladenden Radkragen und ertrug die feingesponnenen Festtags-
strümpfe. Er zog seine Stiefschwester Sibilla zu sich in die erste
Reihe. Auch sie weinte nicht und er hielt ihre Hand in der seinen, bis daß der Vater unter der Erde war. Von der Haube bis zu
den Schuhen mit einen Trauerumhang verhüllt, schritt sie neben ihrem Bruder her. Sie drückte sich an ihn und bat ihn leise:
»Versprich mir, daß du dieser Weibsperson das Leben verleidest.
Ich hasse sie. Wenn ich im Kloster bin, kann ich mich nicht
mehr rächen!«

»Der Herrgott möge mir verzeihen, aber soweit ich kann, ver-
sprech ich's dir.« Adam wußte, daß er niemals etwas Böses gegen
seine schöne Stiefmutter unternehmen würde. Seit kurzem
spürte er, daß auch im Herzen dieser ungeliebten Frau die Sehnsucht nach Reinheit brannte.

Katharina hatte sich dicht neben die Kinder hinter den Sarg gedrängt und forderte ihren Witwenplatz im Trauerzug. Unter dem Schleier schimmerte ihr aufgestecktes Haar wie mattes Gold und, anders als ihre acht Jahre ältere Stieftochter Sibilla, trug sie das Miederkleid festgeschnürt mit dem hohen Spitzenkragen der Städterin. Der Schicksalsschlag hatte das Feuer in ihr nicht ausgelöscht. Ihr folgte der Bruder des Verstorbenen, Johann Schall von Bell zu Morenhoven, dann die Anverwandten von der Schwadorf-Mülheimer Sippschaft. Ihre Reihen überragte der kantige Schädel des kurfürstlichen Rittmeisters, Heinrich Schall von Bell zu Schwadorf. Seine blaugrauen Locken trug er nach altfränkischer, nicht mehr gepflegter Sitte offen und schulterlang. Über seinen blinkenden Küraß spannte sich eine Kamelottschürze. Die karminrote Hose aus Atlas war von der Hüfte bis zu den Knien geschlitzt und mit weißem Zindelband durchsteckt. Das Schuhwerk dieser Paradegestalt klirrte eitel, denn die scharfen Radsporen schleiften über den Kirchenboden. Seine linke Hand umklammerte den Degenknauf, während seine rechte den braunen, mit einer Pfauenfeder geschmückten Sachsenhut vor die Brust drückte. Schlurfenden Schrittes folgten die Gemeinen. So manchem war ein Knopf vom Wams gesprengt, trug man den Trauerstaat doch nur alle Jahre. Auf die Männerschar folgte die Schar ihrer schwarzverhängten Weiber. Zu guter Letzt wackelten die Buckligen, die Greise und die Siechen hinterdrein, im Gottvertrauen, daß man ihre Kondolenz mit einem üppigen Leichenschmaus belohne.

Im Takt der Trommelschlegel schwangen die Träger den Sarg auf dem Gräberweg an den Trauernden vorbei. Jagdhornfanfaren ertönten und träge schob sich der Zug bis vor das Basaltmal der Familiengruft. Der Gottesacker unter der fränkischen Ulme bot so wenig Platz, daß sich das Ende entlang der Friedhofsmauer staute. Als der Sarg an Seilen in das Totenloch schwebte, schwoll Pater Beatus' gewaltige Stimme abermals an, doch der aufgefrischte Wind trug sein Vaterunser mit den Weihrauchfahnen und den Schluchzern der Frauen davon. Nacheinander traten die Anverwandten an den Rand der Grube, um ein Schäufelchen roter Erde hinabzuwerfen. Nur Adam nicht. Er holte einen violetten Seidelbast hervor und ließ den abgebrochenen Zweig in die Tiefe fallen.

Die Trauergäste trollten sich in lockeren Grüppchen das kurze Wegstück zum Schloß hinab.

Im Schatten des Herrenhauses hatte man hölzerne Bänke und Langtische aufgestellt. Kaum saßen die ersten, wurden Schüsseln mit fettem Fleisch von Schwein, Rind und Hammel, Holzbretter mit schwarzem und Domherrenbrot, Zinnschalen voll Stockfisch und klebrigen Knödeln sowie dreierlei Gebackenes aufgetragen. Neben Milch standen Kannen mit Quellwasser und zwei Karaffen mit Wacholderschnaps bereit. Den Überfluß nutzten viele, um sich den Ranzen zu füllen. Als das Rheinbacher Fiedlertrio am späten Nachmittag seine Instrumente wegpackte, lümmelten nur noch ein paar dorfbekannte Zecher an den abgegrasten Tischen. Die Herrschaften hatten sich ins Schloß zurückgezogen, und für die Bauern war es Zeit zum Melken.

In der folgenden Nacht durchlebte Adam einen Angsttraum. Sein Vater, der Rheinschiffer, unendlich lange Straßen, Hunderte von Predigern, eine Landkarte und ein Hexenfeuer kamen darin vor. Endlich rüttelte ihn jemand an der Schulter und eine vertraute Stimme sagte: »Junger Herr, das Morgenmahl steht bereit. Die anderen sind schon auf.«

»Glaubst du an Träume?« Adam hatte Goddards weckende Hand ergriffen.

»Wenn der Schweiß läuft und das Herz zerspringt, pflegte meine Mutter zu sagen, werden Träume wahr. Ich selbst schlafe immer wie tot. Wenn ich mal einen Alp erlebe, dann nur im Schallschen Haus!« schmunzelte der alte Hausdiener und zog den Verschlafenen aus den Federn.

Adam kleidete sich schnell an und stieg in den großen Saal hinab. Aus dem einstigen Rittersaal hatte die Stiefmutter Rüstungen, Armbrüste, Lanzen und Schwerter wegräumen lassen und dafür neuartige Schubladenmöbelchen aus der Stadt aufgestellt.

Am Familientisch wartete die Verwandschaft bereits auf ihn. Von zwei dunklen, ebenholzgerahmten Ahnengemälden schauten die Großeltern wissend lächelnd auf die Nachkommen herab: einmal Adams Großvater. Dieser Großvater namens Johann Schall von Bell zu Waldorf und Gleuel war reich gewesen. So reich, daß es auch seinem Gesinde zu goldenem Nachtgeschirr gereicht hätte. Und dann die Großmutter, Gräfin Margarethe von Gymnich. Sie muß so ausladend gewesen sein, daß ihre Mitgift leicht unter ihren Röcken Platz gefunden hätte. Und das wollte was heißen! Ländereien und Lehen in Waldorf und Manderscheidt, Weingüter in Duisdorf und Roisdorf und, als Kleinod, das Wasserschloß von Lüftelberg.

Jetzt hatten sich die Nachkommen zur Verteilung dieses Nachlasses, oder was davon noch übrig war, um den ovalen Eichentisch verteilt. Ein Fremder saß mit am Tisch und spitzte seinen Gänsekiel zum Protokollieren an. Wegen des plötzlichen Verscheidens hatten nur dreizehn Anverwandte zur Beerdigung geladen werden können. Zwischen den Männern auf der einen und den Frauen auf der anderen Tischseite hatte man einen respektablen Abstand geschaffen. Adam huschte auf den Stuhl zwischen Heinrich und seiner Stiefmutter. Zwischen ihr und den anderen Frauen war eine unsichtbare Grenze gezogen worden.

Der Morenhovener Bruder des Verstorbenen präsidierte die Tafel. Vor den Ahnengemälden erstrahlte der Fünfzigjährige wie das blühende Leben. Stille lag über der Gesellschaft, als er ansetzte: »Verehrte Anverwandte der Schallschen Familie! Gestern weinten wir lange um meinen toten Bruder, euren Brudersohn und Vater. Heute gilt es für uns Lebende zu ordnen, wie wir seine Hinterlassenschaften auf das Füglichste verwalten können. Mein Bruder hinterließ in die Obhut der Familie seine Tochter Sibilla, unsere Nichte und Schwester aus erster Ehe. Sibilla mein Beileid!« Der Graf nickte zu Sibilla hinüber, die ihr Gesicht hinter einem Trauerschleier verbarg. »Er hinterließ die drei Söhne Reinhard, Adam und Heinrich. Mein Beileid!«

Die Jungen erwiderten nickend seinen Blick.

Der Morenhovener Schall deutete dem Amtsschreiber an, seine Rede zu notieren.

»Und zu guter Letzt, sein nun zu früh verwitwetes Weib, Katharina von Mirbach. Auch Euch mein Beileid!« Bis auf den Rittmeister, der sich Katharina verbeugend zuwandte, übergingen alle die Witfrau mit eisigen Mienen. »Des weiteren gibt es noch einiges an Gütern, Gesinde, Schmuck, Hausrat, Vieh, Gerätschaften und Bücher über Bücher.« Er druckste herum: »Und schätzungsweise das eine oder andere Wechselbalg. Was allerdings von Amts wegen keinerlei Erbansprüche anmelden kann. Mein Bruder, Euer Vater, verstarb, ohne ein Testament zu hinterlassen, doch mit einer Ausnahme. Schon zu Lebzeiten hat er mir dieses Schreiben für seinen Sohn Adam gegeben. Adam nimm es, aber öffne es auf Geheiß deines Vaters nur im Beisein unseres verehrten Paters Beatus.«

Die versiegelte Schriftrolle wurde zu Adam durchgereicht, der sofort versuchte, in das Innere des Dokumentes zu spähen.

Des Oheims Blick blieb an Reinhard hängen. »Von Amts wegen geht in solch einem Fall die Erbfolge direkt auf den ältesten Sohn über, vorausgesetzt, dieser ist mündig. Reinhard, wie alt bist du?«

»Siebzehn, verehrter Oheim«, antwortete Reinhard, als müsse er sich entschuldigen.

»Damit entfällt für dich der sofortige Erbantritt. Sibilla kommt ebenfalls nicht in Betracht. Sie hat die Vorzugsrechte der ältesten Tochter verworfen, da sie …«

»Jawohl, ich will mit dem Erbe und dem Klatsch und euch allen nichts, aber auch gar nichts mehr zu tun haben«, schrie sie schrill unter ihrer Haube hervor und fegte den Tüll zur Seite. »Ich gehe ins Kloster!«

»Sibilla? Warum so überstürzt?« Der fülligen Muhme Sofie war vor Schreck der Pomander aus der Hand geglitten. Gleich erhellte sich ihr Gesicht wieder. »Naja, eine Schallsche im Kloster, warum eigentlich nicht. Ist ja nicht schlecht, wenn wenigstens eine für uns betet.« Schnell erstickte sie ihr Kichern in einem Hüsteln.

Alle Augen richteten sich wieder auf Sibilla, die noch immer mit zurückgeworfenem Schleier in die Runde starrte. Ihre finstere Miene beschuldigte die Anverwandten. »Da hört ihr's. Keiner von euch hat mir je zugehört«, klagte sie an. »Schon lange rede ich von dieser Absicht. Mein Entschluß ist wohl durchdacht. Ich werde dem Wunsch unserer seligen Muhme Anna Gertrude nachkommen und in ihr Stift Sankt Mauritius eintreten.« Mit einem Ruck ließ sie den Schleier wieder vor das Gesicht fallen.

Nach kurzem betretenem Schweigen nahm der Morenhovener Schall das Heft erneut in die Hand. »Liebe Erbengemeinschaft. Wir sollten darauf abzielen, uns gütlich zu einigen, damit sich der«, er räusperte sich, »ungute Vorfall von einst nicht wiederholt…«

»Darf man wissen, was einst vorfiel?« horchte Heinrich, der Jüngste am Tisch, auf.

Bohrende Blicke richteten sich auf den Bruder des Verstorbenen, der an Wangenrot verlor.

»So muß wohl doch der schmutzige Erbstreit auf den Tisch. Dein Vater und ich waren uneins, wie die Güter des Großvaters, Lüftelberg und Morenhoven, aufzuteilen sind. Der Erzbischof hat am Ende vor einem Blutvergießen schlichten müssen. Wir Schallschen haben bei Erbgeschichten eben unseren eigenen Kopf. So, jetzt wissen alle Bescheid. Auch Ihr, nicht wahr, Katharina von Mirbach?« Er wendete sich so nachdrücklich an seine Schwägerin, als reite ihn der Erbteufel schon wieder.

»Ich erwarte«, Katharinas Antwort zischte umgehend zurück, »daß man mir das Erbe, das einer gräflichen Witwe gebührt, zukommen läßt.«

»Man hat darüber verhandelt. Es gibt schon einen Familienbeschluß, Euch das lebenslange Wohnrecht auf den hiesigen Gütern zu erschweren. Welch unschöne Geschichten dazu führten, werden wir aus Rücksicht auf den Leumund des Verstorbenen hier nicht ausbreiten«, warf die Schwähe Eleonora spitz in die Runde.

Katharinas Kopf fuhr herum. »Mir steht eine Leibrente zu! So will es das Gesetz. Eine Leibrente steht sogar einer zu, die vom Schweißfluß befallen ist.« Katharina hatte sich halb erhoben und warf der aufgedunsenen Eleonora einen verächtlichen Blick zu. Dreizehn Augenpaare starrten ihr ins Gesicht, dessen

Röte mit dem Rot der Haare verfloß. Nur Adam, der neben ihr saß, bemerkte das Zittern ihrer Hände.

Der Morenhovener Schall verschaffte sich wieder Aufmerksamkeit. »Damit ihr mir nicht eines Tages Eigenmächtigkeit vorwerft, unterbreite ich euch folgenden Vorschlag zur gütlichen Nachlaßregelung.« Er stemmte seinen Leib hoch und stützte die Fäuste schulterbreit auf, als wolle er gleich auf die Tischplatte springen. Zum Protokollanten neben ihm gewandt, befahl er: »Amtsschreiber, Ihr steht mir für jedes Wort gerade! Nun mein Vorschlag: Die Vormundschaft über die drei minderjährigen Söhne, den siebzehnjährigen Reinhard, den fünfzehnjährigen Adam und den vierzehnjährigen Heinrich übernehme ich als leiblicher Onkel ersten Grades gemeinsam mit Dietrich von Friemersdorf, den ihr unter dem Namen Putzfeld zu Putzfeld kennt. Da er in keinem Verwandtschaftsverhältnis zu mir steht, ist seine Neutralität gewahrt. Dieser Vorschlag soll erst in Kraft treten, wenn ihn der Cöllner Koadjutorbischof genehmigt hat. Herzog Ferdinand von Bayern wird mir diesen Dienst gerne erweisen, denn er ist unserem Adelsgeschlecht freundschaftlich und« – er zwinkerte spitzbübisch – »finanziell verbunden. Soweit, so gut. Nun aber weiter. Die Witwe soll eine Leibrente erhalten, über deren Höhe noch zu verhandeln ist. Die Verteilung der Güter und der Verbleib des Gesindes bedarf einer weiteren Besprechung. Hat jemand etwas einzuwenden?«

Nach kurzer Bedenkzeit verneinten die einen und die anderen schüttelten stumm den Kopf. Sogleich hob der Morenhovener Schall die Nachlaßrunde auf.

Die Testamentrolle in den Fingern, stürmte Adam aus dem Schloß.

»Pater Beatus!« Der junge Schall sprang rufend über Beete und Stauden des Kirchgartens, bis er beim grabenden Pater Beatus angelangt war. Der Jesuitenpater verbrachte viel Zeit mit dem Ziehen von Heilkräutern, wurde er doch zur Heilung gerne an ein Krankenlager oder in einen Stall gerufen. »Pater, verzeiht mir, aber mein Vater hat mich als einzigen testamentarisch bedacht. Ich darf die Erbschaft jedoch nur in Eurem Beisein erfahren. Bitte, brecht das Siegel und lest!«

Pater Beatus Manderscheid reckte sich. Dann stellte er seine Schaufel an eine Bohnenstange, hob seine Kutte über das Kräuterbeet und forderte seinen ehemaligen Lateinschüler auf, ihm zu folgen. Im Schatten eines knorrigen Apfelbaumes bat er den Jungen, sich zu setzen, während er mit seinen erdgeschwärzten Fingern das Pergament noch im Stehen entrollte. Langsam wanderten seine braunen Augen über die Zeilen und blieben nachdenklich auf dem jungen Erben liegen. Zu Adams Erstaunen rollte er das Schreiben wieder zusammen und setzte sich neben ihn ins Gras.

Adam hatte plötzlich den richtigen Ort gefunden, an dem er sich von seinen bedrängenden Abenteuern entlasten konnte. Unter dem Blätterdach des Apfelbaumes ging ihm die unvorhergesehene Beichte leicht und befreiend von den Lippen. Er erzählte, was er sogar seinem Freund Friedrich in der Sakristei verschwiegen hatte. Wie er die Verführung zu Pferd, die Lust am Hurenbuch und das böse Spiel der Fuchsentaufe gestand, erntete er kein strenges Wort, kein Bohren und kein Schuldigsprechen.

»Wenn ich alleine mit mir bin, komme ich immer wieder in Versuchung. Es ist wie im Bierrausch, meine Sinne überfallen mich und meine Gedanken werden zügellos – da helfen mir die Gebetlein und Bibelsprüche, die Marienbildchen auf den Milchkannen und Bierkrügen auch nicht.«

Pater Beatus nickte mit seinem runden kahlen Schädel. »Das stimmt. Mit Heiligenbildchen kommst du da nicht weit.« Er sah den verzweifelten Halbwüchsigen prüfend an. »Wenn ich dich recht verstehe, bist du der derben Spiele überdrüssig?«

»Es sind keine Kinderspiele mehr, Pater. Mein Leichtsinn hat mir die Hexenspucke auf die Haut geholt und meine losen Reden haben Freunde zu Schlechtigkeiten verführt.« Beschämt dachte er an Friedrich, den er zum Entweihen des Meßkelches gebracht hatte und noch an andere wenig rühmliche Ereignisse. »Am Sterbebett des Vaters ist mir die Angst gekommen, daß ich den Tod in unser Haus geholt habe. Sein widerwärtiges Verrecken wurde mir zur Warnung und hat sich mir als Schreckensbildnis eingebrannt. Jetzt fürchte ich mich mehr denn je vor

Gottes Strafe. Wenn ich an Cölln denke, wird mir angst und bang.«

»Es scheint, daß dich die Furcht zu Verstand bringt, mein Junge.«

Der Jesuitenpater schlug ihm auf das Knie. »So, und nun genug geprüft. Ganz wie dein Vater wünschte, habe ich jetzt genug von dir erfahren, um dir sein Vermächtnis zu verlesen.« Er räusperte sich. »Mein Junge!« Ein tiefer Ernst hatte sich in seine Stimme gelegt. »Mein Junge, ich bin froh, daß es so mit dir gekommen ist. Jetzt ist der rechte Augenblick, da ich deinem Vater einen Herzenswunsch erfüllen darf.« Erneut zog er die Pergamentrolle auseinander und las mit fester Stimme vor:

Adam, mein Sohn! Dies Vermächtnis wird Dich nach meinem Tode, dessen Datum noch unter Gottes Siegel liegt, erreichen. Ich, Graf Heinrich Degenhard Schall von Bell, konnte den Niederungen des Lebens nicht widersagen. Ich weiß um meine Schlechtigkeit. Und ich weiß, daß Du mir von meinen Söhnen am ähnlichsten bist. So bitte ich nach meinem Ableben unseren Pater, Beatus Manderscheid, Dich auf Deinen Lebenswandel hin zu examinieren. Wenn Du in meine lasterhaften Fußstapfen getreten bist und von mir das Sündige geerbt hast, wie ich fürchte, dann soll er Dir jede Fürsorge versagen. Er hat an mich schon zuviel Kraft verschwendet. Wenn Du aber den Weg zum Heil anstrebst, wird er Dir auf Deinem Wege weiterhelfen. Sollte Pater Beatus in Dir die Sehnsucht nach geistlicher Belehrung und ein Fernweh in die heilige Stadt Rom bemerken, dann verwahrt er ein Säckchen Gold für Dich. Die Barschaft soll Dir, falls ich in Deiner Jugendzeit verscheide, die Reise nach Rom für ein Studium zum gottesfürchtigen Gelehrten ermöglichen. Für die Reise dorthin nimm Dir einen Begleiter. Für ihn liegt noch ein Extrabatzen bereit. Das jährliche Studiengeld wird Dein Oheim aus dem Nachlaß bestreiten. Darum sei unbesorgt. Falls Du aber bei meinem Tod schon im fortgeschrittenen Alter bist, nimm das Geld für eine Pilgerreise. In Rom sollst Du um meine jämmerliche Seele beten. Ich gab Dir mein Blut. Möge dieses Gold Dir helfen, die schlechten Eigenschaften aus Deinem Blut zu tilgen.

In Obacht, Dein Vater. Zu Ambrosii Anno Domini 1606.

Postscriptum: Eine Notiz mit der Stunde Deiner Geburt füge ich bei, damit Du Dir dein Horoskopium erstellen lassen kannst:

Joannes Adamus Schall a Bell
hora secunda post mediam noctem
anno domini 1592
1. Maii, die Philippi et Jacobi apostolorum
Colonia natus

»Rom? Rom, ich nach Rom? Ich soll nach Rom, wenn ich den Weg zum Heil anstrebe?« Verwirrt nahm Adam das Vermächtnis entgegen und fragte sich, ob das ein Ausweg sei? Vielleicht fällt mir das Widerstehen im heiligen Rom leichter? Wäre Vater doch nach Rom gegangen! Er kämpfte mit den Tränen.

Pater Beatus erhob sich strahlend, reichte dem Jungen das Schreiben und strich ihm väterlich über das Haar. »Geh nach dem Tricoronatum nach Rom, das wird dir helfen. Nimm das Unternehmen als eine Pilgerreise.«

Auf dem Heimmarsch wollte Adam noch wissen, ob Astrologie empfehlenswert sei, der Verzicht auf Sinneslüste nicht freudlos mache und den Körper verkümmern lasse, und ob in Rom alle Studenten leben müßten wie Mönche? Der Pater wackelte fröhlich mit seinem weißen Haarkranz und versuchte, den auf ihn einstürmenden Fragen gerecht zu werden.

Über den Pestferien vergingen Sommer und Herbst. Es wurde Winter. Die Finsternis kam nicht allein, mit ihr fiel die Kälte über die Menschen her. Schon frühmorgens mußte Goddard die Kamine mit Buchenscheiten füttern. Auf dem Ofen schmurgelten Bratäpfel und aus der Küche duftete es nach Festgebäck, für das man extra eine Gewürzmischung aus Aachen hatte kommen lassen. Heiligabend rückte näher. Doch Wärme wollte in den Herzen nicht aufkommen; es schien, als ob zu dieser Weihnacht selbst die Kerzen schwächer strahlten. Die Seelen waren verschlossen wie die Fenster zur Wetterseite hin, gegen die die Hohe Eifel Schneestürme schickte. Auch wenn die Kälte alle im Kaminzimmer zusammentrieb, blieb doch jeder für sich. Noch an Heiligabend nähte Sibilla an ihren Linnen, die sie für das Kloster benötigte. Heinrich studierte die gutsherrschaftliche Buchführung und rechnete verbissen vor sich hin. Reinhard nutzte die letzten Tage vor Schulbeginn, um die Kunstwerke aus dem väterlichen Nachlaß zu sichten. Adam blätterte durch ein Buch, das über die Ewige Stadt berichtete. Zusätzlich zu den Berichten von Pater Beatus, der in seiner Studentenzeit in Rom gelebt hatte, entfachte es in ihm ein Feuer der Begeisterung. Mehr und mehr erträumte er es sich, nach Rom zu gehen.

»Ach ja, eure Abreise.« Wie erwachend ließ die Gräfin die Häkelarbeit sinken. »Wann fängt denn eure Schule wieder an?«

Meinrad, der am schnurrenden Kachelofen gedöst hatte, kratzte sich den Ranzen und antwortete: »In drei Tagen, Frau Gräfin. Johanna, Goddard und ich werden morgen vorreisen, um den Söhnen ein gutes Willkommen zu bieten. Der Karren ist bereits gepackt. Zu Valerii fängt das Tricoronatum wieder an.«

»Bei Gott, das Haus wird leer«, seufzte Katharina. »Goddard, du wirst mir fehlen. Und du, Johanna«, zischte sie, »kannst in Cölln wieder die Herrschaft übernehmen. Ein junges Weib wie ich ist einer alten hausverwachsenen Magd eh nur ein Ärgernis. Wie mir scheint, habe nicht ich, sondern du in diesem Hause Schutz auf Lebenszeit gefunden. Nicht nur der Herrgott weiß die Gründe … am Grab wird manches ausgeplaudert. Der Tag wird kommen, dir den Lebensabend zu vergällen.« Die Gräfin hatte sich im Stuhl aufgerichtet.

»Wer wem das Leben vergällt, wird sich schon noch zeigen«, fauchte die alte Obermagd zurück. In Feindschaft erstarben die Worte und inmitten der Dunkelheit des Wolfsmonats spannte sich zu Heiligabend ein Bogen aus verlogenem Geplauder über die Festtafel.

Drei Tage nach Heiligabend hieß es für die Söhne Abschied nehmen. Mit ofenfrischem Eifeler Brot, Geißmilch, geräuchertem Bauchspeck, eingelegten Gurken und in Schmalz gebratenen Eiern verwöhnten die prallen Mägde ein letztes Mal die schlanken jungen Herren. Die Pferde liefen noch ungeschirrt auf dem Schloßhof herum, als Adam, Reinhard und Heinrich in pelzgefütterten Reisewämsern und wattierten Kniehosen bei Dunkelheit in die klirrende Morgenluft hinausliefen.

Schweigend, in ein blauschwarzes Cape gehüllt, verharrte Katharina auf der verschneiten Portaltreppe. Ein feuchter Schimmer lag in ihren Augen, still verfolgte sie jede Bewegung der Abreisenden. Im Schein der Fackeln stieg Reinhard die vereisten Stufen zu ihr hinauf, kniete vor ihr nieder und küßt ihre Hand. Heinrich und Adam taten es ihm gleich. Als sich Adam vor ihr erhob, hielt sie seine Hand fest umklammert. »Ganz gleich, woher ich komme, glaub mir, ich bin eine achtenswerte Frau. Wir werden uns nimmer wiedersehen.« Schnell verbarg sie ihre Tränen hinter dem Schleier. »Bete für mich in Rom.« Bevor sie im Portal verschwand, huschte ihre Hand über seine Wange.

Die Brüder schwangen sich in den Sattel und trabten auf die vereiste Schloßbachbrücke zu. Bevor sie auf die Karrenspur in Richtung Cölln einbogen, drehten sie sich noch einmal winkend um. Kaum außer Sicht, gaben sie ihren Pferden die Sporen.

Der Eifelwind blies von hinten, und milchig weißes Winterlicht übergoß die Hügel. Adam sog die klare Kälte ein. Zufrieden wie selten zuvor labte er sich am Prickeln in der Brust und galoppierte seinen Brüdern hinterher.

Der Sieg über den Gifthauch der Pest war in Cölln allerorts zu spüren. Die Häuser, aus denen ganze Familien hinausgestorben waren, wurden zu Ostern ausgeräuchert und gesegnet. Im Gedenken an die Opfer säumte die halbe Stadt den Prozessionsweg, und beim Einzug in den Dom sangen die Gläubigen von ganzem Herzen:

Christ ist erstanden von der Marter alle,
Dies sulln wir alle froh syn
Christ sull unser Trost syn,
Aevia aevia alleluia

Voller Dankbarkeit trugen die Menschen Hunderte von Osterkerzen und Aberhunderte von Zweiglein vom Buchsbaum und
Weidenkätzchen, an denen bunte Eier schaukelten. Die Cöllner
feierten das erste Osterfest nach dem Sieg über die Pest als Fest
der Wiederkehr des Lebens.

Wie sich der Zug singend über die Schwelle des Domportals
wälzte, saß Adam zu Füßen des heiligen Christophorus. Seit seiner Rückkehr aus Lüftelberg hatte er immer öfters unter der
Pfeilerfigur des Beschützers der Pilger und Reisenden Ruhe gesucht und gebetet.

Tage zuvor hatte einer der Domschweizer die Betbänke im
Seitenschiff an die Wand gerückt, um Platz für Umbauarbeiten
zu schaffen. Dafür stand jetzt eine Arbeitsleiter im hohen, offenen Raum.

»Schnell, reich mir das Tiegelchen mit Zinkweiß. Dieses
Licht, diese Pracht, wenn du das sehen könntest!«

Neben Adam lag auf einem aufgebockten Brett ein Sammel-
surium aus Pinseln, Tiegelchen voll farbigem Pulver, Ölfläsch-
chen, Rührhölzchen und Balsamen. Er suchte das gewünschte
Tiegelchen heraus und reichte es einem jungen Mann nach
oben auf die Leiter.

»Schade, daß ich den Weihrauchduft nicht malen kann«, rief
dieser nach unten und vertiefte sich wieder in ein angefangenes
Bild, das das einströmende Kirchenvolk aus der Gottesperspek-
tive festhalten sollte. Rauchschwaden schwebten über dem Menschenstrom und Adam mußte die Leiter festhalten, damit diese
nicht vom verzückten Volk mitgerissen wurde. Doch nicht alle
der Eintretenden sangen und neigten ihr Haupt, um mit Oster-
wasser besprenkelt zu werden. Einzelne Gläubige reckten die
Hälse und zeigten sich entrüstet, an Ostern einen Maler auf
einer Bauleiter zu entdecken.

Adam hatte Max immer wieder dabei beobachtet, wie sich dieser in Cöllns größter Kirche einen lichten Ort gesucht und dort seine Malgerätschaften ausgepackt hatte, um die steinernen Heiligen, die Arkaden und das Farbenspiel der Glasfenster zu studieren und mit Rötel zu skizzieren. Eines Tages waren die Jungen ins Gespräch gekommen und eine Freundschaft war erwachsen. Seit jenem Tag saßen sic immer wieder in einer der Betbänke und unterhielten sich über die Ewige Stadt, von wo Kaufleute oder Geistliche der päpstlichen Nuntiatur Neuigkeiten an den Rhein mitbrachten. Seit Adam am Tricoronatum die Aufnahmeprüfung in das Germanikum in Rom bestanden hatte, beschäftigte er sich nur noch mit der Abreise. Beim Sattler hinter Sankt Aposteln hatte er zwei Paar extragroße Satteltaschen in Auftrag gegeben. Auch wetterfeste Reisekleidung war bereits beim Schneider Grün bestellt. Inzwischen fehlte ihm nur noch ein trefflicher Reisebegleiter.

»Komm runter, die Leute murren schon.« Er winkte energisch mit der Hand. Vorsichtig stieg Max von der Leiter herab und begann die transportable Werkstatt in ein Holzköfferchen zu räumen.

»Ich will bald nach Rom aufbrechen.«

»Ich weiß, davon redest du Tag und Nacht.« Max seufzte. »Ich werde in einer Woche zum hundertsten Mal die Chorjoche dieser Kirche zeichnen, während du dem Stellvertreter Gottes den Klunker küßt.« Er verstaute das letzte Utensil und wischte sich die Hände an seiner speckigen, beklecksten Lederweste ab.

Adam saß wartend in einem Betstuhl und betrachtete das Werk mit den frischgetupften Spitzlichtern. »Kannst du reiten?«

»Nun ja, runterfallen tu ich nicht. Beim letzten Mal ritt ich mir einen Wolf.«

»Nicht so schön, aber das gibt sich mit den Meilen. *Dicisne linguam latinam?*«

»*Sic est, justitiarius studiatus sum* – bin schließlich studierter Justitiar. Doch was brauche ich als Künstler Latein?«

»Als Künstler in Rom wirst du es brauchen können. Was willst du Kunstbesessener eigentlich im engen Cölln? Komm mit!«

»Mensch, du sprichst mit einer armen Kirchenmaus.« Max

schüttelte verdrossen den Kopf und strich sich die krausen Haare hinters Ohr.

Adam lächelte verschmitzt. »Am Käse soll's nicht liegen. Das Geld ist da. Der Himmel sendet dir die Thaler durch einen Gönner.« Er sprang auf und rüttelte Max an der Schulter. »Hei! Mein Vater hat mir einen Reisebegleiter zugesprochen. Er hielt mich für zu jung ohne Begleitung. Also, kommst du mit? Sag ja!«

»Dein Vater zahlt die Reise für einen zweiten? Der mit dir reitet? Er bezahlt wirklich alles? Von hier bis Rom?« Max war aufgesprungen und starrte ungläubig in Adams lachende Augen. »Ist das dein Ernst?«

Adam nickte heftig.

»Nicht mein Vater zahlt, ich zahle! Die Reisebarschaft liegt seit Vaters Tod in meiner Kammer…«

»Raus aus dem muffigen Cölln? In die Heimat der größten Form- und Lichtgestalter, Leonardo und Michelangelo, in die Stadt der Denkkünstler? O Gott, o Gott!« Max starrte eine Weile auf die ins Kerzenmeer getauchte Ostergemeinde. »Ich mach's. Ich mach's, ich nehme an!«

Johlend fielen sich die beiden Jungen in die Arme.

»Macht, daß ihr rauskommt, aber schnell!« Ein Domschweizer, der die Jungen schon länger beobachtet hatte, schoß wie ein zorniger Erpel auf sie zu und schob sie durch die schimpfende Menge zum Portal. »Macht, daß ihr rauskommt, aber sofort.«

»Verschont uns mit dem Kirchenbann!« rief Adam dem Schimpfenden zu. Mit Handschlag verabschiedete er sich auf den Stufen zum Domhof von Max. Bevor er an diesem Abend in den Schlaf hinübersank, hörte man ihn noch murmeln: »Gestern noch beim Ministrieren, morgen schon am Heiligen Stuhl!« Selig lächelnd empfahl er sich seinem Schöpfer zur Nacht.

Für den nächsten Morgen hatten sich die beiden zu einer Reisebesprechung in der Wirtschaft »Em Scheffge« verabredet. Wie Adam in das Schummerlicht der Gaststube trat, erspähte er sofort seinen zukünftigen Weggefährten.

Mit baumelnden Beinen thronte Max auf einem der Schanktische und fütterte, mal die braune Haarkrause schüttelnd, mal mit den Armen Löcher in die Luft stoßend, andere Gäste mit den neuesten Gerüchten aus Rom.

»Mein Freund Adam«, stellte er den Eintretenden seinem Publikum vor. »Er wird mich auf meiner Kunstmission begleiten. Außerdem reist er in die heilige Stadt, um mindestens Papst zu werden! Eines fernen Tages wird Cölln stolz auf uns sein!« Der Spruchbeutel sprühte vor Lebensfreude.

»Heute nehmen wir Röggelchen mit Eurem hausgemachten Ziegenkäse.«

»Da muß ich die jungen Herren enttäuschen. Die Ziegen hat mir der Pachtherr wegpfänden lassen, weil ich mich geweigert habe, die Gebühren für die *Schysse-Rinne* zu zahlen. Was darf's denn statt dessen sein?«

»Dann nehmen wir Flöns mit Röggelche.«

Die Jungen machten es sich gemütlich und warteten auf ihre Blutwurst.

»Beim Herrgott, was ist bloß aus der mächtigsten Stadt des heiligen deutschen Reiches geworden? Schaut euch das Handwerk an! Nicht mehr lange und es liegt am Boden, weil der Stadtrat und unsere Gaffelbrüder nichts gegen die Waren von auswärts tun. Jetzt holen sie das Tuch schon aus Böhmen und wollen das Wollenamt schließen. Wie sollen wir Cöllner bei soviel Konkurrenz durchhalten?« tönte es aus einer Dunstwolke in ihrem Rücken. An zusammengeschobenen Tischen steckten Handwerker, Kaufleute und sogar Akademiker ihre erhitzten Köpfe zusammen. Bürgerzorn hatte diesen Klüngel zusammengeführt.

»Aber Apotheker, die Cöllner wollen's ja nur noch billig, billig, billig.« Der Sprecher stieß Rauchwolken aus und fuchtelte seinem Gegenüber mit der Pfeife um die Nase. »Lieber kaufen sie den billigsten Plunder aus dem bischofslosen Aachen als unsere guten heimischen Waren. Seit neuestem sogar den Apfelwein aus dem protestantischen Frankfurt. Unser Erzbistum wird allmählich von diesem geschäftstüchtigen Calvinistenpack umzingelt!«

Der Pferdemetzger sog an seiner Tabakspfeife, daß es nur so gurgelte.

»Nimm deinen Stinkbolzen aus meinem Gesicht!« Der Apotheker schob angewidert die Hand mit dem qualmenden Pfeifenkopf zur Seite. »Und obendrein, uns' Cöllner sind faul geworden. Ratet mal, wieviele Tage im Jahr arbeitsfrei sind? Na, was glaubt ihr?«

»Wenigstens fünfzig?« tönte es aus der Runde.

»Nein! Ich habe nachgerechnet. Hundert! Hundert freie Tage im katholischen Cölln«, verriet der Apotheker und hob sich ein Prischen Schnupftabak in die haarigen Nasenlöcher, worauf sein Gesicht in seinem Sacktuch verschwand.

»Recht hast du, Artzney-Mischer. Wir arbeiten zu wenig!« Der Pferdemetzger klopfte dem Niesenden auf den Rücken. »Ich verwette meinen Stinkbolzen gegen die feine Pfeife vom Bäcker, daß die Calvinisten tüchtiger arbeiten. Die kommen auf dreißig Arbeitstage mehr im Jahr. Nicht umsonst können die hinter der niederländischen Grenze feiner und billiger manufaktieren …«

»Und sie sind auch tüchtiger im Hexenverbrennen«, sagte bitter lächelnd der Bäcker mit der importierten feinen niederländischen Tonpfeife.

»Erst letzten Sonntag haben unsere hier eine verbrannt«, warf der Pferdemetzger ein und blies Rauch in die Luft. »Aber Herrschaften, ein guter Katholik arbeitet bei uns auch seine zwölf Stunden am Tag. Die hundert freien Tage im Jahr sind alles Feiertage für unsere Schutzheiligen. Und wenn der Cöllner seine Schutzheiligen nicht mehr feiern darf, hat er keinen Spaß mehr am Arbeiten.«

»Die Calvinisten, die soviel arbeiten, weil die keine Heiligen haben, hetzen seit neuestem, daß die Jesuiten die allerärgsten Verräter Christi seien, die von den Aposteln nur den Geldbeutel geerbt hätten. Die können sich nämlich gar nicht vorstellen, daß man mit den Heiligen eine goldene Nase verdienen kann. Unsere Jesuiten verdienen doch immer gutes Geld.«

»Die Jesuiten?«

»Was meinst du, was die Kasse machen, wenn die mit dem Klingelbeutel durch die ganze Welt ziehen?«

»Mit den Zöllen und den Weibern läßt sich in Cölln heutzutage aber noch mehr Kasse machen.«

»Meine Herren, gegen diese kleinen Lebensfreuden wird doch keiner etwas einzuwenden haben.« Einmütig hoben sie sich die Krüge entgegen und tranken aus.

Wie ein junger Hund hatte Adam nach jedem Wort der Klüngelrunde geschnappt. »Genau das meine ich, den kleinen Lebensfreuden kann ich auch nicht widerstehen. Das Cöllner Pflaster ist mir zu glitschig. Wirtschaft, einen Muntermacher für mich und den Nippeser Michelangelo. Deine Eltern haben zugestimmt? Du darfst mitkommen?«

»Ja!« wiederholte Max und seufzte. »Doch für meinen Vater bin ich jetzt ein herumlungernder Errones. Daß ich das Jurastudium abgebrochen habe, wird er nicht so schnell verwinden. Mutter hat fürchterlich geweint und gesagt, ich sei doch erst siebzehn. Jetzt will ich nicht nur, jetzt muß ich Cölln verlassen.« Schnell hellte sich sein Gesicht wieder auf. »Keine Sentimente, laß uns unsere Planung machen.« Aufmunternd stießen sie mit einem Sauren Ludwig an. Max lehnte sich zurück und schob seine Daumen unter den speckigen Achselsaum seiner Lederweste.

Adam zückte ein Schiefertäfelchen. »Ich habe mich schon bei meinen Jesuiten kundig gemacht. Pater Leo ist die Strecke oft gereist und hat uns folgendes Zubehör empfohlen« – er las von seinem Täfelchen ab – »Sackmesser, Tabaksud gegen Krätze, Zimtwasser für die Zähne, Lavendeltinktur gegen Ungeziefer und kleine Blessuren, ein Pack Fidibusse, die Passeportes … Zwei Paar besonders große Satteltaschen hab ich beim Sattler in Auftrag gegeben. Du kannst dir noch ein paar Stiefel schustern lassen. Prost! Gesegnet sei unser baldiger Auszug aus diesem Lotterloch.«

»Du hast vergessen: Bimsstein zum Rasieren.«

Neidisch blickte Adam auf Maxens Bartwuchs.

»Unterwegs revanchiere ich mich!«

»Womit?« fragte Adam überrascht.

»Ich bring dir das exakte Zeichnen nach Linien, Winkeln und Fluchtpunkten bei.«

In Aufbruchstimmung traten sie aus der Gastwirtschaft und schlenderten noch weiter planend unter den knospenden Eichenkronen des Neumarkt-Wäldchens dahin.

ie Morgendämmerung weckte die Hähne der Hahnen Pforte, die weckten die Hähne vom Weyer Tor und diese teilten sich den Hähnen der städtischen Bauernbänke mit. Das vielstimmige Hahnengeschrei weckte alsbald die ganze Stadt. Zuerst das Gesinde, die Bäcker, Bauern und die Pfaffen, später die Handwerker und Händler. Zuletzt die Pfründehascher, Künstler und Dirnen.

Früher als die Hähne waren an diesem Morgen im späten April zwei Reisende aus den Federn gesprungen. Als die Stadt erwachte, warfen ihre Gestalten bereits lange Schatten auf die Wagenrinne der Bonner Handelsstraße: Adam und Max ritten mutterseelenallein dem Tag entgegen. Wie die Sonne über dem Rhein aufging, glänzten ihre Rosse wie frisch gebuttert und sie federten leicht im Trab. Das Kochgeschirr in den bauchigen Satteltaschen klapperte mit dem Hufschlag um die Wette. Das Wiesenland, die Stadtmauer und die Kupferspitzen gleißten in der Sonne.

Adam wandte sich noch einmal seiner entschwindenden Heimatstadt zu. Bei der Vorstellung, daß auch dies ein Nimmerwiedersehen sein könnte, wurde ihm etwas flau. »Ob wir wohl wiederkommen? Rom ist ganz schön weit.«

»Na ja, irgendwann halt, sobald uns die Welt zu groß wird«, zuckte Max mit den Schultern und blähte die Backen auf. Adam griff nach der Satteltasche, in der die Börse steckte. Die Sattheit, die seine Hand beim Streichen über die Wölbung des Leders empfand, holte ihn in die Freude des sonnigen Reisetages zurück.

Mit Höhersteigen der Sonne belebte sich die Straße nach

Bonn. Den kostbar vergoldeten achtspännigen Kutschen der Kurfürstenverwaltung mußten sie immer wieder ausweichen, denn diese hielten stur auf sie zu.

An der Godorfer Mühle erlaubten sie sich die erste Rast. Adam schob seinem Freund seine Ration Eierkuchen hin und ließ sich rückwärts, die dünnen Arme hinter dem Kopf verschränkt, ins Gras fallen.

»Wart's ab«, meinte Max und schob die Küchlein zurück in den Vorratsbeutel. »In den schlauen Büchern verschweigen sie immer, daß eine Reise mit Abschiedsschmerz beginnt. Alles, was wir bisher über's Reisen gelernt haben, war Theorie. Ein Bild anschauen ist etwas anderes, als ein Bild malen!« Maxens Augenbrauen hatten sich gehoben und seine braunen Augen blickten herausfordernd.

»Schon gut, ist schon vorbei!« Adam war mit einem schiefen Lächeln aufgestanden und stopfte den Proviant in die Tasche hinter dem Sattel. »Also weiter!«

Als die erste Bonner Siedlung auftauchte, bemerkte er, daß Max mal nach rechts, mal nach links auf dem Pferderücken herumrutschte. Außerdem spreizte er die Knie verdächtig weit ab. »Brauchst du ein Eierküchlein zum Polstern?« frotzelte er.

»Ich hab's geahnt.« Mit schmerzverzerrtem Gesicht stieg Max aus dem Sattel, beugte sich, knüpfte die Kniebänder seiner Bundhose auf und enthüllte die Bescherung. Die Innenseiten seiner Knie waren wundgescheuert. »Das brennt. Und der Hintern erst! » Mit verzweifeltem Gesicht stand er am Feldrain.

»Ein Pferd malen ist etwas anderes, als ein Pferd reiten.« Adam lachte. »Dem einen schmerzt zum Abschied die Seele, dem anderen der Hintern.« Er kramte die Phiole mit dem Lavendelöl aus der Satteltasche. »Pater Leo hat's empfohlen. Wenn's also sein muß: *per pedes apostolorum!*«

Max lief krummbeinig, die Hosen hochgekrempelt, neben seinem Pferd her und achtete bei jedem Schritt darauf, daß das wunde Fleisch nicht an den Stiefelschäften scheuerte. Als sie schon eine Weile am Bonner Rheinufer entlanggewandert waren, bat Adam um eine Rast. Behutsam zog er die Stiefel aus. »Hätte ich sie nur vorher eingelaufen. Wenigstens eingefettet.«

Auch Max hatte seine maßgefertigten Stiefel ausgezogen und stöhnte mit jedem Schritt über die Blasen.

»Ja du meine Güte!« Die Wirtin vom Gasthof »Am alten Zoll« schlug die Hände über dem Kopf zusammen. »Ja wo kommt ihr denn her? Das Reisen wohl nicht gewohnt. Habt euch zuviel vorgenommen?! Was für dumme junge Herren!«

Die Jungen hatten ihre Stiefel über die Sättel gebunden und waren barfuß das letzte Stück zu dem Ufergasthof gelaufen, wo sie nach einem Zimmer zur Nacht fragten. Mit Geld hatte die Wirtin bei den jungen Männern nicht gerechnet, doch als der Irrtum behoben war, standen bald zwei Krüglein Wein und Pfefferpothast bereit. Max bekam sogar ein Kissen.

Auf dem Fluß wurden Lastensegler von einem lauen Windlein leise knarrend gen Cölln geschoben. Noch lange saßen die Reisenden vor der Tür und sahen, wie sich das letzte Licht der Abendsonne an den Kuppen des Siebengebirges verfing und ein Floß dem Meer entgegenglitt. Auf dem schwimmenden Holzteppich hatten die Flößer Feuerchen entzündet, die in der einbrechenden Dunkelheit funkelten. Der Abendfrieden und ein zweiter Krug Dollendorfer linderten die Schmerzen ungemein.

»Ab jetzt geht's aufwärts!« Adam legte seinem Begleiter den Arm um die Schulter. »Das mit den Blasen geht vorbei, aber das mit der Welt fängt gerade mal an.«

Mehr berauscht als müde schleppten sie sich ins Hinterhaus, wo ihnen das Strohlager frisch aufgefüttert worden war. Auch am nächsten Morgen war über den Wein nicht zu klagen. Aber die ersten Schritte wurden zur Qual. Stöhnend bestiegen die Fußmaladen ihre Pferde. Es dauerte nicht lange, bis Max sich zu Adam umwandte. »Diese lausigen Knie, laß uns wieder ein Stück laufen.« Barfuß humpelnd, führten sie ihre Tiere auf der Uferstraße nach Godesberg. Viel Volk war unterwegs. Ein ganzer Strom von Marktweibern mit aufgebundenen Kindern und Kiepen eilte an ihnen vorbei. Sogar die Alten waren mit ihren quietschenden, hochbepackten Schubkarren schneller.

Dort, wo auf der anderen Rheinseite der Drachenfels gegen die Sonne stand, strömte alles zum Ufer hinab. Die Fußmaladen wankten über die Kiesel zum Wasser, hängten ihre Füße in den Fluß und ergötzten sich am Transportgeschehen. Vom gegenüberliegenden Ufer näherte sich ein großer Kahn, den ein Dutzend Ruderknechte durch die Strömung trieb. Kaum daß die Fähre am Godesberger Steg festgebunden war, warfen sich die vordesten Wartereihen mitsamt Gepäck hinein. Aussteiger prügelten sich mit Einsteigern. Die Lastenvorschrift erlaubte vierzig Menschen und sechs Tiere. Doch da dieses Maß für ein paar Heller gerne überschritten wurde, hing die Fähre auf der Fahrt zurück nach Königswinter bedrohlich tief im Wasser. Zurufe, Hundegebell und Stakeisen, all das war notwendig, um die Bahn der talfahrenden Lastkähne und Ruderbötchen unbeschadet zu kreuzen. Im Handumdrehen hatte sich die Fähre in Königswinter entleert und kehrte mit Siebengebirglern zurück.

Ein Lastenkahn mit hoher Heckhütte und niederem Bug glitt schneckengleich am anderen Ufer rheinaufwärts. An einem Seil, lang wie eine Häuserzeile, wurde er von Kaltblütern gegen die Strömung geschleppt. Am Bug kauerten zwei Gestalten, die Angelschnüre durchs Wasser zogen. Eine Frau hängte am Pfahlmast Wäsche auf und vier, fünf Kühe standen wie versteinert auf Deck. Adam seufzte beim Anblick dieses Friedens. »Ein Rindvieh müßte man sein! Wie die Treidelgäule sich ins Zeug legen.«

»Die Kühe lassen sich einfach kutschieren, blasenfrei und ohne durchgesessenen Hintern. Wir Hornochsen! Was die Kühe können, können wir doch auch.«

»Mensch Max!« Adam strahlte. »Klar! Ja natürlich! Dann müssen wir aber ans Treidelufer hinüber.«

Die Fähre kam wieder herüber und sie humpelten eilig auf den Landungssteg zu. Inzwischen war der größte Ansturm vorbei. Vorsichtig folgten sie ihren zaghaft einsteigenden Pferden in den schwankenden Kahn.

Königswinter, unterhalb der Winzergärten am Siebengebirge, strahlte im schwarzweißen Fachwerkkleid. Kaum hatte der Kahn dort festgemacht, hasteten die tüchtigsten Marktfrauen an Land und packten gleich hinter dem Steg ihre Waren aus. Als letzte zogen die Jungen ihre Reitpferde an Land.

»Gut, einer von uns muß Proviant einkaufen. So ein Kahn ist

ja kein Gasthof.« Adam steckte Max drei Thaler zu und überant-
wortete ihm den Rappen.

Hinter einem Fässerstapel erspähte er den Anlegeplatz der
Treidelkähne. Jetzt im Frühjahr stand das Wasser hoch, so daß er
leicht auf den ersten Bug hinübertreten konnte. »Hallo, ist hier
jemand?«

Das Gekläffe eines Hundewinzlings beendete rasch den er-
sten Versuch. An weiteren Treidelkähnen erntete er Ablehnung.
Hartnäckig blieb er schließlich vor einem großen Kahn stehen.
Auf sein Rufen antwortete ihm von hinten ein Mann, der einen
Sack herbeischleppte. Am Kai angelangt, warf er die Last zu Bo-
den und setzte sich darauf.

»Na, junger Freund, was willst du mir verkaufen?« Mit dem
roten Haarpelz seines Unterarmes wischte er sich den Schweiß
von der Stirn. »Ich nehme nichts.«

»Also. Ja. Nun, wir wollten eher etwas von Euch kaufen. Ich
meine, für Geld mitfahren. Ja, ich, mein Gefährte und unsere
zwei Pferde.«

»Ja«, der Schiffer schlug sich auf die Schenkel, »zu fein zum
Reiten? Meine vier sollen eure Herrenpferdchen ziehen?«

»Mein Freund hat sich den Hintern so übel zugeritten, daß
wir nicht weiterreiten können.« Er hielt dem Mann seine blasi-
gen Füße unter die Nase.

Aber der Schiffer schüttelte nur den Kopf.

So schnell wollte Adam nicht aufgeben. »Was würde die Mitfahrt denn kosten?«

Der Schiffer ließ sich noch einmal die wunden Füße zeigen,
bedenklich wiegte er den Kopf.

Auf einmal zwinkerte er und hob den Zeigefinger. »Wie wär's,
wenn eure Gäule zusammen mit meinen vieren euch und noch
ein paar Pfeffersäcke dazu nach Mainz hinaufzögen? Ich könnte
mehr Ware mitnehmen. Für euch dafür Fahrt und Logis gra-
tuit … das rechnet sich.«

Adam schluckte und starrte in das breitknochige, sommer-
sprossige Gesicht. »Und wann?«

»Ich würde noch ein Weilchen brauchen, um die Pfeffersäcke
zu holen.« Bevor der Schiffer den Sack über die Schulter gewor-

fen hatte, zupfte er mit rissigem Fingernagel an einem Wamsknopf auf Adams Brust. »An Deck bleibt die Eleganz auf der Strecke.« Lachend machte er einen Satz auf den Bug hinüber. »Mein Angebot steht. Kommt am Nachmittag wieder!«

Für und wider abwägend, schlenderte Adam zurück zur Relaisstation, wo sich ihre Pferde Hafer gönnten. Max lag in der Sonne ausgestreckt. Mit spitzen Fingern drehte er etwas Braunes vor der Nase und beäugte es, als mißtraue er der Schrumpelhaut. Ganz langsam führte er das Etwas an seine Lippen, saugte, lutschte und schleckte daran. Erst nach einer Weile knabberte er es an. Nicht nur, daß dieses Etwas aus den Niederlanden kam, nein, es war aus dem fernen Nordafrika nach Königswinter gereist, um von ihm, Max Blaugarn, verspeist zu werden. Adam beobachtete seinen Freund.

Max naschte etwas, das mußte mehr als eßbar sein, das mußte lecker schmecken. »Was ist denn das? Was hast du denn da alles angeschafft?« Neben Max standen Beutel um Beutel mit Eingekauftem.

»Pssst. Eine Palmenfrucht aus Afrika. Süß wie Engelsmusik. Sündhaft teuer.« Verärgert spuckte er einen Stein aus. »Das bei dem Preis! Ich hab sie von einem Kahn, in den gestern noch ein niederländisches Seeschiff entladen wurde. Im Schiffsbauch konntest du alles kaufen, aus aller Welt.« Andächtig reichte er Adam eine Frucht. »Hier, Er probiere selbst!«

Adam beäugte die eingetrocknete Frucht. »Aus den Niederlanden?«

»Aus Afrika!« Max zeigte auf die Einkäufe. »Holländische Gewürzkuchen, Rauchspeck, Brot, Limburger Käse, riech! Eine Flasche Jeneverschnaps für trübe Tage und kalte Nächte und die beiden Früchtchen.«

»Mein Beutel hat's gegeben«, bemerkte Adam trocken und schob sich die Frucht zwischen die Zähne. »Hmmh, herrlich, lecker, wieso nur zwei? …«

»Drei Brotlaibe das Stück.«

»Was? Kauf sowas nie wieder! Hör, wir können mit dem Lastkahn da vorne mit. Er fährt bis nach Basel.«

Während sie die Pferde am Kai entlangführten, erzählte er

Max von dem Angebot, die Rosse als Treidelgäule zu verdingen. »Da ist er!« Er winkte dem Schiffer zu. »Mein Freund, Max Blaugarn, mein Roß Apollo und der weniger edle Schecke.«

»Ich bin der Petter, das ist mein Söhnchen Jüppi.«

Ein schmächtiger Junge mit dem gleichen rotgoldenen Haar wie sein Vater war von Bord gesprungen, um die Rosse in Augenschein zu nehmen. »Piekfeine Mähren. Sind die schon im Sechser gegangen? Schreckt einer? Sind die Gedränge gewohnt? Kann man denen Scheuklappen anpassen?« sprudelte es aus dem Zwölfjährige heraus.

»Sie kommen aus der Stadt«, antwortete Adam dem aufgeweckten Bürschlein. »Da ist viel los auf den Straßen. Zu den Prozessionen ist mein Vater mitgeritten, wir haben sie auch schon eingespannt ...«

»Also gut, ihr gebt die Pferde zum Treideln und dürft dafür mitfahren.« Petter rieb sich die Hände. »Der Pfeffer wird ein paar gute Thaler bringen!«

»Allerdings wollen wir keine Schindmähren aus ihnen machen. Bei einem Tag Rast als Zugabe wären wir einverstanden«, schlug Max vor.

Petter dachte kurz nach. »Gut, ein Tag Rast und ihr schrubbt dazu das Deck.«

Max vergewisserte sich, daß Adam einverstanden war. Adam nickte. Wie er Petter die Hand reichte, glaubte er, einen Holzscheit zu umfassen. Jüppi begann, die Pferde einzuschirren.

»Ein schönes Schiff habt Ihr da«, plauderte Max mit dem Schiffer, während er mit Adam die Satteltaschen an Bord trug.

»Einen Oberländer von der Werft in Beuel. Mein Vater hat ihn mir vererbt. Wir fahren schon seit eh und je von Cölln bis Basel. Die Frau kommt aus den Niederlanden. Die Küstenweiber sind nicht so verwöhnt wie die Cöllnischen.« Er zwinkerte Max zu und stieg voran in die Ladeluke. Bevor sie etwas erkennen konnten, zogen ihnen schon alle Gerüche in die Nase, vom Blumenduft bis zum Gestank frischer Rinderhäute. »Die Häute tausche ich noch schnell gegen ein paar Weinfässer. Packt mit an, dann riecht eure Schlafstube besser.« Petter lachte gröhlend und warf dem Schiffsknecht die ersten aufgerollten Kuhhäute hinauf.

Die nächste Stunde war Petter mit den Fellen verschwunden. Später rollte er Fässer herbei. Seine Abwesenheit nutzten Max und Adam, um sich ihr Schlafplätzchen zwischen Säcken, Kisten und Stoffballen einzurichten.

»Willkommen auf dem Wasser!« Der hellblonde Kopf einer Frau verdunkelte die Luke. »Ich bin Trineke, Petters Frau, wir brauchen jetzt jede Hand an Deck.«

Adam und Max stiegen aus dem Bauch des Oberländers nach oben. Von Deck aus beobachteten sie, wie der Sohn des Schiffers die sechs Pferde zupfte, in Reih und Glied zog und schob, zwischen ihren Beinen hindurchlief und, unentwegt auf sie einredend, eine meisterhafte Zuglinie baute. Adam ließ es sich nicht nehmen, noch einmal hinüberzuhumpeln, Apollos Nüstern zu streicheln und dem Schecken die Kruppe zu klopfen. Beruhigt über den Zustand der Tiere, ging er Petter zur Hand. Er half beim Hochziehen der Pfänder, dem Annehmen der Taue und dem Hissen des Sprietsegels. Max war zum Betreuen des Treidelseils eingeteilt worden. Am Bug mußte er darauf achten, daß sich Segel und Seil nicht verhedderten, denn das Seilende war am Pfahlmast angeschlagen. Von dort lief es über den Hundskopf zur Bugspitze und von dort eine Strecke von dreihundert Fuß zu den Treidelgäulen am Flußufer hinüber.

Beim Ablegen standen der schmale Adam und der breite Max aufgeregt am Bug neben einem wortkargen Schiffsknecht, der das Bugruder gegen die Strömung richtete. Er unterstützte Petters Frau, die breitbeinig das hintere Streichruder führte. Petter stand mit einer Stakstange an der Steuerbordseite. An Land war Jüppi auf den Leitgaul des Treidelgespanns gestiegen. »Schiff ab!« schrie der Kleine herüber. Ein Beben fuhr durch den Kahn, die Treidelleine straffte sich knarrend und schüttelte das Wasser ab.

»Leinen los!« schrie Petter und stemmte sich in seine Stange. Ein braunhaariges Mädchen sprang von Poller zu Poller und warf den Jungen die Seile zu. Die sechs Pferde wurden ein paar Huftritte nach hinten gerissen, fingen sich, stemmten sich in die Kummets und sachte, ganz sachte, gewann der Oberländer an Fahrt gegen den Strom.

Mit einem Satz hechtete Petters Töchterchen als letzte an Bord.

»Ich bin die Lisa!« Fröhlich streckte sie Adam die Hand entgegen. Sie mochte zehn Jahre alt sein. »Vater hat gesagt, daß ihr euch zuschanden geritten habt und deswegen mitfahrt. Mir soll's recht sein.«

Bis sie den Hafen von Königswinter hinter sich lassen konnten, mußte noch so mancher Nachen unter der Leine hindurchmanövriert werden. Kaum, daß sie in der Treidelrinne stromaufwärts glitten, kehrte an Bord Ruhe ein. Plötzlich kam ein halbnacktes Balg aus der Heckhütte gerannt.

»Eva, komm her!« schrie Lisa hinterher. »Eva!«

Das Kind rannte Max plärrend in die Arme, der das strampelnde Bündel zu Lisa zurücktrug. Adam folgte ihm in die Heckhütte. Neben einem gemauerten Herd hing an der Hüttenwand ein Regal mit Vorratsbehältern und Küchengerätschaften. Eine Truhe, ein zerwühltes Lager und ein Tisch mit Hockern füllten das Holzhäuschen. Gleich neben der Tür führte eine steile Leiter nach unten.

»Schlaft ihr da unten?« fragte Max hinunterspähend.

»Ja, ich, Mutter, Eva und und Jüppi. Vater und der Schifferknecht schlafen hier oben.«

Max nahm etwas schräg auf seinem empfindlichen Hinterteil Platz. Auf dem Tisch lag allerlei Papierkram herum. Seine Augen wurden immer größer, als er laut vorlas: »Moselwein, Eisenbolzen und Nägel aus Solingen, Krefelder Tuchwaren, Kupfer aus Ungarn, englisches Zinn, sizilianischer Schwefel und römisches Alaun. Sieh mal an, was heutzutage so alles durch die Gegend fährt.«

Adam schnupperte in die Vorratsschränke. Dann verschwand er. Kurz darauf kehrte er mit einem Brotlaib und einer Schwarte Speck zurück. »Wir haben davon genug. Walte deines Amtes.«

Stolz holte sich die kleine Lisa ein großes Messer und begann das Geräucherte in dünne Scheiben zu zerteilen.

Am Abend wurde der Oberländer im nächsten Treidelhafen festgemacht. Schmitz, der Knecht, und Trineke gingen an Land. Müde polterte Petter zu Adam, Max und seinen Töchtern in die

Hütte, wo es nach gebratenem Speck duftete und eine Öllampe für Licht sorgte. Er ließ sich auf einen Hocker plumpsen und schob mit dem Ellbogen die Papiere beiseite.

»Oho, das hast du aber fein gebraten«, lobte er seine Tochter. »Ist denn schon wieder Sonntag?« Er erhielt das beste Fleisch und freute sich über das weiche, weiße Brot.

»Vater, das Brot und das Fleisch stammt von denen.«

»Wenn's so ist, dankt man den spendablen jungen Herren. So was Teures gibt es bei uns sonst nur zu den Festtagen.«

»Warum? Eure Buchhaltung deutet aber auf einen einträglichen Handel hin«, entgegnete Adam und tippte mit der Gabel auf die Papiere.

Schnell griff sich der Schiffer die Belege und verbarg sie unter dem Hemd. »Das ist nichts für eure scheelen Augen. Wir Rheinschiffer haben's schwer. Alle Naselang werde ich geschröpft. Man muß schlauer sein als die Spitzbuben mit ihrem Stapelrecht. Mit dem dürfen sie mir in Cölln die Luken leerräumen und ihre schmutzigen Griffel auf die besten Waren legen. Für einen Spottpreis wird mir weggetragen, was ich nicht vor diesen amtlichen Langfingern verstecke.« Er beugte sich über den Tisch und flüsterte: »Die guten Geschäfte machst du auf dem Rhein nur mit einem doppelten Boden. Zuoberst das Allerlei für Zöllneraugen und Amtsnasen. Darunter, vernagelt und verteert, die feinen kleinen Dinge aus Amsterdam, die nicht viel Platz brauchen und in Basel ohne Zolleinbußen und Zinsverlust in den Händen königlicher Juweliere verschwinden.«

Max hatte vergessen zu kauen, und Adam starrte Petter an.

»An jeder Flußbiegung ein neues Bistum oder eine neue Gemarkung, jeder noch so dumme adelige Bauer kann heute auf seinem Acker eine Zollschranke errichten. Das ist der Tod des ehrlichen und freien Handels!« Petter klopfte sich stolz auf die knisternde Brust. »Wohlgemerkt, ich bin frei. Von mir verlangt niemand, daß ich mich für Habsburg, Wittelsbach oder die Hohenzollern entscheide. Wenn ich einem Herrn verpflichtet bin, dann nur dem da oben.«

Adam rutschte auf die Kante seines Hockers. Petters Ausbruch an Gesinnung hatte ihn beeindruckt und zugleich verwirrt. »Das heißt, Ihr schmuggelt und glaubt trotzdem an Gott? Ihr setzt Euch über alle Grenzen hinweg und fühlt Euch dennoch gotteswürdig? Aus wessen Gebetbuch lest Ihr das heraus?«

»So, so, der junge Schlaukopf meint, ich sollte ihm jetzt beichten, ob ich katholisch oder protestantisch bin?« Über Petters sommersprossiges Gesicht huschte Spott. »Mein Gebetbuch ist der Himmel. In einer stillen Stunde hat mir mein Herrgott zugeflüstert, daß er weder dem einen noch dem anderen gehört.«

Adams Augen flackerten. »Anerkennt Ihr wenigstens, daß Gott einen Stellvertreter auf Erden hat, den Heiligen Vater? Das sollte doch jeder Rechtschaffene bekennen.«

»Sollte er?« warf Max ein.

»Ja, sicher! Auf dem Gymnasium lernte ich, daß es nur einen einzigen Glauben geben kann.« Adam wurde unruhig. »Den des Friedens, den römisch-katholischen.«

»Römisch-katholisch? Frieden? Was für leere Worte!« Petter zuckte mit den Schultern. »Junge, nenn mir einen Glauben, der den Frieden garantiert.«

»Ja, natürlich den katholischen. Ich kann Euch auch ein Exempel nennen. Der Cöllner Erzbischof, Truchseß von Waldburg, trat zu den Protestanten über und das brachte Krieg über unsere Heimat. Wäre er katholisch geblieben, hätte er dem Frieden gedient«, trumpfte er auf.

»Du hast artig aus Fibeln gelernt. Ich will dir mal etwas aus dem Buch des Lebens erzählen.« Der Schiffer rückte näher. »Das mit der Teilung in katholische Christen und protestantische Christen ist so wie bei einem Fluß, der sich in zwei Arme teilt. In beiden fließt das gleiche Quellwasser und in beiden schwimmen die gleichen Raubfische.«

»Aber die beiden Flüsse fließen in unterschiedliche Richtungen, unterschiedlich schnell, ihr Wasser ist unterschiedlich frisch oder verdorben und vieles mehr«, antwortete Adam und lauerte auf Petters Antwort.

»Und am Ende fließen sie alle ins gleiche Meer!« Petter lachte listig. »Dieses Stück Speck, stell dir vor, ist der katholische Klerus und dieser Kanten Brot die Lutheraner.« Genüßlich schob er sich beide Brocken in den Mund. »Junge, nimm von allem, was dich fett macht. Was du nicht brauchst, bekommt der Donnerbalken.« Er kaute, schluckte und lachte wiehernd mit Max, während der Jesuitenschüler betreten nach Argumenten suchte.

»Noch eins! Wir Rheinschiffer durchfahren viele Grenzen, die von Kirchenfürsten ... immer in Gottes Namen ... gezogen wurden. Ich sah schon so viele Scharmützel wie es Kirchenväter gibt. Da vergeht einem der Glaube an die Weisheit des Klerus. Hinter Mainz wird schon wieder aufgerüstet, die Kurpfälzer Protestanten vorneweg. Jetzt versteht ihr vielleicht, warum ich vorhin sagte, daß ich an keinen weltlichen oder kirchlichen Herren glaube.«

»Ich verstehe«, erwiderte Adam. Der Jesuitenschüler fing an zu begreifen, daß es jenseits der Grenzen seiner erzbischöflichen Heimat eine Welt gab, in der Gott mit anderer Elle maß.

Petter gähnte. »Ihr kennt ja euren Platz. Ich geh schlafen. Bis morgen.«

Die Jungen verließen die Heckhütte und tasteten sich durch die Luke zu ihrem Schlafplatz im Frachtraum hinab. Zwischen Körben und Fässern wickelten sie sich in ihre Decken und schliefen rasch ein. Das Glucksen, Plätschern und Schmatzen hinter den Planken begleitete sie durch ihre zweite Reisenacht.

Poltern über seinem Kopf weckte Adam in aller Frühe. Er ließ Max auf den Säcken weiterschlafen und spähte durch die spaltbreit geöffnete Ladeluke nach draußen in die Dunkelheit. Eine Weile verfolgte er den Tanz der Laternen, unschlüssig, ob er aufstehen und beim Einschirren der Pferde mithelfen sollte. Gerade als er beschloß, sich noch eine Mütze Schlaf zu gönnen, hörte er das Donnern von Petters Holzpantinen über sich auf den Planken.

»Aufstehen!« Petter riß die Ladeluke auf, »Hey, ihr zwei, ich brauche einen am Bug und Trineke einen am Ruder.« Krachend ließ der Schiffer die Luke wieder zufallen.

»Den Seinen nimmt der Herr den Schlaf.« Max wälzte sich ächzend zur Seite und rieb sich die knisternden Bartstoppeln. »Adam, laß mich bitte zur Trineke, mein Körper braucht noch Weiberpflege zur Genesung.«

Stöhnend stiegen sie aus dem scheitelhohen Frachtraum und humpelten an Land, um nach den Pferden zu sehen. Gemeinsam mit Jüppi stellten sie die Treidellinie auf. Als der siebzig Fuß lange Lastkahn kurz darauf unter Petters lautstarkem Kommando in der Treidelrinne rheinaufwärts glitt, kam Nebel auf. Die Schwaden fingen sich in den Rebstöcken der Uferhänge und manchmal verschluckten sie sogar Jüppi, der das Leitpferd am Zügel durch den Nebel führte.

Lange waren Adam und Max am Bug damit beschäftigt, nach talfahrenden Ruderern und Baumstämmen Ausschau zu halten. Als sich der Dunst endlich verzog, gab er den Blick auf buschig überwucherte, von Felsschrunden vernarbte Hügelketten frei, zwischen denen sich der Rhein graugrün hindurchwälzte. Weiße Vögel begleiteten sie hoch über dem stillen Tal. Die Jungen saßen an Deck und kneteten ihre brettharten Lederstiefel mit Rindertalg geschmeidig. Petter rumorte in der Hütte. Später lümmelten sie meistens am Bug und ließen die Beine ins Wasser hängen, während der Schiffsknecht breitbeinig und stumm neben ihnen am Bugruder stand, mit dem er das Wasser messergleich teilte.

Als sich die Flußreise ihrem Ende näherte, hatten sie gelernt, Treidelgäule sechsspännig einzuschirren, ein Boot zu vertäuen, abzulegen, ein Sprietsegel zu hissen und zu angeln. Im Allwetterhafen zu Mainz trennte man sich. »Gute Weiterfahrt und viele blinde und taube Zöllner!« flüsterte Max zum Abschied in Petters Ohr.

»Gott mit euch, ihr Chausseeflöhe!«

Ein letztes Mal winkend, führten sie ihre bepackten Tiere am Zügel durch die Gassen von Mainz. Das Ausschreiten tat ihnen gut und die Pferde brauchten Schonung. Die örtliche Mundart zwischen den Gassenmauern konnten sie kaum verstehen. So hielt sie nichts in der fremden Stadt. Sie folgten am nächsten Morgen den Postreitern und den Lastfuhrwerken bis zur Handelsstraße nach Frankfurt. Je näher sie der einstigen Furt der Franken kamen, desto inniger verknäulte sich der Verkehr. Eisenräder polterten und Achsen quietschten. Fuhrwerke, auf denen Fässer ächzten, behinderten das Vorwärtskommen. Kutschen-

dächer, unter denen Reisende blaß herausschauten, wurden von
Käfigen voll mit mattem, zerzaustem Federvieh garniert. Unter
die lastengebeugten Bauern, Kleinhäusler und walzenden Handwerksgesellen mischten sich zunehmend Soldaten der protestantischen Schutztruppen. Und immer wieder Horden bis an
die Zähne bewaffneter Bauernburschen. Gewandt trieben die
beiden ihre Reittiere zwischen den angestauten Gefährten hindurch. Max, der vorausritt, drehte sich im Sattel um. »Es riecht
nach Pulverdampf. Wir sollten lieber abhauen und einen Bogen
um dieses Protestantennest machen.«

»Wie Petter prophezeit hat, hier sehen zuviele Leute nach
Krieg aus«, stimmte Adam zu und verließ mit Max den großen
Reisestrom. Auf abseitigen Feldwegen zeigte er seinem Freund
die Feinheiten des Reitens. In den kommenden Nächten kamen
sie mal in ordentlich geführten und mal in verlausten Land-
gasthöfen unter. Zu Adams sechzehntem Geburtstag erreichten
sie gegen Abend die Relaisstation »Zum Frankenkreuz«. Hier trafen sich die Reichsstraßen aus allen Himmelsrichtungen: Prag-
Paris, Frankfurt-Basel, Amsterdam-Venedig, Hamburg-Rom.

Gemeinsam stemmten sie die Bohlentür zum Gastraum auf.
Sie rümpften die Nase, als hätten sie ein ganzes Fuder Fürze
gerochen. Beizende Luft schwappte durch den sägemehlbe-
streuten Raum, in den oben eine Schlaftenne eingezogen war.
Zum Eingang hin versperrte ein holzgezimmertes Kontor jedem
Zechpreller den Fluchtweg, denn hier gierte die Wirtsfrau über
der Münzschatulle. Nach hinten endete der Gastraum in einem
Durcheinander von Kachelofen, Küchenanrichte, Latrinenaus-
tritt und Stapellager für kostbare Handelswaren.

Schwitzend schoben sich die Mägde des Hauses mit Humpen durch dichtbesetzte Tischreihen. Wie hart sie arbeiteten,
belegten die Schürzen, die naß auf ihren Brüsten klebten. Es
schien, als hätte sich das gesamte wissensdurstige und geld-
hungrige Volk auf den Weg gemacht, um die neue Welt,
Europa, zu erobern. Handelsreisende, Studenten, Handwerks-
burschen, Diebe und Vogelfreie, Staatsbüttel und Postkutscher
verschiedenster Sprachen und Mundarten hockten hier beisammen und ließen die neuesten Neuigkeiten von jenseits der

Grenzen sprießen. Die ärmeren Fußreisenden schlotzten einen sauren Landwein oder ein schaumloses Schwarzbier. Die Kutschenreisenden hingegen gönnten sich lieblichen Mosel, einen schweren Franzosen oder, was immer häufiger vorkam, ein hopfiges Rotbier.

»Nichts frei!« Laut stemmte sich Max gegen den Lärm.

»Warte!« schrie Adam zurück und stürzte sich in die Tiefen der bacchantischen Gesellschaft. Sie schlängelten sich mitten durch das internationale Gedränge bis auf eine steile Stiege, die zum Heuboden hinaufführte. »Hier oben haben wir einen feinen Überblick und das Essen werden wir uns halt selber servieren.« Beim letzten Wort schoß Adam die Röte in die Backen. Neugierig folgte Max seinem verschämten Blick.

Die Plätze auf den Stufen entpuppten sich als vorzügliche Loge, um einen Blick hinter die Busentüchlein der erhitzten Gasthausmädels zu werfen. So hingen die Jungen begeistert eine Weile über dem Geländer. Adam grinste. »Max! Diesen Ausblick hat mir der Himmel zum Geburtsfest geschenkt. Zum Vergnügen und zur Prüfung. Beginnen wir mit dem Vergnügen!«

Er stand auf und schmiegte sich, höflich grüßend, an einem der fülligen Schankmädel vorbei zur Theke, wo er ein Festmahl aus einem Dutzend hausgemachter Quarkklößchen, vier Schmalzstrudeln, zwei Schüsseln Milchsuppe und zwei Bembeln Wein zusammenstellte. Vorsichtig, das Holztablett balancierend, kehrte er zu seinem Reisegefährten zurück.

»Wo ist das Mädchen?« wollte Max wissen.

»Das war die Prüfung, mein sündiger Freund«, lachte Adam und bekreuzigte sich mit einem angebissenen Quarkklößchen.

Unten im Saal schraubte sich die Ausgelassenheit höher und höher, bis sich schließlich der eine nur noch am feixenden Gelächter und am Schenkelklatschen des anderen ergötzte.

Die Stiege zum Heuboden versperrten mittlerweile schlafende Zecher und am Austritt lagen die Unmäßigsten in ihrem Ausgespienen. Jetzt wurden die Reisenden im Saal von Streitsucht gepackt. »Glaubensverräter, elende Religionsverdreher, haut ab, unser gottbeschütztes Land braucht euch Calvinistengesindel nicht!« kläffte ein Mickerling. Am angrenzenden Tisch wuchteten sich zwei Hünen in schwarzer Zimmermannskluft hoch. Der größere ergriff den keifenden Mickerling am Latz und zog ihn über die Tischplatte. In einer halskratzigen Sprache brüllte er ihm ins Gesicht:»Nimm sofort das Gesindel zurück, oder! Von wegen Calvinistengesindel. Wir machen uns für Freiheit in Handel und Handwerk stark, oder! Davon profitiert auch euer katholischer Leibwäschehandel, oder!«

Wie auf Kommando erhob sich Landsmann und Fremder, Reisender in Handelswaren und Reisender in Geistesgütern. Stühle stürzten, Bänke kippten. Kreischend retteten die Frauen umkippende Steinkrüge und Glasseidel. Getretene Hunde jaulten auf. Einige Gäste schlummerten weiter, denn sie waren der Spiegelfechtereien überdrüssig. Bestätigte doch der Disput, daß die Welt unter allen Kurfürsten schlecht und der Mensch überall unbelehrbar war. Sattgeglotzt, mit vollen Bäuchen, krochen Max und Adam die letzten Sprossen nach oben ins Heu, bevor der Wirt den Ausschank einstellte und die Lampen löschte. Gerade als der erste Strudel Müdigkeit sie in die Tiefe zog, ertönte das Grunzen eines Menschenpärchens, das einige Heuhaufen weiter sein Liebesnest aufgeschlagen hatte. Ansonsten verging die Nacht störungsfrei.

Geweckt durch das Locken eines Auerhahnes, erwachten die beiden Chausseeflöhe und kletterten mitsamt ihren Habseligkeiten in die Wirtsstube hinab. Dort schickte sich die rundeste der Mägde gerade an, rittlings, die Röcke verheddert, das Delikateste entblößt, vom Kachelofen herunterzurutschen. »Guten Morgen, die jungen Herren, man will zahlen?«

Verwirrt legte ihr Adam so reichlich Logisgeld in die Hand, daß die Maid ihnen noch in der Tür nachrief:»Danke, danke den jungen Herren! Der Herrgott schütze Euch und Euresgleichen vor Hagelschlag und Hexenfluch.«

Als die Morgensonne glitzernde Schneisen durch das Laubwerk der Buchen und Eichen schlug, empfingen die Wälder des Spessarts die Reiter. Baumriesen stellten sich ihnen entgegen und Käuzchen schickten ihnen Warnschreie voraus. Im Unterholz raschelte flüchtendes oder lauerndes Leben. Durch einen so wilden Wald mit Bären, Wildschweinen und Wölfen war

Adam noch nie gekommen. Unsicher spähte er immer öfters nach hinten auf das Waldfinstere oder nach oben in die Blattarkaden, in denen Sonnenblitze mit Sonnenblitzen fochten. Scheinbar war außer ihnen kein anderer auf die waghalsige Idee gekommen, diesen lebensgefährlichen, bestimmt von Hexen, Drachengewürm und unsteten Seelen elendiger Vogelfreier und Mörder behausten, schrecklichsten aller Orte zu durchreisen. Er bohrte seinen Blick in die Krone eines umgestürzten Baumes, als stürze gleich der Leibhaftige hervor, wobei er eine dünne Melodie pfiff, die aber schnell versiegte. »Max, pfeife, singe oder rede. Tu was! Geister nicht einfach so neben mir her!«

Doch scheinbar war dem sonst so frechen Max auch nicht ganz geheuer. Sein Hirschfänger blinkte griffbereit am Gürtel. »Spinn nicht rum, reiß' dich zusammen, wir haben uns das selbst eingebrockt.« Max warf ihm einen strengen Blick zu.

»Recht hast du.« Adam folgte seinem Beispiel und atmete tief in die Brust.

»Wir mußten ja unbedingt alleine reiten, obwohl wir gestern noch vor Wegelagerern gewarnt wurden. Stell dir vor, eine Räuberhorde würde uns überfallen und mir das Säckel plündern. Ist ja nicht so undenkbar!« Sein Blick huschte den Waldweg entlang. »Der große Aristoteles würde jetzt sagen: selber schuld, ihr wolltet in den Wald, ihr habt euch dazu entschieden, ihr habt euch freiwillig der Gefahr ausgesetzt. Niemand hat das Recht, euch daran zu hindern, euch in eine ungemütliche Lage zu bringen. Denn, wie sagt Aristoteles? Der freie Wille ist das, was den Menschen vom Tier unterscheidet.«

Max staunte über Adams Philosophie. »Aber der Spitzbube ist doch der Schuldige, wenn er uns eins über den Schädel zieht.«

»Das ist die Frage. Im übrigen, auch Ignatius von Loyola meint, daß alles in einen göttlichen Plan gehört, auch Räubergesindel. Und daß es jedes Menschen Entscheidung ist, wann und wo er jemandem oder etwas begegnen will. Sogar ein durch den Wald schleichender Totschläger fällt nicht aus diesem Netz, das alles in der Natur miteinander verknüpft.«

Max lachte. »Es lebe das Lotterleben, alle Gesetze in den Wind, stehlen und meucheln wir, was das Zeug hält!«

Hinter Adams Stirn verquirlten sich Erklärungen. »Pater Beatus sprach immer von der persönlichen Freiheit, sich für Himmel oder Hölle zu entscheiden. Beatus hat immer nach dem Grund geforscht, ob ich Positives oder Negatives bezweckte. Er wollte immer wissen, welche Absicht mich zu dieser oder jener Tat geführt hat. Am Jesuitengymnasium haben sie viel von diesem freien Willen geredet.«

»Wenn dir die Pfaffen in Rom bloß nicht deinen schönen freien Willen austreiben.«

»Ich glaube, daß den Nachfolgern des heiligen Loyola ernst damit ist.«

Adam schwieg und nestelte eine Hartwurst aus dem Proviantbeutel, die er im Reiten teilte.

Das Gespräch hatte seinen Sinn erfüllt: Der Wald erschien nicht mehr so bedrohlich. Noch Stunden durchquerten sie zugewachsene Schneisen, überstiegen ihre Pferde Baumstämme und durchwateten Bäche.

Zu ihrer Erleichterung lockerte das Finstere endlich seinen Griff, die Bäume traten auseinander und ließen einen Regen aus Gold auf den Waldboden fallen. Sie hatten die Spessartwälder durchquert. Unter freiem Himmel zogen sich nun Hecken, Wiesen und Weg sonnenbeschienen und endlos hin.

Da tauchte vor ihnen ein einsamer Fußgänger auf. Er ging so absonderlich, daß sie absaßen, um sich dem befremdlich Ausschreitenden von hinten zu nähern. »Was treibt Ihr denn da mit der komischen Kinderschubkarre?«

Der Angesprochene erschrak, riß die Hände hoch, wobei ihm sein Gefährtchen aus der Hand fiel, und zeterte: »Gnade, meine Herren Räuber, habt Gnade mit mir! Bin Vater von sechsen und habe nie Unrecht getan. Bei mir findet ihr weder Thaler noch Gulden.« Mit schlotternden Knien stand das Männlein vor den Jungen, die den Irrtum mit lautem Gelächter ausräumten.

»Man weiß ja nie, die Zeiten sind schlecht«, brummte das Männlein und bückte sich nach der Eisenstange seiner Gerätschaft.

Adam trat näher. »Was schiebt Ihr denn da für eine Kinderschubkarre vor Euch her, werter Herr?«

»Kinderschubkarre! Bist wohl töricht? Oder ein Bauernbursche? Waldgesindel? Nein, nach Waldgesindel seht ihr nicht aus, zu jung, zu sauber. Ihr seid angehende Philosophen. Aber von exakter Wissenschaft habt ihr ja wohl keinen Schimmer.« Das Männlein stellte sich schützend vor sein Wägelchen. Eindringlich nahm es jeden Westenknopf auf Maxens Brust in Augenschein. Plötzlich hob es den Kopf. »Ich bin ein Landvermesser!«

»Aha, deshalb macht Ihr Euch zum Büttel eines Fußmarsches!«

»Ich vermesse das Land, um das Unbekannte bekannt und in Zukunft begreifbar zu machen.« Mit Stolz fügte der Sonderling, der gewiß einen Kopf kleiner als die Jungen war, hinzu: »Ich arbeite für das Atelier des Gelehrten Matthias Quad. Damit in seine Karten die Entfernungen zwischen Bergen und Flüssen, Städten und Landesgrenzen noch genauer eingetragen werden können. Eines fernen Tages wird die ganze Welt vermessen und ins Kartenformat verkleinert sein. Dafür brauchen die Herren Gelehrten einen wie mich. Während Meister Quad am Zeichentisch steht, lasse ich mir den ganzen Tag frischen Wind um die Nase wehen.« Kichernd lief er wieder hinter seinem Meßrad her wie ein Kind beim Faßreifentreiben.

»Ist das nicht verrückt?« tuschelte Max. »Da umritten wir noch vor Tagen Grenzscharmützel und trafen auf Landsknechttruppen und heute stoßen wir auf so einen. Anscheinend widmen sich alle der Grenzziehung. Die einen mit dem Schwert, die anderen mit einem Puppenwägelchen.«

Wie der Landvermesser seine kleine Karre mit dem emsig klickenden Zeigerchen über den Feldweg schob, ab und an innehielt, um Zahlen abzulesen und diese in einen speckigen Faszikel eintrug, erwuchs in Adam Bewunderung für die Mühsal der Forscher – für Ptolomäus, Mercator, Ortelius und die vielen anderen großen Gelehrten, denen die Reisenden die Landkarten zu verdanken hatten. Er fragte sich, was er selber noch alles erforschen und erfinden würde, wenn er in Rom studierte. Als sie wieder aufsaßen und weiterritten, hatte die Begegnung tiefe Spuren in seiner Seele hinterlassen.

Im Trab folgten sie einer breitaufgerissenen, holperigen Erdfurche zwischen Wildwiesen hindurch. »Der Mann will mir nicht aus dem Kopf. Es muß doch fantastisch sein, Unbekanntes zu entdecken und für die Menschheit nutzbar zu machen. Erst kürzlich las ich, daß man seit neuestem die Tiefe von Vulkanen mit Hilfe des Echos erforscht. Vielleicht kann man mit dem Echo auch die Tiefe des Universums vermessen. Du Max, in Cölln hatte ich mehrere Weltkarten. Du glaubst gar nicht, was es für Länder gibt und was für seltsame Namen die haben. Für mich werden Linien, Meßgrade, Punkte zu geometrischen Gemälden.« Adam lachte und kritzelte etwas in die Luft. »Ich brauche nur lange genug auf eine Landkarte zu schauen, dann verschwimmt plötzlich alles und ich komme mir vor, wie hoch auf einem Berg. Vor meinem inneren Auge ergänze ich die Linien zu Flüssen oder Ländergrenzen oder Straßen, aus Punkten zaubere ich Städte und Siedlungen hervor. Das nenne ich die Kunst des Kartenlesens. Mit einer Landkarte kann ich in die Wirklichkeit schauen, weil ich auf ihr die Entfernung der Orte zu den Naturgegebenheiten entdecken kann.«

»Zum Beispiel, wie weit es noch bis zum nächsten Gasthof ist? Warum haben wir keine dabei?«

»Weil es nur welche in viel zu großem Maßstab zu kaufen gab.«

Auch ohne Landkarte gelangten sie an die Grenze zum Herzogtum Bayern, wo sie an barfüßigen Anabaptistenmönchen, einem Kesselflicker, einem Nagelschmied und jeder Menge überladener Planwagen vorbeiritten. In Donauwörth, der vom katholischen Herzogtum geknechteten Protestantenstadt, überquerten sie die Donau. Im handelstüchtigen Augsburg nächtigten sie zweimal bei den Jesuiten. In Landsberg am Lech bogen sie von der geschäftigen Via Claudia Augusta auf die Salzstraße nach Hall ein.

Gut drei Wochen, nachdem sie aus dem rheinischen Tiefland aufgebrochen waren, hieß es ab hier, den steinernen Himmel zu bezwingen.

Mit dem Alpenanstieg verloren die Wiesen ihre Lieblichkeit. Auf der ersten Höhe wurden sie von Neuschnee überrascht. Von Schnupfen und Husten geplagt, suchten sie in der Innsbrucker Jesuitenresidenz Zuflucht. Wie schon zu Augsburg, brauchte Adam nur seine Tricoronaterpapiere vorzuzeigen und anstandslos öffneten sich die Pforten. Gegen eine schmale Spende erhielten sie eine Bleibe am Ende des hohen Kreuzganges zugewiesen. Der Novizenmeister verfügte eine Behandlung mit heißen Kräutersäften und dampfenden Wickeln.

Nach zwei Tagen Genesung, am Festtag des Heiligen Bonifatius, zur Mitte des Mai, wiesen ihnen die Wächter am südlichen Stadttor nach Sterzing den Weg. »So, so, zum Italienerpaß hinauf wollt ihr. So junge Burschen wie ihr mögen's doch ein bißchen abwegig. Nehmt den Weg rechter Hand, den kleineren. Dort hinter dem Hügel führt euer Weg zum Joch hinauf, dort, wo es bimmelt, geht es für euch lang.«

Die Innsbrucker Torhüter grölten und schlugen sich auf ihre ledernen Magenbuckel.

Die beiden Reiter dankten und folgten dem angesagten Weg. Den breiteren ließen sie links liegen und gewannen bald zügig an Höhe. Deutlich hörten sie schon von ferne das Bimmeln. Kaum war der Rappen um eine Felsnase gebogen, fuhr es Adam ins Mark. Direkt vor ihm baumelten zwei Gehängte im steifen Wind. Auch das Armsünderglöcklein schwankte am Galgen. Vor dem scheuenden Pferd stapelte sich Holz zu einem Hexenfeuer. Als sein Schwarzer zum Sprung über den aufgeschichteten Scheiterhaufen ansetzte, riß er ihn herum. Von Max gefolgt, jagte er zurück bis zur Gabelung, wo er auf den breiteren Weg galoppierte. Kaum hatten ihre schäumenden Rosse wieder an Höhe gewonnen, konnten sie aus der Ferne die Schädelstätte sehen. Die Krähen und die Zeit hatten sich an den zerlumpten Galgenvögeln sattsam gelabt.

Grauen verfinsterte das Blau in Adams Augen. »So möchte ich nicht verrecken«, flüsterte er und starrte auf den Ort der Strafe. Vor Schreck gekrümmt, hockte er im Sattel.

»Verstehst du jetzt? Das war der Grund für mich, die Juristerei zu lassen. Vor allem, wenn man unschuldige Frauen als Hexen verbrennt.« Angewidert gab Max dem Schecken die Sporen.

Mit Abscheu ließen sie den Innsbrucker Galgenhügel hinter sich und folgten der Brennerstraße zu Einödmatten hinauf, wo Bergschafe mit aufgeplustertem Winterpelz und meckernde

Geißen weideten. Entlang der gewundenen Jochstraße lagen Dörfer wie Steinhaufen, und wie Festungen beschützten Tannenwälder die Häuser vor Steinschlag und abgehenden Schneelawinen.

Plötzlich mischten sich Rufe und Schreie in das Jammern des Windes. Ein Dippewagen war mitsamt seinen Waren ein Stück den Hang hinabgerutscht. Scherben und Körbe lagen verstreut im Schotter.

»Heh da! Braucht ihr Hilfe?« riefen die Jungen durch das Bachgetöse und sprangen aus den Sätteln. Schmelzwasser und eine Geröllawine hatten ein Stück Transitstraße weggerissen.

»Potztausend! Euch schickt Gevatter Teufel! Helft die Karre aus dem Dreck ziehen«, brüllte ihnen einer zu, der mit seinen schenkelhohen Lederstiefeln bis an die Schäfte im Sturzbach stand. Ein anderer mit einer drecksteifen Lederkappe half ihm. Ein dritter hatte einen der Gäule vorgespannt und knallte mit einer Flechtpeitsche.

Daumenlänge um Daumenlänge zerrten sie das mächtige Fuhrwerk zurück auf die Fahrspur. Unterstützt von den Jungen, wechselten sie anschließend das zerbrochene Hinterrad und hievten den Wagen mit lauten Hoh-Rufen und gotteslästerlichen Flüchen auf die Räder. Stolz wischte sich Adam die puterrote Stirn.

»Du platzt ja gleich. Setz dich Bürschlein!« Der mit der speckigen Lederkappe lachte, als hätte er sich noch nicht einmal mit dem kleinen Finger angestrengt. Beeindruckt von soviel Kraft, hockten sich Adam und Max auf eine Warenkiste und beobachteten verstohlen die neue Reisebekanntschaft.

Die Kerle hatten sich wieder in ihre Lederschichten gehüllt. Vom Stulpenhandschuh über das Kamisol und die Hose bis zur Geldkatze am Gürtel bestand jedes Kleidungsstück aus Leder. Ihre struppigen Köpfe schützten sie mit Lederkappen, die aussahen wie Helme aus alter Zeit. Zu guter Letzt hängten sie sich Säbel um und ordneten die herausgefallenen Radschloß-Musketen und ledernen Flechtpeitschen. »Wir sind vor sechs Tagen mit einer Ladung Tonwaren und Tuch von Bozen aufgebrochen«, wandte sich einer ihnen zu. »Wir gehören zur Zunft der

Frammersbacher Fuhrleute, die jeden Schlagbaum und jede Mautstelle so gut wie ihre löchrigen Hosensäcke kennt. Alle Spitzbuben, bestechlichen Zöllner und handeltreibenden Pfaffen sind uns bekannt und im ganzen Reich ist kein Frauenrock vor uns sicher.« Zustimmend nickten die anderen. »Danke. Ohne euch lägen wir noch immer im Dreck. Seid unsere Gäste.«

»Von Bozen?« staunte Max. »Und wo fahrt ihr hin?« Er deutete auf die Waren.

»Zurück nach Frammersbach in Franken. Nach Monaten verlangt es uns wieder nach Frau und Kind.«

»Besonders Frau«, lachte der, der ihnen den Krug mit italienischem Wein und weißes Brot mit einer riesigen Scheibe fettgetupfter Wurst hinstreckte.

Da die Jungen merkten, daß die Lederknechte sie nicht wie die Innsbrucker Stadtwache veräppeln wollten, erkundigten sie sich wieder nach dem Weg. »Wir wollen nach Rom! Welcher Route ratet Ihr zu?«

»Oho! Das ist aber noch ein schöner Hatsch! Alle Achtung! Mit den Pferden nehmt ihr am besten die Strecke über Bolzano, Bologna, Firenze, Roma.«

Das waren Fuhrleute von Welt! Sie sprachen italienisch und wußten sogar die Schleichwege an den Mautstationen vorbei, dachte Adam.

»Die Postreiter brauchen von Augsburg bis Venedig gerade mal elf Tage. So schnell werdet ihr nicht sein, aber fünf Meilen am Tag können eure Gäule doch schaffen.«

Während sie noch über die Route ratschlagten, breitete ein junger Gehilfe auf dem Planwagen Felle über die Tuchballen. Erst als sie der Anführer zum Übernachten einlud, bemerkten die weinseligen Jungen, wie mit dem Verschwinden der Sonne die Kälte unter die Jacken gekrochen kam. Da sich das Brennerjoch noch hinter etlichen Biegungen und Felsnasen versteckte, nahmen sie die Einladung zur Nacht herzlich gerne an.

Kaum daß der Morgen graute, riß man ihnen die Felldecken weg. Mit steifen Knochen klatschten sie sich wie die Fuhrleute die Bergkälte aus dem Wams und nahmen dankend die angebotenen Brotkanten und den Becher Wein. Nach hastigem Verzehr hatten es alle eilig, die Fuhrleute drängte es bergab auf Innsbruck zu, die Reiter bergauf zum hohen Joch. Eingehüllt in Nebelschwaden, die von Südtirol herübertrieben, erreichten sie, Apollo und den Schecken am Halfter führend, erst bei Dämmerung das Brennerhospiz. Auch die Nacht im Massenlager, eingepfercht zwischen röchelnden Kerlen, zehrte an den Kräften. In der ungewohnten Höhe von viertausend Fuß fanden sie nur einen flachen Schlaf.

Mitgerissen von der morgendlichen Aufbruchstimmung schlossen sich die Rheinländer dem Schwarm nach Süden an und zogen ihre Rosse noch in der Dunkelheit aus dem Stall. Bevor die ersten Sechsspänner die Paßhöhe bestürmten, hatten sie schon die Mautstelle passiert. Nebelschwaden krochen die Latschenhänge hoch und lösten die Konturen der Krüppelkiefern im milchigen Dunst auf.

Hinter Sterzing machte sich der Himmel frei und im Eisacktal empfing sie die Hitze des Südens. Übermütig schleuderte Adam das Barett in die Luft, und Max ließ seinen Hut den Hang hinabsegeln. Juchzer über Juchzer schleuderten sie ins Tal, das ihnen ein begeistertes Echo zurückwarf. Noch auf der Höhe der Matten saßen sie ab, rissen sich die Filzdecken von den Schultern, pellten sich aus dem Wams, streiften die Handschuhe ab und warfen sich selig ins sonnenwarme Gras. Überwältigt lauschten sie dem fernen Rauschen stürzender Wasser. Hoch oben im Sphärenblau kreiste ein Steinadler. Endlos wölbte sich der Himmel über die schweigenden roten Dome der Dolomiten. Ein Nickerchen versöhnte mit den Qualen der Bergnächte und erfrischt ritten sie in den Süden der Grafschaft Tirol hinab. Im Tal durchquerten sie die ersten kleinen Dörfer. Deren Kirchen fehlte das Brachiale nordischer Gottesburgen, ihr warmes Ocker öffnete die Herzen der Sünder und Heiligen; diesen Kirchlein waren die Ränke der Macht nicht anzusehen. Fast armselig, dachte Adam, für den die kraftstrotzenden Dome seiner Heimat Sinnbilder der Gottesfurcht waren.

Da Zollbeamte, Quartierherren und Schankwirte das unversiegbar geglaubte Ledersäcklein über die vielen Wochen fast leergeplündert hatten, umritten sie wehen Herzens Florenz. Im

Pulk von Wanderpilgern überquerten sie in der ersten Juniwoche Anno Domini 1608 die Cimino-Berge und bezogen in Cervéteri ein ärmliches Quartier. Am nächsten Morgen brachen sie auf, um ihren Glücksritt durch halb Europa seinem Ende entgegen zu führen.

Eccola Roma!«
Noch lagen die Tore der Ewigen Stadt im Dunst der Ebene.

»Mal sehen, ob ich alle Hügel Roms ausfindig machen kann?« Adam, der sich an Pater Leos Unterricht erinnerte, begann, die ringsum verstreuten Erhebungen mit ausgestrecktem Zeigefinger abzuzählen:»Vier, fünf, ungelogen, ich komm auf sieben.«

»Und alle sieben bieten untertänig ihre Rücken feil, um die Last von Menschenhand geformter Monumente zu tragen«, zitierte Max andächtig.

Caput mundi, das Haupt der Welt, lag kolossal zu ihren Füßen.

Jetzt gab es kein Halten mehr. Sie trieben ihre Pferde durch Rohrgraspolster auf das Ufer des Tiber zu, über den sich die Milvische Brücke beugte. Wie sie durch das Stadttor Porta del Popolo trabten, witterten ihre Tiere schon den Brunnen auf der Piazza. »Geschafft«, frohlockte Adam und sprang mit klopfendem Herzen aus dem Sattel. »Wir haben's geschafft!« Jubelnd und erschöpft fielen sich die Gefährten in die Arme. Ihre Pferde soffen. Und um sie herum tummelte sich ein schnatternder Pulk von Reisenden und Pilgern am Brunnen.

Begeistert feierte man die Ankunft. »*Siamo arrivati, ragazzi*«, schallte es über den Platz. »Leute, wir haben's geschafft!« Ausgelassen planschten auch deutsche Rompilger mit ihren geplagten Beinen im Wasser der Heiligen Stadt.

Die Mittagshitze zog sich zurück. Jetzt verließen die Anwohner der Piazza ihre kühlenden Roßhaarmatten und kamen hinter den rostbraunen Fassaden der umliegenden Häuser hervor. Unter Sonnendächern setzten sich die Barbiere bereit. An wackeligen Tischchen kramten Notare Pergament und Tintenhorn hervor. Karrenknechte kamen gähnend aus den umliegenden Wirtschaftshäusern und machten sich an silbergrauen Rindern zu schaffen, die wiederkäuend am Brunnen lagen. Die geschäftigere Hälfte des römischen Tages war angebrochen. Laut rufend mischten sich barfüßige Bauern aus den Sabini-Bergen unter die Fremden, denen sie Oliven und Schafskäse auf fettigen Handtellern feilboten. Mit den jungen Cöllnern war kein Geschäft zu machen. Der Lederbeutel hatte seine Ausstrahlung verloren und hing matt an Adams Gürtel.

Noch immer hockten sie mit hochgekrempelten Hosen auf dem Brunnenrand. Adam war eingenickt. Plötzlich weckte ihn ein Singsang, der auf italienisch und – aus kultureller und finanzieller Weitsicht – auch in gebrochenem Deutsch verkündete: »Contessa Fulvia gebärte Zwillinger nach zehn Monate Tragenszeit … Schiff bei Genua weggesunken. Alle Mann versoffen … Totschlag bei Arezzo, Mörder in Rom weilt …«

»Er singt die Neuigkeiten!« Adam konnte es kaum glauben. »Eine singende Postille! Und auch noch zweisprachig!«

Der Nachrichtensinger ging nach einigen arienähnlichen Ausbrüchen mit seinem Hut herum. Seinem satten Gesicht nach zu urteilen, schien sich die neue Kunst der Nachrichtenübermittlung auszuzahlen. So schmetterte er weitere Schreckensmeldungen in die Luft: »Donna di Cambio im Bette von einer Eminentissimus Dominus Cardinalis überrascht. Der Heiliger Vater iste sehr emporte …«

Schläfrig zog Adam einen Zettel aus der Tasche und entzifferte mit krauser Stirn: »Albergo del Lupo, Via Piè di Marmo.« Diese Herberge war ihnen von den Frammersbacher Fuhrleuten als preiswert empfohlen worden. Er stieß seinen Nachbarn an und streckte ihm den Zettel hin. Der Pilger zuckte die Achseln und wusch sich weiter die Füße. Erst einer der vielen Bettler konnte ihm weiterhelfen. »Uno, due, tre! Molte strade. Prenda la via centrale! Via del Corso!« Seine verkrusteten Finger fuchtelten durch die Luft, zeigten über die Piazza und beschrieben einen großen Kreis. »Grande Piazza, Piazza Venezia! Signore!«

Adam wiederholte die Gesten, bis sie zu einer Übereinstimmung kamen. *»Piazza-Venezia-Signore!«* mischte sich Max ein.

»Ecco, ecco, Piazza Venezia, Signore.« Fordernd streckte der Bettler ihnen seine Hand hin und Adam warf seine letzten zwei Soldi hinein. Suchend überquerten sie mit ihren Pferden den Platz.

In Terracotta-Töpfen leuchteten Blumen über Blumen an den massigen Häuserfronten. Grün bekränzte die Holzgeländer und fast auf jeder Veranda döste eine Katze oder hing ein Weidenkäfig mit einem emsigen kleinen Sänger. Es herrschte ein solches Treiben, daß die Reiter ihre Tiere führen mußten. Die ganze Pracht des römischen Lebens schien auf der Straße, als sich die enge Via del Corso auf die Piazza Venezia ergoß.

Verstohlen beäugten die Jungen die einherschlendernden Edelherren vom Sonnenschirm bis zu den Sohlen. »Hier findest du endlich Abhilfe. Du bist damit fast so groß wie ich!« Max zeigte auf die Füße. Die Römer trugen Schuhe mit hohen Absätzen.

Die Edelherren lüfteten ihre lässig verbeulten Samtbarette neuester Mode, wenn sie Patres in mattschwarzem Habit begegneten. Die Geistlichen wiederum ließen ihre beringten Finger, den Gruß begleitend, lässig am Weißkrägelchen spielen. Nach der Purpursoutane und den samtroten Handschuhen mit einem teuren Goldjuwel zu urteilen, war es ein Kardinal, der sich in einer offenen Sänfte segnend über die Piazza tragen ließ. Bei den alten Weibern hatte sich die Lebenslust schwer unter den wallenden, schwarzen Röcken angesiedelt. Ihr Geschnatter unterschied sich in nichts vom Geschnatter Cöllner Frauenmenschen. Mütterliche Hände fuhren frech in Adams sonnengebleichtes Haar. *»Che biondo, che bello il giovane biondo!«*

Die herbeilaufenden Frauen konnten sich nicht sattsehen.

Scharen junger Frauen wehten in bodenlangen, kugelförmig wattierten Kleidern aus buntem Cotton und Damast daher. Sie schienen Gefallen am verwilderten Aussehen der Cöllner Burschen zu finden und warfen ihnen den einen oder anderen Augenaufschlag zu. Schwarze Locken wurden unter Kopftüchern und Hälschen hinter schleierfeinen Spitzenkrausen verborgen.

Die in Miederschatullen gezwängten Brüste waren mit goldenen Paspeln und Biesen garniert. Vielleicht waren sie unverheiratet, die Frauen mit ihren goldenen Haarnetzen, denn sittsam flanierten Damen mit Damen. Jedoch auch die Herren hielten sich unter ihresgleichen. Die Pracht der Kleider, die tänzelnden, auf die Spitzen erhobenen Füße und die perlende Sprache waren freier, frecher, ja, tausendmal sinnlicher als alles, was die Städte des Nordens zu bieten hatten. Rom war die Weltbühne des unaufhörlichen Vergnügens, ein Schauspiel, ein Theater, das sich an sich selbst berauschte. Aus dem abendlichen azurblauen Himmel schienen kleine, fette Engel zu verkünden: »Freuet euch, die Glanzzeit *barocco* ist angebrochen.«

Als sich Max und Adam endlich zur verwinkelten Via Piè di Marmo durchgefragt hatten, verdunkelte der Abend bereits den taubenverdreckten Tuffsteinbogen über einem Hoftor. Ein gemaltes Schild »Albergo del Lupo« – für deutschsprechende Fremde stand noch »Gastaus sum Folf« darunter – verkündete die gesuchte Herberge. Erleichtert zogen sie ihre Pferde durch das angelehnte Tor. Ranken über Ranken überwucherten die Hauswände und hingen vom Torbogen herab. Unter blühenden Oleanderbüschen räkelte sich eine Katze mit ihrem frischen Wurf. Es knisterte, zischte und brutzelte. Sie schnupperten. »Göttlich, vielleicht bekommen wir einen Bissen ab.«

»*Un momento, un momento!*« Knistern, Zischen und Brutzeln verstummten und eine rundliche, schwarzhaarige Frau trat hinter einer Wäschegirlande hervor. Die nackten Arme überkreuzt, musterte sie die beiden. »*Tedeschi!*« rief sie, nachdem ihre kohlschwarzen Äuglein blitzschnell die Kleider und die hellen Haare inspiziert hatten.

»Ja, wir sind Deutsche! *Parlo poco italiano.*« Max klopfte sich den Bauch und kaute auf den Fingern.

»*Mangiare? Dormire?*« Adam legte den blonden Kopf süß schnarchend an Maxens Schulter.

Die Mamma schmolz dahin. »Ihr Glück haben. Heute zwei Gäste nix zahlen, ich rausschmeissen. *Si, si, mangiare trippa alla romana.* Du subito bezahlen zwanzig Scudi, dann bleiben.«

»Signora«, kam es Adam dünn über die Lippen, dann hielt er

ihr den leeren Beutel unter die Nase und zeigte mit besorgter Miene auf die staubigen Gäule. »Colonia … Roma weit. Man hat uns um den letzten Thaler gebracht, scusi.«

»Oooh, Madonna Santa«, die Mamma hob die Hände, »was du wollen in Rom ohne Geld? Hier nix Geschenk.« Kopfschüttelnd wandte sie sich um und eilte zurück zu Pfanne und Herd.

»Wir sind Schüler von Societas Gesù. Ich will besuchen Collegium Germanicum«, rief ihr Adam nach und griff nach seiner Schultertasche, um den Aufnahmebrief hervorzukramen. »Die Frammersbacher Fuhrleute haben diese Albergo empfohlen, hier seht, Albergo del Lupo.«

Fast an der Türschwelle, drehte sich die Wirtin um. »Oooh, Societas Gesù gut. Fuhrleute sehr gut Leute. Ich nix wissen, du gut Christ, du reinkommen, mangiare, dormire. Du wissen, Räuber kommen in Sommer nach Rom.« Vertrauensvoll kam sie zurück und schob die Jungen in den Hof.

Max und Adam zwinkerten sich zu. So schnell wie schon lange nicht mehr banden sie ihre Tiere an dem Eisenring über der Steintränke fest, sattelten ab und hockten sich unter die Weinlaube, wo die Frau einen steinernen Tisch mit der Schürze abwischte. »Signora Lupo, wo haben Sie so gut Deutsch gelernt?«

»Oooh«, die Mamma strahlte. »Bei viele, viele deutsche Gäste gut und schnell lernen. Auch Bischof von Hildesstädt sein immer mein Gast.« Stolz strichen ihre rotglänzenden Hände die Schürze glatt. »*Bene, due trippe alla romana.*« Die Wirtin verstand es, mit frischem Knoblauch, Zitrone und Rosmarin so zu zaubern, daß das geröstete Gekröse besser als Täubchen schmeckte. Der erster Abend in Rom hätte nicht köstlicher ausklingen können.

Bereits zur Stunde des Hahnenschreies trompetete einer in den Hof »*Pane, Paanneee!*« und wenig später »*Latte, Laattteee!*«

Mit der Nachtruhe war es vorbei.

Die Wirtin hatte das Haus längst verlassen und den Jungen ein Glas Wasser, ein Glas Wein und für jeden ein Schnittchen Rosinenbrot vor die Tür gestellt.

In der Morgenkühle betrat Adam mit dem schwingenden Schritt des Weitgereisten das Pflaster Roms. Den schmächtigen

Brustkorb kleidete nur ein Hemd. Nicht, weil er bereits zum siebten Glockenschlag schwitzte, sondern weil sein einziges Wams vor Dreck starrte, war er hemdsärmelig unterwegs. Seine ausgebeulte Hose und sein sonnengebleichtes, schulterlang gewuchertes Haar wiesen ihn schon von weitem als einen Fremden aus einem unmodischen Land des Nordens aus. Er hatte keine Mühe gescheut, sich der eleganten Welt Roms würdig zu erweisen: das Kinn glänzte frischgebimst und die blauen Augen strahlten wie poliert. Doch bereits nach den ersten Schritten schämte er sich vor den jungen Römern, die sich an ihm vorbeischoben: Sie trugen steife, federgeschmückte Hüte auf dem glanzfrisierten Haar, raffinierte Krägen und über den Schultern delikate, quastenbesetzte Mäntelchen. Nicht selten quollen weiße Spitzen und Rüschen aus ihren bunten Westen mit Pimpernußknöpfen.

Er beschleunigte seinen Schritt. Obwohl er bereits im Cöllner Tricoronatum die Aufnahmeprüfung für das Germanikum bestanden hatte, befiel ihn kurz vor dem Ziel plötzlich Angst. Im Schatten eines Melonenstandes hielt er inne. Eine tropfende Fruchtscheibe schlürfend, Flecke waren ihm jetzt auch egal, starrte er auf den klotzigen Palazzo di San Apollinare, wo das Germanikum residierte.

Sollte sich hinter dieser grauen Fassade ein Regiment klösterlicher Strenge verbergen? Er wußte nur, daß hier das päpstliche Seminar für angehende Priester und Bischöfe der deutschen Bistümer untergebracht war, und daß die Leitung der Anstalt dem Jesuitenorden oblag. Mehr wußte er nicht.

Er wischte die Finger an der Hose ab, holte tief Luft und ging stracks auf das Portal zu. Ein Grüppchen Seminaristen in roten Talaren drängte ihm schwatzend und lärmend entgegen. Zögernd trat er in einen lichten Arkadenhof. Da sich kein Pedell zeigte, schritt er durch eine geöffnete Flügeltür und stieg im prächtig bebilderten Entree eine weite Marmortreppe hinauf. Er kramte den Empfehlungsbrief hervor und feilte nochmals an der Aussprache: »*Monsignore rectus Philippus Rinaldus*«. Ein verspäteter Seminarist, ebenfalls in rotem Talar, rannte ihm von oben entgegen. Er hielt ihn auf und las von seinem Zettel ab »Philippus Rinaldus?«

Als der Rote diesen Namen hörte, stutzte er, rief »Erster Stock, letzter Raum links!« und stürmte weiter treppab.

Er fand das Rektorat am Ende des knarrenden Dielenflurs. Die Tür war nur angelehnt. Ohne anzuklopfen, trat er ein. Im Raum hing ein herber Duft von Leder, Honigkerzen und Bohnerwachs. Die Wände waren bis hinauf zum Gesims mit Büchern bedeckt. Wo keine Bücher emporwuchsen, hingen Porträts vergangener Würdenträger. Zwischen zwei der hohen Regale beugte sich ein ausrasierter Schädel über ein Stehpult. Als er vorsichtig nähertrat, sah der Tonsurierte von einem Schriftdokument auf. »Salve! Quis es? Quid in collegio germanico quaeris?«

»Johann Adam Schall von Bell aus dem Erzbistum Cölln. Ich bin hier, um in Rom zu studieren.« Nach dem Vagabundenleben fiel es Adam schwer, in feingesetztes Latein zurückzukehren.

»Ein Tricoronater? Dem Aufzug nach!« Der Sekretär studierte das bekleckerte Hemd wie einen verschlüsselten Bibeltext. »Na denn. Er hat hoffentlich seine Alumnatsbescheinigung zur Hand?«

Adam kramte das amtliche Schriftstück aus seiner Gürteltasche hervor und reichte es über das Pult. Der Sekretär nahm das verkrumpelte Pergament mit spitzen Fingern, strich es glatt und ließ sich mit der Durchsicht Zeit.

»Er warte hier!« sagte er und verschwand durch eine Aussparung in der Bücherwand. Als er wieder zwischen den Büchern hervortrat, duzte er Adam: »Folg mir!« Sorgfältig schloß er die Tür hinter ihm, als müsse er verhindern, daß die Büchermassen seines Arbeitsraumes in das luftige, mit geprägtem Korduanleder ausgekleidete Studiolo hinüberquollen. Nach all den Folianten wirkte dieser Raum leer. Ausgefüllt wurde er von der Anwesenheit eines fülligen Paters, der sich hinter einem wuchtigen Schreibmöbel aufgebaut hatte. Die Tischplatte, die ihn vor der Welt schützte, war bis auf ein Kruzifix, ein Tintenhorn mit Federkiel und ein Paar Augengläser frei. Dem Betagten wuchs graues Haar unter einem Birett hervor und verfloß an den Schläfen mit einem wachsweißen Vollbart. »Sieh an! So also müssen wir uns den jungen von Bell vorstellen.«

111

Adam starrte in die Maserung der geölten Bodenbretter. Der Pater Rektor hatte »jungen« besonders betont. Er ahnte bereits, worauf der Rektor hinauswollte.

»Rektor Philippus Rinaldus«, jetzt sah er dem Rektor gerade in die Augen, »ich grüße ergebenst!«

»Ich hoffe, du hattest eine gute Reise. Nicht viele Väter lassen ihre Söhnchen soweit ziehen. Wie ich an deinem Hemd sehe, bist du gerade erst angekommen.«

Es scheint, als ob die Römer erst auf die Kleidung gucken, bevor sie den Kopf darin sehen, dachte Adam und bestätigte den guten Ritt.

»Alle Achtung! Die meisten meiner Alumnen kommen mit der Kutsche. Zu Pferd wagen es nur wenige. Jetzt aber zu deiner Angelegenheit. Dein Aufnahmeexamen im Cöllner Tricoronatum ist jetzt vier Monate her. Dein Examensbogen liegt mir vor. Darin hast du geantwortet: ›Ich bin am 1. Mai 1592 aus einer legitimen Ehe hervorgegangen.‹ Demnach bist du erst sechzehn Jahre alt, das heißt: du bist zu jung.«

»Hochwürden, ich bestand das *Examen de Candidatis Admittendis in Collegium Germanicum* – die Kandidatenprüfung! Genügt das nicht? Man hat mir gesagt ...?«

»Ich fürchte nein.«

Der Sekretär war leise aus dem Vorzimmer eingetreten. »Rektor Rinaldi, erlaubt mir ...« Aloisius Glück umrundete das Schreibmöbel und trat dicht an den Rektor heran. »Ehrwürden!« tuschelte er ihm ins Ohr. »Vergeßt nicht, daß Seine Paternität gerne mehr Nobili am Kolleg sähe, um die Macht des Ordens zu stärken.« Er neigte seine Tonsur und trat bescheiden zurück.

»Hochwürden, erlaubt auch mir eine Bemerkung.« Adam war entschlossen, einen hochbegabten Eindruck zu machen. »Kein Geringerer als Aristoteles hat die ethische Reife eines Menschen an der Sittlichkeit im gelebten Leben gemessen, nicht aber an einem theoretischen Ideal wie nachzählbaren Altersjahren.« Mutig hielt er dem strengen Blick stand. »Darum bitte ich, nach meiner Lebenserfahrung und nicht nach meinem Geburtsdatum beurteilt zu werden.«

»Nicht übel!« Pater Rinaldis Bauchbinde spannte sich, als er lachte. »Aber meine Augen sehen einen Adelsknaben mit einer fast noch kindlichen Lebensspanne! *Tantillus puer!* Selbstüberschätzung ist der Rausch der Jugend. Und je schlimmer der Rausch, desto schlimmer der Kater. Die Leistung deiner Reise anerkenne, ja, bewundere ich. Doch wie könnte ich guten Gewissens deine Aufnahme gegenüber den vielen, vielen Abgewiesenen vertreten?« Der hohe Jesuit setzte sich auf den Schreibtischstuhl und zog sich die Bügel der Augengläser über die Ohren. »Erst heute erhielt ich den Brief einer deutschen Mutter. Ich will ihn dir vorlesen: ›Herrin der Welt, o Rom! Dir send ich meinen einzigen Sohn. Nimm ihn in schwarzem Gewand und gib ihn mir in Purpur zurück.‹ Mein Sohn, solche Schreiben erhalte ich zuhauf. Mütter und Väter, Bürgerliche und Nobilierte, alle wollen, daß ihre Söhne als berühmte Purpurträger ins deutsche Reich zurückkehren. Ich sage nur: Pfründe! Wenn unser Germanikum die geistliche Elite für die deutschen Lande ausbilden will, muß es hohe Anforderungen stellen – in jeder Hinsicht. Unsere purpurne Germanikerrobe hängt nicht einfach auf der Stange. Auch nicht für den Adel, Adamus Schall a Bell!«

Der Rektor befreite seine Augen von dem Sehgestell. »Du mußt warten, bis zu deinem siebzehnten Geburtstag, so sind die Regeln. Aber wenn du unbedingt willst, komm in sechs Wochen wieder. Wir wollen Unregelmäßigkeiten nicht ganz ausschließen, vielleicht kommst du in den Segen einer solchen.«

»Geduld und Gottvertrauen ist es, was du jetzt brauchst.« Der Sekretär führte den Abgewiesenen hinaus. Mit den Tränen kämpfend, trottete dieser hinter Aloisius Glück her und fühlte sich jämmerlich betrogen.

»Wie steht es mit deiner Deposition?«

»Ich werde mein Pferd verkaufen müssen«, brummte er.

»Das heißt, du kehrst nicht nach Cölln zurück, du bleibst in Rom?«

»Was um alles in der Welt soll ich in Cölln? Ich werde bleiben«, brüllte Adam vor Zorn.

»Um Gotteswillen, sei leise, geh jetzt und stell dich in frühstens sechs Wochen wieder ein ...«

»Sechs Wochen, und Ihr glaubt, daß man mich dann nimmt?«

»Rektor Rinaldi erwähnte Unregelmäßigkeiten. Es könnte sein ....«

Wie Adam auf die Piazza delle Cinque Lune hinaustrat, irrte ihm ein klapperdürrer Hund zwischen die Beine, dessen gelbes Fell in alle vier Winde abstand. »Salve, mein Freund! Du bist von meiner Art«, begrüßte er ihn bitter. Der Köter schaute ihn kurz aus gelben Augen an. Dann machte er, daß er wegkam. »Nicht mal dem bin ich gut genug«, fluchte der Abgewiesene. »Glaubt bloß nicht, daß ihr so an mir vorbeikommt. Ich bin in sechs Wochen wieder da, ich hab's doch gehört, ihr seid doch hinter dem Geld der Adelssöhne her. Da bin ich mit Sicherheit gut genug. Auch alt genug. Meine Herkunft wird schon für die notwendige Unregelmäßigkeit sorgen«, schimpfte er laut.

Mit den Fäusten in den Taschen, einer Zornesfalte über der hohen Nasenwurzel, den Kopf gesenkt wie ein angreifender Stier rannte er, mit seinem Schicksal hadernd, durch die Straßen Roms. Ich habe mir nicht den Hintern durchgeritten, um hier in der Gosse zu landen. Italienisch läßt sich lernen, und wenn sie mich nicht haben wollen, fahre ich zur See. Vielleicht ist Seefahrer sogar besser als Gelehrter. Verspricht mehr Abenteuer und Absaufen als Strafe Gottes ist allemal besser als an der Pestseuche krepieren. Da waren sie wieder, die grauenhaften Bilder von Vaters Tod, sein brechender, bittender Blick, der merkwürdige Geruch hinter dem Leichenkarren, die Angst, die Teufelsseuche ins Haus gelockt zu haben.

Nachdem er bis zum Colosseum und zurück gelaufen war, kam er schon etwas gefaßter in der Albergo an. Dort warf er sich auf die Bank am Steintisch, wo Max in Bauzeichnungen blätterte. »Die nehmen mich nicht! Zu jung!«

»Wie, die nehmen dich nicht, zu jung? In Cölln hast du doch alle Prüfungen bestanden?« Max wunderte sich.

»*Mamma mia, povero ragazzo,* nix Monsignore werden?« Die Wirtin kam mit erhobenen Händen auf ihn zugelaufen. »Ganze Reise umsonst. Welch ein Unglück!«

»Nix Unglück. Die sollen mich kennenlernen. In Cölln schicken sie mich los und in Rom lassen sie mich nicht rein. Die werden einen Schall von Bell schon noch kennenlernen. In meiner Familie haben sie bis aufs Blut um ihre Rechte gestritten.« Hart wehrte Adam das Mitleid ab. Die Mamma kannte sich mit erhitzten Gemütern aus und spendierte wortlos eine gutgefüllte Karaffe. Einige Becher vom roten, pelzigen Wein halfen Adam in sein neues Schicksal hinüber.

Am nächsten Morgen begannen sie in der überdachten Hofnische das Fell ihrer Reitpferde zu striegeln. »Ein stumpfes Fell drückt den Preis des besten Gauls«, seufzte Adam traurig. Und wie sie ihr Kapital aus dem Hof führten, stöhnte er: »Los bringen wir die Schandtat hinter uns.«

Die Einheimischen fanden großen Gefallen an den beiden weitgereisten Tieren. So erhandelten sie einen guten Preis und der neue Besitzer führte ihnen stolz die Pferde weg. Jetzt waren sie endgültig alleine in der Welt – sie hatten ihre besten Freunde verkauft. Ziellos liefen sie durch die Gassen, um über den Schmerz hinwegzukommen. Doch bald wirkte das Münzgeld wie Medizin. Sie spazierten durch die Marktauslagen und Speiseständen, naschten von allem und kosteten vom Unheimlichsten: den Meerestieren. Die gerösteten Tintenfische, gedünsteten Muscheln, die rohen Seeigel, gekochten Langusten, Schwertfische und Sardinen halfen ihnen über den größten Schmerz hinweg. Hatte Adam bei den ersten Marktständen noch die Nase über die befremdlichen Gerüche gerümpft, so schnupperte er sich am Ende ihres kulinarischen Abenteuers begeistert durch die Auslagen. Max zog ihn von den Marktständen weg zu einer breiten Treppe, die zum Fluß hinabführte, wo halbnackte Männer Travertinblöcke aus Kähnen entluden und Hunderte von Frauen Wäsche wuschen. »Über hunderttausend Menschen sollen mittlerweile die Stadt bevölkern«, erzählte er, um Adam abzulenken. »Alle wollen essen und trinken. Was die alle hinter sich lassen. Der arme Tiber!«

In einem Winkel der Via di Ripetta entdeckten sie einen Puppenspieler. Zum Ergötzen einer Handvoll Männer legte er seinen Marionetten gotteslästerliche und sauige Verslein in die

Schlappmäuler. Sobald dem Publikum die Mäuler offenhingen, pausierte er. Sein Hurenpersonal bediente derweil die aufgegeilte Kundschaft; im Stehen, in Häusernischen. Die Jungen machten schmutzige Witze und ergötzten sich an diesem und weiteren Tagen an den Sehenswürdigkeiten Roms.

Max hatte sich mit einem Baumeister aus Lugano angefreundet, der in ihrer Albergo logierte. Dem Luganer war sofort seine Begabung aufgefallen, und er hatte beschlossen, den jungen Künstler zu fördern. So kam es, daß Max eines Tages hochzufrieden in die Weinlaube geschlendert kam und Adam, der seit Wochen Italienisch lernte, seine neueste Errungenschaft unter die Nase hielt. »Hier, ein Buch über Perspektivlehre von Andrea del Pozzo.«

Beim Durchblättern entdeckte Adam, daß der Verfasser ein Jesuitengelehrter war. »Hier ist der Beweis, daß die Jesuiten Wissenschaftler und keine Betbrüder sind.«

»Das ist wahrscheinlich wieder einer von denen, die aus dem Kloster abgehauen sind.«

Adam schluckte.

»Darf ich dem Jesuitenschüler Zeichenstunden auf Europas größter Baustelle anbieten? Ich habe da meine Beziehungen.«

Dieser Max. Adam staunte. Braungebrannt, mit wildem Kraushaar, stand er auffordernd vor ihm. Seine breiten Zähne strahlten, als er stolz diese Offerte machte. »Italienische Vokabeln lernen kannst du noch, wenn sie dich im Kloster einsperren.«

»Wie oft soll ich dir noch erklären, daß ich Wissenschaftler werde und nicht Mönch.« Adam schob sein Vokabelheftchen von sich. »Großartig, wie hast du das gemacht, daß wir zwei auf die Baustelle kommen?«

»Man hat mein Genie erkannt. Hier nimm.« Er schob ihm Skizzenmappe und Rötelstift hin und eilig brachen sie auf.

An der Absperrung, die den glotzenden Pöbel vom Petersdom fernhielt und sich nur für bedeutende Besucher öffnete, hielt Max nach dem Luganer Baumeister Ausschau. Kräne, Baumaterial und Bauhütten versperrten die Sicht auf den Platz. Einige Bauarbeiter, die am Gitter hantierten, grüßten ihn.

»Warst du schon oft hier?« fragte Adam bewundernd.

»Mein Lieber, während du deine Nase in Vokabeln steckst und versuchst, den Vergnügungen Roms zu entfliehen, lebe ich hier draußen und werde Zeuge eines der imposantesten Bauvorhaben der Menschheitsgeschichte. Schau, da ist er ja!«

»Hallo Max! Aha, das wird Adam sein. Ich habe von deinem Malheur mit der Ablehnung gehört. Sei auch du mein Gast und vertreib dir die Warterei, indem du ein bißchen was vom Kathedralenbau lernst. Kommt rein.« Auf Wink seines Herrn, dessen Gesicht, schwarzes Haar und sogar die Wimpern, von feinem Steinstaub überpudert waren, öffnete ein Steinmetz die Absperrkette.

»Im Augenblick kommt der Bau gut voran, denn es ist genügend Geld vorhanden. Aber die Arbeiten ziehen sich schon so lange hin, daß die Römer für alles, was endlos dauert, das geflügelte Wort *fabbrica di San Pietro* erfunden haben. Wollen mal hoffen, daß in fünf Jahren Bramantes Dom zu Ehren Gottes in den Himmel ragt.« Max zog Adam auf den offenen Platz und wies, sich verbeugend, auf die Kuppel der Basilika. »Bitte schön, Michelangelos Gottesgeschenk.«

Adam pfiff durch die Zähne. »Ich glaubte, die bauen eine Kirche, doch das wird ja ein Palast.«

»Ganz recht. Die Päpste möchten das Erbe der Imperatoren antreten. Sie haben die alte Kirche abgerissen, um für diesen Palast Platz zu schaffen. Am Abhang dort drüben befand sich das Grab des Apostels Petrus. Über seinem Grab ließ der erste getaufte römische Kaiser die erste Kirche errichten. Jeder neue Papst baute eine größere Kirche.« Daumen und Zeigefinger aneinanderreibend, fügte der Luganer Baumeister hinzu: »Mit der Macht kommt auch die Gier, das kostet Geld. Um alles zu finanzieren, mußte das Geschäft mit der Sünde eingeführt werden.«

»Ihr meint den Ablaßhandel?« Adam runzelte die Stirn.

»Genau. Die Extras sind besonders teuer. Überlebensgroße Statuen von Christus und den Aposteln sollen hoch oben die Fassade schmücken. Baumeister Maderna hat die Pläne seines Vorgängers, des berühmten Bramante, geändert, damit die Fassade nicht zu klobig wirkt ...«

»Kennt Ihr Baumeister Maderna persönlich?«

»Ja, Carlo und ich sind Landsleute aus Lugano und arbeiten schon lange zusammen.« Er wischte sich mit dem Zeigefinger weißgraue Bartfusseln von den Lippen.

Adam hatte während des ganzen Gespräches einen Hinweis auf den Hausherrn gesucht. »Wo wohnt er denn, der Papst?«

Der Luganer zeigte zum Gebäude des Heiligen Offiziums hinüber. »Dort, hinter den Mauern. Da versteckt sich eine ganze Palaststadt. Ein normaler Sterblicher darf sich glücklich schätzen, wenn er das Antlitz des Heiligen Vaters erblickt. Dort oben, gleich neben den Fenstern des Obersten Tribunals, zeigt er sich an schönen Tagen. Manchmal lehnt er über der Brüstung und guckt stundenlang den Arbeitern zu. Vielleicht bewundert er an uns Bauleuten, daß wir immer das tun, was wir sagen. In dieser Hinsicht kann der Klerus noch einiges von uns lernen. Wenn die Kirchenfürsten nicht aufpassen, überdauern unsere Mauern ihr Glaubensgebäude.« Der Baumeister verabschiedete sich, nachdem er ihnen einen Passierschein ausgestellt hatte. Fortan sollte er nur alle paar Tage vorbeikommen und ihnen über die Schulter sehen.

Der Petersplatz mit dem Kuppelbau bot sich an, dem Wesen der Perspektive auf die Spur zu kommen. Auf einer liegenden Marmorsäule sitzend, machte sich Adam die Systematik in der Verkleinerung der Objekte durch die Entfernung vom Betrachter bewußt. Max lehrte ihn, den Obelisken in der Mitte des Platzes groß, die eingerüstete Fassade des Portikus mittelgroß und die Kuppel so klein zu zeichnen, daß auf der zweidimensionalen Fläche der Eindruck einer optischen Räumlichkeit entstand. Max verharrte den ganzen Tag wie angemeißelt vor seinem Blatt. Mit Wucht brachte er Skizze um Skizze aufs Papier und kämpfte um die Perfektion des Abbildes. Auf Adams Blatt tat sich meist lange nichts. Aber irgendwann strichelte er eine manierliche Perspektive vor sich hin. Dann ruhte sein Stift wieder lange und sein Blick schweifte in die Ferne. Je verstaubter und begeisterter Max zwischen den Kalksäcken und Marmorquadern hindurchkletterte, desto mehr störten Adam der Dreck unter den Fingernägeln, der ewige Staub in der Nase und die geistlosen Scherze der Arbeiter.

Endlich waren die sechs Wochen verstrichen. Der 24. Juli 1608 war gekommen. Wieder sprach er im Germanikum vor. Seine Eitelkeit hatte über seine Bequemlichkeit gesiegt. Wie die jungen Römer trug er jetzt hellblaue, enge Strümpfe, Absatzschuhe und seine schmalen Hände wurden von gerüschten Spitzenmanschetten fast verborgen.

»Ein herzliches Willkommen unserem jungen Adelsherren«, begrüßte Sekretär Aloisius Glück, dessen Tonsur mittlerweile überwuchert war, den Eintretenden und führte ihn ohne Voranmeldung in das Studiolo. Wie bei der ersten Begegnung stand Rektor Rinaldi hinter dem Schreibtisch. Kaum war Adam eingetreten, kam er mit ausgestreckten Händen auf ihn zu. »Du siehst prächtig aus!« rief er und faßte seine Hände. »Das Hemd, die Strümpfe! Es scheint, daß dir Rom wohlbekommt!« Sekretär Aloisius Glück reichte ihm ein Couvert, aus dem er ein gefaltetes Bütten zog. »Deine Angelegenheit sorgte nicht nur in Cölln, sondern auch in Rom für Aufregung. Kein Geringerer als unser Ordensgeneral befaßte sich mit deiner Angelegenheit. Hier, sieh!« Der alte Rinaldi hielt ihm das Bütten unter die Nase.

Adam las *Praepositus generalis*.

»Der Brief ist vom Ordensgeneral persönlich. Du wirst umgehend ins Germanikum aufgenommen. Na?«

»Hochwürden, danke!« Berauscht vor Erleichterung griff Adam die Hand des Jesuitenoberen und küßte sie überschwenglich.

»Schon gut, schon gut. Hör weiter! Der Ordensgeneral hat einen Kurierbrief vom Cöllner Koadjutorbischof erhalten. Herzog Ferdinand von Bayern, der deine Familie anscheinend gut kennt, wünscht, daß für dich eine Sonderregelung wirksam wird. Da unser Orden dem Wittelsbacher Herrscherhaus zu äußerstem Dank verpflichtet ist, kommen wir dem Wunsch des Koadjutorbischofs selbstverständlich nach. Was soll ich da noch viel reden? Sei herzlich willkommen in der Runde der Germaniker.« Rektor Rinaldi wandte sich seinem Sekretär zu. »Aloisius, zeig dem Kandidaten sein neues Domizil.«

Adam wollte schon hinausstürmen, um seine Habseligkeiten aus der Albergo zu holen, da bremste Rektor Rinaldis dunkle

Stimme seinen Überschwang: »Noch eins, Adamus! Auch ein Adelssohn wie du muß eine Probezeit von vierzig Tagen einhalten. Für diese Zeit kannst du aber schon eine Kammer hier im Haus beziehen. Ich rate dir, lerne tüchtig für das Aufnahmetestat, damit du im September mit dem Studium am Collegium Romanum beginnen kannst. So, Anfang September sehen wir uns hoffentlich wieder, dann erhältst du auch unser begehrtes Germanikergewand. Du wärest dann unser Jüngster.«

Ernüchtert ergriff Adam die Hand. Die Audienz war beendet und Aloisius Glück schob ihn in die Bibliothek. »Mach dir keine Sorgen, du bist so gut wie aufgenommen.« Energisch schob er den Verdatterten gleich weiter durch die Flurtür. »Du erhältst eine eigene Kammer unter dem Dach. Leider ist sie nicht ganz ideal. In dieser Jahreszeit ist sie recht stickig und im Winter ein bißchen zu kalt. Aber du wirst ja nicht ewig dort oben wohnen bleiben.«

Noch am selben Tag zog Adam aus der Albergo aus. Max half ihm, die Satteltaschen mit den wenigen Habseligkeiten unter das Dach des Palazzo di San Apollinare zu tragen. Als sie in die abgeschrägte Kammer traten, keuchte Max: »Dein Palazzo ist ja eine Backstube! Da bleib ich lieber bei der Pasta-Mamma wohnen. Du weißt, wo du mich findest! Ciao!« In seinen Augen blitzte eine Spur Ironie, als er sich über die Stirn fuhr und die Hände wie immer an der Lederweste abwischte, während er seinem Weggefährten noch alles Gute für die Zukunft wünschte.

Adam wußte, daß er es in allen Gesprächen nicht vermocht hatte, Max zu erklären, was ihn zu den Jesuiten hinzog. Wäre er in einem fort in die Messe und zum Beichten gelaufen, hätte Max ihn für einen Religiösen gehalten und ihn verstanden. Aber so? Forschen ist das Gegenteil von Glauben, lautete Maxens ewiger Spruch. Wie sollte er ihm da erklären, daß er die Wissenschaft und die Forschung für seinen Weg zum Heil nutzen wollte. »Levv woll, unjehubbelte Krawallbotz! Ich wünsch dir alles Gute auf deiner Baustelle. Vielleicht kreuzen sich unsere Wege ja mal wieder.«

»Aber sicher, wenn du Papst bist, baue ich dir deine Basilika!« Er polterte die Treppe hinunter und ließ den Germaniker, dem schon wieder eine Prüfung bevorstand, alleine.

Die Dachkammer sagte Adam zu. Nachdem er alles verstaut hatte, nahm er nach langen Wochen zum ersten Mal wieder seinen Rosenkranz in die Finger. An diesem Ort verließ ihn die Scheu, den Katechismus, eine Kerze und die Gebetskette offen auf seinem Schreibpult zu arrangieren. Endlich gehörte ihm ein Fleckchen ganz alleine – und das wollte er auskosten.

Bis in die letzten Augusttage hinein mußte er sich ganz aufs Lernen konzentrieren. Nur so hatte er eine Chance, am Wettlauf des Wissens teilzunehmen. Er vergaß Max. Tagsüber büffelte er im Arkadenhof seiner Unterkunft. Unter einem Oleanderstrauch kauernd, konnte er die drückende Schwüle ertragen. Nachts, bei Kerzenschein und halbentblößt, beugte er sich über sein Pult mit lateinischen Büchern theologischen, physischen und metaphysischen Inhalts. Schon längst sah man ihn nicht mehr ohne Buch unter dem Arm auf die Straße gehen. All seine Kräfte mobilisierte er, um im Wettlauf des Wissens aufzuschließen. Schließlich wurde sein Lerneifer von Erfolg gekrönt.

Nach bestandener Prüfung verpflichtete sich ein hohlwangiger Jüngling Anfang September auf die Verfassungsbulle des Germanikums. Mit jubilierendem Herzen ergriff er den Federkiel und erweiterte das Alumnenverzeichnis um die Matrikelnummer 1138 und die Niederschrift *Joannes Adamus Schall a Bell Coloniensis Dioecesis eiusdem, parentibus nobilibus semperque Catholicis* – Johannes Adam Schall von Bell, aus dem Cöllner Bistum, Sohn adeliger und immergläubiger katholischer Eltern.

Rektor Rinaldi prüfte den Tinteneintrag. Als wolle er Altes und Überflüssiges beseitigen, blies er die Reste Löschsand aus dem Fenster. Mit einem väterlichen Händedruck sagte er: »Willkommen in den Reihen der Krebse!«

Ein paar ältere Seminaristen, die zu diesem Anlaß im Studiolo anwesend waren, reichten ihm ebenfalls die Hand. Während er Hände schüttelte, besah er verstohlen das Rot von Ärmeln, Schultern, Brustbesätzen und Rocksäumen. Jetzt habe ich mich zu so einem knatschroten Talar verpflichtet! Nicht auszudenken, was für einen Menschenauflauf dieses Tuch daheim in Cölln auslöste!

»Dein erster Gang sollte dich zur Universität führen, wo du

dich für das Studium generalis anmelden mußt«, unterbrach Rinaldi seine Gedanken. »Du hast sicher schon einige Bekanntschaften gemacht?«

»Nein, Hochwürden, ich habe nur gelernt.« Dem Jüngsten der Alumnen standen die durchlesenen Nächte ins Gesicht geschrieben.

»Das wird sich schnell ändern. Wir im Germanikum sind so etwas wie deine deutsche Familie. Am Collegium Romanum hingegen wirst du zusammen mit Brüdern der weltweiten Kirchenfamilie studieren. Alle römisch-katholischen Orden und Missionen sind dort vertreten. Deine neuen Brüder unterschiedlichster Hautfarbe und Nationalität gehen vielleicht nicht immer zimperlich miteinander um, aber im großen und ganzen ist es ein prächtiger Haufen!«

Adam nickte. Es ist soweit. Ich bin am Ziel. Geschafft.

Erst jetzt spürte er die Erschöpfung der letzten sechs Monate seit der Abreise aus Cölln. Unter den erwartungsvollen Blicken seiner neuen Brüder trottete er hinter Aloisius Glück den Flur hinab zu einer Tür mit der Aufschrift *Vestiarium*. Der Sekretär schloß auf und sofort dampfte ihnen ein merkwürdiger Geruch entgegen. »Indischer Kampfer, die Wunderwaffe gegen Ungeziefer.«

Alle lachten, außer Adam.

»In einer Woche ist es ausgelüftet.«

An hölzernen Stangen, die an Eisenketten von der Balkendecke herabhingen, reihten sich gut hundert rote Talare und auf einer Ablage türmten sich breitkrempige Hüte in der gleichen Farbe. Da er bei der Wirtin gesehen hatte, daß die graugrünen Meerestiere im siedenden Öl rot anliefen, verstand er jetzt, warum der Rektor seine Zöglinge »Krebse« nannte.

»Die für die Spindeldürren haben wir dahinten! Hier, zieh mal diese über.« Mit erfahrenem Blick angelte Aloisius Glück einen Talar heraus und reichte ihn Adam. »So, gleich bist du einer der Krebse Roms. Genaugenommen der zweihundertvierundzwanzigste. Und der jüngste.«

»Jetzt muß ich Farbe bekennen«, entfuhr es Adam lachend. Während er mit Glücks Hilfe die vielen stoffbezogenen Knöpfchen zuknöpfelte und den Kragen ordnete, probierten ihm die Seminaristen einen passenden Hut auf. Sein Manschettenhemd und die Kniehose mitsamt den hellblauen Kniestrümpfen wurden wie eine abgeworfene Haut zusammengerollt und ihm ausgehändigt.

»Gamberi Cotti«, riefen die Seminaristen im Chor.

»Nun ja, ein bißchen auffallen ist gar nicht so übel.«

»Du gewöhnst dich dran. In Rom liebt man die Farben. Immer mehr Kleriker äffen uns nach und kleiden sich auffällig.«

Im Schutz der anderen Krebse ging Adam die ersten Schritte mit der langen, um die Füße schlabbernden Robe über den Flur. Noch unbeholfen raffte er die Röcke und stieg in seine Kammer empor. Der steife Stoff stank. Nichts an dem Gewand war bequem. Wie hatte Max immer über die gutgenährten, den Bauchgurt stremmenden Krebse gespottet: »Schwangere Madämchen!« Halte ich das aus oder muß ich ganz schnell abhauen? fragte er sich. Bis zum Mittagessen übte er das Laufen im Talar und spielte mit dem Gedanken, in seine alten Kleider zurückzusteigen. Entweder es staubt und lärmt, oder es kratzt und stinkt – eine andere Möglichkeit habe ich in Rom anscheinend nicht. Als die Schelle zum Essen rief, entschied er sich zu bleiben und gesellte sich zu den treppab strömenden Krebsen. Jetzt gehörte er zu dieser roten Horde, die schwatzend den Speisesaal eroberte. Hungrig, im neuen Kleid, suchte er sich einen Platz unter seinesgleichen. Wie jeder Alumne verharrte er stehend mit gefalteten Händen hinter der Sitzbank, bis das gemeinsame Tischgebet gesprochen war. Nach dem Amen machte er sich tiefgebeugt über die Minestrone her. Als er sich im Speisesaal umsah, kannte er keinen, aber er fühlte sich nicht alleine.

Nach der Siesta kam er Rinaldis Aufforderung nach: Er verließ das Germanikum. Bereits auf den ersten Schritten über die Piazza delle Cinque Lune sprangen ihn die Blicke der Passanten an. Manche glotzten, manche grüßten, manche verbeugten sich. Er übte gelassen einherzuschreiten, ohne sich im Saum zu verheddern. An der einen Ecke kam er sich bedeutend vor, an der anderen hatte er das Gefühl, sich zum Hännesche zu machen. Seine erste Talarparade endete auf der Piazza del Collegio Romano.

Auf die päpstliche Universität, siebenundfünfzig Jahre zuvor von Ignatius von Loyola gegründet, war er sehr gespannt. Man hatte ihm erzählt, daß an die tausend junge Männer aus ganz Europa und den katholischen Übersee-Missionen am Collegium Romanum studierten, um Kleriker oder Scholastiker zu werden. Durch Förderung des Vatikans war aus der winzigen Lateinschule von Anno 1551 das Collegium Romanum geworden – eine Universität im Stile der Pariser Sorbonne. Studiert wurde die jesuitische *Ratio studiorum* bei jesuitischen Gelehrten. Das hieß, daß der Aristotelismus die Richtlinien für das Logikstudium, das Studium der Naturphilosophie und der Morallehre bestimmte. Er würde also weiterlernen können, womit er in Cölln aufgehört hatte.

Das Collegium erkannte er sofort an dem Glockenturm mit den beiden Sonnenuhren. Recht aufgeregt stieg er die hellen Tuffsteinstufen hinauf. Stimmen, Gelächter, Rufe erfüllten den Kolonnadenhof, dessen Arkaden einem zweigeschossigen Aquädukt glichen. In Scharen standen Wissensdurstige in vogelbunten, schwarzen oder weißen Talaren beisammen. Hie und da erspähte er einen seiner Krebsbrüder im flirrenden Haufen. Über alle Grenzen hinweg hatten sich junge Männer zusammengefunden und disputierten in schillerndem Latein. Streitgespräche ebbten ab, wenn jemand dazutrat, Streitgespräche brandeten über, wenn neue Argumente fielen. Der Blässe ihrer Gesichter und Gesten nach zu urteilen, hatten sich hier die Söhne aus besserem Hause zusammengesellt.

Im weichen Mittagslicht erschienen ihm fremdländische Kulturen und Menschen auf einmal nicht mehr in unerreichbarer Ferne. Die jungen Männer aller Hautfarben und Nationalitäten ließen die Welt zusammenrücken und verkörperten die Freiheit des männlichen Geistes und den Triumph des patriarchalen Glaubens. Gedankenverloren schlenderte er auf die Marmortreppe zu.

»Mit festem Tritt, Collega, nicht aber mit verlorenem Blick!«

»O, Entschuldigung, ich war, ich wollte …« Er hatte einen Seminaristen in smaragdgrünem Talar angerempelt und ihm die Bücher aus der Hand gestoßen. Erschrocken starrte er in das

Gesicht eines Asiaten, eines leibhaftigen, schlitzäugigen Asiaten. Aus nächster Nähe. Das befremdende Gesicht lachte höflich. Du meine Güte, dachte Adam, der sieht ja wirklich aus wie in den Büchern, so schwarz die Haare, so schmal die Augen. Gemeinsam bückten sie sich und sammelten die verstreuten Schriften auf, wobei er kaum seinen Blick von den Schlitzaugen lassen konnte. »Wie unachtsam von mir, verzeiht!«

»Schon gut, schon gut.« Der Asiate verbeugte sich und gesellte sich zu einer Gruppe junger Männer mit kupferbraunen, schwarzen und hellhäutigen Gesichtern. Wenig später sollte er diesen Seminaristen, der von einer fernen Insel namens Nippon stammte, wiedersehen. Beide gehörten sie zu den Anfängern, für die im September 1608 das philosophische Triennium begann. Dieses Studium umfaßte die Fächer Logik, Metaphysik, Ethik, Mathematik, Astronomie und Kosmologie und sollte von ihnen drei Jahre später mit dem Bakkalaureat beendet werden.

Mathematik, Astronomie und Kosmologie unterrichtete Professor Reinhold Grienberger, ein ranker Siebenunddreißigjähriger aus dem Herzen Südtirols. Im Gegensatz zu Adam trug er sein dichtes blondes Haar bis zum Kinn gekürzt und strich es beim Reden unentwegt hinter die Ohren. Der Jesuit sprühte vor Lebensfreude mit einer so vergeistigten Eleganz, daß Adam hingerissen seinen Worten lauschte und an jeder seiner Gesten hing. Dieser Gelehrte verkörperte das, was sich Adam von Rom, dem geistigen Nabel der Welt, versprochen hatte. Folglich wurde er ein so begeisterter Mathematik- und Kosmologiestudent, daß er das Collegium Romanum kaum noch verließ. Seine pünktliche Anwesenheit in der Vorlesung blieb Professor Grienberger nicht verborgen.

Zu Studienauftakt im November 1609 eröffnete der Professor seinen Astronomieunterricht. An der Stirnwand des Hörsaales wurde ein Weltportolan aus dem Kartenoffizin des Battista Agnese, die Weltkarte von Mercator und eine gewaltige Kopie des Deckenfreskos aus der Sala del Mappamondo im Palazzo Farnese aufgehängt. Adams Begeisterung für die Kartographie erweiterte sich von nun an um die Begeisterung für die Astronomie. Wochenlang kopierte, lauschte und lernte er. Am Ende einer Vorlesung, als die knapp hundert Alumnen bereits aus dem Saal strömten, drängte er sich gegen den Strom nach vorne durch. »Pater, wie Ihr die Astronomie darstellt, wird sie für mich immer faszinierender, mehr als die Kartographie. Bitte sagt mir, was ich tun kann, um die Sternkunde nicht nur theoretisch, sondern endlich auch praktisch zu betreiben?«

Der Professor winkte ihm auffordernd zu und gemeinsam schlenderten sie, der eine rot, der andere schwarz berockt, nebeneinander den Flur hinab. Freude flog in Grienbergers Gesicht. »Solche Seminaristen wie du erfreuen jeden Lehrer. Die meisten sind doch nur verzogene Tölpel. Aber du fällst wegen deinem Eifer bereits auf. Man spricht im Collegium schon vom ›standhaften Adam‹, der den Verlockungen Roms widersteht.«

»Ach«, winkte er ab, »mein Freund Max hat sich alle Mühe gegeben, aber so verlockend waren die Verlockungen nicht.«

»So jung und schon nicht mehr zu locken?« Grienberger schmunzelte ihn von der Seite an.

»Ehrlich gesagt, finde ich das Flanieren auf der Piazza ziemlich langweilig. Aber wie ist es mit der Praxis? Wo kann ich denn anfangen, das bei Euch Gelernte anzuwenden? Zuviel Theorie langweilt mich auf Dauer auch«, meinte er ungeduldig.

»*Capiamus, amice, occasionem momenti.* Ein günstiger Moment! Der letzter Assistent von meinem alten Lehrer, Pater Horaz, ist gerade ins Noviziat eingetreten. Du kannst den Pater ja mal im Observatorium besuchen. Wenn du Glück hast, nimmt er dich als Assistenten.«

Adam blieb wie angewurzelt stehen. Dann verbeugte er sich tief. »Danke, die Assistentenstelle nehme ich sofort!«

»In drei Tagen ist Neumond, da ist bei wolkenlosem Himmel eine hervorragende Sternensicht. Er wird dann mit Sicherheit oben sein.« Der Professor schlug dem Überraschten auf die Schulter. »Auf, komm, sonst werden die Nudeln kalt.« Gemeinsam mit den anderen Seminaristen schoben sie sich durch die Tür ins Refektorium, wo Küchendiener bereits mit großen Gabeln Teller um Teller mit langen, bleichen Nudeln füllten, über die sie eine dicke rote Soße gossen.

Mit Grienbergers Wegbeschreibung in der Hand machte sich Adam am Abend zu Neumond auf. Vom Germanikum mußte er die Stadt durchqueren, um den Astronomen Horaz Rotarius zu besuchen. Er lief am Pantheon vorbei bis zu den weniger feinen Gassen nördlich des Corso. An der Einmündung der Via Dei S. S. Apostoli in die Piazza della Pilotta stieg der Weg an. Die spärlich mit Pechfackeln erhellte Gasse führte aufwärts, an der Mauer der Villa Colonna entlang, hinter der schwarze Palmen mit ihren struppigen Kronen im Nachtwind raschelten. Als das Pflaster an einer steilen Treppe endete, öffnete sich die Wolkendecke. Sein Herz schlug schneller. Er sah die ersten Sterne aufblitzen. Seit er vor sechzehn Monaten nach Rom gekommen war, fühlte er zum ersten Mal wieder das Fernweh. Auf der obersten Treppenstufe ruhte er aus und blickte auf das nächtliche Rom hinab: Die Stadt zwischen den sieben Hügeln schlief.

Weit draußen im Westen schimmerte eine Lichterinsel, die ewige Baustelle des Petersdomes. Vielleicht arbeitet Max in diesem Leuchtfeuer inmitten einer Schar von Nachtarbeitern? Nachdenklich versank er einen Augenblick in der Schönheit der Nacht.

Er stieg weiter treppauf. Hinter der Friedhofsmauer passierte er ein düsteres Dickicht aus Akazien und stand endlich auf der Kuppe des Quirinal. Dicht vor ihm ragte der riesige Quirinalpalast dunkel empor. Ein Nachtvogel löste sich aus dem Mauerwerk eines Turmes und flatterte mit wimmerndem Schrei davon. Im Dunkeln suchte er den angewiesenen Seiteneingang, der zur Sternwarte führen mußte. Er entdeckte ein Gitter, stieß es auf und betrat knirschenden Kies. Am Fuß einer hohen Fassade schimmerte eine Eisentür. Auf das Anschlagen des Klopfringes erhellte sich sogleich ein Fensterchen. Jemand sperrte die Tür von innen auf und fragte, was man wolle.

»Ich bin von Professor Grienberger heraufgeschickt. Ich bin sein Schüler.«

Eine Laterne wurde Adam vor das Gesicht gehalten. »Schau an, schau an, der Pater hat einen neuen Zögling heraufgeschickt. Ei der tausend, ein herrschaftlicher Krebs.« Der Turmwärter nieste. »Ist auch an der Zeit, daß er einen neuen Assistenten bekommt.«

»Einen guten Abend«, wünschte Adam dem Wärter, der mit hustengebeugtem Rücken voranleuchtete.

Ihre Schritte hallten durch ein dunkles, leeres Treppenhaus. Im zweiten Geschoß gelangten sie an eine Tür. Der Wärter bat Adam zu klopfen, während er sich auf dem Treppenabsatz an einen Tisch setzte, seine Lampe abstellte und sich mit einem Buch auf eine längere Wartezeit einrichtete. »Ich bleibe hier, wegen dem Durchzug.«

Adam pochte auf eine abgewetzte Stelle über der Klinke und wartete. Er wartete geduldig, denn er wußte, daß der berühmte Astronom, der Jesuitenpater Horaz Rotarius, ein Greis von zweiundachtzig Jahren war. Endlich hörte er schlurfende Schritte und wiederkehrendes Rascheln.

»Wer ist Er?« ertönte eine gebrechliche Stimme.

»Ich bin Adam Schall von Bell aus dem Erzbistum Cölln und will Euch zur Hand gehen.«

»Sapperlot! Meine Sternwarte ist doch keine Lehrstelle!«

»Professor Grienberger schickt mich.«

»Ach ja? Hat der Tiroler nichts Besseres zu tun, als mir die Tolpatsche auf den Hals zu hetzen?«

»Er meinte, ich soll Euch sagen, daß ich nicht einer von den Tölpeln bin.«

Ein hüstelndes Lachen tönte durch die Tür. »Wenn das so ist! Ein Grienberger-Zögling soll mir doch willkommen sein.«

Die Tür schwang auf. Adam tat einen Schritt nach vorn, konnte aber nicht eintreten, denn der Türrahmen wurde von einer massigen, gebeugten Gestalt ausgefüllt, auf deren Schultern eine Wolldecke lag. Ein faltenüberzogenes Greisengesicht musterte ihn mit hochgezogenen, struppig vorstehenden Augenbrauen. Der Greis zog ihn mit der Linken durch die Tür, während seine Rechte mit einem Zirkel vorausdeutete. »Tritt ein! Aber die Hektik lasse draußen!« Sorgfältig hob er seine alten Füße und stieg über herumliegende Aktenhäufchen in die von Dutzenden von Kerzen beschienene Studierstube zurück. »Wenn das Wissen größer wird als die Denkschubladen, in die man es einordnen kann, kommt der Moment, da man nicht mehr weiß, wohin mit all dem Zeug.«

Ein solches Durcheinander hatte Adam noch nie erblickt. Lose, bekritzelte Papierbögen, Rollen und Stapel von Papier, dazwischen Bücher und nochmals Bücher und metallene und hölzerne Instrumente, eines fremdartiger als das andere, lagen und standen überall herum. An den Wänden hingen topographische Karten, Strichätzungen von Sternbildern und Federzeichnungen voller Linien und Zahlenkolonnen. Den gewaltigen Tisch in der Mitte des Arbeitszimmers bedeckten unzählige pergamentene Rollen.

Der Astronom hatte sich in einen mit Schafspelz ausgeschlagenen Sessel gedrückt und wies auf den Bücherstapel, unter dem sich der Gästeschemel verbarg.

»Ich wünsche einen guten Abend.« Erst jetzt konnte Adam seine höfliche Verbeugung anbringen und sich vorstellen. Er zog seinen roten Hut, schaffte die Bücher beiseite und hockte sich hin.

Der alte Gelehrte, dessen hoher Schädel von einer Ohrenkappe bedeckt wurde, schob mit dem Filzpantoffel einen Kandelaber vor Adams Füße und besah sich den immer noch staunenden Gast im flackernden Schein. »So, so, aus Colonia stammst du. Und der Grienberger hat dich geschickt. Dann muß dem Astronom ja viel an dir gelegen sein.« Horaz Rotarius tat einen tiefen Atemzug, kniff das rechte Auge zusammen und schaute ihn prüfend an. »Wie alt bist du? Sag mir dein Geburtsdatum. Deine astrologischen Daten könnten für eine Zusammenarbeit von Bedeutung sein.«

»Ja, aber ich denke, Ihr seid Astronom? Viele im Collegium sagen, Astrologie wäre Dummsinn.« Aufgeregt nestelte Adam das Zettelchen mit seinen Geburtsdaten aus der Tasche, die er seit seiner Abreise aus Lüftelberg immer am Hosengürtel trug.

Horaz Rotarius hatte schon die Hand ausgestreckt. Ein Linsenglas vor das rechte Auge haltend, las er laut:

Joannes Adamus Schall a Bell
hora secunda post mediam noctem
anno domini 1592
1. Maii, die Philippi et Jacobi apostolorum
Colonia natus

Mehr zu sich sagte er: »Eine Stunde Arbeit für das Häusersystem und das Nachschlagen der Planetenstände, eine Stunde für die Horoskopscheibe, eine Stunde für die Bewertung.« Zu Adam gewandt, fuhr er fort: »Drei Stunden wäre ich mit dir beschäftigt, Stier-Geborener. Ich wüßte allzugerne, was dein Aszendent ist. Doch das wird sich schon berechnen lassen.«

»Ernstzunehmende Wissenschaftler nennen Astrologen Phantasten«, meinte Adam skeptisch.

»Mein Junge, die Phantasielosen glauben noch nicht einmal an Gott. Ach, da fällt mir ein ...«, ächzend stemmte er sich hoch und begann in einem Stapel Papier zu wühlen. »Wo ist das verdammte Bündel, immer wenn ... ach, hier haben wir es!« Er wischte mit dem Ärmel über das Deckblatt. *Astrologia sacra* soll eines Tages der Titel dieser Promotion eines gewissen Adam Tanner lauten. Was hältst du davon?« fragte er und reichte ihm die verschnürte Blattsammlung.

»Ein theologisches Manuskript über die Sterndeutung?« Adam wog den Stapel tief beeindruckt in der Hand.

»Um zu verstehen, was da drin steht, brauchst du wohl noch ein Weilchen!« Horaz Rotarius lachte so, daß seine Äuglein im Faltenkranz verschwanden, und reichte ihm noch einen verschnürten Stapel Blätter hin. »In diesen vier Wänden«, hub er an, mit dem Zirkel einen Kreis in die Luft ritzend, »vermählen sich Phantasie und Forschung und der Himmel mit der Erde, diesem schönen Rund. Des Nachts schaue ich in die Myriaden von Sternen, tagsüber stelle ich Berechnungen an ... Astronomie und Astrologie. Doch was wären alle Wissenschaften ohne die Amme Spekulation? Oder nenne es Phantasie. Das Reich der Sterne hält mein Schwarzwälder Blut in Schwung. Und weißt du warum?«

»Nein, Pater!«

»Weil es letztlich die sich ewig selbst gebärende Wissenschaft ist, die unsere Seele jung hält und einen mit der Bitterkeit des Alters aussöhnt.« Er hustete. »Wissenschaft ist die Kunst, den Dingen einen Namen zu geben und in ihnen eine Gesetzmäßigkeit zu erkennen. Wir haben erkannt, daß die Astronomie den Regeln der Mathematik folgt – und somit einer Ordnung, so ähnlich wie der Aristotelismus, der mit seiner Logik die geistige Unordnung entwirrt und damit eine Denkordnung schafft. Die Astrologie hingegen ordnet die Charaktere und Schicksalsschläge in die Systematik der planetaren Umläufe ein. Dadurch bekommt das menschliche Leben einen berechenbaren Ablauf. Also alles nur Mittel, um Ordnung in unsere Dummheit zu bringen.«

»Warum habe ich Euch noch in keiner Vorlesung gehört?« fragte Adam beeindruckt.

»Junger Freund, ich bin schon zweiundachtzig und steige nur noch selten zu den Lehrsälen hinab. Überdies schwor ich mir, die letzten Jahre meines Lebens den großen sternkundlichen Neuerungen zu widmen. Einem alten Denkgemäuer wie mir habt ihr jungen Leute nur noch zuzuhören. Über dem Beantworten banaler Fragen könnte es ja passieren, daß unsereins vor lauter Altersschwäche tot umfällt.« Der alte Jesuitengelehrte lachte, daß sein Leib bebte. »Der fürsorgliche Grienberger schickt mir immer ungefragt Gehilfen wie dich, weil er glaubt, daß ich nicht mehr ganz bei Trost bin. Aber du sollst mir recht sein, Adam war noch dein Name? Vermutlich ist auch dir nicht entgangen, daß sich die bessere Hälfte der Menschheit gerade anschickt, in ein neues Zeitalter hinüberzuwachsen. Es ist inzwischen dem guten Ruf zuträglich, daß man sich begierig auf die ätherischen Dimensionen stürzt.« Er hob die Rechte mit dem Zirkel. »Und so schicken sich einige der alten Kirchenfürsten an, den Frieden unter den Forschern aufs Spiel zu setzen. Diese unbelehrbaren dogmatischen Geister versuchen mit aller Kraft zu verhindern, daß wir die Planetenbahnen neu bewerten und stemmen sich gegen die Veränderung der Weltsicht. Aber gerade das nennen wir Fortschritt. Und dafür ist die Beharrlichkeit langer Berechnungen und viel, viel Wissen erforderlich.«

Horaz Rotarius atmete schwer. »Reich mir die Karaffe, sie steht dort auf dem Kasten.« Adam holte einen Glaskrug, der auf einem vollgestopften Kasten mit der Aufschrift ›Reparaturutensilien‹ stand. »Danke!« Horaz Rotarius nahm einen Schluck, ohne auf das Glas zu warten. »Geht zu den Gelehrten hin, sage ich den jungen Männern immer, geht zu den Gelehrten hin und tretet ihnen auf die Füße, bis sie euch Rede und Antwort stehen.«

»Wenn es dem Pater genehm ist«, Adam lachte. »Deshalb bin ich hier.«

»Auf denn!« Der Alte wuchtete sich aus seinem Schaffellsessel hoch, schlurfte zum Fenster, öffnete das Butzenglas und streckte den Kopf in die Nacht hinaus. »Jetzt ist es gut, die Sicht ist wunderbar. Gehen wir nach oben.«

Seit der alte Gelehrte sein Horoskop-Zettelchen hinter einen Sandstreuer gesteckt hatte, war Adam die ganze Zeit hin- und hergerutscht. Beim Aufstehen platzte es aus ihm heraus: »Bitte, Pater Horaz, verzeiht, ich weiß, mein Wunsch ist dreist, doch werdet Ihr mein Horoskop erstellen? Und darf ich erfahren, was drin steht?«

»Auch das, mein Junge, auch das gehört zum Unterricht des alten Horaz. Beim nächsten Mal wirst du erfahren, was über dich in den Sternen steht.« Der blonde Krebs mit seiner kräftigen Nase und den aufmerksamen blauen Augen gefiel ihm. Ihm waren die etwas hölzernen Typen lieber als die weichen. Sie neigten mehr zu Mathematik und sachlicher Arbeit. Und Schalk schien der Cöllner auch zu haben. Zufrieden mit Grienbergers Wahl, schob er den Jungen vor sich her in das Treppenhaus, wo sich der Turmwärter schnell erhob. Während der Verschnupfte seine Nase tösend schneuzte, stellte ihn Horaz Rotarius vor: »Das ist der gute Pietro. Er ist so alt wie der Turm und der Sohn einer Fledermaus.« Dabei zupfte er den alten Römer am üppigen Ohr.

»Aber, aber Patre!« Pietro schniefte. »Junger Freund! Passe Er mit dem Pater Astronom auf, dem ist nichts heilig!«

»Pietro, das ist Adam, einer aus den deutschen Landen.«

»Ein Ptolemäer«, fragte Pietro näselnd, »oder ein Kopernikaner?«

»Ein Gläubiger oder ein Häretiker?« äffte der Jesuit die verschnupfte Stimme nach. »Das wird sich weisen, Alter.«

Nach engen aufwärtsstrebenden Treppenwindungen erreichten sie die eisenbeschlagene Tür zum Observatorium. Keuchend schloß der alte Wärter im Lichtkegel seiner Laterne auf und nacheinander traten sie in ein spärliches, fades Licht. Mit der Ermahnung »Daß ihr sie mir ja wieder gut verschließt!« begann Pietro die unteren, für ihn erreichbaren Riegel gewaltiger Fensterluken entlang der Wände zu öffnen. Durch schlierige Glasscheiben strömte der Schein des Sternenhimmels gespenstisch herein. In den dunkelsten Winkeln des Dachstuhles hingen Fledermäuse. Vom Knarren der Luken aufgescheucht, flatterten sie fiepend in die Nacht hinaus. Pietro entzündete mehrere Öllampen und verabschiedete sich hüstelnd: »Nun, dann forscht mal schön, wer sich um wen bewegt!«

Adam hatte seine Lampe noch nicht zwischen Büchern und Pergamentrollen abgestellt, als ihm bereits ein wohliger Schauer über den Rücken lief.

Pietro ließ die beiden alleine und durch die Tür hörte man ihn noch etwas von mörderischem Fieber und Schlagen der Blutröhre grummeln.

Während der alte Astronom seine Decke von den Schultern nahm und über einen Stuhl hängte, sprach er eindringlich: »Wir betreiben hier Forschung. Nichts davon darf in falsche Hände geraten. Es wurden zum Beispiel einige Maschinen von Leonardo da Vinci im geheimen nachgebaut, auch kriegsdienliche. Um funktionstüchtige Himmelsinstrumente herzustellen, bedarf es einigen Fingergeschicks. Warum sollten solche Finger nicht auch an weltlichen Erfindungen arbeiten? Daß hier mehr als Astronomie betrieben wird, bleibt auf Wunsch des Klerus ein Geheimnis.«

»Geheimnisse? Hier oben?«

»Nicht so abenteuerlich, wie du jetzt denkst.«

»Ich schweige wie ein Grab«, murmelte Adam.

»Aber unfromme Geister könnten so manches Ergebnis mißbrauchen. Deshalb ist der Zugang nicht allen erlaubt.« Horaz Rotarius zog bedächtig die weißen Tücher von den klobigen Instrumenten.

Mit mir macht er eine Ausnahme, welch ein guter Anfang! Adam spähte in ein Wirrwarr aus Seilen, die zwischen verhüllten Instrumenten und Deckenbalken baumelten, und entdeckte Fenster nicht nur ringsum, sondern auch über seinem Kopf.

»Nimm die Stange dort in der Ecke und klapp die Dachluke hoch. Die Fenster mußt du nach dem Öffnen mit den Klötzchen festklemmen, damit der Zug sie nicht zuschlägt.«

Adam ergriff die Holzstange und wuchtete das schwere Deckenfenster auf. Kaum war das Observatorium nach oben offen, richtete Horaz Rotarius ächzend eine sieben Fuß lange Metallröhre, die an einem Schwenkarm baumelte, ins Freie und verschraubte sie auf einem vierbeinigen Stativ. »Durch dieses Rohr lassen sich Gestirne einzeln betrachten, man wird durch das Gewimmel sonst so abgelenkt.«

Atemlos beobachtete er, wie der Astronom das Instrument vorbereitete, um den Himmel zu öffnen. »Darf ich auch?«

»Warte, ich richte dir den Tubus auf die Beherrscherin der Gezeiten, Frau Luna.«

Adam nahm seinen Platz auf dem hingeschobenen Schemel ein und blinzelte in die armdicke, hochgestellte Röhre. »Na und?« Er sah die Mondsichel aus dem Sternenwirrwarr ausgestanzt, doch keinen Deut näher als mit bloßem Auge. »Mir gefällt der gesamte Himmel aber besser. Als kleines Kind saß ich oft in einer Eiche und starrte so lange hinauf, bis ich Tausende und Abertausende von Lichtflocken sah, die auf mich niederrieselten.«

»Ja, schöner ist die Gesamtschau schon. Aber für die Forschung ist das Detail nützlicher«, sinnierte der alte Astronom. »Nun ja, das ist der Preis der Wissenschaft. Die Analyse zerlegt die Welt in Einzelteile und gewinnt daraus Erkenntnisse über die Funktion des Ganzen. Da bleiben Schönheit und Erbauung auf der Strecke.«

Adam schob das Rohr beiseite, legte den Kopf in den Nacken und blickte lange in das ungetrübte Sternenmeer. »Es sieht aus wie kristallbestäubt. Der samtschwarze Umhang Gottes mit Juwelen geschmückt. Wie konnte ich nur vergessen, wie wunderschön es ist.«

»Himmelsgeschmeide nannten die Babylonier die Sterne des

Tierkreises. Die Astronomie ist eine wunderbare Buhlschaft.« Im schwachen Lampenlicht glänzten Horaz Rotarius' alte Augen. »Das Herz erfaßt den Himmel durch die Schönheit. Ich habe ihm mein Leben gewidmet. Jedoch, um die Wissenschaft des Himmels zu erfassen, wirst du dir noch viel aneignen müssen.« Mit sachter Hand schob er ihm das Sehrohr wieder vor das Auge. »Was wir brauchen ist eine Möglichkeit, die Planeten näher heranzuholen, seit Tausenden von Jahren sehen wir immer nur dasselbe. Derjenige, der die Myriaden von Sternen näherholen kann, wird die Astronomie der Zukunft bestimmen. Gestern erhielt ich einen Brief aus Ingolstadt. Darin wird mir berichtet, daß ein niederländischer Brillenmacher ein neuartiges Linsenglas erfunden haben soll.«

»Für die Astronomie?«

»Vielleicht! Der Optikus behauptet, daß diese Linsen speziell für das In-die-Ferne-sehen geeignet sein sollen. Aber wahrscheinlich ist es auch wieder eines dieser tausend Gerüchte, die durch die Forscherei von dilettantischen Bastlern entstehen. Als die Pläne von da Vincis wahnwitzigen Flugmaschinen bekannt wurden, erzählte in Utrecht ein Professor seinen Studenten, daß man in Florenz seit neuestem fliegen könne. Die ganzen Niederlande haben ihre Gelehrten ausgelacht, als Männer unseres Ordens dieses Gerücht widerlegten. Doch komm, ich zeig dir dein zukünftiges Handwerkszeug.« Horaz Rotarius schob seinen neuen Assistenten durch die herumstehenden Instrumente und versprach ihm, daß er von allen Sinn und Funktion erlernen würde. Zuerst zeigte er auf die Fensterfront, wo ein kugelförmiges Metallgerippe stand. »Weißt du, wozu das gut ist?« Mit prüfend geneigtem Haupt wartete er auf die Antwort.

»Eine Armillarsphäre! Zum Bestimmen der Sternörter.« Vorsichtig drehte Adam einen der abgeflachten Ringe, wodurch sich neue Gradkombinationen in dem gesamten dreidimensionalen Mechanismus ergaben. »Die Armillarsphäre ist das wichtigste Instrument für die astronomische Arbeit. Ein gewisser Eratosthenes von Kyrene gilt als ihr Erfinder. Die Ringe sind so aufeinander abgestimmt, daß sich die Positionen der Sterne zueinander und die Himmelskreise ablesen lassen.«

135

»Trefflich! Kennst du auch schon die wichtigsten Himmelskreise?«

»Horizontebene, Himmelsäquator, Mondbahn, Sonnenwendkreise und Ekliptik, die Jahresbahn der Sonne«, schnurrte Adam atemlos herunter.

»Ich höre, du hast dich schon gut eingearbeitet.« Nun hielt Horaz Rotarius die Lampe an die Sanduhr und horchte zum offenen Fenster hinaus. »Es müßte gleich Mitternacht schlagen. Nutzen wir die wolkenlose Nacht.« Er gebot Adam Platz zu nehmen, zog sich wieder die Decke über die Schultern und nebeneinander sitzend, schauten sie durch die aufgeklappte Dachluke in den Nachthimmel hinauf. Durch die rundum geöffneten Fenster wehte der Wind und blätterte raschelnd in den Sternenkarten. Lange hielt der Greis die Wortlosigkeit nicht aus. Er stand auf und ging zum Sehrohr, schaute hindurch und schwenkte es in Richtung des Monte Mario. Gleich darauf richtete er es in einem sparsamen Winkel nach oben, etwas nach rechts, noch mehr, noch höher. »So jetzt du, schau hindurch. Siehst du, dort hinten den Schatten, die Kuppe des Monte Mario ... Der auffallend helle Stern darüber ist der Polarstern.«

»Und was für Sterne flimmern da seitlich?«

»Das sind die Sterne des Kleinen Wagens. Der Polarstern liegt am Ende der Wagendeichsel. Welche Position ergibt sich daraus? Nimm mal den Quadranten vor das rechte Auge. Nein, noch steiler, halte ihn senkrecht, so daß das Lot senkrecht neben der Gradeinteilung hängt. Siehst du die beiden Visierösen?«

»Ja!«

»Gut, dann peile jetzt den Polarstern durch die beiden Visierösen an. Während du das Instrument hebst oder senkst, pendelt sich das Bleilot unten an der Gradeinteilung des Viertelkreisbogens ein. Sobald du den Polarstern anvisiert hast, hältst du die Schnur mit dem Daumen auf der Gradeinteilung fest. So ist es richtig. Gut, jetzt nimm das Instrument vorsichtig vom Auge, halte aber die Lotschnur gut fest. Und nun sage mir, in welchem Grad der Viertelkreis vom Lot geschnitten wird?«

»40 oder 41 Grad, würde ich sagen.«

»Sehr gut! So steht in Rom der Polarstern 40 Grad über dem Horizont. Der Polarstern steht in dieser und der nächsten Nachtstunde, im nächsten oder übernächsten Jahr an derselben Stelle. Wir haben also einen Fixpunkt am Himmel. Ebenso zum Beispiel über den Azoren-Inseln. Nehmen wir einmal an, wir wären auf der Santa Maria von Kolumbus und müßten unsere Position bestimmen.«

»Mit Kolumbus auf See? Gut!«

»Mit dem Quadranten könnten wir auf hoher See, ohne jeden anderen Bezugspunkt, nur mit dem Polarstern, unsere Position geographischer Breite bestimmen. Wenn ich zum Beispiel auf dem Atlantischen Ozean eine Breite von 40 Grad messe, muß meine Position auf der Breite der Azoren-Inseln liegen. Mit dieser Maßangabe kann ich, wenn ich den Kurs einhalte, nach Westen oder nach Osten segeln und würde in jedem Fall auf den Azoren-Inseln landen. Kolumbus hat sich immer auf der geraden Linie des Breitengrades gehalten und hat auf diese Weise Amerika entdeckt. Auf der Linie des Breitengrades hat er auch wieder zurückgefunden. Verstanden? Also weiter: Am Nordpol steht der Polarstern im 90-Grad-Winkel. Und am Äquator?«

»In einem minimalen Winkel, nur knapp über dem Horizont!«

»Gut, mit solchen einfachen Berechnungen fängst du an.«

Adam lehnte sich zufrieden zurück.

Mindestens einmal die Woche, mit Wiedereinsetzen der lauen Nächte gar zweimal, begleitete er den alten Gelehrten auf die Sternwarte und ging ihm bei der mühsamen Atlas-Arbeit zur Hand. Dieser rief ihm Positionsdaten der Planeten zu, die er leserlich in Tafeln notieren mußte. Mit wachsender Geschicklichkeit wurde er mit den Rotationseigenschaften der Armillarsphäre und mit der raschen logarithmischen Bestimmung von Höhenwinkeln und Azimut vertraut. Eines Nachts beobachtete er nachdenklich, wie der Astronom das Astrolabium, hinter dessen Geheimnis er noch nicht ganz gekommen war, entsprechend seinen Berechnungen ausrichtete. »Pater Horaz, woher nehmen Astronomen eigentlich das Recht, den Himmel zu ergründen? Ist er nicht das Reich Gottes?«

Der Jesuit ließ sich nicht bei seiner Messung stören. »Ich nenne den Himmel das Domizil des Göttlichen. Als Gast in diesem Domizil fühle ich mich eingeladen. Meines Erachtens wehrt sich das Göttliche nicht, hinterfragt zu werden. Letztlich ist es die Intention des Fragenden, die zählt. Ist diese lauter oder unlauter? Im übrigen sind deine Bedenken berechtigt, denn schon oft entpuppten sich akademische Erkenntnisse im nachhinein als Auswüchse eines eitlen oder gar kranken Geistes. Früher war die Wissenschaft nur die Magd der Theologie. Alles, was vom Menschen erdacht wurde, mußte diesem System untergeordnet werden. Das führte zu Aberglauben und geistiger Stagnation. Heutzutage dient die Wissenschaft der Erforschung des Göttlichen in der Tiefe, im Wesen von allem. Deshalb ist neuzeitliche Bildung für den heutigen gläubigen Menschen ein Muß. Über das Lesen und Schreiben, das mathematische Denken, das Sprachenlernen und die Kenntnis verschiedener philosophischer Weltmodelle wird das Verständnis füreinander im Sinne der christlichen Nächstenliebe immer wichtiger. Bei dieser Auffassung gilt es, den Weg der Demut einzuhalten, damit nicht das Wissen mit dem Plan des Göttlichen verwechselt wird und sich der Forscher nicht mit Gott gleichsetzt.«

Welch eindrucksvolle Worte, dachte Adam. Genau das hatte er Max immer klarmachen wollen. Vielleicht würde sich ja noch einmal eine Gelegenheit bieten.

Wochen nach seinem ersten Besuch bei dem alten Gelehrten wartete er noch immer auf das versprochene Horoskop. Eines Abends, kaum hatten sie die Lampen zwischen die Himmelswerkzeuge gestellt und die Luken geöffnet, zog Horaz Rotarius einen Stuhl heran. Vor Adams Augen entrollte er einen Bogen Papier, auf den ein Quadrat mit einem Kreis mit Linien und Zahlen gezeichnet war. »Ich habe dir etwas mitgebracht.« Klar zu lesen stand da:

Horoscopium für Adam Schall: Sonne im Stier,
Aszendent Steinbock.

»Mein Horoskop!« Adam verkeilte schnell die letzten Fenster
mit den Holzklötzchen und hockte sich ebenfalls an den Tisch.
»Danke, danke, Pater Horaz.« Er schielte auf die Zeichnung.
»Könnt Ihr's mir gleich erklären?«
  »Da wollen wir mal sehen, wen wir hier vor uns haben.« Der
alte Horaz nahm einen Stift zur Hand. »Also, der Sonnenstand
im Horoskop verkörpert die einzigartigen Qualitäten, die ein
gewisser Adam Schall in die Welt zu bringen gedenkt. Du wur-
dest zwischen dem 21. April und dem 21. Mai geboren, als die
Sonne im Tierkreiszeichen des Stieres stand ...«
  »Aha! Und was bedeutet das?«
  »Laß mich dir meine Schlüsse über deinen Lebensweg mitteilen. Wie du dein Horoskop erstellen kannst und was alle die Zeichen bedeuten, werde ich dir später beibringen. Demnach prä-
gen dich Qualitäten wie Bodenständigkeit, Ausdauer und ein
genießerisches Naturell, das, wie soll ich sagen, zum Einverleiben neigt. Wenn du allerdings etwas nicht willst, wirst du stur
und starrsinnig. Doch die Aussagekraft des Sonnenstandes alleine reicht noch nicht aus. Ich habe noch den Stand der Planeten und der Häuser und den Aszendenten errechnet. Auch die
Bedeutung des Aszendenten mußt du kennen.«
  »Ist der Aszendent das Sternbild, das im Moment der Geburt
am Osthimmel steht?«
  »Richtig. Der Aszendent gibt Aufschluß über deine Erscheinung und Lebenshaltung. Er ist der Kompaß, der dir den Weg
weist, um zu den Qualitäten deines Sonnenzeichens Stier zu gelangen. Dein Aszendent zeigt an, wie du die Weltbühne betrittst
und welches die Impulse sind, mit denen du der Welt begegnest.
In deinem Fall ist es der Steinbock, ein ebenfalls gehörntes Tier.
Einsamkeit wird dich oft begleiten. Du wirst dich hartnäckig
und ehrgeizig durchsetzen. Du solltest deine harte Arbeit und
dein Wissen in den Dienst der Freundschaft stellen. Dich zum
Feind zu haben, heißt gegen einen mit allen Wassern gewasche-
nen Taktierer kämpfen zu müssen.« Pater Horaz kicherte und

klopfte mit seinem Finger auf eine Zeichnung von zwei Fischen. »Hier hast du etwas mit meinem Freund Ignatius von Loyola gemeinsam. Ja, ja.« Er kraulte sich zufrieden im grauen Bart.

Adams Blick folgte dem Finger auf dem Horoskop-Quadrat. »Ist das was Gutes?« fragte er besorgt.

»Es kommt darauf an, was du daraus machst. Im Dienst für andere kann es sehr nützlich sein. Deine Herzenswärme wird dich davor bewahren, zu verhärten und andere Menschen zu verschrecken. Also, für deine geistige Arbeit ist es wichtig, daß deine Umgebung geordnet ist. Du brauchst viel Zeit zum Nachdenken. Wenn dich jemand in deiner ureigenen Ordnung stört, kann es vorkommen, daß du ungehalten wirst, im schlimmsten Fall sogar zu Wutausbrüchen neigst.« Horaz Rotarius guckte seinen Assistenten prüfend von der Seite an. »Aber sieh, Venus im Widder, das heißt, daß deine temperamentvollen Säfte durch Sanftmut gemildert werden. Es kann dir passieren, daß du auf freundliche Weise Tore zu Palästen öffnest, an denen sich andere schon den Schädel eingerannt haben. Auch Frauen werden von deiner gradlinigen Liebenswürdigkeit begeistert sein.«

»Ja, stimmt, die Weiber hier sind ganz vernarrt in mein blondes Haar und meine blauen Augen. Je mehr ich mich gegen sie wehre, desto aufdringlicher gackern sie mir auf der Straße hinterher.« Adam schüttelte sich, als schüttele er die Verehrerinnen ab.

Horaz Rotarius lachte laut. »Eines ist ganz deutlich herauszulesen, verstecken wirst du dich nicht können. Immer wirst du eine herausragende Figur sein. Da du den Mars in den Zwillingen hast, werden deine Reden feurig sein und du wirst auch das, wovon du sprichst, ausführen. Dafür sorgen schon Stier und Steinbock.« Er sah kurz von der Horoskopzeichnung auf. »Du wirst der gemeinschaftlichen Ordnung deine eigene Ordnung entgegensetzen.« Er ging eine kleine Weile die Zeichnung durch. »Da sehe ich Anzeichen für einen Drang in die Ferne. Auch deine Gefühle wollen frei und unverblümt hinaus, dich prägt der Wunsch, Grenzen zu überschreiten.« Eine Weile schwiegen sie. »Dein Medium coeli liegt im Skorpion und das bedeutet, daß deine Lebensentwicklung im Skorpion kulminiert. Der Skorpion hat viel mit Tod, Intensität und Verwandlung zu tun. Das ist das Bemerkenswerteste an deinem Horoskop. Demnach verläßt du bewährte Sicherheiten und läßt dich auf Begegnungen und Veränderungen ein, die so tiefgreifend sein werden, daß sie deinen Seelengrund erschüttern. Für einen Stier ist das eine schwere Aufgabe, die nicht ohne Schmerz abgehen wird. Du wirst sehr viel Gottvertrauen brauchen«, schloß der Greis und sah seinem Assistenten prüfend ins Gesicht. »So, jetzt hast du einen Eindruck von den Kräften bekommen, denen du vielleicht geneigt bist, die dich aber nicht zwingen.«

Adam lehnte sich zurück und verschränkte die Arme im Nacken. »Wie lange habe ich Zeit, das alles zu begreifen?«

»Dafür hast du ein Leben lang Zeit.« Horaz Rotarius schob sich die Ohrenkappe zurecht und wühlte in seinem Rock. Mit einem zerdrückten Schreiben kamen seine knorrigen Finger wieder zum Vorschein. »Doch jetzt zu etwas anderem. Hier habe ich einen Brief von meinem Freund Galilei, seines Zeichens Mathematikprofessor am Palazzo del Bo' zu Padua und Hofmathematiker am großherzoglichen Hof zu Florenz. Du hast sicher schon von ihm gehört. Alle Welt spricht von diesem geisterfrischenden Gelehrten. In diesem Brief teilt er mir mit, daß er einen für die Himmelskunde tauglichen Refraktor konstruiert hat. Eine Sensation. Endlich das langersehnte Fernsichtgerät. Adam, damit können wir endlich den Mond näherholen!«

»Ein Refraktor. Wie sieht der aus? Wie funktioniert der?« fragte Adam aufgeregt.

»Er wird ihn herbringen und den Wissenschaftlern Roms vorführen ...«

»Galilei kommt nach Rom und stellt seine Erfindung vor?«

»Ja! Und zwar nicht nur in den Vatikan, sondern auch an unser Collegium Romanum.«

Adam war aufgesprungen. »Er kommt zu uns? Dann werde ich ihn sehen? Grandios!«

»Ja, es wird einen akademischen Festakt erster Güte geben.«

Horaz Rotarius wurde für Adam ein großartiger Freund und Lehrer und weihte ihn in alle Geheimnisse, Handfertigkeiten, Kniffe und Feinheiten ein, die in keinem Lehrbuch standen. Selbst wie man das Schneckengetriebe einer Spindeluhr repariert, eine Armillarsphäre konstruiert und Spieluhren baut, lehrte er ihn. »Ob du zur Freude eines Kindes einen Apparat erfindest oder für die Erforschung der Schwerkraft arbeitest, macht keinen Unterschied«, pflegte er zu sagen. Den beiden wurde es miteinander niemals langweilig, und Pater Horaz verhinderte, daß sein Zögling wie viele junge Wirrköpfe in den Strudel einer umstürzlerischen Ideenrevolution geriet.

Anstelle von Pietro, den die Lungenschwindsucht hinweggerafft hatte, schloß bald ein junger Turmwart dem Assistenten die Sternwarte auf. Manchmal kam es vor, daß Adam die sternklaren Nächte alleine im Observatorium auf dem Quirinal verbrachte. In seinem dritten Romjahr wurde er Zeuge ungewöhnlicher Himmelsschauspiele: Einmal der Verfinsterung des Mondhalbschattens, ein anderes Mal einer ringförmigen Sonnenfinsternis, in deren Verlauf er mit einem optischen Tubus das Bild der Sonnenscheibe aufnehmen und auf dem Papier ihren Kampf mit der sich davorschiebenden Mondscheibe aufzeichnen mußte. Bei der Verschmelzung von Sonne und Mond entzündete der Himmel einen gewaltigen Lichterkranz. Nie wieder in seinem Leben sollte er eine so perfekte Sonnenfinsternis erleben. Diese kosmische Initiation wirkte noch vierzig Jahre später, als er längst Astronom in einem fernen Land war.

Bereits Wochen bevor Galileo Galilei nach siebentägiger Wagenreise am 29. März 1611 in Rom eintraf, waren Einladungen von edelster Goldprägung an Prälaten und Kuriale sowie an Edelleute und die besten Köpfe der Schönen Künste versandt worden. Unter den Alumnen des Collegium Romanum kursierte das Gerücht, daß extra für den Festakt eine Kollegsuniform ausgegeben werde. Von Horaz Rotarius erfuhr Adam, daß sich der angereiste Hofmathematiker in der Villa Medici auf dem Monte Pincio einquartiert hatte. Galileis päpstliche Audienz war kaum beendet, da wußte bereits ganz Rom, daß sich der Heilige Vater beim Blick durch das Fernrohr entzückt gezeigt hatte. Nach diesem Triumph überschütteten die Reichen und Noblen Galileo Galilei mit Einladungen. Er ließ sich nicht lange bitten und sparte auch nicht mit Handküssen zum Wohlgefallen des anderen Geschlechtes.

Am Tag nach der Papstaudienz umschmeichelte ihn sein erlauchtester Bewunderer, Kardinal Francesco Maria del Monte, in seinem Palazzo. Dort lebte der Kardinal mit einem Auditor, drei Sekretären, einem Notar, zwei Kaplänen, mehreren Kämmerern, einem Haushofmeister, einem Leibmedicus, einem Barbier und vielen Kammerdienern und Stallburschen. Reichlich sechzig Münder zählte der Kardinalshof. Allerdings besaß dieser Eminentissimus Dominus Cardinalis keine Mohren mehr, denn deren Haltung galt mittlerweile als unschicklich.

Der Tag des Festaktes rückte unaufhaltsam näher. Im Collegium Romanum galt die Anweisung, daß von den Alumnen nur die Naturwissenschaftler teilnehmen durften. Die Geisteswissenschaftler hatten auf der Empore Spalier zu stehen und zur Begrüßung zu applaudieren. Jeder hatte säuberlich gekämmt und in gepflegtem Hemd zu erscheinen. Zu einer Kollegsuniform hatte sich das Jesuitengremium nicht durchringen können.

Noch in den Frühstunden des 18. Mai, nur Stunden vor Beginn, war das Portal von geschickten Händen mit Wimpeln und päpstlichen Fahnen geschmückt worden. Die Piazza del Collegio Romano war seit dem Vorabend für das Volk tabu. So drängten sich hinter den Absperrkordeln Scharen von Frauen in schwarzen Röcken und weißen Mühlsteinkrägen und Männer in Kniebundhosen und offenen Spitzenkrägen.

Bereits mit dem Erwärmen des Pflasters rollten die ersten Kaleschen auf die Piazza. Die leichten Gefährte fädelten sich in die Schneisen zwischen den Sänften ein, Ankömmlinge im kurialen Habit sonnten sich im Respekt der Gaffer. Die Jahre, da die Kirchenfürsten als lüstern und ausschweifend, korrupt und geldgierig, prahlerisch und eigensüchtig galten, gehörten der Vergangenheit an. »Seht her, unsere Priesterröcke glänzen rein!« schienen die eintreffenden Monsignori dem Volk zuzurufen.

Jesuiten in schwarzen Soutanen und weißem Stehkragen und Dominikaner in weißen Kutten durchschritten das Portal. Die einen schützten sich mit dem Birett, die anderen mit dem Dreispitz gegen die stechende Sonne. In der Schar geistlicher Würdenträger wirkten die gedeckt gekleideten Gelehrten und Kaufleute bescheiden. Die Uniformierten reckten die Hälse nach den Virtuosen der Schönen Künste, denn diese Faune zelebrierten den neuesten Schrei aus Florenz.

Ein Raunen durchwogte die Menge – eine vierspännige Kardinalskarosse war vorgefahren. Domestiken in kirschroten Beinlingen unter aufgeplusterten Hoslingen standen staksig auf Trittbrettern hinter der Kabine. Die storchenbeinigen Lakaien mitsamt ihren gezierten Honoratioren boten eine solche Fülle humoresker Anregungen, daß Adam befürchtete, seinen Stufennachbar würde gleich der Herztod treffen. So hochrot kämpfte dieser mit hervorquellenden Augen gegen Lachsalven.

Einspännige Coupés mit Damen, deren Haar mit Spitzenschleiern und Seidenhäubchen geschmückt war, glitten durch die Menschengasse. Erst als die Sonne Schweißperlen auf Adams

Stirn trieb, versiegte der Strom der großen und kleinen Kutschen. Nur noch Nachzügler eilten auf die rotbelegte Portaltreppe zu.

Drinnen im weitläufigen Atrium, wo Klavizimbel-Klänge die Stimmenflut einzudämmen versuchten und der Duft von Blumengirlanden mit Parfüms, verschlepptem Weihrauch und Schweißausdünstungen wetteiferte, wogte die Festgesellschaft. Bärtige Kapuziner, bartlose Franziskaner, Benediktiner, Theatiner, Dominikaner und Jesuiten in braunen, weißen, schwarzen und schwarzweißen Talaren sowie Alumnen des Kollegs und der *Propaganda fide* in ebenholzschwarzen Kaftans mit roten Schärpen schoben sich aneinander vorbei. Priester aus Afrika und Übersee hatten ihre bronzefarbene oder schwarze Haut in Kontrast zu smaragdgrünen oder himmelblauen Soutanen gesetzt. Inmitten dieses Getümmels sprühten die Krebse von Rom gleich Feuerfunken. Am Portal und an der ausladenden Marmortreppe wachte eine Abordnung der Schweizer Garde in gelbschwarzroten Uniformen mit aufgerichteten Hellebarden. Wie eine schnatternde Schar Sünder, die am Himmelstor auf Einlaß drängte, rempelte sich die Gesellschaft solange, bis eine Fanfare schmetterte und die Saaltür aufsprang. Der Menschenstrom ergoß sich über einen weinroten Läufer in die Aula magna.

Lange dauerte es, bis die Gäste ihre Sitze eingenommen hatten. Dank Pater Horaz' Beziehungen durfte Adam in einer der vorderen Reihen Platz nehmen – unmittelbar hinter den Sitzen des Lehrkörpers. Für Minuten legte sich die babylonische Stimmenbrandung, als die Virtuosen der Universität, allen voran Horaz Rotarius, gefolgt von Grienberger, Guldin, Saint-Vincent, van Maelcote, Clavius, Scheiner und Lembo, durch die blumenverzierte Flügeltür traten. Beim Anblick der geballten akademischen Ordenspotenz rieselte Adam ein Schauer über den Rücken. Die Jesuitenprofessoren sonnten sich im Glanz ihrer Reputation. Mit einem kaum merklichen Gruß ins Publikum nahmen sie in einer bevorzugten Reihe auf gepolsterten Stühlen Platz. Zu Adams Überraschung setzte sich Grienberger nicht zu den anderen Professoren, sondern neben ihn, auf einen ungepolsterten Stuhl. Er strahlte Adam aus seinen klugen Augen an und schlug die langen Beine übereinander.

Die Luft in der mit Gobelins geschmückten Aula drohte bereits stickig zu werden, als ein Raunen durch die Reihen schwang. »Er kommt!« Bis auf die Gäste in der Ehrenloge erhoben sich alle. Langsam erstarb das Wispern. Vorbei an Livrierten betrat eine majestätische Erscheinung den Saal. Ein kühnes Lächeln umspielte seine Lippen, die in einem Kinnbart verschwanden. Doch nicht das hohe Gesicht mit dem kantig ausrasierten Kinnbart beeindruckte Adam, sondern die Eleganz. Der knapp fünfzigjährige Galilei legte größten Wert auf seine Erscheinung. Über einem nachtblauen Wams mit unzähligen Pimpernußknöpfen trug er eine Brokatschärpe. Hüfte und Schenkel bedeckte eine honigbraune Samthose, die kurz unter dem Knie von Silberknöpfen geschlossen wurde. Vom Knie bis zu den mit durchbrochenen Schnallen gezierten Absatzschuhen betonten gelbe Strümpfe die kantigen Waden. Er nickte zuerst den Edelleuten, dann den Jesuitenprofessoren zu, hob kurz die behandschuhte Rechte zu einem lässigen Wink gegen die hinteren Reihen und begrüßte zuletzt Roberto Bellarmino und die beiden anderen, in einer Ehrenloge sitzenden Purpurträger. Trotz der Hitze hatten die drei Kardinäle ihre dreigestuften Schultermäntel anbehalten und ihre roten Gesichter schwitzten unter den tulpenförmigen Hüten. Galilei schwang sich in einen scharlachroten Polstersessel und blickte von seiner erhöhten Warte leicht spöttisch in die hechelnde Runde. Erst als er die Schärpe zurechtgezupft und die Beine übereinandergeschlagen hatte, wagte sich das Auditorium zu setzen. Nur noch einer stand: ein schmächtiger Glatzkopf mit spitzer Hundenase. Der Mathematikprofessor Odo van Maelcote. Der Flame verbeugte sich vor Galilei, wobei er dem Publikum sein spitzes Hinterteil entgegenschubste. »Gloria in excelsis«, näselte er, »Ruhm sei Gott im Himmel! Hochverehrte Gäste, im Namen des Collegium Romanum und der wissenschaftlichen Welt Roms begrüsse ich unseren Kollegen, Galileo Galilei.« Wie er seine Hand auf Galileis Arm legte, wedelte dieser die verbrüdernde Geste mit dem Handschuh fort.

Da die auf Hochlatein vorgetragenen Begrüßungsfloskeln erst in zwanzig Sprachen übersetzt werden mußten, dauerte es knapp eine Stunde, bevor ein Alumne kniend Ausschnitte aus Galileis neuestem Werk *Sidereus Nuncius* vortragen konnte. Nach der Lesung stieg ein Assistent auf das Podest und erläuterte den schematischen Aufbau des neuen Galileiischen Teleskops an einem Schaubild. Anschließend wurde ein solches Fernrohr durch die Reihen gereicht. Auf atemlose Bewunderung folgte tosender Applaus. Währenddessen ließ Galilei, die geöffnete Linke hinter der Ohrmuschel, seinen Blick durch den Saal schweifen.

Adam, der in die Vorstellung versunken war, mit dem Rohr den Nachthimmel über Rom zu observieren, fühlte sich ertappt, als ihn Galilei aus kurzer Entfernung fixierte, zu vermessen empfand er plötzlich seinen Wunsch.

Das Fernrohr war auf die Bühne zurückgekehrt, jetzt trugen zwei Gehilfen ein Konstrukt vom Aussehen eines vielarmigen Kandelabers in den Saal. Als sie das mechanische Skelett auf dem Tisch neben Galileis Thron abstellten, wippte das Konstrukt aufgeregt.

Mitten in die Stille fuhr Galileis sachliche Stimme: »Vor Ihnen, fachlich versierte Herrschaften, steht ein von mir erdachtes Modell, um Ihnen die Bahnen von fünf Himmelsplaneten zu erläutern.«

Er hatte sich seitlich neben den Tisch gestellt und deutete mit dem Zeigefinger zwischen dünnen Eisenstäben hindurch. »Von innen nach außen betrachtet verkörpern die an Stäben aufgespießten Kugeln die Wandelsterne Merkur, Venus, Erde, Mars und Jupiter. Verehrtes Publikum, sehen Sie in der Mitte diese Bronzekugel. Sie ist horizontal in Scheiben unterteilt. An jeder ihrer Scheiben ist ein Stab mit einer kleineren Kugel befestigt.« Kantige Gesten unterstrichen seine Erklärung. »Die Bronzekugel verkörpert die Sonne. Am ersten, waagerecht abstehenden Stab, am nächsten zur Sonne, hängt Merkur. Am zweiten, längeren Venus. Am dritten, die Erde. Und noch weiter ausladend, sehen Sie die Planeten Mars, Jupiter und Saturn. Beim Planeten Jupiter will ich kurz verweilen, denn hier machte ich eine wichtige Entdeckung. Und zwar mit diesem Instrument!« Er schwenkte seinen Kopf zum Fernrohr hinüber: »Ja, mit diesem Instrument entdeckte ich, daß vier Monde den Planeten Jupiter umkreisen.« Wohlwollend nickte er in Richtung der Jesuitenriege. »Die Vorarbeit für diese Entdeckung verdanke ich dem hochverehrten Kollegen Rotarius.« Dankend verneigte er sich in Richtung der Jesuitengelehrten. Da die Luft vor Spannung und Hitze zu flirren begann, hielt er inne und tupfte sich mit einem Tüchlein den Schweiß von der Stirn. »Zugegeben, so im Stillstand wirkt das Modell recht banal, da es höchstens zu zeigen vermag, daß die einzelnen Planeten unterschiedlich groß und unterschiedlich positioniert sind. Verehrte Herrschaften! Was geschieht, wenn wir die Kugeln in Bewegung setzen?« Lauernd schaute er in die Runde, dann gab er drei Gehilfen einen Wink.

Gleichzeitig zogen diese an Fäden, die an den Holzkugeln festgeknotet waren. Die Holzplaneten begannen, auf einer Kreisbahn um die Bronzekugel zu schweben. Jeder Planet konnte einzeln um die Sonne gedreht werden. Aufatmend bemerkte Galilei, daß aus dem Auditorium keine Einwürfe kamen. »Die Erde läuft auf ihrer Bahn in 365 Tagen um die Sonne, während Merkur dies in nur 88 Tagen und die Venus in 225 Tagen schaffen. Warum? Weil ihre Kreisbahnen unterschiedlich groß sind und weil die Umlaufperiode jedes Planeten mit dem Abstand von der Sonne zunimmt.« Die Assistenten unterstützten seine Worte, indem sie die entsprechenden Planeten nochmals um die Bronzesonne rotieren ließen. Galilei dozierte weiter: »Die Astronomen haben bisher angenommen, daß die Venus aus einem besonders strahlenden Material besteht. Diese Vermutung war falsch. Wie Sie aus meinem Modell ersehen können«, er tippte auf die zweite, innere Kugel, »liegt die Venus sehr nahe an der Sonne, dadurch wird sie stärker bestrahlt. Deshalb strahlt sie auch heller zurück. Der Planet Venus aber ist ohne Sonnenlicht genauso dunkel wie die Erde bei Nacht.«

»Das hat Kepler schon längst entdeckt«, flüsterte Grienberger Adam zu.

Als Galilei seine Demonstration unter Beifallsstürmen abgeschlossen hatte, traten wieder die Übersetzer auf den Plan. Nach einer halbstündigen Unterbrechung, in der die Kardinäle verschwanden und die Schar der Livrierten die Öllampen ringsum an den Wänden entflammten, kam der Festakt mit einem Gebet wieder in Schwung. Galilei referierte über die Sonnenflecken und über die jüngste Erkenntnis, daß die Erde keine perfekte Kugel sei. »Mag sein, daß sie um die Sonne holpert wie eine unförmige Kartoffel«, vergnügte er sich.

»Ptolemäus!« Der Name des großen griechischen Astronomen explodierte inmitten der Heiterkeit. In den vorderen Reihen fuhren die Köpfe herum. Galilei setzte sich kerzengerade.

Und wieder ertönte diese schneidende Stimme aus der Mitte des Saales: »Ptolemäus! Ich erinnere nur an seinen *Almagest*. Seine Lehre benutzt die Fachwelt seit vierzehn Jahrhunderten. Und so muß es bleiben!«

Das Auditorium hielt den Atem an, Galilei schaute finster auf einen alten, einsam dastehenden Gelehrten, dessen zitterndes Kinn von einem Spitzbart geziert wurde. Wutentbrannt rief der Alte über die Köpfe hinweg: »Wie ein verwester Leichnam wurde in den letzten Stunden das Wissen von uns Alten beiseitegeschafft. Das lasse ich nicht zu! Vergeßt niemals: Im Mittelpunkt des ptolemäischen Systems steht die Erde. Sie dient als haltbietende Himmelsachse für die Wandelsterne Mond, Merkur, Venus, Sonne, Mars, Jupiter und Saturn, die sich, richtig Meister Galilei, auf selbständigen Kreisbahnen um die Erde bewegen. Wohlgemerkt, um die Erde, Meister Galilei! Dank Ptolemäus verfügen wir über ein Weltbild aus räumlich aufeinander abgestimmten Sphären, die die Erde wie Schalen umhüllen. In der äußersten, der achten, der gewaltigsten aller Sphären rotieren die Fixsterne im gleichen Abstand um die Erde. Unser ehrwürdiger Galilei aus dem modischen Florenz ignoriert dieses langerprobte System. Ich frage das Auditorium, ist das die rechte Art?« Der Unbekannte schickte einen auffordernden Blick auf das Podium, wo das Planetenmodell von Lakaien bereits wieder abgebaut wurde.

»Sehr geehrter Herr«, erwiderte der Angegriffene, »Euer hohes Alter und Euer sicher großes Wissen in Ehren. Aber sogar Euch zuliebe werden wir die Zeit nicht zurückdrehen. Auch ich werde eines Tages von neuen Erkenntnissen überholt, wenn nicht sogar widerlegt werden. Ist Euch schon mal der Name Keplerus zu Ohren gekommen?«

»Ja, gewiß!« antwortete der Alte bissig.

»Keplerus erkannte, daß der Mittelpunkt der Welt in Sonnennähe liegt. Er lieferte die Beweise, ich gebe zu, hypothetischer Natur, daß ein System aus vierunddreißig, jawohl, nur vierunddreißig Kreisbahnen ausreicht, um das himmlische Geschehen in seiner gewaltigen Ganzheit zu erfassen. Eindrucksvoll hat er es geschafft, das ausgeklügelte Ineinandergreifen der vielen, vielen Zyklen und Epizyklen des ptolemäischen Weltsystems zu vereinfachen. Wie ich schon sagte, hat er es durch ganze vierunddreißig Kreisbahnen ersetzt. Seine Erkenntnisse fordern eine Neubewertung des alten Wissens in seiner Gänze, ja, der ganzen Metaphysik«, rief Galilei erregt in den Saal.

»Häresie übelster Sorte!« Hinter der faltigen Stirn des alten Ptolemäers loderte ein kämpferischer Geist. »Häresie, was da Keplerus behauptet. Wie lehrte uns der Apostel Paulus: ›Die Weisheit dieser Welt ist Torheit vor Gott.‹ Im übrigen ist Euer Keplerus gar noch ein Gefolgsmann von diesem Luther.«

»Alter Herr, macht Ihr es Euch da nicht zu einfach? Der wahre Gelehrte trennt Glauben und Wissenschaft.«

Im Auditorium regte sich Widerspruch. »Spricht gegen die ptolemäische Himmelsbetrachtung nicht die moderne Erkenntnis der Mechanik?« rief eine junge Stimme aus einer weniger prominenten Reihe.

»Belege, Beweise!« dröhnte die Stimme des aufgebrachten Alten. Sein Gesicht war blutrot angelaufen und der Zorn hatte ihm Speichelbläschen auf die Lippen getrieben.

»Reibung erzeugt bekanntlich Widerstand. Das führt zu Geräusch. In Eurem Universum aus sphärischen Schüsseln müßte es schurren und quietschen. Hört jemand etwas?«

In den Reihen der Physikstudenten kicherte und feixte es.

»Die Sphären haben eine glasglatte Oberfläche. Die große Langsamkeit der Sphärenbewegung führt zu einer sehr geringen Reibung.« Der einsam im Raum stehende Gelehrte wiegte den Kopf. »Aber, junger Kollege, ich gebe zu, Ihr sprecht ein wichtiges Problem an.«

In der Reihe der Jesuitengelehrten wurde getuschelt und gestikuliert, während Galilei in seinem Sessel ausharrte. Endlich erhob sich einer und trat vor die Zuhörer. »Ich bitte um mehr Respekt vor dem erlauchten Gast! Die Wissenschaft, gerade die der modernen Astronomie, ist eine zarte Blüte, die keinen Eishauch verträgt. Ich bitte also um die gebührende Toleranz. Wir Jesuitengelehrten, ich sagte es bereits, sind unterschiedlicher Ansicht, sowohl über Ptolemäus als auch über Kopernikus. Ja, ich zum Beispiel widerspreche Kopernikus in dem Punkt, daß die Erde ein wandernder Stern ist, der in einem Jahr um die Sonne läuft. Kopernikus spricht gleich Ptolemäus von der kreisenden Umdrehung der himmlischen Sphären. Für mich ist nach wie vor die Erde der ruhende Mittelpunkt des Universums. Aber, Herrschaften, betrachten wir doch einmal die Gemeinsamkeiten beider Theorien. Man hat in beiden lediglich zwei Planeten, nämlich die Sonne und die Erde, ausgetauscht. Nicht mehr die Sonne dreht sich um die Erde, sondern die Erde um die Sonne. Ich persönlich halte den Gegensatz zwischen beiden Anschauungen für überbrückbar.« Der Jesuit wischte sich über die schweißglänzende Stirn.

»*O tempora! O mores!*« Ein Gast in einer Kapuzenkutte brauste auf: »Eine Gotteslästerung ist es, die Schöpfung mit ihrem Juwel zu einem Spielball der Sonne zu degradieren. Gott hat die Erde auf ihre Grundfesten gegründet, und Josua hat der Sonne befohlen, stille zu stehen!«

Während der Festakt jegliche Ordnung zu verlieren und sich das Geschehen auf die hinteren Sitzreihen zu verlagern drohte, zog sich vorne ein Greis am Arm eines Jünglings hoch. Sofort verstummte der Tumult, denn dies war der berühmte Kalenderreformer, Pater Clavius. »Wie wir aus unseren jahrelangen Himmelsbeobachtungen schließen können« – mit gehobenem Stock gebot er Einhalt – »verharrt die Erde in Ruhe und bildet den kosmischen Mittelpunkt. Mein Kommentar in *Sphaeram Johannis de Sacro Bosco* belegt, daß die Erde, insoweit sie von höchstem Gewicht ist, zu jenem natürlichen Punkte tendiert, den man Mittelpunkt nennt. Auch Tycho de Brahe belegte erst jüngst, daß sich die Sonne um die Erde dreht. Aber ihm gelang die bedeutende Entdeckung, daß sich Merkur und Venus nicht um die Erde, sondern um die Sonne drehen. Die Bahnen von Mars, Jupiter und Saturn umschließen das Ganze.«

Während der alte Clavius in seiner weinroten Tunika nach Atem rang, meldete sich eine junge Stimme zu Wort: »Ich las, daß sich einzelne Sterne nicht auf Kreisbahnen, sondern auf Schleifenbahnen bewegen. Hochgeschätzter Pater Clavius, ist es das, was Ihr ansprecht?«

»Justament! Ihr müßt euch kleine Epizykel vorstellen, die als Nebenbahnen auf den eigentlichen Planetenkreisbahnen ablaufen.« Clavius' knappe Antwort beruhigte nur für kurze Zeit.

»Gibt es nicht auch noch andere Erklärungen?«

»Entdeckte nicht auch Keplerus, daß sich die Planeten auf unvollkommenen Kreisen namens Ellipsen bewegen? Und daß die Sonne in einem der beiden Ellipsenbrennpunkte steht?«

»Erklärt sich der ganze Streit über Erde oder Sonne als kosmischer Mittelpunkt nicht einfach daraus, daß es gar keinen eindeutigen Mittelpunkt gibt?«

Die Frager verstummten und alle schauten auf den alten Gelehrten Clavius, der zu sprechen begann: »In unserer Zeit mehren sich die Stimmen unter den Philosophen, die von einer großen Endlosigkeit sprechen, in der sich das ganze Geschehen im Weltall ereigne. Diese Geister suchen in der Grenzenlosigkeit das Prinzip und auch das Endziel allen irdischen und himmlischen Seins. Ich frage mich, wo bleibt die Allmacht Gottes als Schöpfer und Beender des Lebens? Wo bleiben die Gesetze Gottes? Diese Thesis geht von einer Gleichförmigkeit aller Sphären des Universums aus und hält die Erde nicht für den Kern der Schöpfung. Ich aber sage: Jeder Stern, auch die Erde, nimmt im Universum einen bestimmten Platz ein, der ihm nach einer naturbedingten Hierarchie zugeordnet ist. Um mit Aristoteles zu sprechen, den *locus naturalis*. Letztendlich gehört alles in einen geordneten Kosmos mit unserer Erde im Mittelpunkt.« Beschwörend hob er die Faust. »Und das, wertes Auditorium, das ist Gottes Gesetz!«

Nach diesem Alpha und Omega war es totenstill.

Bestätigungsklatschen und Widerwortgetöse brachen gleichzeitig los. Unter eisgrauen Brauenbüscheln blitzten Clavius' Augen in den Tumult. Sichtlich vergnügt über das Echo seiner Worte, wandte er sich zum Gehen. Als er an den Reihen der Alumnen vorbeikam, tippte er einem schmunzelnd auf die Schulter und deutete mit dem Stock ins debattierende Publikum. »Forschen allein, mein Sohn, genügt nicht, man muß das Geforschte auch unter den Pöbel bringen!« Auf den Arm eines Jünglings gestützt, verließ er den Saal.

Unmerklich hatte sich die Dunkelheit durch die hohen Fenster hereingeschlichen. Nur noch die Öllampen spendeten Licht. Doch selbst der Schummer konnte nicht vertuschen, daß sich Galilei und nahezu alle Honoratioren und die allermeisten Jesuitenprofessoren davongemacht hatten. Tisch und Sessel standen verwaist auf dem Podest herum. In der Saalmitte fauchten sich ein Dominikanermönch und zwei weltlich gekleidete Herren an.

»Jetzt wird's spannend«, vergnügte sich Grienberger und legte Adam lachend die Hand auf den Oberschenkel.

Adam vermochte gerade noch wie ein stummer Ochse zu nicken. Schon versank er in blauen Augenseen, die sich ohne Wimpernschlag auf ihn gerichtet hatten. Ein verlegenes Lächeln lag auf Grienbergers Lippen. Welch ein Zauber ging plötzlich von diesem Mann aus. Als Grienberger seine Brauen fragend hob, schoß Adam die Röte ins Gesicht.

»Komm, stehen wir auch auf.« Grienberger schob sich zwischen die Kontrahenten. Adam folgte ihm. Im Gedränge schien seine Schulter unter dem sanften Druck von Grienbergers Schulter fast zu verbrennen. »Geh noch ein Stück vor.« Als Adam seine schiebenden Hände im Kreuz spürte, schloß er beseligt die Augen.

»Bezeichnend!« rief einer, dessen Graurock den genügsamen Philosophen verriet. »Wie könnte es auch anders sein, daß von den Kirchenfürsten die Betrachtung des ehrwürdigen Aristarchos von Samos verschwiegen wird. Schon seit ewigen Zeiten wußte er, daß die Erde nicht stillsteht. Nein, daß sie sich bewegt und zwar um die Sonne!«

»*Scientia inflat!*« höhnte der Dominikaner und zurrte sein

Zingulum strammer. »Wissen macht aufgeblasen! Haah, ihr mit eurem Verstand! Aus ein paar Unzen Hirnmasse macht ihr Weltverbesserer das Goldene Kalb, um das ihr tanzt. Ihr versucht die Welt Gottes in einem Laborglas einzufangen wie einen Frosch, um sie dann nach mathematischen Formeln zu vermessen. Hättet ihr zwischen den Ohren einen Kopf und in der Brust ein Herz, würdet ihr bescheidener über diesen heiligen Boden wandeln. Für uns Dominikaner ist die Vernunft nicht mehr und nicht weniger als eine wertvolle Magd des Glaubens.«

»Und irgendwie haben sie immer alle recht.« Grienberger genoß offensichtlich die geistige Schlacht und strahlte Adam an, der erneut in dessen Augenblau versank.

Mittlerweile hatte sich das restliche Auditorium von den Plätzen erhoben. Die einen drängten nach vorne, um ihre endgültige Wahrheit in eine Redelücke zu schleudern, die anderen, um sich den Anblick der erregten Gemüter nicht entgehen zu lassen. Odo van Maelcote, der als einziger Jesuitenprofessor zurückgeblieben war, trat jetzt blaß vor die Versammlung: »Verehrte Gesellschaft, nicht weniger verwirrend als die Lage am Himmel ist die Lage auf Erden. Sogar an diesem *locus scientificus*. Ich danke allen für ihr Kommen. Der Festakt ist beendet!«

Das Hitzige schmolz dahin und in gelöster Laune traten die letzten Gäste in das Nachtlüftchen hinaus.

»Mir ist schwindlig vor lauter rivalisierenden Kosmos-Theorien. Aber ich hätte gerne noch mehr von Galileis neuer Himmelssicht erfahren. Man kann Galilei ja für eitel halten, aber er ist der erste Astronom, der seine Theorien durch präzise Himmelsbeobachtungen mit dem Teleskop belegt«, plauderte Professor Grienberger im Hinausgehen.

»Ja, sein Teleskop wird das Weltbild verändern«, murmelte Adam und blickte, den blauen Augen entfliehend, über Grienbergers Schulter hinweg.

»Komm, jetzt brauchen wir wohl einen aufmunternden Gaumentropfen.«

Im Schein der Gassenfackeln sah man zwei Männergestalten, die eine im schwarzen, die andere im roten Rock, in der Laube einer Bottiglieria verschwinden.

Mit wundem Herzen saß Adam die nächsten Wochen im Hörsaal. Mit wundem Herzen aß er seine Nudeln im Refektorium und mit wundem Herzen versanken seine Augen im nächtlichen Sternenhimmel. Sein Professor ließ sich seit Wochen entschuldigen. Doch was war das Studium ohne diesen Mann! Als hätte ein Magnet seine Kraft verloren, zog ihn nichts mehr am Collegium Romanum an. Oft ließ er sich wie ein welkes Blatt durch Rom treiben. Die Bilder jener Nacht blendeten ihn noch immer. Ein paar Stunden, ein paar Schlucke Wein und der schmucke Dozent hatte ihn zu sich, auf seine geistigen Höhen emporgerissen.

Er seufzte. Noch immer konnte er Grienbergers weiche, warme Hände spüren, die seine Hand ergriffen und ihn durch die Straßen des nächtlichen Roms gezogen hatten. Alles in jener Nacht war weich und warm. Nichts in ihm hatte sich gesträubt, als er ihn in eine Gassennische drängte, seine Röcke hob und ihn mit einer solchen Selbstverständlichkeit befriedigte, daß er gar nicht auf den Gedanken kam, ihm seinen Körper zu verweigern. Es war gut, es war einfach gut gewesen. Und jetzt, Wochen danach, war Schmerz daraus geworden. Adam hatte sich noch nie so einsam gefühlt. Es schien ihm, als hätte mit Grienbergers Verschwinden das Leben selbst Rom verlassen. Er hoffte, einen zurückgelassenen Fetzen dieser Nacht am selben Tisch, beim gleichen Wein zu finden. Doch außer einem Rausch erhielt er nichts. Betrunken warf er seine Scudi in den Wirtsteller und flüchtete in die Jesuitenkirche Il Gesù. Er schob das schwere Portal auf, sprenkelte sich zur Kühlung Weihwasser ins Gesicht und kniete leicht schwankend nieder.

Das üppig verzierte Kirchenschiff mußte den Feinden des Sinnlichen und Gottgenüßlichen wie eine Schandwand ins Auge stechen. Noch im Greisenalter taten Michelangelo und Rubens ihr Bestes, um Roms Kirchen mit ihren Bildnissen die nötige Glaubensfülle zu verleihen. Hier und allerorts vermochten sie aufs Prächtigste die Qualen sündenbebenden Fleisches darzustellen. Unschlüssig, welchem Bildnis er sein Licht widmen sollte, stand Adam mit einer brennenden Kerze vor ausgemalten Frauenschenkeln.

Weiber, dachte er dumpf, da reden sie immer von Weibern,

dabei haben die nichts Erhabenes, nichts Brillantes, nichts von dem sprühenden Geist der Welt der Gelehrten. Wie kann man nur seine kostbare Zeit mit diesen Fleischhaufen vergeuden. Dir Vater im Himmel sei Dank, du gabst mir die erhabene Wissenschaft. Wie leicht fällt mir dadurch das Widerstehen gegen das Weibergeschlecht. Dankbar für die Errettung aus Frauenarmen, stellte er sein Kerzlein unter ein Werk von Rubens.

»*Salutamus!* Schau an, der Priester. Darf ich schon Monsignore zu dir sagen?« sprach ihn eine bekannte Stimme von hinten an.

»Max!«

Max Blaugarn stolzierte wie ein Faun daher; das bunte Hemd über der Brust halb aufgerissen, an den Füßen hochhackige Schnallenschuhe. Unter dem Arm trug er ein Bündel mit Zeichnungen von Gebäudesäulen und Fassaden. »Max! Was machst du hier?« Verwirrt starrte Adam auf Maxens verspielt gebundenen Haarzopf und die schillernde Seidenweste, die seine Brust umspannte.

»Die Weiber machen sowas mit mir verliebtem Ochsen«, lachte Max genüßlich. Mit schrägem Kopf besah er sich das Rubens-Bild. »Und was führt dich hierher?«

»Ach, man pausiert vom ewigen Studieren.« Daß er angetrunken war und gerade entdeckt hatte, daß er Frauenkörper geradezu abstoßend fand, behielt er für sich. »Und dich, was treibt dich in ein Gotteshaus?«

»Die Leidenschaft zur Kunst, die Arbeit an meiner Kirche.«

»An deiner Kirche?«

»Ja, ich studiere dieses Gebäude. Ich verfeinere die Kunst des Zentralkuppelbaus, entwickle elegantere Tonnengewölbe und füge leichte Stukkaturen ein. Die Zeit der winkelgeraden Mauern ist endgültig vorbei, sagen die neuen Baumeister. Den Kirchen wie den Weibern wird die Üppigkeit zurückgegeben. Was man hinter strengen Flächen eingesperrt hat, befreien wir Künstler. Wir machen aus der ganzen Welt ein goldgerahmtes Decolleté.« Max kicherte und fuhr mit dem Finger über die lilagelben Farbtupfer, mit denen Rubens die Rundungen einer Gemalten zum Leben erweckt hatte. »Nach meinen Zeichnungen und Bauplänen soll in Paraguay ein Gotteshaus gebaut werden. Ich lebe demnächst in Paraguay.«

»In Paraguay?« Eine Welle von Neid durchbebte Adam. In seinem verwaschenen Krebstalar kam er sich lächerlich vor. In Paraguay, wo ganz im Sinne Loyolas und zum Ärger der Kolonialherren eine Lebensgemeinschaft von Jesuiten und Wilden erprobt wurde. Er wich Maxens Spottblick aus und suchte nach Argumenten, um diesem Lebemann am Zeug zu flicken. »Ich mache Fortschritte in Astronomie und Theologie. Mein Professor ist sehr zufrieden mit mir!« Staubtrocken wehten ihm diese Worte aus dem Mund.

Max kratzte sich den Brustpelz. »Ich habe den Himmel auf Erden gefunden, Priester. Das göttliche Rund eines Weiberarsches und die höllischen Weisheiten aus Frauenmäulern. Dafür danke ich meinem Schöpfer mit der Kunst des Kirchenbaus.«

Max trat unruhig vor und zurück. Abrupt verabschiedete er sich.

Ich hab ihn gelangweilt. Er platzt vor Leben. Ich langweile ihn. Adam stand einsam im Kirchendunkel und fühlte sich hundeelend. Die Begegnung mit dem alten Weggefährten, der vor ihm gestanden hatte wie eine prächtige Frucht aus dem Künstlergarten Roms, traf ihn so hart, daß er sich in einen Beichtstuhl hockte und haltlos weinte. Zum ersten Mal spürte er, daß er Max vermißte. Erst beim Eintreten eines Priesters erhob er sich und verließ Il Gesù. Aufgewühlt fand er sich in einem unbekannten Viertel wieder. Hier stand der Gestank von Unrat und Schlick zwischen den Mauern. Seine Füße hatten ihn zum Tiber hinabgetragen. Zwischen den verwitterten Säulen einer überwucherten Exedra stieg er die ausgebrochenen Stufen einer Treppe zum Fluß hinab und suchte sich einen Sitzplatz im sonnenverdörrten Dreck. Sein wundes Herz verband ihn mit den Ruinen der eingestürzten Ponte Rotto. Zur Sehnsucht nach dem Manne hatte sich nun auch noch die Sehnsucht nach der fernen Welt gesellt. Dem Verzweifeln nahe lief er ins Germanikum zurück und schlich hinauf in seine Kammer, um die Bitterkeit und den Rausch fortzuschlafen. Als er die Kammertür öffnete, wehte ihm der Wind ein versiegeltes Briefchen vor die Füße. Noch nie hatte er einen solchen Brief bekommen. Der rote Siegellack zersplitterte leicht in seinen Fingern und schwerfällig nahm sein berauschter Kopf die Botschaft auf:

Verehrter Adam!
Diese Zeilen sollten unter uns bleiben, aber die Wahrheit soll gesagt sein. Wahrscheinlich hast Du Dich gefragt, wo ich nach unserem abendlichen Gespräch verblieben bin. Du sagtest mir, daß Dir sehr viel daran liege, solch bereichernde, sage ich es frei heraus, berauschende Gespräche zu vertiefen. Nichts, werter junger Freund, wäre mir lieber. Nichts auf der Welt würde mich glücklicher machen, als unseren Abend für immer fortzusetzen. Nimm diese Zeilen als Beichte. Je aufrichtiger der Mensch seine sündigen Taten und Gedanken bekennt, um so leichter werden sie ihn verlassen. So lehrt uns Ignatius von Loyola. Laß mich meine Sünde mit diesem Geständnis abstreifen wie eine Schlange ihre Haut. In Unschuld und Unwissenheit bist Du zum Objekt meiner Begierde geworden. Ich führe die Feder mit aufwallendem Blut und tiefster Scham. Mit Leib und Seele fiebere ich einer erneuten Begegnung mit Dir entgegen. Mit brennendem Leib, mein Adam, und just aus diesem Grunde habe ich Rom für eine Weile verlassen, um in den Exerzitien Kühlung zu finden. Gott gab uns diese letzte Versuchung, die Liebe von Mann zu Mann. Das Weib zu lassen, draußen in der Welt, das ist leicht! Den Glaubensbruder zu lassen, der uns auf dem Weg zu Ihm mit Sinnlichkeit den Weg verstellt, bereitet einen unendlich größeren Schmerz. Mein schwaches Herz findet Trost im Wissen, daß uns der heilige Ignatius den Weg vorausgegangen ist und Gleichmut durch den Glauben fand. Falls Dich ähnliche Neigungen zu mir ergriffen haben sollten, möchte ich Dir Mut machen, die Exerzitien anzustreben. Es ist geradezu meine Pflicht, als Älterer Dir auf dem Weg zu Ihm beizustehen und Dich vor den Abwegen der Bruderbuhlschaft zu bewahren. Mir hat Gott diese Versuchung in das Zölibat hineingelegt, um mich zu prüfen, der Herr

beschütze Dich vor meinem Begehren.
In Aufrichtigkeit, Reinhold Grienberger SJ.

Adam las den Brief gleich noch einmal. Sein Herz raste.
Schnell sprang er auf und drehte den Schlüssel in der Tür. Seit
jenen Tagen mit dem Dirnenspiegel vor fünf Jahren war ihm
ein so verschämtes Gefühl von Heimlichkeit nicht mehr durch
das Gemüt gefahren. Mein Gott! Bin ich etwa auch in ihn verliebt? Ist es das, was mir die Ruhe raubt. Die letzte Versuchung
für uns Brüder auf dem Weg zu Gott, hat er geschrieben. Aber
ich bin doch kein Mönch, kein Bruder. Ich will doch Wissenschaftler werden. Ein Priester, der Keuschheit gelobte, hat sich
in mich vergafft. Adam war verwirrt. Über den Jahren hatte er
das Poussieren vergessen. Mehr noch, Frauen waren ihm unan-
genehm und lästig. Erschreckt gewahrte er den Gedanken, daß er
absichtlich die Gesellschaft von Männern bevorzugte. Nicht nur,
weil sie etwas Erhabeneres, Brillanteres, einen sprühenderen
Geist besaßen. Nein, ihm wurde schlagartig klar, daß er den
Geruch von Männern, den Klang ihrer Stimmen, die Kraft
ihrer Bewegungen, ihr Lachen, ja einfach das Männliche, dem
Kichern und Schwatzen, dem Wabbeligen, Weiblichen vorzog.
Das, was geschehen war, hatte ihm gefallen. Mit hochrotem
Kopf saß er auf seinem Bett, hielt den Brief des vergafften Pro-
fessors in den Fingern und ertrug diese Erkenntnisse wie
Hiebe. Dabei hatte er gedacht, daß es seiner inneren Stärke zu
verdanken sei, daß er keine Weibergeschichten anfange wie all
die anderen. Jetzt hatte ihm ein Mann diesen Irrtum vom Herzen gerissen. Mein Gott, wie das schmerzte! Er ließ sich in die
Kissen fallen und drückte das Zettelchen an seine Brust. Die
vertrauliche Nähe von Mann zu Mann sprudelte in Bildern, Gefühlen, Satzfetzen wieder in ihm hoch. Er sank in das Tal der
Träume, tief hinein in ein Sehnen und Verzehren. Erst ein
schwerer Schlaf erlöste ihn.
   Als der Morgen graute, erwachte er mit brummendem Schädel. Ernüchtert tauchte er aus den Gefühlswellen der vergangenen Tage auf. Gehöre ich wohl auch zu den Konsorten, denen der elegante Tiroler den Kopf verdreht hat? Er mußte

grinsen. Es ist doch wohl eher umgekehrt – er hat mir geschrieben, nicht ich ihm. Er sitzt jetzt mit seinen langen Beinen irgendwo herum und starrt Löcher in die Luft, weil er sich nach mir verzehrt. Bin für meine neunzehn ja auch ein hübscher Kerl, so schmal und blond, wissensdurstig und fleißig. Adam las noch einmal das Briefgeständnis. Dieser arme Mensch will mich vor den Abwegen der Bruderliebe bewahren. Wie schlimm muß es für ihn sein, daß er so von der körperlichen Leidenschaft hingerissen wird. Mir setzt das Fernweh mehr zu. Max und seine Reise, das wurmt mich mehr. Adam setzte sich auf. Die Sache mit Grienberger, das war eine Episode. Das versuchte er sich einzureden und mußte seufzen. Es ist wie damals in Cölln. Auch hier wird gesoffen, gebuhlt und gehurt. Nicht mal im heiligen Rom wird es mir leichter gemacht, Vaters Spuren zu verlassen. Was habe ich mir nur unter der heiligen Stadt alles vorgestellt. Von wegen! Er riß sich von diesen Gedanken los, wechselte die Kleider und beschloß, den Abend, den Brief, den vergafften Mann und auch sein wundes Herz zu vergessen. Bis auf schmerzende Splitter der Erinnerung sollte ihm das auch gelingen. Adam nahm sich vor, seine Gefühlswelt unter Unmengen mathematischer und geometrischer Formeln zu verschütten und flüchtete sich in Konversationen. Doch schwer fiel ihm das Vergessen in den stillen Stunden auf der Sternwarte.

Seit Grienbergers Verschwinden hatte ihn der alte Horaz öfters nachdenklich von der Seite angesehen, hatte aber geschwiegen. »Diesmal bleibt er lange fort, der Grienberger«, sagte er eines Nachts.

»Er macht die Exerzitien«, antwortete Adam schnell und beugte sich tief über seine Notizen.

»Ja, ja, das macht er dann immer«, seufzte Horaz und sah Adam besorgt an.

Das macht er dann immer? Immer wann? fragte Adam bei sich. Lange arbeiteten sie schweigend weiter, bis er laut stöhnte und die Bahnparameter-Tabelle von sich schob.

Ohne das Auge vom Okular des neuerworbenen Refraktors zu nehmen, brummte der alte Lehrer: »Na Collega, laß hören, da will doch was gesagt sein.«

In kurzen Worten erzählte ihm Adam von seiner Begegnung mit Max. »Ich spüre, daß ich den großen Wunsch, in die Weiten der unentdeckten Welt zu reisen, niemals in mir abtöten kann. Eher würde ich dem Studium den Rücken kehren. Ich träume mich manchmal in exotische Länder, auf unendliche Meere, in schwindelnde Höhen schneebedeckter Gipfel.«

Horaz lachte laut. »Fürwahr eine Jesuitenseele! Du bist zum Jesuiten geboren.«

Adam schüttelte den Kopf. »Ich glaube, ich bin zum Reisen geboren, Pater Horaz, am liebsten möchte ich abhauen, weg von hier. Es läßt mir keine Ruhe!« Er seufzte wieder tief. »Nur weg aus Rom!«

Horaz lachte noch immer. »Aber gerade die berühmtesten Jesuiten sind die gewagtesten Reisenden, Ignatius von Loyola durchreiste als Bettelmönch ganz Europa, mein Freund Franz Xavier reiste nach Indien und Japan, Bruder Matteo Ricci missionierte in China und du hast bestimmt auch schon die letzten Botschaften der Jesuitenmissionen aus Südamerika gehört.« Endlich drehte der alte Horaz Rotarius den Refraktor zur Seite, erhob sich und setzte sich zu Adam an den Tisch. »Der, vor dem du abhauen möchtest, heißt Grienberger, stimmt's?«

»Nein, wieso … also.« Adam lief rot an. »Na ja, schon …«

»Er hat mir seine Bewunderung für dich gestanden. Ich sollte ein väterliches Auge auf dich haben, solange er fort ist. Er war sich nicht sicher, ob er in deiner Seele Unheil angestellt hat. Hat er? Er ist ziemlich beunruhigt in seine Eremitage abgereist.«

Adam guckte starr unter die Decke. »Ach wo, meine Seele ist ganz in Ordnung.« Langsam senkte er seinen Blick und fuhr mit dem Fingernagel durch eine Rille auf der Tischplatte. »Ihr sagt, das macht er dann immer? Was meintet Ihr mit immer?«

Horaz Rotarius nahm die Ohrenkappe ab, strich sich das lange spärliche Haar nach hinten, schüttelte die Kappe aus und setzte sie wieder auf. »Manchen Menschen hat Gott eine Begabung geschenkt, die ihnen das Leben zu einer schweren Prüfung macht. Grienberger bekam die Begabung der Verführung. Grienberger kann das Leibliche nicht hinter sich lassen. Er kann nicht immer widerstehen.«

»Kann er oft nicht widerstehen?« Ein Stich fuhr in Adams Herz.

»Manchmal. Er klärt seinen Geist dann immer in den Exerzitien.«

»Ich war betrunken an dem Abend, aber es war nichts von Bedeutung. Ich habe den Abend schon längst vergessen«, log Adam. »Mich beschäftigt seit der Begegnung mit Max vielmehr, was aus mir werden soll.«

Horaz Rotarius erhob sich und schlurfte zu einer der geöffneten Dachluken, hinter denen ein Sims Platz für ein Krüglein Wein bot. Hier pflegte der alte Astronom immer ein mundiges Getränk im Nachtwind zu kühlen, um es bei einem vertraulichen Gespräch hervorzuholen.

»O, danke nein«, wehrte Adam ab. »Ich habe beschlossen, nie wieder in meinem Leben einen Tropfen zu trinken. Das habe ich geschworen.«

»Ein guter Vorsatz, ich will nicht daran rütteln. Doch gönne mir mein Schlückchen. Du fragst dich, was aus dir werden soll. So so, ich meinte immer, daß du Astronom werden wolltest? Wo liegt das Problem?«

»Ich möchte nicht zwischen den Büchern verstauben, so wie Ihr, verzeiht, aber es wird mir allmählich langweilig, genau wie damals daheim in Cölln. Max hat mich darauf gebracht. Er macht unseren Traum vom Reisen wahr.«

Horaz Rotarius schlürfte ein Schlückchen hinter seine Bartfusseln. »Mein Junge, mach uns nichts vor. Dich beschäftigt zweierlei. Du hast Angst davor, mit Grienberger in eine unberechenbare Geschichte verwickelt zu werden und scheinbar bist sogar du anfällig für solche Eskapaden, das ist unübersehbar.«

»Der affige Grienberger kann mir gestohlen bleiben, glaubt mir, da kann ich mich bestimmt beherrschen. Ich bin nicht so ein Gefühlsdusel wie er«, redete Adam forsch. »Aber, was meint Ihr mit der zweiten Sache?«

Horaz Rotarius lächelte. »Bleiben wir noch ein bißchen bei der ersten Sache. Gab es da nicht ein Erbe deines Vaters, das du nicht antreten wolltest?«

»Doch«, nickte Adam kleinlaut.

»Siehst du, um dich dagegen zu festigen, möchte ich dir ans Herz legen, das zweijährige Noviziat mit den Exerzitien zu machen. Es scheint so zu sein, daß es die Männer sind, die von deiner gradlinigen Liebenswürdigkeit und deinen blauen Augen begeistert sind, wie es aus deinem Horoskop ersichtlich wird. Im Noviziat kannst du deinen Charakter festigen. Und was deine Langeweile betrifft, bringt das Noviziat eine willkommene Abwechslung. Du lernst viel über unseren Orden und kannst entscheiden, ob du vielleicht sogar deinen Lebensweg im Orden gehen möchtest. Das meinte ich mit der zweiten Sache.«

»Ihr empfehlt mir das Noviziat? Die älteren Studenten nennen es das ›Waschbrett des Loyola‹. Kein schwarzer Fleck soll dabei auf der Seele zurückbleiben. Danach soll ich so ein verstaubter Jesuit werden wie all die anderen Wissenschaftler im Kolleg?«

»Wir sind nicht immer alle so eingestaubt gewesen wie heute, es ist das Alter, das uns so staubig aussehen läßt. Loyola war selber ein hinterlistiger Raufbold und rachsüchtiger Schürzenjäger. Die Ordensbrüder der ersten Stunde waren alle von seinem Schlag. Uns Alten ist nichts Menschliches entgangen, Ignatius hat uns sogar eher dazu aufgefordert, das Leben bis an die Schmerzgrenze auszuprobieren. Er und die Ersten haben bis zum Exzeß Gott gesucht und dann festgestellt, daß es nicht notwendig ist, den Körper zu quälen, um Gott zu finden. Gott findet sich überall, auch in Sanftmut und Schönheit. So sind wir zahmer geworden, aber wir sind im Herzen noch voller Eigensinn und Draufgängertum. Nicht nur Ignatius, viele seiner Mitstreiter sind mit der Papstkirche aneinander geraten, weil sie als Einzelgänger den christlichen Weg gesucht und gefunden haben. Die Brüder, die hinter den Folianten einstauben, sind kein gutes Beispiel für unser Ideal.«

»So einer ist mir aber noch nie begegnet. Ich habe gedacht, daß Abenteurer wie Matteo Ricci die ganz seltenen Ausnahmen seien, und daß einem gewöhnlichen Jesuiten nichts anderes übrigbliebe, als einen biederen Sprengel zu übernehmen oder bestenfalls Professor oder Lehrer zu werden.«

»Es gibt eben nicht den Jesuiten. Es gibt Individuen, die Jesuiten sind, und die dem ignatianischen Glaubensgedanken folgen, jeder auf seine Weise. Ignatius nannte sich und die Ordensbrüder *Socii Jesu*, Gefährten Jesu. Diesen Namen hielten die alten Bettelorden für eine Anmaßung ohnegleichen. Aber Ignatius hat für die christliche Welt völlig neue Methoden, die ignatianischen Exerzitien, entwickelt. Diese Exerzitien haben schließlich die anderen Orden von uns überzeugt. Wenn du sie kennenlernst, wirst du verstehen, warum sich Ignatius als Gefährten Jesu bezeichnet hat. Er legte großen Wert auf die ganz persönliche Christuserfahrung jedes einzelnen. Er entdeckte, daß jede Seele ihren eigenen Weg finden muß. Deshalb ist unser Orden eine bunte Vielfalt aus eigenständigen bis eigensinnigen, vielleicht sogar eigentümlichen Mitgliedern wie ich.«

»Ich habe mir das alles gar nicht so frei vorgestellt. So was gefällt mir. Das heißt, daß ich, wenn ich dem Orden beitrete, weiterhin machen kann, was ich will.«

»Ja und nein! Gerade die persönliche Verantwortung macht diesen Weg schwer. Du entstammst einem Adelsgeschlecht, du bist das Bedientwerden gewohnt. So wirst du auf innere Widerstände stoßen. Wir Ordensbrüder versuchen, uns demokratisch zu organisieren, uns alle gleich zu behandeln. Als Sohn aus reichem Hause mußt auch du dich obendrein zur Armut verpflichten. Wie heißt es ihm Markus-Evangelium? ›Eher geht ein Kamel durch ein Nadelöhr, als daß ein Reicher in das Reich Gottes gelangt.‹«

Adam schluckte. Gerade hatte sein Oheim wieder einen guten Batzen zu seiner Lebenserleichterung nach Rom gesandt.

»Wir Professen haben alle das Gelübde der Keuschheit und Ehelosigkeit abgelegt. Wir folgen damit dem Brief der Korinther ›Der Unverheiratete sorgt sich um die Sache des Herrn; er will dem Herrn gefallen. Der Verheiratete sorgt sich um die Dinge der Welt; er will seiner Frau gefallen. So ist er geteilt.‹ Das Zölibatsgelübde hilft uns, dem Herrn ungeteilt zu dienen. Durch die Erhaltung der Reinheit unserer Seele und unseres Leibes ahmen wir die Reinheit der Engel nach. Aber ein schneeweißes Engelskleid zu behalten, ist natürlich nicht ganz so einfach und wie du an Grienberger siehst, muß die Reinheit ab und zu aufgefrischt werden.« Horaz lachte.

»Ich werde lieber dem Schmutz aus dem Weg gehen. Auf schreiende Kinder, hungrige Mäuler und fordernde Weiber habe ich gar keine Lust«, stellte Adam fest.

»Das Zölibat betrifft aber auch die Keuschheit zwischen den Brüdern. Diese Herausforderung ist anders in den Glauben eingebettet als die Unkeuschheit mit Frauen. Immerhin haben die Brüder miteinander der Welt entsagt und sich gemeinsam auf den Weg zu Gott gemacht. In seiner Nähe gelten andere Regeln. Außerdem ist da auch noch das Gehorsamsgelübde. Jeder hat sich der Destination der Ordensoberen unterzuordnen. Ignatius von Loyola formulierte es so: ›Nimm hin, o Herr, und empfange meine ganze Freiheit.‹«

»Meine ganze Freiheit? Aber das ist doch gerade das, was ich behalten will!«

»Das Gehorsamsgelübde ist das schwierigste, denn das Leben bringt uns in Situationen, in denen wir immer neu abwägen müssen, ob Gehorsam sinnvoll ist. Gehorsam heißt, dem klügeren Gedanken folgen. Aber den klügeren Gedanken muß man erst einmal finden. Der klügere Gedanke kommt aus der Tiefe deiner Seele, darum mußt du dich erforschen, wenn du deinen innersten Kern erreichen willst. In der Selbsterforschung liegt der Gehorsam. Das erwartet Ignatius von den Gefährten Jesu.«

»Wenn ich dem Orden jetzt beitreten würde, was käme dann auf mich zu?« Adams Neugierde war erwacht.

»Zuerst machst du das zweijähriges Noviziat, um dich zu prüfen und deinen Charakter zu schulen. Erst anschließend legst du die drei Gelübde ab, wenn du dich berufen fühlst. Aus ihnen kannst du dich jederzeit wieder lösen. Du kannst auch der Gesellschaft Jesu als Scholastiker oder als weltlicher Koadjutor beitreten. Keine Sorge, du mußt nicht Mönch werden. Verschiedene Wege stehen dir offen.« Horaz Rotarius zwinkerte seinem Assistenten zu. »Aber, um deine Zukunftsfrage zu beantworten: Wenn du die Welt erobern willst, ist die Gemeinschaft der Jesuiten die beste Voraussetzung für dich. Wer sonst hat so viele Missonen draußen in der Welt und verfügt über so gute Beziehungen zum internationalen Adel? Außerdem war das Ziel von Ignatius nie, die Bauern zu belehren, sondern die Mächtigen der Welt zu leiten. Deswegen sind seine Missionare so vorzüglich ausgebildete Männer. Im übrigen schickt der Papst uns gerne in die Welt, weil er dann die vielen Querköpfe aus Rom los ist. Wenn ich so jung wäre wie du, würde ich mir die günstige Gelegenheit, um die Welt zu segeln, nicht entgehen lassen.«

»Danke!« Adam war aufgestanden und durchmaß einige Male die Sternwarte. Verdammt, dieser malefizige Ignatius gefällt mir, dachte er bei sich. Um ihn mir als Vorbild zu nehmen, muß ich nicht gleich Priester werden. Horaz hat recht. Ich will Grienberger aus dem Weg gehen. Vielleicht bin ich Vater doch ähnlicher, als ich befürchtete. Da kann ja eine Festigung meines Charakters nichts schaden. Aber jetzt will ich nicht schon wieder an Vaters Tod denken. Eine Abwechslung nach all der Lernerei käme mir sehr gelegen. Das mit dem Noviziat klingt nicht so schlimm, wie ich gedacht habe. Aussteigen kann ich ja auch wieder. Entschlossen blieb Adam vor seinem Lehrer stehen. »Wo muß ich mich anmelden?«

»So schnell entschieden? Dann scheint dir der Boden Roms ja tatsächlich ganz schön heiß geworden zu sein.« Horaz Rotarius musterte seinen Zögling mit zusammengeschobenen Augenbrauen. »Ich werde dich vermissen. Bitte komme als Assistent wieder zu mir, danach, falls ich noch lebe. Wenn es dir ernst ist, formuliere dein Anliegen schriftlich und gib es im Germanikum dem Pater Rektor, der wird sich mit dem Ordensgeneral beraten.« Horaz leerte sein Glas und erhob sich. »Mein Sohn, du bist ein Mann der Tat. Das gefällt mir.« Er wandte sich wieder seinem Refraktor zu und Adam kritzelte bis zum Verblassen der Sterne gedankenverloren Planeten über Planetenpositionen auf das Tabellenpapier.

Noch am Morgen des neuen Tages formulierte er auf Latein sein Gesuch: *admissio Societatis Jesu.*

Noch bis zum 19. Oktober Anno Domini 1611 sollte er seinem greisen Lehrer eifriger als jemals zuvor assistieren, die Astronomie-Vorlesungen aber mit dessen Einverständnis schwänzen. Als an jenem Oktobertag sein Gesuch vom Ordensgeneral mit Wohlwollen entschieden wurde, packte er sofort seine wenigen Habseligkeiten zusammen. Zum Kruzifix und Katechismus waren noch eine geprägte Bibel und ein Schnürbündel Lehrbücher hinzugekommen. Alles, was er sonst noch besaß, verteilte er unter seine Kameraden, wollte er sich doch für ein neues Abenteuer freimachen.

Wieder einmal bestieg Adam den Quirinalhügel. Diesmal aber nicht, um zur Sternwarte zu gelangen, sondern um in Abgeschiedenheit Klarheit über sein weiteres Leben zu finden. Neben dem Sommerpalast der Kardinäle lag das Ordensnoviziat San Andrea al Quirinale.

Ein älterer Pater im Ornat öffnete gemächlich und humpelte dem Ankömmling voraus. »Langsam, langsam, noch keiner hat unser Noviziat gestürmt, nicht mal einer von euch hitzigen Krebsen.«

»Ich hab es mit der Erlösung eilig.«

»Sachte, sachte, junger Freund, sonst stolperst du noch ins Fegefeuer!« sagte der Pater und deutete auf das mitgeschleppte Bündel. »Willst dich wohl auch noch in diesem überfüllten Haus einquartieren?«

»Voll?«

»Sogar übervoll! Im Augenblick treten sich Novizen, Fratres, Patres und alle möglichen Herrschaften auf die Füße.«

»Dann muß halt einer wieder raus. Man hat mich ganz offiziell vom Germanikum heraufgeschickt.«

Als der hüftlahme Pater Matthias den Neuen durch die Flure führte, wunderte sich dieser über die Stille im Haus. Außer ihnen schien niemand da zu sein. Er wurde in einen weiten, luftigen Raum gebracht. Die hohen Fenster standen weit offen. Aus dem Garten tönte Vogelgezwitscher und das Rascheln der Palmenwipfel herein. An einem ausladenden Tisch saß ein kleiner schreibender Pater. Beim Nähertreten der beiden drehte er sich um. »Salve, salve«, grüßte er fröhlich und beäugte Adam durch dicke Sehlinsen. Adam erschrak über die riesig vergrößerten

Augen. »Guten Tag!« tönte es noch einmal freundlich auf deutsch. Adam verbeugte sich. Verlegen starrte er in den Garten, um nicht in die überdimensional vergrößerten Augäpfel gucken zu müssen. »Ja, ja, im Herbst ist er am schönsten. Ich schaue auch immer so gerne hinaus. Das sind die berühmten Bandini-Gärten, die unser Noviziat von der Kirche San Vitale trennen.«

»Ah ja, wirklich sehr schön!« erschwatzte sich Adam Zeit, bis er sich an die riesig aufgequollenen Augen hinter dem Brillengestell gewöhnt hatte.

»Er kommt für's Noviziat. Pater Spiritual, ich möchte anmerken, daß er nun wirklich der letzte sein muß. Junger Mann, das ist Spiritual Jakob Nußbaum.«

Der kleine Pater nickte Pater Matthias zu, trat neben Adam ans Fenster und schaute in den Himmel. »Gott behüte«, seufzte er, »bald platzt das Haus aus allen Nähten. Jetzt kommst du auch noch.«

»Ich brauche nicht viel Platz, ich bin der Germaniker Adam Schall von Bell. Ich stamme aus Cölln. Matrikelnummer 1138.«

»Ein ehemaliger Tricoronater?« forschte der fünfzigjährige Pater, während seine Hand die Bescheinigung einforderte. Er trat hinter ein Regal und kramte mit zusammengekniffenen Augen in Akten. »Ja, Gott sei Dank, dein Name steht in der Zugangsliste und du hast sogar eine eigene Kammer, die Nummer 29«. Beruhigt stellte er sich vor: »Ich betreue euch Novizen als Spiritual. Nun komm aber erst einmal bei uns an. Matthias, bring du unseren Novizen auf die Neunundzwanzig und zeig ihm noch den Waschraum und die Kleiderausgabe. Morgen wirst du das Eidesgelöbnis auf die Konstitution ablegen. Bereite dich auf diesen Schritt in aller Zurückgezogenheit vor. Bis morgen!«

Wie angenehm. Er hat die Vorschrift, strikte Lateinkommunikation mit den Novizen, einfach nicht eingehalten, dachte sich Adam, als er mit seinem Bündel hinter Pater Matthias die steinernen Stufen hinaufstieg.

Wenig später in der Kleiderkammer, wurden ihm der rote Krebstalar gegen die Noviziatskleidung in der Farbe der Nacht und der Erde, der Patina der Vergänglichkeit, eingetauscht. Außerdem bekam er ein Paar Filzpantoffeln, einen breitkrempigen, wetterfesten Filzhut, wollene Beinkleider, einen kurzen Überzieher, eine knöchellange Kutte und Bettzeug zugeteilt. Einzig die rote Unterziehjacke erinnerte noch an seine provokanten Jahre als Gamberi Cotti. Ohne Begeisterung nahm er den auf Kante gefalteten graubraunen Wäschestapel in Empfang. Nichts auf der Welt trieb ihn zur Eile, sich in dieser armseligen Kluft zu zeigen. Zögerlich stieg er in seine neue Kammer hinauf, wo er seine Bücher und Habseligkeiten auspackte. Halb entkleidet und recht lustlos legte er sich auf die Schlafstatt, schlief ein und verschlief das Abendessen.

Viele Stunden später fuhr er hoch. Verwirrt horchte er in die Dunkelheit hinein. War das nicht ein Läuten? Tatsächlich, jetzt vernahm er das Anschlagen einer Schelle ganz klar. Im Schein einer Kerze streifte er die Novizenkutte über und sah an sich hinab. »Fade«, brummte er und verließ die Zelle. Verschlafen heftete er sich an die Fersen einer Gestalt mit Funzel und stieg hinter ihr die Treppe hinab.

Weihrauchdampf und Gebetsgemurmel lagen über der Schar Novizen, Fratres und Patres, die sich im Morgengrauen zur Laudes in der Kapelle zusammendrängte. Als nach den Psalmen die Matthäus-Worte »Ich bin nicht gekommen, um mich bedienen zu lassen, sondern um zu dienen« erklangen, wurde ihm bewußt, daß er sich auf ein neues Leben eingelassen hatte.

Zur Stunde der Prima begann die Aufnahmezeremonie für vier *Novii*. Spiritual Nußbaum hielt sich kurz. Er verpflichtete die vier Neuen auf die Konstitutionsformel der Gesellschaft Jesu. Davor hatte er sie vom Germanikereid dispensiert, einem Eid, den Papst Gregor XIII. zum Zwecke der Ordensneutralität des Germanikums eingeführt hatte.

Der Spiritual beglückwünschte die vier zu ihrem Entschluß, den Orden kennenzulernen und sich einer spirituellen Schulung zu unterziehen. »Ihr werdet die nächsten zwei Jahre sehr zurückgezogen leben, um Euch mit ganzem Herzen der Zwiesprache mit Gott zu widmen. Stellt euch auf eine Zeit der Ruhe, der Stille und des Schweigens ein. Beginnen werdet ihr das Noviziat mit dreißig Tagen geistlicher Übungen, den Exerzitien des Ignatius von Loyola. Beenden werdet ihr das Noviziat mit dem ›Experiment‹ der Nächstenliebe, einem Pflegedienst im Hospital. Anschließend könnt ihr euch entscheiden, ob ihr euer weiteres Leben im Orden verbringen wollt oder nicht.

Dann können die drei Gelübde abgelegt werden. Da ihr alle vom Collegium Romanum kommt, gehe ich davon aus, daß ihr nach dem Noviziat dorthin zurückkehrt, um eure Studien fortzusetzen. Mit oder ohne Gelübde.« Er segnete die vier Novizen und schenkte jedem eine von Paul V. persönlich geweihte Kerze und ein goldgeprägtes Büchlein. Nachdem er seine Rolle als geistlicher Vater für die vier Männer übernommen hatte, putzte er seine ausladende Sehhilfe. »Um euch so früh wie möglich auf die innere Einkehr vorzubereiten, gebe ich euch dieses Brevier mit auf den Weg. Wir nennen es Autograph, denn es ist eine Abschrift des originalen Exerzitienbüchleins unseres Ordensgründers mit all seinen persönlichen Anmerkungen. Studiert und bewahrt das Kleinod mit Bedacht. So, das wär's. Noch Fragen? Nein, dann laßt uns gehen, auch der Leib fordert seinen Tribut.« Angeregt von der Kürze der Einweisung, eilten die vier Novizen hinter Pater Nußbaum in den verlassenen Speisesaal. Dort war eine Tafel mit toskanischem Schinken, Ziegenkäse, warmen Maisfladen, gesüßten Maronen, einer Karaffe mit Vino Santo und Biscotti gedeckt. Beinahe das Gebet vergessend, fielen sie über die aufgetischten Leckereien her. Die beiden Fratres, die für Nachschub sorgten, lächelten ihnen ermutigend zu.

»Wo bleibt die Entbehrung?« fragte Adam und häufte sich einen Berg Maronen auf den Zinnteller.

»Lobe niemals den Tag vor dem Abend.« Der Spiritual griff nach seinem Mundtuch. Als hätte er sich die Lockerheit von den Lippen gewischt, sprach er jetzt mit großem Ernst, nahezu andächtig: »Zwei ganze Jahre lang könnt ihr euch selbst prüfen, wie ihr mit der Stille oder mit dem Lärm der Welt, mit euch selbst und mit anderen zurechtkommt. Beim Spitaldienst werden einfältige Menschen zu euch kommen. Dann gebt acht, daß ihre Demut vor eurem geweihten Gewand euch nicht verblendet und eitel macht. Das schadet nicht nur eurer Bescheidenheit, sondern birgt auch die Gefahr, daß eure ungeschulten Herzen von bigotten Segensraffern ausgesaugt werden. Nie darf das Kleid, weder des Novizen noch des Priesters, für eigennützige und andere übervorteilende Zwecke mißbraucht werden. Stets sollt ihr euch als Betende, niemals aber als Angebetete betrachten.« Wie er so mahnte, rutschte seine Brille den Nasenrücken hinab. Mit wonniger Stimme ermutigte er die vier: »Beginnt ihr an eurem Reifeprozeß zu verzweifeln, scheut euch nicht, mir zu beichten. Das, was mit euch geschehen wird, ist auch mit mir geschehen.«

Die Art wie Jakob Nußbaum an allem Anteil nahm, gefiel Adam, und so glitt er vertrauensvoll in das neue Leben eines Jesuitennovizen hinein.

Männer aller Altersgruppen, Nationalitäten und der verschiedensten Berufe hatten sich in San Andrea zusammengefunden, um sich selbst zu erforschen. In der Kapelle, im Refektorium, beim Küchendienst, in der Bibliothek, im Gruppendisput und bei der Gartenarbeit fühlte er sich unter seinesgleichen. Zudem gefiel ihm sein privates, karges Reich, denn auch sein Fenster öffnete sich zu den Bandini-Gärten hin.

Der Kreislauf des spirituellen Lebens begann ihn zu formen. Auch wenn der Lauf der Zeit – Tagwacht um vier, Nachtruhe um acht – auf Wiederholung angelegt war, erlebte er Neues in den Kleinigkeiten des Alltags und wuchs mit gleichbleibendem Interesse in neue Aufgaben hinein. Neben frommen Ritualen mußte der unvoreingenommene Umgang mit Novizen und Patres anderer Hautfarbe und fremder Kulturen in langen, lateinisch geführten Gesprächen und gemeinsamen Erlebnissen erlernt werden. Erleichtert stellte er fest, daß keiner der Brüder dieselbe Ausstrahlung wie Grienberger hatte.

Eines Morgens nach der gewohnten Laudes zitierte Pater Nußbaum die Vier in sein Arbeitszimmer. »Erinnert ihr euch noch an das Brevier, das ihr von mir erhalten habt?«

»Ihr meint Loyolas Exerzitienbüchlein?«

»Genau! Das braucht ihr jetzt. Heute werdet ihr mit euren ersten Exerzitien beginnen.«

Mit Schrecken stellte Adam fest, daß er das Etüdenheft völlig vergessen hatte. »Ab Mitternacht widmen wir uns dem geistlichen Schwerpunkt des Ordens«, erklärte der Spiritual weiter. »Genaugenommen widmet sich jeder dieser Aufgabe alleine. Sie wird vier Wochen dauern.« Pater Nußbaums überdimensional vergrößerter Blick rollte von Novize zu Novize. »In der ersten Woche untersucht jeder seine eigene Lebensgeschichte, um seine Identität zu finden. Dafür wird jeder von euch sein Gewissen mit Hilfe der Linien erforschen...«

»Mit Hilfe der Linien?« fragte ein baumlanger, älterer Novize mit schütterem Haar und entweichendem Kinn. »Ich bin aus Konstanz am Bodensee«, stellte er sich vor.

Der Spiritual wollte seinen Namen wissen.

»Johann Terentius Schreck, Mathematiker aus dem Bistum Konstanz.«

»Aha, noch ein Wissenschaftler«, nickte Nußbaum bedeutsam und sprach weiter: »Dann wird euch die addierende Herangehensweise ja bald vertraut sein. Für die Dauer der geistlichen Übungen sollt ihr eure begangenen Sünden oder verwerflichen Gewohnheiten auf einem Linienraster durch Punkte vermerken. Am Ende der dreißig Exerzitientage sollten dann merklich weniger Punkte auf den Linien sichtbar sein und so die Überwindung verwerflicher Gedanken, Gewohnheiten und Schwächen augenfällig dokumentieren.«

»Das klingt ja nach Buchführung eines Sündenregisters«, warf der Konstanzer ein, »nach einem arithmetischen Raster für Kaufmannsgeister?«

»Ganz richtig. Wir haben die Erfahrung gemacht, daß die innere Wandlung des einzelnen, wenn sie in ein offenkundiges und allgemeingültiges System gebracht wird, den persönlichen Glaubensfortschritt meßbar und für andere nachvollziehbar machen kann. In der ersten Woche der Exerzitien betrachtet ihr eure eigene Lebensgeschichte und fragt euch: Wer bin ich? In der zweiten und dritten Woche betrachtet ihr das Leben des Jesus Nazarenus von der Geburt bis zur Kreuzigung. Die vierte Woche ist der Auferstehung des Herrn vorbehalten. Was euch im Augenblick noch schematisch erscheinen mag, ist wohlgewählt und tausendfach erprobt, zum Erlernen der feinsinnigen Unterscheidung der Gefühle.«

»Ich soll lernen, meine Gefühle zu unterscheiden, Pater?«

»Gemeint ist, die verschiedenen Regungen im Herzen zu unterscheiden, verschiedene Gemütszustände wie Angst, Feigheit, Wut, Haß, Gier und Liebe auseinander zu halten. Ja, selbst in der Liebe zu Gott müßt ihr zwischen echter Hingabe und Schmeichelei genaustens zu unterscheiden lernen. Letztlich sollt ihr eine Antwort auf die Frage finden: Was will Gott von mir, und zwar von mir ganz persönlich? Je genauer die Antwort ausfällt, desto besser könnt ihr später in der Gemeinschaft zurechtkommen.«

Da alle schwiegen, auch der Konstanzer Mathematiker, fuhr Spiritual Nußbaum fort: »Nun noch kurz meine persönliche Betrachtung zum Verständnis Loyolas. Ignatius von Loyola bediente sich seiner gewaltigen Phantasie, um bildhafte Vorstellungen zu erwecken. Auch ihr sollt erlernen, in eurer inneren Bilderwelt zwischen sittlichem und unsittlichem Handeln zu unterscheiden. In den Exerzitien lernt ihr im Geiste zu sehen, zu hören, zu riechen, zu schmecken und zu ertasten. Kurzum, ihr erlernt den geistesgegenwärtigen Umgang mit euren Visionen. Um einen Läuterungsprozeß in Gang zu setzen, sollt ihr die Feuergluten des Höllenpfuhls fühlen und sehen. Und das Weinen, Heulen und die Lästerungen der verruchten Seelen hören, leibhaftig hören. Und dann sollt ihr im Geiste riechen: den Schwefel, die Fäulnis, das siedende Pech, das über die Gottlosen ausgegossen wird. Je besser ihr eure Phantasie, euer Gedächtnis, euren Verstand, euren Willen und eure Herzenskraft nutzt, desto reinigender wird die Läuterung. Die Erkenntnis über eure schlechten Gewohnheiten wächst, und desto weniger Sündenpunkte werdet ihr nach dreißig Tagen auf der Linie zu vermerken haben. So …«, er schob sich eine Marone in den Mund, »hat noch jemand Fragen?«

»Ja, was sollen diese Kinderphantastereien und künstlich erzeugten Bilder?«

»Das Ziel dieser Phantastereien ist es«, Nußbaum verzog keine Miene, »sich allen geschauten Dingen gegenüber gleichmütig zu verhalten. Ignatius spricht von *indifferente,* womit er meint, daß wir dem Einen nicht mehr Bedeutung geben als dem Anderen; der Gesundheit nicht mehr als der Krankheit, dem Reichtum nicht mehr als der Armut, einem langen Leben nicht mehr als einem kurzen. So wird nichts vergöttert und nichts dämonisiert. Alles wird neutral betrachtet, so wie es ist. Und wie von selbst reagieren wir dann nicht mehr kopflos auf die Phantasien. Wir erlernen ein distanziertes, gleichmütiges Beobachten unserer Innenwelt. Aber verwechselt nicht Gleichmut mit Gleichgültigkeit. Gemeint ist, Gleichmut als Vorbedingung zur Befreiung des Willens aus den Affekten. Nur bedachtsames Tun und Lassen gereicht zur höheren Ehre Gottes.«

Im Verlauf des Morgenessens bot sich Nußbaum nochmals an, ab sofort jedem mit Rat zur Seite zu stehen, und forderte seine Schützlinge auf, nochmals kräftig zuzugreifen. Nachdenklich beendete die Gruppe das Essen und erhob sich schweigend.

Adam, der den hageren Konstanzer bis zu diesem Morgen keines Blickes gewürdigt hatte, suchte jetzt seine Nähe. Zusammen stiegen sie die Treppe zu den Dormitorien hinauf. Plötzlich mußte Terentius kichern. »Ich brauche wohl einen langen Griffel für mein Sündenregister.«

»Ach, du auch?« kicherte Adam. Beide waren ohne Zweifel aufgeregt und verabschiedeten sich wie zwei Abenteurer vor ihren Türen.

Mit Druck in der Magengrube trat Adam in seine Kammer, wo er sich auf das Bett warf. Jetzt sitze ich in der Falle. Ich soll für eine Ewigkeit mit keinem mehr plaudern oder debattieren dürfen. Auf was für einen Wahnwitz habe ich mich da eingelassen? Gnade mir Gott!

Zunächst vergewisserte er sich, daß er nicht beobachtet werden konnte, dann rollte er sich zur Seite und schlief ein.

Als er erwachte, sah er zwei Möglichkeiten: Entweder ich langweile mich zu Tode oder ich beschäftige mich mit Sünde und Gleichmut und frage mich, wer bin ich? Die Beschäftigung mit der Sünde verspricht zumindest einen gewissen Zeitvertreib.

Träge wanderte sein Blick zur Decke und irrte in dem vergilbten Kalkweiß umher. Die Kargheit der Kammer, unterstrichen

175

durch ein schmuckloses Bett, einen Schemel und einen kahlen Tisch, machten ihm den Einstieg in die neue Aufgabe nicht leichter. Jeder Versuch, den Einstieg zu finden, steigerte seine Hilflosigkeit. Wie soll ich aus eigenem Antrieb den verlangten Gleichmut erlangen? Ich kann es mir doch nicht verkneifen, Partei zu ergreifen. Und auf einmal soll ich wie ein blöder Ochse gleichmütig alles beobachten? Ärger stieg in ihm hoch und er spielte mit dem Gedanken, den ganzen Blödsinn abzubrechen und Künstler oder Seefahrer zu werden. Gleichgültigkeit! Gleichmut! Das heißt doch, alles ist egal. Gut, Nußbaum, so sei es mir egal, daß ich hier dumm rumliege. Die Stunden versickerten, und einschläfernde ebenso wie erregende Gedanken durcheilten sein Gemüt.

Ein leises Schurren verriet, daß ihm jemand seine erste Essensration vor die Tür schob.

Gierig nach Abwechslung schlich er zur Tür, schloß auf und griff sich das Tablett. Auf dem harten Bett sitzend, inspizierte er die Gabe und freute sich über die liebevoll zubereiteten Speisen. Die Sorgfalt auf den Tellern sagte ihm: Du wirst nicht bestraft! Du bist hier, um dich selbst zu fordern. Und wir in der Küche unterstützen dich dabei. »Wenn ihr es so gut mit mir meint, werde ich mich stellen«, entschied er sich achselzuckend. Satt und entschlossen richtete er einen kleinen Altar her. Auf einer Konsole ordnete er Bibel, Papstkerze, Muttergottesbild, Kruzifix, Rosenkranz und Katechismus. Ins Zentrum legte er das Exerzitienbüchlein und einen Stift.

Seele Christi, heilige mich
Leib Christi, rette mich
Blut Christi, berausche mich
Wasser der Seite Christi, wasche mich
Leiden Christi, stärke mich
Gütiger Jesus erhöre mich
In deinen Wunden berge mich
Von dir laß nimmer scheiden mich
Vor dem bösen Feind verteidige mich
In meiner Todesstunde rufe mich

und heiße zu dir kommen mich
mit deinen Heiligen zu loben dich
in Ewigkeiten ewiglich.

Dies Gebet sprach er laut, bevor er die Buchseite mit den Linien
aufschlug. Jetzt sollte er beginnen, sein Leben von innen her zu
erspüren und zu verkosten. »Sündenregister« hatte Terentius
dazu gesagt. Er begann die Linien auf dem Papier zu zählen und
kam auf fünfzehn parallel übereinander angeordnete Linien.
Auf der obersten, ganz links, sollte er für den ersten sündigen
Gedanken den ersten Punkt setzen. Natürlich begann er mit
den Schlechtigkeiten, die ihm noch immer als kleine stechende
Erinnerungen in die Seele fuhren: die Unkeuschheit mit dem
Dirnenspiegel, das Malheur mit der silbernen Maske, die Fuchsentaufe, unkeusche Träume, schmutzige Witze, schmuddelige
Bücher und zu guter Letzt die Unzucht mit Grienberger. Für die
Tatsache, daß er sich deswegen nicht schuldig fühlte, stanzte er
einen Extrapunkt auf das Papier.

Weiter durchforschte er sein Gewissen und wurde unsicher:
Ist Zweifeln eine Sünde? Er zweifelte noch immer an dem
ganzen Exerzitientheater. Nach allem, was er aus dem Katechismus gelernt hatte, war Zweifeln eine Sünde. So sah er sich
gezwungen, einen weiteren Punkt auf der obersten Linie zu
markieren. Er forschte und begann, sich Rechenschaft über
unausgesprochene, feige versteckte Gedanken abzulegen. Bald
schob sich ein neuer Vorwurf, Eitelkeit, ins Bewußtsein. Da
Selbstbetrug nicht angebracht war, malte er rechts neben die ersten weitere, noch fettere Punkte. Auf seltsame Art fand er Gefallen an dieser Selbsterforschung. Er befolgte den Rat des
Büchleins und bilanzierte die zurückliegenden Stunden und
Tage wie ein Kaufmann. Je gelassener und ehrlicher er mit sich
umging, desto ungehinderter konnte er in die Vergangenheit
vordringen. Bereits nach einer Stunde prangten vierzehn Punkte
auf der ersten Linie.

Trotz des untergelegten Betkissens fingen die Knie an zu
brennen. Als die Glocke von San Vitalis Mitternacht schlug, war
das rechte Bein eingeschlafen, das Talglicht heruntergebrannt

und die Hälfte der Nacht war um. Wie ein Gichtgreis erhob er sich und humpelte zu seiner Schlafstatt. Er entledigte sich der Kutte und der Strümpfe und kroch fröstelnd, aber erleichtert, unter die Decke. Zumindest hatte ihn der erste Tag neugierig auf die Fortsetzung der Exerzitien gemacht. Nach einem Vaterunser befolgte er Nußbaums Anweisung, sich vor dem Einschlafen für die Dauer eines Ave Maria auf den Augenblick des Aufstehens zu besinnen.

Nach sechs Stunden stellte er erstaunt fest, daß ihn die Neugierde aus dem Schlaf getrieben hatte. Er rollte vom Bett, streckte sich und kniete zum obligatorischen Vorbereitungsgebet nieder. Danach schlug er im Büchlein die Seite mit den Sünden-Punkten wieder auf und rief sie sich ins Gedächtnis. Er erinnerte sich, daß Loyola große Erwartungen in die Vorstellungskraft jedes Exerzitanten setzte: schmerzende Eisenketten der Buße möge er sich vorstellen und kasteiende Schmerzen sich einbilden. Adam nahm die Anweisung ernst und beschwor die Kräfte der Imagination, um die Schmerzen schwerer, enger, kalter Eisen an den Gelenken leibhaftig zu verspüren. Doch kein Schmerz wollte sich einstellen. Es ist die Auflehnung, die mich von den Gefühlen abhält, dachte er und stanzte auf der zweiten Linie wütend einen Punkt für Auflehnung, die erste Sünde dieses Tages, in das Papier.

Da er aufrichtig bestrebt war, seine Innenwelt bloßzulegen, merkte er mit zunehmender Innenschau, wie leicht sein Geist in die Falle vertrauter Gedankenkreisläufe geriet. Er spürte, daß es ihm wohltat, anderen die Schuld für sein Schicksal zu geben. So war Grienberger schuld, daß er den Astronomieunterricht nicht mehr besuchen konnte. Wäre Grienberger nicht so ein Lebemann, wäre alles anders gekommen. Verflucht, ich belüge mich selbst und beschuldige andere, verdammt! Er bohrte für die unedlen Flüche »verdammt« und »verflucht« Strafpunkte auf die Linie. Auch für den Hang zum Männlichen gab er sich einen Punkt.

Gerade jetzt! In dem Moment, in dem er erkannte, daß in seinem Kopf ein Kommen und Gehen herrschte, und er nicht in der Lage war, die Gedanken in Gleichmut zu betrachten, schepperte die Hausglocke zur Messe. Unwirsch stemmte er sich von dem abgewetzten Betkissen hoch und stieg die Steintreppe hinab. Als einer der letzten huschte er in die Kapelle. Noch im Lauf benetzte er die Fingerspitzen in der Weihwassermuschel. Eine Kniebeugung, ein atemlos geschlagenes Kreuz und schon kniete er sich ins knarrende Betgestühl.

An der Blässe der Gesichter ringsum erkannte er, daß die anderen Exerzitanten nicht minder mit sich rangen. Kaum war die heilige Pflicht, vier Psalmen und ein Hymnus, vollbracht, huschte er wieder treppauf. Hinter verschlossener Tür warf er die kratzende Kutte von sich und setzte die Exerzitien auf dem leise knirschenden Betkissen fort. Wie von selbst glitt er in die *meditación* zurück.

Am folgenden Morgen entdeckte er, daß er das Registrieren auf der Linie vergessen hatte. »Du sollst dir die begangenen Sünden vorstellen, als könntest du sie wie eine Speise schmecken und riechen. Vergiß aber nicht, jedes verwerfliche Hirngespinst gewissenhaft auf der Linie zu notieren«, wiederholte er die gestellte Aufgabe. Pater Nußbaum hatte gut reden. Bevor er sich das eine verwerfliche Hirngespinst fertig ausgemalt hatte, fegten schon wieder drei bedeutende Gedanken, verfolgt von einem unbedeutenden, dem wiederum ein verwerflicher folgte, durch seinen Kopf. Es würde wohl noch eine gehörige Weile dauern, bis er seine Gedanken beobachten, schmecken und riechen konnte.

Um sein Vergessen wieder gut zu machen, bestrafte er sich mit einem Summarium von Punkten auf den beiden letzten Linien des Schemas.

»Entfaltet eure Vorstellungskraft«, lehrte der Spiritual in der zweiten Woche seine Gruppe. »Und ihr werdet zum Baumeister gewaltiger Visionen! Benutzt die Bibel. Bedient euch freimütig! Erschafft euch die Welt der Bibel als Schaubühne, die ihr als selber Miterlebende bevölkert. Aus den Tiefen eures inneren Kerkers soll alles, aber auch alles, vor euer geistiges Auge gelangen. Dadurch vergeht die Angst vor der unvertrauten, inneren Finsternis. Was ihr ans Tageslicht holt, ist schlichtweg menschlich. Erst darin fängt die Suche nach Göttlichkeit an.«

Diese Aufforderung nahm Adam sehr ernst, und er begann darüber den Zugriff auf die äußere Zeitordnung zu verlieren: er schlief am Tage und wachte in der Nacht. Es kam vor, daß seine Phantasien so sprudelten, daß er die Messe versäumte. Sein Leib reagierte allmählich auf seine Visionen mit Tränen, Zittern, sogar mit lautem Gelächter, als geschähen diese Phantasien im Moment tatsächlich. Beim müden Schein zweier Talgstummel erschienen in ihm fast lebensechte Bilder aus dem Szenario der Bibel. Bald taumelte er durch das ganze Leid der Welt. Er heulte, fürchtete sich, liebte und haßte. Dann wollte er aufgeben.

Der verkürzte Schlaf und das ständige geistige Wachsein hatten ihn ausgelaugt. Abgesehen vom Sakrament wurde ihm die Messe gleichgültig und wenn er hinging, dann nahm er die anderen kaum noch wahr. Ihr Gesang erreichte nicht sein Ohr und ihr Betgemurmel traf nicht sein Herz. Das Sonnenlicht hatte er ausgegrenzt, und nur zum Bibelstudium, zum Offiziumbeten und zum Essen öffnete er die Vorhänge.

In seinem jugendlichen Ehrgeiz nutzte er sogar die Mahlzeiten zur Kasteiung: Sobald er satt war, bestimmte er das Quantum der nächsten Mahlzeit, die so im Laufe der Zeit immer bescheidener ausfiel. Nach Loyolas Anleitung wies ihm der Atem den Weg, aufmerksam zu bleiben. Der Wechsel von Einatmen und Ausatmen bestimmte mittlerweile sogar den Rhythmus seines Vaterunsers.

Im Intermezzo nahm sich Nußbaum seine vier abgekämpften Kandidaten vor. Er sprach Gerüchte an, wonach sich Exerzitanten des Nachts geißelten oder sich ein stacheliges Geflecht als Hüftgurt gegen die Wollust umschnürten. Obwohl Loyola diese Praktiken verboten hatte, wollten ihm die Schüler auch in den Irrtümern folgen. Ausdrücklich untersagte Spiritual Nußbaum solche Methoden:»Selbstverletzung ist ebenso eine Sünde wie Verletzung anderer. Geht liebevoll mit eurem Körper um, auch er ist ein Geschenk Gottes. In Augenblicken der Versuchung schlagt euch mit der Faust gegen die Brust. Doch seid bedachtsam, nicht rachsüchtig! Erweckt den Schmerz nur auf der Haut. Werdet ihr versucht, dann steht auf, richtet den Kopf nach oben und betet laut ein Vaterunser. Ignatius hat diesen Irrtum der Selbstgeißelung durchschritten, um euch davor zu bewahren.

In den verbleibenden Tagen braucht ihr jedoch noch mehr Imagination. Laßt den göttlichen Christus wie einen irdischen König vor euch entstehen und erlebt mit all euren Sinnen seinen Lebens- und Leidensweg als den euren.«

»Soll ich mich jetzt auch noch mit dem Kreuz auf dem Weg durch den Pöbel, vom Haus des Pilatus hinauf zum Calvarienberg, erleben?« fragte Terentius kraftlos.

»Genau! Der Weg ist steinig! Du mußt ihn spüren! Mit jedem Schritt deiner nackten, von spitzen Steinen geschundenen Füße.«

»Und vorstellen, wie sie mir die Nägel durch die Knochen treiben, soll ich mir auch?« Blaß und erschöpft hing Adam im Stuhl. »Mir graut's«, stöhnte er. »Bei mir verwirbeln sich schon Tag- und Nachtträume, Bibelgeschichten und Kindheitserinnerungen. Vielleicht kann mir von euch einer sagen, wer ich bin. Ich jedenfalls weiß es nicht mehr.«

Spiritual Nußbaum legte ihm die Hand auf die Schulter. »Sehr gut, sehr gut. Jetzt bist du reif für die Besinnung auf die zwei Banner. Auch dafür stehen die Imaginationsvorgaben im Exerzitienbüchlein. Ignatius hilft dir, den Krieg zwischen Luzifer, dem Todfeind unserer Natur, und Christus, unserem höchsten Befehlshaber und Herrn, zu durchleben.«

»Auf denn, durchleben wir den Krieg zwischen Luzifer und Christus. Brüder, es ist schon so mancher auf dem Schlachtfeld zurückgeblieben. Hoffentlich sehen wir uns wieder.« Schwerfällig standen sie auf und trotteten in ihre Kammern zurück.

In der Folge durchlitt Adam ein Seelenpanorama ohnegleichen.

Hingekniet, das Büchlein von Loyala in Händen, verlor er ganz den Bezug zu Zeit und Raum. Sein Seelenleben wurde sein Lebensinhalt. Die Schmerzen des Heilandes wurden seine Schmerzen, die Feinde des Herren wurden seine Feinde. Der Tod am Kreuz wurde von ihm ein neues Mal erlitten. Mit letzter Kraft betrat er auf Geheiß des Ordensgründers das Schlachtfeld zwischen Gut und Böse.

Seine Visionen waren schneller als sein Stift, der über sein Notiziar flog und in notdürftigen Fetzen versuchte, sein Erleben
festzuhalten. Auf sein Betkissen gekauert, flossen ihm die Bilder
in Strömen durch den Kopf, unaufhaltsam, und entzogen sich
seiner Vernunft. Er notierte voller Hast:

Schwefel stinkt – Flammen züngeln – Schweiß – Blut – Kot –
Netze – Ketten – naßglänzendes Leder um dürre Vogel-
hälse – Leichenteile – nackende Weiber – Vogelköpfige –
Zahnlose – Lava spritzt blutrot – Drachenflügel zerfetzen
den Himmel – Echsenzungen verhöhnen das Universum –
Gelächter – lästerliches Wort – aus der Mitte erhebt sich
Luzifer, der Leuchtendste der Cherubiner – weiße Haut
umschmeichelt von schwarzem Flor – wie schön er ist –
Diamanten – Taurushörner – geschlitzte Pupillen sprühen
Tod und Verderbnis – Smaragde – Rubine – Saphire – Luzifer schleudert sie gen Jerusalem – über Jerusalem öffnet
sich der Himmel – Licht fließt in die Welt – die Streitmacht
Christi im Glanz des Regenbogens – Posaunen – Blumen-
düfte – Weihrauch – Blütenblätter heilen – das lichte Heer
geordnet und gelassen – waffenlos Mann und Frau – aus
der Lichtfülle bricht der Strahl – Jesus Christus – Männer –
Frauen – Gesunde – Kranke – Kinder – Greise – ich mitten
drin – laufe mal in die eine, mal in die andere Richtung –
von Babylon stürmt Luzifer – gleißend mir ins Herz – Feuer-
flammen und Diamanten – stolz wie ein Orkan – wieder
ich – inmitten der Rotte der *bestia immunda* gegen die göttlichen Heerscharen – Reue – Ekel – zum Kotzen, ich bin
wie mein Vater vom Teufel besessen – ich krümme mich zu
Füßen des Heilands – Scham – Scham – Scham – das
Schlechte ist in mir – ich muß das Schlechte, das Blut meines Vaters in mir selbst erkennen – ich muß dem Teufel in
mir versagen – nicht Vater – nicht die Frauen – nicht Max –
nicht Grienberger …

Seine noch knabenhaften Sünden sprengten die Schalen der
Scham und des Selbstbetruges.

Schluchzend taumelte er vom Boden hoch, wischte mit dem Ärmel Speichelfäden von den Lippen und sank auf die Bettkante. Erschüttert blickte er auf seine Notizen. Dann legte er das Zeugnis seiner Selbst unter die Statue der Muttergottes und fiel auf die Knie. »Vater, empfange meine ganze Freiheit, mein Gedächtnis, meinen Verstand und meinen ganzen Willen. Muttergottes, hilf mir, das Licht in mir zu stärken, denn nur mit Euch bin ich vor dem Zugriff des Bösen gefeit«, flehte er. Wie das Kerzenlicht in seine aufgerissene Seele floß, durchdrang ihn ein nie gekannter Frieden. Noch während es zur Abendmesse läutete, flüsterte er: »Mutter Maria, meine Herrin, hilf mir, daß mich dein Sohn und Herr in Gnade unter sein Banner zurücknimmt. Ich komme in der größten geistlichen Armut und bitte darum, daß sich seine göttliche Majestät meiner bedient, mich erwählt und annimmt. Ich will ihm folgen, im Erleiden von Schmähungen und Verleumdungen, um ihn nachzuahmen. Amen.«

Ohne zu zittern, wischte er die Tränen fort und schritt Stufe für Stufe hinunter zu den anderen.

Das Erforschen der Spuren, die sein Handeln in einundzwanzig Lebensjahren in seiner Seele hinterlassen hatten, war ihm zur Offenbarung geworden, wie in einem Strudel hatte er sich in sich selbst verloren. »Jetzt empfinde ich mich als Mittelpunkt der Welt«, gestand er wenig später im erweiterten Novizenkreis. »Ich selbst bin mir zur schwersten Aufgabe geworden.«

»Das ist mir gut bekannt. Wir älteren Ordensbrüder nennen das die Ich-Verkrampfung.« Spiritual Nußbaum strahlte zufrieden. »Aus diesem Grunde haben wir den Dienst am Nächsten für euch vorgesehen.«

Gegen Ende des zweiten Jahres galt es, Gott im Experiment zu finden. Für das Experiment wurden die Novizen auf die elendesten Häuser des Ordens verteilt. Während andere aus Bußfertigkeit und mystischer Entrückung danach gierten, durchweichte Wundverbände zu reinigen und Gebete murmelnd verdreckte Latrinen zu putzen, half Adam in der Kirche San Vitalis, eine Rotte Leprakranker zu speisen. Jede Speisung der Verstümmelten forderte von ihm neue Überwindung. Täglich fütterte er Münder, über denen das menschliche Antlitz weggefault war, oder reichte Wasserbecher zwischen gefühllose Armstummel. Doch mit der wiederkehrenden Selbstüberwindung erwuchs auch in ihm die Eitelkeit des Wohltäters, der sich mit guten Taten den Dank der armen Kreaturen einhandelte. Mehrmals wurde er von einem Pflegefrater aus seinem Arbeitsrausch gerissen. »Besoffen vor Güte«, nannte dieser Jesuit seinen Zustand und schickte ihn an die frische Luft. Sobald er wieder die Düfte des quirligen Roms um die Nase hatte, dankte er dem Frater, daß er ihm geholfen hatte, die Schrecken und die Schönheit des Lebens im Gleichgewicht zu halten. Nach ein paar Wochen meldete er sich zum Pflegedienst im Lateranspital, wo er in einem Krankensaal eine Schlafstatt bezog.

Keine Nacht verstrich ungestört. Doch eines Nachts weckte ihn ein ganz schlimmes Röcheln. Zwischen den zusammengepferchten Leibern hindurch tastete er sich im Dunkeln zu einem Kranken hin, dessen Wangen und Stirn glühten, als lodere ein Feuer unter der Haut. Der Fiebernde delirierte, seine Unruhe weckte die anderen. Eine Kerze flackerte auf und wenig später umringten in Lumpen gehüllte Gestalten die Pritsche, auf der sich ein nackter Leib wälzte.

»Schnell«, rief ein Kleiner mit einem geschienten Bein. »Schnell zur Ader lassen, bevor die Giftsäfte sein Blut verderben.«

Adam brach der Schweiß aus. Niemals zuvor hatte er eine Ader geschlagen.

»Holt einen Medicus!«

»Hab schon geguckt. Es kommt keiner«, trieb ihn der Kleine an.

Die Umstehenden sahen erwartungsvoll zu ihm auf. Jetzt oblag ihm die unappetitliche Prozedur, den Körper eines Menschen zu öffnen. Er gab sich einen Ruck. »Es muß wohl sein, also geh du mir zur Hand, siede Wasser. Viel kochendes Wasser!« In der Not sprangen ihm die Befehle nur so von den Lippen. Widerspruchslos wurden sie ausgeführt. »Du, besorg ein scharfes Messer, ich brauch viele Kerzen, noch einen Eimer. Wer nichts zu tun hat, ab ins Bett. Ach ja, einer muß sich um Stoffstreifen kümmern, schnell.«

Die Schlacht gegen das Fieber begann. In den Mund des Stöhnenden wurde schluckweise Wasser geflößt.

Behutsam drehte Adam die Innenseite des rechten Armes nach oben und begann, diesen zu klopfen und zu reiben. Schließlich schlang er einen Stoffstreifen um den Oberarm und zurrte diesen so eng, bis die Adern in der Beuge wie Wurzelwerk hervortraten. Ohne Eile griff er zum bereitgehaltenen Messer, zog die Schneide durch eine Kerzenflamme und reinigte sie noch mit kochendem Rosmarinwasser. »Festhalten!« Mit einem kräftigen Schnitt durchtrennte er Haut und Blutader. Blauschwarz quoll der Lebenssaft hervor und rann in den Eimer. Er lehnte sich zurück. Dafür, daß er den Eingriff ohne Federkiel und Lanzette gemacht hatte, war er mit dem Blutfluß zufrieden. »Genug!« entschied er, drückte ein Stoffknäuel auf die Wunde und legte dem ruhiger atmenden Kranken den gebeugten Arm auf die Brust. »Gut festhalten, mein Freund!« Er klopfte ihm belebend auf die Wangen.

Der Kleine mit dem geschienten Bein begann, den dünnen Beinen des Kranken Wadenwickel anzulegen. Stolz, an der Lebensrettung beteiligt gewesen zu sein, zupfte er die Laken zurecht. Zusammen warteten sie noch, bis der Kranke eingeschlafen war.

Am nächsten Tag unterrichtete Adam den Spiritual von seinem medizinischen Eingriff.

»Sehr gut«, freute sich Jakob Nußbaum. »Ich möchte dich bitten, in den nächsten Tage bei dem Fieberkranken zu bleiben. Ich werde einen Freund schicken, der gerade bei uns zu Besuch ist. Er ist ein ganz außergewöhnlicher Heiler.«

Als Adam ins Spital zurückkam, ging es dem Patienten wieder schlechter. In seiner Hilflosigkeit entschied er sich, solange an dessen Lager zu wachen, bis Nußbaums Freund käme. Doch erst am darauffolgenden Morgen trat der Fremde in den Saal.

Der Mann in der schwarzen Soutane mochte gut zehn Jahre älter als Adam sein. Nach seiner gebräunten Haut und dem gepflegten dunklen Haar zu schließen, ein Spanier oder Sizilianer.

Sofort ertastete er den Puls des Kranken und reglos spürte er, das Haupt gesenkt, dem Lebensrhythmus nach. Als nächstes griff er nach des Kranken Kinn, öffnete den Mund, aus dem ein übler Wind und der Atem pfeifend entwichen. Lange besah er sich die grüngelb belegte Zunge. »Das Metall-Element und das *yin* sind zu mächtig«, murmelte er schließlich. Aus einer Hängetasche holte er ein Etui, eine Stoffrolle und eine winzige Handwaage heraus. Aus dem Etui, in dem eine Sammlung silberner und goldener Nadeln in einem Bastgewebe steckten, wählte er eine daumenlange, grätendünne Goldnadel aus. Mit der Linken nahm er sanft die Hand des Kranken und legte sich den Daumen in den Handteller. Blitzschnell stach er die Nadel in den Winkel des Nagelfalzes. Der Kranke atmete tief ein. Anschließend stach er eine zweite Goldnadel zwei Fingerbreit über der rechten Achselhöhle unter die Haut. Adam staunte. »Was macht Ihr da? Was hat das zu bedeuten?« wollte er irritiert wissen.

»*Punctura con acus*«, antwortete der Fremde kurz angebunden. »Bringe Er mir ein leeres Trinkgefäß.« Während sich Adam entfernte, holte er grob zerstoßene schwarze Körner, graugrünes getrocknetes Kräuterallerlei, schwefelgelbes und schneeweißes Pulver aus der aufgerollten Stoffbahn mit vielen Täschchen hervor. Jede Spezerei wog er mit der winzigen Waage ab und schüttete die verschiedenen Mengen auf einem Stück Pergament zu einem Häuflein zusammen. Adam hatte einen Blechnapf besorgt und beobachtete das Abwiegen.

»Schütte Er das Häuflein hinein, fülle den Napf zur Hälfte mit frischem Wasser und bereite auf dem Feuer einen Sud«, ordnete der Fremde an. »Nicht aufkochen, nur köcheln darf er.«

Während Adam an der Feuerstelle hantierte, zwirbelte der sonderbare Heiler mit den Fingerspitzen an den Nadelköpfen. Der Kranke stöhnte. Bald war der Sud bereitet und durch ein Tuch geseiht. Zu zweit flößten sie ihn dem kraftlosen, halb ohnmächtigen Menschen mit einem Hornlöffel ein.

»Ich möchte mehr wissen«, bat Adam aufgewühlt. »Was Ihr da tut, erscheint mir unglaublich!«

»So geht es mir noch heute. Mein chinesischer Lehrer hat mir jedoch verboten, die Heilmethoden auszuplaudern. Er hat sein

Wissen von seinem Vater, auch unter dem Siegel der Verschwiegenheit, mündlich überliefert bekommen.«

»Und da macht Ihr auch keine Ausnahme?«

Der Fremde schüttelte den Kopf.

»Dann möchte ich wenigstens einmal die seltsame Medizin kosten!«

»Wenn Er unbedingt darauf besteht. Gut, noch sechs Löffel für den Patienten und einen für Ihn.«

»… Sechs. Pfui …«, würgte es Adam. »Ist das bitter.«

»Medizin, mein Lieber, Medizin.«

»Was beim Herrgott ist da alles drin?«

»Cannabis sativa, Lobelia chinensis, Thuja orientalis, Moschus moschiferus, Panax schinseng«, erklärte der Fremde. »Alles geschmacklich unerträglich, dafür äußerst heilsam. Die Arznei senkt das Fieber und kuriert die Lungen. Jetzt kann er sich erst einmal durch tiefen Schlaf erquicken. Zur Vesperstunde verabreiche Er ihm nochmals die gleiche Dosis.« Bevor er sich anschickte, seine Reiseapotheke zusammenzurollen, holte er mit einem Elfenbeinlöffelchen eine schwarze, fettige Paste aus einem zierlichen Tiegelchen und schmierte sie auf die verkrustete Schnittwunde in der Armbeuge. »Jetzt eine Gaze! Luft fördert die Heilung«, sagte er. »Diese kleine Weisheit hat schon der alte Galenus gelehrt.«

Adam hörte gar nicht zu, sondern starrte auf das buntleuchtende Tiegelchen, das ein zierliches Stäbchenmuster mit Fledermäusen trug. »Wunderschön, wunderschön, wie kamt Ihr in den Besitz dieses Kleinods?«

»Ein Geschenk!«

»Ein Geschenk? Diese Dose ist von solch erlesener Schönheit, daß sie zu Ehren eines Königs gefertigt sein könnte.«

»Ich bin erstaunt über Seinen Scharfsinn. Ja, das Döschen stammt aus der Schatzkammer des chinesischen Kaisers.«

»Ungelogen?«

»Ungelogen! Doch sagt, wie heißt Er, der junge Kollege?«

»Adamus Schall.« Adam lachte. »Das mit dem Kollegen ehrt mich, doch es stimmt nicht so ganz, ich absolviere hier im Spital mein Experiment, ich bin Novize der Gesellschaft Jesu.«

»Ich habe von Seinem begabten Aderlaß gehört. Vielleicht liegt ja Seine Bestimmung in der Medizin?«

»Ja, vielleicht. Aber eigentlich eher nein!« Adam antwortete schmunzelnd: »Bis heute Nacht wußte ich selber nicht, daß ich zu so durchschlagendem Handeln fähig bin. Für diese Erfahrung bin ich dankbar. Mich zieht es aber mehr zur Astronomie. Und ich möchte reisen.«

»Ein Astronom, sieh an. Dank Seinem Kollegen, dem Pater Ricci, unterhält unser Orden die engsten Beziehungen zum Kaiserhof von China.« Er hob das Döschen. »Ich habe von Macao wichtige Dokumente der japanisch-hinterindischen Ordensprovinz hierher nach Rom gebracht. Zum Dank, und wohl auch, um meine Zuverlässigkeit zu festigen, schenkte man mir dieses kostbare Behältnis.«

Des Jesuiten Ausführungen hatten Adams Appetit ungemein angeregt. »Macao? Wo liegt Macao?«

»Am großen Zeh des chinesischen Riesen.«

»Am chinesischen Zeh, aha!«

»Genau da! Das Bistum Macao liegt im äußersten Südosten des chinesischen Kaiserreiches und ist Chinesenland in portugiesischem Besitz. Dort ist der Sitz einer unserer fernöstlichen Ordensprovinzen.«

»Ihr lebtet dort?« unterbrach ihn Adam atemlos.

»Ja, dort und in Westindien. So, jetzt ist es wieder an Ihm, den Kranken zu pflegen. Vielleicht kreuzen sich ja unsere Wege mal wieder. Lebt wohl, Collega.«

Als die Saaltür ins Schoß fiel, richtete sich der Kranke auf. »Er hat mir das Leben gerettet! Wer war das?«

»Ich weiß es auch nicht«, antwortete Adam und wechselte nachdenklich die kühlenden Tücher.

Das Fieber und auch das Lungenpfeifen verschwanden über Nacht, so daß man im Spital von einem Wunder sprach. Aber es sollte nicht lange dauern, bis die ungewöhnliche Heilung über neuen, viel schrecklicheren Fällen vergessen war.

Die Begegnung mit dem geheimnisvollen Medicus ging Adam lange nicht aus dem Kopf. Alles, was er im Noviziat erlebt hatte, die Begegnung mit diesem ganz und gar nicht verstaubten Jesuiten und die Erinnerung an die Worte des klugen Horaz Rotarius »Wenn du die Welt erobern willst, ist die Gemeinschaft der Jesuiten die beste Möglichkeit für dich«, beförderten seine Entscheidung, das Noviziat mit dem Gelübden der Armut, des Gehorsams und der Keuschheit abzuschließen. Mit diesem dreifachen Ordensgelübde, auch wenn es jederzeit widerrufbar war, hatte der Einundzwanzigjährige den Stand eines Scholastikers der Gesellschaft Jesu erlangt. Zum Abschluß des Noviziates unternahm er mit anderen jungen Männern eine Wallfahrt nach Umbrien. Um zur Heilig Kreuz-Kirche im Bergdorf Todi zu gelangen, nahmen sie allerlei in Kauf. Sie verweigerten übermütig jede Mitfahrgelegenheit, lebten von Almosen und schliefen in Hospitälern und Pfarreien, in Schobern und Ställen.

Im Oktober 1613 kehrte Adam an das sprudelnde Collegium Romanum zurück. Die zwei schnell verflogenen Jahren der Einkehr und Selbsterforschung hatten an die große Kraft des Herzens gerührt, seinen Charakter geklärt, seine Willenskraft gefestigt und seine Wahrnehmung verfeinert. Er trug das Haupt aufrechter und seine Schultern spannten sich weiter. Auch sproß das Kinnbärtchen mittlerweile beachtlich. So reichte der Bimsstein inzwischen nicht mehr aus. Mindestens einmal im Monat mußte er sich die strohblonden Stoppeln barbieren lassen. Die Rasur, von einem kostenlosen Baderdienst im Noviziat vollzogen, hatte kleine rosa Narben hinterlassen.

Wie er wieder die päpstliche Universität betrat, begrüßten ihn seine alten Studienkollegen unter den Arkaden des Palaverhofes voller Neugierde. Mit Freude bemerkte er, daß sie ihm nicht nur herzlich, sondern auch mit neugewonnener Hochachtung begegneten. Er gab sich Mühe, alle ihre Fragen zu beantworten, mußte aber feststellen, daß er seine wichtigsten Erfahrungen nicht in Worte fassen konnte. »Ihr müßt es selber einmal machen. Es selber zu tun, ist der einzige Weg, es zu erfahren.«

»Ja, meinst du? Professor Grienberger hat es mir auch geraten«, sagte ein zierlicher blonder Krebs, dem das Blut in den Ohren glühte. Der hübsche Jüngling hatte sich zu Adam vorgedrängelt und sah bewundernd zu ihm auf. Er konnte höchstens achtzehn sein.

»So, hat dir der Professor das geraten. Er muß wohl annehmen, daß du Flecken auf deiner Seele hast.«

Die herumstehenden Studenten feixten.

»Ist denn unser guter Professor selbst schon wieder frischgewaschen zurück?« schoß es Adam von den Lippen.

»Ach, so ist das.« Der Jüngling musterte Adam vom Scheitel bis zur Sohle. Seine linke Augenbraue hob sich spöttisch. »Er ist zurück, aber nicht, um sich die Finger an alten Sachen schmutzig zu machen.«

»Wie recht du hast, Junge!« Adam hatte Grienberger entdeckt, der mit einem Erstsemester die Treppe zur Aula hinaufschritt. Anscheinend erzählte er etwas Großartiges, denn der Blick des Jungen hing an seinen Lippen.

»Vielleicht solltest du die Exerzitien bald machen. Es hilft gegen Gefühlsverschwendung.« Dem blonden Jüngling an Adams Seite traten die Tränen in die Augen, als er Grienberger mit seinem neuesten Verehrer sah.

Jetzt tat er Adam leid. »Es geht vorbei. Vergeude deine Zeit nicht mit sowas. Kümmere dich lieber um dein Studium.«

Einige der Umstehenden nickten zustimmend. Adam ergriff die Gelegenheit, um sich bei ihnen nach dem Unterricht der Professoren De Bubalis, A Lapide und Alciatus zu erkundigen, würde er doch schon bald das vierjährige Lizentiat in Dogmatik, Bibelexegese und Eschatologie belegen.

Mitten im Studienalltag verbreitete sich wie ein Lauffeuer die Kunde, daß ein berühmter Jesuit, seines Ranges Prokurator, am Abend in der Aula magna über den fernen Orient sprechen wolle. Da die Alumnen an den dunklen und feuchtkalten Dezemberabenden nach Abwechslung lechzten, war die Aula zur angekündigten Stunde bis auf den letzten Platz gefüllt. Junge Männer waren in Scharen herbeigeströmt, um ihrem modischen Hunger nach Welteroberung geistiges Futter zu geben. Unter den Herausgeputzten wimmelte es von selbsternannten Aposteln Christi, die von der Bekehrung ganzer Heidenvölker träumten.

Die Glockenuhr läutete die siebte Abendstunde ein, als die Tür aufschwang und ein sonnengebräunter Mann mit weit ausholenden Schritten hereinkam. Nichts an diesem knapp vierzig Jahre Alten verriet den Kirchenmann. Er trug ein seitlich geschlitztes Gewand aus derb gewebtem Stoff und darunter eine weite Hose. Bevor er das Podest bestieg, eilte er zu der Kerze, die unter dem Bild des Ignatius brannte, und entzündete graubraune Stäbchen. Diese verteilte er im Auditorium und bald lag ein fremdartig duftender Rauchschleier über der Aula.

»*Wan-an wo-te p'eng-yu!*« schallte die Stimme des Referenten, der hinter dem Pult zur Ruhe kam. »Das war Chinesisch und heißt soviel wie ›Guten Abend, liebe Freunde‹. Mehr als die bezauberndsten Worte kann der Duft von Sandelholzrauchwerk euch aus der Welt, aus der ich komme, erzählen«. Er wedelte sich ein wenig Rauch um die Nase. »Aber keine Sorge, verehrtes Auditorium, ich werde trotzdem eine Kleinigkeit hinzufügen.«

Er wartete so lange, bis das Publikum zu Ende geschnuppert hatte, dann fuhr er fort: »Ich bin soeben ins heilige Rom zurückgekehrt. Im Februar 1613 reiste ich von Macao ab. Von Macao an Chinas Küste segelte ich nach Indien. Im indischen Goa verpaßte ich Unglücksrabe die heimkehrende portugiesische Flotte. Was sollte ich da machen?« seufzte er und zuckte gottergeben mit den Achseln. »Vielleicht ein volles Jahr auf das nächste Segelschiff warten? Nein! Meine Mission zwang mir Eile auf, so entschloß ich mich für den Überlandweg durch Indien, Persien und viele andere orientalische Länder. Monatelang reiste ich mit Pferd, Kamel, Karren oder mit Flußkähnen. Ich genoß die Gesellschaft von Weihrauchhändlern und Seidenkaufleuten. Ja, sogar in Begleitung Andersgläubiger wie Bettelbuddhisten, Hinduisten, Muslimen und gemeinsam mit versprengten Franziskanern und Dominikanern reiste ich über das Mittelmeer zur Insel Kreta. Von dort brachte mich ein flandrisches Kaufmannsschiff nach Genua. Und jetzt endlich, nach zweiundzwanzig Monaten Heimreise, habt Ihr mich gesund in voller Lebensgröße wieder.« Lachend beendete er seine halbe Weltumrundung und Beifall machte der Bewunderung der jungen Männer Luft. Spätestens als er auf die Kamelritte durch mörderische Wüstenstürme zu sprechen kam, verschlug es so manchem den Atem. Zu fortgeschrittener Stunde ergötzte er noch immer mit Geschichten von den Gebräuchen der Menschen im fernen China. »Sie essen tausendjährige Eier und ihre Speisen verzehren sie mit Stäbchen, die sie ›Verlängerte Finger‹ nennen. Und sie beten vor vergoldeten, überlebensgroßen Götterbildern. Was für eine andere Welt! Ich möchte sie Gegen-Europa nennen«, der Referent nippte an einem Wasserglas. »Nach so langer Zeit in der Fremde sind mir die vielen Maschinen aufgefallen, die hier entstanden sind. Hier im Westen erfinden die Menschen immer mehr Maschinen, um sich die Welt untertan zu machen. In China nutzen die Menschen ihre Forschung, um sich harmonischer in die Gesetze der Natur einzufügen. China verharrt in Naturverbundenheit, was die Kontinuität und Tradition erhält. Das gilt natürlich auch für den Glauben der dortigen Menschen. Sie leben in einer mit Göttern, Dämonen und Geistern bevölkerten Welt. An Weggabelungen, in Tümpeln, in Tieren und Blumen, selbst im Wind finden sie einen Grund, sich vor den Göttern zu verbeugen. Diese Leute glauben, daß durch ein gewissenhaftes Umgehen mit den Naturgeistern die Seele geläutert wird. Wer sich von euch berufen fühlt, die Botschaft des christlichen Gottes mit der Armee seiner Weltpriester nach China zu tragen, sollte mit viel Ausdauer, Phantasie, Wissen und Redekunst beschlagen sein, denn im fernen Orient sitzen die dicken Götter auf festen Sockeln. Und das schon viele hundert Jahre vor der Geburt unseres Herrn Jesus Christus. Ja, die Chinesen erzählen sogar, daß ihre Kultur einige tausend Jahre alt ist, somit auch ihre Schrift. Wir Barbaren können erst seit ein paar Jahrhunderten lesen und schreiben. Also, Bescheidenheit und Akkommodation! Der eine oder andere von euch wird sicher als Priester der Weltkirche diesen fremden Kulturen und Religionen begegnen, wertet sie niemals ab! Gott ist auch in diesen Menschen! Um sein Wort zu verkünden, ist es besser, in den Strom der Heiden einzutauchen, als wie ein eigensinniger Tor gegen den Strom ihrer Überzeugungen zu schwimmen. Die Welt annehmen wie sie einem begegnet und darin die göttlichen Aufforderungen entdecken, das ist unsere Aufgabe.«

Den jungen Zuhörern gefiel die Weltbetrachtung, über der gewiß drei Stunden verflogen waren.

In Anbetracht der Lebendigkeit dieses Jesuiten erschien Adam die ortsansässige Geistlichkeit ausgelaugt und leblos. Er lehnte sich zurück und genoß es, wie dieser Weltreisende vor den Nesthockern und dem verzärtelten Nachwuchs der Amtskirche stand und im Stile des großen Missionars Franz Xavier die Bühne füllte. Mit Genugtuung spürte er, wie sich angesichts dieses Mannes die Wunde, die Grienberger in ihm hinterlassen hatte, schloß. Sogar dessen Glanz verblaßte.

»Was glaubt ihr, wie die Chinesen schlafen?« rief der Referent plötzlich in den Saal.

»Im Stehen?«

»Fast ebenso unbequem. Wenn sie sich niederlegen, plazieren sie eine« – mit Vergnügen ziselierte er jedes Wort – »Steinstütze unter den Nacken, doch nicht um sich zu fordern und zu kasteien wie Loyola es tat, sondern um ihr kompliziertes Turmgebilde aus pechschwarzem Haargeflecht zu schonen. Weil es im ganzen chinesischen Reich keine andere Haarfarbe als Schwarz gibt, nennt man die Chinesen auch Schwarzhaarmenschen. Ach übrigens, Robert Dupont heiße ich.«

»Dupont! Wenn das Dupont, der Übersetzer, ist, dann muß ich den unbedingt nochmals sehen«, rief Adam dem neben ihm aufgestandenen Terentius zu. »Er hat die spannendsten Berichte über den fernen Osten verfaßt. Was für ein Mann!« Stehend klatschten die Studiosi Beifall, einige trampelten sogar vor Begeisterung. Duponts Gesicht leuchtete. Er bat nochmals um Ruhe, um kundzutun, daß er die nächste China-Mission vorbereite und in ganz Europa die Adelshäuser aufsuche, um das Nötige an Barschaften und feinen Geschenken für die fernöstliche Mission zu sammeln. Ein Klingelbeutel wurde zu guter Letzt herumgereicht.

Wie Adam später erfuhr, war Robert Dupont fünfzehn Jahre älter als er und im März 1577 im Flämischen geboren. Sein Pioniergeist und seine schon legendäre Sprachbegabung hatten ihn als Gesandten des Jesuitenordens nach Hinterindien und an die fernen Gestade Chinas gespült. Immerhin vier Jahre hatte er in China zugebracht, bevor ihn Ordensgeneral Claudius Aquaviva nach Rom zurückbeorderte. Jetzt wirbelte der Flame durch die Ewige Stadt und verstand es wie kein zweiter, die Herzen der Priesteranwärter für das Apostolat zu entflammen.

Wenige Wochen nach jenem hitzigen Abend überraschte ihn Adam in der menschenleeren Kollegsbibliothek. Robert Dupont saß an einem Pult und war so in seine Arbeit vertieft, daß er den Eintretenden überhörte. Adam schlich seitlich an ihn heran und entdeckte zwischen aufgeschlagenen Büchern eine höchst befremdliche, mit schwarzer Flüssigkeit gefüllte Steinschale, auf deren Rand ein langhaariger Pinsel mit einem hellen Bambusstiel lag. Mit einem zweiten Pinsel malte Dupont Zeichen in einer fremden Schrift. Er spreizte dabei den Ellbogen waagrecht ab und führte die Pinselspitze lotrecht über das Papier. Als hätte er den forschenden Blick gespürt, blickte Dupont auf. »Was sucht Er?«

»Ich, äh …«, stotterte Adam, »äh … ich brauche Bücher.«

»Bücher braucht Er, so, so!«

»Also, seit Eurem Vortrag interessieren mich hauptsächlich Bücher über den fernen Orient.«

»Ach, hat Ihn das orientalische Fieber befallen?« Grinsend legte Dupont den Pinsel aus der Hand und lehnte sich, auf einen freien Stuhl deutend, zurück. »Je früher, desto besser! Und wie heißt Er?«

»Adam Schall.«

»Ach, Adam der Astronom! Reinhold Grienberger hat mir von dir erzählt. Er hält dich für einen, dem es gut täte, Rom zu verlassen. Setz dich! Ich übertrage gerade das italienische Manuskript von Matteo Riccis Werk *Über den christlichen Feldzug in China* ins Chinesische.«

Adam hatte sich auf den angebotenen Stuhl gesetzt und guckte neugierig auf dem Pult herum. »Ihr schreibt mit einem Haarpinsel und nicht mit dem Federkiel?«

»Nun ja, chinesische Zeichen werden mit dem Pinsel geschrieben.«

Adam beugte sich über die senkrechten Zeilen und beäugte die gemalten Striche. Dupont ging wieder ans Werk, um mit frischgetunkter Tusche weiter zu kalligraphieren.

Wie er diesen imposanten Gottesmann so wirken sah, ahnte Adam, daß es im Osten noch etwas ganz Gewaltiges, etwas ganz Anderes, eine andere Wirklichkeit als die in Rom geben mußte. Und es war, als berührte diese pinselnde Hand sein Innerstes; er spürte, daß es genau das war, was er suchte – so weit in die Ferne zu reisen wie dieser Mann: an das andere Ende der Welt.

»Ich werde Euch nach China folgen!« platzte es aus ihm heraus.

Der Flame schaute auf.

Der blonde Studiosus, der seinen eigenen Worten nachlauschte, schaute ihn verlegen an.

»Blond, für chinesische Maße sehr groß, ein prachtvoller Gesichtserker, blaue Augen. Ein nicht gerade bescheidenes Auftreten. So einer wie du kann sich zwischen den kleinen Schwarzhaarigen nicht verstecken. Selbst bin ich auch kein Zwerg, ich weiß wovon ich spreche.« Der braunhaarige Flame lachte herzhaft, nachdem er ihn begutachtet hatte. »Vielleicht solltest du um den Gürtel und an den Schultern noch etwas zulegen, bis wir verreisen. Die Weltenbummelei ist eine überaus strapaziöse Sache. Allerdings wird es noch dauern. Erst wenn die Spendengelder beisammen sind, reisen wir ab.«

»Wann wird das sein?« fragte Adam erschrocken über die schnelle Zusage. »Wir« hatte er gesagt.

»Wenn du mir helfen könntest, ginge es schneller. Aber wie ich vermute, steckst du mitten im Lizentiat. Die Kollegprofessoren werden dich nicht gehen lassen. Doch das ist kein Grund zur Sorge, es wird sicher noch einige Jahre dauern, bevor wir abreisen …«

»Jahre?« Adam atmete auf. »Und von wo reisen wir ab?« Er verkostete das Wir.

»Von Portugal … Lissabon … Bist du wirklich bereit, dein Leben in einer anderen Welt fortzusetzen?« Etwas Geheimnisvolles durchschimmerte Duponts graue Augen. »Es wird einen anderen Menschen aus dir machen. *Ex Oriente Lux.* So, jetzt laß mich weiterschreiben.« Er wandte sich wieder seiner Übersetzung zu.

Strahlend und durch und durch mit der Welt zufrieden

schwebte Adam aus der Bibliothek. Tatsächlich, Grienberger will mich loswerden, ich wäre einer, dem es gut täte, Rom zu verlassen. Vielleicht sind ihm ja einige meiner spitzen Bemerkungen zu seinem Knabenverschleiß zu Ohren gekommen.

Auf jeden Fall verlasse ich in einigen Jahren Europa. Gemeinsam mit dem berühmten Robert Dupont!

Obwohl die Unterhaltung nur Minuten gedauert hatte, sollte sie eine nachhaltige Wirkung zeitigen – ein nie gekannter Lerneifer gab seinem Studium neuen Schwung.

Tempi passati. Über theologischen und naturwissenschaftlichen Studien vergingen drei Jahre.

Es geschah am 2. Januar Anno Domini 1616, als ein dreiundzwanzigjähriger Kollegstudent sein Bittgesuch an den Ordensgeneral Mutius Vitelleschi richtete:

> *Admodum Reverende in Christo Pater Noster. Ego Adamus Schall quamvis indignissimus, confisus tamen in eadem Dei benignitate, qua vocari me sentio, expono desiderium meum, quod est proficisci ad Indos Orientales, praecipue vero ad Sinas, quod a multo iam tempore summopere optavi, cum scilicet adhuc essem Novitius.*
>
> Unser sehr verehrter Vater in Christus. Ich, Adam Schall, wenngleich der Unwürdigste, der ich dennoch auf die Güte Gottes vertraue, von der ich, wie ich spüre, gerufen werde, trage Euch mein Anliegen vor: Ich will zu den Orientalen in Indien aufbrechen, aber insbesondere zu den Chinesen; das habe ich schon mit größtem Eifer gewünscht, als ich noch Novize war.

Der Bewerber konnte nicht wissen, daß Robert Dupont in der siebten Generalkongregation des Jesuitenordens ein Forum gefunden hatte, um vor seinen Kollegen, den Prokuratoren aller zweiunddreißig Ordensprovinzen, die Zukunft der noch jungen China-Mission schillernd auszubreiten. So war es letztlich Duponts Überzeugungskraft zu verdanken, daß Adam schon bald die schriftliche Antwort »*Nihil obstat*« erhielt. »Dem steht nichts entgegen, vorausgesetzt, der Scholastiker verfügt über die Priesterweihe.«

Über ein ganzes Jahr hatte Adam nun Zeit, um sich über den Eintritt in den Priesterstand klar zu werden. Er verbrachte seinen letzten römischen Sommer und Winter mit Studien und besuchte die täglichen Messen. Da er fand, daß es ihm nicht schadete, sondern daß die tägliche Besinnung eher zu einer inneren Gelassenheit führte, nahm er die Herausforderung an. Die Sache mit Grienberger hielt er inzwischen für eine Jugendsünde. Er sah sich als Opfer eines unkeuschen Lüstlings, der seine Unschuld mißbraucht hatte. Weitere Begegnungen dieser Art hielt er in seinem Leben für ausgeschlossen. Im Mai 1617 wurde seine Geduld belohnt: Er wurde fünfundzwanzig Jahre alt und hatte nun die Ordinationsreife, die es ihm erlaubte, zur Prostratio im Petersdom anzutreten. Als ihm der Bischof von Rom die Hand auflegte und das Menschenmeer wogend betete »Bittet den Herrn der Ernte, daß er Arbeiter in seine Ernte sende«, verpflichtete er sich, die Sendung der zwölf Jünger Jesu zu seiner zu machen, zwischen Gott und den Menschen zu vermitteln und zölibatär zu leben. Drei Monate nachdem ihn das Charisma des Priesteramtes schmückte, glänzte er in den Prüfungsfächern Dogmatik, Christologie und Bibelexegese und wurde als Lizentiat aus dem Collegium Romanum verabschiedet.

Am 20. Oktober, zwei Tage nach Erhalt der Reisepapiere, ritten er und ein junger portugiesischer Pater auf Ordenspferden aus der Ewigen Stadt. Als sie im Westen des Vatikans auf die Via Aurelia einbogen, drehte er sich nochmals im Sattel um.

Von der Stadt war nur noch die Domkuppel zu erkennen. Wie er Michelangelos Gottesgeschenk klein und einsam unter der Weite des Morgenhimmels stehen sah, überkam ihn ein lange nicht mehr gespürtes, flaues Gefühl im Magen.

Zwanzig Reisetage später tat sich die Steilküste der Riviera di Levante gleich einem Amphitheater vor ihnen auf und nach zwei weiteren Tagesritten betraten sie, ihre müden Pferde am Zügel führend, die geschäftige Hafenstadt Genua. An der Porta Soprano fragten sie die Stadtwache nach der jesuitischen Missionsprokur. Bei Chiesa del Gesù fanden sie die Beratungsstelle für Auswanderer, wo Patres ihnen die Formalitäten abnahmen. Als letzte Mildtätigkeit geleitete man sie zur Porta del Molo hinab, von wo sie sich unter bleiernem Himmel nach Lissabon einschifften.

m Jesuitenkolleg Santo Antao-o-Velho lag Unruhe in der Luft. Im Wandelgang liefen zwei Patres laut debattierend auf und ab.

»Wo bleibt nur dieser Reisepriester?« schimpfte der eine.

»O Gott, o Gott, seine Mission ist so überaus bedeutsam für den Orden und delikat obendrein«, jammerte der andere.

Adam löste seinen Blick aus dem Gekritzel seiner portugiesischen Vokabeln. Sein Blick folgte dem gebeugten Rektor der Universität Coimbra, neben dem der Ordensprokurator, Pater Ramolha, herschaukelte.

Ohne den unfreiwilligen Zuhörer hinter der Arkadensäule zu bemerken, eilten beide heftig gestikulierend durch den Wandelgang des Kollegs.

»Ja, ja, es ist schon eine Katastrophe«, rief der beleibte Prokurator und schlug sich die Hände vor das Gesicht. »Er hat die ihm gesetzte Zeit überschritten und die ersten günstigen Winde stellen sich bereits ein. Es wird doch nichts passiert sein? Beim Herrgott, dieser Ordensbruder, immer auf Trab. Einige große Spender setzen schon Gerüchte in die Welt. Man munkelt von unterschlagenen Spenden. Die Herrschaften wollen endlich Taten sehen!«

»Laßt Euch etwas einfallen, Prokurator, um Zeit und Verständnis zu gewinnen! Wie ich erfahren habe, gehen täglich neue Schiffe vor Anker. Zwanzig sollen schon im Hafen eingetroffen sein. Die Abreise drängt von Tag zu Tag mehr. Verdammt, der Herr verzeihe mir diesen Fluch, aber von ihm fehlt jede Spur«, wütete der Rektor. Weiter lamentierend, verschwanden die beiden aus dem Arkadenhof.

Adam ärgerte sich, denn er hatte hinter der Säule den Sinn der Unterhaltung nur halb verstanden. Seit seiner Ankunft vor drei Monaten hatte er Lissabon nicht angeschaut, dafür sein ganzes Augenmerk der Landessprache gewidmet. Jetzt hatten ihn die beiden Jesuitenoberen aus seinem Bücherwurmdasein aufgeschreckt und ihn an den Grund seiner Anwesenheit in Lissabon erinnert. Beim Mittagessen setzte er sich neben den beleibten Prokurator Ramolha. »Warum treffen täglich neue Schiffe im Hafen ein?«

Überrascht legte Prokurator Ramolha den Zinnlöffel aus der Hand. Dem kleinen, dicken Jesuitenoberen war die plötzliche Aufmerksamkeit des gutgebauten Blonden höchst angenehm. »Junger Freund, wir haben jetzt Ende Februar. Zu dieser Jahreszeit beginnen die günstigen Winde. Die Zeit der Reise. Versteht Ihr? Die Abfahrtszeit für die Indienfahrer ist gekommen. Die Begleitschiffe werden schon aufgerüstet und der Proviant geborgen. Die ersten Reisenden aus ganz Europa sammeln sich mit Sack und Pack im Hafen. Der einzige, der fehlt, ist der wunderbare Pater Dupont.« Pater Ramolha sah Adam aus kugelrunden, kastanienfarbenen Augen verzweifelt an.

»Wollt Ihr damit sagen, daß die Reisevorbereitungen für die Indienmission schon voll im Gange sind?« Adam begann zu verstehen. »Wieso hat mir das keiner gesagt? Und was heißt günstige Winde?«

»Günstig für die Umsegelung Afrikas. Wer rechtzeitig abfährt, den tragen die Passatwinde wie von selbst nach Indien.« Besorgt schob der Prokurator die Brotbröckchen durcheinander, die auf seiner Suppe schwammen. »Gehört Ihr etwa auch zu den Männern, die in so einem Bottich zum Kaiser nach China fahren wollen?« In seinen großen braunen Augen stand ehrliche Angst. »Für mich wäre das ja nichts. Zuviele Stürme, zuviele Piraten, zuwenig zu essen.«

»Was passiert mit denen, die zu spät absegeln?« Adam war aufgesprungen und starrte aus dem Fenster.

»Die müssen ein ganzes Jahr warten. Traditionell findet die Einschiffung an Maria Verkündigung statt. Noch beten wir, daß unser forscher Bruder rechtzeitig eintrifft.« Er hob die feinen

Augenbrauen. »Es gibt sogar den einen oder anderen Ordenskopf, der Bruder Dupont das Mißgeschick gönnt.«

Adam erinnerte sich an Gespräche über Robert Dupont, in denen Bezeichnungen wie »Unruhestifter« und »Querkopf« gefallen waren. Anscheinend hatte der Flame unter den höheren Chargen des Ordens nicht nur Freunde.

Fast täglich trafen von nun an Jesuiten aus Böhmen, Bayern, dem deutschen Norden und den norditalienischen Herzogtümern in Lissabon ein. Nach einem ausgeklügelten Plan wurden sie nach Ordensprovinzen einquartiert, entweder im erhöht gelegenen Preposito von San Roque oder im Kolleg Santo Antao-o-Novo. Die Orte der Einkehr verwandelten sich in Amtsstuben, wo königlich autorisierte Reisedokumente ausgestellt wurden. Bei dieser Geschäftigkeit hielt es Adam nicht mehr hinter seinen Lehrbüchern, er verließ sein Domizil und stieg über geschundene Steintreppen in die Altstadt Alfama hinab.

Hatte auf dem Kastellhügel noch eine frische Seebrise die Luft gewürzt, so stachen ihm jetzt süßliche Verwesungsdämpfe in die Nase. Wie der Abfall hier in Haufen in der Sonne gärte, weckte der Ekel Erinnerungen an die Cöllner Gassen und die Pißmauer im Tricoronatum. In einer Gasse mußte er seine gepflegten Sandalen über einen von Schmeißfliegen befallenen Rinderkadaver, dann über abgenagte Hammelköpfe heben und sich seitlich, die Soutane gerafft, an hockenden, sich entleerenden Sklaven und vollen Kotkübeln vorbeidrücken.

Die Lissabonner, 62 000 an der Zahl, kultivierten ihren Kot nebst ihrem Küchenunrat unter freiem Himmel. In Rom hatte er die Straßenköter mit Händeklatschen verscheuchen können, doch hier verdrehten sie nur müde ihre fliegenumschwärmten Köpfe. Der Fado-Gesang und die Mornaslieder, die mal durch eine angelehnte Tür, mal durch ein verhangenes Fenster drangen, legten ein Gespinst der Wehmut über Schmutz und Vergänglichkeit. Auf seinem Abstieg zum Fluß gelangte er in ein besseres Viertel, wo sich gekalkte Steinhäuser unter Pinien und hinter jungen Ranken gegen den Unrat verschanzten. Es roch nach Bratfisch, Wein und Frühlingsgärtnerei. Der Wind frischte auf, er stand am Tejo-Fluß, der sich im Meer verlor. Die Haut des graugrünen Gewässers schuppte sich und klatschte zu seinen Füßen gegen die Steine. Boote lösten sich von der Mole. Schiffe wurde zu Schifflein und das Weiß der Cacilhas-Klippen verschluckte das Weiß der Segel.

Doch die eingetroffenen Indienfahrer waren nur als Silhouetten von Mastbäumen und Aufbauten in großer Ferne zu sehen. Die Schiffe lagen stromabwärts im kieltiefen Mündungshafen des Tejo. Enttäuscht machte er kehrt und nahm sich vor, bald mit einer öffentlichen Kutsche hinauszufahren. Doch bereits am übernächsten Tag versank das Jesuitenkolleg in Hektik und riß ihn mit. Der »Reisepriester« war endlich eingetroffen. Mit einem Helfer war Robert Dupont zwei Jahre zuvor in Rom aufgebrochen und hatte das Abendland, jenen Flickenteppich aus Königreichen, Herzogtümern, Kurfürstentümern und Grafschaften, nach lockeren Geldern durchkämmt.

Noch am Abend seiner Ankunft versammelten sich Professen und Koadjutoren, Scholastiker und Novizen in der Lissabonner Prokur zur Berichterstattung.

»Zunächst einmal, liebe Mitbrüder, muß ich euch nach meiner zweijährigen Rundreise durch Europa leider einen scheinbar unausweichlichen, gewaltigen europäischen Glaubenskrieg voraussagen. Die Fronten zwischen Reformation und Gegenreformation haben sich so verhärtet, daß unsere Heimatländer einem großen Leid entgegengehen. Doch das sind noch Spekulationen. Aus eigenen Kreisen habe ich aber auch Bedenkenswertes mitzuteilen. Im aufgewühlten Europa ist unser Orden zu einer mächtigen Stimme geworden. Aber Macht macht selbstherrlich und träge. Ja, die Gesellschaft Jesu ist zu einem so unüberschaubaren Organismus angewachsen, daß Auswüchse und Wucherungen zu befürchten sind. Bei meiner Rundreise durch die verschiedenen Ordensprovinzen begegneten mir einige üble Erscheinungen. In manchen Prokuren werden die Weinvorräte öfters nachgezählt als die Sündenregister. Der deutsche Ungeist des Tintensklaven hat sich unter den Brüdern bedrohlich breitgemacht, viele sind stur, abgestumpft und reglementierend geworden. Fette Hintern haben sich über den Geist gestülpt. Statt das Gewissen zu erforschen, suchen Patres und Fratres kleine

Vorteile festzuschreiben und sich gegenseitig von den Trögen wegzubeißen.«

Das vereinzelte Murren und Hüsteln ließ Robert Dupont SJ unberührt. Sein weitgereister Geist hatte sich längst vom nationalen Ehrendünkel befreit und einer nüchternen Weltsicht Platz gemacht. Da er den hie und da aufflammenden nationalen Ärger nicht weiter anstacheln wollte, begann er von seiner Spendenreise zu berichten: »Meine Brüder von der Finanzverwaltung, es gibt Gutes zu vermelden.« Während er erzählte, entrollte er ein Schriftstück und begann abzulesen: »Auf einem Empfang am französischen Hof überreichte mir Maria von Medici wertvolle flandrische Gobelins. In Brüssel stiftete Isabella von Spanien Heiligengemälde, edelsteinbesetzte Monstranzen, goldene Standuhren und silberne Spiegel für den Kaiser von China. Diese Kostbarkeiten wurden ergänzt durch einen Reliquienschrein, den mir der Erzbischof von Trèves für unsere China-Mission aushändigte. In Cölln und Frankfurt erstand ich günstig eine ganze Bibliothek. Doch der glorreiche Höhepunkt meiner Werbereise war München. Hier begegnete ich dem gottesfürchtigen ersten Maximilian, dem Pfalzgrafen am Rhein und Herzog beider Bayern. Jährlich, und zwar auf ewig, stiftete sein Hof fünfhundert Goldgulden für unsere China-Mission. Wohlgemerkt, fünfhundert!«

Prokurator Ramolha klatschte und einige fielen vorsichtig ein.

»Zum Abschied überreichte mir Herzog Maximilian noch eine Ebenholzlade voll mit Pretiosen, köstlichen Miniaturen und feinziselierten Figürchen, die den Chinesen unsere abendländische Kultur und unseren Glauben näherbringen sollen.« Dupont rollte die Liste zusammen. »Doch das schönste Geschenk, das ich von meiner zweijährigen Kollekte mitbringe, sind die zweiundzwanzig Brüder, die unserer fernöstlichen Mission neues Blut zuführen werden.«

Er wies auf die vorderste Reihe, wo auch Adam saß. Die angesprochenen Priester der Weltmission erhoben sich.

Überrascht entdeckte Adam den Konstanzer. Sein Exerzitienkumpan stand am anderen Ende der Reihe. Von ferne sah Johann Terrenz Schreck noch knochiger aus als in Rom, er mußte mittlerweile über vierzig sein. Gerade als er ihm zuwinken wollte, zählte Dupont weiter auf: »Ein reicher Milchbauer hat uns für die Überfahrt mit fünfhundert Käslaiben versorgt und ein Kloster hat eintausend lebende Hühner zugesagt. Die majestätischen Gaben werden in den nächsten Tagen eintreffen und können noch vor der Verladung im Profeßhaus San Roque besichtigt werden. Ihr seht, ich gab mein Bestes, jetzt ist es an euch, euer Bestes zu geben!«

Der kugelige Prokurator Ramolha strahlte. Hieß das doch, daß sein Sprengel zum Mittelpunkt der größten Spendensammlung seit Jahren wurde.

Doch leider sollte er sich zu früh freuen. Nur Tage vor der geplanten Abfahrt enterte ein niederländischer Korsar eine Karacke, die einen Großteil der höfischen Geschenke im Rumpf verborgen hatte. Was ihnen in die Hände fiel, war so üppig, daß die Piraten den verderblichen Teil der Beute zur Freude der Lissaboner Strandläufer ins Meer warfen. Nach diesem Überfall lief ein Küstensegler, ebenfalls voller Geschenke, bei steilem Landwind in der Setúbaler Bucht auf Grund und drohte zu kentern. Der umgehend benachrichtigte Dupont stürmte zur Rettung seiner Spendensammlung an die Unglücksstelle. Doch kaum war er dort eingetroffen, holte ihn ein nachgeschickter Bote mit der Kunde ein, daß die Indienflotte bereits am nächsten Tag unwiderruflich in See steche. So mußte er, verzweifelt und um einen Großteil seiner Kollekte gebracht, unverzüglich kehrtmachen. Damit nicht genug! Beim Beladen mit Pulverfässern fing eine Karacke Feuer. Der wegen der explosiven Last tief im Wasser hängende Dreimaster konnte gerade noch rechtzeitig hafenauswärts geschleppt werden, bevor aus seinem Rumpf eine donnernde Stichflamme emporschoß und die Reste gurgelnd im Meer versanken.

Das Feuer, den Raub und das Auffrischen des Seewindes wertete Flottenkapitän Christoph de Noronha als Zeichen des Himmels, nicht länger zu warten. Zum Äußersten entschlossen, ließ er das Ankerlichten auf den kommenden Tag, den heiligen Ostermontag, festlegen und befahl in aller Eile, zwei Hulker als Ersatz für die ausgefallenen Karacken zu beladen.

Emsigkeit ergriff das Kolleg. Die Abreise wurde von Prokurator Ramolha und den daheimbleibenden Brüdern in tiefem Ernst vorbereitet. Von all denen, die sie in See hatten stechen sehen, waren die wenigsten zurückgekehrt.

Schweigend schritt die Gemeinde im Dunkel der Osternacht zum Abschiednehmen in das Kirchenschiff. Im blumengeschmückten Chorgestühl am Hochaltar saßen die scheidenden Patres. Zweiundzwanzig Männer beteten stumm Seite an Seite und blickten teils furchtsam, teils keck in ihre ungewisse Zukunft. Nur wenig Tränen liefen über frischbarbierte Wangen, aber blaß waren sie alle.

Der Festchor sang mit größter Inbrunst, um Gott und alle seine Helfer um Reiseschutz zu bitten. Der süße Duft von Narzissen und Mimosen legte sich schwer auf die Herzen. In Gedanken ging Adam sein Gepäck durch, den großen Leinensack, die Gürteltasche und die angesparte Münzration. »Als du noch jung warst, hast du dich selbst gegürtet und konntest gehen, wohin du wolltest. Wenn du aber alt geworden bist, wirst du deine Hände ausstrecken, und ein anderer wird dich gürten und dich führen, wohin du nicht willst«, predigte der Bischof von Lissabon.

Diese Worte trafen Adam mitten ins Herz. Ein Aufbruch ins Ungewisse. Im flackernden Licht der Osterkerzen liefen Bilder von Max, vom toten Vater, von seinen Brüdern, von Krebskollegen, durchzechten Scholastenabenden, Grienberger und Sternennächten durch sein Gemüt. Der Anblick des weinenden Prokurators Ramolha schnürte ihm die Kehle zu. Der kleine füllige Mann weinte um all die vielen verlorenen Freunde, während er gleichzeitig tapfer für den Erfolg ihrer Asienmission betete.

»Die elf Jünger gingen nach Galiläa auf den Berg, den Jesus ihnen genannt hatte. Und als sie Jesus sahen, fielen sie vor ihm nieder. Einige aber hatten Zweifel. Da trat Jesus auf sie zu und sagte zu ihnen: Mir ist alle Macht gegeben im Himmel und auf Erden. Darum geht zu allen Völkern und macht alle Menschen zu meinen Jüngern: Tauft sie auf den Namen des Vaters und des Sohnes und des Heiligen Geistes und lehrt sie, alles zu befolgen, was ich euch geboten habe.«

Mit diesen Matthäus-Worten verband der Bischof die Brüder für immer. »Seid gewiß: ich bin bei euch alle Tage bis zum Ende der Welt.« Den Scheidenden wurden von den Bleibenden die Füße gewaschen und geküßt. Nachdem frischgesegnetes Weihwasser an die Abreisenden ausgeteilt war, beendete der Bischof die Eucharistie und mit ausgebreiteten Armen segnete er die Scheidenden. »Der Herr sei mit euch. Gehet hin und seid das Salz der Erde. Amen!«

»Cito parate vos ad proficiscendum in Indiam!« Prokurator Ramolha, der mit verweintem Gesicht an den Altar getreten war, versuchte seiner Stimme Festigkeit zu geben. »Rüstet euch umgehend für die indische Reise! Die Winde fordern Eile. Hiermit seid ihr in die Welt entsandt. Gute Fahrt, Gott behüte euch!«

Noch lag das Kolleg Santo Antao-o-Velho im Dunkeln, da verkündeten die Hähne vom nahen Kastellhügel das Heraufziehen des neuen Tages. Es war der 16. April Anno Domini 1618. Mit Sonnenaufgang formierte sich auf der Largo do Terreirinho eine österlich ausgeschmückte Prozession, die im Viertel von Rossio zu einem Volksauflauf anschwoll.

Hunderte von Lissabonnern empfingen die Patres und schwenkten Blumengirlanden und Wimpel. Der Zug wand sich durch die Straßen der Patrizier, die auf wappenverzierten Balkonen dem Volk zuwinkten. Als die Prozession den Königspalast passierte, hatte sie sich endgültig formiert: vorne weg die Kollegschüler und ihre Professoren, dahinter die scheidenden Geistlichen in neugeschneiderten Soutanen. Auf zweiundzwanzig Jesuiten folgten zwölf Dominikaner und acht Franziskaner. Von den zurückbleibenden Mitbrüdern unterschieden sich die Missionare durch klotzige, an die Kreuzritter gemahnende Kruzifixe auf der Brust. Hinter den Klerikern zelebrierten sich die Kaufleute samt Familien und Gesinde, alle im Sonntagsstaat und nach Gilden geordnet. Ihnen auf dem Fuße folgten die Handwerker, die ihre Arbeitsutensilien geschultert trugen, und die Uniformierten des königlichen Zollamtes. Das Zugende bildeten die Straßenjungen, die hinter den zweispännigen Leiterwagen voller

Viktualien herrannten, um von den überquellenden Waren zu stibitzen. Erst als die Ostersonne auf der Haut brannte, erreichte der Festzug den stromabwärts gelegenen Tagushafen.

»Was für gewaltige Gefährte!«

»Bei Gott!« Überwältigt legten die eintreffenden Missionare die Köpfe in den Nacken.

»Mutter Maria«, entfuhr es Adam, »was für Kolosse!«

Ein Dutzend atemberaubender Giganten wiegte sich im grünblauen Wasser. Er stand unter den imposantesten Segelschiffen der Weltmeere. Sechs Manneslängen über seinem Haupt funkelten die Butzenscheiben der Kajütenfenster am Heck. Rundgefügte Hölzer verflossen zu bernsteinfarbenen Plankenleibern, die im polierten Glanz ihres Messingschmucks erstrahlten. Diese sturmtrotzenden Holzkreaturen waren unter den Händen der genialsten Schiffbaukünstler der Welt gewachsen.

Ihre Rümpfe maßen zehn Klafter Tiefgang und ihre Achterschiffe schwangen sich turmartig auf zwanzig Klafter empor. Am hundertsechzig Fuß hohen Masttop wehten die Fahnen der spanischen Krone und Portugals. Eine Reihe von Kanonenluken leuchtete buntumrahmt. Die aufragenden Bordwände waren aus so mächtigem Pinienholz gezimmert, daß niederländische oder britische Sechzehnpfünder abprallen oder schlimmstenfalls in der Bordwand steckenbleiben mußten. Aber noch lagen die Schiffsriesen wie satte Kater im Hafenbett.

Begeistert lief Adam die ganzen dreihundert Fuß einer Karacke ab, bis über ihm am Bug die dralle, grellbemalte Galionsjungfrau ihren Busen den Meeresdämonen entgegendrängte.

Während sich Hunderte von Schaulustigen auf den Vorplatz von Mosteiro Dos Jeronimos schoben, begannen die ersten Reisenden die wippenden, steilen Stege hochzuklettern.

Da das Meer unruhiger wurde, mußten die schmucken Matrosen zarte Körper unterhaken und über die auf und ab tanzende Schanz hieven.

Die wenigen Frauen wurden bei dieser Gelegenheit auf Seetüchtigkeit und Treue taxiert. Wußten die frechen Schiffskerle doch, daß die Reise lang, die Langeweile groß und die Weiber schwach waren.

Von allen Mitreisenden gebärdeten sich die Auswanderer am schlimmsten, denn sie hätten am liebsten ihren gesamten Hausrat an Bord geschleppt. Die jesuitischen Apostolos zeichneten sich durch Ruhe und selbstlose Ergebenheit aus. Gelassen hockten sie auf ihren Gepäckstücken, bis sie von der Mannschaft an Bord gerufen wurden. Es gehörte zum jesuitischen Geistesweg, auch in diesem heillosen Durcheinander aufgescheuchter Menschen, herumgezerrter Tiere und herrenloser, sperriger Güter Gott zu finden.

Mittlerweile waren die meisten Waren und Vorräte unter Deck verstaut; so ruhte das Amtsauge auf den Menschen. Alle mußten einen engen Korridor aus Zollgardisten der spanischen Krone durchlaufen und ihre gesiegelten Papiere vorzeigen. An Deck hieß es wieder warten, bis die Logisplätze zugewiesen waren. Die armen Schlucker mußten zwischen Mehlsäcken, Brettern, Salzfässern, Munitionskisten und den festgezurrten Kanonen ihre Schlafmatten ausrollen. Dagegen waren die Jesuiten erheblich besser dran. Wie Edelleute erhielten sie Außenkajüten im Achterschiff. Die Lissabonner Prokur hatte dafür gesorgt, daß die vier Patres, Terentius Schreck, Adam Schall von Bell, Wenzeslaus Kirwitzer und Johann Alberich, ein solches Luxusquartier zugewiesen bekamen.

»Weder in seiner Höhe von sechs Fuß«, sagte Adam abfällig, der seinen Kopf noch rechtzeitig eingezogen hatte, »noch in seiner Breite von, na, sagen wir vierzehn Fuß ist dieser Stall uns angemessen.«

Der lange Terentius rieb sich die Stirn, die er in der Hast an einem Deckenbalken angeschlagen hatte.

»Sechshundert Gulden mußte der Orden für diesen – sagtest du Stall? – aufbringen!« Noch während Terentius auf Alemannisch schimpfte, versuchte er Fäßchen mit Olivenöl, Schmalz, Trockenfisch und sein eigenes Gepäck grob zu ordnen. »Was um alles in der Welt machen diese Fässer hier? Wir müssen unsere Sakristei, unser Refektorium und unser Dormitorium in diesem Viktualienlager unterbringen ...«

»Vergiß nicht«, lästerte Kirwitzer, der Medicus, »eine Krankenstube gehört auch noch zu unserem Collegium.«

»Mitbrüder, es sieht so aus, als ob unsere erste gemeinsame Tat anstünde: Schaffen wir das ganze Gerümpel dorthin, wohin es vermutlich gehört«, schlug Adam vor.

Ein Blick in das Vorratslager klärte die Lage. Dort hatte sich eine achtköpfige Portugiesenfamilie eingerichtet und die störenden Güter in der angrenzenden Jesuitenkajüte abgestellt. Dank Adams Sprachkenntnissen und dem etwas übertriebenen Hinweis auf einen Platz für Beichtnische und Altar räumten die Lusitaner maulend das Feld.

Auch wenn auf jeden Pater nur eine Liegestatt von fünf auf zwei Fuß entfiel, hatte die Kammer doch genug Raum für einen kleinen Altarbereich und winzige Abstellflächen für die persönlichen Dinge. Licht fiel durch Butzenscheibenluken, die Terentius sofort aufklappte und seinen Kopf hinausstreckte. Vier Manneslängen unter sich konnte er das Heckruder sehen. Außerdem war der Schiffsname, zum Greifen nah, in die Heckwand geschnitzt: »Nossa Senhora de Jesus«. »Das muß doch ein gutes Omen sein, daß wir auf der ›Senhora de Jesus‹ fahren und just über dem Namen zu wohnen kommen«, meinte er und zog seinen mageren Schädel in die Kajüte zurück.

Ohne Zweifel sollte das klerikale Quartett die Überfahrt weitaus bequemer verbringen als viele der übrigen sechshundertdreißig Passagiere. Auf der zweiten Karacke, dem Leitschiff »São Carlo«, mußten immerhin siebenhundertfünfzig Passagiere Platz finden. Dort begnügten sich zwölf Dominikanermönche mit einer Achterdeckkajüte.

Einige Hundert Fuß hinter dem Leitschiff »São Carlo« lag der dritte Gigant, die »São Mauro«. Auch die »São Mauro« wurde von sechshundert Menschen mit allem Lebensnotwendigen eingenommen. Fast alle versprachen sich von der Ausreise die Befreiung von Landesherren, Familienzwist oder Glaubenskrieg.

An Bord der kleineren Begleitschiffe, der Hulker, befanden sich mehr Güter und Tiere als Menschen: Fässer mit gepökeltem Schweinefleisch, Kisten mit heidenbetörendem Tand, Korbflaschen mit Branntwein, Körbe mit Trockenfrüchten, Fässer mit gesäuertem Kraut und dreitausend Hühner sowie zweihundert Ziegen samt Heu und Gallonen über Gallonen an Wasservorräten.

Noch waren die vier deutschen Jesuiten mit dem Einrichten ihrer Kajüte beschäftigt, als ein Kanonenschlag die Bohlen erschütterte. Die vier stürzten zu den Luken. Tief unten am Quai wurden die ersten Tücher zum Abschied gezückt. Ein Zittern lief durch den Rumpf.

»Nun hält uns nichts mehr!« Johann Alberich und Wenzeslaus Kirwitzer stürmten auf den Achterdecksöller. Adam und Terentius folgten.

Aus der luftigen Höhe bot sich ein Rundblick vom Torre de Belém, über die Blumensträuße und Tücher schwenkenden Lissabonner auf der Mole bis hin zu den anderen Schiffen und weit über das Meer.

»Seht doch, dort über der Stadt, linker Hand neben den Pinien«, schrie Adam und zeigte landeinwärts.

»Sie salutieren zu unserem Abschied«, lachte Wenzeslaus und begann aufgeregt, eins, zwei, drei Kanonenschläge zu zählen.

Über dem Kastellhügel blähten sich drei Wölkchen auf. Als der Wind den Donnerschlag herübertrug, verpufften sie bereits im blauen Himmel. Mit dem Salut hatte der königliche Patron über die Weltmeere seine Erlaubnis zum Ankerlichten gegeben.

Der Deckboden bebte unter den rennenden Füßen der Matrosen. Kein Handgriff, kein Ruf duldete eine Störung. Weggebrüllte Passagiere huschten zwischen rasselnden, tropfnassen Ketten und gnadenlos zischenden Tauen hindurch. In der Takelage hingen an die zweihundert Männer. Behende fegten sie in die Wanten und balancierten über die freihängenden, ausschwingenden Fußpferde unter den Rahen, um die gerafften Hanfsegel loszuknüpfen.

Die Jesuiten erlebten von ihrem Ausguck mit, wie schwielige Hände Taue losbanden und wenig später trapezförmige, braune Segel aus den Rahen fielen, um knatternd in den Wind zu schießen.

Das vorausgesagte Wetter war eingetroffen. Ein kräftiger Nord-Westwind blähte die Segelbäuche und der Rumpf zerrte an den letzten, stöhnenden Halteseilen. Johlen aus tausenden Kehlen ging durch den Hafen, als die Taue der »São Carlo« über das Wasser flogen. Der erste Indienfahrer löste sich von der Reede und schob sich Elle für Elle in den Wind.

»Als nächstes sind wir dran«, überschlug sich Wenzeslaus' Stimme und gebannt verfolgte er, wie die Laufstege eingezogen wurden. »Hey!« brüllte er, die Hände zum Trichter an den Mund gelegt. »Hey!« Fuchtelnd zeigte er nach unten auf einen, der sich durch die brodelnde Menge stieß. Halb geschoben, halb gezogen, konnte der Nachzügler im letzten Augenblick einen Matrosen an der Jacke packen und den Steg hinaufspringen.

»Dupont!« Die vier wühlten sich durch die aufgeregten Passagiere zur Schanz vor und faßten den erschöpften, lachenden Mitbruder. Hinter ihm brach der Abschiedsjubel der Zurückgebliebenen aus. Die »Senhora de Jesus« machte sachte Fahrt.

Schnaufend erklomm Robert Dupont die Stufen, die das Deck mit dem Achterdecksöller verband. »Alt geworden die Knochen, zu dürftig die Puste«, japste er und schüttelte oben angekommen jedem die Hand. »Bruder Adamus, Bruder Wenzeslaus, Bruder Johann, Bruder Terentius! Schön, daß wir gemeinsam reisen.«

Terentius reichte Robert Dupont sein Sacktuch, um sich die Stirn zu trocknen. »Das war ja Eurem Ruf entsprechend aufregend!«

Dupont hatte sich zum Verschnaufen auf eine Kiste gehockt und strich sich das dichte braune Haar aus der Stirn.

»Ist das Euer ganzes Gepäck?« Adam konnte nur eine Ledertasche entdecken.

Dupont nickte. »Alles, was ich brauche.« Noch immer rang er nach Luft. »Was zuviel ist, endet meistens bei den Spitzbuben.«

»Was um alles in der Welt habt Ihr noch so lange herumgetrödelt?«

»Erst in letzter Minute konnte ich meine Papiere holen. Die ganze Nacht über verstauten wir die Reliquien und Pretiosen des bayerischen Herzogs im Bauch der ›Senhora de Jesus‹«, schmunzelte Dupont und tippte mit der Fußspitze auf die Planken.

»Und, hat sich noch was den Piraten abjagen lassen?«

»Ein Jammer, eine Schande, nur einen Bruchteil konnte ich

retten. Die Gobelins, Silber, Gold und Gemälde sind mit den Piraten über alle Meere. – Perdu! ... Doch die gesamte Bibliothek«, Robert Dupont strahlte, »in Ölpapier versiegelt und verpackt, liegt zwischen den Rippen der ›São Mauro‹.«

Inzwischen segelte die »Jesus« wie die »São Carlo« auf das offene Meer hinaus. Gleich Schwänen folgten fünfzehn Weltumsegler, einer nach dem anderen, dem königlichen Flaggschiff. Nach dem letzten Abschied schwiegen die Kanonen.

»Wieso verlassen so viele mit uns den Hafen, Hochwürden?« wollte Wenzeslaus wissen.

»Die ›São Carlo‹ und die ›São Mauro‹«, Dupont lehnte sich über die Schanz, »und die beiden Hulker dort hinten sind Indienfahrer wie wir. Die anderen Schiffe steuern Brasilien und die Westafrikanischen Inseln an. Die Küstengewässer wimmeln von Piraten. Eine Schutzmaßnahme, bis sich unsere Kurse hinter den Capverden trennen. Eine so große Flotte wagt kein Pirat anzugreifen.«

Die fünf Jesuiten standen im Wind und schauten mit wehendem Haar zu den anderen Dreimastern hinüber. Das versinkende Portugal war mittlerweile nur noch ein Strich zwischen Himmel und Meer.

Adam blieb noch lange an Deck und blickte zurück. Ein Schwarm Möwen folgte, bis sie einzeln davonflogen und die letzte mit einem eleganten Flügelschlag im blauen Himmel verschwand.

Erst jetzt stieg er in die Kajüte hinab. Hier hatten die anderen bereits begonnen, für den fünften Jesuiten Platz zu schaffen. Da der vierzigjährige Robert Dupont den Respekt eines Oberen genoß, mußte der ältere Terentius sein angenehmes Plätzchen räumen.

»Sechshundert Gulden haben wir für dieses Kabuff bezahlt, reinster Wucher«, berichtete Adam, verstummte aber sofort unter Duponts Blick.

»Karacken segeln nicht zum Vergnügen für verzärtelte Patriziersöhnchen um die Welt. Dem Armutsgelübde folgend, müßten wir uns eigentlich beim Volk unter Deck einrichten«, erwiderte Dupont. »Im übrigen spendiert der Orden auch nur die

Hinfahrt. Auf der Rückfahrt haben sich die meisten die Eleganz abgestoßen. Meinen Bruder und Vetter und die von den anderen Orden hat man in noch viel kleinere Kammern gestopft. Sieh dir das Schiff an, das relativiert deine adeligen Ansprüche.«

Verzärteltes Patriziersöhnchen! Adam schwieg, während er seine Kleider in der Bettkiste stapelte.

»Ob uns das neue Heim wohl bekommt? Es schwankt so.« Wenzeslaus machte eine sorgenvolle Miene. »Wir sollten es jetzt gleich auf seine Seetüchtigkeit inspizieren.«

Achtsam, um nicht über den Saum ihrer windanfälligen Soutanen zu stolpern, schoben sich die seeunkundigen Jesuiten seitwärts die steile Altantreppe hinab. Der Wind werkte inzwischen so laut in den Segeln, daß sie die Köpfe zusammenstecken mußten, um sich zu verständigen.

Unsicher machten sie ihre ersten Schritte auf unstetem Boden. Gerade als Dupont sich anschickte, die Stiege herunterzusteigen, entdeckte ihn der Kapitän, der mit Wind und Mannschaft zufrieden über Deck schlenderte. Kaum hatte er den Gottesmann wahrgenommen, eilte er ihm freudig entgegen. »Alter Stromer, treibt's dich wieder übers Wasser?«

Dupont hatte die schwarze Soutane gegen eine ausgebeulte helle Leinenhose und ein weites weißes gefälteltes Hemd gewechselt. »Fett bist du geworden, aber guck mich an. Die Schrecken der letzten Überfahrt haben mir die Farbe aus den Haaren vertrieben.« In der Tat leuchtete Kapitän Enriquez' zum Zopf gefaßtes Haar schlohweiß um sein schmales, kantiges Gesicht.

Adam war über den respektlosen Umgang des Seefahrers mit dem berühmten Ordensgesandten verblüfft. Als Dupont im gleichen Ton antwortete und Kapitän Enriquez ihm auch noch den Wanst tätschelte, trat er erst mal beiseite und beobachtete die ganz und gar ungeziemliche Begrüßung. »Sorg du mir dafür, daß wir nicht absaufen, ich reise nicht alleine.«

»Ich sehe, ich sehe, du hast Gebrüder mitgebracht. Verehrte Patres, willkommen an Bord meiner unsinkbaren Geliebten ›Senhora de Jesus‹!«

»Gottes Segen mit Euch, Kapitän.« Wenzeslaus lockerte seine Hand, um sie von einer weißbehaarten Tatze drücken zu lassen.

»Wir Landratten würden gerne Euren schwankenden Untersatz inspizieren.«

»Tut das, tut das, aber ich werde euch nicht begleiten. Mein Quartiermeister wird euch führen, in den Küstengewässern muß ich an Deck bleiben.«

Wenig später tauchte ein barfüßiger Hüne aus der Luke am Vorderkastell auf. Während er die Hände an seiner fleckigen Hose abwischte, musterte er die vier blassen Schwarzröcke grinsend. »Hallo Hochwürden, hast wieder ein paar Päpste angeschleppt?«

»Da ist er ja! Welche Freude, dich munter wiederzusehen, du scheinst dich gut aufgerappelt zu haben.« Dupont begrüßte den Hünen mit väterlicher Sorge.

»Man kann nicht klagen, willkommen an Bord« begrüßte ihn der Seemann. Wieder staunte Adam über den ganz und gar unrömischen Ton.

»Führe meine Brüder rum und zeige ihnen alles, damit sie wissen, wie man auf einem Dreimaster reist.«

»Auf denn!« Der Rothaarige nickte den Vieren zu und scheuchte sie unter Deck. »Achtung Schädel! Als erstes geht's runter zur Bilge.« Der schlaksige Mensch zog eine der verglasten Öllampen aus der Wandvorrichtung und zündete sie an. Mit jedem Tritt abwärts auf den halsbrecherischen Stiegen wurde es stiller. Unter Deck duftete es nach frisch kalfatertem Pinienholz. Leiter um Leiter führte sie weiter abwärts. Am tiefsten Punkt im Schiffsrumpf gingen sie im Dunkeln auf Bretterstegen, unter denen Wasser hin- und herschwappte. Hier roch es faul und nach Verwesendem. Gestalten huschten aufgeschreckt beiseite. Ein paar der ärmsten Reisenden hatten sich Lumpennester in die Balkengabeln gebaut. Im Schein der Laterne verbeugten sie sich vor dem Quartiermeister.

»Die Leute müssen täglich das Wasser rausschaffen. Dafür dürfen sie umsonst in diesem Loch mitfahren. Die reisen mit Sicherheit nicht freiwillig. Wir stehen knapp über dem Kielschwein, zehn Klafter unter dem Meer.« Er hob die Lampe über den Kopf. »Dort hinter der eisenbeschlagenen Tür ist unser Verließ. Aber es ist leer. Diesmal verfrachten wir keine Kerkerhäftlinge.«

»Verbrecher werden außer Landes geschafft? Wie bequem!«

»O ja, ist sogar ein einträgliches Geschäft. Indische Mogule zahlen üppig für weiße Sklaven«, dröhnte der Bootsmann lachend.

Entsetzt fragte Terentius nach: »Menschen aus unseren Kerkern als Sklaven für orientalische Muselmanen? Gegen Geld? Das ist doch Sklavenhandel?«

»Das kommt darauf an, von welcher Seite man es betrachtet. Für einen Galgenvogel oder Vogelfreien ist es der einzige Weg zurück ins Leben.«

Eine Zeitlang starrten sie ins Dunkle und lauschten auf das Glucksen und Ächzen der Wassermassen hinter den Bordwänden.

»Auf dem zweiten Boden verstauten wir vergangene Woche Hunderte Fässer voll geräuchertem Fleisch, Tausende Gallonen Süßwasser, hundert Quart Rum und soviele Fässer Rotwein, daß wir uns bis Cap Verde besaufen könnten.« Das Grüppchen war eine Etage höher in den Warenbauch der »Senhora de Jesus« gestiegen.

»An Gütern stapeln sich hier unendliche Massen Zwieback, Oliven, Stoffe und Glaswaren. Alles gut verstaut und vertäut. Holzverschläge mit dicken Vorhängeschlössern sorgen dafür, daß alles auch gut vor Hungerleidern geschützt bleibt.« Mit jeder Ladeebene, die sie höher kamen, wurde die Luft besser.

»Auch in diesen Verschlägen lagert gut verpackt lebenswichtige Fracht und unsere Kostbarkeiten und die Geschenke der königlich-bayerischen Stifter für den chinesischen Kaiser. Wünschen die ehrwürdigen Patres auch einen Blick da hineinzuwerfen?«

»Warum nicht, verborgene Schätze interessieren uns doch alle.« Terentius drängelte sich neugierig nach vorne. Adam spähte hinter den Rücken der anderen hervor.

Die Bohlentür sprang auf. Augenblicklich vergruben die Männer ihre Nasen in hochgerissenen Ärmeln. Ein ätzender, mörderisch beizender Gestank sprang sie an. Kaum fiel ein Lichtstrahl durch den Spalt, brach Krähen, Federgestöber und Krächzen aus Abertausend gequälten Hühnerkehlen los.

Brüllend vor Lachen knallte der Quartiermeister den Verschlag wieder zu. »In wenigen Wochen wird das Federvieh keinen Gestank und keinen Lärm mehr machen«, höhnte er und erklomm weitere Stufen.

Auf dem Unterdeck ging es zu wie auf einem Sippschaftstreffen. Lachende Kinder, werkelnde Greise, kartenspielende Männergrüppchen saßen hier beisammen. Frauen scharten sich mit ihren Kochtöpfen um zwei Feuerstellen. Sofort befahl der Quartiermeister, das Feuer zu löschen. »Das ist bei strengster Strafe verboten. Daß mir ja keiner mehr auf die Schnapsidee kommt, unter Deck einzuheizen. Wir fahren bald unter der Tropensonne, Leute, da brennt der Holzkahn wie Zunder. Es gibt an Deck zwei Kochplätze. Der Feuermeister teilt euch ein. Familien mit kleinen Kindern haben Vorrang.«

Ein paar Schritte weiter grunzten Schweine und blökten Schafe. »Und das Viehzeug schafft ihr auch an Deck, das ist hier kein Saustall!« brüllte er in holperigem Portugiesisch in die verschreckten Gesichter.

Wie die Jesuiten zwischen den sitzenden, kauernden oder liegenden Menschen hindurchstiegen, bestrebt, auf keinen zu treten, wurde ihnen hier eine Frucht, da ein Brotfladen und dort ein Becher Wein entgegengestreckt. »Nehmt, Apostolos, eure Mitreise ist Gottes Segen.«

»Herzensgute Menschen!« meinte Terentius gerührt.

»Wartet. Wartet bis wir Cap Verde passiert haben.«

Der Quartiermeister stieg ihnen die letzten Sprossen an Deck voran. Kaum waren sie an der frischen Luft, hörten sie rufen: »Delphine! Delphine! Backbord voraus!«

Verwirrt starrte Adam zum Krähennest hinauf, von wo das Rufen kam, dann rannte er mit den anderen zur linken Bordseite. Ein Schwarm glänzender Sicheln schoß aus den Wellen, glitt durch die Luft, tauchte wieder ein, um einige Momente später wieder emporzuschießen. Leises Klatschen begleitete diesen Wechsel zwischen den Elementen.

»Sie folgen uns!«

»Sie kommen näher!« Aufgeregt drängten sich die Menschen an der Schanz. Es wurde gepfiffen und gejohlt, Kinder wurden hochgehalten, Brotkrumen flogen in den Wind.

»Wenn ihr genau hinseht, lächeln sie.« Dupont hielt zwei kleine Jungen an der Hand, deren große Augen den Sprüngen der Tiere folgten. »Obwohl die Delphine uns Menschen nicht brauchen, haben schon viele von ihnen Schiffbrüchige gerettet. Zum Beispiel den Telemachos, das war der Sohn von Odysseus.«

»Und wenn ich reinfalle, retten sie mich auch?«

»Natürlich, den berühmten Sänger Arion haben sie doch auch gerettet.«

Dieser Dupont! Adam stand hinter ihm und lauschte seinen Worten. Da steht er in zerknitterten Hosen, mit wehendem Hemd, als hätte er immer auf den Planken eines Seglers gestanden. Dieser Mann lebt sein Leben nach seinen eigenen Maßstäben. Verstohlen öffnete Adam den obersten Knopf seiner Soutane.

»Robert, komm mit, wir haben ein paar neue Spielzeuge. Die Herren Patres, bitte mit mir ins Vorderkastell, die Viecher werden wir ab jetzt nicht mehr los«, drängte der Quartiermeister. Kaum hatte er die eisenbeschlagene Tür zur Waffenkammer aufgesperrt, verstummten die Jesuiten. Im Raum reihten sich in verschließbaren Halterungen die neuesten und ausgeklügeltsten Tötungsgerätschaften auf: Klotzbüchsen, Lotbüchsen und Hakenbüchsen neben Reihen von Hellebarden, Äxten, Säbeln, Degen und Macheten.

»Entsetzlich! Hoffentlich werden wir diese Waffen nie gebrauchen müssen.«

»Wozu auch, Adam? Wer sollte uns denn angreifen? Delphine, Wale, Wassergeister?«

»Zum Beispiel Piraten, manche trauen sich mit ihren Nußschalen weiter auf See als wir glaubten«, antwortete der Quartiermeister und zog das Hemd aus der Hose. Auf seinem nackten Bauch quoll eine Narbe sichelförmig und rosarot hervor. »Dank dem da« – dankbar lächelnd zeigte er auf Dupont – »steh ich noch hier!«

Wenzeslaus fielen fast die Augen aus dem Kopf. »Hochwürden, Ihr habt Euch mit Piraten geschlagen?«

»Da staunt ihr. Es war auf unserer letzten Überfahrt. Wir hatten noch mehr Devotionalien unter Deck als jetzt. Sollte ich da zusehen, wie gottloses Gesindel die Heiligtümer plündert und diesem tüchtigen Seemann den Lebensfaden kürzt? Gott wird sich um die Seele des abgesoffenen Piraten kümmern.«

Ungläubig starrte Wenzeslaus auf Robert Dupont. »Ich verließ Rom, um Frieden und Gesundheit in die Welt zu bringen. Ich bin kein Freund von Schlägereien.«

»Und ich bin ein Freund von dem hier!« Dupont tippte dem hünenhaften Quartiermeister auf die Brust und verließ das Arsenal.

Sieben Tage sollte es noch dauern, bis die Jesuiten zu Georgii ihre erste Andacht abhalten konnten. Beim kleinsten Schaukeln rutschten Leuchter und Weihwasser, die Bibel samt Monstranz und Muttergottes vom Altar, so daß Adam und Wenzeslaus die Dinge seefest auf dem kleinen Kajütentisch vertäuten. Ein ewiges Lichtlein hängte Adam freischwebend unter die Decke nahe der Kajütenwand. Und zur Freude seiner Gefährten zeichnete er eine Gradeinteilung an – Flaute, Brise, Sturm, Orkan und Untergang stand nun auf den Wandbrettern zu lesen. Fortan wurde der Seegang vom Pendelschlag der Ampel angezeigt.

Unter den Seebären sorgte der auffrischende Nordostwind für aufgekratzte Stimmung, unter den Landratten für Übelkeit. Mit den Tagen auf See stellte sich auch der christliche Alltag ein. Doch nicht die Jesuiten, sondern ein portugiesischer Dominikaner zelebrierte täglich eine gutbesuchte Messe an Deck. Um dem Schöpfer eine gute Reise abzubitten, wurde tagsüber und nachts zum Sanduhrglasen eine Gebetswache organisiert.

Die Jesuiten hielten sich für alle anfallenden Hilfsdienste über und unter Deck bereit. So kam eines Tages Wenzeslaus in die Kajüte gestürmt und erzählte mit hochrotem Kopf von einem Kind, dem er in die Welt geholfen hatte. »Eigentlich wollte ich nur Wasser holen. Plötzlich war Frauengeschrei unter Deck. Irgendwie hat es sich herumgesprochen, daß ich Mediziner bin.« Kopfschüttelnd ließ er sich auf eine Kiste fallen und strahlte verwirrt. »Es lebt, Brüder, es liegt da unten und brüllt.«

Dupont kannte die halbe Mannschaft und jeden Winkel der »Senhora de Jesus«. Er schleppte den Jüngsten der Brüder, den sechsundzwanzigjährigen Adam, überallhin. Zu guter Letzt brachte er ihn zu Kapitän Enriquez. Und wie er erwartet hatte, fand Enriquez Gefallen daran, daß ihm der deutsche Astronom zur Hand ging. »Seht Euch um, diese Instrumente stehen nicht in Rom auf der Sternwarte.« Neugierig beugte sich Adam über den Bordkompaß. »Hat man Euch im heiligen Rom auch die wahren Geheimnisse beigebracht?« fragte Enriquez prüfend.

»Welche Geheimnisse?«

»Nun, die geheimnisvolle Weisheit von den Kräften, die eine Kompaßnadel irritieren?«

»Ich kann mir nur vorstellen, daß erzhaltiges Gestein die Nadel irritiert.« Adam hob interessiert den Kopf.

Der Kapitän nickte bedeutungsvoll. »Auch das stimmt. Doch da gibt's noch das uralte Geheimnis der Weisen! Kennt Ihr das?« Adam versuchte sich zu erinnern und schüttelte den Kopf. Der Kapitän schaute ihm tief in die Augen. »Nach altem alchimistischem Geheimwissen ist das Teuflischste, was dem Kompaß den Garaus macht, der Giftatem des Knoblauchs.« Wieherndes Gelächter folgte und aus tränenfaltigen Augen starrte Kapitän Enriquez in Adams verdutztes Gesicht. Noch lachend zog er ihn an den Tisch zu einem Stoß kolorierter Karten, wo Terentius stand.

Terentius war der Meinung, daß ihm als Mathematiker, der mit dem großen Galilei in Rom zur berühmten Accademia dei Lincei gehört hatte, der Platz an der Seite des Kapitäns zustünde, und so war er aus dem Kartenhaus nicht mehr wegzudenken. Kapitän Enriquez hatte schon einige Male versucht, ihn zu verscheuchen. Aber der lange Konstanzer tauchte so penetrant immer wieder auf, daß Enriquez schließlich aufgab.

Ohne seinen Glatzkopf zu wenden, knurrte Terentius: »Vorzügliche Arbeit, vorzügliche Arbeit!«

Adam las: »Nordwestlicher Teil Afrikas nach Quellen des Leo Africanus, gezeichnet von Abraham Ortelius aus Antwerpen, Anno Domini 1570 …«

Terentius pochte auf die Kompaßrose der Portulan-Atlaskarte. »Ein Genie, dieser Ortelius. Fürwahr!«

Kapitän Enriquez schob den Mathematiker zur Seite, weg von der abgewetzten, über den Kartentisch lappenden Seekarte. »Man gestattet!«

Mit dem Ringfinger tippte er auf ein schraffiertes Dreieck. »Seht her. Die erste Etappe ist immer eine beschauliche Schaukeltour, die Capverden erreichen wir meist leicht mit gutem Wind.« Sein Finger war in südlicher Richtung von der iberischen Halbinsel über das Blau des Meeres um die Schulter Afrikas herumgefahren. Er tippte auf einen winzigen Ring schwarzer Fleckchen vor der Westküste Afrikas. »Die Capverdischen Inseln. Hier! Ab hier müssen wir die Drift in Richtung Süden erwischen.« Sein Finger schnellte über den *Oceanus occidentalis* bis kurz vor die Küste Südamerikas, wo er liegenblieb. »Doch wenn wir hier hineingeraten, werden wir nach Norden abgetrieben und landen vor der Küste Mexikos. Für uns und alle Indienfahrer der königlichen Flotte, die nach Mexiko hinaufgetrieben werden, gilt dann der Befehl, nach Portugal zurückzukehren. So schnell will ich aber meine Alte nicht wiedersehen!« Langsam zog Enriquez seinen Finger auf der goldenen Äquatorlinie zurück bis vor die Westküste Afrikas. »Hier, Brüder, müssen wir lang, hier wird es schwieriger, hier lauert Gefahr. Dies ist der Calmengürtel.« Sein Fingernagel ritzte das Blau vor der Westküste Afrikas an.

»Unwetter, Stürme?« fragte Adam. Und Terentius hob besorgt die Augenbrauen. »Ich habe von Gewässern vor Westafrika gehört, die gesundheitlich ungünstig sein sollen.«

»Stürme?« Der Kapitän lachte höhnisch. »Genau das Gegenteil! Einen Sturm zu meistern, ist dagegen das reinste Vergnügen.« Sein Finger klopfte hart vor die Ausbuchtung Westafrikas. »Hier hat sogar der Teufel das Furzen verlernt, so windstill ist es hier. Hier liegt die See des Todes. Was wir hier brauchen, sind nicht Navigationskünste oder ausgeklügelte Berechnungen, sondern Glück und Gottvertrauen. Eine Flaute ist eine Frage der Wasservorräte und des Charakters – und das kann durchaus gesundheitlich ungünstig werden«, fügte er trocken hinzu. »Es hat schon ein Schiff gegeben, auf dem sich ein Bischof die Sterbesakramente selber spenden mußte.«

»Kann man diesen gefährlichen, wie sagtet Ihr...«

»Calmengürtel.«

»... nicht einfach umsegeln?« fragte Adam.

»Ich sagte schon, dann treibt uns die Nordströmung in den Golf von Mexiko.« Achselzuckend schaute Enriquez zu den besorgten Patres auf. »Vielleicht will einer der Herren noch zurückschwimmen. Es gibt nämlich keinen anderen Weg.« Wieder beugte er sich über die Seekarte. »Die warmen Nebel von der Afrikaküste tragen eine Seuche zu den Schiffen. Ganze Mannschaften hat sie schon hingerafft, alle Mann im Dunst verreckt. In voller Takelage geistern diese Totenschiffe später vor den aufkommenden Winden. Nicht mal die abgebrühtesten Piraten vergreifen sich an ihrer Fracht, denn die Seuche lauert in den ausgedörrten Knochen der Toten. Aber für uns gibt es keine Vorzeichen, daß wir hineingeraten. Ich hatte bisher immer gute Fahrt.«

»Na, na, was erzählt Er da harmlosen Reisenden für Seemannsgarn!« Robert Dupont trat mit zwei Rotweinflaschen unter dem Arm, gefolgt von einem Pater, der ihm aufs Haar glich, in den Kartenraum. »Mein Bruder Philipp«, stellte er seinen leiblichen Bruder vor.

»Reisen macht durstig« schmunzelte Pater Philipp und entkorkte die erste Flasche Clairet. »Ihr müßt wissen, Brüder, auf einem Segler ist der Kartentisch das, was in der Kirche der Altar ist. Die Männer hier hoffen auch, daß sie nicht vom Kurs abkommen. Prosit!«

Das Wetter hielt sich die folgende Woche und die »Senhora de Jesus« machte gute Fahrt gen Süden. Nachdem auf den Capverdischen Inseln die Wasservorräte aufgefrischt worden waren, herrschte großartige Stimmung an Bord. Bis in den Abend hinein wurde gesungen, getanzt, gespielt und gebuhlt. Von den Einheimischen, die mit ihren Booten längsschiffs gekommen waren, hatte man Hummertiere gekauft, die jetzt leuchtend rot mit Schweinehälften und Hühnerfleisch über den Feuerstellen gedreht wurden. Jeder wollte Kurzweil treiben. So wurde am Steuerruder und im Kartenhaus jede fünfte Stunde abgewechselt. Als Adam zu seiner Wache kam, traf er auf einen aufgelösten Navigator. Der kleine, kraushaarige Portugiese stand verzweifelt vor einem Paar an der Wand hängender Sanduhren. »Patre, mir ist ein schreckliches Unglück passiert«, stammelte er und deutete auf das linke der taillierten Gläser. »Seht selbst. Der Sand ist durchgelaufen, die hier müßte eigentlich die Lissabonner Zeit angeben.«

»Um Gottes Willen, du hast vergessen, sie umzudrehen.«

»Ja, der Kapitän läßt mich kielholen. Muttergottes, ohne die Lissabonner Zeit sind wir verloren, wir können keine Längenposition mehr bestimmen.« Er blätterte verzweifelt im Logbuch.

»Moment. Ich hole unseren Mathematikus.« Adam fegte an Deck, fand Terentius in ein Gespräch vertieft, griff ihn am Ärmel und zog ihn wortlos hinter sich her. Im Laufen erzählte er ihm rasch, was geschehen war. »Er hat vergessen, die Sanduhr umzudrehen, wir haben also keine Lissabonner Zeit mehr.«

»Der Tölpel. Ein großes Unglück, fürwahr ein großes Unglück. Wie sollen wir so unsere Position auf See berechnen?« überlegte Terentius im Hasten. Sie eilten in den Kartenraum, wo der Portugiese mit zitternder Hand Berechnungen anstellte.

»Na, überm Feiern das Glasen vergessen? Jetzt laß mich mal. Bete zu Gott, daß ich das hinkriege.« Terentius scheuchte den Aufgelösten vom Kartentisch und griff sich Stift und Zirkel. »Und wie jetzt den Zeitunterschied zwischen hier und Lissabon in den geographischen Abstand umrechnen? Wartet!« Terentius rieb sich den langen Nasenrücken und reckte den Hals über dem letzten Tinteneintrag, dem letzten Logbuchbesteck. »Moment, hier, es gibt eine Lösung. Ja, das müßte klappen. Damit rette ich das Jüngelchen vorm Ersaufen. Die Erde dreht sich in vierundzwanzig Stunden um 360 Grad, dann legt sie in einer Stunde x Grad zurück...«

»15 Längengrad in einer Stunde«, warf der Portugiese ein, während er Terentius auf die schreibenden Finger schaute.

»Was nützt die ganze Rechnerei, wenn dir die Lissabonner Zeit fehlt?« fragte Adam skeptisch.

»Beruhigt euch! Ich werde es rausfinden.«

»Die Muttergottes steh ihm bei. Er muß vor der Morgendämmerung eine Lösung finden, dann löst mich der erste Navigator ab. Hier, seht, das letzte Logbuchbesteck: 20 Grad östlich der

Azoren.« Der Navigator schob Terentius seine konfusen Berechnungen zu.

»Das kann ich nicht brauchen, aber schnapp dir die Logge und zähl, wieviele Knoten die ›Senhora de Jesus‹ macht. Ach ja, wie heißt du?«

»Vasco.«

Terentius lachte laut auf. »Vasco! Die Ergebnisse brauche ich schnell, Vasco, und wirf die Logleine zweimal aus, zur Sicherheit!« Umständlich hängte er die große Öllampe über dem Kartentisch tiefer und beugte sich über eine Seekarte, deren unzählige Kompaßlinien wie Strahlen über die blauen Flächen liefen. »Unser Vasco wird in einer halben Stunde zurück sein.«

»Er wird uns die Anzahl der Knoten nennen, die wir Fahrt machen. Ich schätze, er wird sechs bis acht Knoten in der Minute zählen, nicht mehr. Wäre doch gelacht, wenn sich die Schiffsposition nicht berechnen ließe.« Terentius sah sich nach einem losen Stück Papier um, während er etwas von »Tempo maximal 8 Knoten, Position vielleicht 5 Grad nördlicher Breite« murmelte.

Adam beobachtete den durchrinnenden Sand in der Bordzeituhr, suchte die letzte Eintragung im Logbuch und entzifferte 26. Mai 1618, 12 Glasen, 8 Grad nördliche Breite, 20 Grad östliche Länge, 10 Knoten, Kurs Südost. Dieses Logbuchbesteck galt es fortzuschreiben.

Noch immer verstört, sprang Vasco wieder zur Tür herein und meldete: »Sechs Knoten pro Minute!« Dann starrte er unbewegt auf die Berechnungen vor Terentius. Dieser nickte nur, ohne von den Zahlen aufzusehen. Endlich, nachdem er das Schreibutensil weggelegt hatte, richtete er sich auf und strich sich über die Glatze. »Wir sind hauptsächlich nach Süden, und nicht weit nach Westen gesegelt.« Zu Vasco gewandt fügte er leise hinzu: »Da haben wir nochmal Glück gehabt, die Zeitdifferenz zu Lissabon beträgt nur eine halbe Stunde. Richte die Uhr mit der Lissabonner Zeit so, daß es nach der Bordzeituhr eine halbe Stunde früher hell wird. Unser guter Käpt'n wird's nicht merken.« Er puffte Vasco, der sich erleichtert bedankte, zwinkerte Adam zu und verließ mit diesem gemeinsam den nächtlichen Kartenraum. Niemand sollte von Vascos Mißgeschick erfahren.

Mit stetigem Wind erreichten sie den Äquator. Die Sonne brannte schattenlos hernieder und Kühlung hatten jetzt nur noch die Allerärmsten unten am Kielschwein. Die Äquatortaufe brachte immerhin ein paar wilde, vergnügliche Stunden, in denen die Täuflinge gejagt, beschmiert, geschrubbt und zu guter Letzt beglückwünscht wurden. Die beiden Feuerstellen an Deck blieben ungeschürt, niemand wollte in der Hitze auch noch eine Feuersglut anfachen. Immer öfter kam es unter der nachbarschaftlichen Enge zwischen den sechshundert Menschen zu Handgreiflichkeiten, und immer öfter wurden die Jesuiten zum Schlichten unter Deck gerufen. Wer sich nicht stritt oder herumwerkelte, lag gelangweilt im Schatten der knarrenden Segel und sah dösend auf die leere See hinaus. Bis der Ausguck aufgeregt aus dem Krähennest »Nebel« brüllte, »Nebelbänke voraus«, und alles aufschreckte.

»Zu früh, jetzt schon Nebelbänke, das ist zu früh, verflucht. Jetzt können wir nur noch beten. Die Geister im kalten Nordstrom und die Teufel im heißen Südwind werden sich mit unserer Karacke ein feines Versteckspielchen liefern«, höhnte Kapitän Enriquez. Bei diesem galligen Tonfall stockte Adam und Terentius der Atem. Waren sie durch ihre heimliche Kurskorrektur zu nahe an die afrikanische Küste geraten? Der Kapitän schlug das Kreuz und schwang sich die Treppe zum Achterdecksöller hinauf. »Betet, betet, daß wir in dieser Suppe nicht vom Kurs abkommen.«

Erschrocken blickten die beiden Gelehrten hinaus aufs Wasser.

Stumpfer grauer Nebel schwebte über den sanften silbrigen Wellen und verbarg Elle um Elle von Himmel und Meer.

Bald war die »Senora de Jesus« in einen warmen, feuchten Kokon aus Dunst gehüllt; zwischen Heck und Bug, vom Deck bis in die Mastspitzen legten sich Nebelfetzen; die Segel sogen sich voll mit tropischem Dampf und hingen regungslos zwischen den Leinen. Kein Knarren, kein Wimpelschlagen war mehr zu hören. Lautlos verloren sie an Fahrt. In der Nacht glättete sich die See, als wäre sie unter dem Schiff hinweggestorben.

Das Atmen wurde jedermann schwer. Es wurde ruhig an Bord. Unbewegt stand der Dreimaster im bleiernen Grau des endlosen atlantischen Ozeans. Und das seelenlose Wetter blieb.

Insgeheim, um keine Panik aufkommen zu lassen, trafen die Jesuiten Vorbereitungen. Neben dem Arsenal im Vorderschiff räumten sie eine Frachtkammer leer, legten Matten hinein und richteten einen Altar zurecht.

»So eine Flaute dauert doch nicht ewig«, wunderte sich Wenzeslaus. »Am Nebel ist bisher doch noch keiner gestorben?«

»Tun wir, was der Kapitän befiehlt. So Gott will, ist es überflüssig.«

Als Adam in ihre Kajüte zurückkehrte, fand er Terentius, Dupont und einige von der Mannschaft, die aus den Heckluken hingen und in den Nebel starrten. »Was gibt es zu sehen?«

»Zu sehen? Schau selbst, vermißt du nichts?«

»Wieso? Um Gotteswillen – die ›São Mauro‹ ist weg!« Das nachfolgende Bruderschiff war verschwunden.

»Auch die ›São Carlo‹ ist weg, nicht mehr zu sehen.«

Ein aufgeregter Matrose stürzte herein. Ihm folgte der Kapitän. »Des Teufels Waschküche wird nicht mein Grab. Bewegt euch, wir brauchen den kleinsten Windhauch. Adam, Terentius, ran an die Segel«, brüllte der Kapitän. Aber nichts fing sich in den Segeln. Kein Hauch spielte mit den Wimpeln. Nicht einmal als sich der Nebel hob, wurde das Erscheinen der Sonnenscheibe von einem Windlein begleitet.

Zur Gluthitze gesellte sich jetzt Grabesstille: Die verstummten Menschen zogen sich in den Schatten des Schiffsbauches zurück. Das leblose Meer und der ungerührte Himmel schlossen ihre blaue Todesfalle.

»Zu trinken, gebt mir doch zu trinken!«

Immer häufiger wurden die Jesuiten jetzt zu Kranken gerufen. Zuerst erkrankten die Kinder, dann die Alten. Übelkeit schüttelte sie, dieser folgte hohes Fieber, Erbrechen und eine Mattigkeit bis hin zum Tod.

»Hast du so etwas Scheußliches schon jemals gesehen?« Terentius preßte sich ein essiggetränktes Tuch vor Mund und Nase. »Ja, möglich, als mein Vater starb. Ihm ist auch überall am

Leib der Eiter aus der Haut geplatzt. Aber solche Schwielen und aufgedunsene Füße hatte er nicht.«

Adam leuchtete mit einem Talglicht über den Körper eines Mannes, zu dem man sie gerufen hatte. Die Familienangehörigen drängten sich flehend um die beiden Patres, die mit einer Kanne Wasser und mit Rosmarinessenz getränkten Lappen Heilung bringen sollten. Kein Wind blies mehr frische Seeluft ins Dunkel des Rumpfes. »Wasser«, hauchte der Fiebernde mit aufgeplatzten Lippen.

»Sieh, an seinen Zähnen fehlt das Fleisch«, flüsterte Terentius, »und wie grauweiß die Zunge ist.«

»Jesus Maria, wie er nach Verwesung riecht.« Adam hob dem Schwerkranken einen Becher an den pergamentenen Mund, um ihm schluckweise Wasser einzuflößen.

Nach ein paar Tagen hatte es die ersten der Mannschaft ergriffen. Wer sich noch aufraffen konnte, räucherte die Winkel des Schiffes mit Wacholder und Thymian aus, trug die Schwerkranken zusammen und trennte sie von den leichteren Fällen. Die Patres hatten keine Atempause mehr.

Dupont und Terentius taumelten in die Sterbekammer. Jeder trug einen Kinderkörper geschultert, den er sachte auf eine freie Matte gleiten ließ. »Es ist grauenhaft, entsetzlich«, keuchte Dupont, »unter Deck liegen sie rum wie die Fliegen. Wir zogen einigen die Kleider aus und entdeckten auch bei ihnen diese eitrigen Wunden und geschwollene Glieder. Alle klagen über Schmerzen im Schlund. Selbst wenn sie essen wollten, könnten sie wegen der Mundseuche nichts beißen.«

Adam hockte sich neben Dupont, dessen Gesicht von kleinen Schweißperlen bedeckt war. Er kämpfte mit den Tränen und der Übelkeit. »So starb mein Vater am Schwarzen Tod.«

»Nein, nein, es ist nicht die Pestilenz. Vielleicht etwas Verwandtes. Vermutlich hängt es mit dem Nebel und der Hitze zusammen.«

Terentius drehte einen Griffel hin und her und machte Notizen in ein Büchlein. »Nahezu gesetzmäßig tritt der Scharbock in diesen Breiten auf. Der Verlauf der Krankheit ist bei allen gleich. Wieviele Fälle hast du gezählt?«

»Ungefähr neunzig«, flüsterte Adam.

»Auf niederländischen Schiffen sollen sie mit Arsen erfolgreiche Heilungen gemacht haben.« Kirwitzer reinigte vorsichtig ein Kindergesicht von Erbrochenem. »Nach meiner Kenntnis endet die Pestilenz immer tödlich, beim Scharbock kann es eine Rückkehr ins Leben geben. Warum, das weiß bisher noch keiner.«

Die römischen Gelehrten hockten zwischen den Todgeweihten und versuchten mit ihrem Wissen hinter das Geheimnis des Schreckens zu kommen. »Sie müssen die schlechten Körpersäfte loswerden, versuchen wir es mit Erbrechen«, schlußfolgerte Wenzeslaus.

Die Kranken, die noch Kraft hatten, schrien nach Wasser. Bei ihnen versuchte man es mit einem Brechmittel. Da ihre Kehlen und Gedärme brannten, wehrten sie sich gegen das Einnehmen des Purgiersirups, der sie alles ausspeien ließ, was nicht in ihrem Leib verwachsen war. Doch die Patres blieben hart.

Hatten die Kranken anfangs noch höflich um Wasser gebeten, fluchten sie jetzt: »Zum Teufel mit euch, eure Hände taugen gerade mal zum Spendenzählen.« Viele schrien vor rasendem Kopfschmerz und schlugen sich wie irrsinnig an die Brust. »Tod erlöse mich«, flehte der eine. »Welche Sünden muß ich noch bereuen? Herr im Himmel, ich bin zu allem bereit«, heulte der andere.

Auf das Trinkwasser hatte sich eine schleimige Schicht glasiger Maden gelegt. Alle Wasserbehälter waren befallen und jeder Schluck mußte durch ein Tuch geseiht werden. Dupont, der den Krankheitsverlauf von seiner ersten Indienreise kannte, ließ sich durch die Ausbrüche der Fiebernden nicht beirren. Da er aus Erfahrung wußte, daß Trinken keine Heilung brachte und daß nach Verabreichen von Purgiersirup nur noch der Aderlaß blieb, suchte er vor allem den Seelenschmerz der Sterbenden zu kurieren.

Hilflos lag die »Senhora de Jesus« zwischen den blauen Horizonten und wurde vom Tod geentert.

Als erstes starben zwei Matrosen und zwei Knaben. Der ersten Totenmesse folgten kurz darauf die nächsten – das Entsetzen unter den Passagieren und der Mannschaft steigerte sich von Tag zu Tag. Der Kampf gegen den Scharbock dauerte an. Täglich befiel er weitere Menschen und von den Jesuiten lagen bereits Johann Alberich, Terentius und Duponts Bruder heftig fiebernd darnieder.

»Patre, öffnet! Öffnet!«

Rufen und Klopfen riß Adam aus einem traumlosen Schlaf völliger Erschöpfung. Als er sich hochstemmte, nahm ein Stechen seine Schläfen in die Zange. Jetzt spürte auch er den schleimigen Belag im Mund. Seit Tagen schlief er in seiner besudelten Soutane dort, wo er gerade saß. Kein Moment blieb für Besinnung. Er wankte zur Tür. »Sie ist doch offen, was willst du?«

»Patre«, schrie ein Bootsjunge, »kommt schnell. Patre Dupont kann nicht mehr aufstehen.«

»Mein Gott, womit hat er das verdient?« Adam stolperte dem Jungen hinterher.

Robert Dupont war beim Gebet zusammengebrochen. Mit fliegendem Atem und flackerndem Blick lag er in der Kammer.

»Robert, trinkt!« Adam griff nach einem Becher und hob behutsam das schweißverklebte Haupt. »Trinkt!« Tränen schossen ihm in die Augen.

Gierig schlürfte der Elende.

Bitte nimm ihn mir nicht, bitte nicht, vermochte er nur stumm zu flehen. Vor Angst um diesem Mann schien ihm fast das Herz zu zerspringen.

Als könnte er Gedanken lesen, riß Dupont die Augen auf und ein Schimmer huschte über sein eingefallenes Gesicht. »Es bleibt vielleicht noch eine Rettung. Siehst du das Kästchen dort?« keuchte er. »Hol es her. Behutsam, behutsam!«

Überaus vorsichtig öffnete Adam den Deckel. In dem Kästchen lagen festgeschnürte Bündelchen aus geharzter Leinwand.

»Nimm eins und schneide es vorsichtig auf.«

Als er die Hülle geöffnet hatte, fing das silbergraue Pulver an zu dampfen.

»Schütte mir ein klein wenig in den Becher.« Zitternd hatte Dupont den Kopf gehoben, um jeden Handgriff zu verfolgen.

»So?« Adam schippte ein winziges Häufchen auf den beiliegenden Spatel und schüttete das metallisch schimmernde Pulver in den Trinkbecher.

»Ja. So laß gut sein.« Dupont trank den hingehaltenen Becher in einem Zug leer. »Entweder es rettet mein Leben oder es bringt mich um!«

»Es kann Euch umbringen? Was ist das für ein Teufelszeug?« schrie Adam heiser.

»Antimonium zieht das Unreine an. Einmal täglich diese Dosis für jeden Scharbocker. Wohlgemerkt, wenn ich überlebe.« Dupont fielen die Augen zu. »Es ist unsere letzte Rettung. Wenn es nicht hilft, frag Enriquez um Rat …« Dann sank sein Kopf zurück in Adams Schoß.

Herr, laß ihn nicht sterben, erbarme dich unser, betete Adam mit tränennassen Wangen. Er spürte, wie die Seuche auch ihm an die Gurgel ging. Die Nacht über wachte er an Duponts Lager.

Als es hell wurde, fuhren die ersten Fieberschübe durch seinen Körper. Mit einem Blick auf den wachsbleichen, aber atmenden Mitbruder entschied er sich ebenfalls für das Wagnis mit dem Antimonium. Er konnte kaum noch die winzige Hülle öffnen und den Schluck an die Lippen führen, so geschwächt waren schon seine Finger. Schwer atmend sank er neben Dupont auf die Bretter und verlor das Bewußtsein.

Als er nach finsterster Verlorenheit erwachte, lag neben ihm ein dünn lächelnder, blasser Dupont, der ihn aufmerksam mit seinen grauen Augen beobachtete.

»Willkommen unter den Lebenden«, hörte er ihn flüstern. »Wenn wir zwei das überlebt haben, dann hilft es vielleicht auch den anderen.«

Nach ein paar Tagen ließen bei Adam die Fieberschübe nach, während Dupont weiterhin daniederlag. Sofort half er Wenzeslaus und zwei Matrosen bei der Versorgung der Kranken unter Deck. Es sollten Stunden vergehen, bis Bruder Wenzeslaus an die dreihundert Scharbocker mit dem gefährlichen Metallpulver Antimonium versorgt hatte.

Nach getaner Arbeit schleppten sie sich zusammen in die Achterdeckkajüte, wo der Kapitän matt in seinem Armstuhl hing.

»Gott mit Euch, Kapitän … Dupont ringt mit dem Tod und wir fühlen uns elend schwach. Hundertzwanzig Tote sind zu beklagen … die Wasservorräte gehen zur Neige«, meldete Wenzeslaus matt.

»Ich weiß, ich weiß.« Kapitän Enriquez liefen Schweißperlen über die Schläfen. »Dieses Schiff scheint verflucht, seht mich an!« Er hob die zitternde Hand und fuhr sich zwischen die Zähne. Adam mußte wegsehen. Nicht auch noch er! Enriquez winkte die beiden an die aufgesperrte Luke. »Kommt, seht ihr den schmalen, weißen Streifen? Behalten wir's für uns, falls es nicht eintrifft, aber das könnte unsere Rettung sein.«

»Wind?«

»Pssst, nicht verscheuchen!« Der sich stützende Kapitän legte seinen Zeigefinger über die rissigen Lippen. »Das hält mich aufrecht. Wenn heute Nacht daraus kein Wind wird, sind wir verloren.«

Ein Hoffnungsblitz durchfuhr die beiden Jesuiten. Wortlos eilten sie in ihre Kammer, entzündeten die Altarkerzen und knieten sich zum Beten nieder. Irgendwann mußte Adam umgesunken und eingedämmert sein. Ein leises Geräusch weckte ihn. Nein, das war nicht das Ächzen eines Kranken! Es klang wie Holzknarren. Er lauschte in die Dunkelheit, wirklich, die »Senhora de Jesus« schien zu erwachen. Leise kroch er zur Kajütentür und schob den Kopf in die Nacht hinaus. Segel schlugen zaghaft hin und her. Ein paar kleine Wolken schoben sich am sternenklaren Himmel vor den Mond.

»Wenzeslaus, Terentius, Robert, mein Gott, wir fahren!« Der sieche Dupont wurde an die frische Luft getragen. Alle standen gebannt auf Deck und blickten auf das mondglitzernde, endlich wieder tanzende Meer.

Aus der Brise war am nächsten Tag ein vorwärtstreibender Wind geworden. Die Kühlung linderte, heilte aber nicht. Die gesunden und leicht erkrankten Passagiere mußten beim Segelsetzen mithelfen, denn die Hälfte der Matrosen lag weiter schwer im Fieber. Halbwüchsige wurden eilends mit dem Seemannshandwerk vertraut gemacht. Kirwitzer, vom Scharbock verschont, pflegte unermüdlich die Kranken unter Deck.

Kaum daß das Schiff aus der Todeszone glitt, brach der Kapitän zusammen. Im Fieber bat er hinausgelegt zu werden. Er lag noch nicht, da öffneten sich die Wolken gleich Schleusen. Auch andere Kranke krochen aus ihren dunklen Ecken, um etwas vom himmlischen Nektar zu erhaschen. Jeder Tuchfetzen, jeder verfügbare Behälter, selbst Lederkappen wurden an Deck gebracht, um das spärlichste Tröpflein aufzufangen. Männer und Frauen gerieten in Verzückung, rissen sich die Kleider von den ausgemergelten Leibern, suhlten sich nackt auf den glitschigen Planken, tanzten, johlten, fielen auf die Knie und heulten, weinten und schluchzten. Die Lebensfreude stieg unter den Gesunden und die Kranken schöpften neuen Mut.

Doch entgegen aller Hoffnungen kamen nicht alle auf die Beine. Viele der besten Männer dämmerten dahin oder starben. Die Karacke mußte von Halbwüchsigen, Frauen, Kaufleuten, Priestern und drei Dutzend Schiffsmännern unter Segel gehalten werden. Der todkranke Kapitän hatte sein Lager neben dem Kartentisch aufgeschlagen. So trotzte er dem Tod. Seit Tagen berichtete ihm der Maat über die Ereignisse an Bord.

»Nach meinen Erkundungen müssen wir in der Flaute irgendwie nach Südwest abgedriftet sein«, berichtete er dem liegenden Enriquez.

»Verdammt! Zu weit Südwest! Die Guineaströmung! Beeilt euch, sie darf uns nicht erwischen«, stöhnte der Kranke.

»Wir sind vermutlich schon vor der Flaute zu weit westlich gewesen. Vielleicht waren wir ...«

»Vermutlich! Vielleicht! Hast du nichts Präziseres. Vermutlich!?« Der Käpt'n stützte sich auf den Ellbogen. »Ich will sofort die Navigatoren sehen!«

Der Maat trat einen Schritt zurück und zog die Mütze vom Scheitel. »Mein Kapitän, Ihr wart im Fieber, Ihr wart nicht bei Sinnen, ich konnte nicht, deshalb habe ich Euch noch nicht mitgeteilt, daß der erste Navigator gestorben ist und der zweite mit dem Tod ringt.«

Der Schwerkranke fiel zurück und schloß die Augen.

»Und mein Kapitän, auch der erste Steuermann starb heute

morgen.« Der Maat verbeugte sich nochmals und klammerte sich an seine Mütze, um nicht in Schluchzen auszubrechen.

»Hol die beiden Rechenpäpste«, flüsterte Enriquez, »die müssen es schaffen, sonst holt uns der Teufel.«

»Jawohl, Kapitän, ich bete für Euch, daß das Mittel wirkt.« Wenzeslaus war eingetreten, um wie allmorgendlich den Kapitän zur Ader zu lassen und ihm das letzte Quentchen Antimonium einzuflößen.

Als Adam und Terentius in die Kajüte traten, war Enriquez neben dem Kartentisch schon wieder in Fieberschlaf gefallen.

»Er setzt alle Hoffnung in Euch, natürlich geh ich Euch zur Hand. Bitte, hier, der Steuermann starb heute morgen, außer mir war keiner mehr in der Lage, in die Karten zu sehen, wir müßten ... zwischen Äquator und dem Wendekreis des Steinbocks ...«, spekulierte der Maat, »aber auf welcher Länge? Östlich oder westlich des Azoren-Meridians? Bei Brasilien, bei Afrika? Tut mir leid ... die Seuche. Das Mittagsbesteck im Logbuch hat niemand weitergeführt. Gott sei Dank hat einer die Sanduhren weitergedreht.« Mit hängenden Schultern wischte der Maat über die von Nebelfeuchte gewellten Seekarten und blickte hilflos auf das Kartengewirr, die ausgetrockneten Tintenfässer und den handlungsunfähigen Kapitän. Hinter vorgehaltener Mütze strich er sich einige Tränen von der stoppeligen Wange. »Wir sind verloren.«

»Na, na, auch die Seefahrt, vorausgesetzt die Winde wehen, ist nur eine Frage der Mathematik. Schick uns Vasco, sobald er wieder stehen kann. Ich kann zwar nicht schwimmen, aber rechnen.« Terentius stützte sich, noch kaum genesen, mit seinen spindeldürren Armen auf die Tischplatte. Sein abgemagertes Vogelgesicht verzog sich zu einem aufmunternden Lächeln. »Maat, sag den Leuten, daß sie zwei vorzügliche Männer an Bord haben, die unsere Senhora über den Teich bringen werden.«

Adam starrte ihn ungläubig an. »Du und ich, die Helden? Das erste Mal auf einem Segler, selbst halbtot, versprichst du Rettung! Nimmst du nicht das Maul zu voll?«

»Das bißchen Hoffnung kann die Leute am Leben erhalten. Wenn wir es nicht schaffen, ist noch immer Zeit genug, die Hoffnung aufzugeben.«

Der Kauz hat recht, dachte Adam und sichtete mit Terentius die notwendigen Seekarten, Logbucheintragungen und Zirkelberechnungen. Zwei Tage später meldete sich ein ausgemergelter Vasco bei den beiden Astronomen. Und noch bevor die Nacht hereinbrach, hatte er mit der ausgeworfenen Logge eine Geschwindigkeit von acht Knoten ermittelt.

In dieser Nacht mußten sich die Astronomen lange gedulden, bis die Wolkendecke aufriß. »Da wir jetzt auf der südlichen Erdhalbkugel sind, sehen wir den Polarstern nicht mehr, wir müssen uns jetzt nach dem Kreuz des Südens richten.« Seite an Seite lagen Terentius und Adam auf Deck und durchsuchten den südlichen Sternenhimmel. »Da oben, das müßte es sein. Ja, da, die hellen Sterne, das muß das Kreuz des Südens sein.« Terentius erhob sich und hielt den Handkompaß unter die Sturmlampe, um ihn nach Süden auszurichten. Mit der Sandalenspitze zog er eine imaginäre Linie auf den Planken. »In der Richtung müssen wir den Sextanten ausrichten.« Breitbeinig, den linken Ellbogen auf die Brust gestützt, schwenkte Adam die Alhidade des Sextanten steil nach oben. Es dauerte einige Minuten bis er sicher war. »Ja, da ist es … vier Sterne, zwei senkrecht, zwei waagrecht. Ein richtiges Kreuz.« Er visierte den obersten an, maß die Entfernung vom oberen zum unteren Stern, dann setzte er rechnerisch diese Strecke noch viermal unter dem unteren Stern aneinander. Somit hatte er am tiefsten Punkt dieser imaginären Entfernungslinie den Himmelssüdpol, den Fixpunkt auf der südlichen Halbkugel. Mit dem Sextanten gemessen ergab das eine Position von 18 Grad.

Terentius wiederholte die Messung und kam auf 22 Grad. »Der Seegang sabotiert jede exakte Messung, einigen wir uns auf 20 Grad über dem Südhorizont.« Wenig später, am Kartentisch, kamen sie zu folgendem Ergebnis: 15 Grad östlich des Nullmeridians auf den Azoren und 20 Grad südlicher Breite.

»Wir segeln Kurs Südwest. Endlich wissen wir, wohin es uns abgetrieben hat.« Adam pochte auf die Seekarte.

»Wir sind ja ewig weit abgetrieben, verglichen mit der letzten Logbucheintragung«, entsetzte sich Terentius.

»Ja, wir sind im Kreis gefahren. Zum Glück hatten wir bereits die gefährliche Mexico-Drift hinter uns. Zweifellos viel Zeitverlust. Wir segeln jetzt näher an der Küste Südamerikas als an der Küste Afrikas«, meldete sich Vasco zu Wort.

»Welch ein gewaltiger Umweg!«

Vasco nahm plötzlich aufgeregt ein Lineal zur Hand und legte es parallel zur goldenen *Linea Aequinoctialis.* »Großartig. Vielleicht haben wir Glück im Unglück«, rief er. »Seht hier! Westwärts auf unserer Breite liegt die Insel Martin Vaz, die könnten wir ansteuern, das Wichtigste, was wir zum Überleben brauchen, ist doch frisches Wasser und etwas zu essen. Die Matrosen sagen, das gäbe es da im Überfluß. Statt nach Süden, segeln wir weiter nach Westen … und zwar immer hart am 20. Breitengrad.« Er deutete mit dem Lineal auf die Meeresströmungen. »Auf dieser Breite könnten wir die Strömung vor Brasiliens Küste erwischen.« Zu dritt starrten sie auf das Lineal und schwiegen eine Weile.

»Dann entscheiden wir uns also für den Brasilienstrom?« Die drei warfen einen fragenden Blick auf das eingefallene Gesicht des dämmernden Kapitäns. Allein von ihrer Entscheidung hing jetzt das Leben Hunderter Menschen ab.

»Ja! Nehmen wir den Brasilienstrom!« Adam schlug mit der flachen Hand auf den Kartentisch und blickte die beiden neben ihm entschlossen an. »Oder glaubt ihr, daß wir noch eine andere Wahl haben? Also segeln wir mit ihm südwärts, die brasilianische Küste entlang, schlagen uns auf der Insel die Bäuche voll, wenn wir Glück haben, treffen wir danach im Süden auf die Westwindtrift. Hier seht, was auf der Karte steht. Wenn Gott es will, segeln wir mit dieser Drift um das Kap der Guten Hoffnung.«

Mit dem Zeigefinger fuhren sie nochmals Punkt für Punkt die Brasilienroute ab und kamen überein, daß sie mit vollgesetzten Segeln bei anhaltender Brise in sechs Tagen die Insel Martin Vaz erreichen müßten.

»Zu fressen, zu saufen im Überfluß, für diese Entdeckung verzeiht dir der Himmel dein verschlamptes Glasen, Vasco.« Dankbar drückte Adam den kleinen Portugiesen an seine Brust.

Erfreulicherweise ließ in den folgenden Tagen das Reihumsterben nach und bei den meisten Kranken sah es aus, als habe sich ihr Zustand gefestigt. Als Adam bemerkte, daß Terentius und Vasco ihn nicht brauchten, niemand nach ihm rief, keine Hand ihn an den Rocksäumen zurückhielt, dafür aber ein stiller Friede über das Schiff gekommen war, holte er sich einen Messingeimer, warf ihn über Bord und zog ihn an einem Tau wieder an Deck. Er schleppte das überschwappende Salzwasser in ihre Kajüte, wo er als nächstes die Heckluke öffnete. Mit Abscheu stieg er aus seiner dreckverkrusteten Soutane, rollte sie zu einem festen Bündel zusammen und warf sie hinaus ins Meer. Mit ihr versank nicht nur das Zeugnis von Krankheit und Todesangst, sondern auch seine römische Eitelkeit. Als nächstes tauchte er einen Lappen in das kalte, salzige Wasser und wusch seinen Körper, der bis hin zur Magerkeit der Schuljahre ausgezehrt war. Wie neugeboren stieg er in frische Linnenwäsche, Hose und Hemd. Alles, was er an Kleidern besaß, trug er jetzt am Leib. Er fühlte sich gut und nahm sich ausgiebig Zeit, um den matten Dupont zu pflegen. Gerne ordnete er dessen langgewachsenes braunes Haar, gerne legte er dessen schwachen Kopf in seinen Schoß, um ihn mit eingetunktem Zwieback zu füttern. Zum Dank fuhr ihm Dupont sanft übers Haar und bot ihm endlich das Du an. Oft saßen die Männer schweigend Hand in Hand. Wenn der kranke Robert stark genug war, erzählte er aus seinem Leben.

»Land voraus! Land, Laaaand!« gellte es am sechsten Tag aus dem Krähennest. Wer seine Beine gebrauchen konnte, lief zum Bug, um das erste Grün am Horizont zu begrüßen.

»30 Faden«, »20 Faden«, »16 Faden! Achtung, trockenfallen!«

Eine Menschentraube hing über die Reling und verfolgte, wie ein Matrose rittlings auf dem Bugspriet lag und das türkise Wasser, in dem Fischschwärme aufblitzten, mit dem Senkblei ausmaß. Laut kommentierend beobachtete das Schiffsvolk die heikle Fahrt durch die Untiefen. Rufe flogen über Deck und geleiteten die »Senhora de Jesus« durch die Felsriffe in die Hafenbucht von Martin Vaz.

Beim Anblick der Bäume, der Hütten und der winkenden Eingeborenen brachen alle in Gebete der Erleichterung aus.

Die Schwerkranken kamen von Bord und die Gesunden wurden mit frischer Nahrung versorgt. Trinkwasser, fette schwarze Schweine kamen an Deck, und die Hühnerverschläge quollen bald wieder über. Nachdem das Schiffsvolk wochenlang nur gekochte Bohnen und gesottenes Brot gegessen hatte, überfraß sich so mancher an Gebratenem.

Seeleute, die das Schicksal auf der Insel festgehalten hatte, wurden angeheuert, und so segelte die Karacke nach vier Tagen entlang der brasilianischen Küste gen Süden weiter.

Eine steife Brise und die günstige Meeresströmung sorgten dafür, daß sie bereits am 22. Juni den Wendekreis des Steinbocks passierten und wenig später Kurs auf das Afrikanische Kap nehmen konnten. Am 40. Breitengrad wurde es kühler und der Alltag kehrte an Bord zurück. Adam nutzte die Ruhe für sich und zum Gedenken an die Toten. Wie all die letzten Tage kniete er in ihrer Gemeinschaftskajüte zum Gebet nieder. Das ewige Lichtlein in der Ampel brannte und pendelte sachte hin und her. Den Rosenkranz zwischen den Fingern, lag sein nach innen gekehrter Blick auf der Skala: Flaute, Brise, Sturm, Orkan, Untergang. Zu seinem Erstaunen schlug die Ampel zunehmend aus. Plötzlich klirrte Glas. Gegenstände wackelten. »Nanu, nanu!«

Schnell stopfte er lose Dinge in Kisten und Truhen, die er miteinander verkeilte. Bevor er ihn fassen konnte, schlitterte der kranke Robert auf seinem Lager quer durch den Raum und schlug mit dem Kopf gegen eine Kante. Blut sickerte aus seiner Stirn. Aus dem Fieberschlaf gerissen, tastete er nach der Wunde.

»Als ob die Seuche nicht genug wäre«, stöhnte Adam, während er zwischen den hin und her rutschenden Gegenständen die Platzwunde versorgte.

In die auf und zu schlagende Fensterluke fegte kalter Wind, dem peitschender Regen folgte. »Robert!« Er war aufgesprungen und starrte in den Sturm hinaus. »Die Welt geht unter!« Unter ihm schäumten weiße Kronen auf bleigrauen Wellenbergen. Die Meeresbestie tobte. Kaum hatte er das Fenster mit einer Schnur zugebunden, schwollen die Winde weiter an und warfen sich mit Gebrüll auf den Dreimaster.

Während das menschenleere Deck von Gischt übersprungen wurde, fegte die Mannschaft in die Wanten und entriß dem Sturm die Segel, wobei ein Mann den Halt in den Salingen verlor und unbemerkt ins Meer stürzte.

Der Plankenleib stürzte haltlos von Wellental zu Wellental. Die rundgefügten Hölzer wimmerten im Würgegriff des Orkans. Die kleineren Winde pfiffen höhnische Liedlein in den Schäkeln und Messingösen.

Unter Deck waren alle Hände bemüht, Fässer und Kisten festzuzurren, denn ein Seitenhieb konnte die Karacke durch verrutschende Fracht seitenlastig machen und zum Kentern bringen. Um den Schiffsschwerpunkt so tief wie möglich zu legen, wurden die Bordkanonen unter Deck geschafft. Luken wurden vernagelt, Masten festgezurrt.

Für das Schiff gab es abermals kein Entrinnen aus dem Spiel der Himmelskräfte. Wieder und wieder wurde der Bugspriet in den Himmel geschossen und gleich darauf tief unter Wasser gedrückt. Brecher über Brecher donnerten über Deck. Gischt explodierte über finsterster Tiefe.

Mit vereinten Kräften versuchten die Stärksten das Steuerruder gegen die Wellenkämme zu halten. Mittdecks riß ein Brecher den Schweinestall aus seiner Verankerung. Beim Zerbersten des Holzkäfigs befreiten sich die Säue und sausten mit jedem neuen Wellental quiekend über die Planken. Wer die Seepest überstanden hatte, bezahlte jetzt mit einer kräftigen Magenmaut. Unter Deck beteten alle um ihr Leben. Das Wimmern der letzten Sterbenden wurde vom Jammern der Seekranken übertönt.

»Wenn es eine Hölle gibt«, flüsterte Adam Wenzeslaus zu, als sie im hin- und herkippenden Unterdeck durch Erbrochenes tappten, »dann ist es hier!« Jetzt hat mich die Strafe Gottes eingeholt, spukte es ihm durch den Kopf, dies ist keine Phantasie, keine Übung, dies ist bitter wahr. Und als Wenzeslaus neben ihm ein totes Kind aus den Armen seiner verzweifelten Mutter nahm – das Kind, dem er in diese Welt geholfen hatte – brach er zusammen. Die älteren Brüder schafften ihn in ihre Schiffskammer und pflegten ihn. Tagelang lag er neben Dupont und redete im Fieber.

Der ungleiche Kampf zwischen Mensch und Natur dauerte gnädige drei Tage und vier Nächte. So spukartig wie er hereingebrochen war, so spukartig verzog sich der Orkan.

Die Schäden waren gewaltig. Partien der Takelage hingen in Fetzen von den Masten, mehrere Rahen waren zerbrochen. Das Top samt Flaggenkopf fehlte. Zwischen losgerissenen Truhen, Splitterholz und Tauwerk lagen tote schwarze Säue. Die Menschen hingen wie naße Lappen über der Bordwand und noch Tage nach dem letzten Aufschaukeln konnte man ihren fahlgrünen Gesichtern die Qualen ansehen.

Um dem Schöpfer für die Rettung zu danken, versammelten sie sich zur Messe unter dem Großmast. Obwohl die See wieder versöhnlich wiegte, waren die Herzen schwer von Trauer. Viele vom Schiffsvolk hatten gebrochene Knochen, einige Kinder, drei Schiffsleute und Kapitän Enriquez hatte der Tod geholt.

Dreizehn Wochen nach dem Verlassen Lissabons umfuhr die »Senhora de Jesus« die Südspitze Afrikas und erreichte mit geflickten Segeln vier Wochen später die Inseln der Komoren.

Über den Lagunen von Bassas da India wuchsen malachitgrüne Wälder in einen Himmel, an den der Monsun täglich neue Regenbogen malte. Hier ging man vor Anker, um die Takelage und die Mägen auszuheilen. Das Leben kehrte aufs wonnigste zurück. Nichts hätte einen besseren Vorgeschmack auf Indien bieten können als der Duft von Zimt und Vanille. Die Besatzung wartete auf die anderen Schiffe des Konvois. Doch mittlerweile wurde es September und die Passatwinde drohten täglich zu drehen. Aber weder die »São Mauro«, noch die »São Carlo«, noch die beiden Hulker trafen rechtzeitig ein. So stach man ohne Begleitschiffe wieder in See. Das sollte sich als klug erweisen, denn neun quälende Monate mußten die vier zu spät gekommenen Indienfahrer auf dem »Friedhof der Portugiesen«, wie die blühenden Komoren wegen ihren Fiebersümpfe hießen, ausharren.

Bei günstigem Nordostpassat segelten sie über das Arabische Meer und erreichte Indien, jenes märchenumwobene Land.

Das geschah am 4. Oktober Anno Domini 1618. Dort, wo sich das Süßwasser des Mandovi ins Meer ergießt, blühte die abendländische Zivilisation im goldenen Goa, dem östlichen Rom.

Mit dem ersten Kanonenschlag streckte Terentius seinen bärtigen Schädel aus der Fensterluke. Tränen liefen ihm über das lachende Gesicht, als er seine Mitbrüder herbeiwinkte, mit ihm hinauszuschauen. Tief unter dem Heckausguck folgte eine Meute Boote mit winkenden braunen Menschen. Aus den nahen Fischerdörfern waren die Einheimischen herbeigerudert, um das Einfahren des Ozeanriesen in das Flußdelta der Aguada-Bucht mitzuerleben.

Entkräftet suchten Adam, Terentius und Wenzeslaus ihr Gepäck zusammen. Kaum hatten sie ihr bißchen Hab und Gut an Deck gebracht und Robert Dupont auf einer Tragbahre hinausgeschafft, brach Jubel los. Bis auf die Knochen abgemagert klammerten sich die Überlebenden an die Reling und winkten mit schwachen Armen den indischen Menschen zu. Wer noch Kraft hatte, versuchte die hochgeworfenen Kokosnüsse aufzufangen. Die meisten schluchzten hemmungslos. Vor ihnen lag endlich der feste Boden Indiens. Auch Adam wurde von einem erlösenden Weinen überwältigt. Todmüde hockte er neben Robert auf den Planken und hielt dessen fieberheiße Hand.

Als die Karacke von einer girlandengeschmückten Barke durch die Barre von Goa gelotst wurde, rollte immer neuer Kanonendonner über die stelzigen Mangrovenwälder und von den Sandbuchten lösten sich weitere Fischerboote.

»Unser Schiff muß denen wie ein Ungetüm vorkommen« – »Wie ein Walfisch« – »Die kennen keine Walfische« – »Seht, ihre Bekleidung« – »Was sie tragen, sieht nach einem Nachtgewand aus« – »Nein, dafür ist es zu bunt« – »Wie braun die Haut ist« – »Seht, die süßen Kinder« – »Was für langes Haupthaar die Männer tragen« – »Wohlgeformt, die jungen Frauen« – »Die Weiber hier sollen mit denen bei uns nicht zu vergleichen sein« – »Was meinst du damit?« – »Na ja, viel raffinierter in der Buhlerei …«

Goas weicher Wind, der sich in blühenden Bäumen mit Duft beladen hatte, verwehte die Todesgefahren und Schwüre der sechsmonatigen Überfahrt. Der lästerliche Übermut kehrte zurück und im Handumdrehen machten sich die Europäer die Welt, die ihr neues Zuhause werden sollte, mit großen Sprüchen zu eigen.

Kaum daß die Ankerkette fiel, reichten Matrosen die ersten Schwerkranken in Hängeliegen über Bord. Mit viel Geschrei wurden sie von Booten in Empfang genommen, von sehnigen Ruderern ans Ufer gebracht, sofort auf Bambusbahren umgebettet und im Eilschritt zum portuguiesischen Spital oder zur Infirmerie der Jesuitenprokur getragen. Nach den Kranken geleitete die Mannschaft die Kinder und Mütter die baumelnden Bordleitern hinab. Die Mannsleute mußten das Gepäck und das überlebende Viehzeug hinterherschaffen, dann erst durften die Kaufleute, Handwerker, Edelleute und Auswanderer die Bordwand hinabklettern und sich in die Überholboote setzen. Als letzte gingen die Gottesmänner an Land. Ein Grüppchen braungebrannter Männer kam grinsend auf sie zu und bemächtigte sich ihres kümmerlichen Gepäcks.

Neugierig besahen die ansässigen Jesuiten die hohläugigen Seereisenden. Kräftige Arme umfingen die Geschwächten und hießen sie willkommen. Dunkle Menschen umringten die Sterbensmüden. Noch ehe sie verscheucht werden konnte, hatte eine Schar märchenhafter Geschöpfe Blumenketten um die mitgenommenen Jesuitenköpfe gelegt.

Träume oder fiebere ich? Adam berührte die Jasminblüten, um herauszufinden, ob die Zeit der Schrecken vorbei war. Der Blumenkranz fühlte sich kühl an und duftete stärker als Rosen.

Die örtliche Prokur hatte ein Pferdefuhrwerk geschickt. Der italienische Mitbruder Giovanni, der es lenkte, sprudelte vor Lebensfreude und verstand es, die neuen Brüder aufs beste wachzuhalten. Doch Adam war so erschöpft, daß er trotz der Rüttelei einschlief und erst wieder erwachte, als der Karren vor dem Kolleg San Roque anhielt. Im Palmenschatten hatten sich die örtlichen Oberen und die Patres und Fratres zum lockeren Spalier aufgereiht.

Halb betäubt schüttelte Adam Hände. Benommen ließ er sich von einem jungen Inder in eine weißgekalkte Kammer führen. Der Diener, der ihm den Seesack voraustrug, deutete freundlich lächelnd an, er möge sich doch bitte entkleiden. Gehorsam stieg Adam aus seinen verschossenen Kleidern und übergab sie mit den vom Salzwasser weißgeränderten, knüppelharten Stiefeln.

»Kommt alles ins Feuer, Patre. Hat Superior gesagt. Feuer macht ganz sauber.« Der kleine Diener verbeugte sich und ließ ihn unbekleidet alleine. Sofort kroch er zwischen die frischen Laken. Der erste Schlaf an Land brachte seine Monate auf See zurück: Er wälzte sich, schwitzte und redete im Traum. Das geöffnete Fenster und die winddurchlässigen Ornamente in der Tür machten ihm die Küstenhitze erträglich.

Nach tiefstem Schlaf kam er zu sich. Er hatte die leichte Baumwolldecke von sich geschoben und lag nackt auf einem harten, aber kommoden Bambusgestell. Auf einer Truhe an der gegenüberliegenden Wand hatte jemand einer Muttergottes-figur geschälte, saftige, in Schnitze zerteilte Früchte und eine halbierte Kokosnuß voll milchigem Saft zu Füßen gestellt.

»Heilige Mutter Maria, das ist doch ein Anfang!« Er holte sich die Gaben auf das Bett und halb liegend schob er sich die süßen, tröstenden Köstlichkeiten in den Mund. Gesättigt schlief er wieder ein. Am nächsten Morgen erwachte mit ihm seine Neugierde. Das Bettlaken um den Leib gewickelt, inspizierte er sein Zimmer. Dann trat er vor die Tür. Einige Flurtüren weiter sah es nach einer Wäschekammer aus. Berge weißer Tücher lagen feingestapelt auf dem Steinfußboden. Mittendrin lag der kleine Diener und döste. Als Adam eintrat, sprang er auf und begrüßte ihn mit vor der Brust aneinandergelegten Händen. Aus riesigen Augen schaute er fürsorglich in Adams Gesicht. Ein freundlicher Schimmer erleuchtete seine Miene. »Patre, alles gut? Alle sind wieder auf«, rief er, während seine schmale braune Hand fordernd an dem Laken zupfte, in dem Adam vor ihm stand.

»Aber ich brauche was zum Anziehen«, wehrte sich der weiße Mann.

Der Inder wackelte uneindeutig mit dem Kopf und reichte ihm ein Bündel von weißem, leichtem Stoff. »Erst waschen, dann anziehen.«

Mit dieser Aufforderung schob er ihn zu einem Holzbottich,

in den er noch schnell ein Schälchen Öl entleerte. Ein warmes, wohlriechendes Bad! Genüßlich zurückgelehnt, fragte er den wartenden Inder nach seinem Namen. »Rahula, Patre, Rahula! Schüler der Mission. Und Ihr Patre, wie heißt Ihr? Wo kommt Ihr her?« Rahula liebte es zu plaudern.

Als Adam aus dem Zuber stieg, wurde er abgetrocknet. Die Brüder hatten seine nackte Haut während des Fiebers so oft abgerieben, daß ihm jede Scheu vergangen war. Rahula schlug das Wäschebündel auseinander und reichte ihm ein weißes, knielanges, kragenloses Hemd – es paßte. Wortlos bekam er noch eine Art Hose in die Hand gedrückt, die oben herum für einen Elefanten bemessen schien. Dafür waren die Hosenbeine aber äußerst eng. Rahula hob schmunzelnd sein Hemd und zeigte, wie man den enormen Hosenbund mit einer Schnur auf Taillenweite raffte. Brav befolgte er die Anweisungen. Schon wollte er, Tränen lachend, mit dem bauschenden Hosensack zwischen den Beinen hinauslaufen, als ihn Rahula festhielt, »halt! halt!« rief und ihn auf einen Bambushocker zog. »Setzt Euch hierhin!« Rahula begann, Adams blonden Bart zu stutzen und das gewucherte Haar zu kürzen. Seine großen Füße hatte Rahula in Sandalen gesteckt, die nur aus einer Ledersohle, einer Schlaufe um die große Zehe und zwei Riemen bestand.

Den anderen schien Ähnliches widerfahren zu sein. Adam mußte nur dem lauten Gelächter folgen und fand Wenzeslaus und Terentius mit einigen Italienern, Spaniern und Portugiesen unter der orangeblühenden Pracht eines Kadamba im Innenhof der Residenz.

»Auch du, frisch gewindelt?« Wenzeslaus sprühte vor Vergnügen, als er sah, daß auch Adam in einer indischen Kluft daherkam. Dem weißgewandeten Neuen wurde ein Korbsessel hingeschoben und ein kühles, saures Milchgetränk gereicht. »Der Provinzial kommt gleich«, hieß es.

Ein ganzes Heer brauner Diener wartete auf Bestellungen.

»Brauchen die Patres noch etwas?« In portugiesisch gespicktem Latein stellte sich ein alteingesessener Jesuit vor. »Mein Name ist Carlos Graca, darf ich mich zu euch setzen, ich hörte euch laut lachen? Man scheint sich noch nicht so ganz an die indische Kleidung gewöhnt zu haben.« Der Mitbruder trug ebenfalls einheimische Gewänder. »Apropos Kleidung. Wir haben eure alten Kleider dem Feuer geopfert«, er kratzte sich am Kopf, »eine Maßnahme gegen Läuse. Wir freuen uns über jedes Schiff, das die Überfahrt schafft, aber leider kam noch kein Schiff ohne diese lausige Fracht an. Aber nicht nur deswegen tragt ihr diese Gewänder, müßt ihr wissen. Mein Freund de Nobili hat die indische Tracht auf bemerkenswerte Art genutzt. Bis der Provinzial kommt, will ich euch in die ›Taktik der fremden Soutane‹ einweisen. Natürlich nur, wenn es die Herren interessiert?« Die Herren nickten.

Pater Carlos winkte sich ein Getränk herbei und fuhr fort, »De Nobili, Neffe von Kardinal Bellarmino, ging noch weiter als wir. Er tauschte nicht nur die Soutane und das Birett gegen ein indisches Hemd und eine indische Hose. Nein, um die hohe Brahmanen-Kaste zu bekehren, paßte er sich sogar im alltäglichen Leben den indischen Gepflogenheiten an. Er verzichtete auch auf Fleisch und Wein. Er gab sich so radikal, daß er den Umgang mit den eigenen Jesuitenbrüdern ablehnte, weil diese unter den Unberührbaren missionierten. Ihr müßt wissen, der Brahmanen-Kaste ist der Kontakt mit der Kaste der Unberührbaren strengstens verboten. Da er sich an diese Regel hielt, war Robert de Nobili sehr erfolgreich bei der Missionierung der Brahmanen.«

»Er hat sich im Gewand eines Priesters der höchsten indischen Kaste versteckt? Er hat sich mit den Mächtigsten verbündet und die Armen gemieden?« empörte sich Terentius.

»Du mußt den Menschen in ihrer Welt nahekommen, dann erst kannst du sie belehren.«

»Dafür haben wir noch ein anderes Beispiel«, unterbrach ein Ordensbruder, der sich zur Runde gesellt hatte. »Patre da Costa. Der war noch viel schlauer, der hatte nämlich erkannt, daß er mit allen Kasten verkehren darf, wenn er in die Rolle eines Yogi schlüpft ...«

»Eines Yogi?«

»Ja, das sind indische Heilige, die ihr Leben einer Gottheit geweiht haben. Um ein Yogi zu werden, ließ da Costa sich Haare und Bart wachsen, trug Blumen und eine Mala, schlang sich ein Tuch um die Hüften, lief barfuß und aß und schlief im Freien. Er verknüpfte die biblische Geschichte mit indischen Mythologien. Mit seinem Tun bekehrte er sowohl die höchste wie die niedrigste Kaste, Brahmanen wie Parias. Böse Zungen meinen, daß er in seinem tiefsten Wesen zum Hinduismus übergetreten sei, so überzeugend ging er diesen Weg. Da Costa und de Nobili gelangen Bekehrungen, wie sie bis dahin noch keinem christlichen Priester gelungen waren.« Der ältere Herr verneigte sich vor der Runde.

»Nun aber erst einmal ein herzliches Willkommen, meine Brüder in Christo. Als Provinzial von Goa begrüße ich euch ganz herzlich! Der Schmerz über die Verlorenen soll unsere Freude über die große Zahl von euch neuen Brüdern nicht schmälern.« Die Neuen hatten sich erhoben und der Provinzial drückte jeden fest an seine Brust. »Eure Überfahrt scheint ja sehr schlimm gewesen zu sein. Welch ein hoher Verlust an Menschenseelen. Dupont macht uns große Sorgen. Schließen wir ihn in unsere Gebete ein, gedenken wir der Toten in der Basilika von Bom Jesus, bevor wir eure Ankunft feiern.« Auf der Stirn des Fünfzigjährigen glänzte eine Narbe. Er bat die neuen Brüder zu folgen und humpelte durch die weißen Arkaden des Innenhofs von San Roque voraus. Keiner der Neuen hatte im fernen Indien ein so schönes abendländisches Gotteshaus erwartet. Ein hohes Schiff mit kühlem Marmorboden, vergoldetem Schnitzwerk, Malereien und gedrechselten Beichtstühlen lud die Christen von Goa ein.

»Die Gebeine von Rudolf Aquaviva ruhen hier.« Der Provinzial stützte sich auf den Marmorsockel der Tumba. »Mitbruder Aquaviva wurde auf einer Missionsreise von aufgebrachten Hindus erschlagen. Unsere Mission verdankt ihm viel. Und hier«, er zeigte auf eine zweite Grabinschrift, »ruhen unter unserer Obhut die sterblichen Überreste vom heiligen Franz Xavier, genauer gesagt, das, was uns nach der Reliquienabgabe geblieben ist. Loyolas engster Freund kam vor sechsundsiebzig Jahren als päpstlicher Legat hierher. Unser Mitbruder starb an der Südküste Chinas. Mögen beide als große Vorbilder unseres Apostolats in unser aller Herzen weiterleben!«

Die Gruppe kniete vor dem blumengeschmückten Altar nieder und sang gemeinsam eine Litanei für die Verstorbenen. Ihre kleine Andacht beendete der Provinzial mit Genesungswünschen für die noch Kranken. Anschließend eilte er dem Grüppchen voraus.

Adam staunte, wie viele indische Katechisten das Profeßhaus bevölkerten. Auf den Wandelgängen des Noviziats und Tertiats flanierten die einheimischen Priesteranwärter und palaverten in frisch erlerntem Latein.

»Meine Brüder, die Zeiten eurer Entbehrungen sind vorbei.« Der Superior winkte sie ins Refektorium des alten Sankt Paulskollegs. Hier hatten geschickte Hände ein Willkommensbankett arrangiert. Von Blumengirlanden umrankt, verlockten geröstetes und gesottenes Fleisch in gelber und roter Tunke, Fladenbrot, Hirsekuchen und Linsenbrei sowie vielerlei gegarte und ölig gebratene Gemüse. Zu trinken standen Weinkaraffen und Limonenwasser bereit und als Nachtisch Scheiben einer safttriefenden, gelben Frucht.

Der Superior hatte recht. Die Zeit des Jammers war zu Ende. Täglich wurden die Teller gut gefüllt. Die scharfen Dips der Goa-Küche feuerten die Körpersäfte derart an, daß sich alle, mit Ausnahme von Dupont, bereits nach wenigen Tagen wieder gesund fühlten.

Rom lag weit, sehr weit hinter ihnen. Die Begegnung mit dem Tod und die aus der Not geborene Nähe zu Mitbrüdern und Mitmenschen hatten Geistesdünkel und Eitelkeiten dahinschmelzen lassen. Wer einmal dank Gottes Gnade überlebt hatte, der hatte das Blendwerk von Rang und Namen durchschaut. Die Herzen, die sich in Todesangst füreinander geöffnet hatten, brauchten nie mehr aus Scham verschlossen zu werden.

So bat Adam, Duponts Pflege zu übernehmen. Doch die Genesung des Freundes sollte sich als langwierig herausstellen. Wenn der Kranke ihn nicht brauchte, schickte er ihn unter das Volk.

Rahula freute sich über den neugierigen weißen Mann, der ihn über Land und Leute ausfragte. Eines Morgens schlug er vor, seine Großmutter außerhalb der Europäerstadt zu besuchen. Zu Fuß machten sie sich auf den Weg. Sie ließen die weißen Häuser im portugiesischen Stil hinter sich und stießen schon bald auf die ersten Strohhütten und Gemüsefelder. Rahula führte Adam einen Fluß entlang, in dessen Schlamm Büffel ihre ausladenden Hörner in den Himmel hoben. Hinter einem Bewässerungsgraben durchquerten sie eine Jackfrucht-Plantage. Sie erreichten ein Holzhaus und stiegen die Verandastufen hinauf. »Rahula, Rahula!« Mit untergeschlagenen Beinen hockte ein Weiblein auf einer geschnitzten Schaukel und hob die faltigen Ärmchen zur Begrüßung. »Rahula …« Das Weitere konnte Adam nicht verstehen.

»Meine Großmutter!« Rahula ergriff die Eisenketten und schaukelte seine Großmutter, wobei er »Vimalmani, Rajakha«, die Namen seiner Geschwister, rief.

Mit einem Bronzegefäß auf dem Kopf bog kurz darauf eine Frau um das Haus. Ein goldgesäumter Sari umhüllte sie lose von Kopf bis Fuß. Eine Frau mit solch einem kerzengeraden Gang hatte Adam noch nie gesehen. Ihre Schönheit wurde durch einen Goldtupfer auf einem Nasenflügel und einem Tupfer zwischen den Augenbrauen noch erhöht. Zahllose zierliche Armreifen klimperten, als sie die Arme streckte, um das Gefäß vom Haupt zu heben.

Sie setzte sich neben das Großmütterchen auf die Schaukel und senkte die Augen. Auf weiteres Rufen trat ein junger Inder gähnend durch den Muschelketten-Vorhang im Türrahmen. Er hatte sein Haar auf dem Scheitel zu einem festen Knoten gebunden und mit einem kleinen Tuch verhüllt. Mürrisch beäugte er den Ausländer, der auf den Verandastufen seines Hauses saß, spöttisch begrüßte er seinen Bruder. Er hatte Adams hingerissenen Blick auf seine Schwester erhascht. In gut verständlichem Portugiesisch sagte er: »Meine Schwester gefällt Euch? Wenn Ihr sie heiraten würdet, Fremder, würde ich ja an Eure Religion glauben. Aber Eure Nächstenliebe ist doch nur Lüge. Sonst würdet Ihr den Frauen, die Ihr beschlaft, ein würdiges Haus und männlichen Schutz bieten. Ihr seid aber zu geizig zum Heiraten. Dabei haben unsere Frauen eine gute Mitgift. Ihr wollt sie ja nur für eine Nacht, als wären sie nichts wert.« Seine Augen funkelten verächtlich.

Adam war aufgesprungen. »Was? Ich? Deine Schwester? Ich und ein Weibsbild? Du bist verrückt.« Er schlug sich mit der flachen Hand auf die Stirn. »Und außerdem heiraten wir Priester nicht, weil wir ausschließlich Gott ein Haus bauen und ihm allein dienen wollen.«

Rajaka höhnte. »Und wer schleicht da nachts durch Goa? Das sind doch deine Brüder, die unsere Mädchen in die Ehrlosigkeit treiben. Ich weiß, ich habe eure Missionsschule besucht und viele Jahre in der Mission gedient. Ich weiß, was ich erlebt habe.« Er spuckte eine rote Fontäne Betelsaft ins Gras und verschwand wutentbrannt im Haus.

Da hat er ja wohl den falschen erwischt, dachte Adam, trat vor die scheue Schwester, nahm ihre Fingerspitzen und küßte diese. »Vor mir, schöne Frau, seid Ihr ganz sicher. Behüte Euch Gott.«

Die Inderin erhob sich verwirrt und entschwand mit klirrenden Fußkettchen. Das runzlige Gesicht der Großmutter verriet, daß sie verstanden hatte. Als er sich zum Abschied vor der alten Dame verbeugte, huschten ihre Finger über sein helles Haar und liebevoll kniff sie ihm in die Backe. »Namaste, namaste!«

»Und, was hältst du von dem Angriff deines Bruders? Ich meine, was er da so über die Patres gesagt hat?« wollte Adam von Rahula wissen, als sie durch die Jackfrucht-Plantage zurückgingen. Rahula stolperte verlegen neben ihm her und wackelte auf seine uneindeutige Weise mit dem Kopf. »Manche sind so, manche sind so«, meinte er und zuckte mit den Achseln. Mehr war aus ihm nicht herauszuholen. Schweigend liefen sie auf ein Hüttendorf zu, wo sie sich durch heftiges Gedränge aus überquellenden Marktständen, Menschen und heiligen Kühen kämpfen mußten. Immer wieder verkrallten zierliche Menschen mit blauschwarzem, geölten Haar ihre ebenholzfarbenen Finger in Adams Hemd und sahen mit großen schwarzen Augen andächtig zu seinen blauen Augen empor. Rahula mußte immer wieder sagen, wie der Ausländer hieße und woher er käme.

Endlich versiegte der Menschenlärm und das Hundegebell verstummte. Schwitzend stiegen sie einen überwucherten Pfad aufwärts. Schwärme von Schmetterlingen stoben davon. Immer wieder kamen sie an kleinen, blumengeschmückten Gebetsstelen vorbei, auf denen heiliges Safranpulver Spuren wie Blut hinterlassen hatte.

Am Ende des Weges sahen sie einen kleiner Tempel. In seiner Nische stand ein elefantenköpfiges Monstrum mit vier Armen und Kugelbauch. Blumenketten lagen um seine Schultern und Räucherwerk glimmte zu seinen Ehren. Rahula kramte ein Händchen Reis aus der Hemdtasche, murmelte etwas und legte die Körnlein sorgfältig dem Elefantengötzen vor die Menschenfüße, verbeugte sich innig und strahlte seinen Begleiter an.

Das Ritual hatte nur ein paar Atemzüge gedauert, aber in Adam alle Vernunftsgründe für eine Missionierung mobilisiert. Dieser reinherzige indische Mensch mußte von diesem fürchterlichen heidnischen Wahnsinn befreit werden!

»Rahula!« Er mochte gar nicht zu dem Götzen hinsehen. »Rahula! Hast du schon einmal in der Mission der Messe beigewohnt?«

»O ja«, Rahula schlenkerte begeistert den Kopf. »Oft, oft!«

»Und hast du verstanden, was dort verkündet wird?«

»Ja natürlich, ich bin doch getauft und von den Patres in portugiesisch unterrichtet.« Stolz sah er aus der Hocke zu ihm auf.

»Ich meine nicht die Sprache, ich meine das Wort Gottes und die Zehn Gebote. Das erste Gebot zum Beispiel: Du sollst keine anderen Götter haben neben mir. Daß es nur einen Vater im Himmel gibt, der uns mit seiner Gnade erlösen kann, und daß dieser uns seinen Sohn Jesus geschickt hat, um uns den Weg des Heils zu zeigen.« Adam faltete die Hände im Schoß und sah den Inder gütig an.

»Ja, ja, natürlich. Aber daß der Jesus so schlecht enden mußte! Kein gutes Karma, kein gutes Karma. Vater und Sohn hatten kein gutes Karma zusammen.« Rahula schüttelte sorgenvoll den Kopf. »Patre, Eure Religion lehrt mich, daß ich gut mit meinem Vater umgehen muß, damit mir das nicht passiert.«

»Ah so! Ja!« Adam sah sich auf die Fußspitzen. Karma war doch die schicksalhafte Verknüpfung von Lebewesen im Kreislauf der Wiedergeburten, erinnerte er sich vage. Er schüttelte den Kopf. Gottvater und sein Sohn Jesus Christus – karmische

Gefährten, welch eine unchristliche Vorstellung. »Rahula! Was ist das für eine Figur, die du da anbetest?«

»Die da?« Jetzt mußte er sich die schreckliche, mit rotem Pulver und Blüten bedeckte Steinfigur doch noch einmal ansehen. »Das ist Ganesha. Der Sohn Shivas und Parvatis, Ganesha. Er ist sehr gut für Eure Mission. Er ist der Gott der Weisheit und gewährt im geistigen und religiösen Leben Erfolg.« Rahula strahlte.

Bei diesen locker dahergesagten Worten aus diesem unschuldig lächelnden Mund durchfuhr Adam eine tiefe Empörung. Der Kerl glaubt tatsächlich, daß dieser Götze, diese Ausgeburt primitivsten Dämonenglaubens, eine Hilfe für die Kirche des Papstes und ihre Heiligen sein kann? Eine Hilfe für meine Mission? Die Brüder scheinen hier ja eine ziemlich schlampige Bekehrungsarbeit zu leisten. Diesen Inder nennen sie einen getauften Christen!

»Vielleicht hat man es dir noch nicht gesagt, Rahula, aber da unterscheidet sich unser Gottesglaube von eurem. Wir beten zu dem einen Gottvater im Himmel, dessen Ebenbild wir Menschen sind. Ihr aber betet zu Kühen, Affen, Ratten und abscheulichen Elefantenkreaturen«, zischte er gereizt.

Rahula hatte sich zum Gehen erhoben und lächelte Ganesha an.

»Ekam Sat Vipra Bahudha Vadanti.« Und über die Schulter hinweg rief er Adam zu: »Das heißt soviel wie, es gibt nur eine Wahrheit, aber die Weisen nennen sie mit verschiedenen Namen.«

Der indische Diener lief dem noch lange schweigenden Jesuiten gutgelaunt zum Sankt Paulskolleg voraus. Als sie durch das Bogentor in den Innenhof der Mission traten, leuchtete die Basilika von Bom Jesus in den abendlichen Sonnenstrahlen zartrot und die letzten Gläubigen strömten aus der Messe.

Wie gewöhnlich saßen die Jesuitenpatres nach getaner Arbeit im blühenden Garten beisammen.

»Wo ist Robert? Ich muß ihn dringend sprechen.« Adam lehnte das angebotene Getränk der Plauderrunde ab.

»Er schläft, wie immer. Können wir dir helfen?«

»Nein, nein«, winkte Adam ab. »Er wird für mich schon wach werden.« Er ging ins Gebäude und stieg zur Krankenstube hinauf. Duponts Zimmer lag zum Hof hin. Durch das offene Fenster hörte man die Patres reden und das nie verstummende Krächzen der großen schwarzen Krähen.

Robert schlief nicht, er saß im Bett und las. »Adam, was ist los?« Er legte die Notizen auf die Decke und guckte den aufgeregten jungen Missionar gespannt an.

»Wie geht es dir?« Ohne die Antwort abzuwarten, setzte Adam sich auf das Fußende des Lagers. »Was machst du, um einen Inder zum katholischen Glauben zu bekehren? Was erzählt ihr ihnen? Die ganze Mission ist voll von frischgetauften Christen, die voller Glanz in den Augen unsere Lieder singen. Und ich habe gedacht, daß der Diener Rahula auch ein Christ ist. Aber gerade habe ich miterlebt, wie er einem dieser abstoßenden, monströsen Götzen geopfert und das Elefantenvieh auch noch angebetet hat. Ganz ohne Scham, vor meinen Augen, den Augen eines geweihten römisch-katholischen Priesters!« Voller Empörung schilderte er den Vorgang.

Robert lachte herzhaft. Am aufgebrachten Gesicht erkannte er, daß Adam mit seinem ersten Bekehrungsversuch gescheitert war und jetzt wie alle, die neu anfingen, am ersten Konvertierten verzweifelte. »So ging's uns allen, mein junger Gefährte. In Rom lernen wir zuwenig von der Welt. Uns wird erzählt, daß die Heiden nach Bekehrung lechzen. Als wenn es nur in Rom Wasser für die dürstenden Seelen gäbe. Die Herzen der Menschen sind jedoch kein Niemandsland. Am Anfang haben wir alle das Gefühl, Salz dorthin zu tragen, wo es schon in Überfülle ist. Wir bringen den Indern doch nur eine neue Variante zu ihren vielen Gottesbildern. In ihrer weitläufigen Glaubenswelt paßt das alles zusammen. Warum sollten sie sich auch nicht taufen lassen? Den Gott der Nächstenliebe anzubeten, kann genausowenig schaden wie den Gott der Weisheit zu verehren. Vielleicht nützt es ihrem Karma. Ihren Glauben an die Wiedergeburt wirst du mit Taufen nicht überwinden. Und vergiß nicht, daß die Taufe eine Vorbedingung ist, um bei uns zu arbeiten. Die Inder sind sehr gut im Geschäftemachen. Der katholische Glaube wächst erst mit den Jahren. Es gibt sogar Menschen, die ohne unseren Gott glücklich sind. Daran wirst du dich noch gewöhnen.«

Adam hatte den Kopf zwischen die Hände gestützt und lauschte. Mit sechsundzwanzig Jahren war er ausgezogen, um der Welt das Heil zu bringen. Jetzt fing er an zu begreifen, wie wenig er von der Welt verstanden hatte. »Stimmt es, daß die Brüder nachts durch die Gassen ziehen und sich indische Frauen nehmen?«

»Die Menschen hier sind schön, die Nächte heiß und das Zölibat ist eine Kunst. Zu lieben ohne körperliche Leidenschaft ist die Frucht der Zeit ... oder der Krankheit.« Robert grinste und Adam wurde rot.

In dem kurzen Schweigen, das folgte, offenbarte sich innige Vertrautheit.

»Irgendwie habe ich mir das Leben als Missionar aber anders vorgestellt.« Adam streckte sich und lächelte verlegen. »Irgendwie heiliger. Als ich dich das erste Mal in deiner ausgebeulten Hose sah, ahnte ich, daß ab jetzt andere Maßstäbe gelten.« Er lehnte sich zurück und ein Schelmenlächeln vertrieb den besorgten Gesichtsausdruck. »Und irgendwie habe ich es mir so gewünscht, in der Welt über die Welt zu lernen.«

Robert schmunzelte. »So ist es, wir können weder vor der Liebe noch vor Gott davonlaufen ... am allerwenigsten vor der Unwissenheit. Fang du damit an, dir von Rahula etwas über Ganesha erzählen zu lassen. Das ist gut für deine Bildung und Bildung fördert die Weisheit. Darin liegt das Geheimnis unseres Erfolges.« Er hatte sich von der Decke befreit und saß im Leibhemd auf der Bettkante. Nach mehr als fünfmonatiger Reise hatte er sein Gelehrtengesicht wiedergefunden. »Als die Jesuiten im Jahre 1542 anfingen, in Indien zu missionieren, haben sie einen groben Fehler gemacht. Und zwar den gleichen, den du heute machen wolltest. Du wolltest dem Inder seinen Glauben wegnehmen, weil du gedacht hast, daß man ihm unseren Glauben wie einen neuen Hut überstülpen kann. Menschen lassen sich nicht so einfach etwas überstülpen. Du siehst doch mit eigenen Augen, daß sie keine kulturlosen Menschen sind. Das gleiche wirst du auch in China erleben. Im Kulturellen sind sie uns sogar in manchem voraus. Auf meiner Rundreise durch Europa habe ich dem Auditorium immer gesagt: ›Die Mission, ob in China oder anderswo, hat immer ein doppeltes Gesicht. Zum einen ein religiöses, zum anderen ein kulturelles. Der Segen des christlichen Glaubens sollte immer mit den höchsten kulturellen Werten Hand in Hand gehen.‹« Er tippte auf das Bündel Notizblätter, in dem er gerade las. »Ein weiser Missionar bringt das, was fehlt, und respektiert, was schon vorhanden ist. Ich wünsche mir, daß du ein solcher wirst und nicht ein Ignorant wie mancher unserer Brüder! Aus diesem Grunde lasse ich mir gerade die achtzehn Gesänge der Bhagavad-Gita übersetzen.« Er drückte Adam die lateinisch beschrieben Blätter in die Hand. »Das Evangelium des Hinduismus! Der Guru des großen Hindu-Ashrams unten am Meer hofft, mich zu bekehren. Er ist mein Freund und wir vergnügen uns mit dem Spiel ›Missionierst du mich, missioniere ich dich‹«.

»Aber Robert, du kannst doch diesen heidnischen Dummsinn nicht ernstnehmen!« erwiderte Adam ungehalten.

»Ich lerne von allen und allem. Zum Beispiel hörte ich von den Chinesen, daß der Geist auf einer Haarspitze Platz findet und doch geräumiger ist als das ganze Universum! Ist das nicht großartig, auch wenn sie gar einem Stein göttliche Qualitäten zusprechen, weil auch er Leben in sich birgt? Wie anders könnte er sonst beim Anschlagen klingen?« Robert blickte versonnen aus dem Fenster.

»Wenn wir alle so dächten wie du, würden wir dann nicht unseren klaren Verstand und die Reinheit des römischen Auftrags verlieren?«

»Gute Frage! Wir stoßen hier auf großes Wissen, das dem Vatikan fremd ist. So manchem Priester wurde sein katholischer Glaube in Asien schon durchlöchert wie ein Schweizer Käse. Was in Rom Ketzerei wäre, ist hier in Asien der Alltag. Für die Inquisition wäre mancher von uns Brüdern ein gefundenes Fressen, aber wir haben gelernt, den päpstlichen Visitatoren gerade soviel zu erzählen, daß es für ihre Erfolgsmeldungen nach Rom reicht. Man wirft uns Abtrünnigkeit vor, weil wir zum Beispiel die Fastenriten mit verhungernden Indern und Chinesen nicht durchführen.«

»Du glaubst, daß der Herrgott uns soviel freie Entscheidungen erlaubt?«

»Natürlich, mein Lieber!« rief Robert gutgelaunt. »Sonst hätte er uns doch mit Mann und Maus absaufen lassen, er scheint uns gebrauchen zu können.«

Er erhob sich und bat Adam um die Hose. »Ich höre vom Hof das Plaudern der Brüder. Der Pfau im Garten ruft und die Blumenpracht verblüht ohne mich. Stütze mich, ich will dieses indische Leben noch ein bißchen genießen, bevor wir ins unruhige China aufbrechen. Wie pflegte Pater Barzäus immer zu sagen? ›Ich kam nach Goa, um vom Paradies zu kosten, bevor ich in der Hölle schmore!‹«

Endlich ging es Dupont besser. Er kam wieder auf die Beine und bedurfte nicht länger Adams Pflege. So schickte der Superior die beiden Astronomen Adam und Terentius auf die Sternwarte der Küsteninsel Juari, um die Sternkarten der Mission zu vollenden.

Auf der Plattform eines steinernen Turmes, hoch über dem Urwaldgestrüpp, in dem Nacht für Nacht Tausende Lebewesen sangen, wisperten und pfiffen, nahmen sie ihre Vermessungen vor und erspähten einen leuchtenden Kometen, dem sie inmitten der Sternbilder des indischen Tropenhimmels jedoch zunächst keine besondere Aufmerksamkeit schenkten. Erst später bewerteten sie ihn als Vorzeichen einer bevorstehenden Umwälzung. Sie vermaßen und zeichneten solange, bis eines Nachts kleine Wolken das himmlische Geschmeide verbargen und die ersten Tropfen auf Adams Karten klatschten. Die Zeit des großen Regens war gekommen.

Der Monsun ergoß sich in das ausgedörrte Gestrüpp, durchfloß ihr Palmendach und vertrieb sie von ihrem Turm. Wolken, die über dem Meer noch hellen Rebhuhnfedern glichen, wälzten sich schwarz auf die Palmenwälder zu. Unmengen Wasser kamen von oben, füllten die Wagenspuren und Wege. Bis auf die Haut durchnäßt, eilten die beiden von Unterstand zu Unterstand. In hohlen Bambusröhren transportierten sie die Sternenkarten, gut vor Feuchtigkeit geschützt, zurück nach Goa.

Sieben Monate lang hatten sie Indiens Blütenatem genießen

dürfen, bevor am 20. Mai 1619 der Ruf durch die Wandelgänge von San Roque schallte: »Die China-Missionare sollen sich bitte zu Weiterreise nach Fernost fertigmachen.« Im Refektorium war tags darauf ein großes Abschiedsbuffet gerichtet. Blüten über Blüten schmückten die Tafel und dunkelgrüne Blätter dienten als Teller. Wehmütig schoben sich Residenten und Abreisende um die Speisetafel und nahmen sich appetitlos von allem.

Adam hatte sein Bananenblatt mit in den Arkadenhof genommen und sich ein schattiges Plätzchen auf einer der geflochtenen Matten gesucht. Von Rahula hatte er gelernt, mit untergeschlagenen Beinen zu essen. Bedächtig schob er einen Chapati-Fladen unter den Gemüsebrei, rollte ihn ein und hob die feuerscharfe Köstlichkeit in den Mund.

»Du erlaubst?« Giovanni de Marino hockte sich neben ihn. »Sie kochen hier ein bißchen scharf.« Der Jesuit aus Pisa schüttete Limonenwasser hinter seinem Chapati-Bissen her. »Aber gut! Ich liebe dieses Land! O, ich bin verliebt in Indien!« Er blickte in den Himmel und schlenkerte sein Chapati verträumt durch die gelbe Soße. »Adamo!« Unschlüssig schob er ein Kürbisstück hin und her. »Übermorgen geht euer Schiff?«

»Ja!«

»Bist du traurig?«

»Ja!«

»Ich nicht«, Giovanni giggelte. »Ich nicht!« Dieses Mal durfte das Kürbisstück vertilgt werden. Mit vollem Mund gestand er: »Ich bleibe!«

Adam schluckte. Welch ein verlockender Gedanke! Der Mitbruder erlaubte sich etwas, wovon er nicht einmal gewagt hatte zu träumen. Hierbleiben! Im wiegenden Goa! Über die Jahre zum Faktotum von San Roque zu werden! Die Landessprache erlernen! Die Ordensregeln elastischer werden lassen! Welch eine undisziplinierte, aber göttliche Vorstellung! »Ach ja?«

»Wie, du wunderst dich gar nicht? Regst dich nicht auf? Dein italienischer Bruder will zurück in die Welt. Verstehst du: Frauen! Ich habe mich nicht nur in das Land verliebt, sondern auch in eine Frau!« Giovannis soßige Finger rüttelten an Adams Schulter.

»Bitte!« Adam schnippte ein Gemüsebröckchen vom Hemd und rückte zur Seite.

»*Scusi fratello!*« Der Jesuit aus Pisa strahlte. »Lucia wird es waschen, morgen ist es trocken. Adamo, sie ist wundervoll. Sie ist die Tochter eines portugiesischen Kaufmanns. Und katholisch«, fügte er leiser hinzu. Dann noch leiser: »Und schwanger.«

»Schwanger?« Bevor Adam den Mund wieder zugeklappt hatte, flüsterte Giovanni noch leiser und etwas traurig: »Der Superior hat mir nahegelegt, dem Orden als Laienbruder verbunden zu bleiben. Lucias Vater besteht auf Heirat … gemeinsam mit dem Bürgermeister will er für mehr Züchtigkeit in der Stadt sorgen.« Giovanni seufzte. »Aus der Traum vom Missionar. Aber«, er lächelte, »Lucia ist wirklich ein wunderbares Wesen.«

Adam war traurig, weil er einen neuen Freund zurückließ; aber auch froh, daß er Goas Leichtigkeit nicht erlegen war. »Meinen Segen hast du, vielleicht ist es sogar gut, einen Freund mit Familie in Goa zu haben. Wenn es mir in China zu schwer wird, komme ich zu euch zurück.«

Am Morgen nach dem Abschiedsessen erhielt er seinen behördlichen Cartaz-Paß für die Weiterreise ausgehändigt.

Zusammen mit Wenzeslaus war er einem portugiesischen Handelssegler zugewiesen worden. Robert und Terentius nahmen ein zweites Schiff, während die anderen China-Missionare erst nach Abschluß ihrer Studien aufbrechen sollten.

Die Weiterreise ins portugiesische Macao übertraf alle Schauergeschichten, die in Goa kursierten. Eine halb indische, halb chinesische Mannschaft manövrierte das marode Segelschiff an Kotschin, Ceylon und den Inseln der Andamanen vorbei. Die verträumten Inder wurden von den Chinesen, die soviel Langmut nicht ertrugen, respektlos angeherrscht. Wohingegen die quirligen Chinesen den kindlichem Trotz der Inder als gottgegebenes Karma ertragen mußten. Die Disharmonie zwischen den beiden Volkscharakteren führte zu allen größeren und kleineren Malheuren, die auf einem Schiff möglich sind. Niemand flickte die Segel, keiner spleißte die zerschlissenen Taue, keiner stopfte die leckenden Kielwände, ja, nicht einmal für die Navigation schien einer zuständig, so daß der Zweimaster im Sund von Malakka auf Grund lief.

Adam und Wenzeslaus lernten meistens chinesische Vokabeln. Das half über die größten Ängste hinweg.

Fünfzehn Monate nach der Abreise aus Europa erspähte Adam am Horizont ein absinthgrünes Band. Das war am 15. Juli 1619. Die Chinesen lärmten mal wieder über einem Brettspiel voller schwarzer und weißer Steine. Der indische Steuermann hatte wie gewohnt das Ruder festgebunden und schlief. Nur die beiden Jesuiten standen alleine am Bug und rieten, ob das Grüne wohl China sei.

Es war China.

Der kleine Steuermann entrollte sich und rief mürrisch, als sei es das Nebensächlichste der Welt: »China, hier Reise zu Ende!«

»*Terra da China!*« Eine Woge der Freude durchfloß die beiden Weltreisenden. »Endlich! China!« Adam und Wenzeslaus machten ihrer Glückseligkeit Luft: »China, wir kommen!« Mit ausgebreiteten Armen tanzten sie im Fahrtwind, während sich die Besatzung aufraffte, in den Hafen von Macao zu manövrieren.

Sabbatinus de Ursis stöhnte, den Tränen nahe. Der blasse Italiener konnte sich kaum auf dem Stuhl halten. Seine Gelenke waren geschwollen, die Schulterknochen wundgescheuert. Über die ganze Breite des mageren Rückens zogen sich gelbblau marmorierte, aufgedunsene Striemen. Die Haare hatte ihm Wenzeslaus in ein stinkendes Tuch gewickelt, um Ungeziefer abzutöten. Rotgefleckte Insektenbisse bedeckten die weiße Haut.

»Es brennt jetzt ein bißchen.« Er reinigte sanft die zerstörte Haut, während er Mitbruder de Ursis mit dem Körper stützte. Adam beobachtete schweigend die schmerzhafte Prozedur. Wenzeslaus und er waren gerade mal zwei Tage in Macao und wurden schon im Spital der Prokur Sao Paulo gebraucht. »Hilf mir mal!« Wenzeslaus legte mit seiner Hilfe den Kranken auf eine Pritsche und behandelte die aufgerissenen, vereiterten Fußsohlen. Dem Gefolterten rannen die Tränen über die Wangen. Er stöhnte.

Auf der Nachbarliege lag Alfonso Vagnoni, einer der wichtigsten Brüder in China. Kein anderer Jesuit sprach ein so klangreines Hochchinesisch, und seine politische Nase witterte jede noch so delikate diplomatische Affäre. Auch er hatte einen Wickel um den Kopf, verbundene Füße und litt. Auf den Ellenbogen gestützt, berichtete er den Lauschenden im Krankenzimmer: »Sie standen plötzlich im Raum. Die Tür hatten sie eingetreten. Sie griffen sich alles, was sie greifen konnten. Kruzifix, Monstranz, Leuchter, Bibel, Katechismus, alles, was uns heilig ist, rissen sie von den Wänden und aus den Truhen. Zerbrechliches zerbrachen sie und Brennbares verbrannten sie.

Uns haben sie sofort gefesselt und noch zum Spott dem Anblick der Zerstörung ausgesetzt. Die Arbeit von Jahren, Übersetzungen, Zeichnungen, Karten, alles vor unseren Augen hohnlachend vernichtet. ›Wir brauchen euch weißen Teufel nicht, wir haben unsere eigenen Götter, niemand hat euch gerufen‹ schrien sie mich immerfort an. Es war grauenhaft. Den chinesischen Gärtner haben sie mit Hieben getrieben, die Heilkräuter auszureißen. Nichts, aber auch nichts von uns Christen solle in China weiterexistieren. Seht seine Füße und seinen Rücken.« Schwach nickte er zum Nachbarbett hinüber. »Sie haben uns mit Knitteln aus nassem, gespaltenem Bambus geprügelt und die Füße bastoniert.«

Vagnoni bat um einen Schluck Tee und erzählte weiter: »Halbtot haben sie mich dann in einen winzig kleinen Bambuskäfig gesperrt, in dem ich nur hocken konnte. Mit nackten Füßen auf einem offenen Bambusgerüst wie ein Huhn in einem Marktkorb. Nicht mal zum Scheißen haben sie mich rausgelassen. So haben mich die Dreckskerle an Stangen durch halb China getragen. Tagsüber wurden die Käfige mit Tüchern verhängt, nachts versteckte man uns in Viehställen und Heuschobern, da konnten wir manchmal miteinander flüstern …« Der dreiundvierzigjährige Sprachgelehrte sank erschöpft zurück.

Ein wohlgenährter Pater im schwarzen Habit hatte die Krankenstube betreten und sich auf das Fußende von Vagnonis Bett gesetzt. »Salve Alfonso! Geschundener Freund! Was bin ich froh, daß du die Tortur überlebt hast und ich dich wieder in Macao habe. Wir kriegen dich bald wieder auf die Beine. Ich habe dir deine Kammer schon vorbereitet.« Vagnoni drückte seine Hand. »Ja, war verdammt knapp, deine Einschätzung war richtig. Die Eunuchen haben sich die Regierungsgewalt unter den Nagel gerissen, während der Kaiser den ganzen Tag in seiner Schreinerei bastelt oder sich auf der Jagd herumtreibt.«

»Pater Franziskus hat uns, bevor er gestern starb …«

»Franziskus ist tot?«

»Ja, aber beruhige dich, die anderen haben es überlebt. Er hat noch berichtet, daß ihr gegen das Verbot des Kaisers gefoltert wurdet. Die Verschnittenen halten sich nicht einmal mehr

an kaiserliche Befehle. Die Halbmänner ließen ihren Haß unge-
zügelt an euch aus …«

»*Mutilatio corporis mentem pervertit*«, zischte Alfonso Vagnoni.
»Die Verstümmelung des Körpers pervertiert den Geist!«

»Verstümmelung des Körpers?« fragte Adam.

»Dic Verschnittenen«, Pedro da Silva lüpfte leicht Vagnonis
Decke, »noch alles dran?« Ernst fuhr er fort: »Der Kaiser duldet
nur entmannte Männer am Hof. Er will ganz sicher gehen, daß
der Nachwuchs seiner vielen Frauen von ihm abstammt. Ihnen
wird alles abgeschnitten«

»Grauenhaft!«

»Und zwar völlig!« sagte Pater Pedro.

»Vollständig!« Sogar der übel zugerichtete Sabbatinus hatte
den Kopf gehoben.

»Ja, alles ab. Was die Chinesen machen, ist gar nicht zu vergleichen mit unserer Kastration zum Erhalt einer Glockenstimme.
Bevor ein *Tao-tzu-chiang* den Hoden und das Glied an der Wurzel
abschneidet, wird der bedrohte Bereich mit Chili-Sud betäubt
und dem Armen reichlich Schnaps eingeflößt. Manchmal kriegen sie auch ein Narkotikum, das aus Mohn gemacht wird. Kein
Zipfelchen von der Dreifachen Kostbarkeit darf stehenbleiben.
Das wäre unfein. Das Opfer darf in den drei Tagen danach
nichts trinken, wird sogar mit einem winzigen Silberstöpsel
zugestöpselt und die Schnittwunde mit nassem Reispapier ver-
klebt. Wenn der Schnitt verheilt ist, darf er das Stöpselchen raus-
ziehen.«

»Heilige Muttergottes! Und sowas ist erlaubt. Ich meine, das
ist doch wahnsinnig gefährlich.« Wenzeslaus schüttelte angewidert den Kopf.

»Lebensgefährlich und ob! Viele sterben daran. Aber dieser
Schnitt verspricht einen bevorzugten Posten am Kaiserhof. Der
Preis ist überdenkenswert. Wenn mal einer von euch, ich
meine …« Pedro lachte trocken. »Die Chinesen haben eine
zweitausendjährige Erfahrung. Angefangen haben sie mit Kriegs-
gefangenen, damit sich diese nicht an ihren Frauen vergreifen.«

Die Männer hatten gespannt zugehört.

»Eins hast du noch vergessen«, fügte Alfonso hinzu, »sie bewahren ihre verschrumpelte Dreifache Kostbarkeit zeitlebens in einem Kästchen auf. Wie eine Reliquie. Und nehmen sie der Vollständigkeit halber mit ins Grab.«

Leicht fröstelnd wurde noch eine Weile gespöttelt, dann blieben die Opfer der chinesischen Christenverfolgung alleine im Krankenzimmer zurück.

Wie schon in den beiden Tagen zuvor setzten sich Adam und Wenzeslaus nach dem Hospitaldienst im Refektorium an einen rückwärtigen Tisch, von wo aus sie die andern speisenden Patres gut beobachten und sich ungestört über ihre neuen Eindrücke in Macao unterhalten konnten.

Am Nachbartisch nahmen ein paar wild aussehende Brüder Platz. In ihren Gesichtern standen noch die Spuren einer Keilerei: frischverkrustete Platzwunden, geschwollene Augen und ein geknicktes Nasenbein. Ein Blondhaariger nuschelte mit leergeschlagenem Oberkiefer: »Gestern sind wieder zweiundsiebzig aus Nagasaki angekommen. Die Japaner verstehen sich wirklich auf ein radikales Prozedere. Shogun Hidetata schreckt vor keiner Foltermethode zurück. Fünf Frischgetaufte und zwei von den deutschen Franziskanern sollen gekreuzigt worden sein, anderen haben sie die Haut bei lebendigem Leib abgezogen. Ich habe es selbst aus meinem Versteck beobachtet.« Er tastete über seine geschwollene Oberlippe. »Mich kriegt keiner mehr zurück, lieber verkomme ich in diesem von Spionen durchsetzten Macao. Seit der Folter bei den japanischen Schwarzhaarteufeln habe ich auch Angst vor den schlitzäugigen Kantonesen und Fukienesen. Die lauern wie Ratten in ihren mürben Holzverschlägen auf einen günstigen Moment, um uns hier zu überfallen.« Mit schmerzverzerrtem Gesicht schlürfte er seinen Gemüsebrei in den zahnlosen Mund.

Adam und Wenzeslaus hörten sprachlos zu. Ihr Unbehagen wuchs: Zuerst die Erzählungen der Verletzten im Hospital und jetzt auch noch diese Schreckensnachrichten aus Japan!

»Auf dem chinesischen Festland geht's jetzt auch los.« Mit dem Rücken zu ihnen saß ein breiter Bruder, der seine Krücke an den Stuhl gelehnt hatte. »Die Verprügelten trudeln so langsam ein. Denen haben die Chinesen mächtig zugesetzt. Ihre bastonierten Füße sehen grauenhaft aus. Wir können wenigstens noch laufen.«

»Den Pflegedienst im Spital machen ein paar Frischlinge, die gerade aus Rom gekommen sind. Denen werden wohl gerade die Phantastereien ausgetrieben. Die haben gar nicht so viel Betten wie Märtyrer!« Der Zahnlose lachte bitter. »Wißt ihr noch, Japan, das Sonnenaufgangsland und so! Mein Gott, mit was für einer Illusion sind wir in Portugal losgefahren! Und jetzt? Halbtot, am Arsch der Welt.«

»So wie's aussieht, sind wir am Vorposten der Hölle, die Frischlinge sind wohl wir?« flüsterte Wenzeslaus.

Adam rührte in seiner Suppe. »Es scheint, als wären wir in eine Sackgasse geraten.«

»Immerhin haben wir einen verheirateten Freund mit Familie und eine etwas verlotterte, aber gemütliche Mission in Goa. Fahren wir doch einfach zurück«, schlug Wenzeslaus vor.

»Stimmt, aber vielleicht ist es in Goa auch ein bißchen langweilig. Außerdem habe ich nicht die verdammte Überfahrt durchgestanden, um beim Anblick einiger unangenehmer Tatsachen gleich wieder umzukehren.«

Am Nebentisch wurden Stühle gerückt. Einer ohne Blessuren hatte sich dazugesetzt und flüsterte den verwundeten Japanmissionaren zu: »Ihr braucht euch keine Sorgen zu machen, eure Gelder fließen weiterhin, Rom weiß noch nichts vom Zusammenbruch eurer Mission. Japan wird also weiter bevorzugt finanziert. Das sollten unsere Chinesen aber besser nicht wissen.«

Die Lauschenden am rückwärtigen Tisch sahen sich erstaunt an. »Sieh da, sieh da, so also werden die Gelder unter den christlichen Brüdern verteilt. Das betrifft uns! Wir wissen nicht, wovon wir unsere Leute bezahlen sollen und die japanischen Mitbrüder streichen für eine verreckte Mission römische Gelder ein.« Wenzeslaus schnaubte. »Laß uns mit Robert reden.« Wütend schnappten sie sich die Suppenteller und drängten zur Geschirrabgabe.

»Robert!« Adam klopfte an die Tür im oberen Stockwerk der Mission. »Robert?« Vorsichtig spähten sie ins Zimmer.

Bei zugezogenen Vorhängen lag Dupont angezogen auf dem Bett. Schweiß bedeckte seine Stirn, er atmete schwer.

»Ein Fieberanfall, schnell, schon der zweite.« Die beiden Patres griffen die Zipfel des Lakens und trugen den Kranken die Treppe hinab über den Hof ins Spital. Der diensthabende Pater Medicus wies Dupont sofort in eine Stube ein, wo es herb nach Beifußbrand roch.

»Es dauert immer ein paar Tage«, erklärte ihm Wenzeslaus, »dann kommt er wieder auf die Beine. Kümmere dich gut um ihn.«

Fürs erste beruhigt, verließen sie ihn. Wenzeslaus nahm sich vor, andere Mitbrüder nach den Geldern auszuhorchen, während Adam beschloß, sich in Macao umzusehen. Aus dem Spitalgebäude trat er auf den Vorplatz der Ordenskirche Madre de Deus hinaus, von wo ausladende Stufen in die Stadt hinabführten. Vier Uhr mochte es sein, er blinzelte in die Sonne. Es war nicht mehr so heiß. Er wählte den kleinen Weg durch den Heilig-Geist-Garten zum Zitadellenhügel hinauf.

Daß Macao klein war, hatte er bei der Einfahrt in den Hafen gesehen. Aber daß es sich so klein, so winzig in die See vorschob, sah er erst jetzt von oben. Die See glitzerte von Horizont zu Horizont. Im Dunst lagen Inseln versprengt und ein schmales Wasserband, nicht breiter als der Rhein bei Cölln, trennte die an einem schmalen Landband hängende Insel von einer dunkelgrünen, baumlosen Hügelwelle. Zum Greifen nah begann dort drüben das riesige Reich des chinesischen Kaisers. Dort kassierten die Behörden der chinesischen Stadt Kanton jährlich eine Bodenrente von fünfhundert Silbertael. Je nach Willkür der Pachtherren kamen noch Sonderzahlungen hinzu. Die Halbinsel Macao, die ihm zu Füßen lag, war nur ein geduldetes Fleckchen Abendland. Nur durch ein streng bewachtes Grenztor durften sich Europäer dem chinesischen Riesenreich nähern. Doch selbst dieser schmale Durchlaß auf das weite, grüne Festland war nun auf unabsehbare Zeiten blockiert.

Auf der Zitadelle wurde gebaut. Anders als in Goa den Indern, ging den Chinesen hier die Arbeit schnell von der Hand. Die arbeitenden Männer und Frauen trugen ihr schwarzes Haar zur Schnecke gedreht und hochgesteckt. Als der auffällige Europäer vorbeispazierte, lehnten sie sich auf ihre Spaten und beobachteten ihn, wie er über Bauholz und Steinhaufen stieg. Ihre ebenen, flächigen Gesichter waren Adam fremd. Als sie ihn anlachten, rief er ihnen erleichtert »Nei sik joh faan maya?« zu, obwohl er nicht wußte, was das hieß. Die chinesischen Seeleute hatten ihm die Worte beigebracht.

»Joh, joh«, brüllten die Leute fröhlich zurück und ließen sich nicht weiter von ihm stören.

Hinter den Baumaterialien entdeckte er zwei Kanonen mit bemoosten Rohren, die auf den Vorplatz von San Lázaro gerichtet waren. Kopfschüttelnd fragte er sich, welcher Banause mit diesen Geschützen die eigene Bevölkerung bedrohen wollte. Er versuchte, vom Gelächter der Bauarbeiter begleitet, die Kanonen herumzuwuchten. Aussichtslos! Zum Abschied rief er den Arbeitern ein fröhliches »Joh, joh« zu, dann stieg er in die Stadt hinab.

Über die ausladenden Treppen von Sao Paulo do Monte kam er zu Villen mit blaubemalten Erkern und Türmchen, Bögen und Balkonen, die hinter Büschen und Gemüsegärten verborgen lagen. Für Augenblicke glaubte er, auf einem Sonnenstrahl nach Lissabon zurückgekehrt zu sein. Ornamente in Ziegelrot verzierten honiggelbe Fensterbögen und Stukkaturen. Es roch sogar nach Bratfisch.

Auch das Viertel am Hang war eine Baustelle. Chinesische Kulis, einheimische Steinmetze und kantonesische Steinschleifer, asiatische Maurer und macanesische Zimmerleute errichteten Häuser nach feinster portugiesischer Baumanier. Die Handwerker wurden von einer Schar Wasserverkäufer, Melonenhändler und Garköche hinter dampfenden Kesselpfannen versorgt. Und diese wiederum bekamen ihren Nachschub an Gemüse und Fleisch von barfüßigen Chinesenbürschlein, die ihre Festlandswaren auf der europäischen Halbinsel verkauften. Das Gedränge nahm zu. Er wühlte sich zum Inneren Hafen durch, wo die Holzhütten, die aussahen wie riesige Weinfässer, auf Pfählen standen. Hoch oben waren kleine Veranden angebaut, von denen Großmütter mit nackten, spielenden Enkeln zu ihm hinabwinkten. Zwischen den Pfählen stapelten sich Waren und zerfallene Dschunken. An Schnüren trockneten Pfefferschoten und Maiskolben. Schweine wühlten in den Abfällen. Ein kleines Mädchen lief ihm nach, winkte ihn in eine Gasse aus Steinhäusern und zupfte ihn in einen offenen Laden. Neugierig folgte er ihr in einen niedrigen, rauchgeschwärzten Raum mit vielen Bambushöckerchen und Tischen. Ganz hinten im Raum saßen Chinesen beim Brettspiel. Unter der Decke hingen Vogelkäfige und Laternen.

»*Tschah!*« Die Kleine zeigte auf einen abgewetzten Tresen mit einen simmernden Kupferkessel, der eher in einen Alchimistenkeller gepaßt hätte als in eine Teestube. Dann nötigte sie ihn auf einen Hocker. »Du Durst, *tschah* trinken«, sagte sie auf portugiesisch.

»Gut, ich Durst, *tschah* trinken.« Kaum saß er, huschte der wohlgenährte Teehausbesitzer herbei und schlug mit einem Schmutzlappen ausgespuckte Teeblätter von der Tischplatte. Im Nu baute er vor ihm ein weißes Schälchen mit Unterteller und Deckelhäubchen, eine dampfende Kanne, ein Schälchen mit drei Teigtäschchen, ein Paar Bambusstäbchen und ein Schälchen mit einer tintenschwarzen Sauce auf. Als Adam ein Täschchen mit den Fingern greifen wollte, nahm ihm die kleine Wirtstochter resolut den Happen aus der Hand und brachte ihm mit viel Ernsthaftigkeit das Essen mit Stäbchen bei. Nachdem das erste Teigtäschchen heil im Mund gelandet war, konnte er sich dem Getränk widmen. Er lüftete das Deckelhäubchen und besah die Röllchen aus trockenen Teeblättern am Boden der Tasse. Vorsichtig brühte er sich seinen Tee auf. Das heiße Wasser entrollte die Blättchen zu kleinen Lanzen und trieb sie nach oben. Wie eine weiße Blüte auf dem lindgrünen Getränk knospte, freute er sich am kleinen Frühling in der Schale. Als der Tee genug gezogen hatte, kostete er schlürfend. Es schmeckte nach getrocknetem Gras, nein, nach Ei, vielleicht auch etwas nach weißem Fleisch. Befremdlich! Er schenkte Wasser nach.

Da bewegte sich hinter dem Tresen eine Bambusmatte. Als er aufsah, fiel sein Blick geradewegs in das breite weiß gepuderte Gesicht der Wirtin. Eine ergraute Frau in einer Wickeljacke und Pluderhosen war herausgetreten. An Henkeln trug sie eine Kasserolle vor sich her. Sofort schlug sie die Augen nieder und fing an, mit ihren Füßchen auf der Stelle zu trippeln. Sie stöhnte vor Verlegenheit. Am liebsten wäre sie geflüchtet, doch sie mußte warten, bis der Wirt ihr den dampfenden Topf abnahm. Kaum hatte ihr der Mann den Topf aus den Händen gerissen, trippelte sie hastig in die Küche zurück.

Dem Teehausbesitzer war der mitleidige Blick des Gastes nicht entgangen. »Mein Besen!« Er machte eine eindeutige Handbewegung. »Frau alt, schon alt, entschuldigen, nicht schön.« Er setzte sich an Adams Tisch und rechtfertigte sich mit einer Handvoll portugiesischer Brocken für den Anblick seiner Frau. Mit bösem Blick auf den Küchenvorhang schimpfte er: »Frau machen nur Mädchen, nicht Sohn. Nicht schön. Noch mehr Mädchen, neue Frau! Neue Frau, viel Sohn!«

Er beäugte Adams Kleidung. »Nicht lange Macao du, São Paulo?« Angewidert vom Stinkatem und dem verächtlichen Geschwätz warf Adam ihm zwei Münzen auf den Tisch und trat auf die Gasse hinaus.

In Hafennähe ging er zwischen Warenständen, ausgebreiteten Gemüsebergen, Fruchtkörben und Stoffballen hindurch.

Bauern boten frische Bohnensprossen feil, Barfußärzte kauerten vor Schaubildern eines Menschenkörpers. Mit einer Auswahl verschieden großer Nadeln und Glüheisen warteten sie auf Kranke, um diese an Ort und Stelle zu heilen. Neben den Garküchen stapelten sich winzige Tierkäfige, in denen Schlangen, Affen, Schildkröten und Frösche auf ihre Verköstiger warteten. Diese Spezialitäten wurden sofort nach Bezahlung lebend ins siedende Öl geworfen, um in aller Frische verspeist zu werden. »Ganz frisch, noch viel *Ch'i* drinnen, ganz frisch!« Ihm wurde ein noch zuckender, lebend gehäuteter Schlangenleib entgegengestreckt. Von Hohngelächter verfolgt, schüttelte er den Garkoch ab und schob sich weiter an schwarzen Sklaven, Malaien, Parsen, Siamesen, Japanern, Chinesen und vereinzelten Europäern vorbei. Rücksichtslos drängelte sich ein weißgekleideter Portugiese auf seinem Pferd durch die Menge. Dem Reiter folgten zwei Kaffernsklaven mit einem Sänftensessel, den eine Brokatdecke verhüllte. Vermutlich verbarg sich eine der sehr, sehr raren Damen weißer Hautfarbe darin. Die muslimischen Frauen aus Portugiesisch-Malakka oder aus Siam verbargen ihre Gesichter hinter Schleiern, und die Chinesinnen und Japanerinnen versteckten sich hinter weißem Puder. Nur die indischen Hausmädchen zeigten ihre natürliche Schönheit auf der Straße.

Schnell hatte er die Halbinsel an ihrer schmalsten Stelle überquert und stand unter den weißen Arkaden der Rua da Praia Grande.

Auf blumengeschmückten Veranden verhandelten portugiesische Kaufleute, während ihre weißhäutigen Kinder in Sichtweite mit schwarzen Fräuleins unter Sonnenschirmen am südchinesischen Meer entlangspazierten.

Zur Vesper wurde bei Santo Agostinho geläutet. Eine Gruppe japanischer Christen formierte sich zum Gottesdienst bei den Augustinern. Mit brettharten Gewändern, die Kappen unter den Arm geklemmt, betraten die Männer das geöffnete Portal, aus dem Orgelmusik erklang. Ihnen folgten in Kimonos gewickelte Damen mit nadelgespickten Hochfrisuren. Er vermißte die Leichtigkeit von Goa, überall waren die Menschen ernsthafter; es schien etwas Bedrohliches in der Luft zu liegen.

Auf diesen ersten Ausflug sollten noch viele folgen. Manchmal flüchtete er regelrecht, denn wie der Sommer 1619 verstrich, verschlechterte sich die Lage im Sankt Pauls Kolleg. Aus China und Japan trafen immer neue Flüchtlinge ein und bald waren die Dormitorien und Stuben von Sao Paulo überfüllt. Natürlich sprach sich der Zusammenbruch der Japanprovinz und die ungerechte Spendenverteilung der örtlichen Prokur unter den Ordensbrüdern herum. So gingen die Japanbrüder den Chinabrüdern aus dem Weg, tuschelten die Italiener über die Deutschen, beschwerten sich die Spanier über die Portugiesen. Die unklare Zukunft der Missionen in Japan und China, die erlittenen Demütigungen, die Enge beim Schlafen und Essen und nicht zuletzt die Drohgebärden des kantonesischen Magistrats jenseits der Grenze versetzten jedermann in Aufruhr. Gerüchte über eine marodierende niederländische Kriegsflotte steigerte die Spannung derart, daß es immer häufiger zu Streitereien und manches Mal zu Handgreiflichkeiten unter den Gefährten Jesu kam.

Kaum konnten die Verbannten, Alfonso Vagnoni und Sabbatinus de Ursis, wieder laufen, mußten sie sich vor Angriffen aus den eigenen Reihen schützen.

»Wir haben euch doch bei der Vorbereitung auf eure Aufgabe angewiesen, die Chinesen mit Samthandschuhen anzufassen, leise aufzutreten, euch zurückzuhalten und ihren Stolz nicht zu verletzen!« Francisco Vieira, der Prokurator, brüllte die frischgenesenen Brüder zusammen, daß es alle hören mußten. »War es nicht so, daß ihr öffentlich predigen mußtet statt dezent in den Konversationsräumen? Vor aller Öffentlichkeit! Konntet ihr italienischen Herrschaften nicht das leisere Gespräch unter vier Augen suchen? Und Vagnoni, kann Er mir mal erklären, was auf einem katholischen Altar Kuchen, Zuckerwerk und Gesottenes verloren haben?«

»Wir wollten den Heiden die Freude an ihrer Gewohnheit, Köstlichkeiten zu opfern und diese Segensgaben anschließend selbst zu verspeisen, nicht nehmen«, brüllte Pater de Ursis zurück.

»Was weiß Er, der Herr Prokurator, schon von der Arbeit mit den Heiden?« Vagnonis Stimme donnerte durch den Hof. »Als Oberer sitzt Er den ganzen Tag auf Seinem Hintern und schiebt die Gelder aus Rom hin und her. Und das noch nicht einmal gerecht! China bekommt nichts ab, dafür mästet Er Tonkin und Cochinchina. Eine himmelschreiende Ungerechtigkeit! Ich war in China, ich setzte mein Leben aufs Spiel. Ich hatte eine Gemeinde, ich taufte Neuchristen. Sie nahmen mich in ihren Kreis auf und gaben mir einen chinesischen Namen. Dieses Vertrauen, Herr Prokurator, ist die Vorbedingung für eine dauerhafte Christianisierung.«

»Ihr habt die Balance verloren. Ihr habt einen Volksauflauf, einen Klamauk provoziert und damit den chinesischen Großmut überstrapaziert. Wer die diplomatischen Gesetze nicht einhalten kann, ist keinen Thaler Missionsgelder wert.«

»Streiche Er uns die Gelder, und wir können nichts mehr machen, um die Chinesen zu beeindrucken. Wovon, glaubt Er, habe ich mein Buch *T'ai-hsi shui-fa* über Hydraulik und Pumpentechnik geschrieben?«

»Die Pumpentechnik kennen die schon lange. Und die Chinesen, die euch geschmeichelt haben, tragen euch nur solange auf Händen, wie ihr Kaiser es erlaubt. Was nützt euch jetzt euer lächerlicher chinesischer, japanischer oder sonstwie Name und ein paar übersetzte Buchseiten?«

Türen knallten.

Jeder suchte die Fehler beim anderen, in den Katechismus-Übersetzungen, in der Kleidung, in den Ritualen, in der Auslegung der katholischen Lehre, in den Liebeleien. Sogar das Wetter und das Essen wurden beschuldigt. Die aus Nanking Verbannten beschimpften die aus Peking Ausgewiesenen. Die aus den oberen Stockwerken sprachen nicht mehr mit denen aus den unteren Stockwerken. Die Hiebe der Wortschlachten hallten durch den Hof von São Paulo.

Der Streitereien müde, schloß Adam sein Fenster. Neuerdings ging ihm die Frage der Selbstverteidigung durch den Kopf. Es konnte doch nicht im Sinne Gottes sein, daß seine Priester so zu leiden hatten. Wie es aussah, wurde in Asien nicht nur mit dem Geist, sondern auch mit den Fäusten missioniert. Er wollte etwas unternehmen. Als erstes besprach er sich mit Wenzeslaus. Sie entwickelten eine neue Strategie: Vor allem mußten sie Chinesisch lernen.

Adam eilte zu Alfonso Vagnoni, der im Heilig-Geist-Garten unter einer Schirmzeder saß und die Aufmerksamkeit einer Korona junger Patres genoß. Vagnoni hielt seine feine Nase in die Luft und fächerte sich mit einem kostbaren Seidenfächer zu. Als Adam ihn bat, ihm und ein paar Brüdern Chinesischunterricht zu erteilen, strahlten seine aquamarinblauen Augen dankbar für das wiedergewonnene Leben. Er unterbrach seine Erzählung und faßte nach Adams Hand. »Gerne, o wie gerne, ich liebe es zu unterrichten.« Nüchtern fügte er hinzu: »Und außerdem Jungs, seid ihr ohne Chinesisch völlig aufgeschmissen! Ich kann gleich morgen mit euch anfangen.« Sanft wandte er sich wieder seinem Auditorium zu.

Sein blondes Haar hatte den Italiener von Geburt an zu etwas Besonderem gemacht. Auch wußte er, daß sein langsamer, blauer Blick wirkte. Und mit diesem blauen Blick wirkte er – seit vierundfünfzig Jahren.

Täglich zur Doppelstunde der Schlange, wie die Chinesen die neunte Morgenstunde nannten, versammelte sich fortan ein Fünfergrüppchen unter der Schirmzeder. Als es nach vier Wochen kühler wurde, trafen sie sich im angrenzenden Sankt Ignatius-Seminar zum Unterricht.

Hätte Alfonso Vagnoni nicht so exzellent chinesisch gesprochen, er wäre mit seinem weibischen Gehabe leicht zum Gespött der Ordensgemeinde geworden. Nur er beherrschte die knatternde Mundart der Südchinesen genauso wie das noble Hochchinesisch *kuan-hua*.

Als Lehrer trug er stets ein schwarzes Seidenkäppchen, von dessen Spitze eine kirschrote Troddel herabhing. Stets brachte er seinen goldgeränderten Seidenfächer mit, den er im Redefluß klatschend auf- und zuschlug. Niemals kam er ohne seinen hölzernen Tuschekasten in den Unterricht. Alfonso Vagnoni begann seine Lektionen gesetzmäßig nach einem umständlichen Zurechtrücken seiner Schreibutensilien. Langatmig erkundigte er sich nun nach dem Befinden der werten Schüler, während er sein graublondes Kinnbärtchen zwirbelte. Unter spärlichen, sorgfältig sortierten Stirnlocken musterte er leicht blasiert seine Schüler.

Seit langem war er der erste, dessen Kleidung die Mühe des Hinsehens lohnte. Im Gegensatz zu den anderen Jesuiten nahm er nicht mit dem schwarzen Habit oder irgendeinem Hose-Hemd-Komplet vorlieb. Nein, der blonde Piemontese hüllte sich in eine seitlich geknöpfte *Ch'ang-p'ao*-Robe aus Seide. So schillernd wie die häufig wechselnden Gewänder gestaltete er den Unterricht, in dem niemals spaßige Geschichten über Land und Leute fehlten.

»Wir Fremdlinge, von Chinesen gern Barbaren oder Langhaarige *chang-mao* genannt, glauben, wir könnten schon Chinesisch, wenn wir gerade mal sprechen können. Welch ein barbarischer Irrtum! Ihr müßt wissen, erst auf dem Papier wird Chinesisch eindeutig. So merkt euch die erste Regel: Silben, die gleich ausgesprochen werden, können Unterschiedliches bedeuten, deshalb müßt ihr das Sprechen üben, üben, üben. Und hören, hören, hören! Ihr müßt Chinesisch nach Tönen auswendig lernen. Chinesisch ist eine Musik aus wenigen einfachen Silben, die durch Stellung im Satz, Zusammensetzung und Singsang eine bestimmte Bedeutung bekommen.«

»Eine Silbe kann also verschiedene Bedeutungen haben?«

»Richtig! Entsprechend der Betonung.« Vagnoni sang einige Silben.

Sein Unterricht war nicht einfach, doch seine Methode, die Schüler an der langen Leine laufen zu lassen, brachte Erfolge. Gleich zu Anfang lernten sie, daß *wo* »ich« und *ni* »du« heißt. Doch Adam verstand die Bedeutung der kleinen Worte nicht sofort. Anfangs meinte er, daß *wo* »Nase« und *ni* »Zeigefinger« hieße, weil der Lehrer immer beim Sprechen von *wo* mit dem Zeigefinger auf seine eigene Nase deutete.

Nach den ersten Fortschritten seiner Schüler Adam, Terentius, Wenzeslaus und der Portugiesen Ribeiro und Figueiredo strahlten seine Augensterne: »Mitbrüder, beobachtet wie die Chinesen miteinander sprechen. Ihr werdet entdecken, daß sie im Gespräch häufig mit dem Zeigefinger der einen, im Handteller der anderen Hand herumkritzeln. Damit deuten sie Zeichen an und räumen so gesprochene Unklarheiten aus.«

Zur Freude aller setzte er den Unterricht tags darauf in einem gutbesuchten Teehaus des Chinesenviertels fort. Diesmal standen Regeln und Regulative auf dem Programm. »Der Lateiner benutzt Buchstaben, der Chinese Schriftzeichen, die ihm als Symbole von Begriffen dienen. Diese entwickelten sich über Jahrtausende aus simplen Bildern. Hier seht …« Vagnoni klappte seinen Tuschekasten auf und holte bedächtig einen flachen Reibestein hervor. Sein größter Schatz war seine Begabung für die Kalligraphie. Mit großer Geste beliebte er die Pinsel aus Marderhaar und Eisvogelfedern und den Stein zum Anrühren der Tusche vor sich auf einem Seidentuch auszubreiten. Er begann auf der glatten, mattschwarzen Steinfläche gepreßte Holzkohle mit einigen Wasserspritzern zu schwarzer Tusche anzureiben.

Behutsam tunkte er den Pinsel in die Vertiefung, drehte und wendete ihn andächtig und malte ein Schriftzeichen. Er richtete sich gerade auf und betrachtete sein Werk. »Das heißt Sonne, auf chinesisch *ri!*« Ebenso elegant setzte er ein zweites Zeichen auf das Blatt. »Dies Zeichen heißt *yue,* Mond!« Spitzbübisch blickte er in die Runde. »Bringen wir nun Sonne *ri* und Mond *yue* zusammen, erhalten wir das Doppelzeichen *ming.* Und das, meine Brüder, bedeutet hell. Kalligraphieren ist mehr als Schönschreiben, Kalligraphieren ist Lebenskunst. Ein guter Kalligraph spürt mit dem Pinsel dem Laut der Silbe nach. Weil die Schrift den Gesang des Herzens ausdrückt, ist sie den Chinesen heilig. Für sie ist es ein Frevel, beschriebenes Papier wegzuwerfen.« Mit diesen Worten beendete er die letzte Unterrichtsstunde der warmen Jahreszeit.

Wieder und wieder ließ er seine Schüler mit dem Pinsel die Strichfolge üben. »Ganz recht! Zum Schriftzeichen *t'ien* gehören zwei Striche, die über dem Zeichen für Mensch *jen* liegen. Der Himmel erhebt sich über den Menschen. Das geflügelte Wort *ting-t'ien li-ti* gibt uns Aufschluß, denn es heißt ›Mit dem Fuß auf der Erde, mit dem Scheitel im Himmel, so zeigt sich das menschliche Sein‹.«

Er ermutigte jeden einzelnen und korrigierte dessen Armhaltung beim Kalligraphieren. Wenn er mal etwas kritisierte, dann nur allzu schlimmes Gekleckse. Bevor er eines Tages den Unterricht wie üblich zur mittäglichen Doppelstunde der Ziege beendete, überreichte er jedem Schüler ein Heftchen so feierlich als sei es ein Agnus Dei-Täfelchen. »Ein Geschenk für eure Bemühungen. Für jeden habe ich ein frisches Exemplar mitgebracht. Wie ihr seht, trägt es den Titel *Hsi-kuo chi-fa,* was soviel heißt wie ›Gedächtnistechniken des Westens‹. Diese Gedächtnistechniken stammen von Matteo Ricci. Mein Landsmann, der übrigens Sohn eines Apothekers war, verfaßte sie, um das Erinnerungsvermögen zu schulen. Ihr müßt wissen, daß Mitbruder Ricci im Auswendiglernen von Schriftzeichen den Chinesen in nichts nachstand. Er beherrschte Chinesisch in Sprache und Schrift vollkommen. Nur ein einziges Mal durchgelesen, konnte er vierhundert willkürlich gesetzte Zeichen in die korrekte Reihenfolge setzen. Leider ist Ricci schon zehn Jahre tot. Wir sollten ihm nacheifern!«

Als Kenner der chinesischen Politik ahnte Alfonso Vagnoni, daß das Grenztor zum chinesischen Festland für Missionare noch Jahre verriegelt sein würde. So gönnte er seinen Zöglingen viel Zeit. Er verriet nie, daß sie noch mindestens 6 000 Zeichen erlernen müßten, um ein geistreiches Buch lesen zu können.

Nach vier Unterrichtsmonaten beherrschten die Schüler gut 300 Schriftzeichen. Sie konnten aus lockerem Gelenk schreiben und ihre Zungen zerbrachen nicht mehr an den vier Modulationen. Nur des Cöllners Zunge rebellierte noch beim dritten, einem erst fallenden, dann ansteigenden Ton. »Adamus«, mahnte er nicht selten, »öffne deine Lippen sorgfältiger! So wie du *mai* aussprichst, heißt es nicht kaufen, sondern verkaufen.«

Im Herbst 1620 hatte Vagnoni seine Schüler wieder einmal ins Teehaus »Zum duftenden Jadetee« entführt. Bereits in der Tür klatschte er mit dem Fächer in die hohle Hand. »Ein *tchin* vom weißen Schnaps und sechs Schalen!«

Der Kannendiener brachte ein Zinnkännchen, sechs Trinkschälchen und spatzenhaft kleine Happen Wasserkastanien, Lotoswurzeln und in Teesud hartgekochte Wachteleier. Schwungvoll kredenzte er klaren Schnaps.

»Bevor wir trinken, die neusten Nachrichten vom chinesischen Kaiserhofe.« Vagnoni sprach mit seinen Schülern jetzt nur noch Hochchinesisch. »Vor wenigen Wochen verstarb der Kaiser der Ära Sprießende Herrlichkeit. Nach dem Wan Li-Kaiser ist das nun schon der zweite in diesem Jahr, der durch Siechtum oder Mord umkam. Mit dem Tod eines jeden von ihnen haben sich die Verhältnisse für uns verändert. Welche Auswirkungen der Tod des letzten haben wird, ist noch nicht absehbar. Mit dem neuen Kaiser wird sich mit Sicherheit wieder etwas ändern. Trinken wir auf die Öffnung des Ming-Reiches gemeinsam. Dafür beten kann jeder alleine.« Er hob das Schälchen mit gestrecktem kleinen Finger. »Kan-pei!« rief er, stürzte das Destillat hinab und hielt das leergetrunkene Schälchen nach chinesischer Sitte zur Tischmitte hin. »Trockenes Glas!«

Der Sorghumschnaps beizte.

»Gallenmedizin«, japste Wenzeslaus.

Außer Vagnoni liebte niemand den Fusel; aber der Anlaß schien einen Umtrunk wert.

Adam hob sein Näpfchen an die Lippen und kippte das Gesöff in sich hinein. Seine kräftigen Kiefer hielten jede Regung zurück. Nach dem dritten »trockenen Glas« stülpte er das Schälchen umgedreht auf die Tischplatte und legte seine Hand schützend darüber.

Wenzeslaus kippte das vierte Schälchen und grinste seinen verstummten Freund mit tränenden Augen an. Er wußte, daß man diesem Getränk nur mit unerschütterlichem Gleichmut gewachsen war. Immer wieder hatten sie mit Macanesen auf Freundschaft, Glück, Kindersegen, Reichtum und den Sieg des Guten getrunken. Aus Höflichkeit artete ein solcher Umtrunk meistens aus. Die Gastgeber glaubten, Nachschub liefern zu müssen, weil die Jesuiten so eifrig zurückprosteten. Als Gäste fühlten sich diese verpflichtet, die angebotenen Näpfchen zu leeren. Da die Gottesmänner auf ihrem Warteposten viel Zeit für Plaudereien übrig hatten, lag das letzte feuchtfröhliche Mißverständnis bei Vagnonis Schneider Yang Fung noch nicht lange zurück.

Das Haus »Zum duftenden Jadetee« war das nobelste in Macao. Hier traf sich die bessere Gesellschaft. Vagnoni beanspruchte einen Stammplatz, weil hier mit Abstand der beste Umschlagplatz für Nachrichten in ganz Macao war.

So inbrünstig wie die Vögel in den herabhängenden Käfigen um ihre verlorene Freiheit zwitscherten, so heftig tauschten die Besucher die neusten Neuigkeiten aus Übersee und dem Ming-Reich aus. Die alten Herren vertrieben sich die Zeit mit mehrmals aufgegossenem grünem Tee oder mit Chrysanthemenwein. Manche zogen aus dem Hüftschlitz ihrer Kleider kleine Grillenverliese hervor, die sie zwischen die Teeschalen stellten, um dem Vogelkonzert das Sehnsuchtstremolo der Gefangenen hinzuzufügen. Auf einen Fingerzeig huschten barfüßige Kinder herbei und boten lebende Fliegen als Grillenfutter feil.

Die Geräuschkulisse schützte die Gäste vor fremden Ohren. Diesmal hatte Vagnoni bezweckt, ein diskretes Strategiegespräch zur politischen Lage zu führen. Seine Schnapsrunde erreichte allerdings das Gegenteil; so laut wie er und seine Schüler über die Veränderungen im Kaiserreich spekulierten, konnte keine Grille zirpen und kein Pirol schmettern.

Am Nebentisch runzelte ein kostbar gekleideter Chinese die Stirn. Unauffällig horchte er herüber, während seine Augen den Raum nach weiteren Lauschern absuchten. Ringsum schlürfte man Tee und Schnaps, spielte, würfelte und erzählte. Nur ihm schienen die Westbarbaren ein Ohr wert zu sein. Plötzlich kam von der Gasse lautes Schimpfen. Eine Gruppe Frauen in bäuerlicher Hosentracht stürmte herein und scheuchte keifend einige männliche Verwandte zur Arbeit. Den Augenblick des Aufruhrs nutzte der Elegante und trat an den lauten Tisch.

Der lange Nagel seines kleinen Fingers steckte in einer feinziselierten Scheide. Höflich klopfte er mit dem Silberschmuck auf die Tischplatte. »Gesundheit und langes Leben wünsche ich den frommen Dienern des Herrn.«

Blicke aus sechs Augenpaaren sprangen ihn erstaunt an. Er verbeugte sich und schob, vor der Brust, die geballte Rechte in die geöffnete Linke. Nachdem er sich selbst die Hand gegeben hatte, schob er die Arme übereinander, bis sie unter den roten, mit Fledermäusen bestickten Seidenärmeln verschwanden. Hinter den Ärmeln hielt er einen langen Fisselbart zurück.

Er räusperte sich. »Der Wind trug mir Eure teuren Worte zu, als ich soeben die Schönheit der Jasminblüte in meiner Teeschale betrachten konnte. Daß ich nach langer Reise in Cidade do Santo Nome de Deus do Porto de Macau na China« – er betonte jede Silbe des amtlichen Namens – »anzulanden vermochte und schon am ersten Tag Euch Hochwohlgeborenen an diesem sinnenfreudigen Ort begegnen darf, zeigt mir kristallklar: die Zeichen des Himmels stimmen, um den Osten und den Westen zusammenzuführen.« Er verbeugte sich nochmals, richtete sich gerade auf und fuhr knapper auf Latein fort: »Es wäre dem Himmel und dem Unternehmen Christi angemessener, unsere Begegnung unter verschwiegeneren Umständen stattfinden zu lassen. Gesegnete Fremde, nehmen Sie es mit Großmut, aber Sie reden zu laut.«

»Er rügt uns!« brummte Terentius.

»Wer seid Ihr, werter Herr, daß Ihr so eindringlich auf Verschwiegenheit besteht? Und das auch noch auf Latein, wo wir bemüht sind, unsere Konversation auf Chinesisch zu führen«, rief ihm Wenzeslaus launig zu.

»Sprache kann manchmal mehr bewirken, wenn sie unverständlich bleibt.« Ohne zu lächeln fuhr er fort: »Laßt Eure Reden über Politik im Kaiserreich besser unübersetzt. Geben wir doch den Tauben keine Mäuseohren!«

»Wer seid Ihr und woher sprecht Ihr so vorzüglich die Sprache der Römer?« Vagnoni stand auf und bot ihm einen Platz an.

Doch er blieb mit verborgenen Händen stehen. »Wie könnte ich mir anmaßen, mich als Eurer hochkultivierten Zunge mächtig zu bezeichnen. In aller Bescheidenheit, ich lernte Latein in der Hangchower Mission.« Zurückhaltend verbeugte er sich erneut. Seinen Namen verriet er nicht.

Vagnoni leckte sich die Lippen nach Neuigkeiten. »In meinem geliebten Hangchow? Das ist doch nicht möglich! Aber sagt schon, bei wem? Bei Cattaneo, Aleni oder etwa beim alten Tomaso? Ach nein, Bruder Tomaso kam ja aus Nanking. War es womöglich Bruder Alfredo?«

Für das Zucken eines Augenaufschlages schaute der Rätselhafte spöttisch auf ihn hinab. »Des Blutes angefachte Wallung trübt die klare Quelle. Nun, wenn ich erlaubterweise nachhelfen darf, es war Pater Giulio Aleni.«

Vagnonis Fächer raschelte. »Natürlich, wie hätte es auch anders sein können. Er lernte bei meinem lieben Landsmann Aleni. Wahrlich, ein Gottesgeschenk seid Ihr. So nehmt doch Platz, hier, bitte, an meiner Seite und erzählt rasch, wie meine Hangchower Mission die Verfolgung überstanden hat?« Vagnonis einladende Geste vermochte nicht, die Zurückhaltung zu durchbrechen. Der Chinese blieb stehen. Mit unbewegten Zügen, den Blick verschlossen, berichtete er, daß die Hangchower Christengemeinde einigen nicht näher ausgeführten Unannehmlichkeiten ausgesetzt sei.

Adam beobachtete ihn zurückgelehnt, die Arme verschränkt. Er empfand ein Unbehagen, das ihn manchmal in Gesprächen

275

mit Asiaten beschlich, deren Gesichtsausdruck er noch immer nicht lesen konnte. Derweil sprudelten aus Vagnonis Mund Fragen über Fragen. Er wollte alles über seine ehemalige Mission hören. »Erzählt, wer wurde gefoltert? Wer wurde arrestiert? Was machen die Laienbrüder?«

Das Gesicht des Chinesen versteinerte. »Nicht an diesem Ort der lockeren Zungen. Verschafft mir eine angemessene Gelegenheit, um …« – seine Augen überprüften den Raum – »von meiner Mission zu berichten.«

Vagnonis Augen weiteten sich. »Von welcher Mission?«

Ohne mit der Wimper zu zucken, schüttelte der Fremdling die Robenärmel zurück und verneigte sich. »Ehrwürdige Patres, Sie erreichen mich in der Herberge ›Portas do Cerco‹.« Er machte eine schroffe Kehrtwendung und schritt mit lotgeradem Zopf hinaus.

Es dauerte, bis selbst Vagnoni den abrupten Abgang verwunden hatte. »Trotz meiner Jahre in China sind sie mir noch immer nicht geheuer.«

Die Brüder bestellten sich eine große Kanne besonders starken Tee und scharfen Ingwer. Etwas kleinlaut erinnerten sie sich, daß sie auf einer winzigen Landzunge im feindlichen Asien saßen. In der Tat, ihr trunkenes Gerede konnte sie alle in Gefahr bringen. Terentius drängte zum Gehen. Diesmal ließ Vagnoni nicht anschreiben. Überstürzt schob das Grüppchen zur Tür. Als sie ins Freie traten, hielt Adam seinen Lehrer am Ärmel zurück. »Wartet einen Moment«, den anderen rief er nach: »Wir kommen später!«

»Vagnoni, mir ist der Chinese nicht geheuer, seine Andeutungen könnten auch eine Falle sein. Vielleicht wollen die Kantoner Behörden nur herausfinden, ob wir Kontakt zu den Untergrundchristen im Reich haben. Wir dürfen unsere Kuriere nicht gefährden. Laß uns ihm folgen und ihm auf den Zahn fühlen.« Vagnoni teilte seine Befürchtungen.

Die Herberge mußte ganz in der Nähe des Grenztores liegen. Sie durchquerten das Gewühl am Inneren Hafen und umrundeten den Anstieg zum Zitadellenhügel. Vor ihnen ging der Unbekannte. Schnell folgten sie ihm in eine Gasse. Er ging bereits zügig eine Straße hinauf, hielt kurz inne und kaufte zwei Krüge Reiswein. Gefolgt von einem Kuli, an dessen Jochstange die zwei Steinkrüge baumelten, stieg er die Stufen zur Herberge »Portas do Cerco« hinauf. Der Lastenträger wurde entlohnt und die Tür fiel ins Schloß.

Die Verfolger entschlossen sich, ihn augenblicklich in seinem Logis aufzusuchen. In chinesischen Zeichen stand der Herbergsname auf einer dunkelroten Tür. Sie öffneten diese und schlichen durch einen Hausflur, der zu einem Innenhof führte. Stauden, Blätter, Blumen, Blüten. Grün überwucherte Grün. Um einen Papayabaum wanden sich Ranken und wuchsen Sträucher, Büsche, Büschel und Beete. Teerosen dufteten süß und schwer. An einer Hauswand schwang sich eine violettgetupfte Clematis über zwei Geschosse empor, an einer anderen fiel eine Glyzinienkaskade von der Dachtraufe herab. Die Balkongitter entlang der Stockwerke führten die Blumenpracht in Schmiedeeisen fort. Mitten in dem kleinen Paradies stand ein plätscherndes Brünnlein. Das Wasser umspülte die Füße einer Muttergottes mit Jesuskind.

»*Mamma mia!*« Vagnoni wischte sich ungläubig mit den Händen über die Augen. »*Adamo, come a casa!*« Zärtlich strich er über die bunten Kacheln, die unter dem Wasser funkelten. Das Naß nutzte er, um sein Kinnbärtchen zu zwirbeln.

»Welch eine Freude, sich so schnell wiederzusehen! Die Schalen sind noch nicht trocken und der Himmel segnet die Glücklichen schon mit neuem Wein.« Zwischen Blumentöpfen war der Chinese an das zierliche Balkongitter getreten und verbeugte sich nach unten zu den hinaufstaunenden Jesuiten.

»Welch ein Ort!« Vagnoni drehte sich mit ausgebreiteten Armen neben dem Madonnenbrünnlein. »Wer hat dieses Fleckchen Heimat im gottverlassenen Asien geschaffen?«

»Geheimnisse lieben es nicht zu warten. Nehmt die Tür dort links und dann die Treppe!« Der Chinese verschwand hinter einem Sonnenvorhang.

In seinem Zimmer war es kühl und der weißblaue Kachelboden glänzte sauber. Am Baldachinbett hing ein Mückennetz und an der Wand ein Kruzifix. Da es an Sitzmöbeln mangelte, wählten Adam und Vagnoni die Bettkante. Sprachlos sahen sie sich um.

»Jetzt bin ich schon so lange in Macao, aber das hier hätte ich mir nicht träumen lassen«, kam es Vagnoni endlich über die Lippen.

Ihr Gastgeber hatte den einzigen Stuhl herangezogen und lächelte verlegen. »Die Patres mögen es verzeihen, aber es schien der Herbergswirtin angebrachter, diese Adresse nicht an den großen Gong zu hängen. Sie fürchtet einen Ansturm der ausgewiesenen Japanmissionare. Die Missionsgebäude können ja schon nicht mehr alle beherbergen. Und durch die unglücklichen Umstände sind einige mit dem Glauben in Unordnung geraten, wenn ich so sagen darf. Sie sind nicht mehr so gesittet wie es sich für einen Christenmenschen ziemt. Dona Esmeralda, die Besitzerin, ist Witwe«, er holte tief Luft, »sie will nicht, daß eine Absteige daraus wird. Die Dame hat mich gebeten, die Herren Patres anzuhalten, die Adresse vorzüglich zu behandeln. Für uns heimatlose Christen ist das sehr gut, so haben wir in diesen Wänden einen geheimen Ort der Einkehr. Die Zeiten in unserem Lande sind gefährlich für uns Getaufte. Für mich zum Beispiel. Ich lebe unter der Sonne Pekings als Sprachgelehrter in enger Berührung zum Kaiserhof. Im Schatten der Nacht bin ich ein Taktiker für die Botschaft des Christentums. Ich heiße Antonius Fung. Es ist für unsere Sache besser, wenn ich hier nicht von zu vielen Augen gesehen werde. Die Brüder mögen mir das schroffe Gebaren im Hause des duftenden Jadetees verzeihen«, sagte er sich verneigend.

»Bruder Antonius, vertraut uns!« Vagnoni nickte einladend. »Wir werden Euch und dieses Haus vor feindlichen Ohren schützen, seid dessen gewiß. Und jetzt, da wir uns sicher fühlen, solltet Ihr uns von Eurer geheimen Mission erzählen.«

Adam und Vagnoni machten es sich bequem.

»Patres, ich hoffe, Ihr habt viel Zeit mitgebracht, denn das chinesische Reich ist groß und der Ereignisse sind viele. Laßt mich mit den Geschehnissen am Hofe beginnen, denn daraus ergibt sich unsere Strategie. Die politische Lage im Ming-Reich ist verworren, es droht Aufruhr. Seit dem Tod von zwei Kaisern will jeder freigewordene Vasall aus der Reichsordnung ausscheren und sein eigenes unabhängiges Königreich gründen. Als ich aus Kanton abreiste, brodelte es am Perlfluß von Gerüchten. Nach nur neunundzwanzig Tagen Regentschaft ist der letzte Kaiser über Nacht verstorben – an Gift ...«

»Vergiftet? Also doch! Wie hinterhältig«, rief Adam dazwischen.

In den Augenschlitzen des Chinesen funkelte es. »Seine Regentschaft war eine einzige Sünde.«

»Sünde? Welcher Art?« fragte Vagnoni.

»Sich mit Palastdamen schwelgend zu vergnügen, statt das Mandat des Himmels zu verwalten. Der Kaiser war ein Lüstling. Mit seinen siebenunddreißig Jahren war er so wankelmütig, daß er sich nicht einmal zwischen zwei Konkubinen mit dem Namen Li entscheiden konnte«, Antonius hüstelte angewidert, »so nannte er die eine Fräulein West-Li und die andere Fräulein Ost-Li. Die Himmelsrichtungen bezeichnen den Standort des Diwans, wo er das Wind-und-Regenspiel mit den Fräulein zu vollführen beliebte. Der Kaiser hing wie ein Säugling an den Brüsten zweier Ammen. So ein Milchknabe ist nicht fähig, ein von innen und außen bedrohtes Großreich zu ordnen. Verzeiht mir die Hitze im Blut, es fällt mir schwer, meine Freude über seinen Tod zu verbergen.« Er kratzte sich mit dem silbernen Nagelschmuck hinter dem Ohr. »Bei solch einem Kaiser mußte der langgehegte Plan, ausländisches Kriegsgerät von hier nach Peking zu schaffen, mißlingen ...«

»Nicht doch, diese alten Geschichten«, unterbrach Vagnoni den Chinesen.

»Dann ist an dem Gerücht doch was dran.« Adam schaute Vagnoni entgeistert an. »Im Hospital erzählte ein sterbender Bruder, er wäre bei der Überführung von Kanonen zusammengeschlagen worden.«

Vagnoni zwirbelte sein Kinnbärtchen.

Antonius Fung meinte kühl: »Geduldet Euch! Euer junger Mitbruder muß ausführlichst informiert werden. Der Pekinger Kaiserhof kaufte von Macaos Gouverneuren Kanonen. Diese fünfzig Kanonen wurden mit hundert Soldaten von Macao nach Peking entsandt ...«

»Nein, es waren dreißig Kanonen, Beutestücke eines gestrandeten Engländers aus bester Manchestermanufaktur«, korrigierte Vagnoni verärgert.

»Doch bevor der Kanonentransport das Südtor von Kanton erreicht hatte«, fuhr Antonius Fung fort, »wurde er von bewaffneten Soldaten aufgehalten. Alle Macanenser wurden arrestiert und in Ketten nach Macao zurückgeschickt. Mitsamt den Kanonen.« Er schaute Adam prüfend an. »Ihr werdet jetzt fragen, was hat das alles mit uns Christen zu tun? Viel, sehr viel! Euer Orden hatte den Plan entwickelt, Missionare als Soldaten verkleidet auf diesem Wege nach Peking zu schleusen.«

Adam pfiff leise durch die Zähne. »Ordensbrüder als Kanoniere verkleidet nach Peking schleusen – was für ein Plan! Feuerwaffen und Kreuz vereint zum Siegeszug.« Empört drehte er sich zu Vagnoni um. »Ihr wußtet von diesem Plan?«

»Ja!« Der Italiener sprang auf. »Jawohl, ich wußte, daß ein Kanonentransport nach Peking aufgestellt wurde. Ich wußte auch, daß die Kantoner Behörden uns nicht wohlgesonnen sind. Was liegt da näher, als auf diese Weise getarnt nach Peking zu reisen?«

»Missionieren wir in der Lüge einer Verkleidung, fühlen wir uns unehrlich und elend. Missionieren wir in aller Öffentlichkeit, wird unsere Ehrlichkeit mit Prügel bestraft und unsere Wunden machen uns elend.« Antonius Fung stand auf und offerierte wortlos Tee.

Adam nippte nur kurz. »Wie lange noch müssen wir uns verstellen oder unsere linke Backe hinhalten? Wenn wir uns nicht wehren, ist der Orden bald so ausgezehrt, daß schon deshalb die Bekehrung scheitert. Wieviele von uns sollen noch zu Krüppeln werden oder sterben?«

Vagnoni nickte. »Wir werden von unseren Gegnern umgebracht wie lästiges Ungeziefer. Viele sind müde von all den Entbehrungen. Unsere verwitterten Körper sind wehrlos ihrer Willkür ausgesetzt.«

Antonius Fung, im gleichen Alter wie Vagnoni, war aufgestanden und ging vor den Gästen auf und ab. »Ihr Jesuiten könntet viel von uns Chinesen lernen. In unseren Klöstern wird der Kör

per dem Geist gleichgesetzt. Für uns ist die Lebensart des Westmenschen, sein ganzes *Ch'i*, damit meinen wir die Lebenskraft,
hinter der Stirn zu sammeln und den Tag mit unbewegten
Gliedern, denkend zu verbringen, schon immer unverständlich
gewesen. In unserem Lande halten auch Gelehrte ihren kostbaren Menschenkörper mit *Wu-i* geschmeidig und gesund.«

Plötzlich schloß er die Augen, blähte die Nasenflügel, drehte
sich federleicht auf der Ferse seines rechten Fußes, ließ den linken kreisen, wobei seine schwebenden Hände sanft ins Leere
griffen. Sein Körper schnellte hoch, überschlug sich, die nackten Füße klatschten zurück zu Boden. Mit einem lauten Schrei
blieb er vor den Verdutzten stehen. »Dies dient der Aktivierung
des Wasserelementes, was gut für die Knochen, die Harnblase
und die Nieren ist…« Lächelnd setzte er sich wieder in den
Korbstuhl und strich sein Kleid glatt. »Und es dient – dem Überleben. Mögen Kampfkunst und Heilkunde der buddhistischen
Meister euch Europäern abergläubisch erscheinen, so bergen
sie doch manche Weisheit. Ihr sollt nicht den Kern mit dem
Apfel verzehren, sondern mit dem Samen einen Baum anpflan-
zen, der euch dient. In unserer verborgenen Gemeinde haben
wir einige alte Meister, die ihr Wissen weitergeben. Ich selbst
darf mich bescheiden einen geprüften *Wu-i*-Meister nennen.
Leider werde ich Macao bald wieder verlassen, sonst hättet Ihr
Euren Meister gefunden.«

Adam staunte. Dieser schon vierundfünfzigjährige Mann beherrschte den Kampfsport! »Antonius Fung, bitte bringt mich
zu so einem Lehrer. Vielleicht kann ich Westmensch ja doch
etwas lernen. Ich habe mich in meinen ganzen achtundzwanzig
Jahren noch nie besonders schnell bewegt.« Er lachte. »Aber wir
müssen ein bißchen was für unser Überleben tun.« Der kno-
chige Rheinländer bekam bei der Vorstellung, sich im chinesischen Kampfsport zu üben, ganz rote Ohren.

Vagnoni lachte. »*Yesu huei-shih, yesu huei-shih!* Jesuit, Jesuit! Soweit ist es mit dir gekommen. Jetzt wirst du in China zu Gottes
Haudrauf!«

»Pater«, Antonius Fung wandte sich an Adam, »mein Herz ist
freudig berührt und ich bin sehr erleichtert, daß Ihr mich

darum bittet. Auf den geheimen Unternehmungen haben immer die chinesischen Christen ihren Rücken über die schwachen westlichen Priester halten müssen. Eure Hände mögen groß sein, aber um die Bibel gegen die Feinde Jesu zu schützen, taugen sie nicht mehr als ein Lotusblatt, um eine Kiefer zu schlagen. Jetzt spreche ich über den nächsten Punkt dieses wichtigen Treffens. Wir, das heißt die Christen Chinas, brauchen Euch Priester dringend hinter der Grenze, im ganzen Reich. Wir können Euch nach Peking geleiten. Und um diese sehr weite und gefährliche Reise gut zu überstehen, möchten wir Euch bitten, die Medizin der Vorbeugung zu nehmen. Die Strapazen der monatelangen Reise nach Norden werden sehr groß sein und unsere Christenfrauen, bitte verzeiht mir dies, sind es müde, immer wieder zurückgelassene kranke Langnasen zu pflegen.«

Vagnoni nickte zustimmend. Mehrmals hatte er wegen einer Verdauungskrankheit insgeheim Quartier beziehen müssen. Das letzte Mal, es war vor sechs Jahren in Westchina, hatte eine achtköpfige Bauernfamilie drei Wochen lang das Lager mit ihm teilen müssen. Aus nachträglicher Dankbarkeit stimmte er zu. »Gut! Adamo, wenn dieser weise Chinese uns darum bittet, werden wir seinem Rat folgen. Tauschen wir dieses elegante, aber scheinbar reiseuntaugliche Tü-tü« – er zupfte am seidenen Stehkrägelchen – »gegen einen wilden Kampfanzug. Meinst du, er wird mich kleiden?«

Es war schon dunkel geworden und Antonius Fung entzündete eine Öllampe, in deren weichem Schimmer er den Geheimplan ausbreitete, erstmals wieder nach Jahren Jesuiten ins Ming-Reich zu holen. Da das kaiserliche Verbannungsdekret noch immer galt, drohten erneute Verhaftung und Abschiebung, Bastonade und Kerker. Trotzdem drängte er darauf, neue Missionare über die Hangchower Route bis nach Peking zu schleusen. Schließlich erwähnte er nochmals Möglichkeiten, den Körper zu kräftigen, und Adam bekam endlich die Adresse eines Faustkampfmeisters.

Der Meister hieß Hu Li. Er durfte in einem Haus nahe Santo Agostinho leben, weil ihm als Christ ein fester Wohnsitz in der Stadt zustand. Die Portugiesen verpflichteten Taufchinesen, die

Haare nach westlicher Manier zu kürzen und westliche Kleidung zu tragen. Obwohl der Meister den Taufnamen Franziskus bekommen hatte, gab er sich nicht als Konvertit zu erkennen. Er behielt seinen Zopf und trug weiterhin chinesische Tracht. Dadurch war er als Getaufter nicht erkennbar. Getarnt konnte sich Hu Li zwischen dem Festland und der portugiesischen Enklave frei bewegen und wurde von den Festländern nicht als Landesverräter verachtet. Der kleine Mann ging auf die fünfzig zu und hinter dem verschmitzten Faltengesicht vermutete niemand einen gefährlichen Kampfkünstler, der für die Jesuiten im christlich-chinesischen Untergrund arbeitete.

Dieser Grenzgänger hatte den Lagerschuppen einer stillgelegten Dschunkenwerft für die heimliche Schulung hergerichtet. An diesem Ort folgte in den nächsten Monaten ein Grüppchen weißer Männer mit nackten Oberkörpern und in der Taille verknoteten Hosen den Anweisungen des kleinen flinken Chinesen. Der Zopf des Meisters war ebenso grau wie der Scheitel von Terentius, Dupont, Manuel Dias und anderen. Der Gleichaltrige entlockte den verknöcherten Priestern das letzte Fünkchen an körperlichem Ehrgeiz. Pünktlich schlüpften sie nacheinander durch das Tor des Lagerschuppens, darauf bedacht, von niemandem gesehen zu werden. Für Stunden folgten sie den seidenweichen Handkantenschlägen und Ausweichsprüngen des Meisters mit stolpernder Anmut und Schweißströmen auf den milchweißen, schwächlichen Brüsten. Meister Hu Li ließ nicht locker, er forderte das letzte von den morschen Knochen. So manche Übung verpuffte im Gelächter der Geschundenen, da sie etwas taten, worauf sie in Rom ganz und gar nicht vorbereitet worden waren: Sie kämpften Mann gegen Mann und stießen sich gegenseitig in den Staub.

Es war beschlossene Sache, diese Körperertüchtigung vor den Chinesen und der örtlichen Bistumsverwaltung geheimzuhalten und auch nichts nach Rom verlauten zu lassen; taten sie doch schon genug, was in den Amtsstuben des Vatikans nur Kopfschütteln provozierte.

Zur Unterstützung holte Hu Li noch einen jungen Christen namens Jakob Sung. Dieser Faustkämpfer war von ihm für

Schleusermärsche im Untergrund ausgebildet worden. Als der Frühling kam, verabschiedete sich Hu Li schmunzelnd von seinen Schülern. »Zum Weglaufen wird es jetzt schon reichen!«

Geschult wie nie zuvor, brachen in den kommenden Monaten die ersten drei Abordnungen ins Kaiserreich auf. Unter chinesischen Kopfbedeckungen und Überwürfen getarnt, immer zu zweit, kehrten Manuel Dias, Francisco Furtado, Johann Ureman, Alvaro de Semedo und – zu Adams Leid – Robert Dupont des Nachts in ihre frühere Heimat zurück. Von den Neuen nahmen sie nur Terentius mit, nicht aber Adam Schall von Bell.

»*Hongmao kuei, hongmao kuei, k'uai k'uai*«, ein Chinese kam in den Glockenturm gesprungen, »die Rothaarteufel, die Rothaarteufel, schnell, schnell!« Er riß dem verschlafenen Pater die Glockenseile aus den Händen, hängte sich mit ganzer Kraft in die Taue und läutete Sturm. Bevor der Pater begriff, worum es ging, dröhnten von den anderen Kirchtürmen die Glocken zurück, bimmelnd fielen die Kapellenglocken ein, aus den Travesas grollten Trommelwirbel, Hornsignale fuhren durch Mark und Bein. Der Alarm jagte im Morgengrauen des 24. Juni 1622 ganz Macao auf die Beine.

Über Nacht hatte eine Flotte bestens bewaffneter Niederländer die winzige portugiesische Enklave umzingelt. Ein Kordon aus fünfzehn Karavellen und Hulkern lag wie ein tödliches Fangnetz um die schmale Halbinsel. Im Frühdunst zuckten schwefelgelbe Blitze über das Meer am Äußeren Hafen, einen Atemzug später schlugen Kanonenkugeln krachend am Fort San Francisco ein. Der Himmel über dem Bistum erbebte.

Am Grenztor im Norden stauten sich die Händler, Bauern und Kulis, die zur Arbeit wollten. Doch nicht die chinesischen Grenzposten versperrten ihnen den Weg nach Macao hinein, sondern ein Strom Flüchtender, die mit sperrigem Gut an Schulterstangen oder auf Schubkarren auf das Festland hinüberdrängten. In den Buchten füllten sich Dschunken mit Flüchtlingen. Vom jesuitischen, dominikanischen, augustinischen und franziskanischen Priester bis zum chinesischen Meßdiener, vom portugiesischen Gewürzhändler bis zum malaiischen Garkoch knäulte sich das ganze zurückbleibende Völkchen in heilloser Aufregung auf den Plätzen und in den Gassen. Noch nie zuvor hatte Macao eine so übermächtige Bedrohung von See her erlebt.

Angetrieben von den donnernden Einschlägen der holländischen Kanonen wurde eine hundertfünfzigköpfige Nottruppe zusammengetrommelt. Chinesisches Gesinde bekam Säbel und Lanzen, Greise und wehrlose Frauen mit Säuglingen und Kleinkindern kamen in der Muttergotteskirche von Sao Paulo in Sicherheit. Da die Jesuiten mit Verwundeten rechneten, wurden im Kollegspital die Liegen zusammengerückt. Menschenketten reichten Eßvorräte hinter die starken Mauern der Kirchen weiter, Wasservorräte wurden angelegt und das Vieh von den Isthmus-Weiden in die Gatter getrieben. Macao bereitete sich auf eine lange Belagerung vor.

Draußen, in den Wellen der Cacilhas-Bucht, lagen die Karavellen wie fette Kater und spielten mit der angstgescheuchten Maus. Siegessicher ließen sie eine Kette von Mündungssalven in die morgendliche Frische schnurren.

»Sie schießen sich ein, gleich landen sie an!«

»Allmächtiger Vater, an unserer offenen Flanke!«

»Und das auch noch am Geburtsfest von Johannes dem Täufer, verfluchte Calvinistenbrut.« Die Nachtwache kauerte hinter den Mauern des hochgelegenen Guia Fort und beobachtete aus der Ferne, wie die bedrohliche Armada kleine Boote zu Wasser ließ. Waffengespickte Pinassen und Barken näherten sich mit gleichmäßigem Ruderschlag dem Land. Am Strand formierte sich der Feind sofort mit geschulterten Musketen. Ihr Siegesgegröle trug der Wind bis zu einem Erdwall, hinter dem der Haufen des Oberkommandeurs Lopo Sarmento de Carvalho lauerte. So ungedrillt Carvalhos Männer auch waren, sie verfügten über etwas sehr Erfolgversprechendes, über viel Munition, denn Macao war ein Stützpunkt des spanisch-portugiesischen Waffenhandels. Die Arkebusen im Anschlag, knieten in der vorderen Reihe sechzig portugiesische und spanische Schützen, hinter ihnen ein paar Dutzend säbelbewehrte Negersklaven, Mitbringsel aus Portugals Besitzungen, und dahinter ein Grüppchen indischer Reserveschützen.

Im Trommeltakt marschierte der Feind hinter der Flagge der Vereinigten Niederlande die Wasserkante entlang.

»Sie schicken sich an, wie vor hundert Jahren zu kämpfen, ein Elefant ist nicht leichter zu treffen«, flüsterte Oberkommandeur Carvalho und spähte durch die Büsche.

Als probten sie das Exerzieren, marschierten die Niederländer geradewegs auf den Erdwall zu, der die Senke zum Landesinneren versperrte.

Kaum tauchten die Federbüsche ihrer Hüte und die Epauletten ihrer Uniformspencer hinter dem Erdwall auf, bellte der im Sand liegende Kommandeur: »Feuer!«

Die Flagge erbebte kurz, dann flatterte sie zu Boden. Der getroffene Fähnrich sackte in sich zusammen. Mit ihm stürzten die Trommler. Die dumpfen Schläge erstarben, den Trommlern hatten Kartätschen die Brust zerfetzt. Der Schmerz riß Münder auf und Calvinistenblut rann in Lachen in den weißen Sand. Präzise hatte Carvalho auf den Brustlatz einer Paradeuniform gezielt und den Vorausstürmenden getroffen. Wie sich später herausstellen sollte, hatte er den Anführer, Admiral Reijersen, erschossen.

Wie auf ein Zeichen geriet der Vormarsch der Niederländer ins Stocken; die Spitze des Zuges zerbröselte, Feiglinge brachen aus der Korona aus und schlüpften ins Gebüsch. Doch schon drängten weitere Infanteristen auf den Erdwall nach. Im Getümmel suchten sie die Deckung von flankierenden Artilleristen, die sich hinter den Gefallenen niedergekniet hatten und ihre Musketen leerschossen. Dazu hatten sie alle Zeit der Welt, denn der holländischen Feuergeschwindigkeit waren die portugiesischen und spanischen Hilfssoldaten nicht gewachsen.

»Verflucht, wir sind zu langsam!« erschrak Carvalho, als er gewahr wurde, wie sich seine Schützenreihe noch immer mit dem Stopfen der Vorderlader abmühte.

Die Niederländer waren fünfzig Fuß vor dem Erdwall zum Stillstand gekommen, als sich zwei, drei Vorwitzige unter den Hilfsarmisten in Angriffspose mit hochgereckter Faust über dem Erdwall zeigten.

Gerade als die Holländer mit gezückten Säbeln, Degen und Lanzen zum Sturm auf den Wall ansetzten, erstickte eine Detonation ihr heiseres Kampfgeschrei. Eine Druckwelle fegte durch die Kronen der Pinien. Der gewaltige Schlag kam von See. Alle starrten aufs Wasser. Die größte Karavelle, das Flaggschiff der Niederländer, neigte sich ganz langsam nach vorne. Eine portugiesische Kanonenkugel hatte ihr den Bug bis unter die Wasserlinie aufgerissen. Meerwasser drang in die offene Wunde und ertränkte viele kampfbereite Söldner aus Batavia.

Die schwarzen Säbelfechter nutzten die Lähmung der fassungslosen Holländer aus, sprangen mit schwingenden Klingen hinter dem Erdwall hervor und metzelten alles nieder, was sich ihnen in den Weg stellte. Mehrere Hundert Matrosen und Soldaten glaubten sich bereits in der Falle und versuchten ihr Leben durch Fersengeld zu retten. Kopfscheu rannten sie zur Landungsbucht zurück, wo sie sich zusammenrotteten, um in ihrer verzweifelten Lage eine Strategie zu entwickeln.

Auf den höhergelegenen Beobachtungsposten, dem Guia Fort und dem Zitadellenhügel, rieben sich die Macanesen die Hände. Von hier oben konnten sie jeden Tritt des aufgedröselten Angreifers in der Senke belauern. Doch die Freude in der Höhe währte nicht lange. Unbemerkt hatten sich die wendigeren niederländischen Hulker von hinten an ihr Opfer angeschlichen.

»Feind im Rücken! Umdrehen! Verdammt, wir kriegen die Kanonen nicht gedreht!« schrie Hauptmann Rodriguez auf dem Guia Fort. Verzweifelt versuchten seine Soldaten die nach Norden aufs Meer ausgerichteten Geschütze aus den Verankerungen zu wuchten und gegen die nahenden Angreifer aus dem Südwesten zu richten.

»Jetzt müssen die Jungs auf der Zitadelle über dem Jesuitenkolleg ran!« Rodriguez band sein Hemd an eine Muskete und schwenkte solange zum Zitadellenhügel hinüber, bis dort ein ausschauender Bruder das Signal entdeckte. Er riß eine Fahnenstange los und winkte zurück. Vom Guia-Hügel wurde mit Zeichen das Nahen der Hulker gemeldet.

»Sie haben's gesehen, hoffentlich wissen sie, was zu tun ist.«

Während Adam mit gerafften Röcken die steilen Steinstufen vom Sankt Paulskolleg zur Zitadelle hinaufhastete, rückten die Niederländer von Südwesten her auf die Stadt zu. Sobald er auf der Zitadelle stand, quoll das Heer der feindlichen Infanteristen aus den angelandeten Booten und marschierte auf den Vorplatz von San Lázaro.

»Die scheinen ein Heerlager zu errichten, seht doch, die schleppen Marketenderwaren auf den Platz.« Einige aufgeregte Patres hatten sich auf der Zitadelle versammelt und sahen verängstigt auf die Ansammlung am Fuß ihres Hügels hinab.

»Nein, meine Herren, das sind Körbe mit Ersatzteilen, Kugeln und Kartätschen.« Leutnant Luis Teixera war der einzige Soldat auf der Zitadelle. Zu schnell hatte sich der Schauplatz verändert. Seine Soldaten kämpften noch alle an der Nordflanke. Als Teixera das Schwarzpulverfäßchen entdeckte, gefror ihm das Blut in den Adern. Schnell inspizierte er die auf die Stadt gerichteten, bemoosten Kanonen und kratzte mit seinem Säbel die Feuerrohre frei. Daraufhin musterte er mit zusammengekniffenen Augen seine Kampfgefährten, die mit wehenden Soutanen auf den Platz hinabstarrten. »Die Calvinisten oder wir«, entschied er rigoros. »Ran an die Kanonen!«

Mit fliegenden Fingern schlugen die Patres das Kreuz, ließen alle pazifistischen Vorsätze fahren, murmelten ein Gebet und beschlossen, ihr Leben und das Leben Macaos vor dem niederländischen Mörderpack zu retten.

Wenig später stieß eines der beiden Bronzerohre ein weißes Wölkchen aus, die Lafette sprang mit einem betäubenden Knall zurück.

»Zu kurz visiert! Nächster Schuß.« Der Leutnant hatte die rechte Hand flach über die Augen gespannt und spähte auf den Platz hinab. Blaß rollten einige Patres die Nachschubkugeln in griffbereite Nähe. Jetzt schoß das nächste Bronzerohr seine tödliche Botschaft hinaus. Die Eisenkugel schlug abseits an der Mauer des Gottesackers ein. Aus den Gassen wehte der Wind höhnisches Geschrei herauf. Die nächste Kugel verschleuderte Patre Marreiros, der, vom Knall erschüttert, die Hände über dem Kopf zusammenschlug.

Pater Bruno ließ sich vom Hohngelächter nicht irritieren, er nahm sich Zeit und richtete seine Kanone sorgfältig aus. Bedächtig steckte er die Lunte an. Seiner feindosierten Rohrexplosion folgte eine von ohrenbetäubendem Krachen begleitete Explosion auf dem Vorplatz des Gotteshauses. Die Kanonenkugel war wie ein Blitz mitten in das gegnerische Soldatengewimmel hineingerast, hatte die Kartätschenkörbe und die eisenbeschlagenen Planken der Pulverfäßchen zerfetzt und Nägel, Schrauben, und Metallsplitter in tödliche Geschoße verwandelt.

Im Herzen des heiligen Platzes sah es nach der mörderischen Detonation aus, als wären Pech, Blut und Schwefel brennend vom Himmel gefallen. Zerfetzte Leichen lagen inmitten verstümmelter Verletzter, zerrissene Kleidungsstücke hingen herum. Das Wimmern, Kreischen und Schreien hätte nicht schlimmer sein können. Die durch eine einzige Kugel ausgelöste Explosion hatte mehr als zweihundert Feinde außer Gefecht gesetzt.

Als das Wehklagen vor San Lázaro und der Jubel auf dem Guia Fort einsetzten, brach ein Gewitter des Glockenläutens los und schwoll zu einem Orkan des Scheppems und Klingens, des Dröhnens und Bimmelns an. Der Todesschuß hatte die Patres an die Zitadellenmauer getrieben. Beim Anblick der verwüsteten Menschenkörper erstarrten sie vor Entsetzen.

»Wenn Pater Bruno es nicht geschafft hätte, sähe ganz Macao heute abend so aus.« Der portugiesische Leutnant legte seine Hand auf die Schulter von Pater Bruno, der tränenüberströmt an der Kanone zusammengebrochen war. »Mit diesem Treffer habt Ihr Tausenden von Menschen das Leben gerettet. Und das Bistum vor der Inbesitznahme durch die Calvinisten beschützt!« Letzteres wirkte, es kam wieder Leben in das Jesuitengrüppchen.

»Sie fliehen«, schrie Adam und zeigte auf das Durcheinander flüchtender Holländer. »Unsere späte Rache an diesen ketzerischen Bilderstürmern.«

»Los, wir nehmen die Verfolgung auf, Bewaffnete wie Unbewaffnete, mir nach!« Leutnant Teixera zückte seinen Degen und stürmte zum Falltor in der Zitadellenmauer. Adam folgte ihm.

Als er im Lauf zum Guia-Hügel hinüberspähte, entdeckte er, daß dort eine Truppe einen Ausfall wagte. Die Detonation und das Sturmläuten hatte die Bewohner Macaos aus ihren Verstecken hervorgelockt. Sie stürzten sich in die Treibjagd und rannten hinter den Fliehenden her und sammelten weggeworfene Säbel, Stiefel, Mützen, Jacken, Leibriemen und Musketen ein.

Noch vor den mit Pulverhörnern und Kartätschenkoppeln schwerbehängten portugiesischen Arkebusieren waren die Brüder in ihren leichten Gewändern an der Cacilhas-Bucht angelangt, wo sich die Geschlagenen in die Ruderboote warfen oder verzweifelt ins Wasser taumelten, um schwimmend die ankernden Karavellen zu erreichen. Als Adam sah, wie ein Niederländer einen zierlichen Macanesen zusammenschlug, schwappte in ihm eine lang aufgestaute Wut hoch und Wellen des Hasses schlugen über ihm zusammen. Er rannte schneller. Schon bald überholte er eine johlende Horde Bantu-Neger und gleich darauf Flüchtende, die sich angeschlagen über den aufgewühlten Sand quälten. Mit stoßartigem Atem, ohne sich im geringsten zu fürchten, kam er der fliehenden Phalanx näher. Auf den letzten Fuß durch klumpigen Sand hatte sich seine Wut in Gier verwandelt: Er wollte sich einen schnappen. Inmitten von fliehenden Holländern, keine 200 Fuß vor den wartenden Ruderbooten, hatte er sein Opfer in einer taillierten, marineblauen Uniform erspäht. Er warf sich nach vorne, sein linkes Bein verhedderte sich beinahe im Saum, packte den vorwärtshastenden Rotschopf von hinten an der Schulter und riß ihn so heftig herum, daß der Fliehende strauchelte und in den zerpflügten Sand stürzte. Er wollte den Calvinisten nur noch demütigen. Er packte ihn an den golddurchwirkten Brustkordeln des Spencers und riß ihn hoch. »Fahr zur Hölle!« Überschäumend schlug er zu. Vom Fausthieb im Gesicht getroffen, brach der Calvinist zusammen. Erst das Blut, das aus dem Mundspalt sickerte, riß Adam aus der Blindheit seines Zorns. Er erschrak über die Lust der Rache, die wie ein Raubtier aus seinem Innersten hervorgesprungen war. Erschrocken taumelte er vor seinem Schatten zurück. Noch ehe er klarsehen konnte, brach der Siegestaumel über ihm zusammen.

»Ein niederländischer Hauptmann! Alle Achtung Pater, Ihr habt den Anführer eines ganzen Corps niedergestreckt, gratuliere!« Vom Strandlauf keuchend, schlug ihm der Oberkommandierende Carvalho begeistert auf die Schulter, während zwei Neger das betäubte Opfer fesselten und wegführten. »Aber Pater, Ihr seid ja verletzt!« rief Carvalho bestürzt. »Seht, am Arm, schnell, es blutet stark.«

Erst jetzt bemerkte Adam, daß er sich im Handgemenge den Unterarm an einem Messer aufgeschlitzt hatte. Der rechte Arm brannte, Blut pulste in Strömen. Eilig schnürte Carvalho den Blutfluß ab und hakte den aufgelösten, mit leerem Blick in den Sand starrenden Jesuiten unter. Bevor sie die Gassen erreichten, sackte er zusammen. Erst im Spital kam er wieder zu sich. Auf den Fluren feierten die Frauen, Kinder, Greise mit den siegreich zurückgekehrten Ehemännern den Sieg. Niemand kam auf die Idee heimzukehren, zu groß war die Freude über das glimpflich vorübergegangene Unglück.

Nur kurz konnte Adam nach der Wundbehandlung bei Wenzeslaus sitzenbleiben. Er mußte allein sein. Noch leicht schwankend, zog es ihn ins Freie. Unter offenem Himmel wollte er zur Ruhe kommen. Obwohl der niederländische Angriff abgeschlagen und Macao gerettet war, ließen sich die Priester nicht von den siegestrunkenen Stadtbürgern zum Feiern hinreißen. Sie haderten mit sich. Adam litt unter dem Anfall ungezügelter Kampfeslust. Dieses Mal hatte er das Entsetzliche getan, tatsächlich getan. Nicht wie bei den Exerzitien nur als heilende Übung in seiner Phantasie. Nach diesem Tag, nach diesem Faustschlag hielt er sich jeglicher Gottesliebe für unwürdig. Er hatte seinem Zorn nicht widersagen können.

Über dem Meer bauten sich granitschwarze Wolkenberge auf, leises Grollen und ein auffrischender Wind rollten vom Wasser an Land. Ein Lichtstrahl schoß in den weißen Sand. Für einen Moment öffnete sich das Wolkenmassiv am Himmel. Als wäre es seine Brust gewesen, weitete sich sein Herz. Wut, Zorn, verletzte Eitelkeit, Machtgier und Haß, das alles habe ich in mir. Es ist mir nicht gelungen, mich heilig zu beten, ich trage ein Raubtier unter meiner Soutane. Das muß der Tiger sein, von dem Faustmeister Hu Li immer sagte: »Lernt den Tiger zähmen, damit ihr ihn reiten könnt.« Er blinzelte in das weiße Gewitterlicht.

Während Feuerwerk explodierte und die Gassen von Dankprozessionen widerhallten, schlenderte er alleine durch die chinesische Welt am Inneren Hafen.

Als Anerkennung für den Sieg übersandten die kantonesischen Pachtherren fünftausend Scheffel polierten Reis und ihre Glückwünsche. Diese großzügige Geste deuteten die Jesuiten als Signal, wieder Missionare in das Ming-Reiches zu entsenden. Drei Monate nach seinem dreißigsten Geburtstag hieß es packen. Während Adam seine wenigen Habseligkeiten auf dem Lager ordnete, erstarb seine Reiselust. Nachdenklich sah er auf die zweite Garnitur Leibwäsche hinab und Zweifel stiegen in ihm hoch. Was hatte er nicht alles über das Festland gehört! Nichts als Mauern, hochnäsige Leute und überall Respekt vor dem Kaiser. Auch mußten sich die Sitten im Norden gewaltig von denen im blumigen Macao unterscheiden. Er trat ans Fenster und schaute in den verhangenen Himmel. »Und warm soll's da auch nicht sein, na ja«, murmelte er und ließ den Rosenkranz auf das ausgebreitete Wollhemd gleiten.

Der vollkommenste aller Monde beschien den Aufbruch in das ersehnte Land. Zusammen mit drei Portugiesen, Manuel O-Novo, Rodrigo de Figueredo, Pedro Ribeiro, und drei Chinesen verließ Adam Macao. Für ein Händchen Bruchsilber sah der Grenzwächter an ihnen vorbei, als sie das Reich der Mitte betraten. Um nicht sofort in ihrer ganzen Fremdheit entdeckt zu werden, hatten sich die Europäer barbiert, das Haar unter Gelehrtenkappen gestopft und sich in seitlich geknöpfte Chinesenkleider gehüllt. Laienbruder Jakob Sung pirschte voraus und beleuchtete mit einem verhängten Lampion den moorigen Pfad. Nur mühsam hielten die vier Gesandten Roms Schritt, zu kurz waren die körperliche Ertüchtigung und zu gut das Essen gewesen. Der zierliche Chinese schleuste sie durch ein Dickicht von Bambus in die geheimnisvolle Welt der gelben Kaiser.

In der Ferne explodierten Petarden. Zimbelbecken schepperten und Trommeln dröhnten zu gellender Musik. Feuerwerk krachte, zischte und malte bunte Girlanden über den Horizont. Knatternd besprühten Feuersterne den nächtlichen Himmel. Zwischen den Dorfdächern hingen Rauchschwaden von Bratfeuern und Schwarzpulverkrachern. In den fernen Gassen wurde geschmaust und gezündelt. Aufregende Gerüche zogen durch die Nacht. Mit größtmöglichem Getöse feierten die Chinesen das Mittherbstfest, das Fest des vollkommensten aller Vollmonde, über den trennenden Isthmus hinweg.

Die heimlichen Grenzgänger eilten auf Schleichwegen über finstere Pfade immer in sicherem Abstand zu den Dörfern. Keiner wagte innezuhalten, um dem lockenden Festlärm zu lauschen oder sich an der Feuerwerkskunst zu erfreuen. Ihre ganze Aufmerksamkeit galt dem voraushuschenden Lichtkegel. Zwei Schatten folgten ihnen in immer gleichem Abstand; die beiden Lastenkulis scheuten die Nähe der Westbarbaren.

Kaltes Mondweiß übergoß die abgeernteten Reisterrassen. Das Schilf und die Bambushaine, ebenso der Wasserhanf, standen in knochenbleichem Licht erstarrt. Stunde um Stunde war das Grüppchen durch Bambus und gespenstische Thujawäldchen gepirscht, über fußbreite Dämme zwischen Reisterrassen hindurch balanciert, als Jakob Sung innehielt. Aufatmend warfen die Wanderer ihre Bündel von den Schultern.

»Hsieh-i!« Laienbruder Sung holte aus seinem abgesetzten Tragegestell eine Kürbisflasche und ein Bambuskörbchen mit Gebäck hervor. »Eine Weile ausruhen! Hier, erfrischendes Wasser, mit Ingwer gewürzt.« Die Kürbisflasche ging von Hand zu Hand. Jakob Sung reichte mondrunde Süßigkeiten hinterher. »Zur Stärkung etwas besonders Gutes, *yue-ping*, kleine Mondkuchen zum Mondfest.«

»Kandierte Citrusfrüchte mit Walnüssen, Zucker und Lotuskernen«, freute sich der weißhaarige Manuel O-Novo. »O, wie ich die liebe!«

In Windeseile hatten die Patres die Küchlein vertilgt. Um nicht wieder aus Höflichkeit ins Hintertreffen zu geraten, hatte sich Sung noch ein Kästchen mit Hundertjährigen Eiern eingesteckt. Er wußte, daß Europäer diese graugrüne Gallertmasse verabscheuten. So kaute er noch, als seine Schützlinge schon wieder unruhig wurden. »Horrghs«, rülpste er zufrieden und legte sich ins Gras. »Wollen wir noch von der stillen Schönheit des Mondes trinken?«

Die Jesuiten folgten seinem Beispiel, legten sich ins Gras und bemühten sich, von der stillen Schönheit des Mondes zu trinken.

Gerade als sie eindämmerten, war Jakob zu hören: »Wenn es recht ist und keine Umstände macht, könnt Ihr mit mir Latein reden. Bitte Latein, wenn es geht. So lerne ich auf unserer Reise noch besseres Latein. Ich bin Hu Lis bester Schüler und er war der erste, der mich von der Speise der fremden Religion hat kosten lassen. Die Patres, die ich schleuse, bringen mir immer Latein bei.«

»Das tun wir natürlich, wenn es dein Wunsch ist. Warst du vielleicht der Unbekannte, der Vicente und Mesquita heil außer Landes gebracht hat?«

»Sehr wohl, es ehrt mich, daß Ihr das erwähnt. Ich durfte verhindern, daß man ihnen die Seele aus dem Leib prügelte. *Chinshuei*, das Begießen-mit-Wasser-Ritual«, antwortete er stolz, »habe ich vom ehrwürdigen Pater Feirreira bekommen.«

»Ach, der gute Gaspar«, nickte Manuel O-Novo.

»Wenn es meinen Begleitern recht ist, wollen wir jetzt weitergehen? Uns darf die Sonne nicht sehen«, beendete Sung in Latein die kleine Unterbrechung. Er schulterte das Bambusgestell und setzte, ohne sich nach seinen vier Schützlingen umzutun, den Fußmarsch ins mondlichtgefleckte Dunkel fort. Sein Lampion leuchtete der Gruppe vorbei an Ligustergebüschen, wilden Teesträuchern und knisternden Bambuswäldchen. Raschelnde Tritte im trockenen Gras vertieften die Nachtstille, in der sie heimkehrende Festgesellschaften umschlichen. Mit ihren Körperkräften schwand auch die Nacht.

Verblassend grüßte der Mond vom westlichen Horizont den aufglühenden Sonnenscheitel, als die heimliche Karawane den Weiler Shen-wan erreichte. Unter Lackbäumen zogen sich schilfbedeckte Lehmhäuser entlang. Ein Hund schlug verschlafen an. Jedes Geräusch vermeidend, schob Sung die angelehnte Tür zu einem kleinen Innenhof auf und schlüpfte in eine Bretterhütte. Stolz, den Herrschaften ein komfortables Lager anbieten zu können, lud er zum Hinlegen auf Reismatten ein. »Hierhin wird niemand seinen Fuß setzen, der uns schlecht gesonnen ist. Der Tag wird im Schlaf vergehen.« Er verschwand hinter einem Stofflappen, der den Raum teilte, um jedem eine Decke und eine lederbespannte Nackenrolle zu bringen. »Wünsche erquickende Ruhe. Ich schlafe auf Rufweite nebenan«, verneigte er sich und entschlüpfte durch den Vorhang.

»Er tut wirklich sein Bestes«, brummte Adam, während er sich hinstreckte und die muffige Rolle unter den Kopf schob. Nachdem der alte Manuel O-Novo das Gebet gesprochen hatte, entschied Adam, auf dem Rücken zu schlafen, um seine Nase vor den befremdlichen Gerüchen des Lagers zu bewahren. Kaum daß er lag, fiel er in einen traumlosen Schlaf, aus dem er sechs Stunden später erwachte.

Vor ihm hockte Jakob Sung zwischen seinen sehnigen Beinen im Türrahmen und beobachtete das Erwachen seiner Schützlinge. Hundeschnauzen schoben sich knurrend hinter seinem Rücken in die Tür. »In Ordnung, sind Freunde«, flüsterte er und klopfte den Hunden das Fell. »Seid gegrüßt aus vollem Herzen, seid gegrüßt, ehrwürdige Großtante«, rief er jemandem zu. Noch strahlte sein Gesicht, da tauchte eine uralte Frau in einer geblümten Steppjacke mit einem Bündel Ingwerknollen im Türrahmen auf. Sie blieb stehen und versuchte, ihr zahnloses Lachen mit knorriger Hand zu verbergen. In ihren weiten Hosen klammerten sich zwei winzig kleine Kinder fest, die den Fremden mit aufgerissenen Augen ins Gesicht starrten. Bezopfte Backfische stoben davon, als Adam sich gähnend mit nacktem Oberkörper aufsetzte. Ganz leise lugten sie gleich darauf wieder kichernd um den Türpfosten. Sobald die anderen weißen Männer ihre Decken von sich warfen, blieben die Mädchen verschwunden. Die alte Bäuerin hatte sich sattgesehen. Winkend zuckelte sie davon.

Jakob Sung lachte. »Meine Großtante, ihre Kinder und Enkel, alle getauft, alle Christen! Darf ich annehmen, daß Euer Magen wie ausgeraubt ist?« Er ging den schlafzerzausten Jesuiten auf die andere Seite des Hofes voraus.

Für den exquisiten Besuch hatten sich alle vier Generationen im verqualmten Raum der Küchenhütte zusammengefunden. Auf dem gestampften Lehm hockten die Kleinsten, dazwischen Urgroßeltern und Großeltern ersten Grades auf Bambushöckerchen. Der Hausherr lehnte beobachtend an der Lehmwand. Tuschelnde Mädchen mit armdicken Zöpfen kauerten auf Reissäcken. Die Ehefrauen bedienten. In Fettdampf gehüllt, brutzelten sie Gebäck in einer Kesselpfanne goldbraun. Großtanten zweiten Grades reichten die öltriefenden Teigstangen herum. Dazu bekam jeder eine Schale heißes Wasser. Als die Patres bewirtet waren, flüsterte die Großtante Jakob Sung etwas ins Ohr.

Jakob winkte ab. Sofort wurde sie unwirsch und bestand hartnäckig auf ihrem Anliegen. Kerzengerade stellte sie sich vor die kauenden Gäste, verbeugte sich und zeigte auf ihren Neffen.

Jakob übersetzte: »Großtante möchte Euren Segen für sich, die Familie und die Tiere. Sie sagt, daß es ein großes Himmelszeichen für ihren Hof ist, daß Ihr gekommen seid. Sie hätten soviel Unglück gehabt im letzten Jahr.«

»Patre Manuel wird es gerne tun!« Adam, Pedro und Rodrigo grinsten sich an und schlugen dem Mitbruder auf die Schulter. »Manuel, in diesem Falle brauchen wir einen Mann mit Erfahrung. Wir schauen dir auf die segnenden Finger.« Die drei nickten der aufgeregten Frau zu.

Selig strahlend faltete sie die Hände vor der Brust und wisperte: »A-men, a-men!«

Der Erfahrene kannte das Bauernvolk. Er wußte, daß viele von ihnen nur einmal in ihrem Leben, bei der Taufe, einen Missionar zu Gesicht bekamen. So galt es den Glauben wieder aufzufrischen und die weitverstreute Gemeinde zu pflegen. Er eilte zu seinem Gepäck und kehrte mit einem Lederköfferchen zurück. In dem Behältnis trug er alle Utensilien bei sich, die ein Missionar zur Feier der Taufe bis hin zum Geben der Sterbesakramente benötigte. Augenblicklich verschwand er mit der alten Bäuerin. Es dauerte, bis eines der Mädchen den Rest der wartenden Familie zur Zeremonie rief. Adam, Rodrigo und Pedro folgten. Auf den Holzdielen im Wohnraum drängten sich schon gläubige Dorfbewohner, die man schnell und verschwiegen aus der Nachbarschaft herbeigerufen hatte. Sie hockten Knie an Rücken, Hüfte an Hüfte, flüsterten oder schwiegen. Die Großtante und ihre Familie saßen auf der Kante des Familienbettes, auf dem die Jüngsten gestillt und der etwas ältere Nachwuchs mit Klapsen zur Andacht ermahnt wurden. Räucherstäbchen glimmten vor dem Ahnenschrein. Manuel O-Novo sammelte sich und zelebrierte ein Gebet mit gefalteten Händen. Über sein verschwitztes Gewand, unter dem schlammverkrustete Sandalen hervorlugten, hatte er eine Stola gelegt. Rein glänzte sein Kruzifix. Als er sich zu voller Größe aufrichtete, streifte sein Birett die Strohmatten des Hüttendaches.

»Wenn du unter jedem noch so löcherigen Dach Gottes Haus errichten kannst, bist du wahrhaft ein Missionar.« Diese Worte fielen Adam ein, als er miterlebte, wie der alte Portugiese sein Gesangbuch aufschlug und das Lied anstimmte:

Christus, der Herr hat mich bestimmt
ich soll ihm immerfort leben
ihm will ich dienen hier und jetzt
und Zeugnis ablegen
Ich bin getauft und ihm geweiht
ich trag das Siegel der Dreieinigkeit.

Die Gemeinde summte zögernd mit, während die Jesuiten Christus, dem Herrn, mit kräftigen Stimmen ihren Lobgesang darbrachten. Anschließend predigte O-Novo über die Weihe des Tempels von Jerusalem und feierte, soweit es sein Chinesisch zuließ, das *Festum dedicationis ecclesiae*. Für die Eucharistie hatte er ein Krüglein Meßwein und Hostien im Behältnis. Zum Abschluß reichte ihm der Großonkel ein qualmendes Bündel Räucherwerk, mit dem er, gefolgt von der ganzen Gemeinde, jedes Gebäude des Gehöftes betrat und im Namen des Herren um Frieden und Gesundheit für die Bewohner bat. Er sprenkelte Weihwasser über Mensch, Tier und Türrahmen. Im Innenhof breitete er seine Hände segnend über die Andächtigen.

»A-men, a-men!« Dankbar verbeugten sich die schwarzbezopften Köpfe, dann verließen die Gläubigen einzeln das Gehöft. Auch die Familie von Jakob Sung nahm wieder ihre Arbeit auf. Eine friedvolle Ruhe kam über den Hof und die Jesuiten legten sich nochmals aufs Ohr. Als bei Einbruch der Dunkelheit der Lampion unter dem Vordach angezündet wurde, standen sie auf und beluden sich mit ihrem Gepäck.

»In all den Jahren der Christenverfolgung ist unser Geheimbund gewachsen.« Jakob Sung ordnete den Strick, der seine abgewetzte blaue Hose hielt. Stolz lag in seiner Stimme, als er fortfuhr:»Die Besitzer dieses Hofes sind verschwiegene Christen. Genauso wie die heimlich Getauften, die Euren Segen bekommen durften. Auch der Fährmann, der uns auf dem Nordfluß nach Ching-yüan bringen wird, ist ein Christenfreund. Bitte verzeiht mir meinen Hinweis, doch wir dürfen diese Helfer nicht gefährden, deshalb tarnt Euch wieder gut. Ich durfte in Macao Euren Kampfeswillen achten lernen, doch der Wille allein macht aus der Katze noch keinen Tiger.«

Der alte O-Novo sah sich streng nach seinen Mitbrüdern um, zog die dunkelblaue Kappe über die faltige Stirn und nickte.

Am Stall hockten die beiden Träger schon marschbereit unter ihrer Last und erhoben sich erst, als die Jesuiten das Gehöft durch eine Lücke im Zaun verließen. Im Dunkeln orientierten sie sich am Kotgestank, den ein Graben verströmte. Vorsichtig tasteten sie sich an dem glitschigen Graben entlang und erreichten nach kurzem Fußmarsch den Nordfluß. Lautes Kreischen unter Adams Sohlen ließ das Grüppchen erstarren. Das getretene Tier sprang klatschend in ein unsichtbares Wasser, worauf die scheuen Kulis in berstendes Gelächter ausbrachen.

»Still!« zischte Sung. »War nur ein Hornfrosch.«

Noch achtsamer schlichen sie am Fluß weiter bis das Knarzen leerer Segel die Uferböschung heraufklang. Geduckt näherten sie sich den schwarzen Umrissen einer Dschunke.

Ein pulsierender Gluttupfer verriet, daß dort jemand saß und rauchte. Die Böschung fiel jetzt so steil ab, daß sie auf Fersen hockend in den nassen Kies hinunterrutschten. Steinekollern und knackende Äste warnten Freund und Feind. Auf der Dschunke zündete jemand einen Lampion an, der ihnen vors Gesicht gehalten wurde. »Sung und seine Patres. Alles bestens. Lösch das Licht wieder«, rief eine Männerstimme auf kantonesisch.

Sie übernahmen von den Kulis ihr Gepäck und balancierten im Mondlicht über ein Brett an Bord. Kaum hatten sie sich gesetzt, löste jemand die Taue und schob die Dschunke mit einer langen Stange in die Strömung. Knisternd blähte sich das Bambussegel und der Wind schob sie an.

»Fahren außer uns noch andere mit?« Im Finsteren versuchten sie sich an Bord zu orientieren.

»Wenn, dann steigen morgen welche zu.« Sung suchte das dunkle Deck ab. »Dem Preis nach zu urteilen, werden wir nicht alleine bleiben.«

»Wieviel will der Fährmann denn haben?«

»Für jeden einen Silbertael.«

»Ein anständiger Preis?« O-Novo tastete nach dem Beutel Silberbruch, mit dem er die Fährkosten begleichen wollte.

»Ja, gewiß. Ich sagte doch, er ist ein Freund«, antwortete Sung schnell.

Als die Dschunke die Mitte des Stromes erreicht hatte, wurde ein glühendes Kohlebecken unter einer nassen Strohmatte hervorgeholt und Licht entzündet. Träge erhob sich ein krummbeiniger Alter und kam mit einer Laterne auf die Fährgäste zu. Er verbeugte sich tief und lange, ohne seine Stielpfeife aus dem Mund zu nehmen. »Ich heiße die frommen Ausländer auf meinem bescheidenen Schiff willkommen und danke dem Himmel, daß er den Weg der Herren mit dem meinigen kreuzen läßt. Gibt es doch zehntausend mal zehntausend Jahre Glück, wenn man im Reiche des Himmelssohnes die Gefährten Jesu über die Gewässer fährt.«

»Auch ich freue mich, dir begegnen zu dürfen.«

»Ganz meinerseits, ganz meinerseits«, erwiderte der Bootsmensch und griff sich unter das Hemd, um ein Säckchen hervorzuholen und es klimpern zu lassen.

Der alte Manuel fühlte sich weiter angesprochen. »Selbstverständlich, verehrter Dschunkenführer, selbstverständlich, hier, nimm das Silber für deine unbezahlbaren Dienste.«

»Recht habt Ihr, recht habt Ihr, *Yesu huei-shih!*«

Auch nachdem der alte Manuel ihm die abgesprochene Menge Bruchsilber hingezählt hatte, klimperte der Fährmann aufmunternd weiter. Erst als aus der Reisekasse noch ein paar Silberspäne nachgelegt wurden, ließ er das Beutelchen wieder im verschlissenen Hemd verschwinden. »Der Himmel möge Euch danken! Wir haben unser Bestes getan, um Euch und uns vor Entdeckung zu schützen.« Der Dschunkenführer überreichte Jakob Sung die Laterne und kehrte zu dem glimmenden Kohlebecken zurück.

Jakob kroch Adam in ihr Versteck voraus. Das gerundete Dach erlaubte dem Cöllner gerade mal aufrecht zu knien: Die Wände waren nur mannslang und eineinhalb Mann breit. Auch sie bestanden aus frischem, noch grasig duftendem Palmengeflecht. In der Ecke stand eine bauchige Vase mit Deckel. Draußen konnte man den Fährmann am glimmenden Öfchen lümmeln sehen. »Das wurde für Euch gebaut. Sie haben es den westlichen Maßen entsprechend groß gemacht. Hier, das Gefäß ist dafür, wenn die Patres ein gewisses Drängen überkommt und wir womöglich nicht alleine auf dem Fluß sind. Die Notdurft unter offenem Himmel zu verrichten, ist nur des Nachts ungefährlich. Am Heck findet ihr zu diesem Zweck eine bequeme Planke über das Wasser gehängt.« Sung öffnete und schloß die Deckelvase.

»Aha!« Adam sah sich betreten um.

»Ich weiß, ich weiß, die Reise in diesem schlichten Blätterhaus wird nicht sehr bequem, aber wir müssen Euch verbergen. Bitte verzeiht Euren chinesischen Brüdern dieses aufzehrende Reisen. Doch wollen wir die Gefährten Jesu lebend im Lande.«

»Danke Jakob, danke, du tust dein Bestes.«

»Dann kann ich Euch ohne Sorge dem Schlaf überlassen?« verabschiedete er sich und kroch rückwärts aus der Hütte, um sich einen Schlafplatz unter dem Sonnensegel zurechtzumachen. Schweigend rückten die Jesuiten ihr Gepäck vor dem Eingang in Reichweite, damit es ihnen in der Hütte nicht auch noch den schmal bemessenen Platz raube.

Adam sank erschöpft auf seine Reisstrohmatte, seufzte und streckte sich. Ein kühler Wind umfächerte seine wundgelaufenen Füße. Verdammt, die Hütte war zu kurz!

Frühmorgens weckte ihn ein mörderisches Geschrei aus dem Schlaf. Jemand schob seine herausragenden Füße in die Hütte zurück und dichtete den Vorhang ab. Die Dschunke bebte. Der Boden schwankte. Stimmengewirr und panisches Schweinequieken umschwirrte die vier Männer, die in ihrem Verschlag nicht sehen konnten, was draußen geschah. Holzknirschen hörte sich an, als hätte eine andere Dschunke längsseits festgemacht. Klatschende, nackte Fußsohlen schienen von ihrer Dschunke in ein anderes Gefährt zu springen. Der Vorhang öffnete sich einen Spalt und Sung streckte seinen Kopf herein. »Wie Ihr hört, nehmen wir gerade noch ein paar Mitreisende an Bord. Es sind Kantonesen, das heißt für Euch: besonders wachsam sein! Ihr dürft hier nicht raus.« Er deutete auf die Deckelvase. »Es empfiehlt sich, heute nicht soviel zu trinken, dann erspart man sich andere Mühsal.« Schon ließ er sie wieder allein.

»Kann mich vielleicht einer von euch kneifen. Mir träumt, daß ich mit drei anderen Lizentiaten der theologischen Fakultät der päpstlichen Universität Roms in einem fensterlosen Eierkörbchen durch China verfrachtet werde«, bat Adam.

»Mir kommt es sehr real vor.« Der reiseerfahrene weißhaarige Manuel O-Novo lehnte mit angezogenen Knien an einem Bambuspfosten.

Pedro Ribeiro hatte sich in in seiner Ecke zusammengerollt. »Mir träumt von einer Platte mit gesottenem Schweinebraten, knackigen Erbschen und einer guten Polenta.« Genüßlich schloß er die Augen und ließ sich weiterhin von dem Schweinegekreische jenseits der Sichtblende inspirieren.

Rodrigo popelte im Blattgeflecht. »Es sind fünf!«

»Fünf was?«

»Fünf Schweine«, flüsterte Rodrigo, der es geschafft hatte, ein Sichtlöchlein hineinzubohren. »Fünf Schweine und zwei Bauersfrauen. Neben uns liegt ein Stakboot mit einem Bauern und einem Jungen. Scheinbar haben sie die Frauen hergebracht. Unser Fährmann macht jetzt die Leine los, es scheint weiterzugehen. Aha, jetzt sehe ich Jakob mit einer Schüssel.«

Schon wurde der Vorhang angehoben und eine zugedeckte Schüssel hereingeschoben. »Wir wünschen wohl zu speisen, mögen die Patres mit der bescheidenen Mahlzeit zufrieden sein!« flüsterte er durch den Stoff.

»Danke, Jakob, du verwöhnst uns. Das letzte Mal, als mir das Essen durch die Tür geschoben wurde, war es bei den Exerzitien.«

»Wie diese eine Prüfung. Wie weit, sagtest du, ist es bis Hangchow?«

»Nur sieben Wochen oder neunundvierzig Tage oder einhundertsiebenundvierzig Mahlzeiten«, flüstete Adam.

Manuel hatte den Deckel gelüftet und alle starrten entgeistert in die Schüssel.

Gottergeben machten sie sich über die chinesische Hausmannskost, süßsaures Gemüseallerlei mit eingekochten Hühnerfüßen, her. Draußen war es ruhig geworden. Die frühe Sonne durchflackerte die zartgrünen Palmenwände und leises Wiegen ließ spüren, daß die Dschunke wieder segelte. Adam kniete vor dem Gucklöchlein und erweiterte es mit einem Eßstäbchen. Die Öffnung bot ihm einen wunderschönen Ausblick über das Deck des Kahns und die Wasserstraße. Dschunken mit großen, braunen, viereckigen Segeln schoben sich an ihnen vorbei. Wasserbüffel dösten mit wedelnden Schwänzen unter Wolken von Fliegen im Uferschlamm. Über Wasserhanf schwärmten Insekten auf der Suche nach dem ersten süßen Tau. Hoch oben in den Kronen der Kampferbäume erwachten die Kormorane und stürzten sich pfeilgerade in den Fluß. Menschenleere Reisfelder lagen abgeerntet vor blaudunstigen Bergketten am Fuß des Horizonts.

Die Sonne schickte immer heißere Strahlen in das Versteck.

Es vergingen Stunden, in denen das Glucksen des Wassers, eine Segelwende oder ein Kormoranschrei die einzige Abwechslung boten. Solange es Adams Knie aushielten, verharrte er vor dem Guckloch.

Rumpeln kündigte das Ende der Mitreise für die Bauersfrauen und Säue an. Adam gab weiter, was er erspähte: »Da ist wieder ein Kahn längsseits und jetzt werden die Viecher von Bord gehievt. Aber das könnt ihr ja hören.«

Die Dschunke kippte bedenklich. »Die müssen ganz schön schwer sein, die Viecher. So, jetzt sind sie drüben. Endlich, die Frauen sind auch im anderen Boot und es sieht so aus, als ob es weiterginge.« Kaum war der Lastkahn mit den Frauen und Tieren davongerudert, öffnete er den Vorhang. »Luft, Wind, das tut gut.« Da keine Dschunke auf dem Fluß entgegenkam, trat er aus dem faßförmigen Aufbau ans offene Deck und reckte sich. Am Bootsrand war ein gewaltiger Krug festgebunden. Er klappte den Holzdeckel hoch, tauchte eine Holzkelle ins Wasser und stürzte das kühle Naß über Gesicht und Brust. Der letzte erfrischende Guß spülte seine Seidenkappe in die Fluten. Tropfnaß blickte er dem Kielwasser nach, in dem seine Tarnung versank.

»Eure Köpfe passen nicht unter unsere Gelehrtenkappen«,

spöttelte Alt-Tuo, der Dschunkenführer, aus dem Schatten des Sonnensegels. Wie ein Echsentier lag er da. Seine breitgelebten Füße klebten am Mast, Gesicht und Oberkörper waren knittrig wie abgeworfene Schlangenhaut und die Ohren standen wie sonnenverdörrte Flossen vom kahlen Schädel ab. Die Stielpfeife, an der ein Tabakbeutelchen hing, klemmte zwischen verschlammten Zähnen. Hinter faltigen Tränensäcken hatten seine Pupillen jede von Adams Bewegungen verfolgt, während er sich von einer neben ihm hockenden Frau befächeln ließ.

Längs der Reling schnatterten und krächzten sechs Kormorane auf einem Bambusgestell. Sie klapperten aufgeregt, als Adam ihnen nahekam, und ihre in Ringen steckenden Hälse bogen sich vor Aufregung. »Meine Vogelkinder begrüßen Euch. Sie werden Euch die Mahlzeit aus dem Fluß fischen.«

»Welch eine willkommene Abwechslung«, freute sich Adam. »Darf man sich dazugesellen?« Er setzte sich neben das Fossil, auf dessen Brustbräune ein kleines goldenes Marienbildlein glänzte. Im Schatten des Segels rußte eine ewigbrennende Flamme vor einem kleinen, schwarz verschmauchten Götzenaltärchen. Neugierig inspizierte er den blumengeschmückten Schrein. »Wem opfert man?«

»*Yenluo-wang*, dem Höllenfürsten und seinen Geistern.«

Der splitterige Fingernagel des Flußmenschen legte sich schützend über das Marienbildchen. »Kein Gott, geschweige denn die Dame Gottesmutter alleine, kann mit allen Dämonen fertigwerden.«

»Wenn's hilft!« Adam glimmte ein Rauchstäbchen an, das er aus einem angehängten Köcher gezogen hatte. Er hatte sich vorgenommen, den Landessitten mit Achtung zu begegnen.

Die blütenhafte, fast durchsichtige junge Frau senkte ihre Augen. »Alt-Tuo«, sie stubste den Alten an und wisperte, »der fremde Missionar hat unserem *Yenluo-wang* geopfert.« Leise kicherte sie hinter ihrem Fächer.

»Ein Zeichen von Klugheit. Der Drache der Weisheit wird ihn begleiten.« Zufrieden saugte Alt-Tuo an seiner Pfeife. »Erlaubt mir meine Beobachtung, Euer Haupt leuchtet ohne Kappe wie ein kaiserliches Pagodendach! Nehmt das, um Euer gelbes Haar zu verdecken.« Er zog das wedelnde Geschöpf zu sich herunter und stibitzte ihr den Strohhut. Bevor sie es verhindern konnte, entrollte sich ihr Haar über die Schultern und floß wie ein blauschwarzer Pinselstrich auf ihre Füße.

Alt-Tuo erriet Adams Gedanken. »Solch eine Blüte findet Ihr nicht einmal unter den Lotusblumen am Kaiserhof.« Der Alte hatte sich aufgerichtet. »Seht ihre Wespentaille und hier ...« Mit fachkundigem Griff zeigte er die feingeformten Ohren und voller Besitzerstolz strich er über ihre porzellanglatte Haut.

Der Jesuit schluckte. »Deine Tochter, Herr?«

Der echsenhafte Alte kicherte. »Nein, nein, meine Augenweide und mein Ruhekissen.« Zärtlich tätschelte er das Knie der Schönen, die die Augen niederschlug. »Der Priester weiß nicht, wovon ich rede, aber es wird mich sicher noch zehntausend mal zehntausend Jahre älter werden lassen.« Seine Zunge leckte über die tabakgebeizten Lippen, er legte seinen Kopf in ihren Schoß zurück und herrschte sie an zu fächeln.

»Würde dir das gefallen, *Hsiao chin-lien*?« Die schwieligen Fingerkuppen von Alt-Tuo zupften an Adams blonden Unterarmhaaren. »Welch ein Pelz! Ihr Westmänner habt etwas, das uns Chinesenmännern gänzlich fehlt. Täubchen, gefallen dir diese Haare? Bleich wie der Pelz der Hungrigen Geister? Schopfhaare so fad wie Geisterhaare. Und sieh, diese Augen, so eisblau wie die eines Dämons. Vielleicht würde dir das ja beim Wind- und Regenspiel Freude bereiten?«

Der junge Priester fuhr sich verlegen durch die blonde Mähne.

Das Mädchen wurde puterrot und verbarg ihr Gesicht hinter ihren Händen.

»Sie mag Euch«, feixte Alt-Tuo. »Guckt mal, wie sie sich ziert. Klein-Lotus, bring Tee, vom besten für uns zwei, sofort! In meinem Land«, fuhr er fort, »haben nur Jenseitige Eure geisterblassen Augen und bleiche Haarfäden an Kinn und Körper.« Wieder lachte er ein lauerndes Greisengelächter. »Verratet mir, seid Ihr überall, am ganzen Leib, so spukhaft behaart?«

Adam wurden die Sprüche des Alten zu bunt, wortlos zog er sich zu seinen Mitbrüdern zurück und vertrieb sich die Zeit mit

Lesen. So durchquerten sie auf dem Wasserweg die Provinz von Kuangtung in nördlicher Richtung.

Jenseits von Kanton änderte sich die Landschaft. Zerklüftet und verwundet schoben sich Hügelketten zum Flußufer hinab. Rauchwolken stoben in einen vogel- und sonnenlosen Himmel. Zwischen Qualmfetzen lagen bis an den Horizont kahlgeschlagene Bergrücken, aus denen tote Baumstümpfe ragten. An der Böschung reihten sich Koksmeiler an Koksmeiler, in denen tausendjährige Wälder zu Holzkohle verglühten. Menschentiere mit rotgebeizten Augen trugen im Laufschritt die fertigen, noch rauchenden Brocken körbeweise ans Flußufer, wo sie in Bottichen gelagert wurden. Der Geruch von Holzbrand zog meilenweit durch die Luft. Je felsiger die Ufer den Fluß bedrängten, desto häufiger hörten sie Detonationen aus Steinbrüchen. In den Hügeln sprengte ein Heer dürrer Schwarzpulvermeister aus Granitflanken Rohlinge für Gassenpflaster, Grabstelen und Balustraden.

Nach weiteren Flußschleifen wurde die Landschaft freundlicher und der Verkehr nahm wieder derart zu, daß sie ihre Hütte nicht mehr verlassen durften. Im Laufe der zerrinnenden Stunden hatten sie rundherum Spählöcher in das Palmengeflecht gebohrt. So konnten sie den vorbeifahrenden Dschunkenfrauen in die Kochtöpfe gucken. Als sich der Fluß durch Sandbänke zu winden begann, wurde das Wasser für ihr Gefährt zu flach. Im Weiler Nanyung-fu mußten sie anlanden. Dort schliefen sie unter Hunderten aufgehängter Blätterbündel im Trockenraum eines getauften Kräuter- und Teehändlers.

Am nächsten Morgen traten die Geistlichen auf den Innenhof des Teekrämers. Rasch stiegen sie, vor fremden Blicken geschützt, in fünf wartende Sänften. Die Sänften waren an Bambusstangen aufgehängt und sorgfältig verschlossen. Ihre winzigen lackierten Schiebefenster wurden von außen verriegelt. Nur durch die Ritzen fiel Licht herein.

Nach zehn Stunden Marsch begann die Handelsstraße von Kanton nach Nan-ch'ang anzusteigen. Die Träger schienen die Gottesmänner durch allerlei Dickicht eine Hügelkette hinaufzuschleppen. Adams Knochen litten in dem engen, hin- und herkippenden Gehäuse. Bei starken Unebenheiten schlug er mit dem Scheitel am Holzdach an. Ästeknacken und der Gesang des Waldes wechselten mit vorbeihuschenden Stimmen. Rüttelfreies Vorwärtskommen verriet, daß die Sänftenreise durch eine Ansiedlung ging. Bei leichtem Wippen vermutete er, daß es querfeldein ging. Dachte er an sein Gepäck, beschlich ihn Unruhe. Alles, was er aus dem fernen Europa besaß, befand sich außerhalb seiner Reichweite auf dem Rücken eines unbekannten Kulis. Er betete zum heiligen Christophorus, daß dieser seine paar Habseligkeiten beschützen möge.

Alle drei Stunden wurde er abgesetzt und die Stimmen der Träger änderten sich. Er hörte Männer um Preise feilschen und die Träger wurden ausgewechselt. Das Warten während dieser Unterbrechungen schien endlos. Ihn quälte der Durst. Auch dieses Mal hatte Jakob Sung seinen Schützlingen das Trinken verboten. Doch irgendwann wurde er angehoben und es ging weiter.

Todmüde sanken sie am Ende dieses Tages zwischen die Stoffballen einer Seidenspinnerei. Gewärmt vom kostbarsten aller Stoffe, erholten sie sich für die Strapazen des nächsten Tages. An diesem regnete es in Strömen und die fünf Sänften mußten zusätzlich mit ölgetränkten Tüchern abgedichtet werden. Viel Wasser rauschte von Felswänden auf sie nieder und die Öltücher hielten nicht. In dünnen Rinnsalen floß es über Adams Schultern und spülte schwarze Farbe aus seinem Gewand. Bald standen seine Füße in einer schwappenden, dunklen Suppe.

Für den Schleichweg durch wildgewucherte Wälder hatte Jakob ein barfüßiges Bürschlein angeheuert. Zum einen beschützte sie das Bauernkind vor dem Verlaufen, zum anderen schlug es alle hundert *li* ein verbeultes Lärmbecken an, um die Geister zu vertreiben. Nachdem Adam eine lange Zeit in schräger Rückenlage gegangen hatte, schlug der Scheppergong überschwenglich an und das Kind schrie: »Die Paßhöhe, die Paßhöhe!«

Er erinnerte sich an Sungs Wegbeschreibung. Das mußte der Meilin-Paß sein, das Nadelöhr zwischen der kantonesischen Provinz und der Provinz Kiangsi. Seine Sänfte wurde abgesetzt.

Knarrende Fahrzeuge schienen die Weiterreise zu blockieren. Beunruhigt zog er sein Kruzifix aus dem Hemd und schob es vorsichtig in den Spalt des Schiebefensters. Nach einigen Versuchen konnte er den Riegel aus seiner Öse hebeln. Lautlos zog er das Brett um Haaresbreite zurück, bis er hinausspähen konnte.

Im Nieselregen glänzte ein rotlackiertes Tempelchen. Unter seinem geschwungenen Dach stand ein Räuchergefäß, aus dem es qualmte. Eine goldene Buddhastatue blickte mild lächelnd auf durchnäßte Reisende hinab. Das Tempelchen gehörte zu einem Zollgrenzgebäude, unter dessen tiefgezogenem Vordach zwei uniformierte Staatsbeamte hervortraten. Sie blieben in ihren gestickten Filzpantoffeln auf der trockenen Veranda stehen und musterten die angekommenen Sänften mit unbewegten Gesichtern. Adam hielt den Atem an. Würden die Grenzwächter auch nur einen Blick in die Sänften werfen, wäre es um die Fortsetzung der Reise geschehen.

Um ihre fünf Sänften herum wartete noch allerhand zollpflichtiges Volk. Lautstark bettelten die Wartenden um Aufmerksamkeit, aber die Beamten sahen nicht einmal hin, sondern gähnten, spuckten aus und belauerten nur die verdächtig verschlossenen Sänften.

Jetzt kam alles auf Sungs Geschick an. Er mußte herausfinden, wie hoch das Kopfgeld für einen festgenommenen Fremden war, um dann ein höheres Bestechungsgeld auszuhandeln. Jakob Sung stand an O-Novos Sänfte gelehnt. Gemächlich flocht er seinen Zopf. Dann setzte er sein Käppchen auf, schüttelte seine Filzstiefel aus, strich sein knöchellanges Hemd glatt und kaufte einer Frau etwas Eßbares ab, das er sogleich in den Mund schob. Noch einmal strich er sich mit den Händen die Müdigkeit aus dem Gesicht. Aufrecht schritt er jetzt auf die reglos wartenden Zöllner zu. Nach einer knappen Verbeugung verschwand er mit ihnen hinter einer geschnitzten Tür.

Unter dem Verandadach hockten noch zwei Beamte auf dem Bretterboden. Sie schienen in ein Würfelspiel vertieft. Doch an ihren lauernden Blicken glaubte Adam zu erkennen, daß sie die Sänften bewachten. Angstschweiß mischte sich unter seinem Hemd mit Regenwasser. Er fror. Auch meldete sich der Hunger.

Ewigkeiten schienen vergangen, seit ihr Lotse im Gebäude verschwunden war. Die wartenden Bauern lehnten rauchend an ihren Schulterstangen und spuckten in regelmäßigen Abständen schwarzen Tabaksud zu Boden. Manche lümmelten am Wegesrand und versuchten, im nassen Gras ein Teefeuerchen zu entfachen. Frauen, die Regenschirme, Gebäck oder Früchte feilboten, verdienten während der langwierigen Zollverhandlungen gut.

Endlich öffnete sich die Tür. Ein satter Schimmer lag auf den Gesichtern der beiden heraustretenden Staatsdiener, die mit einem lässigen Wink zur weiteren Abfertigung aufriefen. Sofort wurde Adams Sänfte hochgenommen und eilig die abschüssige Paßstraße hinabgetragen. Schweißgebadet atmete er auf und dankte Gott für Sungs Verhandlungsgeschick. Endlich lag die besonders christenfeindliche kantonesische Provinz hinter ihnen.

Der Abstieg über Geröll, Steinbrocken und Wurzelstöcke zog sich bis in die Abendstunden hin. Erst im Schein knackender Kienfackeln, die der kleine Geistervertreiber zur Abschreckung von Tigern voraustrug, erreichte die Jesuitenkarawane ihren Unterschlupf bei einer verwitweten Bäuerin. Magdalena Lo war überglücklich, als die durchnäßten Patres eine fiebrige Erkältung entwickelten. So konnte sie den seltenen Besuch ein paar Tage bei sich zu Gast behalten und verwöhnen.

Mit drei Tagen Verspätung erreichten sie den Fluß Kan.

An einer seichten Stelle wartete bereits das nächste Gefährt, ein Floß. Auf aufgeblasenen Tierhäuten lagen mehrere Schichten kräftigster Bambusstämme. Darauf hatte man Holzbretter gelegt, die wiederum mit gewebten Reisstrohmatten bedeckt waren. Zögernd ließ sich einer nach dem anderen auf dem beweglichen Untergrund nieder. Jakob bemerkte ihr Mißtrauen und lachte sie aus. »Ihr habt keine andere Wahl. Von hier können nur noch Flöße fahren, das Wasser ist zu flach.« Er stellte die beiden zuletzt aufsteigenden Chinesen vor. »Diese zwei, Chou Tsang und Ta Shuei, sind wahre Meister im Floßbau und im Manövrieren derselben.«

Die Angesprochenen verbeugten sich, griffen zu langen Stakstangen und schoben das gut fünfzehn Fuß lange und zwölf Fuß breite Gefährt in die Mitte des Kan, wo es vom beständigen Wandern der Fluten mitgezogen wurde.

Die wiedergewonnene Freiheit für Augen und Glieder erfrischte die Gemüter der Reisenden, und der schwimmende Untergrund erwies sich als vertrauenswürdig.

Es gab nichts zu tun, wenig zu fürchten und nichts Aufregendes zu sehen. Am Ufer zogen Büffel auf Dreschplätzen einschläfernde Runden. Ganz selten tauchten Hunde und Menschen auf. Die Erde, die Zuckerrohr und Hanf trug, leuchtete kupferrot. In den Orangenbäumen glühten die letzten Früchte in der Novembersonne. Erdterrassen über Erdterrassen zogen sich die Hänge hinauf. Die Reisenden lagen träge unter dem wehenden Sonnensegel und schauten den weißen Kranichen zu, wie sie in den seichten Gewässern nach Nahrung stocherten.

Sanft wandelte sich das Antlitz der Landschaft. Entlang der Ufer wogten immer öfter Binsen im Wind und zwischen abgeernteten Reisfeldern dehnten sich zunehmend schwarze Maulbeerplantagen aus. Vier Tage später durchsegelten sie wieder auf einer Dschunke den Poyang-See, der endlos schien.

Adam angelte und so kam Abwechslung in die Kesselpfanne.

Bald bestiegen sie den breiten Rücken des Jangtze-kiang, dessen lehmige Wasser in schlängelndem Lauf durch endlose Gärten flossen.

»Hier, dies ist meine Heimat. Dies ist die fruchtbarste Erde des ganzen weiten Reiches.« Jakob Sung hielt nach allem Sehenswerten Ausschau. »Seht!« Er zeigte auf einen Karpfen, der unter der Wasseroberfläche dahinglitt. »Bei uns schwimmen die meisten glücksbringenden Fische und bei uns wächst der Segen des Himmels, der süßeste weiße Reis.«

Auf der Uferstraße drängten sich hochbepackte Bauern und Handlungsreisende, die zum Markt von Hangchow unterwegs waren, um dort ihren Lebensunterhalt zu erhandeln. Eselskarren, Ochsengefährte, Ziegenherden wirbelten Staubfahnen auf. Auch der Schiffsverkehr nahm zu, und an den Ufern verdichteten sich Hütten zu Siedlungen. Wimpel an den Bootsmasten und Gebetsfahnen auf den Dächern der Tempel kündigten den Hangchower Hafen an.

Behäbig trieben sie auf einen weit in den Fluß hineingebauten Holzsteg mit einer halboffenen Hütte zu. Als sich ihre Dschunke an deren Pfeilern vorbeischob, saßen in Augenhöhe eine Reihe Männer auf ihren Fersen. Zehn oder mehr mochten es sein, die ungeniert, mit herabgelassenen Hosen, über einer Rinne hockten und sich unterhielten. Hintern an Hintern, gleich Hühnern auf der Stange, verrichteten sie ihre Notdurft.

»Locus minoris resistentiae! Der ortsübliche Bequemlichkeitsort«, rief der alte Manuel lachend aus und verbeugte sich vergnügt. Freundlich wurde vom Örtchen, an dem sie auf Armeslänge vorbeiglitten, gewinkt.

Nackte Kinder planschten johlend in der schlammigen Uferbrühe, während Frauen über Holzplanken kauerten und Hausgerätschaften mit Flußsand scheuerten. Ihre Männer dösten derweil rauchend zwischen Fischkörben, gefüllt mit dem letzten Fang. Die abgemagerten Großmütter köpften und filetierten die Beute. Hinter den zimtbraunen Sackleinenvorhängen der Dschunkenhütten wurde gelebt, gezeugt, geboren und gestorben. Zimtbraun war auch die Kleidung der Menschen, ebenso die Segel, die Boote und die Hunde. Auf allen Köpfen schwebten flache Strohhüte. Die Hitze kleidete sich in ein stinkendes Gewand aus Fischabfällen, Brackwasser, Küchendünsten, Jauche und Opferrauch.

Mit langen Stangen quirlten Bäuerinnen ihre schmalen *Sampan* stehend von Ufer zu Ufer. Wie üppige Obstschalen boten ihre Kähne leuchtende Früchte feil. Am Kai tummelten sich Käufer, Lastenträger und Händlerinnen, die ebenso duftende wie stinkende Viktualien feilboten.

Sie mußten einen Anlegeplatz zwischen Hunderten von Gemüsekähnen und Dschunken finden, denn in Hangchow war ihre Reise zu Ende.

In der dritten Bootsreihe gingen sie an einem Hausboot längsseits. Kaum hatte Jakob Sung die Erlaubnis des Hausherrn eingeholt, ihr Boot an seinem festzumachen, als ein Dutzend Kinder um sie herumwuselte und sie in Augenschein nahm. Mit jedem Sack, den sie an Land brachten, mußten sie über zwei Dschunken klettern, zwei Familien begrüssen, fünf Hunde beschwichtigen und an schwankenden Kochtöpfen vorbeibalancieren. Und mit jedem Gepäckstück wurde die Menge auf der Hafenmauer größer. Am Ufer interessierte sich niemand mehr für die Händler mit ihren Pyramiden aus Ingwerknollen, Trockenfisch oder Jamswurz. Die Ankunft der großen Fremden, die sofort in verschlossenen Sänften weitergetragen wurden, erregte die Gemüter. Der Magistrat von Hangchow hatte zwar zu einer gastfreundlichen Haltung gegenüber Westbarbaren aufgerufen, doch einen Volksauflauf wollten diese nicht riskieren.

Adam schob sein Sänftenfensterchen auf. Der Weg zur Niederlassung führte durch Gassen, wo von Haus zu Haus auf lange Bambusstangen aufgefädelte Wäsche über den Köpfen trocknete. Auf der Straße reihten sich winzige Marktstände aneinander. Hier wurde von leuchtenden Seidenbahnen bis zu winzigen Schnitzereien, medizinischen Gruseleien, Geisterfahnen und Totengeld, Lotussamen und Teeplatten alles angeboten. Die Marktleute trugen ihr pechschwarzes Haar unter weißgestreiften, über der Stirn verknoteten Tüchern. Ihre Hemden und Kittel waren auch hier, wie im Hafen, in dunklen Farben gehalten. Bunt ging es nur dort zu, wo gebetet und gefeiert wurde.

»Wir sind da, hinter dieser Mauer liegt unser Gemeindehaus!« rief Jakob, winkte die Patres aus ihren Sänften und klopfte an eine Pforte.

Die rotlackierte Tür sprang auf. »Der kleine Bruder ist zurück! Der kleine Bruder ist zurück«, jauchzte ein alter Chinese. Er klatschte in die kleinen Hände und lief zurück ins Haus, um die Nachricht zu verbreiten.

Bald füllte sich der sonnige Innenhof mit Menschen. Zwischen Hortensiensträuchern, blühenden Rosenbüschen, Päonien und einem Meer von blauem Mohn kam ihnen auf dem weißen Kiesweg die knubbelige Gestalt von Bruder Ferreira entgegen. »Willkommen, Brüder in Christo! Schau an, schau an, den alten Manuel haben sie auch mitgebracht, dann muß ich ja schleunigst die Speisekammer verschließen.«

»Sei gegrüßt, Bruder Gaspar, großer Schlüsselverwahrer und größter aller Gärtner vor dem Herrn.« Manuel O-Novo und Superior Gaspar Ferreira fielen sich in die Arme und Freudentränen rannen den beiden Alten die Wangen hinab. Als auch noch wider Erwarten Niccolò Longobardo und Joáo de Rocha schmunzelnd aus der Tür traten, wurde aus dem Wiedersehen ein herzhafter Erinnerungsschmaus.

»Adamus, laß dich vorstellen.«

Ausgestreckte Hände von weißbärtigen Ordensbrüdern nahmen Adam in Empfang. Er war mit seinen dreißig Jahren der jüngste Jesuit in China. Der siebenundfünfzigjährige Sizilianer Niccolò Longobardo, der einundfünfzigjährige Portugiese Gaspar Ferreira und sein siebenundfünfzig Jahre alter Landsmann Joáo de Rocha hatten in all den Jahren der schlimmsten Christenverfolgung im Hangchower Untergrund ausgeharrt.

»Jetzt aber ab ins Haus«, scheuchte Gaspar Ferreira gutgelaunt, »sonst wird noch der Tee kalt.«

Sich schubsend und neckend traten die Männer in den abgedunkelten, holzig riechenden Empfangsraum der kleinen Villa, wo sie sich an einer Tafel niederließen. »Grüner Tee aus dem Tal des Drachenbrunnens«, pries Gaspar Ferreira, der schon seit Jahren als Superior die größte Jesuitenmission im Reich betreute und Jakob Sung und viele andere Chinesen zum Christentum bekehrt hatte.

Nachdem die brennendsten Neuigkeiten ausgetauscht und der erste Hunger gestillt waren, erhielt jeder Ankömmling eine Schlafkammer zugeteilt, deren papierbespanntes Fenster auf eine hofseitige Galerie hinausging.

»Nach sechs Wochen endlich Raum für mich!« Erleichtert ließ Adam die Tür hinter sich zufallen, entledigte sich der verdreckten Sandalen und legte Stück für Stück seine Habseligkeiten auf das Bett. Er rückte einen Schemel an die Wand, legte das väterliche Kruzifixlein darauf, breitete den leeren Sack auf dem Steinboden aus und ließ sich auf die Knie sinken. Völlig aus der Übung, gelang ihm die Demutsgeste nur unter Ächzen, und die Kniegelenke knackten wie dürres Geäst. Da er auch geistig aus der Übung war, brauchte es vieler Gebete, bis er in Stille versank. Mit der Stille kam die Erschöpfung und mit ihr kamen die Zweifel an seinem Vorhaben. Das Land, das er getarnt durchreiste, war so unendlich fremd, daß ihm jegliche Bekehrung absurd erschien.

Nach der Frühmesse am folgenden Morgen führte Superior Ferreira die Ankömmlinge in ein Nähatelier, wo gefütterte Kleidung, ein Paar Pumphosen, eine knielange Jacke aus Atlas und eine neue Soutane aus schwarzer Seide für jeden der neuen China-Missionare bestellt wurde. Adam staunte über die flinken, maßnehmenden Hände und wollte nicht glauben, daß die Garderobe bereits am nächsten Tag zur Anprobe fertig sei.

Zum ersten Essen in der Frühe gab es salzige Reissuppe mit saurem Gemüse und Gebäck. Der Superior schlug das Kreuz und seine Finger gruben sich in den Berg der öltriefenden, knusprigen Teigstangen. »Eßt, Brüder, eßt! Weitet eure Mägen für morgen. Zu euren Ehren veranstaltet der höchst ehrwürdige Doctor Hsü morgen ein Willkommensbankett. Doctor Paul Hsü ist der ehrenwerteste Christ unter allen Chinesen. Und für einige von euch wird es ja wohl die erste chinesische Jause werden.« Verheißungsvoll lachte er Adam zu.

Als tags darauf die Doppelstunde des Hahns um fünf Uhr mittags begann, zwängten sich sieben feingemachte Jesuiten und Laienbruder Jakob in acht Sänften, die am hinteren Eingang der Residenz warteten. Nur kurz dauerte das Wippen und Wiegen, da mußte sich Adam schon wieder aus dem winzigen Verschlag befreien. Erleichtert streckte er seine Gliedmaßen und richtete sich auf. Die beiden Träger hatten ihn in einem Innenhof zu Füßen einer imposanten Treppe abgesetzt. Eine in Glanz gehüllte Gestalt betrat über ihm die obersten Stufen, die zwischen einem überlebensgroßen, steinernen Löwenpaar herunterführten. Ein kaiserlicher Würdenträger! schoß es ihm durch den Kopf. Der herabschreitende Chinese entsprach genau den Tuschebildern, die er in Macao vom chinesischen Hofstaat gesehen hatte.

Der Kopf – verborgen unter einer steifen Gelehrtenkappe mit seitlich abstehenden Flügeln. Der Mund – verborgen hinter einem fadendünnen Bärtchen. Der Hals – verborgen in einem bestickten Stehkragen. Die Hände – verborgen unter knielangen Ärmeln. Die Füße – verborgen unter einem bodenlangen

Rocksaum. Wahrhaftig, alle Körperkonturen waren verborgen. Nicht einmal der Gürtel formte eine Mitte, nur zur Zierde lag er auf dem geraden Gewand.

Das Glimmen des letzten Tageslichtes spielte bei jedem Schritt mit den metallisch changierenden Seidenflächen und Litzen. Ein silbergestickter Pfau strahlte von der nachtblauen Brust. Das einzig Menschliche in dieser prächtigen Staffage waren das feine Gesicht mit der flachen, südchinesischen Nase, der leicht lächelnde Mund und zwei aufmerksame schwarze Augen.

Als er bis zu Adam hinuntergestiegen war, verbeugte sich der Doctor. Er schob seine Hände aus den Ärmeln und legte sie auf Höhe der Stirn ineinander. Mit einem Knall schlug er den Stoff über die Hände zurück und richtete sich auf. »*K'ang fo*«, grüßte er. Soviel Weichheit und Wärme war Adam bisher nur in westlichen Frauenstimmen begegnet. »Die Gesundheit steht Euch ins Gesicht geschrieben.«

»*Ta-jao*, kommen wir ungelegen?« erwiderte Adam und verbeugte sich tief beeindruckt. »Ich bin mir meiner Unwürdigkeit ob einer so edlen Einladung bewußt.«

»*Na-li, na-li*«, komplimentierte der Gastgeber, »ach wo, ach wo!« Er klatschte in die Hände, worauf die Träger ihre leeren Sänften schulterten und davonliefen. Gemeinsam stieg die Männergesellschaft die Stufen empor, wobei alle dem ranghöchsten Paul Hsü nachfolgten.

Als er über die Schwelle trat, berührte Adam zum ersten Mal die chinesische Kultur in ihrer ganzen Reinheit. Er genoß die Berührung über eine längere Zeit. Die Schönheit des weiten Raumes übertraf alles, was er sich über die Kunst des chinesischen Festlandes ausgemalt hatte. Das Blau des blütendurchflorten Teppichs ging über in das Blau der Seideneinbände Tausender Bücher. Von Ölflammen durchleuchtet, schimmerte blütenzartes Porzellan auf kleinen Lacktischen neben Handschmeichlern aus wassergrüner Jade. Duftendes Gebäck lag in filigranen Elfenbeinschalen. Über die raumumspannende, seidenglänzende Tapisserie rankten sich Narzissen, Magnolien, Granatäpfel und blühende Kirschzweigstickereien. Ein süßer

Rosenduft, der den frischgewachsten Rotholz-Schnitzereien entströmte, zog durch das prachtvolle Mobiliar.

Als sich seine Mitbrüder bereits anschickten, Platz zu nehmen, reckte er noch immer den Hals nach den vergoldeten, mit Blumenornamenten ausgeschmückten Kassetten der Decke.

»Adamus, so nimm endlich Platz«, mahnte Manuel O-Novo väterlich.

»Euer Bruder widmet sein offenes Auge unserer Kultur, sehr schmeichelhaft für mich.«

Adam setzte sich andächtig an die Speisetafel.

Der Gastgeber ließ seinen Blick über die sonnengebräunten, reisemageren Gäste schweifen, erhob sich und faltete die Hände zum Gebet. » *Oremus*, lasset uns für die Speisen danken!« Im Angesicht der herbeigetragenen Platten dankten die Brüder mit tiefster Aufrichtigkeit.

Es war eine Wonne zu beobachten, wie Paul Hsü plaudernd seine Eßstäbchen durch die Schalen und Tiegelchen schweifen ließ. Beim dritten Gang, knackigem Quallensalat mit Lauchpinseln, erfuhren die Patres, daß Paul Hsü eigentlich Hsü Kuang-ki hieß und sechzig Jahre alt war. Beim sechsten Gang, geschmortem Mandarinfisch im Nudelnest, wußten sie, daß Herr Hsü Kuang-ki aus Shanghai stammte. Der Doctor liebte es, seine Gäste mit Erzählungen seines Leben im Umfeld der letzten Kaiser zu unterhalten. Zu jedem der dahingegangenen Söhne des Himmels hatte er ein Histörchen zu geben.

»Aber, aber! Brüder in Christo, Ihr bedient Euch ja nicht. Jetzt kostet von dem Lampionhuhn im Schweinenetz.« Er deutete mit seinen Silberstäbchen mahnend auf eine herumgehende Platte. »Natürlich ehrt mich Euer hingebungsvolles Lauschen, doch solltet Ihr beim Zuhören das Essen nicht vernachlässigen. So wie ich rede und dabei die Köstlichkeiten genieße … Aber was erzähle ich da alles Nichtwichtiges! Der eigentliche Grund meiner Einladung …« Er verstummte und pickte sich ein Teigtäschlein vom Porzellan, das er sorgfältig in Bohnensauce wälzte und verspeiste. Nach einem wohligen »Hao« sprach er weiter: »Der eigentliche Grund war, Euch, verehrte Patres, eine bedeutsame Nachricht zukommen zu lassen. Unser Erzfeind, der Staatsrat

Shen-kio, ist beim Kaiser in Ungnade gefallen und aus dem Kronrat entlassen worden. Seine Gedanken waren dem Hof nicht mehr genehm!«

»Bruder Paul! Welch eine Neuigkeit!« Niccolò Longobardo stieß seine Teeschale um. »Mein Gott, der Tee! Verzeiht, aber diese Nachricht, sie ist so großartig.« Aufgeregt tupfte Longobardo mit seinem Sacktuch das neue Seidengewand ab. »Bitte, erzählt Genaueres …«

»Heißt das, daß der Hof das Verbannungsdekret aufheben wird und unserer Rückkehr nach Peking nichts mehr im Wege steht?« Die Männer bestürmten den Doctor mit Fragen.

Sollte die schreckliche Zeit der Verfolgung ein Ende haben? Sollte es nun tatsächlich möglich sein, die Arbeit in Peking weiterzuführen? Seit vier Jahren hatten sie auf diese Botschaft gewartet.

»Darauf gilt es zu trinken.« Paul Hsü hob seinen winzigen, mit heißem Reiswein gefüllten Zinnbecher auf die Höhe der Stirn, beugte sich zur Tischmitte hin und trank, während die Gäste seinem Beispiel folgten. »Vielleicht kehre auch ich für länger nach Peking zurück. Mitsamt meinem bescheidenen Hausrat«, kicherte er und deutete mit der silbernen Nagelscheide des kleinen Fingers auf die Bücherborde.

»Sogar ein Angebot aus Peking für Euch ist schon gekommen, Doctor Hsü? Dann steht unserer Zukunft am Kaiserhof ja nichts mehr im Wege.«

»So scheint es! Kein leichtes Amt im Schatten des Thrones. Ich heiße die europäischen Gelehrten im Namen des chinesischen Drachens willkommen. Auf daß die Patres fruchtbaren Boden finden, um mit ihrer Speise den Geist des gelben Volkes zu nähren. Auf daß unser altes Reich blühe und gedeihe!«

»Auf daß die Missionierung erfolgreich verlaufe und der Name Christi den Kaiser erreicht!« Adam hob prostend seinen Zinnbecher.

Des Doctors Augen verengten sich zu Schlitzen. »Der Himmel wird die Tore für die Mission so weit öffnen, wie es der Garten Chinas benötigt.« Mit einem kalten Lächeln prostete er zurück.

»Ch'ing lao-ye man chiu-pei«, rief er dann über den Tisch, »meine Herren, man erinnert, einmal herumzutrinken.«

Bei der Wildente auf Bambussprossen, dem neunten Gang, stöhnte er genüßlich. »Was waren es für schöne Zeiten, als ich noch von Eurem Bruder Ricci lernen durfte. Nie werde ich unser erstes Abendessen vergessen. Obwohl es jetzt schon über zehn Jahre her ist, weiß ich noch genau, wie er auf dem abgeräumten Tisch eine selbstgefertigte Karte der Welt ausrollte. Ich war wie vom Blitz getroffen.« Seine Hände malten die Konturen Chinas in die Luft. »Auf der Karte war das Reich der Mitte zwar groß abgebildet, doch es war von anderen Reichen umgeben und nahm nicht den überragenden Mittelpunkt auf der Erdsphäre ein. Ich war erschüttert, denn in unseren Schriften stand es anders.« Der Doctor atmete schwer und sein kleines Bärtchen zitterte. Er seufzte. »Vieles durfte ich von Eurem Mitbruder lernen. Aber es hätte noch mehr sein dürfen.« Nachdenklich starrte er auf seinen Eßplatz, der übersät war von Speiseresten, die beim Transport mit den Stäbchen das Gleichgewicht verloren hatten.

Das dreistündige Gelage mit den Nachfolgern des verstorbenen Matteo Ricci hatte bei Doctor Hsü liebgewonnene Erinnerungen hochgeschwemmt.

»Hochverehrter Doctor Paul Hsü«, begann der einfühlsame Superior, »wir dürfen jetzt die Gunst des Gastgebers nicht weiterhin in Anspruch nehmen, ist doch die Nacht nahe und die Ruhe des Ehrenwerten heilig.«

Der ehrenwerte Gastgeber gab sich alle Mühe, den Gästen mit zusätzlichen Delikatessen zu bestätigen, daß ihr Besuch der Aufwertung seines bescheidenen Anwesens diene. Und so dauerten die gegenseitigen Gunstbeteuerungen noch bis zur nächtlichen Doppelstunde der Ratte an. Schwerfällig erhoben sich die überfütterten Patres gegen Mitternacht.

»*Tai-man*, wir haben Euch schlecht bewirtet.« Der Doctor stand beim Abschied auf der oberen Stufe seiner Haustreppe und entschuldigte sich tausendmal für seine schäbige Bewirtung. Als der Jüngste unter den Gästen in seine Sänfte kroch, rief er diesem nach: »Beim nächsten Mal sollt Ihr gut bewirtet werden!«

Beim Morgenessen, nach einer unruhigen, vom Verdauungsvorgang beeinträchtigten Nacht, wollte Adam noch mehr über den edlen Gastgeber wissen.

»Man muß große Achtung vor seiner Bildung und seiner Glaubenstreue haben«, befriedigte Joáo de Rocha seine Neugier. »Unser Gastgeber hat Arbeiten über Hydraulik und Mathematik geschrieben und er hat sogar Euklids *Elemente* ins Chinesische übertragen. Habt ihr den Pfau auf seiner Brust gesehen? Das Zeichen eines Mandarins von einem der höchsten kaiserlichen Ränge. Außerdem darf er sich mit der Würde eines staatsgeprüften *chin-shih*-Doctors schmücken.«

Mit einem forschenden Blick auf die chinesischen Diener wechselte er in seine Muttersprache. Auf portugiesisch kam er nochmals auf den Machtverlust des Christenhassers Shen-kio zu sprechen und meinte, daß es keinen Grund mehr gebe, länger in Hangchow zu bleiben. »Der Superior bestimmte, daß zu dieser vorgerückten Jahreszeit nur Bruder Adam und Bruder Niccolò in die nördliche Hauptstadt reisen sollen. Weitere Mitbrüder werden im Frühjahr nachkommen. Da es von Tag zu Tag kälter wird, solltet ihr euch so schnell wie möglich auf die Reise begeben. Jakob Sung wird euch wieder begleiten. Morgen bekommt ihr noch Empfehlungsschreiben vom Doctor. Das wird an den Provinzgrenzen euer Fortkommen erleichtern.« Schon wollte er sich von der Tafel erheben, da fiel ihm ein: »Übe dich in Demut gegenüber Bruder Niccolò, er wird dein Oberer in Peking. Ich wünsche euch beiden eine harmonische Fahrt.«

Hocherfreut eilte Adam durch die Hofgalerie in seine Kammer, wo er sofort seine Habe einzupacken begann.

Schon klopfte es an der Tür und eine Stimme rief: »Wir werden zwei Monate reisen und nicht vor Januar in Peking sein. Es wird grimmig kalt werden.« Im Türrahmen erschien sein neuer Begleiter und hielt ihm wattierte Hosen, Stiefel und eine mächtige Fellkappe hin. Niccolò Longobardo, der siebenundfünfzigjährige Sizilianer, hätte einen Weinbauern genauso gut abgeben können wie einen Steinmetz. Er liebte körperliche Arbeit, das Wort Gottes – und daß die Leute taten, was er verlangte. Darin war er ein vorbildlicher Schüler des Ignatius von Loyola.

Adam begutachtete die neuen Winterkleider und die fellgefütterten Pferdelederstiefel.

»Wenn du es befiehlst, ziehe ich sie jetzt schon an.« Er
schickte sich an, sich die Fellmütze über die Ohren zu ziehen.
Niccolò Longobardo grinste wortlos und zog seinen bärtigen
weißen Schädel aus der Tür.

Am Abschiedstag versammelte sich die sechsköpfige Hangchower Jesuitenmission zu einem kurzen Morgengebet. Nach
herzlichem Händedruck wurden die drei in Sänften gedrängt
und in die morgendliche Frische entlassen.

Bereits zu Tagesanbruch standen Adam Schall, Niccolò Longobardo und Jakob Sung am Hafen des Kaiserkanals. Als wenig
später der Bug ihrer Dschunke den Wasserspiegel zerteilte,
hockte Adam zutiefst zufrieden mit dem Leben auf seinem Reisesack. Auf zur letzten Etappe! Noch ein paar Wochen und ich
bin in Peking, kaum zu glauben. Wo Robert wohl jetzt ist, ob die
anderen schon angekommen sind? Eigentlich war die Reise bis
jetzt eher unbequem als gefährlich. Na ja, vielleicht muß ich
meine Fäuste ja später einmal im *Wu-i* einsetzen.

Mit jedem Tag, den sie weiter gen Norden segelten, verdü-
sterte sich der Himmel. Als nach vier Tagen ihre Dschunke den
Jangtze-Fluß überquerte und wieder in den Großen Kaiserkanal
einbog, erhoben sich haushohe Maschinengerippe in den Himmel.

Erstaunt ließen die beiden ihre Hände mit den halbgeschäl-
ten Jamswurzeln in den Schoß fallen. »Was ist denn das?«

Jakob hockte hinter ihnen unter dem Hüttendach und blies
in die gerade angefachte Glut des Kochfeuerchens. »Moment,
Moment! Ach das, ja, damit bewässern die Bauern ihre Reisfelder. Mit den Holzschaufeln wird das Wasser aus dem Kanal in
die höhergelegenen Felder geschöpft.«

Adam holte eiligst sein Notiziar und beeilte sich, die brillante
Bewässerungskonstruktion abzuzeichnen. »Ich schätze dreißig
Fuß hoch.« Schnell versuchte er die Technik zu verstehen. Im
Gegensatz zu Wasserrädern, die allein von Wasserkraft angetrie-
ben wurden, nutzte man die Höhe und die Schwerkraft, um das
Wasser Guß um Guß in kleine Bewässerungkanäle zu heben.

An Bord war das Kochen zur unterhaltsamsten Abwechslung geworden. Das Öfchen strahlte warm. Adam konnte mit unbekannten Speisezutaten experimentieren, und Niccolò wurde beim Essen redselig. So erfuhr Adam viel über Sizilien, über den Weinanbau und Niccolòs Experimente, in China Weinstöcke zu ziehen. In der Hangchower Mission habe er schon zwei Krüge etwas sauren Roten gekeltert, wie er vergnügt erzählte. Einen Krug hätten die Brüder zum Meßwein erkoren, der andere stünde im Refektorium mit dem Etikett »Hangchower Gottestropfen, Jahrgang 1621«. Und dann zeigte er den Überraschten ein Bündel eingewickelter Triebe: »Das Wichtigste ist, daß sie jetzt nicht erfrieren. Was ist ein Sizilianer ohne Wein?« Niccolò Longobardo lachte verschmitzt. Was von seinem Gesicht zwischen den buschigen weißen Augenbrauen und dem wuchernden schneeweißen Bart noch an Haut zu sehen war, schlug Falten. »Frauen sind nur die zweitgrößte Versuchung für uns Sizilianer, und den Wein hat uns der Papst gelassen.« Er hob das Bündel Triebe, küßte es überschwenglich und schob es schnell wieder an seine wärmende Brust.

Je weiter sie nach Norden vordrangen, desto stiller wurden die drei Christen. Wenn sie in ihren gefütterten Fellmänteln nicht händereibend und armeschlagend auf der Stelle traten, hockten sie wie Kegel in Decken verpackt am Kajütenöfchen. Doch das konnte gegen die klirrende Kälte nichts mehr ausrichten. Der Frost über Nordchina versiegelte ihre Lippen und so froren auch die Gespräche ein. Manchmal horchte der Fährmann auf, wenn er Gemurmel hörte. Was der befremdende Singsang bedeuten mochte, erfuhr er nie, denn er konnte nicht sehen, wie Rosenkränze unter den Decken bewegt wurden. Ob sündig oder nicht, auf ihrer letzten Wegstrecke lehrte die Natur die drei Jünger Gottes das Büßen, indem sie ihren Weg mit Dornen aus Eis spickte.

Eine Woche nachdem ihre Dschunke die neblig verhangenen Lehmfluten des Gelben Flusses überquert hatte und wieder in den Kaiserkanal hineingefahren war, mußten sie die vereiste Wasserstraße mit ungewöhnlichen Schiffen teilen.

»Kaiserdschunken aller drei Klassen«, erklärte der ver-

mummte Bootsführer, »das erkennt ihr an der Größe und Anzahl der aufgemalten Drachen.« Die plumpen Kolosse mit eckigen Bambussegeln, die sich beim Niederholen wie Blasebalge in
Falten legten, wurden vom eisigen Wind durch die aufgehackte
Eisrinne geschoben. Schwerbewaffnete Soldaten blickten finster von Deck. Auf einer steifgefrorenen Fahne entzifferte Adam
»Tribut-Tee-Großtransport«.

Die Luft klirrte vor Kälte. Boden und Pflanzen lagen kahl und struppig zwischen gleißenden Schneeflecken. Es war der 25. Januar Anno Domini 1623. Nachdem Jakob Sung die Dschunke ausgezahlt hatte, schulterten sie ihr Gepäck und machten sich auf den Weg in die Stadt des himmlischen Kaisers. Kein Träger, kein Marktvolk, kein Fischer trieb sich bei der Kälte an diesem Arm des Kaiserkanals herum, der nur für das Anlanden unbedeutender Güter gebaut schien. Am liebsten hätte Adam augenblicklich kehrtgemacht. Was hatte er nach all den Lobeshymnen nicht alles erwartet! Einen wahrhaften Omphalos, eine Città Ideale, ja, eine Schwester Roms, die sie mit offenen, juwelengeschmückten Armen empfinge. Zumindest die Lebendigkeit von Hangchow. Statt dessen prallte sein Blick von den grauen Steinen einer schräg nach oben strebenden kolossalen Mauer ab. Ein Trampelpfad führte schnurgerade durch vereiste Schneepfützen zu einem Mauertor. Tiefgebeugt, die Hände in den weiten Ärmeln vergraben, schritten sie auf das Kuang Chu Men zu.

Im Torbogen kramte Jakob mit kältetauben Fingern ihre Dokumente hervor und reichte sie einem Wachsoldaten, dessen blaurotes Gesicht zwischen einem steifen Fellmantel und einer Fellmütze hervorlugte. »Jetzt brauchen wir Geduld!« Er winkte seine Begleiter tiefer in die Mauernische. »Die Stempel unserer Dokumente werden wie Falschgeld geprüft. Aber des Doctors Empfehlungsschreiben ist unanfechtbar. Wie ich gerade aus ihren Mündern herausfischen konnte, grassiert in der Stadt große Angst vor Aufständischen. Bei solchen Unruhen fällt man am besten nicht auf. Tut, was sie sagen, chinesische Beamte bauen ihre Häuser auf den Rücken der Unvorsichtigen.«

Gerade als Adam seinen vereisten Zottelbart hinter einem Wolltuch verbergen wollte, trat der Torwächter auf ihn zu und winkte ihn in seine Wachstube. Jakob wollte schnell eine Erklärung einwerfen, wurde aber schroff weggedrängt.

Der Überrumpelte fand sich in einem winzigen, fensterlosen Raum wieder. Ein glühendes Eisenöfchen spendete Wärme und Licht. Vermummt baute sich der Wärter vor ihm auf und musterte ihn vom Scheitel bis zur Sohle. »Fremde brauchen eine Ausnahmegenehmigung«, bellte er.

»Aber sicher, aber sicher!« Der Gemaßregelte verbeugte sich überhöflich. »Sie halten sie, mit Verlaub gesagt, in Händen.«

»Dieses ist ein Brief von einem Doctor Hsü Kuang-ki. Er lebt aber nicht in Peking. Ihr braucht ein Schreiben von einem Pekinger Beamten.«

»Die Obrigkeit in Hangchow hat uns versichert, daß wir mit diesen Papieren ausreichend ausgewiesen sind.«

»Hangchow ist nicht Peking, Fremder.«

»Durchaus. Aber wo finde ich einen Beamten, der uns die Reisegenehmigung erteilt?«

»Diese Kleinigkeit könnt Ihr bei mir erledigen... für zwei Silbertael.«

»Soviel, und wenn wir das nicht haben?« fragte Adam betroffen.

»Dann reisen die Fremden zurück zu ihren Freunden nach Hangchow.«

»Wieviel wollen Sie haben?«

»Zwei Silbertael!«

Adam durchwühlte die Kleiderschichten nach seinem Silbersäckchen. Geschwind hatte der Beamte zwei Bogen Reispapier auf einem Tischchen ausgerollt und setzte einige Schriftzeichen und einen Rotlackstempel darauf. Bevor er die Amtsrollen aushändigte, überprüfte er das Silber mit den Zähnen. »Möge die Stadt des Kaisers Euch freudig entgegenkommen.« Und mit tiefen Verbeugungen komplimentierte er den Fremdling aus der Amtsstube hinaus.

»Zwei Silbertael?« rief Jakob. »Soviel!« Wütend warf er sich seinen Reisesack über die Schulter und stapfte voraus. »Dieser

324

Betrüger. Wir kamen diesem Gierling gerade recht. Verdammt, die wahren Herren in diesem Land sind die Staatsdiener.«

»Heißt das, daß er nicht berechtigt war, dieses Geld zu fordern?« fragte Adam.

»Natürlich nicht. Es sitzen zu viele Spinnen in des Kaisers Netz. Da weiß niemand mehr, wer das Recht auf die fetteste Beute hat.«

»Wie in Sizilien«, warf Longobardo ein. »Wenn du nicht zahlst, bekommst du Ärger. Bis auf die Kälte fühle ich mich schon ganz zuhause.« Achselzuckend schaute der kleine struppige Longobardo zu Adam auf, der über dessen wegwerfende Geste lachen mußte.

Als die drei aus der zugigen Höhle des Torbogens traten, empfing sie eine andere Welt. Hatte vor der Stadt ein klarer Wind geweht, so pufften hier unzählige Kohleöfchen dreckbraunen Qualm in die Luft. Hunderte von Marktständen reihten sich aneinander und jeder Standbesitzer wärmte seinen Allerwertesten an einem Öfchen. Die vielen, in ihre wattierten Kleider verpackten Menschen waren nicht mehr nach Mann oder Frau zu unterscheiden. Zwischen Schals, Fellmützen und Kopfwickeln blitzten überall die gleichen geschäftstüchtigen Augen. Sobald die großen, unkenntlich vermummten Fremden aus dem Torschatten aufgetaucht waren, wurden sie von blaugefrorenen Händen aus steifen Ärmeln herangewinkt.

Die wärmende Menschenmenge machte die Kälte erträglich, und nach den langen, langweiligen Wochen auf dem Kanal begrüßten die Jesuiten die Rückkehr ins pralle Leben. Sie vergaßen völlig, daß sie noch immer ihr schweres Gepäck trugen und eigentlich den kürzesten Weg zur Missionsresidenz nehmen wollten. Nach dem Genuß einer süßlich sämigen Suppe und einem klaren Hirseschnaps lutschen sie an zuckerglasierten Kirschapfelspießchen. Jakob Sung lief schweigend hinter den kindlich vergnügten Fremdländern her, die gemächlich durch die Reihen der Stände schlenderten, wo ihnen Delikatessen – Affenköpfe mit entseelten Augen, Hundezungen und gehäutete Schlangen – entgegengestreckt wurden.

»Gut, daß wir schon gegessen haben.« Longobardo wiegte bedenklich den Kopf und flüchtete schaudernd. Jetzt erst folgten sie dem Drängen von Sung, Sänften zu mieten, um schneller ins Warme zu kommen.

Soweit das Auge reichte, sahen sie Bäume, kahl und aufgereiht, einen staubigen, schnurgeraden Straßenzug, festungsähnliche Wälle aus Ziegeln und Lehm. Anders als die verspielten Häuserhaufen in den südlichen Provinzen war Peking eine Quartier um Quartier streng ausgerichtete Stadt. Die einzige Straßenzierde bildeten bunt bemalte, hölzerne Schmucktore. Doch diese führten weder in etwas hinein, noch aus etwas heraus. Die *Pai-lou* passierte man ohne jegliche Veränderung.

Nachdem sie lange an einer gut fünfundzwanzig Fuß hohen schwarzroten Mauer entlanggetragen worden waren, rief einer der Träger: »Weiter geht's nicht!«

»Warum nicht?« hörte Adam Sung verärgert fragen.

Die schwitzenden Sänftenträger verstanden ihren Landsmann nicht auf Anhieb, so wiederholte Sung langsam auf pekinesisch: »Wa-rum kön-nen wir nich-t wei-ter?«

»Wir dürfen die Südstadt nicht verlassen.«

»Aber wie kommen wir dann ins Viertel am Hsüan-Wu-Tor?« zeterte er.

»Werte Herren, hier, gleich hinter dem Tor der Mittagssonne beginnt die Nordstadt, da findet Ihr neue Träger.« Die Burschen stellten die Sänften ab und wischten mit den geflickten Jackenärmeln den Rotz von der Oberlippe.

Wütend zahlte Sung den abgemachten Preis, dem er im Glauben, daß er bis zur Missionsresidenz gelte, zugestimmt hatte.

»Hier herrschen durchaus römische Verhältnisse. Jakob, mach dir nichts draus, das werden unsere christlichen Brüder in Rom demnächst den chinesischen Pilgern wieder abknöpfen.« Seit der Sizilianer wieder auf festem Boden stand, sprühte er vor Lebensfreude.

Wieder versperrte eine hausdicke Mauer den Weg. Als sie das Tor halb durchschritten hatten, mußten sie erneut ihre Papiere vorzeigen und hinter einer Schranke warten. Eine Ewigkeit verstrich, bis ein Wachsoldat gähnend erschien und sie durch die schmuddeligen Quasten seiner Uniformkappe anstierte. »Wohin?« brummte er, sich Fleischfitzel aus den Zähnen fischend.

Die Jesuiten stellten sich taub, zuckten mit den Achseln und deuteten auf ihren Begleiter. Der setzte eine gewichtige Miene auf und mühte sich, dialektfrei zu sprechen: »Auf Empfehlung des edlen Doctor Hsü Kuang-ki, Mandarin vom dritten Rang, reisten wir aus Hangchow an. Wir wollen die Nordstadt besuchen.«

Longobardo hatte sich währenddessen Auge in Auge vor den Beamten geschoben und hob ihm den Zeigefinger streng entgegen. Laut drohte er in Plebejerlatein: »Und falls sich hier noch jemand ein Trinkgeld verdienen möchte, ist er bei uns an der falschen Adresse!«

Das wirkte. Der Beamte zuckte zusammen, griff an seine verwelkte Uniformkappe, verbeugte sich und öffnete die Schranke.

Kaum hatten die drei das Tor der Mittagssonne passiert, lag vor ihnen ein weiteres, unbewachtes Mauertor. Scheinbar mit Lineal und Winkel geplant, öffnete sich dahinter ein gewaltiger Platz. Von hier führte eine von Pinien gesäumte Allee schnurgerade nach Norden auf ein zinnoberrotes Tor zu, hinter dem in weiter Ferne das ausschwingende, gelbe Dach eines weiteren Tores hervorschaute.

»Anscheinend besteht die Stadt nur aus Mauern und Toren«, staunte Longobardo verwundert. »Diese breiten Straßen, diese massigen Mauern, diese Ruhe. Irgendwo hier verbirgt sich der große Drache! Brüder, unsere Füße berühren geweihten Boden. Es muß die von Ricci gerühmte kosmische Achse sein, die zum Palast hinführt«, erwog er und drehte sich forschend im Kreis.

Adam hielt einen gezeichneten Stadtplan in Händen. »Wir müssen auf einer Straße stehen, die in Nord-Südrichtung verläuft, da steht die Sonne ... ja, und die Gebäude sind nach Süden, zur Sonnenseite hin ausgerichtet. Dort in der Ferne endet die Allee an einem roten Wachtor. Vor uns liegt das Tor zur Stütze des Himmels. Dahinten, das golden glänzende Dach, das müßte das Fünf-Phönix-Tor sein, das Südtor der Verbotenen Stadt, so steht es wenigstens auf dem Plan des Doctors.«

Schweigend standen die drei in der kalten Januarsonne und ließen die Nähe des mächtigsten aller Kaiser in ihr Bewußtsein hineinsickern.

»Noch hat keiner von uns Jesuiten den chinesischen Kaiser gesehen, geschweige denn mit ihm gesprochen.« Adam kraulte sich im Bart. »Niccolò, was meinst du, ob er uns wohl zum Tee einlädt?«

»Mein Lieber, mit so niederem Volk wie uns gibt sich der Sohn des Himmels nicht ab.«

Eine kleine fellvermummte Gestalt zupfte Adam blitzschnell.

»Alter Fremder, soviel Gepäck. Die Stadt ist groß, die Herrschaften brauchen bestimmt Sänftenträger.« Ein Mädchen schien in dem verlumpten Kleiderberg zu stecken. Es deutete auf einige Figuren, die ihm auf Abstand folgten. Über den blauroten Wangen blitzten schmale Augen zwischen Furcht und Schalk. Als Adam sich hinunterbeugte, stolperte das Kind erschrocken ein paar Schritte zurück und kicherte verlegen. Als er lächelte, lachte es aufgeregt und wandte sich zu den nähergekommenen Burschen. Einer mit ebenso blauroten Bauernwangen trat, die Fremden ungeniert musternd, auf sie zu, verbeugte sich nachlässig und deutete auf die anderen sieben jungen Männer, die schweigend hinter ihren Atemwolken warteten.

»Sie hat recht«, meinte Adam, »nach meiner Karte ist es noch ganz schön weit bis zur Residenz.« Mit prüfendem Blick auf die ärmlichen Halbwüchsigen sagte er: »Und Geld scheinen sie auch gebrauchen zu können!«

Sung nannte das Ziel. »Zum Tor der Überwältigenden Militärmacht, wißt ihr, wo das ist?«

»Hsüan Wu Men! Das ist weit! Das ist ja bei den Elefantenställen!« Einer der Halbwüchsigen besprach sich flüsternd mit seinen Freunden, dann drehte er sich wieder zu Sung um. »Das kostet zwanzig Kupferkäsch.« Seine Freunde nickten bestätigend.

»Zwanzig Kupferkäsch, da seid ihr ja geradezu billig, wir nehmen euch.«

»Einen Moment!« bat der Bursche, und die Jungen rannten in eine Seitengasse, um im Handumdrehen mit drei Sänften zurückzukehren. Strahlend lief die Kleine wenig später neben

Adams Sänfte her und spielte mit den blonden Haaren auf seiner heraushängenden Hand.

Auch dieser Sänftenritt zog sich lange hin. In der Nordstadt grenzten ebenfalls Mauern an Mauern, hinter denen sich einstöckige, flache Häuser aneinanderreihten. Ihr Verputz war jedoch frisch wie gefallener Schnee und nur selten brachen Weidenflechten schäbig hervor. Die Straßenzüge maßen auch hier gut achtzig Fuß in der Breite und begegneten einander im rechten Winkel. Die Nordstadt, die sich wie ein Rahmen um den Kaiserpalast schloß, beherbergte die Mandarine und Prinzen, die Groß-Geld-Leute und die hohen Staatsbeamten. Mittlerweile dämmerte der Abend und augenblicklich fuhren eisig peitschende Winde durch die Straßen.

»Dort vorne liegen die Elefantenställe, fremde Herren, jetzt müssen wir fragen!«

»Wartet! Ich habe die Anschrift hier, vielleicht weiß es jemand?«

Bei dem Wind waren wenig Menschen unterwegs. Einem Maronenverkäufer war das Grüppchen aber aufgefallen. Neugierig hatte er sein Öfchen stehenlassen und fragte einen der Bauernjungen, was sich da abspiele. Nachdem Sung ihm den Zettel gezeigt hatte, lief er den sperrigen Sänften durch abseits gelegene, verwinkelte Gassen voraus. »Yang da-ren, yang da-ren«, tuschelte er jeder vorbeihuschenden Gestalt zu, »Fremde Mandarine, fremde Mandarine!« Vor einem finsteren Gebäude blieb er stehen und zeigte auf die morsche Hoftür. Kein Fenster, kein Schild. Nichts deutete an, daß jenseits der Steinmauer die alte Jesuitenmission liegen sollte.

»Hier müßte es sein.« Adam schlug den verrosteten Klopfer an. Zu seinem Erstaunen gab die Tür nach. Neugierig schoben sich die Sänftenburschen und der Ortskundige mit in den Innenhof, der einen verwahrlosten, vereinsamten Eindruck machte. Nichts war zu hören. Über dem Ziegeldach des ebenfalls heruntergekommenen Nebenhauses stieg Rauch in den Himmel.

»Die Leute, die hier wohnten, sind weg«, flüsterte der Maronenhändler. »Schon lange verschwunden. Nur noch Geister wohnen hier.«

Alle lauschten in die gespenstische Stille. Die Jesuiten beschlossen zu bleiben. Erleichtert fädelten die Bauernburschen das Münzgeld auf ihre Halsbänder und verließen, gefolgt von dem Maronenhändler, eilig das unheimliche Gemäuer.

»Es muß hier sein.« Jakob las noch einmal die Adresse: Residenz am Tor der Überwältigenden Militärmacht, Hsüan Wu Men. Der Doctor hat gesagt, daß Manuel Dias in der Mission lebt.«

Schneeflocken stoben vom bleigrauen Abendhimmel und gefroren auf ihren Schultern. »Wir können hier nicht rumstehen. Dias hin oder her.« Beherzt steuerte Longobardo auf die nächstbeste Tür zu und drückte dagegen. Auch sie war unverschlossen und ließ sich quietschend öffnen. Beim letzten Tagesschimmer durchsuchten sie die Räume, doch ohne Erfolg; im Staub und durcheinandergeworfenen Hausrat konnten sie keine Spur menschlicher Anwesenheit finden.

Vom Ende eines Flurs ging ein schmalerer Gang rechts ab und führte über einen Schutthaufen durch einen Mauerdurchbruch. Die Wände rechts und links waren nur notdürftig verputzt. Am Gangende fanden sie eine Tür. Licht schimmerte durch eine Ritze. Sung klopfte.

»*Nei-yi-wei?*« tönte es von drinnen. Sung öffnete und das Grüppchen trat durch den Türrahmen. Mitten im Raum stand ein Tisch mit zwei Stühlen, auf denen zwei Männer saßen und bei Kerzenschein ein Brettspiel spielten. Der eine war eindeutig ein Chinese. Der andere kleidete sich wie ein Chinese, trug das Haar auf dem Scheitel geknotet und auch die Fingernägel nach Landessitte lang. Doch runde Augen und eine spitze Nase verrieten den Europäer.

»Manuel Dias?«

Beim Eintreten der Brüder wurden die Augen größer und noch runder. Ganz langsam stützte er sich hoch und wischte sich über die Lider. Eine Ewigkeit starrte er die Brüder an. »Ich habe nicht mehr daran geglaubt, Vater im Himmel.« Dann fiel er stumm auf seinen Stuhl zurück.

»Manuel, du hast nicht umsonst gehofft.« Longobardo eilte auf ihn zu und drückte ihn an seine Brust.

Nach vier Jahren hörte Manuel Dias wieder Latein, sah wieder weiße Menschen und durfte wieder vertrauen. Sein in Einsamkeit erstarrter Körper ließ bewegungslos die warme Umarmung des Sizilianers über sich ergehen.

Der Chinese hatte sich neben den Tisch gestellt und verbeugte sich ununterbrochen, wobei ihm Tränen über die Wangen kullerten. »Welch ein guter Tag, welch ein guter Tag.« Er eilte hinaus und rief vom Gang: »Wir brauchen Schnaps, die Seelen wollen fliegen.«

Jetzt begrüßten Adam und Jakob den Mitbruder wie einen langvermißten Freund.

»Kommt schnell herein, ihr müßt ja schrecklich frieren.« Plötzlich kam Leben in den letzten Jesuiten Pekings. Noch immer verwirrt führte er sie in einen mollig warmen, vom Knacken brennender Holzscheite belebten Seitenraum. »Hier, setzt euch, nein, nicht auf die Stühle, bitte, hierhin.« Er schob alle drei zu einem großen Podest und drückte sie hinunter. Kaum daß sie saßen, umschmeichelte eine warme Woge ihr Gesäß. »Mein Bett und mein Ofen!«

Wie durchgefrorene Hunde genossen sie die Wärme und hockten mit untergeschlagenen Beinen auf dem großen Sitz-, Schlaf- und Plaudermöbel.

Der Chinese kehrte zurück und pflanzte ein kurzfüßiges, rotes Lacktischchen vor den Hockenden auf und bewirtete sie mit grünem Tee. Voller Freude entdeckelte er noch eine Schale mit Nudelsuppe. »Die hat die Nachbarin Frau Lou gerade gekocht, sie wünscht euch ein Wohl-zu-Gast-sein. Und hier«, stolz plazierte er einen Krug in der Mitte des Tisches, »der Willkommenstrunk, Sorghumschnaps, die Patres werden ihn schätzen lernen.«

Auf Hochchinesisch bedankte sich Adam höflich und meinte nur: »Später, den Schnaps, später.«

»Später kommt nie«, murmelte Manuel Dias und kippte gleich drei Zinnbecher hintereinander hinab. »Greift zu und macht es euch gemütlich in unserem Empfangsrefektorium. Hier wird gegessen, gebetet und gelehrt.« Überraschend wechselte er ins Portugiesische. »Warten wir bis der Chinese weg ist, dann können wir richtig miteinander reden.«

Nachdem sie eine Weile Belanglosigkeiten ausgetauscht hatten, verschwand der Pekinger.

»Ich traue niemandem, nicht einmal ihm«, begann Manuel Dias seinen Bericht, der nicht für chinesische Ohren bestimmt war. »Das, was ihr seht, sind die Reste unserer einst so kultivierten Mission. Außer mir wohnt jetzt nur noch Petrus Wang, der von eben, hier. Wo alle anderen sind, weiß ich nicht. Man hat sie hinausgetrieben wie Ungeziefer. Ich frage auch nicht mehr. Ich habe mir über die Jahre das Vertrauen zu den Hiesigen abgewöhnt.« Er nahm noch einen Becher Schnaps zu sich. Seine ausgezehrten Wangen begannen zu glühen. »Zu oft haben sie zu Gunsten ihres Vorteils meine Interessen ignoriert. Sie halten sich hier nur an Abmachungen, wenn etwas für sie rausspringt.« Eine tiefe Verbitterung schwang in seiner Stimme. »Als Matteo Ricci vor zweiundzwanzig Jahren dieses Hofhaus kaufte, waren alle Gemeindemitglieder begeistert dabei, es für unsere Zwecke herzurichten. Sobald der Wind sich gegen uns drehte, ließen sie die Arbeit fallen. Ihr könnt es noch an dem unfertigen Mauerdurchbruch sehen. Und als die Banden der Christenfeinde die Missionare hinausprügelten und die Gebäude verwüsteten, war von den Getauften keiner mehr zu sehen. Mein Gott, all die Jahre habe ich gehofft, daß das Blatt sich wendet. Am Ende habe ich die Hoffnung verloren und bin über die einsamen Jahre zu einem Chinesen geworden.« Er lachte, fuhr sich mit seinen langen Fingernägeln über den Haarknoten und klopfte auf die mächtigen wattierten Ärmel. »Verzeiht mir, aber mein Latein hat auch einen pekinesischen Einschlag bekommen.« Er schlürfte aus seiner Deckeltasse und schüttete frisches, dampfendes Wasser über die zurückgebliebenen Teeblätter. »Ich ... die Mission, wird nur geduldet. Sie haben mich am Leben gelassen, weil sie sonst niemanden haben, der die lateinischen Anweisungen für die westlichen Geräte und Buchtexte übersetzen kann. Meiner vorzüglichen Ausbildung am Collegium Romanum verdanke ich mein Leben. Bis vor ein paar Wochen stand ich unter Hausarrest. Wehe, wenn ich wie ihr auf die Straße gegangen wäre! Entweder ist es ein gottgegebenes Wunder oder ein noch unverkündeter Gesinnungswandel, daß ihr euch so unbeschadet durch das

Land bewegen konntet. Seit dem Verbannungsdekret kann jeder Schritt, den ich aus diesem Gemäuer tue, mein letzter sein. Was hat euch zu dem wahnwitzigen Entschluß gebracht, diese gefährliche Reise zu wagen?«

»Wie? In Hangchow hörten wir, daß das Verbannungsdekret aufgehoben sci.«

Manuel Dias lachte gallig auf. »Da habt ihr aber mächtig Glück gehabt. Jakob, du mußt ein verdammt guter Schleuser sein. Meine Hochachtung! Vor einer Woche haben sie einer Gruppe Feuerfackeln in die Andacht geschmissen. Drei sind umgekommen. Euer Leben hing bis zu eurer Ankunft in diesem Haus am seidenen Faden.«

Für einen kurzen Augenblick erstarrten die drei vor Schreck.

»Jakob!« Longobardo schlug Sung aufs Knie. »Hast du das gehört? Mein Gott, in welch einem Irrtum sind wir gereist!«

Jakob Sung schmunzelte. »Dieses Reich ist groß, manchmal wissen die im Süden nicht, was die im Norden tun. Aber gute Gerüchte sind besser als schlechte Nachrichten. So haben wir Euch bis in das Herz Chinas gebracht.«

»Du hast uns also aufgrund eines guten Gerüchtes durch China geschleust?« Adam konnte es kaum glauben.

»Wer sich seines Sieges im Herzen sicher ist, wird für den Feind unsichtbar. Hätte ich Euch die Wahrheit gesagt, hätten Eure Herzen gezittert und die Gegner hätten Euch aufgespürt wie ängstliche Kaninchen.«

Manuel Dias grinste. »Ja, ja, sie haben hier eine durchaus eigene Art zu denken. In diesem Fall scheint es euch das Leben erhalten zu haben.« Er nahm wieder einen kräftigen Schluck und Adam sah, daß seine Hand zitterte. »Doch wie ich schon sagte, werde ich von den kaiserlichen Behörden der Stadt nur geduldet. Ich … jetzt kann ich ja endlich wir sagen, wir haben Feinde … Feinde, die zu den klügsten Köpfen des Reiches zu zählen sind. Verjagt man den einen, ich meine Shen-kio, dann taucht schon der nächste Christenhasser auf und der heißt Wei Chung-hsien.

Am Kaiserhof sperren sich viele Mandarine gegen die Einfuhr westlicher Apparate, Instrumente und Waffen. Aber daß ich überlebt habe, beweist doch auch, daß sie nach unserem Wissen gieren. Ohne uns finden sie keinen Zugang zu den Erfindungen des Westens. Ihre Gier macht sie abhängig.« Wieder lachte er voll Bitterkeit und stieß beinahe den Zinnbecher um. »Weil sie mich melken wollen, haben sie mich eingesperrt wie ein Stück Milchvieh. Ihr seht, die Wissenschaft ist unser Faustpfand im Tauschhandel des Glaubens. Aber … hört, es gibt auch Gutes zu berichten.« Stolz strich er die wattierten Ärmel glatt. »Trotz aller Unbill habe ich in diesem Raum heimlich, bei Dunkelheit, nur vom Licht des Glaubens erhellt, ungefähr dreißig Pekinger in den christlichen Glauben eingeführt und hierselbst getauft.« Er lehnte sich zurück und blickte glasig in die Runde. »Brüder, vielleicht sollten wir jetzt gemeinsam ein Gebet sprechen.«

Nach der kleinen Besinnung brachte er die Gäste in zwei angrenzende, karg möblierte Stuben. An den Wänden mischten sich seit vielen Jahren Kalk und Schimmel. Nirgendwo hing ein Kruzifix. In Adams Kammer stand auch ein Ofenbett und ein ausgefranster Bambushocker. Es roch nach Ruß.

»Dort drüben«, Manuel Dias zeigte durch einen Riß im Fensterpapier, »im Seitenflügel ist unsere Bibliothek. Und Riccis alte Stube, so wie er sie bei seinem Tod verlassen hat. Hatte ich das richtig verstanden, du bist der Pater Astronom? Soweit ich weiß, ist alles unberührt, anscheinend konnte niemand etwas damit anfangen. Vielleicht hast du ja Verwendung für das rostige Zeug. Gute Nacht!«

»Und ob!« Der Pater Astronom spähte in den dunklen Hof hinaus. »Matteo Riccis alte Stube, so wie er sie verlassen hat, alles unberührt. Das rostige Zeug hat auf mich gewartet!« Vergnügt schob er die Bettdecken beiseite und untersuchte die Reisstrohmatte auf Ungeziefer. An der rückwärtigen Seite des gemauerten Gevierts entdeckte er einen kleinen Sockel mit einem rußigen Eisentürchen und einer ringförmigen Herdplatte, auf der eine vergessene, geschwärzte Teekanne stand. Er zog die Pferdelederstiefel aus und kroch unter die staubigen, seit Jahren nicht mehr benutzten Laken der Pekinger Mission.

Es war einer der seltenen Wintertage, an denen in Peking eine feine Schneedecke liegenblieb. Niemand hatte vor ihm den Innenhof betreten. Bevor er seinen Fuß in den weißen Hauch setzte, blieb er in der Tür stehen und betrachtete sein neues Zuhause: Ein ganz gewöhnlicher Hof nach Pekinger Art, von der Straße nur durch ein Mondtor zu betreten; vier einstöckige Gebäude ringsum; mit einem Vordach verbunden, das das umlaufende Fensterband vor Schnee und Regen schützte.

Niemand hatte die Fenster für den Winter mit Tierhäuten verschlossen. Die Papierbespannung hinter den Fensterornamenten war zerrissen. Das Skelett eines umgestürzten Sextanten streckte grünspangrüne Zeigerarme in den Himmel. Zerschlagene Blumentöpfe, eine Holzbank und sogar der Rand eines Brünnleins ragten aus dem Schnee, der leise knirschte, als er durch den Innenhof schritt und Flocken vom Brunnenrand strich. Grobe Hände hatten das kleine Kunstwerk zerstört. Unter Sand und Steinbrocken lag der Wasserspiegel unerreichbar verloren. Den Tränen nahe richtete er die umgestürzte Bank wieder auf.

Da überall das Reispapier in Fetzen hing, konnte er von außen in die Räume spähen. Hinter dem dritten Fenster sah er metallene Gegenstände im Dämmerlicht blinken. Sein Herz schlug höher. Das mußte es sein.

Eine Tür mit verwittertem Schnitzwerk, von dem der rote Firnis abgeplatzt war, schien die richtige zu sein. Da sie sich nur schwer öffnen ließ, warf er sich mit der Schulter dagegen. Sie brach auf und er stolperte hinein.

Im unermeßlich großen, fremden China stand er überwältigt in eine Studierstube, die der seines alten Lehrers Horaz Rotarius aufs Haar glich. Trotz Spinnweben und aufgewirbeltem Vogelmist wehte ihm der Zauber des astronomischen Geistes entgegen. Raschelnd flüchtete ein Tier. Ein Stapel engbeschriebenes Papier rutschte ihm vor die Füße. Sorgfältig klaubte er es auf und setzte sich, die staubpuffenden Schriften in Händen, auf einen Schemel. Die Pinselschrift mußte die Riccis sein. Andächtig sah er sich im schummrigen Licht um. In der Mitte der Studierstube stand eine eingestaubte Armillarsphäre auf einem rollbaren Gestell. Instrumente, Schachteln, Pergamentrollen, Werkzeuge lagen zu seiner Freude in einer noch erkennbaren Ordnung. Nach Ricci hatte sich tatsächlich keiner an den Dingen zu schaffen gemacht. Man hatte diese Reichtümer einfach vergessen. Er klopfte den Papierstoß sorgfältig aus und legte ihn ordentlich auf ein Pult. Dann begann er, Papierfetzen und Spinnweben aus den Fensterornamenten zu reißen. Er brauchte Licht. Nichts hielt ihn mehr zurück, die Möbel, die Bücher, den Boden, auch die Balken von der Patina aus dreizehn Jahren Vergessenheit zu befreien. Stunden um Stunden wühlte er sich wie ein selbstvergessener Maulwurf in sein neues Reich.

»Adamo!« Longobardo streckte seinen Kopf herein. »Junge, Junge, hier steckst du, Matteos Erbe ist ja in einem entsetzlichen Zustand. Ich wühle mich durch die Bibliothek. Bei mir heizt wenigstens schon ein Öfchen. Komm, mach Siesta, folge mir.«

Longobardo hatte die Tür zum Raum neben Riccis Arbeitszimmer aufgestemmt. Bis unter die Decke reihten sich hier Buchrücken an Buchrücken. »Alle diese Schwarten haben sie aus Europa hergetragen. Die halbe Vatikansbibliothek ist hier versammelt.« Der weißhaarige Sizilianer stand verzweifelt mit ausgebreiteten Armen vor den vollgestopften Regalen. »Ich spreche von dem, was sich hinter und unter dem gelben Staub verbirgt. Und die Schimmelflecken, es soll hier in den Sommern sehr schwül und feucht sein. Sieh mal!« Er hob einen ledergebundenen Band in die Höhe. Papierfetzen und Brösel verstreuten sich über den Boden. »Ungeziefer. Ein Jammer! Und ich habe noch soviele Bücher ausgewählt, die auf dem Weg hierher sind.«

Sein Cöllner Mitbruder strahlte, als er die Bücherfülle sah. »Es sind ja fast alles Bücher über Astronomie! Hier kann ich forschen, studieren, arbeiten …«

»Du sollst hier missionieren, Junge! Hast du im Collegium Romanum nicht genug gelernt? Wir sind in erster Linie Priester.«

»›Unsere Wissenschaft ist der Garant für unsere Freiheit‹ hat Manuel gesagt. Die Raffinessen westlicher Technik werden uns die Tore zum Kaiser öffnen, und diesen folgt dann der christliche Priester«, erwiderte Adam überzeugt.

»Laß uns erstmal die christliche Lehre wieder ans Licht holen.« Longobardo war auf eine Leiter gestiegen und wirbelte wild Staub auf. Von einem Niesanfall geschüttelt, flüchtete Adam wieder nach nebenan und widmete sich den astronomischen Präzisionsinstrumenten. Bedachtsam, als entblöße er eine archäologische Kostbarkeit, wischte er mit dem Ärmel den Staub von den gezahnten Stegen und den arabisch bezifferten Kerben des matten Messingtellers, den schon Ptolemäus Astrolabium genannt hatte. In einer angeschlagenen Lackschale sammelte er Schnee und reinigte mit dem Schmelzwasser gleichermaßen behutsam die Meßzirkel, die wie Spinnentiere über die Papierberge verstreut lagen. Nachdem er die Patina von den Metallinstrumenten gewischt und sie poliert hatte, folgte er dem Ruf des Klingsteins zum Abendessen.

»Es hat sich schon bei Hofe rumgesprochen, daß neue Jesuiten eingeschleust wurden. Dieses Haus wird sehr gründlich bespitzelt. Unsere Spione im Palast sind aber auch bestens informiert und haben mir zukommen lassen, daß eure Ankunft unter der Hand begrüßt wird. Es scheint, als ändere sich tatsächlich etwas für uns«, berichtete Manuel Dias bei Tisch.

Anschließend besprach man die anstehenden Arbeiten. Bis auf den von Dias bewohnten Raum mußte das ganze verwahrloste Anwesen renoviert werden. Durch die Palastgerüchte ermutigt, nahmen sie umgehend die Bauarbeiten auf.

Drei Tage später hatte Adam frisches Ölpapier vor die Fenster geklebt, den Kang angefeuert, den Boden frisch gestampft und den Glanz der astronomischen Geräte zum Funkeln gebracht. Auf das Pult hatte er sich eine handliche, einklappbare Äquatorialsonnenuhr aus Elfenbein und einen zierlichen, hölzernen Azimut-Winkelmesser gelegt. In den Borden lagen die abgestaubten Sternkarten mit lateinischen und chinesischen Eintragungen, trigonometrische Tafeln und jede Menge astronomischer Übersichtstabellen zum Triangulieren.

Als der Kang gut wärmte und er sein Paradies von höchster akademischer Erlesenheit in Besitz genommen hatte, bat er die fünf Residenzbewohner zu einer Tasse Tee. Umgeben von unbeendeten Lehrschriften, Land- und Himmelsskizzen, feierte er seinen Einzug in Riccis Laboratorium.

Staunend sah sich der sechsundfünfzigjährige Dias im wieder-
belebten Raum um. »Wenn ihr nicht gekommen wärt, hätten die
Ratten wohl alles aufgefressen. Ich verstehe mich besser aufs
Übersetzen.« Er war von den Brüdern mit neuer Kleidung beschenkt worden und Jakob Sung hatte ihm den Zopf elegant auf
Kinnlänge gestutzt. Auch hatte er sich die langen Nägel geschnitten. Jetzt machte er fast den Eindruck eines vorbildlichen
Superiors, wenn er nur nicht so schnell und so oft zum wärmen-
den Sorghumschnaps gegriffen hätte. »Mal abgesehen von den
paar Brüdern in Hangchow sind wir nun vier Salzkörner im chinesischen Menschenmeer.« Er kicherte. »Um uns herum leben
laut letzter kaiserlicher Kopfzählung 250 Millionen Schwarzhaarmenschen.«

»250 Millionen? Und die sollen wir drei römischen Priester
alle taufen? 250 Millionen, und das heimlich, damit unsere Kontrahenten nichts merken. Steigen wir doch gleich in die nächste
Dschunke gen Goa.« Als hätte sich Adam plötzlich eines Besseren besonnen, blickte er bedächtig um sich. »Nein, doch nicht,
nein, ich nehme dieses Laboratorium als Gottesbefehl, hier soll
ich wohl mein Bestes für den Orden geben. Ich gehorche und
bleibe!«

»Wir setzen nicht wie die Bettelorden auf möglichst viele Täuflinge, sondern auf die kleine Zahl gebildeter Gelehrter wie Doctor Hsü.« Damit war das Grundsätzliche vorerst geklärt. Um als
nächstes Ordnung in die Buchführung zu bringen, gingen sie in
das Hauptgebäude hinüber.

Wie alle Geheimnisse hatte sich auch die Ankunft der neuen
Patres schnell unter den örtlichen Christen herumgesprochen.
Pekings Häuser waren mit Mauern hinter Mauern gut verschlossen. Nur der Jesuitenresidenz am Hsüan Wu-Tor fehlten die Mittel für eiserne Riegel. So fand die anhängliche Gemeinde zu
allen Tages- und Nachtzeiten Einlaß. Und seit kurzem waren
wieder richtige langnasige, aus der Ferne angereiste *Yesu huei-shih*
in der Stadt! Und da diese frommen fremden Herren dem Gekreuzigten durch die Papstweihe schon sehr nahe waren, hielt es
so mancher Neuchrist für erstrebenswert, umgehend ihren Segen zu erhaschen.

Als die Patres die Tür zum Hauptgebäude öffneten, wurden sie zu ihrer großen Überraschung schon sehnlichst erwartet.

Einige Dutzend Chinesen hatten sich in festlicher Kleidung eingefunden. Auf dem Kang balgten sich Kleinkinder, deren Hosen jedes Mal im Schritt aufklappten, wenn sich ihre feisten Körperchen verknäulten. Unter einer mit Papierblüten geschmückten Muttergottes stand ein Tisch voller Geschenke. Ob groß oder klein, alle waren in blutrotes Seidenpapier eingeschlagen. Beim Eintreten der Patres wurden die Kinder gegriffen, die Hände gefaltet und die Häupter gebeugt. Eine kugelrunde Frau mit zerfledderten Zöpfen sprang auf und streckte Superior Dias ihre abgearbeiteten Hände entgegen. »*Shen-fu,* Herr Priester, wir sind gekommen, um mit Euch und den ehrenwerten« – tief verbeugte sie sich vor Adam und Niccolò – »hochwillkommenen, herbeigeflehten Jesusgefährten aus dem Land der untergehenden Sonne das Frühlingsfest zu feiern.« Sie drückte Dias einen Korb mit bunten Reispasteten in die Hände. »Der Winter verlasse Euer Herz, Euer Haus und Eure Felder.«

»Danke, danke Gottfriede Tjing, ich sende dir die Sonne«, antwortete Dias und wandte sich auf Latein an die Mitbrüder: »Es ist wahr, ich habe über den letzten Tagen vollkommen das Frühlingsfest vergessen. Es ist eines unserer schönsten Feste.« Stolz stellte er seine kleine Gemeinde vor: Fächermaler Jakobus Yang, Baumeister Simon Di, der seinen prächtigen Nackenknoten mit einer Elfenbeinspange betont hatte, Pferdehändler Christian Ma, Amtsschreiber Markus Ho, die Apothekerwitwe Maria T'ien, Seidenhändler Nikolaus Fung und schließlich Gottfriede Tjing mit ihren fünf quirligen Kindern und deren Vater, dem Kohlelieferanten Lou. »Wir nennen ihn nur ›den alten Ofen‹!«

Das Schlagen der hinteren Pforte verkündete noch mehr Besuch. Zwei in Seidentücher verhüllte Gestalten traten herein. Mit ihnen wehte eine Wolke Jasminduft in die Festgesellschaft. Zögernd wurden die Schleier gelöst. Zwei aufs Zierlichste herausgeputzte Fräuleins aus besten Kreisen standen stocksteif auf ihren winzigen Fußkonsölchen. Aus ihrem kleinen, rot übermalten Mündchen richtete die eine kaum hörbare Begrüßungsworte an

Dias, während die andere mit leise klimperndem Kopfputz todernst die versammelten Brüder und Schwestern in Christo abschätzte. Als sie sich tippelnd zum Kang bewegten, rückten die Familien verstummend zur Seite.

Seite an Seite verharrten die beiden Schönen mit reglosen, puderweißen Gesichtern bis zum Ende der Festlichkeiten, und als die Gemeinde gemeinsam den Rosenkranz betete, sah man über ihre seidenbestickten Schöße nur Rosenkranzperlen aus Jade und Rubinen laufen. Ihre Hände blieben in langen brokatenen Schleppärmeln verborgen.

Die Patres wurden gedrängt, die Geschenke zu öffnen. Sie bedankten sich für Naschwerk, Medizinisches und Handwerkszeug. Die Edeldamen verschenkten mit wispernder Stimme ihre Zusage, dem Oberbeamten vom Hsüan Wu-Distrikt auch weiterhin gutes Schweigesilber zuzustecken.

Nach dem Gabenritual schlüpfte Superior Dias in ein weißes Meßgewand und zelebrierte das Abendmahl. Die kugelrunde Gottfriede und die Frau des verstorbenen Apothekers stützten die Fräuleins in ihren glänzenden Seidenhüllen beim Niederknien, um die Hostie zu empfangen.

Kaum war das christliche Ritual erledigt, wurde Tee ausgeschenkt und alle eßbaren Geschenke verspeist. Endlich stellte der Superior die neuen, neugierig beobachteten Patres vor: »Johann Adam Schall, Niccolò Longobardo mit dem chinesischen Namen Lung Hua-min und Jakob Sung.«

Während der Befragung nach dem Woher und Wohin schien den Gästen etwas Kopfzerbrechen zu bereiten. »Warum hat er keinen chinesischen Namen?« fragte schließlich die Apothekerwitwe schüchtern.

»Es hat mir noch nie einer einen gegeben«, antwortete Adam. »Seit Geburt nennt man mich Johann Adam.«

Die Gäste ließen sich den Tonfall im Munde zergehen und machten Namensvorschläge, doch keiner paßte allen.

»T'ang Jo-wang, T'ang Jo-wang!«

Das war's. Der Seidenhändler Nikolaus Fung rief immer wieder: »T'ang Jo-wang, T'ang Jo-wang!« wobei ihn so das Lachen schüttelte, daß der Haarknoten über seiner breiten Stirn den

Halt verlor. »T'ang Jo-wang«, wiederholte er bestimmt und steckte sich das hüftlange Haar wieder hoch.

»T'ang Jo-wang!« wiederholten die Umstehenden und nickten zustimmend.

»T'a-n-g-j-o-w-a-n-g«, lauschte Adam dem Wohlklang seines neuen Namens nach. »Niccolò, Manuel, Jakob, ist das ein Namen für einen Meister der Astronomie?«

»Durchaus Meister T'ang Jo-wang, durchaus!«

»Gut, so nennt mich T'ang Jo-wang.«

»Verspeist man Euch mit Haifischflossen oder Vogelnestern?« fragte Jakob Sung grinsend.

Die ganze Festgesellschaft lachte, bis auf die beiden Edeldamen, die ihre Gesichter hinter bebenden Seidenfächern verborgen hielten.

»*T'ang* heißt nicht nur vornehme Familie, sondern auch Suppe!« flüsterte ihm der Missionsdiener Petrus Wang von hinten zu.

»Dann sei dies mein Schicksal«, beendete Adam gottergeben seine Taufe.

Als erstes verließen die feinen Damen gutverhüllt die Feier. Im Hof warteten zwei Sänften, in denen sie unerkannt das Gewöhnliche-Leute-Viertel verlassen konnten. Wenig später huschten die verbliebenen Festgäste heimlich hinaus auf die West-Straße, von der lautes Feuerwerkskrachen, Musizieren und Lachen tönte.

Zehn Tage nach der Gemeindefeier klang das Frühlingsfest mit einem häuslichen Festessen aus. Auch in der Residenz kamen die traditionellen süßgefüllten Reismehlbällchen *yüan hsiao* auf den Tisch. Manuel Dias lächelte, als er mit den anderen und Amtschreiber Markus Ho am üppig gedeckten Tisch zusammensaß.

»Unser Gast hat uns heute eine passable Nachricht ins Haus getragen!« Longobardo wedelte mit zwei Briefrollen. »Hier darf ich die Bleibeberechtigung des Oberhofgerichtes für T'ang Jo-wang überreichen. Ebenso für mich selbst. Endlich gibt es eine schriftliche Verfügung, wonach wir nicht mehr als Feinde des Landes, der Sitten und des Glaubens behandelt werden dürfen.

Man bittet uns bei Hofe nicht gerade zu Tisch, aber immerhin werden wir jetzt, wenn wir zurückhaltend bleiben wie bisher, geduldet!«

Zu Adams Erstaunen schien außer ihm niemand in Begeisterung auszubrechen. Statt dessen wiegte Superior Dias bedenklich den Kopf. »Ein Grund zur Freude? Ja! Ein Grund zur Sorge? Ja! Die Landesherren verschenken keine Freiheit, mein guter T'ang Jo-wang, nein, nein. Sie geben uns Bewegungsspielraum, weil sie etwas von uns wollen. Laß also hören, Markus Ho: Was ist der Preis für das frische Lüftchen in unserem Käfig?«

»Wie Ihr wißt, bin ich dank meiner Schönschreibkunst ein gerngesehener und vielgebrauchter Kopf unter den Dächern von Hof und Volk. Ich lausche dem Winseln der Mandarine ebenso wie dem Lärm der Straße. So kommt es, daß ich Euch wieder einmal hören lassen kann, was am Hof gesprochen wird. Die Mandarine sind in Sorge um die Lage des Reiches. Das Landvolk hungert. Dürre und Heuschrecken verwüsten die Ernte. Von Norden drohen die mandschurischen Kriegsherren, die sich unser chinesisches Reich einverleiben wollen, mit immer lauterem Kampfgeschrei.

Unser Gewährsmann am Hofe, der heimliche Christ Leo Li, der mich auf dem laufenden hält, wurde zum Minister der Waffen ernannt. Er nutzte die Sorge und Ratlosigkeit der Mandarine aus, um Euch als Männer des Wissens anzupreisen. Es wäre bei der jetzigen Sternenkonstellation ungünstig, die Westlinge aus dem Garten Chinas wie Unkraut zu entfernen, bevor man ihr Wissen geerntet habe, trug er ihnen vor. Leo Li bat bei Hofe, Euch als Militärberater in Anspruch nehmen zu dürfen ...«

»Aber wir sind doch Geistliche und keine Militärberater«, unterbrach ihn Adam verwundert.

»Genau das Gleiche sagte ich ihm auch. Aber er fiel mir ins Wort und beauftragte mich, Euch zu bitten, den Titel Militärberater so zu benutzen, wie ein Schneider seine Nadel benutzt. Wie tut er das, wollte ich wissen? Worauf der Waffenminister Leo Li mir einschärfte, ein Schneider braucht eine Nadel nur, um den Faden durch den Stoff zu ziehen. Wenn er fertig ist, legt er sie wieder aus der Hand. Er bittet Euch, der Öffentlichkeit das

Gesicht und die Worte sowie die Fähigkeiten von Militärbeauftragten zu zeigen, in Eurem Geiste und Herzen aber weiterhin die Saat Christi auszustreuen. Der Minister Leo Li bat mich inständig, daß Ihr seinen Wunsch erfüllt, da sonst die Bleibeberechtigung ungültig wird und Ihr Euch nicht frei in Peking bewegen könnt.«

»In Zeiten der Bedrängnis greift der Starke zur Waffe, der Schwache nutzt die Tarnung. Als Gefährten Jesu gehen wir den Weg der Tarnung. Sie schützt unser Leben. Bruder Adam, Bruder Niccolò, leistet dem Wunsch des Mandarins Leo Li Folge, und steht ihm in Frage und Antwort zur Verfügung«, ordnete Manuel Dias an.

»Jawohl, Superior, hoffen wir, daß die Mandarine uns nicht zu bald brauchen. Solange der Palast mich noch nicht als Militärberater in Anspruch nimmt, möchte ich mit meiner handwerklichen Arbeit fortfahren. Die Brunnentrümmer im Hof müssen verschwinden, damit ich endlich meinen Rebstock einpflanzen kann.« Longobardo verließ den Raum ungeduldig und fing im Hof an, die Brunnenreste wegzuschaufeln.

Adam schaute ihm nach. »Fürwahr ein Vorbild an Folgsamkeit und Fleiß. Früher oder später wird er Superior, das heißt für uns umbauen, aufbauen, weiterbauen.« Er pickte sich die übriggebliebenen Festtagsbällchen auf einen Teller und spazierte am schaufelnden Longobardo vorbei über den Hof.

»Adamo!«

»Moment, ich helfe dir ja gleich mit deinem Wein.« Schnell verschwand er in seinem Arbeitszimmer und stellte das Tellerchen neben seinen Sessel, auf den er nach Rotarius' Vorbild ein Schaffell gelegt hatte. Bevor er wieder hinaustrat, setzte er sich hinein und sah sich zufrieden um. Schon in ein paar Wochen würde er mehr Zeit für die Astronomie haben. Jetzt galt es erst einmal, bei den Bauarbeiten zur Hand zu gehen.

Als sich einige Wochen später die ersten grünen Blättchen an den neugepflanzten Rebstecklingen entrollten, verließ Superior Dias die Kaiserstadt Peking. Longobardo hatte über die losen Zustände Bericht erstattet, und so hatte ihn der Orden nach Hangchow zurückbeordert. »Lebt wohl und macht eine schmucke Mission daraus. Nutzt die Kontakte, die ich euch vermittelt habe, die Mauern in diesem Land öffnen sich nur durch persönliche Empfehlung. Vielleicht sehen wir uns in diesem Leben nochmals wieder. Daß ich diese vermaledeite Stadt verlassen darf, erscheint mir wie ein Wunder.« Trotz guter Pflege waren die Schrecken der Bedrohung nicht aus seinem Gesicht gewichen. Müde, nicht ohne Wehmut winkte er aus seiner davonschaukelnden Sänfte zurück. Nun war es höchste Zeit, daß die Pekinger Mission einen tatkräftigeren Superior erhielt: den Sizilianer.

Sofort änderte sich der Ton im Haus. Niccolò Longobardo legte ein zünftiges Tempo vor, um die Hofgebäude zu renovieren. Er schätzte es, wenn man tat, was er anordnete. Verrottete Galerie- und Dachbalken wurden ersetzt, neue Fenster eingepaßt und der Konversationsraum zum Empfang der Gäste und Gläubigen mit Seidentapeten bespannt und neu möbliert.

Der Stimmungswandel im Kaiserpalast ließ heimliche Spender wieder großzügiger in ihre Tael-Säckchen greifen. Durch ihre Freizügigkeit konnten Longobardos ehrgeizige Bauziele in Angriff genommen werden. Keiner der Residenzbewohner durfte sich entziehen. Der neue Superior wußte das handwerkliche Geschick seines fünfunddreißigjährigen Mitbruders so gut zu nutzen, daß Adam nicht dazu kam, mit der astronomischen Arbeit zu beginnen.

Nach neun Monaten gröbster Bauarbeiten und vielen Mißverständnissen mit einheimischen Handwerkern öffnete Adam eines frühen Herbsttages einem Reisenden die Pforte. Auf der West-Straße stand Terentius Schreck, der Konstanzer Mathematiker.

»Terentius, Navigator, du in Peking!« Freudig begrüßten sich die beiden Weggefährten. Lachend strich Adam über sein ramponiertes Chinesenhemd. »Sie haben dich sicher hergeschickt, um mit mir Buße zu tun! Unser Superior läßt uns leben wie in den Steinbrüchen von Jerusalem. Komm herein!«

Die Bewohner ließen sofort die Arbeit fallen und in der Küche wurde in Windeseile gedämpft und gebraten. Bald saß Terentius mit braungebranntem Nasenbuckel, wildgewuchertem Bart und weißem Haarkranz vor seiner Reisschale und kam vor lauter Erzählen nicht zum Essen. Seine Reise durch China war nicht so bequem verlaufen wie die der beiden anderen Brüder unter Jakob Sungs Führung. Auf einer Sänftenetappe waren ihm seine gesamten Habseligkeiten geraubt worden, so daß er nur mit einem geschulterten Paar Winterstiefeln die Mission erreicht hatte.

Keine zwei Tage nach seiner Ankunft hatten Terentius' neugierige braune Augen schon alles erkundet und die Plätze ausgemacht, die seiner Meinung nach zu ihm paßten; zum Beispiel den Schaffell-Stuhl, die Meßinstrumente, die Tabellen, die polierten astronomischen Geräte, alles, worauf sich Adam seit Monaten gefreut hatte. Er nahm sich das Vorrecht des Erfahreneren und sechzehn Jahre Älteren. Machtlos, im Stillen grollend, beobachtete Adam, wie selbstverständlich der fahrige Terentius Matteo Riccis Erbe übernahm. War er in Seenot gleichberechtigter Navigator gewesen, so degradierte ihn Terentius jetzt, auf sicherem Boden, zu seinem Assistenten. Schlimmer noch, der Superior hatte in Terentius einen Gehilfen gefunden, um den Jüngeren mit väterlicher Strenge und zunehmender Herablassung auf dem Bau herumzukommandieren. Während Terentius mit blassen Fingern das astronomische Laboratorium durchstöberte, schachtete Adam mit eingerissenen Fingernägeln einen Keller aus, wo im Sommer verderbliche Speisen gekühlt werden sollten.

»Demut, Demut ist einer der großen Wege, um unserem Herrn zu gefallen«, ermahnte Longobardo immer, wenn Adam spöttische Bemerkungen über Terentius' reinliche Kleidung machte. In der Beichte, die er ihm regelmäßig abnahm, verschwieg Adam, daß er immer häufiger die Arbeiter alleine ließ, denn diese arbeiteten vorzüglich und brauchten keine Aufsicht. Und für Handlangerdienste war ihm seine Zeit zu schade. Für die Seelsorge hatte sich Longobardo eingeteilt. Seinen inbrünstigen Schulungen konnte niemand entkommen: Die Zahl der Getauften wuchs. Auch die Anfragen der Palastmandarine zu mathematischen Berechnungen häuften sich. So gingen die beiden Alten ganz in ihren Aufgaben auf, derweil Adam die Nähe zum gewöhnlichen Volk suchte.

Auf den Straßenmärkten waren der Umgang und die Sprache ebenso ungeputzt wie die bäuerlichen Spatenhände, der Glaube ebenso vielfältig wie die Gemüsebüschel. Der Umgang mit Wachskürbis, Senfkohl und Enteneiern erforderte nicht den konfuzianischen Anstandsritus. Hier kannte keiner die Angst vor Verfolgung, die vielen Neugetauften in den Gesichtern stand. Nur die kreischenden Schauspieler auf den Straßenbühnen verbargen ihr Gesicht hinter Masken.

Adams Suche nach der chinesischen Seele begann stets mit dem Genuß eines Spießleins zuckerglasierter Kirschäpfelchen.

Dieses Spießlein verspeiste er seit einigen Marktbesuchen nicht mehr allein. Im Schatten eines kleinen Tempels war er auf eine Rotte vergessener Straßenkinder getroffen und teilte weit mehr aus als nur diese Süßigkeit. In Garküchen kaufte er so reichhaltig ein, daß die verlausten, ausgemergelten Menschlein satt zu essen bekamen. Kam ein neues hungriges dazu, wurde ein sattes zur nächsten Garküche einkaufen geschickt. »Eine Seidentapete weniger für uns, ein bißchen Essen für euch mehr«, war sein Reden. Waren die Kinder satt, spazierte er zufrieden an den Auslagen und Warenhaufen der Marktleute entlang, die rotwangig, in das braungraue, schräggeknöpfte Jacke-Hose-Einerlei gewickelt, ihre Bauernwaren anboten. Gerne hockte er sich auf dieses und jenes angebotene Höckerchen, um für Berichte aus Europa mit gedünsteten Gemüsen und undefinierbaren Delikatessen belohnt zu werden. Eines Tages entdeckte er auf dem Weißturmtempel-Markt inmitten von Papierbahnen, die am Boden mit weißen Kieseln beschwert lagen, ein kauerndes Männlein mit hochgeknotetem weißen Haar. Seine spindeldürren Finger hielten einen langstieligen Quast. Regungslos starrte das Männlein zwischen seinen Knien auf ein leeres Stück Papier. Plötzlich ging ein Ruck durch seine Knochen und der nasse Pinsel schnellte vor, verweilte, flog zur Seite und verweilte erneut, um sogleich hüpfend über das leere Blatt zu tanzen – als hielte seine zierliche Hand den Leib einer sich windenden Schlange. Die Pinselhaare hinterließen auf dem faserigen Reispapier Kreise, grau ausgedünnte Spiralen und wäßrige Tropfen, die wie Wolken auseinanderliefen.

Mit anderen Schaulustigen blickte Adam dem kauernden Orakelschreiber gebannt über die Schultern. Eine vor ihm hockende Kundin lauschte errötend den geflüsterten Auslegungen, verschämt eilte sie mit dem Orakelbild davon. Neugierig stellte er sich, die Schlange der Kundschaft um Haupteslänge überragend, zu den Wartenden.

Ein Barbar wollte sich weissagen lassen!

Sofort gab es einen Menschenauflauf. Wispernd ließen ihm die aufschauenden Menschen aus neugieriger Höflichkeit den Vortritt. Noch bevor er auf dem Schemelchen hockte, knäulte sich ein gutes Dutzend schwatzender Neugieriger in seinem Rücken. Für den Bruchteil einer Sekunde glaubte er sich in den aufmerksamen Augen des Orakelschreibers zu verlieren.

»Es wird mir eine unvergeßliche Ehre sein, einem Gast aus einer fremden Welt den Weg zu weisen«, murmelte das Männlein und nickte ihm zu.

Spitze Knie und Einkaufskörbe keilten ihn ein, als das Männlein seine Augen schloß, seinen zierlichen Körper aufrichtete und tief durchatmete. Wieder starrte er reglos auf ein leeres Blatt, um dann seinem springenden Pinsel scheinbar willenlos zu folgen.

Ein Gefühl des Ausgeliefertseins glühte kurz in Adam auf. Unter den gaffenden Augen der Marktleute war er zum Schauobjekt geworden. Die von hinten Nachströmenden mußten mit Beschreibungen der Beobachter in der ersten Reihe vorliebnehmen. Kein Marktbesucher wollte sich den Anblick eines gelbhaarigen Barbaren entgehen lassen.

Bei diesem Kunden schien der Orakelpinsel weit mehr Botschaften zu enthalten. Er hüpfte, glitt und tropfte unter aller Augen und hinterließ die wundersamsten Schriftzeichen. Als das Männlein schließlich sein Werk mit einem lackroten Stempel signierte, versuchte Adam die Pinselspuren zu entziffern. Er konnte gerade mal das Zeichen für Bauch entschlüsseln. Dem Orakelschreiber gefiel diese Hilflosigkeit, er schwieg.

Unter den Umstehenden waren einige des Lesens und Schreibens Kundige, die sich sofort anboten, das Rätsel zu lösen. Viele Finger fuhren über die noch nasse Kalligraphie. Zuletzt gewann ein besonders hartnäckiger Helfer die Schlacht um die Ehre der Interpretation. Dreimal las er das Geschriebene vor:

Wenn der Schuh paßt,
vergißt man den Fuß,
wenn der Gürtel paßt,
vergißt man den Bauch,
wenn das Herz stimmt,
vergißt man Für und Wider
wenn der Lotus blüht
vergißt man den Schlamm

Der Orakelschreiber lachte seinen ungewöhnlichen Kunden achselzuckend an und rollte ihm das Blatt zusammen. Schweigend erhob sich dieser und zahlte mehr als der kleine Mann erhofft hatte. Augenblicklich machte die Menge flüsternd Platz.

Etwas an dem Text hatte Adam tief getroffen. Zuerst wollte er dieses untergründige Gefühl schnell vergessen, doch je länger er über den Sinn der Zeichen nachdachte, desto größer wurde sein Schmerz. »Mich drückt der Schuh, der Gürtel und das Herz. Und außer Schutt und Schlamm habe ich in den letzten Monaten nichts gesehen«, murmelte er im Gehen. Früher als sonst kehrte er vom Markt zurück.

Gerade als er den Orakelspruch neben dem Kruzifixlein an die Wand hängen wollte, klopfte es an seine Kammertür. Er erschrak, als der Superior unaufgefordert eintrat. In seinem Rücken schob sich Terentius hinterher. »Wir müssen mit dir reden.«

»Ja, bitte, was gibt's?« fragte er über die Schulter hinweg.

»Wir wissen von deinen heimlichen Marktbesuchen und Ausflügen. Du unternimmst zuviel auf eigene Faust. Weißt du, was das heißt?«

»Daß mir Land und Leute wichtiger sind als unsinniges Beaufsichtigen und Handlangerdienste.« In aller Ruhe hängte er die Kalligraphie an zwei Nägeln auf. Es war passiert, was er befürchtet hatte. Im Schatten des gelben Imperiums war die römische Hierarchie, die in Goa verschwunden war, zurückgekehrt.

»Du hast gegen das Gehorsamsgelübde verstoßen«, erhitzte sich der Superior.

»Ich habe gegen deine persönlichen Anweisungen verstoßen. Ich bin hier, um als Priester den Hilfsbedürftigen und um als Astronom den Gelehrten zu dienen, nicht um deine Eitelkeit mit Seidentapeten zu befriedigen.«

»Du bist hier, um gehorsam dem Orden zu dienen. Und ich vertrete den Orden.« Longobardo wurde schneidend. »Man hat dich beobachtet, wie du arme Kinder gespeist hast. Dies ist wohlgemerkt ein durchaus gottesfürchtiges Handeln. Du kannst durch öffentliche Wohltat jedoch den Kaiser beschämen. Mir wurde auch zugetragen, daß du dich abfällig über die Lage im Land gegenüber Untertanen des Kaisers geäußert hast. Das waren schwere Fehler...«

»Sieh an, die Spitzel scheinen ja jedem zu dienen.«

»Bruder in Christo, durch dein eigenwilliges Tun hast du unsere Mission und unser Leben gefährdet.«

Adam brauste auf. »Unsere Mission ist am gefährdetsten, wenn wir dieses Land nicht kennen. Ich weiß inzwischen, wie marode es im Reich ist. Ich habe mir unerlaubterweise vom Volk ein Bild gemacht, denn, lieber Longobardo, China besteht nicht nur aus dem Kaiser, den paar verschreckten Christen und undurchschaubaren Gesetzen. Das Volk besteht aus 250 Millionen schlichter, bäuerlicher und hungernder Menschen, die nach Gerechtigkeit schreien.«

»Du bist nicht hier, um eigenmächtig Gerechtigkeit zu üben, sondern zu tun, was der Orden von dir erwartet. Und in diesem Falle sind wir der Orden. Durch dein eigenwilliges Tun hast du gegen ein zentrales Gelübde verstoßen.« Der Superior verfiel in Schweigen. Leise, jede Silbe betonend, sprach er weiter: »Wir kamen überein, daß es dir gegenwärtig noch an Reife mangelt. Zweifellos bist du begabt. Auch dein Glaube scheint fest. Aber dein Gehorsam läßt zu wünschen übrig.« Die Falten im Gesicht des Sizilianers gruben sich noch tiefer. »Deine Weigerung, Terentius zur Hand zu gehen ...« – Terentius wedelte mit einem Bündel unbeendeter Berechnungen – »und meine Anordnungen zu befolgen, brachten uns nach längerem Überlegen zu dem Ergebnis, deinem Antrag auf das große Gelübde nicht zu entsprechen! Um Professe des Ordens zu werden, mußt du versprechen, dem Herrn und der Kirche unter dem Befehl des römischen Papstes, seines Stellvertreters auf Erden, bedingungslos zu dienen. Und an dieser Hingabe fehlt es dir.«

Adam Schall, seit vierzehn Jahren Koadjutor der Gesellschaft Jesu und seit acht Jahren römisch-katholischer Priester, stand wie betäubt vor seinen Mitbrüdern, von denen er niemals so etwas Verständnisloses, Demütigendes erwartet hätte!

Sie waren zusammen gereist, hatten zusammen gelitten und einander alle Herzenstore geöffnet. Ihn packte der Zorn über all die Bekenntnisse zur Nächstenliebe, Brüderlichkeit und Eigenverantwortung.

»Schöpferische Eigenverantwortung, vernunftbestimmter Gehorsam, alles nur billige Lippenbekenntnisse! Handelt wirklich mal einer eigenverantwortlich, schert er auch nur ein Jota aus der Tagesordnung aus, droht ihr ihm gleich mit Strafe«, brüllte er dem Superior und seinem schweigenden Vertreter entgegen. »Und jetzt hört bitte genau zu: ›Alles was Gottvater mit Güte und ohne Zuflucht zum Gehorsam für uns tun kann, tut er, ohne den Gehorsam einzuschalten. Im Gegenteil gefällt es ihm sehr, wenn er erreicht, daß jemand etwas aus eigener Initiative tut und nicht, weil er den Wunsch des Ordensgründers Ignatius verspürt hat. Ferner hat Gottvater es lieber, wenn einer etwas tut, weil er den bloßen Wunsch bemerkt hat, ohne daß ihm ein Befehl dazu gegeben worden wäre.‹ Und das, meine Herren Oberen, ist ein Zitat von Ignatius von Loyola aus dem *Memoriale da Camaras*.« Mit diesem Ausbruch verstummte er. Sein Zorn trieb die beiden Alten aus dem Raum.

»So sind nun mal die Regeln«, murmelte Terentius beim Hinausgehen.

Der ganze angestaute Widerwille gegen die Bevormundung und die Degradierung zum Hilfsarbeiter brach in ihm auf. Dieser Longobardo! Von Mission zu Mission wird er geschoben, weil keiner es mit seinem überkorrekten Arbeitseifer aushält. Mit den aufgeblasenen Backen eines Oberen verhält er sich päpstlicher als der Papst. Und Terentius, von wegen ein Freund! Setzt sich in Riccis Arbeitszimmer wie ins gemachte Bett und hebt keinen Hammer, um diese Ruine zu renovieren. Ganz still setzte sich Adam auf die Bettkante und ließ seine Gedanken wüten.

Am nächsten Morgen erschien er nicht zur Andacht. Der Superior fand ihn beim Setzen des neuen Dachstuhls. »Wir müssen dir etwas mitteilen.«

»Wer ist wir, du und Terentius? Na schön, laß die Versammlung sprechen.«

»Du kennst Pater Robert Dupont, ja? Ihr seid doch zusammen gereist? Er arbeitet in Singan-fu, wird aber eventuell bald nach Hangchow umsiedeln. Somit wird Singan-fu vakant. Ich dachte daran, dich …«

»Traut ihr mir Unreifem, Ungehorsamen das ernsthaft zu? Immerhin würde ich dort als Nachfolger eines berühmten Professen missionieren! Ganz ohne Aufsicht!« Mit heftigen Schlägen trieb er einen Zwölfzöller in den Balken. »Oder ist Singan-fu vielleicht ein Ort, an den man unbequeme Brüder schickt, um sie loszuwerden? Auch Dupont hatte durchaus seinen eigenen Kopf. Aus diesem Grunde wäre ich sogar stolz darauf, sein Nachfolger zu werden!«

»Um so besser, wenn du auch noch Gefallen an dieser Versetzung findest. Wir dachten, daß du an dieser Aufgabe reifen kannst. Die Idee stammt übrigens von Terentius, er meinte, daß du das Zeug dazu hättest, Duponts Nachfolger zu werden.«

Da war er, der Funke Freundschaft, den er von Terentius erhofft hatte. Ein geschickter Streich! Damit hatte er ihm ein unvorhergesehenes Schlupfloch im Labyrinth aus Abenteuerlust und Glaubensgehorsam eröffnet. Und er konnte mit seinem Freund Robert in der gleichen Mission arbeiten.

Am ersten Sonntag im Oktober Anno Domini 1627 feierten die Patres im Gemeindekreis Erntedank und den Abschied von Pater T'ang Jo-wang.

Jedes Mitglied brachte frisches Gemüse, Obst oder Reiskuchen mit, die Petrus Wang auf dem Altar aufschichtete. Der Superior segnete die Gaben. Wie immer bei solchen Anlässen, wurden die geweihten Speisen nach Landessitte unter die Gemeinde verteilt und im Gebetsraum verspeist. Zum Nachtisch sang die Versammlung ein Tedeum und ließ die Lobpreisung mit einem schwatzhaften Beisammensein ausklingen. Als sich alle Besucher verabschiedet hatten, trat der Superior auf seinen reisefertigen Ordensbruder zu und umarmte ihn. »Die Regeln der Gesellschaft Jesu fordern von mir diese Strenge, der Orden wird über deinen weiteren Weg wachen und dich dorthin schicken, wo er dich braucht. Lebe wohl, Adamo. Und richte dich mehr nach den Regeln des Ignatius, weniger nach den Ausnahmen.«

»Schon gut, Longobardo, der Herr führt jeden auf geheimnisvolle Weise auf seinen Weg.« Adam löste sich schroff aus der Umarmung und wandte sich dem weißhaarigen Terentius zu. Der Konstanzer schmunzelte und überreichte ihm mit zitternder Hand ein Theodolitfernrohr und einen handlichen Himmelsglobus. »Wenn du etwas brauchst, kleiner Bruder, schicke ich es dir nach. Aber bitte nicht die Armillarsphäre, die ist vielleicht ein bißchen zu gewichtig.«

Als Adam durch das Mondtor auf die West-Straße hinaustrat, wartete bereits ein Chinese mit zwei Pferden und einem hochbepackten Esel.

Wie der Wind den Ruf des Muezzin auf das Dach der Residenz trug, lachte Adams Herz. Er breitete die Arme aus und blinzelte über die Dächer der prächtigen Handelsstadt. Weit in der Ferne verflossen die endlosen Weiten Westchinas in der glühenden Abendsonne.

»Alláh-uakbar!«

Nach sechswöchigem Ritt war er über lehmig gelbe Hügel nach Ruhe des Westens, in die Stadt Singan-fu gekommen.

»Alláh-uakbar, Gott ist groß«, wiederholte Dupont den Ruf des Muezzins, hob seine Handflächen, als wolle er den Segen Allahs auffangen. »Mohammed, Buddha, Jesus, Konfuzius, Laotse ... alle segnen sie diese Stadt und ihre Menschen. Dort hinten siehst du die Stele der Nestorianer. Willkommen in deiner neuen Heimat.« Sein braunes Haar schimmerte mit einigen muschelweißen Strähnen im Abendwind. Wie ein Feldherr stand er auf dem Dach seines Missionsgebäudes. Keine Spur mehr vom hinfälligen fieberkranken Dupont; die Pranken, die ihn die Treppe wieder in den Missionshof hinunterschoben, schienen Adam kräftiger als damals in Rom. Dupont redete weiter, als er hinter ihm die Stiegen herunterpolterte.

»Diese Kacheln tragen alle Sinnsprüche des Propheten Mohammed, ein chinesischer Kaufmann hat uns dieses Haus überlassen, zur großen Empörung einiger Muftis, die es niemals an uns vermietet hätten. »

»Du hast für die Jesuitenmission das Haus eines Glaubensfeindes ausgewählt? Und auf diesen Kacheln stehen Sprüche aus dem Koran?« Adam stand betroffen vor den prachtvollen, glasierten Friesen, die mit den Arkaden um den Innenhof liefen. »Gehst du da mit deiner Annerkennung anderer Religionen nicht ein bißchen zu weit?«

»Sicher weiter als der Klerus erlaubt, aber mich interessieren die vielfältigen Gesichter Gottes noch immer.« Er lachte sein geheimnisvolles Lachen, das Adam zum ersten Mal vor zwölf Jahren in der Bibliothek des Collegium Romanum erlebt hatte. Erst jetzt sah Adam eine feine Narbe auf Roberts Wange. »Und dir hat jemand nach dem Leben getrachtet, wie ich sehe.«

Robert nickte. »Ein paar Burschen haben mich auf der Reise von Luo-yang hierher in einer Schlucht überfallen. Aber die Bürschlein hatten gegen mich keine Chance. Ungefähr so.« Er griff unter Adams Schulter, ließ ihn über sein vorgestelltes Knie stolpern und wirbelte ihn über seine Hüfte.

Adam klatschte wie ein nasser Sack zu Boden. Verdattert sah er zum lachenden Robert auf. » Das haben wir aber nicht von Hu Li gelernt. Ich kann es kaum glauben. Du warst doch schon fast tot, du Mummelgreis. Bist du nicht einundfünfzig? Wo hast du das her?«

Robert zog Adam hoch. »Komm, wir gehen ins Araberviertel, ich erzähl's dir beim Essen.« Er schmunzelte.

»Derartige Fortschritte kann ich leider nicht vorweisen«, bedauerte Adam und klopfte seinen Rock ab, dann betrachtete er den Superior versonnen. »Ich habe dich fürwahr vermißt!«

»Keine Zeit für Sentiments, sonst sind die Hammelspieße in ›Klein-Mekka‹ weggegessen.« Vergnügt zog Robert seinen Freund durch das Hoftor auf die Straße.

Hand in Hand schlenderten sie in das Getümmel hinein. Plötzlich wurde Adam schmerzhaft an Hals und Kopf von Kichererbsen getroffen. Als er sich umdrehte, rannten ein paar kleine Jungen davon. Robert rief ihnen chinesische Schimpfworte nach. »Daran wirst du dich gewöhnen müssen, nicht alle mögen uns. Wir sitzen hier zwischen Chinesen und Arabern auf einem Pulverfaß.«

Hinter dem Trommelturm der Stadt wurde in Hammelschächtereien und in Werkstätten, über gallertige Süßwaren hinweg, laut gefeilscht, politisiert und getratscht. Die engen Freßgassen waren nur durch Torbögen von den Handwerkergassen getrennt. Immer mehr Holzkohleöfchen qualmten, knoblauchgespickte Hammelspieße rotierten, Sesamkringel dufteten. Aus den Moscheen fluteten weißverhüllte Männer in die Teestuben und an die Speisestände. Nur noch selten tauchten verschleierte Frauen oder ein breitwangiges Chinesengesicht im Treiben auf. Dieser Stadtteil war der östlichste Zipfel des muselmanischen Reiches, ein islamischer Kokon am Ende der Seidenstraße.

»Mein Lieblingsladen! Da vorne, neben den bunten Lampions. Er heißt ›Klein-Mekka‹. Sie haben das beste Hammelfleisch der Welt.« Robert kannte sich aus. Zielstrebig durchquerte er den vollen Schankraum bis zu einem Glasperlenvorhang. »Dort winkte sie der Wirt mit rudernden Armen in das Speisezimmer für bevorzugte Gäste weiter und rief ihnen die Speisefolge des wieder ganz exquisiten Tagesmenüs nach. Robert wurde begrüßt wie ein guter Freund.

Im besseren Gästezimmer aßen auf Diwankissen hockende Männer an niedrigen Tischen. Meeresstrände, weiße würfelförmige Häuschen, Ansichten von Mekka und anderen Moscheen, die ein heimwehkranker Maler an die Wände gepinselt hatte, nährten die Sehnsucht der Karawanentreiber. Alle unterhielten sich flüsternd. Robert wählte einen Platz an einem der geschnitzten Bogenfenster, durch die ein frisches Lüftchen blies und von wo sich ein Ausblick auf das Gassenleben bot.

»Hier treffen sich die Helden der Seidenstraße. Setz dich!« Er nickte nach rechts und links. »*As-salam alei-kum*«, grüßte er. »Frieden über Euch.«

»*Alei-kum as-salam!*« Die bärtigen Männer, die diese Worte der Begrüßung zurückgaben, meinten es von Herzen. Die gefährlichen Reisen bis an diesen Ort führten zu Freundschaften zwischen den Ortsfremden, die alle religiösen Vorbehalte überwanden. Arabische Knebelbärte, Krausbärte, Pinselbärte und Rauschebärte, Besenbärte und sonstige Gesichtsfrisuren umgaben die Jesuiten. Nur chinesische Fadenbärte suchte Adam vergebens. Auf den Köpfen nickten Turbane, Fese, Kafiyyas, Stickkäppchen oder aufgestapelte Tücher. Man kleidete sich wie in Indien in ein schlichtes Hemd-Hose-Komplet. In eleganter Haltung lagerten die Plaudernden auf den Kissen, tranken Minzetee und sogen Hanfschmauch aus gurgelnden Wasserpfeifen. Der Rauch machte die Luft weich und schwer.

Geschwind trat ein dunkellockiger Knirps an ihren Tisch. Als zöge er den dampfenden Tee aus den Trinkgläsern in die Höhe, hob er beim Einschenken die Teekanne in einem hohen Bogen in die Luft und setzte, ohne einen Tropfen zu verschütten, den goldenen Strahl im richtigen Moment ab.

Adam staunte.

Stolz forderte das fröhliche Kerlchen den Fremden auf, ihm zuzusehen, wie er am Nachbartisch ebenso bravourös Tee nachschenkte.

Robert schob Adam das wackelige Tischgestell mit der Kupferplatte vor die Brust. »Noch einmal, willkommen in Singanfu!« sagte er und nippte am heißen Teeglas. »Du bist also mein neuer Mitbruder!«

»Eigentlich haben sie mich in die Verbannung geschickt.« Adam sah sich um. »Zum Kreuzzug ins arabische China. Zu den Muselmanen.«

Über diesem und jenem Scherz wurden vom kleinen Diener Hammelfleisch in Bocksklee-Soße mit Hirserand, Kichererbsen, grüne Bohnen, Rosinen und Pistazien – alles auf gepunzten Messingschalen – herbeigeschleppt. Kein Besteck, sondern weiches Fladenbrot, noch heiß, zum Auftunken aufgerissen, ersetzte die Eßstäbchen. Knoblauch und Chili füllten in unbegrenzter Menge die aromatische Leere, die der Hirse zu eigen ist.

Adam kostete und fragte mit vollem Mund: »Es stimmt doch, daß du seit zwei Jahren Superior von Singan-fu bist?« Robert lachte. »Wir haben dich nämlich alle für tot gehalten. Du warst einfach weg, verloren. Gott sei Dank bist du lebendiger als je zuvor. Erzähl, wo warst du?«

Robert grinste. »Du bist der einzige Mensch, der das Geheimnis des berühmten Gelehrten Robert Dupont kennenlernen soll. Nachdem ich Macao verlassen hatte, schloß ich mich dem christlichen Untergrund in Südchina an. Ich lebte bei Bauern. Als ich mitbekam, daß wir uns wieder frei bewegen konnten, habe ich mir einen Herzenswunsch erfüllt. Ich wollte immer das Klosterleben einer anderen Religion kennenlernen. So bin ich in einen Bonzentempel eingetreten und habe Zuflucht genommen. Anders geht es ja nicht. Den christlichen Chinesen habe ich erzählt, daß ich es als Kundschafter im Auftrag unseres Ordens tue … falls etwas bis zu euch durchsickern sollte.«

»Und jetzt?« Adam hatte vergessen zu kauen.

»Jetzt sehe ich die Welt mit anderen Augen.«

»Bist du womöglich ein Buddha-Schüler geworden?«

»Sagen wir so, ich bin eine Weile der Lehre Buddhas gefolgt. Und die Shao-lin-Mönche haben mich *Wu-i* gelehrt.« Wie beiläufig strich er sich über die Narbe.

»Robert, du bist ja noch dreister, als ich dachte.« Adam saß kopfschüttelnd vor seinem alten Freund. Er konnte es noch immer kaum fassen, daß dieser so kraftvoll vor ihm saß und solche Dinge tat.

»Ich habe es zwischen den Zeilen immer gesagt. Meine Arbeit besteht hauptsächlich darin, Andersgläubigen in die Religionssuppe zu gucken. An die Speisen der anderen Religionen, wie der Chinese so schön sagt, kann man sich gewöhnen wie an diese kleinen Teufelsdinger.« Er zog eine flammendrote, fingergroße Schote durch die Zähne. »Wenn man die hiesigen Gewürze kennt, wird einem die päpstliche Tomatentunke fade.«

»Und was ißt du jetzt? Ich meine, du kannst doch nicht mit deiner Seele Theater spielen, immerhin bist du Professe und einer der angesehensten jesuitischen Gelehrten Roms!«

»Tja, mein Lieber, vielleicht bin ich vom heiligen römischen Priester zum Topfgucker geworden. Es macht mir Spaß, Gott in allen Religionen zu suchen. Dadurch bin ich natürlich für alle Dogmatiker und Päpstlichen ein Ketzer.« Er setzte sich zurück und betrachtete Adam. »Daß sie dich rausgeschmissen haben, hat ja wohl auch seinen Grund.«

»Rausgeschmissen nennst du es! Longobardo nannte es eine erzieherische Maßnahme im Geiste Christi. Longobardo hat mich zum Hausfaktotum degradiert. Seitdem er Superior ist, habe ich seine ehrgeizigen Baupläne berechnet und Sandsäcke geschleppt. Die gesamte geistliche Arbeit hat er sich unter den

Nagel gerissen. Er tauft auf Teufel komm raus, was ihm unter die Finger kommt. Und Terentius maßt sich an, in Riccis Archiv herumzupfuschen. So können sie großartige Erfolge nach Hangchow melden. Mir ließen sie keinen Jota Ruhm übrig.«

»Oho, Adam, das Patriziersöhnchen ist beleidigt!«

»Vielleicht hast du da recht, aber hör weiter. Ich war nicht mehr bereit, meine Zeit mit überflüssigen Dingen zu verbringen, ich habe mir lieber die Versorgung einer hungernden Horde Straßenkinder zur Aufgabe gemacht ... und das war für sie noch ein Verstoß gegen den Gehorsam. Longobardo hat mir daraufhin das Profeßgelübde verweigert.«

Robert lachte schallend. »Noch einer, der erst durch die Schikane eines Oberen auf die Fragwürdigkeit der Gehorsamsgelübde stößt. Einem Superior mußt du gehorchen, mag er noch so ein Idiot sein.«

»Aber Robert, du stellst die Grundfesten unseres Ordens in Frage.«

»Red nicht drum rum, auch dir gehen allmählich die Augen auf«, fuhr Robert ihn an. »Nachdem ich aus dem Shao-lin-Kloster ins Jesuitendasein zurückgekehrt bin, wurden mir viele Unsinnigkeiten des christlichen Glaubens bewußt. Von sich behauptet er, den einzig wahren Gott gepachtet zu haben. Wie die katholische Kirche gibt unser Orden vor, die Streitmacht Gottes auf Erden zu sein. Ich habe mich in der langen Zeit im Tempel gefragt, gegen wen denn nun diese Streitmacht aufgestellt wird. Natürlich gegen Luzifer, wirst auch du sagen. Aber wer sagt der Jesuitenkompanie nun, wo der Feind Luzifer steht? Der Ordensgeneral? Der Papst? Oder irgend ein König oder Kaiser? Ich erinnere mich dumpf, daß wir auszogen, das Heil in die Welt zu bringen und das Böse zu schlagen. Deshalb sind wir nach Asien gezogen, um den Götzenanbetern und ihren Bonzen den Luzifer aus den Tempeln zu treiben. Ich konnte aber im Tempel feststellen, daß er ebenso ein Ort der Unschuld ist, wie jedes Kapellchen der Muttergottes, und daß die Heiligen hier genauso erleuchtet sind wie in Rom. Also ist diese ganze Armee überflüssig, sie dient nur der Befriedigung der Ichsucht. Das erlebst du gerade mit Longobardo. Getarnt unter schlichten Soutanen findet ein ekliges Machtspiel statt. Nachdem ich dies erkannt hatte, habe ich zutiefst Buße vor den Herzen der Andersgläubigen getan.«

Betroffen von den scharfzüngigen Worten hielt Adam mit dem Essen inne. »Meintest du das damals in der Bibliothek, als du sagtest, daß die Welt einen anderen Menschen aus einem macht?«

»Wenn du der Stimme Gottes in dir folgst, wirst du dich verändern. Dadurch wird es nicht leichter. Natürlich hat mich einer verpfiffen. Am schwierigsten wurde es in Hangchow. Aus internen Besprechungen wurde ich ausgeschlossen, man spionierte mir hinterher, meine Briefe wurden abgefangen, anonym wurde mir gedroht, sollte ich Interna verraten. Wichtige Dokumente aus Rom wurden mir vorenthalten. Wenn ich mich kritisch äußerte, wurde mir mit Rauswurf gedroht ... und, und, und ... Ich wurde eine Gefahr für die Pfründehäscher.«

Als Roberts Angriffe immer böser wurden, wunderte sich Adam, was er bis zu Longobardos Amtsantritt alles hingenommen hatte.

»Mitläufer!« Robert sah ihn plötzlich abfällig an. »Ja, du bist ein Mitläufer. Nicht die Suche nach Gott treibt dich um, sondern die Vergünstigungen im Orden für studierte Männer. Immer vornehm, immer sauber, immer zurückhaltend.«

Betroffen knetete Adam kleine Brotkügelchen und reihte sie nachdenklich vor sich auf. Er wagte kaum noch zu atmen, während Robert fortfuhr: »Es war sehr klug von dem Sizilianer, dich hierher zu schicken. Die Ordenstreue brachte auch dich in Gefahr, dickhirnig zu werden. Unsere Gottesliebe geht soweit, daß wir uns vor der unschönen Wahrheit des Ordensalltages verschließen. Bis der Herr uns dann einen Longobardo vor die Nase setzt. Nichts von dem, was in dir jetzt vorgeht, ist mir fremd.« Er drückte Adams Hand, der dem Schwall Worte entgeistert folgte. »Ich leite Singan-fu eher wie der Portugiese Rodriguez, an dessen Ungehorsam Ignatius fast verzweifelt ist. Die Brüder, die erwarten, daß ich ihnen das Denken mit ein paar Befehlen abnehme, sind schnell aus meiner Obhut geflohen.« Er blickte Adam über den Rand seines Teeglases prüfend an. »Das heißt, daß ich als dein Superior von dir erwarte, daß du eigenständige Entscheidungen triffst.«

»Du traust mir zu, daß ich in meinem Innern die Befehle Gottes von eigennützigem Handeln unterscheiden kann?« Adam verschluckte sich fast.

»Du mußt dich wie ich entscheiden, wo du hingehörst ... zur Rotte der geistlosen Heuchler oder zu den Mutigen, die nicht vor einem Oberen, sondern nur vor Gott im Herzen Rechenschaft ablegen.«

»Ich soll hier nachreifen, weil mir die nötige pastorale Reife fehlt. Ich soll vielleicht deine Arbeit übernehmen. Mein Gott, und du stellst den ganzen Orden in Frage!« Fahrig schoben seine Finger das würzige Potpourri in die Höhlung eines Fladens.

»Versteh mich nicht falsch. Nicht an Gott oder meinem Charakter bin ich verzweifelt, ich habe meinen Gott fürwahr in allen Dingen gefunden. So zornig wie du mich jetzt hörst, bin ich erst, seit dienstbeflissene Brüder meine Residenz inspiziert haben. Wäre Europa nicht so weit, würde ich glatt behaupten, die Inquisition hat bei mir Visite gemacht. Wie schwarze Krähen hocken jetzt die Brüder in Hangchow über meinem Sündenregister und zerren an meinem Herzen.«

Roberts ehrlicher Zorn öffnete Adams Geist, der von der Enge Pekings jahrelang umklammert worden war. Die wiedergewonnene Freiheit weitete sein Herz. Er beugte sich tief über seinen Teller und schluckte mit den Bohnen seine Erleichterungstränen hinunter; er war nicht alleine mit seinen Schwierigkeiten mit dem Orden. Schweigend aßen sie eine Weile.

Als er seine Fassung wiedergewonnen hatte, wechselte er das Thema. »Aber mal abgesehen vom Essen und dem Konflikt mit den heiligen Brüdern bin ich auch noch hier, um Erkundigungen einzuziehen. Ich soll Erkundigungen über den Landweg von Europa nach China einholen.«

»So so!« Robert lachte. »Na gut, lassen wir das andere für später. Auch da verbindet uns etwas – neue Wege finden! Mein Reden! Der Seeweg fordert zu viele Opfer.« Er bestellte sich noch ein Tellerchen voll pastellfarbener, glibberiger Gaumenschmeichler mit Mandelsplittern. Während er aß, begründete er sein Vorhaben: »Vor den Niederländern ist inzwischen kein portugiesisches Schiff mehr sicher. Durch unsere Himmelsvermessungen in Goa, die man in Macao mit den Seekarten verglichen hat, ist man auf Widersprüche gestoßen.

Mir ist es ja heute noch ein Rätsel, wie ich es geschafft habe, damals in sechs Monaten von Goa nach Mossul zu kommen, obwohl es laut Karte mindestens ein Jahr hätte dauern müssen. So ist das Leben …«

»*Alláh-uakbar!*« Vom Minarett hob sich der Ruf und kreiste wie auf Schwingen über der Stadt.

Die Jesuiten lauschten.

»Und es ist noch größer als das!« Robert hatte seinen Kopf gehoben und lauschte hinaus. Eine tiefe Einsamkeit entströmte ihm und trieb Adam die Stille in die Brust. Robert lächelte versonnen. »Es wird dich führen. Und mache dir nichts daraus, wenn du eines Tages keinen Namen mehr dafür findest …«

Wie unerreichbar weit ihm Robert auf dem Weg vorausgegangen war! Glühenden Herzens tunkte er den letzten Rest Bohnensauce auf. Spät in der Nacht verließen sie *Klein-Mekka* und eilten durch regenschweren Wind. Die Rindshuf-Gasse lag im Dunkeln, als Robert die Pforte zur Residenz aufschloß.

Die Pappeln verfärbten sich golden und die Herbstwinde bliesen gelben Staub über die Dächer, die Freunde reisten in die Westberge. Ein stilles Tal wurde ihr Ort der *meditación*, hier kamen sie sich so nah wie nie zuvor. Die schöne Zeit hielt an, bis aus Hangchow ein versiegeltes Schreiben mit Roberts Abberufung eintraf und den Freund jäh aus Adams Leben riß.

Im Februar, drei Monate nach Roberts Abberufung aus Singan-fu, feierte die kleine Gemeinde im Konversationsraum den Beginn des neuen Mondjahres. Während der Messe schob ein Gemeindemitglied Adam ein Zettelchen auf das Betpult. So erreichte ihn die Nachricht, daß sein bester Freund tot, mit seinem Zingulum um den Hals, aufgefunden worden sei. Das Brevier glitt ihm aus der Hand, wortlos stürmte er ins Freie. Unter dem kalten Himmel ging er auf und ab, bis sich aus der Betäubung die ersten Tränen bildeten und er schluchzend seinem Leid freien Lauf ließ.

Als der erste Schmerz abgeklungen war, kehrte er in die Gemeinde zurück. »Wie ich soeben erfuhr, hat euer Taufvater, mein Gefährte, vor wenigen Wochen die irdische Welt verlassen.« Die Chinesen schluchzten und wehklagten, fragten nach Krankheit oder Unfall.

»Seine Zeit war gekommen«, sprach er leise. Daß Robert selbst sein Leben beendet hatte, behielt er für sich. »Lasset uns beten.« Er kniete nieder und flehte um Erbarmen für den Toten.

Erst das Klacken des Türschlosses holte ihn aus der Versenkung. Er war allein. Die Gläubigen hatten sich leise auf den Heimweg gemacht. Einsam stand er im rußgeschwärzten Raum vor dem verlassenen Frühlingsbankett und begann trauernd das Jahr des Drachens.

Er ließ alles stehen und liegen und trat auf die Rindshuf-Gasse hinaus. Frostige Kälte schlug ihm ins Gesicht, er zog den fellgefütterten *Ch'ang-p'ao* enger um die Schultern.

In diesen kalten Tagen trafen die großen Karawanen von der Seidenstraße ein. Kinder fegten aufgeregt durch die Gassen und bald wußten alle, daß sich wieder eine reichbeladene Karawane unter den kahlen Kronen der Platanenallee in die Stadt wiegte. Hunderte zotteliger Kamele pflügten in majestätischem Gleichmut hinter ihren bimmelnden Leittieren her, vermummte Männer eskortierten die schwankenden Warenballen und manche schossen mit selbstgebastelten Feuerwaffen Salutschüsse in den Himmel. Singan-fu feierte den Einzug der Reichtümer. Blitzschnell verwandelten chinesische Handwerker ihre Ladenlokale in Nachtquartiere und Garküchen.

Warum hat er sich umgebracht? Hat ihn sein selbstgefundener Gott doch im Stich gelassen? Adam lief besessen von Fragen unter den Atemfahnen der Kamele her. »Mitläufer!« Roberts Bezeichnung fuhr ihm durch den Kopf. Bin ich womöglich seinen Ideen genauso blind gefolgt wie dem Orden? Bin ich genauso mitgelaufen wie so ein Kamel in der Karawane? Ist es jetzt

Gott, der mich dazu bringt, den spitzen Torbogen dieser Karawanserei zu durchschreiten, oder meine Mitläuferei? Wo ist mein eigener Weg, Gottvater, zeige mir den Weg, den du für mich vorgesehen hast, flehte er.

Scharfer Dunggeruch stand im Innenhof. Er drückte sich durch den Tumult saufender Tiere und säckeschleppender Männer und kam zu einem Lagerraum unter den Arkaden, die mit buntgekachelten Bögen den Hof begrenzten.

»*Alláh-uakbar! Alláh-uakbar!*«

Die Geschäftigkeit ringsum brach augenblicklich ab. Jeder holte einen kleinen Teppich hervor, den er gen Mekka ausbreitete. Die Männer knieten nieder, schauten in ihre Handflächen, strichen mit den Händen über Stirn und Ohren und berührten mit der Stirn den Teppich. Wie ein Mann erhoben sie sich und wiederholten das Ritual zwei weitere Male.

»*Alláh-uakbar!*« Die Inbrunst, die von den Betenden ausging, berührte den Jesuiten tief. Robert hatte Gott so geliebt. Trotzdem hatte er sich erhängt. Warum? Man hatte ihn tot aufgefunden, mit seinem Zingulum um den Hals. Aber er hatte doch nie ein Zingulum getragen?

Die kleinen Teppiche verschwanden und das Entladen der Kamele ging weiter. Pausenlos kamen Karawanen in den weiten Hof. Männer fielen sich freudig in die Arme, während die Kamele ihre schmalen Köpfe in den Nacken legten und heisere Rufe der Willkommensfreude ausstießen. Kreischende Spatzenschwärme stürzten sich vom eisigen Winterhimmel in den warmen Festtagsdung.

»Im Namen Allahs!« Ein Paar Augen mit dichtem Wimpernkranz holte Adam aus seiner Suche nach einer Antwort. »Tritt näher, feier mit uns, meine Karawane kam wohlbehalten an, Allah sei Dank!« Ein sehniger Mann in braunem, gefüttertem Kaftan war neben ihn getreten. In holperigem Chinesisch sagte er freudig: »Nur drei Tiere haben wir verloren, so wenig wie noch nie.«

»Sind das alles deine?« Adam zeigte abwesend auf Hunderte kauender Wüstenschiffe, die sich zum Fressen im Stroh niedergelassen hatten.

»Von meinen Brüdern und mir. Wir haben nicht nur viele, wir haben die besten unter dem Himmel. Diese Tiere sind klüger als wir, denn ohne sie wären wir in der Wüste verloren. Je klüger die Kamele, desto sicherer die Reise«, schwärmte er. »Meine sind die Blauen. Sei mein Gast, nimm Platz.« Er bugsierte Adam zu einem Warenberg. »Bin gleich zurück.«

Wenn er mit den »Blauen« die blauen Troddeln zwischen den Ohren gemeint hat, dann sind es fast alles seine, dachte Adam und setzte sich auf drei übereinandergetürmte Kamelsättel.

Die Brüder und Vettern entluden die Tiere und warfen Bündel mit lauten Rufen in den Lagerraum. Diese Männer waren die strahlenden Helden der Seidenstraße, wie Robert sie nannte, die unter Allahs Schutz eine gewaltige Reise durchgestanden hatten. Aus funkelnden Augen sprühte ihm ein Vergnügen entgegen, wie er es von keinem Chinesen kannte. Wortlos bezog ihn ihr Lachen in die Freude mit ein. Und als einige zwischen Teekannen und Salzsäcken einen Reihentanz begannen, wurde seine Trauer in einen Hauch Lebensfreude eingebettet.

»Ich stamme aus Aleppo. Mein Name ist Ali Sulaiman, ältester von acht Brüdern.« Der Herr der Kamele war mit frischem Tee für seine Leute zurückgekehrt. Über einer Feuerstelle kochte ein großer Topf Bohnensuppe. Zufrieden setzte er sich mit untergeschlagenen Beinen zwischen seinen Reichtümern nieder. Er löste den Brokatgürtel, an dem in kostbarer Silberscheide ein Krummdolch hing, und legte ihn zwischen seine Füße.

»Ist dieses Aleppo weit weg?«

Der Wüstensohn lachte, die Zähne blitzten. »Lange, ja, sehr lange haben wir hierher gebraucht. Viele Königreiche haben wir durchquert. Acht Monate waren wir unterwegs.«

»Acht Monate?«

»Syrien ist weit. O, so weit. Aleppo ist die Stadt unserer Familien. Wir bringen persische Teppiche und armenisches Salz, in den Fässern Salmiakstein. Es ist kaum wert, bewacht zu werden.« Er rüttelte an den Schlössern einer Truhe. »Aber meine Türkise, Jaspisse, Opale und türkischen Waffen locken Straßenräuber an. An der Großen Mauer hatten wir einigen Ärger. Aber meine

Thuma fürchtet sich vor niemandem. Und woher kommst du? Aus Europa, wie ich sehe.«

»Ja, ich bin deutscher Priester, ich bin der letzte der hiesigen Mission.«

Noch mehr Männer waren hinzugekommen und tanzten Arme um Schultern zu einem geklatschten Rhythmus. Traurig löffelte Adam die Bohnensuppe und beobachtete die ausgelassenen Tänzer. Je fröhlicher sie sprangen, desto stiller wurde er. Es mußten Stunden vergangen sein. Man hatte ihm Tee gereicht und Salznüsse serviert. Aber er schaute nur stumm zu.

»Wie groß ist dein Kummer, wie schwer muß dein Herz sein, daß dir beim Anblick meiner tanzenden Freunde der Tau der Trauer aus den Augen fällt?«

Ertappt strich sich Adam über die Wange. Er hatte nicht bemerkt, daß seine Augen weinten. »Ein Mitbruder, ein geliebter Freund ist tot. Ich habe es gerade erst erfahren.«

Ali Sulaimans goldschwarze Augen weiteten sich in Trauer und sein lächelndes Gesicht erwärmte Adam mit Freundlichkeit. Als hätte er lange auf diesen Tag gewartet, durchwühlte er eine Satteltasche. »Wem ein Freund stirbt, der soll von einem Freund getröstet werden.« Aus einer winzigen Schatulle holte er einen blaurot funkelnden Ring hervor. »Dies ist ein heiliger Stein. Mein Bruder gab ihn mir zum Trost, als er starb. Behalte ihn, bis dein Herz wieder lacht, dann gib ihn einem weiter, der Trost braucht. Der Ring möge deinem Seelenfrieden dienen und dich in meinem Freundeskreis willkommen heißen.« Er breitete seine Arme über die Feiernden aus. »Sieh, ich habe soviel Grund, von Herzen zu lachen.«

Höflich steckte Adam den goldgefaßten Stein an. »Ein Saphir, nicht wahr? Er paßt wie angemessen.«

»Das Zeichen, daß mein Bruder dich gemeint hat.«

Der Jesuit dreht die Hand, spreizte die Finger und ließ das Feuer aus dem Edelstein sprühen, bevor er ihn dem Kaufmann zurückgab. »Er ist wunderschön. Ich darf so etwas aber nicht besitzen. Ich habe ein Armutsgelübde abgelegt.«

»Du beschämst mich, wenn du mein Geschenk ablehnst. Es ist mir eine Verpflichtung und große Freude, diesen Trost einem

Trauernden weiterzureichen.« Ali griff nach Adams Finger und schob den Ring wieder darüber. »Keine Widerrede! Wir Muslime müssen den Armen spenden. Bitte behalte ihn, du dienst damit einem Sohn Allahs.«

»Danke!« Um dem Seelenheil Ali Sulaimans nicht im Wege zu stehen, duldete Adam das Prachtstück an seinem Finger. Plötzlich mußte er lachen. Robert hätte es auch getan. Dieses Geschenk kam eindeutig von Herzen. Scheinbar will Gott tatsächlich, daß wir manchmal Dinge tun, die Ordensregeln widersprechen.

Die Geste des Trostes sollte sich als Beginn einer freudvollen Arbeit in Singan-fu erweisen.

Die ansässige Bevölkerung begegnete den Christen mit Mißtrauen. Und nur die Menschen, die nicht zu Allah beteten, überwanden die Scheu vor den Jesuiten. In der Rindshuf-Gasse gaben sich bald Neuchristen, Bittsteller und Bedürftige die Klinke in die Hand. Der neue junge und kräftige Priester mit flachsfarbenem Haar lockte sogar die Neugierigen aus der dörflichen Umgebung an. In der ganzen Gegend wurde Adam zu einer Sehenswürdigkeit. »Vergiß unter diesen Umständen nie, daß du nur der Köder bist. Fischen tut der da oben«, hatte ihm Robert noch zugerufen, bevor er abgereist war. Dieser Rat ging Adam durch den Kopf, als er stapelweise Ehrerbietungsgeschenke um die Statue der Muttergottes im Hauskapellchen aufschichtete.

Die Luft roch nach frischer Erde, die Frühlingssonne wärmte, er begann sich auf seinem Posten heimisch zu fühlen. Zu seinem sechsunddreißigsten Geburtstag bekam er einen neuen Superior zugeteilt.

Alvaró de Semedo hatte schon länger in China gedient, kannte die Landessprache und fand sofort Zugang zur örtlichen Gemeinde. Auch in Adams Herz fand der flinke Portugiese mit den blanken Äuglein sofort seinen Platz. Die beiden Jesuiten verstanden sich. Fern von Rom und fern der anderen Niederlassungen entwickelte sich die Mission im staubigsten Winkel des Kaiserreiches unter ihren brüderlichen Schwingen prächtig. Als

Adam eines Abends beim Tee von der Verweigerung der Profeßgelübde erzählte, deutelte Alvaró de Semedo nicht lange herum. »Wenn du überzeugt bist, Gott dienen zu wollen, dann lege die Profeß doch vor mir ab. Als dein Oberer kann ich sie im Auftrag des Ordensgenerals entgegennehmen.«

»Um Gottes irdischem Stellvertreter, dem Papst und seiner Kirche, Zeit meines Lebens in Gehorsam zu dienen, was heißt, daß der Heilige Vater von mir jede Art von apostolischer Sendung verlangen kann, und ich bedingungslos den Oberen gehorchen muß. Steht es nicht so in der *Formula Instituti* des Ordens, die für alle Zeit und alle Orte gilt?«

»Auf dem Papier ja. Erfahrungsgemäß dauern Briefe von hier nach Rom aber so zwischen zwei bis drei Jahre, der Antwortbrief ergäbe zusätzlich drei Jahre und die Zeit zur Urteilsfindung über deine Befähigungen kann man auch noch einmal mit einem halben Jahr aufrechnen, wenn die Briefe überhaupt ankommen. Das heißt, der Papst ist ausgesprochen fern. Dein Gehorsamsgelübde betrifft also in erster Linie die Oberen in den chinesischen Ordenshäusern. Und der beste Schutz gegen Mißverständnisse mit Oberen ist, selber die Profeß zu nehmen. Die Oberen in Hangchow und Macao sind aber so mit sich beschäftigt, daß sie dich weitgehend in Ruhe lassen. Es sei denn, du wirst plötzlich zu einem religiösen Freidenker im Jesuitenrock. Sowas kann der Orden natürlich nicht zulassen. Meinem Vorgänger, Robert Dupont, wurden alle Befugnisse, Sakramente zu spenden, entzogen. Er drohte eine Gefahr für den Orden zu werden.«

»Aha!« Adam schwieg.

»Laß dir ein paar Tage Bedenkzeit. Aber eigentlich hast du keine Alternative.« Er hat recht, dachte Adam, was soll ich anderes tun? Mich als Übersetzer in Goa oder Macao bei einem portuguiesischen Kaufmann verdingen? Koadjutor bleiben? Nach Europa zurückkehren? Meine Erlebnisse aufschreiben? Und was dann? Wenn ich ein Professe bin, kann ich irgendwann meine eigene Mission führen, Riccis Nachfolge antreten und für die Chinesen haben hohe Ränge eine besonders respekteinflößende Bedeutung. Ich will Gottes Ruf folgen – aber auf meine

Weise! Und du, mein lieber Robert, mußt wissen, ich werde die Vergünstigungen im Orden für hochstudierte Männer nutzen. Dabei kann mir der Rang eines Professen nur dienlich sein.

So kam es, daß Adam zum zweiten Mal die Gelübde der Armut, der Keuschheit, des Gehorsams und zum ersten Mal das vierte, das Gehorsamsgelübde gegenüber dem Papst, in tiefer Freundschaft vor Semedo ablegte. Dies geschah am 31. Juli Anno Domini 1628. Zur Profeßfeier luden sie die gesamte fünfzigköpfige Gemeinde ein.

Für das laufende Jahr übernahm Semedo die Betreuung der Seelen. Dafür konnte sich Adam für vier Wochen zu den Exerzitien in seine Kammer zurückziehen. Später, als sie zu zweit die kleine Gemeinde betreuten, bekam er die nötige Zeit, sich seinem Auftrag, der Erkundung des Landweges nach Westen, nach Samarkand und nach Buchara zu widmen. Und wer konnte da ein besserer Ratgeber sein als Ali Sulaiman.

Im Basar stellte ihn der arabische Kaufmann als seinen Freund vor und so traf der Jesuit die wildesten und verwegensten Kaufleute der Wüsten des schwarzen und roten Sandes. In Duft von Moschusöl gehüllt, hockten sie in den Kaffeehäusern und übertrafen sich in Erzählungen über ihre Pilgerreisen nach Mekka, mörderische Sandstürme und die Wunder der Oasen. Die flirrende Hitze der endlosen Steppen und das Überschreiten der verschneiten Pässe des Pamir wurden ebenso ausgeschmückt wie die Unterschiede zwischen muslimischen und chinesischen Weibern. War Ali Sulaiman abwesend, was Monate dauern konnte, saß der Jesuit mit schwatzenden, ihre kurze Gebetskette schleudernden Muslimen beisammen und schlürfte seine neueste Leidenschaft, *Kahwa*.

»Kaffee läßt dein Blut wallen und deinen Geist aufflammen, er ist wie der Islam«, lockten sie ihn spöttelnd. Sie meinten, er solle doch endlich den Glauben an den Propheten Jesus überwinden und dem Islam beitreten. Er bräuchte doch nur die fünf Pflichten zu erfüllen: Das Gebet gen Mekka und die Pilgerfahrt dorthin, das Fasten im neunten Monat, die Armensteuer und den heiligen Krieg.

Adam erklärte wieder und wieder, daß er nichts gegen das Beten, das Verreisen, das Fasten und die Armenspende einzuwenden hätte. Aber mit dem heiligen Krieg hätten ja schon die Kreuzritter mehr Schaden angerichtet, als im Namen Gottes wünschenswert sei. Er hielte sich lieber an das christliche Gebot des Lebenlassens.

Von jedem Kaffeehausbesuch brachte er neue, gekritzelte Wegbeschreibungen mit. Langsam fügte sich das Bild der großen Überlandrouten auf seinen Skizzen zusammen. Die Reiter durch die Sandmeere orientierten sich wie die Seefahrer an den strahlenden Punkten am Firmament.

Über Monate stellte er astronomische Berechnungen an, überprüfte diese in Kaffeehausgesprächen, verwarf sie wieder, berechnete neu und kam endlich zu brauchbaren Ergebnissen. Im Frühsommer 1630 wurde ihm ein versiegeltes Schreiben überbracht. Der Provinzial in Hangchow wünschte seine baldige Umsiedlung nach Peking, denn Bruder Terentius sei gestorben. Somit fehle ein der Astronomie Kundiger in der Pekinger Mission.

Der Abschied von Semedo und den wilden Söhnen der Seidenstraße fiel Adam schwer. Doch die Aussicht, endlich die Arbeit Matteo Riccis fortsetzen zu können, erfüllte ihn mit großen Erwartungen.

Als er die Stadt verließ, war Ali Sulaiman auf einem seiner schaukelnden Wüstenschiffe zwischen Damaskus und Singan-fu unterwegs. Zum Abschied ließ ihm Adam seine letzte Kartenskizze mit den neuesten Erkenntnissen in die Karawanserei schicken.

Adam nutzte die Gunst der Stunde. Mal auf dem Rücken eines Pferdes reitend, mal zwischen den Höckern eines Kamels gewiegt, dann wieder auf eigenen Füßen, reiste er mit einer zweihundertfünfzigköpfigen Gesandtschaft nach Peking zurück. Wie alle fünf Jahre überbrachten die Gesandten der Könige des Westens dem Kaiser von China ihren Tribut in Edelsteinen, Pferden, Kamelen und Waffen. Als Beweis ihrer Demut trugen die Karawanenreisenden aus Damaskus, Mekka, Samarkand, Buchara und Hami chinesische Gewänder.

Ein Dominikaner hatte sich ebenfalls dem Troß angeschlos-

sen. In einem offenen Sänftensessel ließ er sich zwischen zwei
Pferden transportieren. Geschickt hatte man ihm ein Dach aus
zwei Kreuzbannern gebaut, das ihn vor Sonne und Regen
schützte. Hinter dem sichtversperrenden Pferdehintern und vor
dem schnaubenden Maul des rückwärtigen Tieres schaukelte
der katholische Priester wortkarg in seinem Polstersitz. Meist las
er oder döste. Im Gegensatz zu seinem jesuitischen Kollegen
nahm er an den abendlichen Kamel- und Pferderennen nicht
teil. Sechs Wochen lang schluckte er Staub, Fliegen und derbes
Mannestreiben, ohne mit der Wimper zu zucken. Auf der
ganzen Reise sollte er kein Wort mit dem verwilderten Jesuiten
wechseln. Er sparte seine Worte für einen ausführlichen Bericht
nach Rom.

»Giacomo heiße ich. Ich bin Bruder Giacomo Rho aus Piemont,
Mathematiker.« Der Italiener lachte, griff nach dem Gepäck
und führte den Gleichaltrigen wie einen alten Vertrauten ins Refektorium der Pekinger Residenz. Dort begrüßten den staubigen, hereinpolternden Cöllner noch zwei neue Patres, Tranquillo Grassetti und Bento de Mattos.

»Superior, der neue Astronom. Er ist wohlauf und stinkt nach
Pferd«, rief der junge Bento und half dem Ankömmling aus den
Stiefeln.

Ächzend schleppte Giacomo den Reisesack in Adams alte
Stube. »Bruder Niccolò, nun kommt schon. Laßt Euch den Anblick dieses verdreckten Chinadurchquerers nicht entgehen.«

Leise betrat Superior Longobardo den Raum. »Willkommen
in Peking!« Kühl reichte er Adam die Hand. »Jetzt, wo Bruder
Semedo dir die nötige Reife bestätigt hat, kann ich ja hoffentlich mit einer besseren Kooperation rechnen. Hoffen wir, daß
der heitere Superior dasselbe unter Reife verstand wie ich.«

Wie er Adam aus nächster Nähe ansah, erhellte sich sein Gesicht. »Die vielen Wochen unter freiem Himmel haben dir auf
jeden Fall ein gewisses männliches Etwas gegeben. » Bevor er
den Raum verließ, drehte er sich noch einmal um. »Ach so,
Terentius ist an einer Lungenkrankheit gestorben, es kam vom

letzten strengen Winter, haben die Ärzte gesagt. Das heißt, daß du seine mathematische Arbeit übernehmen wirst.«

»Ich werde ab jetzt die astronomische Arbeit weiterführen. Für die mathematischen Aufgaben haben wir Giacomo Rho«, entgegnete Adam trocken und schloß die Tür hinter ihm.

Einige Tage später hatte er das Chaos, das Terentius angerichtet hatte, beseitigt, das Schaffell aufgeschüttelt und das astronomische Refugium bezogen. Endlich konnte er den anderen seine Forschungsergebnisse mitteilen.

Sorgfältig hatte er all seine mitgebrachten Skizzenzettelchen vor sich aufgetürmt. »Meine Brüder, jetzt meine Neuigkeiten! Wir alle haben von frühester Jugend an aus den Karten von Ptolemäus gelernt. Doch … Ptolemäus hatte unrecht. Zu dieser Erkenntnis mußte ich in Singan-fu kommen.« Er schlug auf seinen Zettelberg. »Er hat nicht nur den gesamten Osten übermäßig vergrößert, sondern auch China. Ptolemäus hat es auf seinen Karten viel zu groß dargestellt. Seine falschen Vorstellungen von Chinas Größe haben über Jahrhunderte als Vorbild für unsere berühmtesten Kartographen, so auch für Ortelius und Mercator, gedient. Man mag gar nicht daran denken, wieviele Reisende durch diese Fehler in die Irre geführt wurden. Bitte seht, auf dieser Karte fließt der indische Ganges-Fluß in die Bucht von Canton.«

Die anderen überprüften das Gesagte auf allen vorhandenen Reisekarten, die sie auf dem Fußboden vor sich ausgelegt hatten.

»Die Große Tartarei siedelten sie in bester Nachbarschaft zu meiner deutschen Heimat an.« Alle lachten, fanden diesen Fehler aber tatsächlich auf den Karten eingezeichnet. »Also, von Chinas Innerem hatten sie keine Ahnung, trotzdem nannten sie sich Kosmographen. Aber wie sollten sie sich auch so gut in dieser Gegend auskennen wie meine muselmanischen Karawanentreiber, Kaufleute aus Persien und Armenien. Mir halfen sogar Mongolen und Reisende aus dem Schneeland Tibet.«

Verächtlich fuhr sein Zeigefinger an Chinas Meeresküste entlang. »Alle europäischen Kartographen haben außerdem Chinas

Ostgrenze verfälscht. Hier, wo sie Land eingezeichnet haben, ist weit und breit nur Wasser, das Chinesische Meer. Der verhängnisvolle Fehler, der bis heute in den Köpfen der Gelehrten in Rom spukt, ist der Irrglaube, daß China riesenhaft sei. Im Osten hat man das offene Meer und im Westen ganze Königreiche und Landzonen einem imaginären China einverleibt. Aber zugegeben, es ist schon sehr groß. Nach meinen Erkenntnissen benötigt eine Karawane bei günstigem Wetter, wohlbemerkt von Ortskundigen geführt, die die Oasen und Wasserlöcher in den Wüsteneien kennen, 250 Tage oder gut acht Monate von Smyrna über Samarkand und Kaschgar bis an die Große Mauer.« Er zeigte auf eine Karte, wo über einem innerasiatischen Gebiet auch fälschlicherweise *china civitas* stand.

»Also weniger als mit dem Schiff von Lissabon nach Macao?«

»In der Theorie, ja. Doch leider muß ich die allzu großen Erwartungen in den Landweg enttäuschen. Dieser ist nicht nur viel länger als vermutet, sondern auch erheblich gefährlicher und mühsamer. Die Wege sind gespickt mit Diebesgesindel, man muß die Grenzen Andersgläubiger überschreiten und das kann tödliche Folgen haben. Es gibt wilde Tiere, verschneite Pässe, höllische Wüstenhitze und noch andere Naturereignisse und Krankheiten, denen ein Europäer kaum gewachsen ist. Deshalb werde ich mich in meinem Bericht an den Ordensgeneral für die Beibehaltung des Seeweges aussprechen. Doch hört!« Er räusperte sich. »Den Vogel an Ungereimtheiten schießt der große Marco Polo ab. Cathay, wie er sein China nennt, siedelt er viel zu hoch im Norden an, am 60. Parallelkreis nördlicher Breite, bis zu den Frostböden des Mongolenreiches. Wie er zu diesen Angaben kommen konnte, ist mir ein großes Rätsel. Man könnte meinen, er hätte Europa nie verlassen, sondern wie viele andere die Fabeln prahlender Handlungsreisender abgeschrieben.«

Mit großen Augen sahen die Brüder, wie Adam sich breit in seinen Schaffellsessel setzte und über das ganze Gesicht strahlte.

»Hiermit entlarve ich die kartographischen Arbeiten all dieser berühmten Männer als hinfällig!« Er überreichte Bento seine Unterlagen. »Bruder Niccolò, ich möchte mich noch einmal bei dir für diese Verbannung bedanken. Ich habe wunderbare Menschen kennengelernt und die Gelegenheit erhalten, die alten Kartographen und Marco Polo zu widerlegen.«

»Und einen Juwelier hat er auch getroffen«, grinste Bento.

Eines Morgens im Spätsommer 1632 klopfte es an Adams Tür. Ein höfischer Bote überbrachte eine Rotholzschatulle. Im intarsierten Kästchen lag eine Briefrolle. Er quittierte den Empfang und öffnete die kunstvolle Seidenverschnürung.

Ehrenwerter T'ang Jo-wang, ehrenwerte Gelehrte aus dem Westen!
Bei meinen Ahnen wünsche ich, Euch die ganze Herzlichkeit entgegenzubringen, die wir Chinesen für Gleichgesinnte im Herzen tragen. Ich weiß, daß Ihr mit großem Wissen über die Gestirne und uns unbekannten astronomischen Gerätschaften in die Kaiserstadt kamt. So verkündige ich hiermit den Wunsch, daß Ihr eine vom Astronomischen Amt des Hofes für den achten Mondmonat angekündigte Verfinsterung des Mondes mit Eurem abendländischen Wissen berechnet und mir den genauen Zeitpunkt der Verdunkelung mitteilt.
Hochachtungsvoll, der kaiserliche Großhofmeister.

Adam zog Jakob Sung, der auf seine Bitte als Laienbruder und Übersetzer in Peking geblieben war, zum Absichern der Übersetzung heran.

»Wenn mich nicht alles täuscht«, nachdenklich kratzte sich Frater Sung am Kinn, »ist es wirklich der Stempel des kaiserlichen Großhofmeisters. Ja ... Das ist eine große Ehre ... eine übergroße Ehre!«

»Endlich eine Gelegenheit, mein Können zu beweisen«, ergänzte Adam aufgeregt. »Oder vielleicht auch nur eine Prüfung.

Wer durchschaut schon deine Landsleute. Womöglich will der Großhofmeister erst Beweise für meine Wissenschaft, bevor er sein Herz für die Lehre Christi öffnet. Wer sollte ihm das verübeln?« Händereibend sprang er von seinem Schaffell auf. »Jakob, mein Freund, dafür bin ich Astronom geworden.«

Dic Schätze um ihn herum, die Ephemeriden und die Alfonsinischen Tafeln sowie die Himmelsinstrumente, gaben ihm die notwendige Sicherheit, um die Aufgabe ruhig anzugehen. Nach drei Tagen und zwei durchgearbeiteten Nächten hatte er errechnet, wann die Mondfinsternis eintreten müsse.

»Ich habe eine Überraschung für euch!« eröffnete er am Abend nach der Komplet. »Um die erste Nachtstunde des 19. Oktobers wird sich die Erde zwischen Sonne und Mond schieben und den Mond in den Schatten stellen.«

»Eine totale Mondfinsternis«, begeisterte sich Giacomo Rho. »Du wirst aus dieser Mission wieder einen Vorposten für Gottes Armee machen.«

»Für Gottes Wissenschaft«, berichtigte ihn Adam und lief mit seiner frischgefüllten Deckeltasse zurück zur Arbeit.

Am nächsten Morgen machte er sich sofort an die nochmalige Kontrolle der Berechnungen. Da das neue Ergebnis mit dem alten übereinstimmte, zeichnete er fein säuberlich ein Schema von Sonne, Erde und Mond mit den jeweiligen Umlaufkreisen und den Linien des Lichteinfalles. Ganz zuletzt schraffierte er den spitzwinkligen Erdschatten mit dem verdunkelten Mondkreis. Seine Ausarbeitungen ließ er von Jakob in den aristokratischen *wen-yen*-Zeichen kalligraphieren und in roter Seide eingeschlagen zum Palastsekretariat senden. Alles Erdenkliche war gewissenhaft ausgeführt worden, jetzt blieb ihm nur noch geduldiges Warten.

In der Nacht des 19. Oktober versammelten sich Superior Niccolò Longobardo, Tranquillo Grassetti, Bento de Mattos, Giacomo Rho, Adam Schall und Jakob Sung auf der Stadtmauer am nahen Tor.

Über das mondbeschienene Dächermeer dehnte sich der wolkenlose Sternenhimmel mit seinem kosmischen Theater. Weit in der Ferne schimmerten die Palastdächer der Verbotenen Stadt. Adam legte einige mitgebrachte Utensilien auf die Mauer: einen Quadranten, eine Sanduhr, einen Taschenkompaß, ein handliches Fernrohr und die Alfonsinischen Tafeln zum Berechnen der Örter von Sonne, Mond und den fünf Planeten. Er trat von einem Fuß auf den anderen und fingerte aufgeregt an der Schieblehre des Nocturnals.

Niemand ließ seinen Blick von der leuchtenden Mondscheibe. Als wolle keiner das Ereignis verschrecken, wurde nur noch geflüstert. Von den mongolischen Steppen wehten bereits die ersten Winterwinde und ließen die in den Himmel versunkenen Gestalten frösteln. Giacomo Rho, der als Mathematiker großen Respekt genoß, stand festgewurzelt neben seinem Kollegen und flehte den Erfolg für die Sache der Jesuiten herbei. Adam stöhnte unter der beunruhigenden Gewißheit, daß sich zur gleichen Zeit die höchsten Reichsbeamten, die muslimischen Astronomen am Kaiserhof und die mißgünstigen chinesischen Sternengelehrten, wenn nicht gar der Kaiser selbst, die Hälse nach der Szenerie am Nachthimmel verrenkten, um den westlichen Gelehrten einer Prüfung zu unterziehen. Es kursierten Gerüchte, daß die eingesessenen Hofastronomen üble Geschichten über den Neuen aus dem Westen in die Welt setzten, um ihn der Anerkennung des Kaisers zu entziehen.

Im Geiste ging er wieder und wieder seine Berechnungen durch, und mit jedem Atemzug, mit dem der Mond so blieb wie er war, rund und weiß, begann er nach möglichen Fehlern zu forschen. Als gäbe es nur noch ihn und den kühlen Mond, standen sie sich von Angesicht zu Angesicht in der Schwärze der Nacht gegenüber.

Mitternacht verstrich und nichts geschah.

»Jetzt! Seht, der Rand verschwindet!« schrie Giacomo Rho.

Endlich! Ein schwarzer Saum schmolz sich in die helle Scheibe.

Im Schein der Öllampe drehte Adam blitzschnell die Sanduhr und hielt jetzt beides, den verschwindenden Mond und die durchlaufende Zeit, im Auge. Als der Mond ein schwarzer Fleck in einem weißen Lichtersaum geworden war, jubelten die Patres und frohlockten, als hätten sie einen Sieg errungen.

Von den umliegenden Dächern ertönte lautes Rufen und ohrenbetäubendes Lärmen mit Trommeln und Pfeifen. Mit Getöse kamen die Pekinger dem bedrängten Mond zu Hilfe. Eine volle Stunde lärmten sie und zwangen so den Himmelsdrachen, seine Beute wieder auszuspucken. Kaum merklich schob sich die Mondscheibe schließlich hinter dem Dunkel hervor, um bald, von der Aufregung des Jesuitenhäufleins ungerührt, prallgerundet auf ihrer ewigen Bahn weiterzuziehen.

Alle applaudierten, als der Cöllner Astronom befreit lachte und sich in Richtung des Kaiserpalastes verbeugte. »Hohe Herrschaften, dieses war erst der Anfang.«

Ein kleiner Schatten, den niemand bemerkt hatte, löste sich aus dem Dunkel der Mauer und schritt schnell auf ihn zu. »Man verneigt sich, dem Manne aus dem Westen gebührt der Segen des Himmels.« Schon huschte die Gestalt geduckt in die Nacht zurück. Jakob lief ihr noch ein Stück nach, aber der Unbekannte war verschwunden.

Als der Morgen graute, stiegen die Mondbeobachter mit ihren Instrumenten von der Stadtmauer hinab und wankten müde in die Residenz, wo Petrus Wang mit einer heißen Nudelsuppe aufwartete. Zur Feier des Tages hatte er die braunen Nudeln aus Adams Schale gefischt und durch weißes Fleisch ersetzt.

In den kommenden Tagen ging ein Segen goldener Glückwunschkalligraphien und anerkennender Geschenke aus höchsten Mandarinenkreisen über Adam nieder. Das Lob bewog ihn, mit Rhos Hilfe das entstandene Interesse zu schüren; sie gaben die zweibändige Lehrschrift *Brevis ratio calculandi eclipses* über die abendländische Berechnung von Finsternissen mit siebenundzwanzig Zeichnungen unter dem Titel *Ts'e-shih-lüeh* heraus.

Die astronomische Leistung hatte sich schnell in der ganzen Stadt herumgesprochen und im Palast wie ein Besen in einer Kornkammer Staub aufgewirbelt. So brachte der Superior dem Gelehrten T'ang Jo-wang immer wieder neue, seidenverhüllte Glückwunschrollen. Bevor er die Siegel erbrechen konnte, nahm Adam sie ihm aus der Hand.

»Verzeihung Superior, aber die Post ist an mich adressiert.«

377

Wütend warf Longobardo die anderen Rollen auf den Tisch, an dem die Gelehrten verblichene Aufzeichnungen sortierten.

»Ihr werdet sehen, meine Rechnung geht auf!« Hastig riß Adam das Schreiben aus der goldgelben Brokathülle – und erstarrte. »Muttergottes!« Er rieb sich die Augen, dann blickte er verschmitzt in die erwartungsvolle Runde. »Nun ratet mal, von wem euer unwürdiger, bescheidener, schöner Bruder Adamus Post bekommen hat?«

»So wie du strahlst von einem brennenden Herzen, das dir die Sterne vom Himmel holen möchte.« Bento küßte sich genießerisch die zusammengelegten Fingerspitzen.

»Himmel ist schon mal gut.« Genußvoll übersetzte er:

Hochverehrter Meister T'ang Jo-wang!
Im dritten Jahr der Regierungsdevise Gutes Großes Omen, am sechsten Tag des fünften Mondes, zur Doppelstunde der Schlange, möge einer namens T'ang Jo-wang, der die Speisen der fremdländischen Religion ißt, in der Purpurstadt vorstellig werden. Die Berater des himmlischen Herrn sind übereingekommen, daß der Palast nicht länger unter der Schande leiden darf, die Ehrbezeugung der Teilnahme des kostenden Gaumens des großen westlichen Astronomen an der mit zehntausend mal zehntausend gefüllten Schalen und zehntausend mal zehntausend duftenden Himmelsspeisen bedeckten Bankettafel zu versäumen. Man bittet den hohen Gelehrten an einer bescheidenen Gaumenfeier teilzunehmen. Unterzeichnet vom Großen Palastsekretariat.

Adam strich sich über den Bauch. »Superior, hast du nicht gesagt, mit so niederem Volk wie uns gibt sich der Sohn des Himmels nicht ab? Und jetzt bittet man mich, im Palast an einer bescheidenen Gaumenfeier teilzunehmen. Welch eine Ehre, daß das Licht der kaiserlichen Sonne auf mich Westbarbaren fällt.« Er warf einen dankenden Blick zur rußgeschwärzten Decke.

»Du bist der erste Europäer, der den Kaiser von China zu Gesicht bekommt«, flüsterte Rho andächtig mit kreisrunden Augen. »Niemals vor dir hat ein Barbar diese Grenze überschritten. So sagen es zumindest die Chinesen.«

»Uns nicht weniger barbarischen Barbaren wollen sie nicht sehen!« empörte sich Bento. »Laß uns wenigstens als deine Sänftenträger Zaungäste sein.«

Adam bedauerte. »Das Hofsicherheitsamt hält die Verbotene Stadt fest unter Verschluß. Bei solchen Anlässen darf man nur von höfischen Sänftenträgern über die Jadeschwelle getragen werden. Niemand hat sich jemals ungestraft in die Purpurstadt einschleichen können. Confratres, jetzt muß ich mich üben!«

»Worin?«

»Im Knien vor einem weltlichen Himmelssohn«, lachte er. Dann griff er sich das in topasgelbe Seide eingerollte Schriftstück und schlenderte kopfschüttelnd und summend auf den Hof hinaus, wo er sich eine Traube von Longobardos Weinstock pflückte.

Je näher der bedeutsame Tag rückte, desto fahriger wurde er. Unruhig räumte er mal hier, mal da, stieß dieses um und jenes und schnitt sich auch noch beim Apfelschälen. Am Morgen der Audienz war er so aufgeregt wie einst in Rom, als er zum ersten Mal ins Studio von Horaz Rotarius hinaufstieg. Die Tatsache, daß noch nie zuvor ein Europäer oder ein Gesandter der Lehre Christi vom mächtigsten Herrscher Asiens empfangen worden war, schürte seine Unruhe.

Auf diesen Anlaß hoffend, hatte einst Robert Dupont auf seiner Spendenreise bestechend schöne Kleinodien gesammelt und nach Peking verbringen lassen. Für den anstehenden Palastbesuch war man übereingekommen, eine Pretiose abendländischer Uhrmacherkunst auszuwählen.

Während sich der Geladene seinen Festtagsornat überstreifte, streichelte sein Blick dankbar das silberne, bombierte Gehäuse, in dessen Obhut eine Taschenuhr mit Spindelgang, Federzug und Schneckengetriebe unermüdlich tickte. Auf den ersten Blick fesselte nicht die Technik, sondern das aufklappbare Silbergehäuse. Dank dir, Robert, macht mich dieses Geschenk zu einem Emissär des Allermodernsten, was die westliche Welt zu bieten hat, dachte Adam, während er zur handlichen Uhr noch ein Büchlein legte. In mühseliger Kleinarbeit hatte er *De re metallica* von Georg Bauer, dem deutschen Begründer der Mineralogie, ins Chinesische übersetzt, kalligraphieren und mit Fadenbindung versehen lassen. Die beiden Geschenke legte er gerade zurecht, als ein aufgeregter Grassetti den Kopf durch die Tür steckte: »Avanti, avanti, die kaiserliche Sänfte ist eingetroffen!«

Das fragile Geschenk in Händen, von den aufgeregten Brüdern verfolgt, lief er in den Hof, wo eine prachtvolle Sänfte mit acht knienden Trägern und acht Ersatzträgern wartete. Waren die üblichen Sänften rot lackiert, so glänzte diese in Kaisergelb.

Blitzschnell, mit eingeübten Handgriffen, hatten die kaisergelb bestickten Sänftenträger das Gehäuse geschultert und trugen Adam im Laufschritt davon.

»Der erste geht durch's himmlische Tor«, jubelte Bento und winkte dem Troß begeistert nach. Bewundernd standen die Brüder im Mondtor und starrten der glänzenden Sänfte hinterher.

Nach ganzen sechs Jahren in Peking, nach viel verwarteter Zeit, nach einem Aufenthalt in Singan-fu und täglichem Missionseinerlei habe ich, Adam Schall von Bell SJ, endlich mein mir gesetztes Ziel erreicht. Einer der Ersatzträger rannte mit einer kupfernen Zimbel voraus, schlug sie scheppernd an und rief in einem fort: »Platz für des Kaisers erlauchten Gast, Platz für des Kaisers erlauchten Gast!« Die von der Straße gescheuchten Karrenfahrer fielen im letzten Moment auf die Knie, bevor sie die Peitsche eines vorgelaufenen Gardisten zur Zucht mahnen konnte. Entgeistert stellte Adam fest, daß Fußgänger, Reiter und sogar Groß-Geld-Leute beim Anblick seines vergoldeten und mit schwerem, gelbseidigem Brokat verhängten Tragestuhles augenblicklich in Demut erstarrten und niederknieten. Erst nachdem er ein gutes Stück weitergetragen worden war, erhoben sich die Menschen und setzten ihren Weg fort.

Das Gelb des Kaisers! Nur der Kaiser darf das Gelb der Sonne und der Erde tragen, erinnerte er sich. Als Kaisergast wurde er geehrt wie einer der Allerhöchsten im Reich. Im Namen Christi werde ich meine Mission nach bestem Wissen und Gewissen erfüllen; das nahm er sich vor. Seine Hände umfaßten die leise tickende Uhr fester. Schnell polierte er mit seinem Ärmel feuchte Flecken seiner Finger vom Silberdeckel. Bei dem Gedanken, wem er bald begegnen würde, seufzte er tief.

Immer noch im Laufschritt trugen sie ihn auf das Tor der Stütze des Himmels zu. Auf den zinnoberroten Torplanken blinkten Reihen von Goldknöpfen in der Sonne.

Das immer verschlossene Festungstor zur Verbotenen Stadt hatte ihn in all den Jahren angelockt und mit Ehrfurcht erfüllt. Er nahm es mit einer satten Genugtuung, wie die Palastwachen ihre blitzenden Speere senkten, ihre Rücken tief beugten und dieses Tor für ihn ganz weit öffneten. Sie trugen ihn auf den Vorplatz zu einem zweiten Tor, dem Fünf-Phönix-Tor. Hier sammelten sich bereits die geladenen Kaisergäste. Hoch über dem bunten Getümmel aus Reitern, Sänften, Standeswimpeln und festlich gekleideten Würdenträgern erhoben sich auf der zinnoberroten Mauer pagodenähnliche Wachtürme. Von dort oben überwachten bewaffnete Schutzsoldaten die Menschenmasse.

Wie Strudel an einem Stauwehr ballten sich auf dem Vorplatz die Geladenen. Träger schrien durcheinander, während ihre Herren neugierig hinter den Vorhängen der Sänften hervorlugten. Die Berittenen knallten sich mit ihren Reitpeitschen vom Sattel herab den Weg frei. Im Augenblick, da er ausstieg, rechnete der Jesuit damit, daß sich gleich Hunderte von Augenpaaren auf ihn richten und sich an seiner Nase, seinem Haar und in seinen Augen festsaugen würden. Die sich aus den Sänften schälenden Mandarine sahen jedoch durch ihn hindurch. Leere Blicke streiften den Fremden mit dem gelben Haar. Sie waren Meister der höfischen Etikette und beherrschten ihre Mimik vorbildlich. Die wenigsten hatten jemals in ein Paar blauer Augen gesehen. Aber kein Erstaunen, kein Wispern, kein noch so kleiner verstohlener Blick entlarvte sie. Es lag weit unter ihrer Würde, einem Barbaren vom anderen Ende der Welt die Ehre ihrer Aufmerksamkeit zu widmen.

Von den 14 000 Reichsmandarinen umringten ihn gewiß tausend mit ihrem Troß aus Leibgarden und Dienern. Am imposantesten verschafften sich die Kriegsmandarine Zutritt. Gefolgt von ihren Soldaten mit hochgebundenen Haarschweifen auf kleinen quirligen Pferden und furchterregendem Fußvolk mit zweischneidigen Krummdolchen trieben sie ihre schmuckklirrenden Pferde in die Menge und ließen weniger beherzte Gäste von Muskelarmen zur Seite drücken. Aufgestickte Embleme verwiesen auf Herkunft und Rang. Die Embleme zierten die breiten Brustlätze ihrer Roben, flatterten auf mitgeführten Bannern und schmückten das Zaumzeug der Tiere. Hinter den Kriegsherren formierten sich die gewandtesten Kämpfer des Reiches mit unnahbaren Gesichtern zum Aufmarsch in der Welt der matten Höflinge. Sofort wurden sie von Palasteunuchen umringt und bis an den Platz ihrer Aufstellung abgeschirmt. Tage wie diese, an denen die Beschnittenen der prallen Manneskraft begegnen mußten, waren für sie Tage der tiefsten Demütigung. Die kraftstrotzenden Soldaten ließen keinen Hohn und keinen anzüglichen Witz aus, um die Opfer kaiserlicher Willkür zu verletzen. An Tagen wie diesen, mußten die weltverschreckten Eunuchen die inneren Gemächer verlassen, um die ewig brünstigen Horden im Auge zu behalten, bot sich doch für liebestolle Palastdamen die Gelegenheit zu hitzigen Begegnungen.

Im Gegensatz zu den Kampfgruppen wirkten die zivilen Mandarine prächtiger, aber viel kraftloser. Plump und behäbig quollen sie in ihren steifgestickten Seidenhüllen aus den Sänften. Rettende Lakaienhände mußten Verknülltes zurechtzupfen, denn man bewahrte seine überlangen Fingernägel vor jeder ordinären Tätigkeit.

Nach viel Gebrüll war eine Marschordnung entstanden und der erste Strom Kaisergäste bewegte sich durch das linke Gewölbe des Fünf-Phönix-Tores. Dumpf hallten die Schritte von den Steinmauern, fast lautlos verloren sie sich auf dem tellerflachen Steinpflaster des ausgedehnten Innenhofes.

Kein Baum, kein Strauch, kein Hälmchen durfte hier sein unberechenbares Dasein fristen, sogar der Lotus im Wasserwall wurde von geraden Mauersäulchen diszipliniert. Die Symmetrie der fünf Brücken über den künstlich angelegten Goldwasserfluß, der fernen gelben Dächer und der Aufmarschrampen war beklemmend. Durch ein schnurgerade ausgerichtetes Spalier von Bogenschützen mit finsteren Mienen wurde der Jesuit in der Prozession der Edelsten des Reiches über eine der fünf Brücken geschoben.

Zu zähen Gongschlägen wälzte sich der Zug die Marmorrampe des Tores der Höchsten Harmonie hinauf, durch das Gebäude und ergoß sich auf der anderen Seite in die gewaltige Weite des nächsten Palasthofes. Fern über den Köpfen erhob sich hier auf einem fünfzig Fuß hohen weißen Marmorsockel die Halle der Höchsten Harmonie. Ihr gewaltiges, zweigestuftes Dach schien nicht aus gelben Glasurziegeln gefügt; elegant und leicht schwang es sich wie luftiger goldener Seidenbrokat über karminroten Säulen in den blauen Himmel empor.

Adam sah sich um, wo wohl sein Platz in dieser wogenden, nach Ständen und Farben sortierten Festordnung sein mochte. Eunuchen wuselten tiefverbeugt durch die Reihen und gaben Anweisungen, welche Abordnung und welcher Gast an welche Stelle begleitet werden sollten.

Hinter einer Doppelreihe kleiner Bronzewegweiser bezogen die Reichsbeamten und Bediensteten Aufstellung. Er zeigte sein rotgetupftes Visitentäfelchen und wurde von den Platzzuweisern immer weiter nach vorne geschickt. Auf dem letzten Wegweiser hatte er gelesen: Mandarine des dritten Ranges, Plätze des Ritenministeriums. Ein Ordner deutete ihm an, daß er nach oben, auf die Höhe der Halle der Höchsten Harmonie gehöre.

Schweigsam wie die anderen stieg er empor. Außer den fordernden Tönen von Klingsteinen und den Zurufen der Ordner lag ein Teppich der Stille über der tausendköpfigen Menschenmenge. Ringsum standen schwere Bronzekessel, aus denen Sandelholzrauch in den Himmel stieg.

Am Eingang der Halle versammelten sich die Verwandten des Kaisers und die allerhöchsten Mandarine des Reiches. Mit Genugtuung bemerkte er, daß die Schar der Lakaien ihm einen Platz zwischen einem Bronzekranich und einem riesigen Löschwasserkessel zuwies, von wo aus er einen großartigen Überblick bekam. Er stand erhöht und herausgehoben aus der Masse der unbedeutenden Beamten über dem farbenprächtigen Spektakel.

Nach dem Schnitt der Kleider schienen alle um ihn herum zu einem hohen Rang zu gehören. Bestickte Reissäcke – so hatte Vagnoni die höfische Kleidung verächtlich genannt. In der Tat fehlte der Kleidung jede schmeichelnde Form. Knielange Ärmel verbargen die Hände, und jede Figur, ob fett oder mager, verschwand in einer steifen, bodenlangen Seidenröhre. Zwischen Kopfputz und bretthartem Schulterkragen verloren sich fast die letzten Attribute der Menschlichkeit, die Gesichter. Nur in den Augen war noch Leben. Blitzschnell taxierten diese die Umstehenden nach Rang und Würde. Was die Männer unterschied, waren Farben und ein Mehr oder Weniger an Garnitur. Die feinen Differenzen kannten nur Eingeweihte. War die Gürtelschnalle aus Elfenbein oder aus Silber? Krönte ein Achat oder ein Jadestein oder aber nur ein minderwertiger Federbausch den Seidenhut? Welches Ornament schmückte die Brust? Wieviele Klauen hatten die Drachen auf den Schultermedaillons? Jede Farbe, jeder Knopf entschied über das Ansehen, das dem Betreffenden in den Augen seiner Umgebung zugestanden wurde. Ich bin in ein Marionettentheater geraten!

Während Adam über den Platz blickte und ihm diese Gedanken kamen, hatte sich ein kindlicher Eunuch neben ihn geschoben und schielte schüchtern auf den glänzenden Gegenstand in seinen Händen.

»Etwas Ausländisches?« fragte der Kleine mutig.

»Und ob, etwas ganz Ausländisches«, antwortete er und drückte dem Jungen das Uhrengehäuse ans Ohr. Das unerwartete Ticken erschreckte den Jungen derart, daß er aufschrie, zurücksprang und mit einem Luchs-Mandarin zusammenstieß. Empört klatschte dieser in die Hände und zwei, drei harte Schläge von Eunuchenhand trieben dem Kind Tränen in die Augen, bis es geduckt zwischen den Festgästen davonhuschte.

Haß sprühte aus den Augen eines alten Palasteunuchen. »Der hohe Herr möge verzeihen, aber der Knabe ist mit den höfischen Sitten noch nicht vertraut. Ein ungehobeltes Kind vom Lande, Herr. Es wird ihm eine Lehre sein.« Sich immer wieder verbeugend, drückte sich der Zuchtmeister rückwärts in die Reihen der Wartenden. Zornig wollte Adam dem Eunuchen folgen, um den Jungen vor weiterer Strafe zu bewahren, aber von hinten hielt ihn eine Hand kurz am Rock zurück. Als er sich mürrisch umsah, gab sich kein Augenpaar zu erkennen. Die Bewegungen auf dem Platz zu seinen Füßen froren ein, die Flut der Hereinströmenden kam zum Stillstand. Soldaten säumten inzwischen das Meer gleißend verzierter Gewänder, Hüte und Baldachine. Bedrückend schweigsam wartete ein in Winkeln und Linien ausgerichtetes Muster aus Menschen auf den Beginn der Zeremonie.

Anschwellendes Posaunenblasen ließ die Ordner zu den Lanzenträgern und Soldaten huschen. Kurz darauf fetzte das trockene Knallen Dutzender Zeremonienpeitschen durch die Luft. Tausend Rücken krümmten sich, als hätten sie einen Hieb bekommen. Alle Gäste nahmen, die Häupter gesenkt, die Schultern herabhängend, vor ihren Sitzkissen Aufstellung. Räucherwolken schwebten nun über der Reihe der sich Verbeugenden, die den Durchgang zur Halle der Höchsten Harmonie säumten.

Die Tigertöter und Schwertkämpfer waren für chinesische Verhältnisse großgewachsene Burschen. Doch mit den Tigerfellen, die ihre breiten Rücken überspannten, und mit ihren goldenen Helmen wurden die Elitekämpfer noch ausladender.

Fahnenstangen wurden herein- und hinausgetragen. Scheppernde *Tan-pi ta-yüeh*-Musik schmerzte in Adams Ohren; leider war ihm jetzt die Sicht ins Allerheiligste versperrt: Die Pracht der kaiserlichen Leibgarde verwehrte ihm jeden Einblick.

Zum zweiten Mal knallten die Peitschen.

Nun mußte der Kaiser seinen Fuß über die Schwelle der Thronhalle gesetzt haben.

Er spähte durch die hohe, aufgeklappte Tür, doch er vermochte nur eine gewaltige, vergoldete Säule zu sehen. Beim dritten Knall gingen die Umstehenden ächzend zum dreimaligen Kotáu und neunfachen Stirnaufschlag auf die Knie nieder. Für ihn unsichtbar, hatte der Kaiser von China den Drachenthron bestiegen. Aus der Halle erschallte ein langgezogener Ruf und mit erneutem Einsetzen der Musik ließen sich alle auf die Kissen nieder.

Schweißperlen traten ihm auf die Stirn. Im Sitzen war er ein-

gekeilt zwischen Bronzekranich, Löschwasserkessel, Mandarin-
hüten und Soldatenleibern.

Diesen idiotischen Platz mußte ihm jemand mit Bedacht zugewiesen haben, hatte sein Namensschildchen doch auf ihn
ebenso gewartet wie die Namensschildchen der anderen geladenen Gäste. Es gab keinen Irrtum. Wütend starrte er auf die
Fellfusseln des vor ihm aufragenden Tigertöters. Nur in Gedanken konnte er sich die Erscheinung des Ch'ung-chen-Kaisers
ausmalen, der unter der Devise Gutes Großes Omen seit dem
Jahre 1627 das Reich der Ming regierte.

Viele Gongschläge, die die Ritualabfolge angaben, harrte er
mit angewinkelten Knien auf seiner Matte aus. Jedesmal, wenn
er seine schmerzenden Beine ausstrecken wollte, trafen ihn
höhnische Blicke anderer Gäste, die um ihn aufragten wie schillernde Kegel. »Gott ist mir Sünder gnädig«, ächzte er, als endlich lautes Scheppern das Ende seiner Tortur ankündigte.

Der Ruf »Die Audienz ist beendet« befreite ihn aus seiner
schmerzhaften Sitzposition. Ganz langsam stand er wie die anderen Gäste zur abschließenden Verbeugung auf. Nichts, aber
auch gar nichts, war aus seinen hochfliegenden Plänen geworden, dem Kaiser von China als erster Bote des neuen, des modernen Europa von Angesicht zu Angesicht zu begegnen. Und
zu speisen gab es auch nur für die Gäste im Inneren der Halle.
Sie haben mich betrogen, auf den Arm genommen, sich lustig
gemacht, von wegen bescheidene Gaumenfeier.

Als Eunuchen die Geschenke der nicht empfangenen Mandarine auf Tabletts einsammelten, wurde er auch noch voller
Absicht übersehen.

Wut und Enttäuschung krochen in ihm hoch. Einfach aufgeben? Mitten in der sich auflösenden Ordnung blieb er nachdenklich mit Uhr und Buch in Händen stehen. Immerhin bin
ich schon einmal hier, soll ich denn das Geschenk wieder mitnehmen oder es einem von denen übereignen? Es ist ja nicht irgendein totes Ding, sondern ein lebender Mechanismus, der die
Weltsicht des mächtigsten Herrschers Asiens verändern soll.
Die Uhr hätte dem Herrscher des Reiches, wo einst Kompaß
und Schießpulver erfunden worden waren, vor Augen führen

sollen, daß inzwischen das Abendland die Phalanx des Weltfortschrittes übernommen hatte. Mit dem tickenden Wunderwerk hatte er die ganze höfische Versammlung in Verblüffung versetzen wollen! Und nun dieser banale Ausgang. Am liebsten hätte er sie wieder mitgenommen. Aber er entschied sich zu einer ausgefeilteren Taktik. Er winkte einen der hin- und hereilenden Palastdiener herbei und ließ inmitten des Stroms der abziehenden Würdenträger laut nach dem mächtigen Eunuchen Wei-kung rufen.

Als er einen aufmerksam gewordenen Eunuchen wie einen Wasserbüffel auf sich zustampfen sah, richtete er sich zu voller Größe auf. Der bullige Chinese kam schnurstracks auf ihn zu.

Zwischen unordentlich hinterlassenen Sitzkissen, hoch über dem sich leerenden Platz der Höchsten Harmonie, standen sich zum ersten Mal ein Jesuit und der mächtigste Eunuch am Kaiserhof gegenüber.

Die Männer, der eine groß und knochig, der andere klein und feist, wußten beide, daß sich keiner als erster vor dem anderen verbeugen würde. Einen Windhauch lang maßen sie sich abschätzend. Als Adam das Lauern in den schmalen Augen sah, begriff er, was die Macht der Eunuchen ausmachte. Sie sorgten für den Durchlaß zwischen der abgekehrten Welt des Kaisers und der Welt des Volkes – und zwar ganz nach ihrem Gutdünken.

»Werter fremder Gast«, begann der Höfling endlich, ohne auch nur eine Andeutung einer Verbeugung, »was begehrt Ihr von einem unwürdigen Bediensteten des Hofes?«

»Verehrter Herr!« Der Jesuit bemühte sich, seine Enttäuschung vor dem feisten Chinesen zu verbergen. »Ich verpaßte die Gelegenheit, diesen bescheidenen Tribut dem Sohn des Himmels zu Füßen legen zu dürfen.«

Er hatte sich die Uhr in die offene Hand gelegt. »Und«, fügte er betonend hinzu, »dieses Geschenk ist kein gewöhnliches, deshalb hätte ich es dem Erhabenen gerne persönlich überreicht.«

Der mächtige Eunuch brach in höhnisches Gelächter aus und deutete mit seinem Fächer auf das Silbergehäuse. »So, so, ein ungewöhnliches Geschenk habt Ihr, ja meint Ihr denn, daß jemals ein gewöhnliches Geschenk die Schwelle zum himmlischen Kaiser überschritten hat?«

Seine Augen versuchten das Silberdeckelchen zu durchdringen. »Fast müßte ich Euch wegen Beleidigung bestrafen lassen. Doch, sagt, was habt Ihr da in dem, sagen wir mal, passablen Gehäuse?«

»Ein Instrument zur Messung der Zeit«, antwortete Adam und schwieg.

»Eine Uhr?« fragte der Eunuch verächtlich. »Was ist denn daran außergewöhnlich?«

»Seht doch, wie handlich ihr Gehäuse ist. Und hört...« Der Eunuch zuckte kurz zusammen, als er ihm das Uhrwerk ans Ohr hob. »Doch das größte Wunder, sie zeigt außer den Stunden auch die Minuten. Wahrlich eine exquisite neue Erfindung, ein Wunderwerk westlicher Technik.« Adam ließ den Deckel aufschnappen. Das Zifferblatt blitzte in der Sonne.

Der Eunuch trat einen Schritt zurück. Mit zusammengezogenen Augenschlitzen blaffte er: »Na und? Kennen wir, kennen wir.«

Adam wußte, daß der Mann log, denn in China gab es nur gewaltige Chronometermaschinen, die mit Wasser betrieben wurden. Hier hatte er aber eine mechanische, von Rädern und einem Drehpendel betriebene tragbare Uhr, die nach dem Schwingungsprinzip funktionierte! Nein, diese Erfindung war durch und durch europäisch.

Der Chinese konnte seine Augen nicht vom runden, spiegelblank polierten Gehäuse wenden. »Ausländischer Herr, zugegeben, es ist ein hübsches Spielzeug, vielleicht für ein Frauengemach, aber ich muß Euch zumindest in einem Punkt korrigieren. Die Seele der mechanischen Uhr, die, wie soll ich sagen, die Hemmnis...«

»Hemmung...«

»Ja, Hemmung, und zwar wassermechanisch... Die Hemmung war bereits im frühen achten Jahrhundert in unserem Land von dem Mönch I Hsing erfunden worden. Versteht Ihr etwas von der Wissenschaft der Himmelsberechnungen?« fragte der Eunuch herausfordernd.

Der Jesuit nickte.

»Gut, dann will ich Euch noch belehren, daß bereits vor sechshundert Jahren ein astronomischer Uhrenturm von einem Wasserrad angetrieben wurde, wodurch wiederum ein Himmelsglobus bewegt wurde. Lange bevor in Eurer Heimat an derartige Zeitmeßinstrumente gedacht wurde. Bescheiden wie wir Chinesen sind, nannten wir diese Erfindung Tropfkessel.« Unterkühlt fügte er hinzu: »Die Gelehrten des Reiches der Mitte haben die letzten fünftausend Jahre sehr gut ohne die Belehrungen der Westbarbaren geforscht. Vielleicht solltet Ihr überlegen, ob Ihr mit Eurer Uhr den Ostwinden folgt und wieder hinter das große Wasser zurückkehrt. Man braucht Euch hier nicht.«

Die eisige Kälte, die aus dem lächelnden Gesicht strömte, mobilisierte in Adam die letzten Reserven an Konversationstaktik. »Ihr seid ein gebildeter Herr«, versuchte er. »Europa braucht China, die Gelehrten diese Reiches sind die gewaltigsten unter dem Himmel. Wir haben leider nichts Besseres als diese kleine Erfindung, die, wie Ihr so weise darlegt, schon längst von Euch erfunden wurde. Verzeiht, wenn ein Zwerg sich anmaßt, zu einem Riesen zu sprechen!« Er verbeugte sich tief. »Wie ich an Eurem Gewand sehe, seid Ihr ein Doctor der Pinselwald-Akademie. Verzeiht, ich versäumte in unserem Gespräch meine Hochachtung für Euren Rang auszusprechen.« Wieder verbeugte er sich.

Die Augen des Generaleunuchen flackerten kurz. »K'ao-te-shang«, erwiderte er und strich sich genüßlich über den goldenen Fasan auf seinem vorgewölbten Brustlatz, »ich mußte mich hinaufprüfen!«

»Dann seid Ihr befugt, den kaiserlichen Erbprinzen zu unterrichten?«

»Kleines Geschäft, kleines Geschäft«, winkte Wei-kung verächtlich ab, »von Amts wegen verwalte ich das Astronomische Amt des Palastes.«

Adam erstarrte. Dann preßte er ein Lächeln auf sein Gesicht. »Ein Astronom, ein weiser Mann meiner Zunft! Welch eine Freude, dem höchsten Astronomen im Reich zu begegnen.«

»Gewiß, gewiß, man hat so seine Aufgaben«, lächelte der Direktor des Astronomischen Amtes..

»Dann kennt Ihr gewiß Doctor Hsü?«

Schlagartig verschwand die Milde aus dem Gesicht des Eunuchen und für einen Augenblick wurden die Lippen schmal wie die Schlitze seiner Augen. »Meint Ihr womöglich einen gewissen Doctor Hsü Kuang-ki, seines Zeichens Kulturminister?«

»Ja, denselben!«

»Was kennt man von Doctor Hsü unter westlichen Gelehrten?« fragte Wei-kung scharf.

»Nun, ich hörte, daß er der lateinischen Sprache kundig sei, das ist es, was man sich so erzählt. Das ist doch schon außergewöhnlich genug.« Adam wußte jetzt, daß er tatsächlich seinem größten Feind am Hofe gegenüberstand, und hielt seine Bekanntschaft mit dem Christen Paul Hsü für schützenswert. Jetzt hatte er nur noch im Sinn, seinen Auftrag so schnell wie möglich zu erledigen. »Ich bin sicher, daß ich in Euch den kenntnisreichsten Überbringer meines Geschenkes am ganzen Hofe gefunden habe, so nehmt die bescheidene Gabe und überbringt sie dem Erhabenen. In meiner Heimat ist diese kleine Uhr eine große Erfindung, für Euer Land mag sie nur ein Spielzeug sein.« Er händigte dem Eunuchen die Uhr aus, dessen rechte Hand aus dem Ärmel schoß. Das Kleinod war augenblicklich vom seidenen Schlauch verschluckt.

»Wir werden sehen, was sich machen läßt. Der Kaiser ist nicht alle Tage zu Geschenken aufgelegt.«

»Der Sohn des Himmels wird seinen Gelehrten mit Lob überschütten, wenn er ihm Geschenke bringt, die seine Neugierde befriedigen.« Gerade als Adam sich zum Abschied verbeugen wollte, spürte er etwas Hartes in seiner linken Rocktasche. »Ach, beinahe hätte ich es vergessen. Hier, der Schlüssel, um ihr wieder Leben zu geben.« Er mußte grinsen. Noch nie hatte ein Chinese eine Zeitmeßmaschine mit einem Schlüssel aufgezogen. Wütend riß Wei-kung das Schlüsselchen an sich.

»Ach ja, und hier noch ein kleines, aber wichtiges Büchlein über den richtigen Umgang mit Schätzen im Boden.«

Die Männer verbeugten sich voreinander widerwillig, aber respektvoll.

Langsam stieg der Gast die Stufen zum Platz der Höchsten Harmonie hinunter. War das nun ein Sieg oder eine Niederlage? Nachdenklich reihte er sich zu den versöhnenden Klängen des Spiels der sechzehn Jadeklangsteine in die Prozession der Würdenträger ein, die den Palast verließen.

Am strengbewachten Ausgang der Verbotenen Stadt erwartete ihn die kaisergelbe Sänfte zur Rückkehr in sein Zuhause, in der Südwestecke der Nordstadt.

Seine Hände waren leer und die Enttäuschung stand ihm ins Gesicht geschrieben, als er das Refektorium betrat. Die anderen erwarteten ihn schon ungeduldig.

»Und? Gute Nachrichten?«

»Keine guten«, meinte er trocken und fiel auf einen Stuhl. Haarklein schilderte er das Erlebte. Zu guter Letzt beschrieb er das Wortmanöver mit dem fetten Eunuchen.

»Nannte er seinen Namen?«

»Den verschwieg er. Aber ich hatte ihn mit seinem Namen ausrufen lassen.«

»Hah!« Jakob Sung lachte spröde. »Es klingt so, als ob du in der Tat unserem Erzfeind Wei-kung begegnet bist. Unter den zehntausend Eunuchen am Hof ist er der gelehrteste und gewiß der mächtigste. Nur wenn wir ihn ausschalten, ist der Weg zum Kaiser frei. Von daher war es ein Gottesgeschenk, daß du gerade ihm die Uhr überreicht hast. Jetzt steht er in deiner Pflicht.«

»Aber mein abgesonderter Platz und die Verweigerung der Geschenke-Einsammler, mich zu bemerken, war doch schon der erste Hinweis darauf, mit welchen Methoden er unerwünschte Gäste ausschaltet.« Adam mußte lachen. »Dieser verlogene Mensch tat so, als ob er schon Hunderte von solchen ›Spielzeugen‹ gesehen hätte, dabei fielen ihm fast die Augen aus dem Kopf und seine Finger zitterten vor Gier.«

Giacomo Rho runzelte die Stirn. »Auf jeden Fall fehlt dir noch immer ein durchschlagendes Entree, um geradewegs zum Thron vorzustoßen.«

»Wie schaffst du das also? Nochmals werden sie von einer richtig berechneten Mondfinsternis nicht so beeindruckt sein.«

»Es sollte auf jeden Fall wieder eine wissenschaftliche Leistung sein, die die Chinesen in Erstaunen versetzt.«

»Vielleicht sollte ich das Pulver noch einmal erfinden? Oder es mit Beten versuchen?« Er erhob sich und verließ mit schmerzenden Knien das Refektorium.

Zwei Wochen nach der verunglückten Kaiseraudienz kam wieder ein Bote. Das Schreiben war in gelbe Seide gehüllt und trug das Rotlacksiegel des kaiserlichen Großkanzlers.

Lieber Jo-wang!

Der Erhabene hat mich zu seinem Großkanzler ernannt, was eine große Ehre für mich und eine gewisse Freiheit für uns Christen bedeutet. Auf bescheidene Art kann ich nun Vorschläge am Hof einbringen, die eventuell für die jesuitischen Gelehrten und die chinesische Wissenschaft hohe Bedeutung gewinnen können. Den erhabenen Denkern des Reiches ist die Großartigkeit des westlichen Geistes nicht verborgen geblieben. Aber sie sprechen nicht offen darüber, denn es würde dem Ansehen der palastgeprüften Doctoren schaden, wenn bekannt würde, daß im Garten der chinesischen Pinselgelehrten Blumen des westlichen Wissens blühen.

Die Gelehrten bei Hofe haben mir nahegelegt, Dich zu bitten, an der Neuerung des Reichskalenders mitzuarbeiten. Den Termin zur Besprechung mit dem Leiter des Astronomischen Amtes bekommst Du zugeschickt. Übrigens hat Doctor Wei-kung versucht, Deine Mitarbeit zu verhindern.

Es ist natürlich auch in meinem Sinne, die geistigen Grenzen des Reiches mit Deiner Hilfe zu öffnen und zu erweitern. Bitte komme am dritten Tag des achten Mondes zur Doppelstunde des Pferdes in meine Residenz in der Wassermelonengasse Nummer neun.

Paul Hsü Kuang-ki, Großkanzler

»Großkanzler Paul Hsü. Sieh an, unserer edler Gastgeber aus Hangchow hat sich tatsächlich weit hinaufgeprüft am Hof. Kein Wort von der Uhr. Es kann doch nicht einfach so spurlos untergegangen sein, daß ich im Palast war?« Adam schüttelte verwundert den Kopf. »Und ausgerechnet zu Doctor Wei-kung ins Amt für Astronomie schickt er mich. Um den chinesischen Kalender neu zu berechnen? In die Höhle des Löwen! Giacomo, das ist was für einen Mathematiker.«

Tranquillo Grassetti hob prostend seine Tasse. »Wie auch immer, schon wieder ruft der Hof nach deiner Nase! Um den Dicken werden wir sowieso nicht herumkommen. Der wird uns im Palast überall Steine in den Weg legen. Dagegen ist die Kalenderberechnung eine Kleinigkeit, das wird ein Kinderspiel. Ihr braucht ja nur die Sonne durch den Mond zu ersetzen.«

»Und hier und da dem tausendjährigen Kalender mit unseren Logarithmentafeln ein bißchen nachzuhelfen und ihn, na ja, zu erneuern.« Giacomo Rho ließ die Arme sinken, mit denen er Berechnungen in die Luft gemalt hatte, und starrte hilflos in die Runde. »Hat von euch jemand eine Ahnung vom hiesigen Kalendersystem? Adamo? Tranquillo? Bento? Niccolò? Wenn wir scheitern, wird unser Widersacher leichtes Spiel mit uns haben. Ich möchte nur kurz daran erinnern, daß die Astronomen am Hofobservatorium blitzgescheite Araber sind, und die lassen sich auch nicht so schnell für dumm verkaufen. Überlegt es euch gut, *fratelli!*«

Adam Schall und Giacomo Rho wußten, daß die Last dieser Entscheidung allein bei ihnen lag. Daß das chinesische Kalendersystem Mängel hattte, war unter Astronomen bekannt. Ihnen mußte es gelingen, die Mängel herauszufinden und das fehlerhafte System durch ein besseres zu ersetzen – ohne dem eitlen Drachen auf den Schwanz zu treten.

Adam hatte unter alten Aufzeichnungen auch Notizen über den Kalender gefunden. »Wenn wir mit den Unterlagen von Ricci anfangen, haben wir doch einen guten Einstieg. Immerhin hat er etwas von chinesischer Astronomie verstanden, und er hat es mit westlichem Verständnis durchdacht.«

Auffordernd schaute er zu Giacomo hinüber.

»Gut, unter einigen Bedingungen! Erstens muß man uns den Zugang zum Hofobservatorium jederzeit zusagen. Zweitens brauchen wir freien Zugang zur astronomischen Bibliothek, und drittens brauchen wir Zeit und völlige Bewegungsfreiheit. Ja und viertens hervorragende Handwerker, die uns eventuell benötigte Geräte herstellen. All das muß der Palast gewährleisten. Paul Hsü kann das bestimmt beeinflussen. Aber trauen wir uns diese enorme Aufgabe überhaupt zu?« fragte Giacomo.

»Gott hat sie uns in den Weg gelegt, wie können wir da nein sagen? Und was sollen wir in diesem gottverlassenen China denn sonst machen, als unser Bestes zu geben, um die Freundschaft des Kaisers zu gewinnen? Wir können natürlich auch einen blühenden Handel mit den drei Quart Rotwein von dir beginnen ... « Adam griff nach einer Silberkaraffe, an die Longobardo ein Täfelchen mit der Aufschrift »Chianti pekinensis 1632« gehängt hatte.

»Nichts da, der Wein dient als Meßwein. Finger weg! Ihr macht die Kalenderberechnungen. Basta!« Der Superior drohte verärgert den beiden Brüdern mit dem Zeigefinger. »Jedem seine Aufgabe. Wenn ihr schon nicht predigt, dann siegt wenigstens mit eurer Wissenschaft über den chinesischen Geist«, brummte er und seufzte. »Offenkundig glaubt ihr, daß ihr dieses Reich eher mit dem Logarithmus als mit dem Katechismus erobert.«

Zu ch'u-shu, dem Ende der Sommerhitze, ließen sich der Mathematiker und der Astronom in Sänften zum Tausend-Schritte-Korridor tragen. Am weiten Platz lag neben dem kaiserlichen Hofhospital das Hofastronomische Amt. Für den Besuch hatten sie sich auf Wunsch des Superiors ihre Soutanen angelegt und die auffälligen Kruzifixe vor die Brust gehängt. Ganz entschieden hatte der linientreue Alte gemeint, die Zeit des Versteckens müsse jetzt endlich vorbei sein, die kaiserlichen Sterngucker sollten ruhig sehen, mit wem sie es zu tun hätten.

So warteten Adam und Giacomo im christlichen Habit zusammen mit chinesischen Astronomen in bestickten Mandaringewändern und arabischen Gelehrten, die ihre Köpfe mit muslimischen Turbanen geschmückt hatten, auf den Großdirektor des Astronomischen Amtes. Ein Diener versorgte die schweigende Herrenrunde mit rotem und grünem Tee. Keiner sprach. Die Araber rührten ausgiebig Honig in ihren roten Tee und die Chinesen verbargen sich hinter halbgeschlossenen Augen.

Mit Schwung wurde die Flügeltür aufgerissen. Die Wartenden sprangen auf, verbeugten sich vor dem hereineilenden Mandarin und setzten sich, als er sie dazu aufforderte, wieder auf ihre Podeste. Der massige Eunuch Wei-kung kam mit seiner mädchenhaften Stimme ohne Umschweife zur Sache. Offensichtlich wollte er dieses Gespräch so schnell wie möglich hinter sich bringen. Sein eisiger Blick wischte über die Jesuiten hinweg und legte sich auf seine eigenen Fingerspitzen, an denen die Nägel wie gelockte Holzspäne herabfielen. »Meine hochgeachteten Gelehrten, die Tatsache, daß Sie hier anwesend sind, bedeutet, daß Sie in das Vertrauen der Palastberater und des Kaisers gezogen werden. Der Großkanzler Doctor Hsü hat mich beauftragt, die westlichen Männer in das Astronomische Amt einzuladen, um ihr Wissen mit dem unsrigen zu verbinden.«

Ein kurzes Schnaufen stellte klar, daß er diesen Wunsch nicht teilte. »Wie Sie mit Sicherheit wissen, ist es an der Zeit, den Kalender für die Regierungsdevise Gutes Großes Omen neu zu berechnen. Einige Mandarine glauben, daß die Wissenschaftler aus dem Westen über Methoden verfügen, die sogar den Arabern unbekannt sind. Dieses wurde leider von den arabischen Gelehrten bestätigt. Meine Herren, der Ch'ung Cheng-Kaiser befiehlt Ihnen, Ihr Wissen in den Dienst der Ming zu stellen und sofort mit der Arbeit zu beginnen. Die arabischen Astronomen werden für diese große Aufgabe von allen anderen Arbeiten befreit und müssen sich in der Bibliothek einfinden.«

Die beiden angesprochenen Gelehrten der Hui-hui-k'o-Abteilung erhoben sich kurz, machten eine steife Verbeugung und setzten sich wieder.

»Die chinesischen Gelehrten überprüfen die Berechnungen unserer Vorväter und werden sich ebenfalls ab heute in der Bibliothek einfinden! Die westlichen Herren Astronomen hinge-

gen werden die nötigen Unterlagen zugeschickt bekommen.«
Wei-kungs großflächige Wangen ließen keine Regung auf sein
Gesicht durchdringen.

»Verehrter Mandarin vom Stande des Fasans bedenkt, auch
wir brauchen Zugang zu den Bibliotheken und Archiven«, warf
Rho ein, erhob sich und verbeugte sich tief.

»Wir haben gedacht, den Patres die Arbeit zu erleichtern und
wollen Ihnen den beschwerlichen Weg in das Astronomische
Amt ersparen. Man hat schon eine Auswahl Schriften zusammengestellt, die Ihnen sogleich ausgehändigt werden.«

»Aber wie soll das gehen, wenn wir Antworten von den ehrwürdigen arabischen oder chinesischen Gelehrten brauchen? Ihr
wißt, die Astronomie ist ein gewaltiges Gebiet und die Mathematik nicht weniger. Es könnte sein, daß wir Hilfe brauchen.« Rho
verbeugte sich noch einmal.

»Eure Aufgabe soll sein, aus westlicher Sicht Fehler in den beiden maßgeblichen Reichskalendern aufzuspüren und die chinesischen Gelehrten darauf aufmerksam zu machen.«

»Wenn ich recht verstehe, eine beratende Aufgabe?« fragte
Adam knapp.

»Eine Zuarbeit«, ergänzte Wei-kung mit einem feinen Lächeln. »Sie werden Ihre Berechnungen in Ihrem eigenen Haus
machen. Ja, die Entscheidung über die Kalenderreform ist und
bleibt in chinesischer Hand. Damit mußten sich auch die arabischen Spezialisten abfinden, obwohl sie schon so lange bei uns
leben.«

Ein arabischer Gelehrter nickte zustimmend.

»Beweist Euer Wissen und daß Euer Gott was taugt, Priester
T'ang Jo-wang!« Großdirektor Wei-kung klatschte dreimal in die
Hände. »Denn wenn Euch Euer Gott nicht hilft, dann ist Euer
Leben auch den Schutz des himmlischen Kaisers nicht wert.«

Sofort kam ein Schriftenkuli mit einem hohen Stoß Schriftrollen und Schatullen auf den Armen in den Raum gewankt. Der
Meister des unsichtbaren Dolches winkte Adam aufzustehen
und dem Ächzenden den Schriftenberg abzunehmen. »Beweisen Sie Ihre Klugheit, meine Herren. Ich empfehle mich.«

Als Wei-kung an Giacomo Rho vorbeistampfte, musterte er

dessen Habit und rief den noch schweratmenden Diener herbei. »Du, bring den Ausländern die korrekte Kleidersitte bei, dieses schwarze Krähengewand beleidigt mein Auge!«

Der Überrumpelte blickte ängstlich von den Jesuiten zum Großdirektor und eilte dann tiefgebeugt zur Tür, die er für die hinausdrängenden chinesischen Astronomen und den Fasanmandarin aufriß.

Der Jüngste der Araber verbeugte sich zurückhaltend vor den beiden Jesuiten. »Wir haben viele hundert Jahre gebraucht, um das Tanzen mit dem Drachen zu lernen. Wer China erobern will, braucht einen langen Atem und den richtigen Glauben. *As-salam alei-kum!*« Dann eilte er den Chinesen hinterher.

Giacomo Rho ging dem beladenen Adam, dem der Aktenberg die Sicht versperrte, voraus und öffnete ihm die Türen. Der verwirrte Diener buckelte nebenher und plapperte belehrend von der Sitte landesüblicher Kleidung, von Vorschriften der Palastschneider, der Ehre der Mandarinwürde, Entehrung durch unwürdigen Anblick und so weiter und so weiter.

»Und wenn du nicht sofort dein Maul hältst, kommen wir demnächst nackt!« brüllte ihm Rho ins zurückschreckende Gesicht. Nach diesem Ausbruch blieb der Diener mit zitternder Unterlippe im Säulenportal stehen.

Wütend warfen sie sich in die Sänften und trieben die Träger zu einem Eilmarsch durch die verstopften Alleen der Nordstadt an.

Longobardo saß am großen Tisch im Konversationsraum und las in der Bibel, als sie mit den Schriften heimkehrten. Schnaufend wuchteten sie die Last auf die Tischplatte.

»Sie behandeln uns wie den letzten Dreck. Sie machen uns zu ihren Handlangern. Wir sind ein Nichts, ein Niemand für sie«, schimpfte Adam.

»Man behandelte euch wie Handlanger, wie ein Nichts? Das mögen gewisse Patres nicht, nicht wahr Adam Schall?« Longobardo hob die Augenbrauen und legte seine Lektüre aus der Hand.

Adam warf ihm einen wütenden Blick zu.

»Sie lechzen geradezu nach unserem Können. Aber das so

heimlich wie möglich. Sie haben uns den Zugang zur Bibliothek verweigert. Scheinbar soll uns niemand bei der Zuarbeit sehen. Wir müssen die Fehler aufdecken, die die Chinesen und die Araber nicht gefunden haben. Wenn wir das nicht schaffen, ist unser Leben den Schutz des Kaisers nicht wert, hat er gesagt. Damit hat er doch gemeint, daß uns das Verbannungsdekret droht. Petrus, bring Sorghumschnaps!« Giacomo hatte den Rest Schriftrollen und Schatullen auf den Tisch getürmt und war auf einen Hocker gesunken.

Adam ging schimpfend im Zimmer auf und ab. »Wei-kung wird verhindern, daß wir Erfolg haben.« Erregt blätterte er ein Papierbündel aus der obersten Schatulle durch. »Durch die Vorauswahl der Antworten hat er uns die Freiheit des Fragens genommen. Kein Zugang zum Hofobservatorium, kein Zugang zur Bibliothek, abgeschoben wie Aussätzige, und das alles im Angesicht der eingenisteten Araber, die ihre Geschäfte bei Hofe im Trockenen haben. Außerdem sollen die Berechnungen bereits am ersten Tag des zweiten Neumondes dem Kaiser vorzulegen sein. Das heißt, daß wir schon im Januar fertig sein müssen. Danke Petrus!« Er kippte den Klaren hinunter. »Ich hasse Sorghumschnaps!«

»Ich auch!« Giacomo prostete ihm mit seinem Zinnschälchen zu und stürzte den beizenden Tropfen ebenfalls in sich hinein.

»Danke, nein, Petrus, wir wollen nicht gleich sterben, wir wollen uns nur ein bißchen beruhigen.« Verkehrt herum stellte er dem Küchendiener das Näpfchen aufs Tablett und lehnte sich zurück.

»Wir brauchen einen chinesischen Verbündeten.«

»Der Großkanzler! Doctor Paul Hsü! Wann war nochmal die Audienz?«

Zum verabredeten Termin am dritten Tag des achten Mondmonats, Mitte September, ließen sie sich zu Doctor Hsüs Privatresidenz in der Wassermelonengasse Nummer neun tragen.

Am Mondtor half ihnen ein Hausdiener aus den Tragstühlen. Seine Holzsandalen klapperten, als er sie an Blumenstauden vorbei zu einem Gebäude führte. Dessen geschwungenes Dach aus moosgrünen Glasurziegeln ruhte auf blütenverzierten Holzsäulen. Adam und Giacomo folgten ihm in eine Halle. Kühle empfing sie im dämmerigen Raum. Durch achteckige Wandöffnungen fiel Licht auf den blankgelaufenen Steinfußboden. An den Wänden verschlangen sich Fabeltiere mit Geweihen, Garnelenaugen, aufgerissenen Rachen mit Barteln, geschuppten Schlangenleibern, mit Venusmuscheln als Bauch und Tigerpranken als Füße. Fliegende, kriechende, springende Tiere wanden sich bunt über die Fresken. Von den Deckenbalken hingen rote Lampions und selbst die hohe Decke war über und über mit bunten Pflanzen und Tieren bedeckt. Das Licht der roten Lampions, die seltsamerweise auch tagsüber brannten, ließen die Ornamente geheimnisvoll schimmern. Geduldig schauten sie dem Chinesen zu, wie er qualmendes Räucherwerk in einen sandgefüllten Kessel steckte, bevor er sie in einen zweiten, größeren Hof bat. Hier wuchsen Schirmkiefern, hinter denen sich eine kleine Bambusbrücke über ein Wasser beugte. Die Gäste wurden in den Schatten eines alten Drachenkopfbambus geführt, der seine langen Besenäste in einen Goldfischteich tauchte. In seinen Schatten hatte man einen feinbemalten Porzellantisch gestellt, um den sich buntverzierte, bauchige Porzellanhocker gruppierten. Der Hausdiener verbeugte sich und bat die Gäste, zu warten.

Der schwere Duft eines blühenden Jasminstrauches vertiefte Frieden und Harmonie, Vogelgezwitscher und die zarten Tönen einer Wölbbrettzither erfüllten die Luft. Nachdem der Diener im Gebäude verschwunden war, verstummte die zarte Saitenmusik. Mit freudigem Lächeln trat der Großkanzler wenig später auf die Veranda und eilte auf die Jesuiten zu, die ihm entgegenschritten. In seinem schlichten, bodenlangen Alltagskleid blieb er, leicht gebeugt und schmal, mit zum Gruß gefalteten Händen vor ihnen stehen. »*K'ang fo, Jo-wang!* Johann Adam!« grüßte er mit bewegter Stimme. »Wie viele Jahre hat unsere Begegnung warten müssen, wieviele Gedanken habe ich zu Euch gesandt und erst jetzt können wir uns begegnen. Welch eine Schande für mein Land, daß wir die Mauern der Heimlichkeiten noch immer nicht überwunden haben.« Sein Fadenbärtchen war inzwischen weiß geworden und die Gelehrtenkappe mit den seitlich abstehenden Flügeln saß locker auf den zarter gewordenen Schläfen. Ohne seine Mandarinrobe war Paul Hsü ein kleiner, zierlicher Mann.

Adam nahm die feinen Hände des Gelehrten in die seinen.

»Ta-jao, ehrwürdiger Paul Hsü, der Himmel segnet mein Leben mit Eurer Freundschaft. Auch wenn wir uns, laßt mich überlegen, sieben, nein, zehn Jahre nicht begegnen durften, erfuhren wir doch die Wohltaten Eures Einflusses. Und es scheint so zu sein, daß wir diesen Segen jetzt mehr benötigen als jemals zuvor.« Ohne die kleinen weißen Hände loszulassen, stellte er Giacomo Rho vor.

»Mein Gefährte Giacomo, Mathematiker.«

»Seid willkommen, seid willkommen. Doch im Sitzen redet es sich besser.« Ächzend setzte sich der Großkanzler auf einen Porzellanhocker. »Hinter diesem Bambus weile ich, wenn ich mit mir alleine sein will. Er ist auch ein guter Platz, um Freunde zu treffen. Wei-kung läßt Euer Haus noch immer beobachten. Er fürchtet Euch wie meine Großmutter die Heuschrecken.« Nachdem er Jasmintee und Ingwerplätzchen herbeigeklatscht hatte, strich er Adam prüfend durchs Haar. »Die ersten Silberfäden, hoffen wir, daß es ein Zeichen für Weisheit ist. Davon braucht Ihr ja nun viel.« Sein noch immer glattes Gesicht lächelte verschmitzt. »Nun, wie ergeht es Euch im Irrgarten der Palastbürokraten und Pinselgelehrten?«

Adam berichtete von der Festlichkeit auf dem Platz der Höchsten Harmonie, von der Uhr und von den Behinderungen Wei-kungs, die Bibliotheken und die Sternwarte zu betreten, und ihren Schwierigkeiten beim Verständnis des chinesischen Weltbildes.

Der Großkanzler wiegte seinen zierlichen Kopf und seufzte schwer. »Der Dicke muß Eure Uhr noch unter Verschluß haben, sonst spräche der ganze Hof davon. Dieser mächtige Generaleunuch ist die ganz große Mauer. Und die chinesische Jahreszeitenberechnung? Ich weiß, ich weiß, unser Denken über die Zusammenhänge von Himmel und Erde unterscheidet sich erheblich von dem, was Ihr Abendländer über den Kreislauf des Lebens denkt. Ich weiß, daß ich Euch eine sehr schwierige Aufgabe aufgebürdet habe, Ihr mögt mir das verzeihen, aber es wurden Stimmen laut, die murrten, die *Yesu huei-shih* sollen endlich beweisen, daß sie würdig sind, auf dem Boden des Drachens zu wandeln. Ohne akademische Leistungen seid Ihr für viele nur störende Eindringlinge.«

»Es scheint sogar wieder ein Verbannungsdekret geplant zu werden. Natürlich sind wir Euch für diese Möglichkeit unsere Situation zu verbessern außerordentlich dankbar, Doctor Hsü. Nur haben wir die Herausforderung angenommen, bevor wir wußten, was Wei-kung für einen Schachzug tut, um uns die Lösung der Aufgabe unmöglich zu machen. Unter diesen Bedingungen hätten wir wahrscheinlich nicht so schnell eingewilligt. Es wurde uns noch nicht einmal ein Gespräch mit den Arabern über den aktuellen Stand der Berechnungen angeboten. Doctor Hsü, ohne Eure Hilfe sind wir verloren!«

»Mein lieber Jo-wang, da es hier um Euer Leben geht, habe ich vorgesorgt. Mein Freund und Vertrauter Michael Ch'ang wird Euch unterstützen, weil er meint, daß der chinesische Geist sich über die Jahrtausende in seinen eigenen Gedanken gefesselt hat wie eine Raupe in ihrem Kokon. Michael Ch'ang meint, die westlichen Gelehrten könnten dazu beitragen, den Faden aufzuspulen, um den Geist zu befreien. Ihr seht, die Hilfe, die Ihr braucht, ist vorgesehen. Auch werde ich Euch die entsprechenden Bücher aus den kaiserlichen Schreibkammern zukommen lassen.«

»Danke, der Himmel möge Euch mit Gesundheit und Freude beschenken. Unser Dank ist unbegrenzt.« Giacomo Rho war von seinem Porzellanhocker aufgestanden und lief, die Handflächen aneinander reibend, aufgeregt am Teich auf und ab. »Werter Mandarin Hsü, gibt es etwas, was wir für Euch tun können, etwas, womit wir unseren Dank ausdrücken können?«

»Natürlich, mein größter Wunsch ist, daß Eure Kalenderberechnung mit dem Sieg über die Gegner des westlichen Geistes gesegnet sei. Und für mich alten Mann wären die letzten Tage lichtdurchflutet, wenn Ihr mir Belehrungen aus der Heiligen

Schrift geben könntet. Durch Eure Rede erhalte ich die segensreiche Botschaft in der reinsten Sprache. Zudem bitte ich um die Erhörung meiner Verfehlungen und um die Sakramente, wenn meine Seele diesen Leib verläßt.« Bei den letzte Worten zwinkerte er T'ang Jo-wang aufmunternd zu.

»Ach, nicht einmal für dieses Gespräch läßt man mir Zeit«, seufzte er plötzlich. Der Diener war leise hinzugetreten und raunte ihm etwas ins Ohr. Er erhob sich. »Es ist unverzeihlich, dringende Amtsgeschäfte, man ruft mich fort. Ich wünsche Euch einen gelassenen Geist bei Eurer großen Aufgabe. Und vergeßt nicht, mich zu belehren!«

Die Jesuiten sprangen von ihren Hockern auf und verneigten sich, während er am Arm des Dieners ins Haus schritt.

»Jetzt haben wir Hilfe. Wie hieß er noch?«

»Michael Ch'ang?«

Der Aufstieg von Doctor Hsü zum Großkanzler und ersten Staatsrat im Reich machte sich an einem wieder zunehmenden Fluß dringend benötigter Spendengelder bemerkbar, und auf nicht mehr ganz so stille Weise sprach sich die neue, fromme Lehre von Familie zu Familie, von Freund zu Freund und Frau zu Frau herum. Der Gott, der durch die Zeremonie *Begießen-mit-Wasser* die Sünden auslöscht, und allen Elenden und Armen Heil verspricht, lockte die Armen und die vom Gewissen geplagten Reichen an. Am gepriesenen Gottessohn bewunderte man besonders, daß dieser alleine gegen alle seine ureigenen Gedanken verkündete.

So wurde der alte Konversationsraum bald zu eng für die vielen zu führenden Gespräche. Sogar die beiden Edelfräulein nutzten die neue Glaubensfreiheit und huschten immer öfter in den nach der Etikette vorgeschriebenen separaten Frauenraum.

Gerade als sich Adam und Giacomo mit ihren Tabellen, Federkielen, Tintennäpfchen, Streusandgläschen und Deckeltassen im Laboratorium breitgemacht hatten, riß der Superior die Tür auf und scheuchte sie wieder hinaus. »Männer, es geht los! Die Mauern ins Nebenhaus werden gleich eingerissen. Simon Di hat den Nachbarn endlich auf fünfhundert Silbertael runtergehandelt, wir haben's gekauft. Avanti, arbeitet solange woanders!«

Murrend packten die beiden ihre Sachen und zogen in eine kleine Kammer neben der Küche, von wo sie bei geöffneten Fenstern den Innenhof und den vorderen Eingang überblicken konnten.

Longobardo baute und baute in einem fort: jetzt schuf er Platz für einen geräumigen Studierraum, eine Bibliothek, ein Seminar, eine Werkstatt und sogar für eine kleine Kapelle. Von nun an saß Adam in einem von Baulärm umbrandeten Abstellraum und rechnete, las, rang mit seinem Mathematikerkollegen Giacomo Rho um Erkenntnisse und rechnete abermals.

Für die Jesuiten rückte das Weihnachtsfest heran, für die Einheimischen begann die sagenhafte Zeit der Tigerpaarung. Diese Festtage und die Vergrößerung der Mission sollten ausgiebig gefeiert werden. Von den Groß-Geld-Leuten kamen ganze Schweine, bündelweise Räucher- und kistenweise Feuerwerk, Großmütter spendeten körbeweise Glücksküchlein.

Nach der Frühmesse versammelte sich die Gemeinde im ersten Innenhof und wurde von der bezopften Gottfriede Tjing und der Apothekerwitwe Maria T'ien mit heißem Reiswein und Dampfbrot bewirtet. Die fröhliche Stimmung erreichte ihren Höhepunkt, als die warm eingemummte Gestalt von Amtsschreiber Markus Ho im Mondtor stand und winkte. Von der West-Straße näherte sich ausgelassenes Geschrei. Trommeln wurden in den Hof getragen, ihnen folgte ein flatterndes Ungetüm. Das riesige Maul eines Drachenkopfes schoß von einem auf und abspringenden Schlangenleib gefolgt zwischen die Feiernden. Dort drohte und schnappte das bedrohliche Glückstier nach quietschenden Kindern, um gleich darauf wild schlängelnd auf zehn Paar Männerfüßen im Kreis der johlenden Gemeinde herumzufegen. Das Trommelgetöse hatte auch die unermüdlichen Kalenderberechner ans Fenster gelockt.

»Auf daß das Tier auch unserer Arbeit Glück beschere«, meinte Rho und setzte sich seufzend zurück an seine Berechnungen.

Als die beiden Gelehrten schon längst bei Kerzenlicht arbeiteten, wurde es draußen urplötzlich totenstill. Verwundert erhoben sie sich wieder und öffneten das Reispapierfensterchen.

Auf dem Hof wurden Lampions geschwenkt und Anweisungen gegeben. Die Gemeinde hatte sich schweigend im Kreis um etwas in die Erde Eingegrabenes geschart. Markus Ho tänzelte mit einer Lunte fuchtelnd zwischen den zusammengerückten Zuschauern herum. Bedächtig bückte er sich. Rauch stieg auf. Es tat einen gewaltigen Donnerschlag, der Menschenkreis sprang auseinander. Funken von Gold stoben, gefolgt von einem vielstimmigen Oooh, in den schwarzen Himmel. Über der Weihnachtsgemeinde breitete sich knatternd ein Strauß feuriger Blumen aus. Kristallblaue und schwefelgelbe Funken fielen von oben wieder auf die Mission herab.

»Welch ein Segen. Was würde die Welt Wunderschönes vermissen, wenn die Chinesen nicht das Schwarzpulver erfunden hätten. Wie relativ dieses Teufelszeug doch ist, was Schaden und Nutzen angeht.« Adam sah versonnen in den glühenden Feuerregen. »Fröhliche Weihnachten, Giacomo, ich wünsche dir weiterhin viel von Gottes Hilfe, Weisheit und Geduld!«

Giacomo war schon wieder hinter seinem Bücherberg verschwunden und murmelte nur: »Mit Hilfe unserer Schutzheiligen Logarithmus und Ephemeridikus wird es schon gehen. Wenn wir erst einmal einen Fixpunkt haben, können wir eine vergleichende Messung erstellen. Ach so, ja, fröhliche Weihnachten!«

Von der Seelsorge suspendiert, studierten Adam und Giacomo inzwischen bei Michael Ch'ang. Obwohl der fünfzigjährige Pinselgelehrte schon länger bekehrt war, empfand er das westliche Denken seiner Schüler von überraschenden Erkenntnissen gespickt.

»Ihr Abendländer«, stellte er einmal fest, »Ihr habt es gut. Euer Kalender richtet sich nach der Sonne und wird seit der Geburt Eures Meisters laufend fortgeschrieben. Bei uns ist alles viel verschlungener. Mit jedem neuen Kaiser beginnt eine neue Regierungsära, und damit eine neue Kalenderzählung. So leben wir heute im fünften Jahr der Ära Gutes Großes Omen. Unsere Gelehrten erstellen sogar mehrere Kalender. Dabei wird die offizielle *Gang-zhi*-Zeitrechnung benutzt!« Er hielt inne, als er in die besorgten Gesichter der Jesuiten blickte. »Doch seid unbesorgt, nur zwei Kalender sind für Euch von Bedeutung. Der erste, ich nenne ihn mal wörtlich übersetzt ›Wandelstern-Kalender‹, gibt Auskunft über die Bahn von Sonne, Mond und weiteren fünf Wandelsternen, die ihr Abendländer Mars, Jupiter, Merkur, Saturn und Abendstern nennt. Bei uns heißen sie Feuerplanet, Holzplanet, Wasserplanet und Erdplanet sowie Metallplanet. In diesem Kalender, dem *Yüeh Ling*, sind die Bewegungen der Planeten berechnet und auch ihre Stellung zueinander und zum gestirnten Himmel. Wohlgemerkt, für jeden Tag.« Er strich sich über die pockenvernarbte Stirn. »Mit Hilfe des Zyklus der Sonne und des Zyklus des Mondes unterteilen wir seit altersher das Jahr in zweifacher Hinsicht. Nach dem Lauf der Sonne orientiert sich die Natur. So unterteilen wir das Jahr in vierundzwanzig Sonnenperioden, denen die Bauern Namen wie ›Getreide in Ähren‹, ›Insekten erwachen‹ oder ›Frost kommt herab‹ gegeben haben. Andererseits unterteilen wir das Jahr in zwölf Mondzyklen, die immer mit dem Neumond beginnen und neunundzwanzig und einen halben Tag umfassen. Sonne und Mond haben ihre eigenen Gesetze. Die chinesischen Astronomen haben zwar dem Mond den Vorrang eingeräumt, waren aber stets bemüht, auch der Sonne gerecht zu werden.«

Unbeirrt von den manchmal verzweifelnden römischen Gelehrten entwirrte ihr Lehrer Ch'ang die chinesische Kosmologie. Mit dem verzwickten Wochensystem und dem Sonnenlauf aus chinesischer Sicht schloß er eine Woche Unterricht ab. »Die letzte, die 24. Doppelwoche des Jahres dauert vom 21. Januar bis zum 4. Februar. Dann feiert man das Frühlingsfest als Beginn des neuen Jahres mit viel Getöse.«

»Und an Festtagen hat der Himmelsherr, Gott sei Dank, das Arbeiten untersagt. Darauf freue ich mich besonders.« Giacomo Rho lehnte sich zurück und rieb sich die Stirn.

»Laßt Euch von Petrus Wang den Schädel massieren, das unterstützt die Kräfte des Denkens. Und nehmt grünen Tee. Mit dieser Einsicht beenden wir die heutige Lektion, ich danke den gelehrigen Herren und hoffe, daß mein bescheidenes Wissen von Nutzen sein wird.« Michael Ch'ang verabschiedete sich und ließ die beiden alleine weiterarbeiten.

Einige Tage später wurde Adam nach der Frühmesse zu einem dringenden Gespräch in den Konversationsraum bestellt. Zu seiner großen Überraschung warteten zwei Palasteunuchen tief gebeugt am großen Tisch.

»Willkommen in der Höhle des Löwen«, scherzte er beim ungewöhnlichen Anblick des höfischen Besuches. »Bringt man Giftiges von Wei-kung?«

»Wir bitten um die Anhörung unseres Grußes und unserer Rede, die voller dummer Fragen sein wird. Hochwerter Gelehrter T'ang Jo-wang, Astronom unter zwei Himmeln, wir bringen keine giftige Kost vom Generaleunuchen, wir bitten um die Speise Eurer fremdländischen Religion.« Den beiden schien es um eine delikate Angelegenheit zu gehen, denn sie wagten nicht, ihre Häupter zu heben und ihm in die Augen zu blicken. »Bitte gewährt uns den Wunsch, mit Euch alleine zu reden, denn unsere Gesundheit könnte in Gefahr sein, wenn der Hof von diesem Besuch erfährt.«

Achselzuckend schickte Adam den Hausdiener Petrus hinaus. »Bitte, setzt euch«, forderte er die beiden kühl auf. »Euer Besuch versetzt mich in Erstaunen. Bis jetzt sind uns die Palasteunuchen nicht gerade in Freundschaft entgegengekommen. Doch tragt vor, weswegen ihr den gefährlichen Weg zu uns gemacht habt.«

Eine Weile saßen die beiden stumm nebeneinander auf dem Kanapee, bis einer etwas Rundes, Silbernes aus seinem Robenärmel wühlte und verlegen herüberreichte.

Adam glaubte seinen Augen nicht zu trauen. Der Eunuch hatte ihm jene Taschenuhr in den Handteller geschoben, die er vor Monaten Wei-kung überreicht hatte. Er ließ den Deckel aufschnappen. Die römischen Ziffern waren ganz präzise abgemalt, aber die chinesischen Doppelstunden als Einteilung daruntergelegt. Es fehlte das Schlüsselloch zum Aufziehen. Die Uhr tickte nicht.

Adams schallendes Gelächter beschämte die beiden zutiefst. Tapfer guckten sie sich auf die Fingerspitzen.

»Erzählt mir mehr!« Er ließ das Imitat an der Kette hin- und herpendeln. »Wer hat dieses Wunderwerk hergestellt oder, sagen wir mal, wer hat versucht, es herzustellen?«

»Hochwerter Gelehrter T'ang Jo-wang, wir nehmen die Schande mit Demut. Vor einigen Monaten kam Großdirektor Wei-kung mit so einem Gegenstand und beauftragte uns, ihn nachzubauen. Er war sehr aufgebracht und meinte, der Erhabene der zehntausend mal zehntausend Jahre dürfe dieses Kunstwerk nicht sehen, bevor wir nicht ein besseres gemacht hätten. Wie Ihr seht, ist es uns nicht gelungen. Li-li«, er deutete auf seinen Nachbarn, »glaubt, daß es daran liegt, daß wir das rechte *feng-shui* für diesen Gegenstand nicht kennen. Wir wissen nicht, aus welchen Metallen er gemacht ist und auch nicht, wie wir das Geräusch hineinbekommen sollen. Großdirektor Wei-kung meinte nur, daß es ein Gerät zum Zeitmessen sei, und daß es aus dem Westen komme. Ich selber habe die Ehre, ein Vertrauter der christlichen Palastdame Katharina Lü zu sein. Ihr seht, die Tatsache, daß sie mir von ihrer Bekehrung berichtet hat, spricht für meine Vertrauenswürdigkeit.« Der Eunuch senkte sein geschorenes Haupt. »Die Dame Lü meinte zu mir, es läge nicht am *feng-shui* oder an besonderen technischen Zutaten, sondern daran, daß Ihr den rechten Glauben habt, und daß Euer Glaube Euch hilft, diese Wunder zu vollbringen. Wir haben, verzeiht uns unsere Neugierde, während des Wartens das Zeitmeßgerät dort hinten« – er deutete auf die Standuhr auf der Kommode – »untersucht. Es macht auch so ein Geräusch, das wir uns nicht erklären können. Bitte weiht uns in die christliche Kunst des Zeitmeßgeräteherstellens ein.«

»Nichts leichter als das.« Dem erheiterten Jesuiten schossen sofort einige Erwägungen durch den Kopf. »Doch bevor der Herr euch beide annimmt, braucht er einen Beweis eurer Ernsthaftigkeit. Wo, sagtet ihr, ist das Vorbild jetzt?«

»Es liegt im kaiserlichen Magazin abgelegter Kostbarkeiten.«

»Ist es euch möglich, Wei-kung davon zu überzeugen, daß das Kleinod in einem Frauengemach besser aufgehoben ist, zum Beispiel bei der Dame Katharina Lü? Jetzt, da das Gerät nicht mehr sein inneres Geräusch hat, ist es für einen Mann sowieso wertlos! Meint ihr, ihr könntet euren Vorgesetzten dazu bewegen, Katharina Lü die Uhr auszuhändigen?«

»Wenn der fromme Herr diesen Beweis unserer Ernsthaftigkeit braucht, wollen wir das gerne arrangieren. Unser Vorgesetzter ist über die Angelegenheit mit dem Zeitmeßgerät sehr verärgert. Wir werden ihm erzählen, daß sein Ansehen in den Augen der Dame Lü steigt, wenn er ihr den nutzlosen Gegenstand schenkt. Jawohl, hochwerter Gelehrter, wir werden unser Bestes tun.«

»Dann fühlt euch willkommen bei den Gefährten Jesu und kommt in einer Woche wieder her, um euren christlichen Namen und den Taufsegen zu erhalten. Dieses Ding hier hätte ich gerne.« Er ließ das Bastelwerk wieder vergnügt zwischen seinen Fingern baumeln.

»Oooh, oooh, hochwertester frommer Herr, welch eine Ehre, daß er unser Ding behalten möchte. Welch eine Ehre!« Die beiden Palasteunuchen sprangen auf und verbeugten sich wieder und wieder in schwindelerregendem Tempo, während er sich ebenfalls erhob und im Gehen nach Petrus Wang rief, um die beiden hinauskomplimentieren zu lassen.

Vergnügt eilte er in die Abstellkammer, in der sie immer noch arbeiten mußten. Wortlos legte er Giacomo die Uhr auf das aufgeschlagene Buch, in dem dieser gerade las. Giacomo drehte und wendete den unsinnigen Gegenstand fassungslos zwischen den Fingern, bis auch er in wieherndes Gelächter ausbrach. Als Adam ihm dann von der Bitte der beiden Eunuchen, in die Kunst des Zeitmeßgeräteherstellens eingeweiht zu werden, erzählte, machte sich ein siegessicheres Lächeln auf dem Gesicht des Piemontesen breit. »Der Himmel möge diese beiden Einfaltspinsel segnen, sie haben uns die Augen geöffnet über den wahren technischen Stand am Hof. Und wir beide haben in unserer Angst dem aufgeblasenen Wei-kung fast geglaubt, daß die chinesische Wissenschaft der europäischen überlegen sei. Ein fürwahr schönes Weihnachtsgeschenk!«

An Kirchenfesten wie Weihnachten baten immer mehr Gäste um Unterweisung im römisch-katholischen Glauben. Die Neuchristen lernten, ein vereinfachtes Vaterunser und Ave Maria auf Chinesisch zu sprechen und dazu den Rosenkranz wie die buddhistische Mantra-Kette zu benutzen. Den nächsten Schritt im Unterricht bildete das richtige Gottesverständnis. Hier mußte die erste Begegnung mit dem Kruzifix sehr vorsichtig erfolgen. Als erste wurde die Muttergottes vorgestellt. Zu leicht, das hatten die Erfahrungen gelehrt, mißfiel den Machtlosen der elende Anblick des Gekreuzigten. Sie wollten sich den Schöpfer als triumphierenden Herrscher vorstellen. Um ihnen die Grundzüge des Glaubens nahezubringen, stützten sich die Jesuiten auf das *T'ien-chu shih-i.* In seiner Schrift *Gottes Wesen* hatte Matteo Ricci in einfachen Worten die Grundzüge der katholischen Lehre dargelegt.

Die Pekinger Gemeinde liebte es, das Weihnachtsfest über Wochen auszudehnen. Der Aufruf der Christen, den Nächsten anzunehmen, führte dazu, daß Familien ihre überflüssigen Töchter bei den Patres unterbringen wollten und Hungrige die Armensuppe unter ihresgleichen wärmstens weiterempfahlen. In diesem Jahr lag wieder ein Neugeborenes zwischen den Geschenken. Da die Krippe auf einige verzweifelte Frauen einen sehr kinderfreundlichen, geradezu einladenden Eindruck machte, folgte alljährlich auf das Fest der Freude die Organisation der Mißverständnisse. Man trug die ausgesetzten Mädchen in die Waisenhäuser.

Die West-Straße vor dem Missionshaus verwandelte sich in einen Sammelpunkt für Aussätzige und Bettler, die den Eingang mit erhobenen, entblößten Arm- oder Beinstümpfen und flehendem Singsang belagerten. An diesem Ort genossen die vorbeieilenden Groß-Geld-Leute ihre großzügige Geste des Spendens als Beweis ihrer Wandlung zum besseren Menschen. Der selbstlose Dienst am Nächsten begeisterte besonders Damen aus bessergestellten Häusern. Man sah sie früh am Morgen begierig auf Seelenerrettung ihre Prunksänften verlassen und spätabends mit einem zufriedenen Glanz im Antlitz nach Hause zurückkehren.

Bald kursierten in der Stadt Gerüchte über sittenwidriges Verhalten in der Christenmission, denn Nachbarn hatten schallendes Gelächter von Männern und Frauen aus dem Innenhof gehört.

Schon längst hatten die eifrigsten unter den getauften Frauen das Regiment am Missionsherd übernommen. So wurden nicht nur die Opfer kaiserlicher Mißwirtschaft gefüttert, sondern auch die hochverehrten Patres aufs liebevollste bekocht. Zum Einsetzen der kalten Monate des Jahres 1633 hatten sich die Pekinger Jesuiten einen guten Winterspeck zugelegt.

Da die Zeiten recht tolerant waren, beschloß der Superior, den Tag der Taufe Christi im Jordan zu einem allgemein zugänglichen, öffentlichen Tauffest zu machen. Am 6. Januar stauten sich wieder die Sänften in der Straße der Überfließenden Üppigkeit, am hinteren Residenztor. Schon seit Tagen heizte Jakob in der Kapelle ein, um den Raum für die Weihe warm zu bekommen. Die Patres tauschten ihre mörtelverkrustete Arbeitskluft gegen die guten Roben und verwandelten sich in Priester Roms. An diesem Dreikönigsfest überraschte Pater Adam mit etwas Besonderem. Als sich die kleine Kapelle bis auf den letzten Platz gefüllt hatte, trat er an einen verhüllten Kasten, setzte sich und entfernte das darübergelegte Tuch. Genußvoll griff er in die Tasten und spielte aus *Vespro della Beata Vergine* das *Audi coelum* auf dem Klavizimbel des chinesischen Kaisers.

Erst Tage zuvor hatten Palastdiener das Geschenk, das dreißig Jahre lang im kaiserlichen Magazin abgelegter Kostbarkeiten vor sich hingelitten hatte, in die Residenz transportiert, um es von der Hand eines westlichen Gelehrten wieder zum Klingen bringen zu lassen. Mit Mühe hatte Adam die spröden Saitenreste in die Nähe der europäischen Tonleiter gezurrt. Jetzt entrang er dem Instrument etwas schräge, aber für Eingeweihte wiedererkennbare Melodien von Monteverdi. Die Chinesen hatten solche Tonfolgen und Harmonien noch nie vernommen. Mit gesenktem Haupt lauschten sie dem Spiel des Priesters und nahmen die scheppernden Laute in ihre andächtigen Herzen auf. Als er noch das *Nigra sum* anschlug, verbargen die Italiener Rho und Grassetti, tief über ihre Psalmenhefte gebeugt, Lachtränen in ihren Nasentüchern.

Der Superior folgte auf die Musik mit der Taufzeremonie und machte aus fünfzehn Andersgläubigen fünfzehn Christen. Viele der neuen Rituale wie Segnen von Speise und Trank, Sprengen mit Weihwasser und die Änderung des Geburtsnamens in einen religiösen waren den Konvertiten aus ihrer alten Religion vertraut. »Die Heiden müssen vom Teufel besessen sein, denn sie äffen uns alles nach«, pflegte Longobardo zu schimpfen. Er war der festen Meinung, daß die Buddhisten ihre Rituale aus dem Christentum geklaut hätten. Unter den Täuflingen befanden sich auch die beiden Eunuchen. Der Superior taufte sie auf die Namen Archibald und Nestor.

Gottfriede Tjing hatte sich ihre Zöpfe frisch geflochten und ein mit Reihern besticktes Schleierchen auf den Scheitel gelegt. Sie strahlte über die roten Wangen, als sie durch den Kirchenraum stiefelte und auf einem Lacktablett die gesegneten Süßigkeiten anbot. Die Gäste Gottes vernaschten die Gaben sogleich, nur Archibald und Nestor winkten Pater T'ang Jo-wang zu sich und baten darum, über das ihnen zugemessene Maß von den Köstlichkeiten einstecken zu dürfen. »Die Palastdamen haben uns gebeten, geweihte Speisen für sie mitzubringen«, flüsterte Nestor. »Es ist ihnen ja untersagt, die Verbotene Stadt zu verlassen.«

»Welch ein christlicher Gedanke. Natürlich dürfen wir die Gefangenen der Verbotenen Stadt nicht vergessen. Wenn ihr im Glauben fortgeschritten seid, besteht die Möglichkeit, euch als Laienbrüder bei der Taufe der Palastdamen einzusetzen. Doch dieser Ehre gehen noch einige Belehrungen voraus. So nehmt reichlich von dieser gesegneten Speise und bringt sie zu denen, die danach verlangen.«

Die Aussicht, zu Taufgehilfen zu werden, erfüllte die beiden mit solch einem Stolz, daß ihnen fast die Küchlein von den Katechismusheftchen fielen, als sie in ihre Sänften stiegen.

Die Jesuiten hatten über die Jahre gute Erfahrungen mit Mittelsmännern gemacht, die als ihr verlängerter Arm im Kaiserpalast tauften. Die beschäftigungslosen Gespielinnen des Kaisers begeisterten sich mit Inbrunst für die neue Lehre, und nicht lange nach der Taufe der ersten Konkubinen wurden Dankes-

gaben in die Mission gesandt. Voller Hingabe nähten die Palast-
fräuleins Roben für die Patres. Zum Dank sandten diese geweihte Rosenkränze, Heiligenbildchen und Fläschchen mit
Weihwasser zurück. Bald nannten sich diese Damen Schwestern
Christi. Regelmäßig schickten sie Bündel Beichtbriefe und berichteten über ihre Buße und ihre Fortschritte auf dem Weg der
Nächstenliebe.

In jenen Wochen des neuen Jahres mußten sich Adam und Giacomo gegen die Flut alltäglicher Arbeiten wehren, um mit ihren
Kalenderberechnungen zügig voranzukommen. Endlich, Ende
Januar, konnten sie aus der Abstellkammer ausziehen. Man
hatte ihnen einen neuen, hellen Studierraum eingerichtet. Hier
hatten sie genug Platz, um die vielen Bücher von Doctor Hsü
unterzubringen, die er ihnen heimlich aus den Beständen des
Kalenderamtes zugesandt hatte.

Als sie eines frühen Abends über den rudimentären Berechnungen saßen, Michael Ch'ang war schon nach Hause gegangen, unterbrach Giacomo Adam in seiner Arbeit: »Hör her, ich
habe so einen Verdacht. Vielleicht ist es ja auch nur eine
dumme Vermutung. Mir geht ihre Unterteilung eines Mond-
zyklus in achtundzwanzig Konstellationen andauernd durch den
Kopf. Ich frage mich die ganze Zeit, warum gerade achtundzwanzig ...?«

»Achtundzwanzig *hsiu*!«

»Ja, höre! Wenn nun diese *hsiu*-Einteilung nichts anderes ist,
als eine über die Jahrtausende hinweg verzerrte Maßeinteilung
entsprechend der zwölf Konstellationen unseres westlichen Zo-
diak? Überlege! Die babylonische Sternkunde gelangte über die
Seidenstraße nach China. Warum ist es nicht denkbar, daß der
Ursprung der chinesischen Zeitrechnung in der abendländischen Himmelseinteilung zu suchen ist?«

»Das wäre zu einfach! Ich kann nicht glauben, daß ihre Astronomie lediglich auf einer Verzerrung unserer Himmelskunde
beruhen soll«, meinte Adam kopfschüttelnd. »Erst heute zeigte
uns doch Ch'ang ein altes Werk, in dem über vierzehntausend

Sterne aufgelistet sind. Die chinesische Himmelskunde kennt vierzehntausend Sterne. Stell dir das mal vor! Wieviel sind es im *Almagest?* Soweit ich mich erinnern kann gerade mal tausend.«

Am nächsten Tag mußte Michael Ch'ang Rede und Antwort stehen.

»Dieselben Überlegungen hat Sung-su Li vor ein paar Jahren schon durchdacht. Aber laßt mich erst einmal Tee aufbrühen, mir ist noch zu kalt zum Denken«, sagte er und rieb sich die Hände und das Gesicht. Erst als die Teetassen dampften, ließ er sich auf seinem Platz nieder. »Bevor wir über *hsiu* sprechen, möchte ich vorausschicken, daß es keine Gemeinsamkeiten zwischen der antiken Sternenkunde im Osten und im Westen gibt. Euer gewiß großes Wissen muß sich noch vergrößern. Mit dem alten westlichen Denken kommt Ihr hier nicht weiter. Das Verwirrende an den achtundzwanzig *hsiu* mag für Westastronomen sein, daß sie Himmelsfelder bezeichnen, die der Mond auf seiner Bahn durchläuft. Deshalb nennen wir sie auch Mondhäuser. Vergeßt die Sonne und richtet Euer Augenmerk auf den Mond. Ihr werdet doch zugeben, daß dieser viel besser im Verhältnis zu den Sternen zu beobachten ist als die gleißende Sonne, die am Tag die Sterne an ihren Standorten überstrahlt. Bleiben wir beim Mond. Ein Umlauf des Mondes um die Erde dauert neunundzwanzig Tage und sechs Doppelstunden, wohlgemerkt von Neumond zu Neumond. Das sagte ich schon. Wenn sich der Mond durch den ›Schildkrötenkopf‹, wie das entsprechende Mondhaus genannt wird, bewegt, ist dies eine günstige Zeit für alles, was mit dem Element Holz zu tun hat.«

»Schon wieder so ein Mondorakel. Wenn das kein Aberglauben ist«, murmelte Giacomo in seine Teetasse hinein.

Bis spät in die Nächte hinein saßen die beiden Gelehrten über Zahlen. Doch auch ohne ihr Zutun entwickelte sich die Mission prächtig. In der Zeit, da sie sich in die chinesische Geisteswelt vortasteten, waren Archibald und Nestor so für den neuen Glauben entbrannt, daß sie sogar den Ch'ung Cheng-Kaiser umwarben.

Dagegen wußte Großdirektor Wei-kung seine hohe Stellung zu nutzen. Er verbreitete Lügen über Lügen, um den Kaiser gegen die Christen aufzuwiegeln.

So wuchs in der Gemeinde wieder die Angst vor Spitzeln. Mißtrauisch hielten Adam und Giacomo ihren getauften und empfohlenen Lehrer von ihren weit fortgeschrittenen Berechnungen fern; sie trauten ihm nicht. Nie durfte Michael Ch'ang die neusten Aufzeichnungen zu Gesicht bekommen. Wenn er nach ihren Fortschritten fragte, wiegelten sie ab und brachten das Gespräch auf ihre Unwissenheit, was dem Pinselgelehrten schmeichelte und ihn dazu brachte, noch mehr seines Wissens preiszugeben.

»Uns bleiben nur noch fünf Tage«, Adam runzelte besorgt die Stirn, als er ihm erschöpft den Stoß Berechnungen zur letzten Prüfung vorlegte.

Lehrer Ch'ang sah die Blätter durch und lachte lauthals. »Wie barbarisch!« Besorgt schüttelte er den schweren Kopf. »Der Kalender ist nicht einfach ein Brocken Fleisch, der hungrig verschlungen wird, sondern ein ganzes Festbankett, das es aufs feinste anzurichten gilt.« Er schob seinen betretenen Schülern einige Papierbündel über den Tisch zu. »Hier, hier auch, müssen noch die Berechnungen begründet und in Schönschrift gestaltet werden. Und hier habt Ihr versäumt alle, wirklich alle für die Feldarbeit und gesellschaftlichen Ereignisse günstigen Tage mit roter und alle ungünstigen Tage mit schwarzer Tusche einzutragen. Nach einer Überprüfung Eurer Arbeit und dem Vergleich mit den Ergebnissen der arabischen und der chinesischen Astronomen werden sich im Ritenministerium Hunderte Beamte daran machen, mit den neuen Zahlen die speziellen Kalender für die achtzehn Reichsprovinzen zu berechnen.«

»Was denn? Wir sollen reinschreiben, welche Tage zum Rübenpflanzen oder Gemüseputzen erfolgversprechend sind? An diesen Schwachsinn glaubt doch keiner!« erregte sich Giacomo.

»Ich würde Euch raten, diesen ›Sinn der Schwachen‹ noch einmal zu überdenken.« Michael Ch'ang blätterte besorgt durch die Papiere. »Ohne diese wichtigen Hinweise auf Segens- und Unglückstage ist Eure ganze Arbeit wertlos. Und vergeßt nicht, von diesen Berechnungen hängt die Wertschätzung von Euch Christen ab. Erinnert Euch an meine Belehrung zum achten *hsiu*. Bewegt sich der Mond durch das achte Himmelsfeld, ist es günstig, ein Haus zu bauen, auch günstig für das Spinnen von Seide oder einen Geschäftsabschluß. Oder ungünstig für das Barbieren, einen Aderlaß oder ein Begräbnis. Wenn es die Herren Astronomen wünschen, gehe ich Ihnen bei der Benennung der guten Tage und der Tage für böse Geister, die in den Häusern und im Leib der Menschen wohnen, weiterhin zur Hand.« Er hatte seine Hände flehend zusammengelegt.

»Um Himmels willen, das klingt mir aber entsetzlich nach Wahrsagerei«, schnaubte Giacomo. »Wofür machen wir uns dann die ganze Mühe, der westlichen Wissenschaft zum Durchbruch zu verhelfen? Sollen wir eine abergläubische Soße über unseren unverfälschten Brocken Fleisch gießen, wie du es nennst. Bei uns glauben an solchen Firlefanz nur Dummköpfe und Kräuterweiber!«

»Aber, aber, in den abendländischen Almanachen findest du doch auch solche Auskünfte.« Adam versuchte seinen Mitbruder im Zaum zu halten.

Michael Ch'ang richtete sich kerzengerade auf. »Für das Volk der Chinesen ist der Kalender Ausfluß des himmlischen *tao* und der Kaiser das Werkzeug des Himmels. Da alles irdische Tun in seiner Person verkörpert ist, enthüllen die himmlischen Zeichen, ob er in Harmonie mit dem Himmel regiert oder nicht. Erfüllen Sie die Aufgaben nach unserer Tradition, und unterschätzen Sie die Wichtigkeit meiner Hinweise nicht. Doch ist es eines chinesischen Gelehrten unwürdig, seine Tradition von Westbarbaren beschimpfen zu lassen.« Er verbeugte sich tief. »Sie werden die Bedeutung des Kalenders für dieses Reich verstehen, wenn Sie Zeuge der ausgezeichneten Zeremonie geworden sind.«

»Welcher ausgezeichneten Zeremonie?«

»Der Kalenderübergabe an den Kaiser, am ersten Tag des zweiten Neumondes.« Damit verbeugte er sich und schob sich mit dem Rücken voran aus der Tür. »Halt!« Adam stürzte ihm nach. »Hiergeblieben, wir brauchen dich jetzt mehr als alle Heiligen zusammen. Bitte vergiß die losen Worte eines ungebildeten Westbarbaren.«

Dem Großmut des Chinesen verdankten sie es, daß sie es schafften, in den verbleibenden fünf Tagen die gesamten Texte neu zu kalligraphieren und die fehlenden kosmologischen Bewertungen hinzuzufügen.

Als Adam im Hofastronomischen Amt dem Großdirektor Wei-kung persönlich die aufs feinste angerichteten, fadengebundenen Berechnungen überreichte, rührte dieser keine Miene. Kein Wort des Dankes kam über seine Lippen. Statt dessen wog er das Paket in Händen und meinte abfällig, daß die Unterlagen der Muslime mindestens das Doppelte wögen.

Jetzt war es an den kaiserlichen Hofastronomen, alle drei Kalenderversionen – die arabische, die chinesische und die nach der neuesten westlichen Methode – in Frage zu stellen, durchzudenken und nachzurechnen. Nachdem sie die überzeugendste Version ausgewählt hatten, wurde diese tausendfach gedruckt, verziert und verpackt. Die Kalenderübergabe erfolgte am günstigen ersten Tag des zweiten Mondes des Jahres 1633, als die Blüten der Pfirsichbäume aufbrachen.

Zu ihrem großen Ärger wurden die Jesuiten zu diesem feierlichen Ereignis nicht eingeladen.

Der Großkanzler Hsü rief sie einige Tage später in sein Haus, um ihnen vom Ablauf der Festlichkeit zu berichten. »Ihr hättet es sehen sollen! Tausende Futterale aus Drap d'Or, in denen die Kalenderbücher steckten, waren zu Pyramiden aufgeschichtet. Jeder Prinz, jeder Provinzverwalter, jeder, der etwas mit Staatsämtern zu tun hat, bekam einen Kalender, damit das Herz des Landes in allen Provinzen gleich schlägt«, schwärmte der alte Herr. »Die Annahme des Kalenders kommt einem Schwur gleich, dem Kaiser untertänig zu sein. Wer sich weigert, die traditionelle Kalenderkunst zu achten und anzuerkennen, der gilt als Aufrührer. Ihm droht die Hinrichtung.«

»Hübsch zu hören!« Die beiden blickten sich erschrocken an. Im gleichen Augenblick tat es ihnen leid, daß sie ihrem Lehrer unrecht getan hatten. Michael Ch'ang war von Grund auf ehrlich und hatte durch sein Insistieren auf die Eintragung der Schicksalstage ihr Leben gerettet.

»Alle Statthalter der achtzehn Provinzregierungen erhielten die besiegelte Erlaubnis, große Kalendermengen unter dem kaiserlichen Edikt nachdrucken zu dürfen«, erzählte der Großkanzler weiter. »Als schließlich die vielen tausend Kalender übergeben waren, veranstalteten wir zum Zeichen der Ehrerbietung gegenüber dem neuen Gesetz des Jahres eine feierliche Palastprozession bis hinauf zur Halle der Höchsten Harmonie. Nicht alle Tage versammeln sich um den Himmelssohn die Erlauchtesten des Reiches so feierlich. Zu schade, daß Ihr diesem historischen Augenblick nicht beiwohnen konntet, zumal es noch zu einer großen Verärgerung bei den Chinesen und Arabern geführt hat, daß Eure Berechnungen die bei weitem größere Auswirkung auf die Zeitberechnung des Reiches haben als die ihren. Der neue Ming-Kalender beruht auf Euren Berechnungen, verehrte Patres.«

Der einundsiebzigjährige Doctor Hsü verbeugte sich achtungsvoll vor Schall und Rho. »Eure westliche Berechnungskunst ist als Siegerin aus diesem Wettkampf hervorgegangen.«

»Unsere Berechnung ist als Sieger hervorgegangen? Unser Kalender dient ab dieser Übergabe als Regierungsgrundlage für dieses Riesenreich? Unsere Ergebnisse haben größere Auswirkung als die der Araber und Chinesen?«

»Haah, das ist doch mal was!« Giacomo strahlte und schlug Adam begeistert auf die Schulter. »Veni, vidi, vici!«

»Der Himmel gibt mit der Freude auch das Leid. Man wird versuchen, diese Niederlage der höfischen Astronomen geheimzuhalten.« Der Großkanzler schaute sie besorgt an. »Hohe Bäume fangen viel Wind, im Schatten des Siegers schlüpfen die Nattern. Ich werde das Meine beitragen, Eure Leistung und Euren Wert für unser Land beim Kaiser hervorzuheben. Fast bin ich geneigt zu sagen, daß Ihr jetzt erst recht um Euer Leben forschen und rechnen müßt. Allein das ist der Garant für Euren Schutz beim Sohn des Himmels.«

Die Kerker der Todgeweihten müssen im unteren Gewölbe sein, überlegte der gebeugte, von fettigem Kohlestaub geschwärzte Kuli. Er warf den halbgefüllten Rupfensack von der einen auf die andere Schulter, spähte nach links und rechts, immer darauf bedacht, von dem nachdrängelnden Pulk der Straßenhändler eingekeilt, durch das Tor geschoben zu werden.

Hand um Hand drückten die zerlumpten Feilbieter dem Oberaufseher am Tor ein paar Kupferkäsch in die Faust und verteilten sich unbeaufsichtigt in den Gefängnisgängen.

An solchen verkaufsoffenen Tagen machte der Oberaufseher der Pekinger Gefängnisanstalt ein gutes Bestechungsgeld. Damit sein kleines Geschäft nicht gestört werden konnte, hatte er die Zellenwärter in den muffigen Gewölben mit ein paar Krügen Schnaps schlafengelegt. So lagen sie auf ihren Matten vor den Zellen und dünsteten beizende Wolken von Branntwein und Urin aus.

Mörder, Schwerverbrecher und andere Todgeweihte waren in den Kellerverliesen hinter Gitterstäben eingeschlossen, angekettet und mit Jochhölzern ihrer Bewegungsfreiheit beraubt.

Laternen wurden angezündet, und die Händler stolperten die steile Treppe hinunter. Mit ihren Körben drückten sie sich an den Gitterstäben entlang und streckten den Gefangenen ihre Waren hin. Die Ärmsten der Armen wollten an den noch Ärmeren ein paar Kupferkäsch verdienen. Ein guter Tag war, wenn der Einsatz des Bestechungsgeldes verdoppelt nach Hause getragen werden konnte.

Adam, der von fettigem Kohlestaub geschwärzte Kuli, drückte sich zwischen den Händlern an den Gittern entlang und starrte in die dunklen Zellenhöhlen in der Hoffnung, unter den zum Tode Verurteilten vermißte Gemeindemitglieder zu entdecken. Den nichtsahnenden Jesuiten war zugetragen worden, daß drei Christen seit einigen Monaten ohne Gerichtsverhandlung, der Willkür bestochener Gefängniswärter ausgesetzt, darauf warteten, geköpft zu werden.

Im Tageslicht, das durch wenige Deckengitter gesiebt auf die dösenden oder vor sich hin stierenden Gefangenen sickerte, konnte er in den vorderen Zellen zwischen den Erbärmlichen kein bekanntes Gesicht ausmachen. Er schob sich mit dem lärmenden Händlervolk immer tiefer in die engen Gefängnisgänge. Bei den letzten Zellen wurde es stockfinster. Der Wind hatte faulende Blätter in die Schächte geweht, so daß die Luft, tausendmal von leidenden Lungen ausgesogen, bestialisch stinkend im niedrigen Gewölbe hing.

Hierher verstieg sich nur noch der Lichterverkäufer, weil sich hier eine sichere Kundschaft die Augen leerstarrte. Schnell huschte Adam hinter ihm her. Mit Aufleuchten des Kerzenschimmers kam Leben in die Gitterverschläge. Ausgemergelte, dreckverschmierte Übeltäter und Justizopfer kauerten wie geblendete Tiere auf Lumpenresten. Der plötzliche Lichtschein schreckte auch Ratten auf, die aus mit Unrat gefüllten Kübeln sprangen. Einige der menschlichen Jammergestalten zogen sich hoch und schoben ihre mageren Arme mit Kürbiskalebassen durch die Gitterstäbe. »Schnaps, Schnaps!«

»Ich hab kein'n Schnaps«, brüllte der Lichterhändler. »Ich hab Talglichter, für einen halben Kupferkäsch Licht in dieses verfluchte Loch. Das letzte Mal vielleicht in diesem Leben. Licht, der letzte Trost für alle Höllenwesen!«

Während der Kerzenhändler sein Geschäft machte, pirschte der Jesuit im Schutze seines Kohlensackes zu den noch weiter hinten, im Finstersten liegenden Verschlägen. »Ssst, heißt hier einer Markus Ho? Christian Ch'en? Lukas Wong? Ich suche Markus Ho? Christian Ch'en und Lukas Wong.«

Es raschelte leise und eine Kette klirrte. »Laß uns in Ruhe, verfluchtes Pack«, raunzte jemand aus der Finsternis.

Er tastete sich weiter zum nächsten Gitter, wo der Gestank von faulem Fleisch aus dem Dunklen quoll. »Ssst, heißt hier einer Markus Ho? Christian Ch'en? Lukas Wong? Ich suche Markus Ho, Christian Ch'en, Lukas Wong.« Er lauschte in die Totenstille. Nichts rührte sich. Ganz nahe am letzten Gitter flüsterte er, fast die Hoffnung aufgebend: »Markus Ho? Christian Ch'en? Lukas Wong?«

»Markus Ho? Was wollt ihr von dem? Die Haut braucht ihr dem nicht mehr abzuziehen, das besorgen schon die Ratten.«

»Wer bist du? Wo ist Markus Ho?« Adam starrte in die Dunkelheit.

»Kerzen für einen halben Kupferkäsch, Licht in dieses verfluchte Loch. Das letzte Mal vielleicht in diesem Leben. Licht, der letzte Trost für alle Höllenwesen!« Der Kerzenhändler kam, seine Ware anpreisend, an das Gitter der letzten Zellen. Vor Adam kauerte Markus Ho mit einem breiten Jochbrett um den Hals im Kerzenschein.

Zehn Jahre zuvor hatten sie gemeinsam das Frühlingsfest gefeiert. Damals war Markus einer der wichtigsten christlichen Spione unter Pekings Beamten; damals war er ein hochgeachteter, gutgenährter Amtsschreiber gewesen. Und beim Weihnachtsfest hatte er immer das Feuerwerk gezündet. Adam schossen die Tränen in die Augen. Welch ein jämmerliches Bild bot er jetzt! Sein Haar fiel ihm in stumpfen grauen Strähnen ins ausgehungerte Gesicht. Blutende Wanzenbisse bedeckten seine vorstehenden Wangenknochen. Keiner von beiden wagte im Lichtkegel zu sprechen. Ihre Augen erkannten sich schweigend wieder.

Der Kerzenverkäufer hängte seine Laterne an die Gitterstäbe und verhandelte mit den armseligen Gestalten in der Nachbarzelle.

Hinter Markus Ho lag ein bis auf die Knochen abgemagerter Körper, über den Kakerlaken krochen.

»Christian Ch'en«, flüsterte Markus Ho, wies mit dem Kopf auf den Toten und bekreuzigte sich. Dann hinkte er nach hinten an die Kerkermauer und rüttelte an einer zusammengesunkenen Gestalt, die ebenfalls den Jochkragen für Schwerverbrecher trug, in den auch noch die Hände eingespannt waren. Dieser Mensch warf einen haßerfüllten Blick auf Adam und spaltete sein eingefallenes Gesicht mit einem breiten Grinsen. »Oooh, ein Priester, die Hilfe Gottes naht. Halleluja! Bruder, Gott liebt die Armen und Elenden. Dieses hier ist doch der beste Weg ins Paradies. Nicht wahr, Priester?« Lukas Wong spuckte Adam vor die Füße und drehte den Kopf weg.

Betroffen holte der Priester Trockenfisch, Reisfladen und Wasserflasche aus dem Kohlesack und schob alles unter einem Berg Lumpen hinter die Stäbe. Lukas Wong, ein begeisterter Schüler von Manuel Dias, schleuderte ihm seine ganze Verbitterung entgegen: »Wo ist dein Gott, wenn man ihn braucht? Hier ist er auf jeden Fall nicht.«

Adam reichte dem heranhumpelnden Markus Ho ein Fläschchen mit Ginseng-Sud. »Gib es Lukas.«

Der Kerzenhändler rief noch einmal seinen Spruch, dann ließ er den abgelegenen Gang in qualvoller Dunkelheit zurück.

Schon bald leerten sich die Gänge, und der Verkleidete war alleine mit den Gefangenen. Das laute Schnarchen der Zellenwärter rollte beruhigend herüber, so daß er eine Kerze anzündete und sie Markus hinter die Stäbe reichte.

»Er soll uns rausholen, er hat uns auch hier reingebracht«, fauchte Lukas Wong schwach. »Wir können ja tauschen, soll er doch Jesus folgen und unter meinem Holz verrecken. Gefährte Jesu«, lachte er heiser, »fürwahr sind wir in die gleiche Scheiße geraten wie sein Jesus.« Wongs bitteres Lachen kippte in ein trockenes Weinen um.

Markus Ho schwieg und lehnte seinen wunden Körper gegen die Stäbe.

Adams Gedanken rasten, als er zu den Gefangenen in die Zelle starrte. Dem Toten konnte er nicht mehr helfen. Und Markus und Lukas hatten keinerlei Aussicht aufs Überleben. Menschlichkeit, Gerechtigkeit, Nächstenliebe waren diesem Kaiserreich durch Korruption, Hungersnot und Machtkämpfe ausgetrieben worden. Das Leben der beiden hing jetzt ausschließlich von ihm ab. Und sein eigenes gab er in Gottes Hand.

»Ich hoffe, wir sehen uns gleich wieder«, flüsterte er Markus Ho zu. Unter seinen Sack geduckt, schlich er den Gang zurück.

In einigen Zellen brannten Kerzen, manche Gefangene spielten Karten, andere murmelten Gebetsformeln. Er mußte über die berauschten Wächter steigen, bevor er sich die enge Treppe hinauftasten konnte. Die Zellengänge im Erdgeschoß waren leer. Alle Händler hatten das Gefängnis verlassen.

»Fast alle Chinesen hungern. Welch ein kleiner Beamter würde sich nicht im Angesicht seiner hungernden Kinder bestechen lassen?« Das hatte Doctor Hsü über die Eigenarten chinesischer Beamter gesagt! Mit Stichgeld bin ich reingekommen, so will ich mit den beiden raus.

Der Oberaufseher rekelte sich in seinem Bambussessel und klapperte mit dem Deckel seiner Teetasse. Adam wartete hinter einer Mauerecke und versicherte sich, daß der Bestechliche alleine war. Schnell schritt er auf ihn zu und starrte ihm mit seinen blauen Augen in die vor Schreck aufgerissenen Pupillen. »Was kosten zwei Gefangene?« zischte er ihn aus schwarzverschmiertem Gesicht an. »Gibst du sie raus, bist du ein reicher Mann. Verrätst du mich, werden dich die Geister zu Tode hetzen.« Er schob seine Hand, mit Silbertael gefüllt, unter die flache Nase. Der Anblick der blonden Haare auf dem bedrohlichen Arm ließ den Einfaltspinsel erzittern. Ohne zu zählen, griff er mit der einen Hand nach dem Silber, erhob sich und winkte mit der anderen, in der er seinen Schlüsselbund hochhielt. Er konnte ja die Schuld immer auf die besoffenen Zellenwärter schieben. Auf jeden Fall wollte er dieses Wesen, oder was es auch war, so schnell wie möglich wieder loswerden.

Die Gefangenen waren schnell von ihren Holzjochen befreit. Adam schleppte Lukas. Der Oberaufseher schob den schwachen Markus durch die Kellergänge, zerrte ihn die Stufen hinauf, stützte ihn bis vor das Gefängnisportal und stieß ihn hinaus. Adam folgte mit Lukas.

Der Wärter verschloß blitzschnell das schwere Holztor von innen. Geblendet lagen die Befreiten wie Lumpensäcke auf der Straße. Er zog sie an die Gefängnismauer und setzte sie auf. Nun sahen sie wie Trunkenbolde aus. Ein Anblick, der für die Nachbarn des Kerkers alltäglich war. Adam wischte sich die Kohlenschmiere aus dem Gesicht und entledigte sich der schmutzigen Verkleidung. Ein paar Ecken weiter besorgte er drei Sänften.

Die Befreiten erklärte er zu seinen Dienern, die auf einem feuchtfröhlichen Familienfest verloren gegangen seien. Die Träger nickten verständnisvoll und schimpften während des schnellen Laufes durch die Gassen auf den Branntwein und die schlechten Sitten, die über die Stadt gekommen seien. Bald hatten sie die halbe Nordstadt durchquert und die Straße der Überfließenden Üppigkeit erreicht.

Nachdem die Brüder den beiden Geschundenen die Ratten- und Wanzenbisse in einem Kräuterbad gereinigt und sie auf frische Laken gebettet hatten, saßen die Jesuiten betroffen um den Kang im Krankenzimmer.

»Die beiden waren ohne Gerichtsverhandlung zum Tode verurteilt. Du hast sie im letzten Moment auf geniale Weise befreit«, flüsterte Bento.

»Dafür, daß ich ins fortgeschrittene Alter komme, war ich ganz gut«, schmunzelte Adam. »Befreit habe ich sie auf landesübliche Weise«, begrenzte er das Lob und rieb Daumen und Zeigefinger aneinander.

»Die beiden könnten Vorboten für eine drohende Entwicklung sein«, flüsterte der Superior ernst. »Außerdem wissen sie jetzt nicht mehr, wohin. Ich schlage vor, daß wir sie mit einem Boten auf den bewährten Pfaden nach Hangchow weiterreichen. Wenn man sie bei uns findet, könnte das für uns gefährlich werden.«

»Sind wir schon wieder in Gefahr? Wieviele Jahre ist es her, daß ich in Macao die Opfer der Christenverfolgung aus Japan und China pflegte? Es hört nicht auf. Es nimmt kein Ende!« wisperte Adam. Furchen rechts und links seiner Mundwinkel ließen seine Nase groß und mager hervortreten. »Nicht mal unsere Wissenschaft reicht aus, uns zu schützen. Die Christenfeinde und unsere Neider arbeiten Hand in Hand.«

Markus Ho lag mit frischgedrehtem Haarknoten in einem Berg von Kissen. Mühselig kamen ihm die Worte über die Lippen, als er erzählte, wie es zu den Verhaftungen gekommen war. Christian Ch'en hätte dem Kaiserhof berichtet, daß im Ministerium der Sold der Soldaten unterschlagen würde. Für ihn als Christen war die himmelschreiende Ungerechtigkeit unerträglich. Den zuständigen Eunuchen war seine Wahrheitsliebe aber ein Dorn im Auge. Und welcher korrupte Staatsdiener wird einem einflußreichen Palasteunuchen schon den Wunsch abschlagen, ein störendes Subjekt verschwinden zu lassen?

Markus Ho beendete seinen Bericht mit dem letzten Wunsch des Toten. »Er bat mich, einen buddhistischen Mönch zu bitten, seine Seele auf dem Weg durch die Geisteswelten zu begleiten, damit er sein Karma reinigen und eine gute Wiedergeburt erreichen möge. Er meinte, der Christengott diene nur für diese Welt.«

»Da hat der, der ihn getauft hat, wieder ein Schlupfloch für den Teufel offengelassen. Gott sei seiner Seele gnädig«, murmelte der Superior empört.

»Und Lukas«, erzählte Markus Ho weiter, »Lukas war Zeuge, wie auf dem Weißturmtempel-Markt ein Scharfrichter einen spärlich Bekleideten an einem Pfahl festband, ihm einen Knebel in den Mund steckte und ihm dann mit einem Hackmesser die Kopfhaut zerschnitt, die Streifen mit einem Ruck abzog und diese dem Gefesselten vor die Füße warf. Lukas war fest überzeugt, daß Gott ihn beschützt, wenn er sich für den Nächsten einsetzt, er dafür sogar am Ende belohnt wird. Er hat dem Scharfrichter das Hackmesser aus der Hand gerissen. Er ist bitter enttäuscht, daß Gott sein Eingreifen nicht mit dem versprochenen paradiesischen Zustand belohnt hat. »Fürchte dich nicht, ich bin bei dir alle Tage«, hat er im Gefängnis immer wieder geschrien und Euch, Patres, Betrüger geschimpft.« Jetzt lag Lukas Wong dämmernd in seinen Kissen.

»Der angenagelte Leichnam Christi zwingt ja auch geradezu zur Annahme, daß Gottes Sohn zu folgen heißt, den Märtyrertod zu sterben«, murmelte Adam.

»Und ich«, seufzte Markus Ho, »ich habe eigentlich schon lange damit gerechnet, daß man mich erwischt. Ich habe zuviele Schmutzgeschäfte gekannt, zuviele unehrliche Briefe im Auftrag geschrieben, zuviele verarmen sehen. Und es haben sich zuletzt zuviele daran gestört, daß ich ein Christ bin. Aber im Gegensatz zu Lukas Wong glaube ich nicht daran, daß Gott, der Himmelsherr, persönlich eingreift, um mich zu retten, sondern daß er Menschen auffordert, so zu handeln, wie er es tun würde. Und dann ist er unter uns. So wie Du, Pater T'ang Jo-wang, ich danke Dir für unsere Rettung.«

»Ich danke dem Herrn und der Mutter Maria für den guten Ausgang«, flüsterte Adam.

Tranquillo Grassetti schob mit dem Ellbogen die Tür auf und stellte ein Tablett mit einer dampfenden Schale und Leinentüchern an das Fußende des Bettes. Dann scheuchte er alle aus der Krankenstube. »Betet für mich mit, aber geht beten. Die beiden brauchen jetzt heilsame Ruhe, und ich muß die Wunden noch einmal versorgen. Dabei kann ich euch nicht brauchen.«

Das Grüppchen begab sich in die Kapelle, wo der Superior eine Messe für den verstorbenen Laienbruder hielt. Sie sangen die Litanei vom Leiden Jesu und beteten gemeinsam ein Rosenkranz-Gesätz. Nachdem der Superior die Kapelle verlassen hatte, blieben die Brüder noch etwas ratlos in den Bänken sitzen.

»Sollen wir es tatsächlich zulassen, daß ein buddhistischer Mönch Christian Ch'ens Seele auf dem Weg durch die Geisteswelten begleitet, um ihn auf eine Wiedergeburt vorzubereiten?«

»Das erste Gebot hat Mitbruder Dias ihm wohl nicht so richtig nahegebracht.« Tranquillo Grassetti, der sich nach der Wundversorgung der beiden Mißhandelten wieder zu ihnen gesellt hatte, blätterte nachdenklich in seinem Gebetsbüchlein. »Manchmal denke ich, daß wir zu früh und vor allem ungeschulte Menschen taufen.«

»Nicht nur das, wir tragen auch manchmal Salz dorthin, wo es schon zur Genüge ist«, zitierte Adam seinen verstorbenen Freund Robert. »Der Verstorbene war wohl im Herzen immer noch Buddhist, er fühlte sich seiner buddhistischen Familie auch immer sehr verbunden. Im Kerker ist mir klar geworden, daß wir diese Chinesen durch die Taufe für den einzigen wahren Gott zu Fremden im eigenen Land machen. Ist es nicht ein bißchen anmaßend, unseren Täuflingen ihr tägliches Ritual vor ihrem vertrauten Herdgott zu verbieten? Treiben wir damit nicht einen Keil zwischen sie und ihre Familien?«

»Du meinst, wir sollten ihnen erlauben, nebenbei noch andere Götter zu haben? Wie gut, daß der Superior dich nicht hört.«

»Wenn wir unser erstes Gebot zugunsten der chinesischen Familieneintracht lockerer auslegen und es hinnehmen, daß Christian nach buddhistischem Ritual bestattet wird, dann müssen wir auch großzügig mit der anschließenden Totenpflege sein.«

»Um Gotteswillen, du meinst doch nicht die Ahnenfütterung, wenn sie die Toten, die als Geister zu den Grabhügeln kommen, mit Enten, Schweinehälften, Reis und Wein verköstigen?«

»Doch. Wenn wir den Menschen unseren Respekt beweisen wollen, sollten wir ihre Traditionen achten. Diese Sitte ist so tief verwurzelt, daß wir unserer Arbeit durch eine Ächtung mehr schaden als nutzen. Wir sollten uns endlich darauf einigen, daß man ihnen erlaubt, auf den Gräbern ihrer Ahnen zu opfern. Bis jetzt hatten wir dazu keine klare Richtlinie.«

»Adam, du gehst zu weit, aber es ist an der Zeit, unsere Lehre von dem einen, selig machenden Gott, dem Gottesgericht nach dem Tod, dem Leben Christi und den Zehn Geboten deutlicher von den vorhandenen Tao- und Buddha-Lehren zu unterscheiden, da diese vordergründig Ähnlichkeiten mit den Ordensgedanken aufweisen, was offensichtlich immer wieder zu Mißverständnissen führt.«

Vom Hof waren Schritte zu hören. Gottfriede Tjing kam zur Kapellentür herein und begann geräuschvoll die Steinfliesen zu fegen, wobei sie mit ihrem Klarfegebesen energisch zwischen den Füßen der Patres hin- und herputzte. Mit hochgezogenen Knien warteten sie auf das Ende der Prozedur.

»Sag mal, Gottfriede, als du vor Jahren von Pater Dias die Taufe erhalten hast, hat er dir da gesagt, wie du mit deinen chinesischen Göttern umgehen sollst?« Gottfriede richtete sich schnell auf, hielt sich die Hand vor den Mund und kicherte, ohne zu antworten. »Na, was hat er dir gesagt?« munterte Adam sie auf.

»Er hat mir gesagt, daß in allen der Teufel steckt. Und daß ich sie nicht mehr ansehen darf. Und daß« – hinter beiden Händen verbarg sie ihr plötzlich verängstigtes Gesicht – »Gott Feuer und Not über mich bringen wird, wenn ich es tue.«

»Und, hast du dich daran gehalten?«

Die kleine Frau sank mit zusammengepreßten Händen vor den Patres auf die Knie nieder. »Nein, hohe Patres«, flüsterte sie. »Nein, ich habe gesündigt, ich habe meiner Mutter weiterhin Totengeld für ihren Reichtum im Jenseits verbrannt. Culpa mia, culpa mia!«

»Wir werden um Vergebung für dich beten. Es sei dir verziehen.« Adam stand auf und hob sie an den Schultern hoch. »Aber warum hast du es weiterhin getan?«

»Wenn die Ahnen nicht geehrt werden, bringen sie im Zorn Krankheit und Leid über die Familie. Es steht bei Konfuzius geschrieben, daß wir die Ahnen ehren müssen. Jeder Chinese muß diese Ordnung einhalten. Culpa mia, culpa mia!« Mit Tränen der Angst stand sie vor den Patres und begann, tief gebeugt, das Schmutzhäufchen vor sich herzuschieben, bis sie blitzschnell aus der Kapelle hinausfegte.

»Das meine ich mit dem Keil, den wir zwischen sie und ihre Kultur treiben. Jetzt hat sie zweimal Angst: vor Gott und ihren Ahnen.« Adam war aufgestanden und kratzte mit finsterer Miene Wachstropfen vom Altartuch.

Tranquillo Grassetti sah noch immer zur Tür. »Sie hat gesagt, daß Konfuzius den Ahnenkult fordert, ich dachte immer, Konfuzius wäre ein Staatsmann. Was ist er denn nun? Ist der Konfuzianismus nun doch eine Religion? Ist Konfuzius auch einer von den Göttern?« Tranquillo schüttelte verwirrt den Kopf.

»Nein!« Adam schob die Wachsreste zu einem Häufchen zusammen. »Konfuzius ist eine Art Urvater. Nein, kein Gott! Er war ein außergewöhnlicher Denker und ist eine tragende Säule des chinesischen Himmels. Er verquickte Moral, Philosophie und Ahnenkult, wohlgemerkt Kult, nicht Religion. Außerdem kümmerte er sich um Politik. Der Kern seiner Lehre sind die fünf Beziehungen, zwischen Vater und Sohn, Ehemann und Weib, älterem und jüngerem Sohn, Herrn und Vasall, Herrscher und Volk. Bei ihm geht es also um Tugenden für einen idealen Lebensstil. Das ist die Essenz seiner Ordnung. Was ihm fehlte, war der Einblick in die Metaphysik. Er leugnete die spirituelle Erkenntnis des Göttlichen. Jedoch die Unsterblichkeit eines Geistkörpers hat er weder behauptet noch geleugnet. ›In den Poren des Leibes sitzt die Seele wie die Würmer in der Frucht‹, pflegte er seinen Schülern zu sagen. Konfuzius dachte viel über Tugend nach, diese nannte er kindliche Pietät. Diese Pietät entspricht unserem Gehorsam vor den Gesetzen Gottvaters. Somit ergänzt das Christentum im Glauben an die göttliche Ordnung den weltlichen Konfuzianismus auf der mystischen Ebene.«

»Aha, also ist das Einhalten seiner Regeln keine direkte Götzenanbetung. Dann sollten wir doch seine Rituale unseren Gläubigen erlauben?«

»Sogar mehr als das, wir können die Konfuzianer als Fürsprecher nutzen, für sie ist die Fleischwerdung Gottes in Jesus ein ganz vertrauter Gedanke. Auch im Kaiser sehen sie eine Inkarnation des Himmels. Aber die jenseitige Welt war für Konfuzius wie gesagt nicht von großer Bedeutung.«

»Dann war Ricci ja auf dem richtigen Weg, die Freundschaft zwischen Christen und Konfuzianern zu fördern.«

»Ja, er erkannte, daß sich die konfuzianischen Ordnungsgedanken für das Diesseits mit unserem jenseitigen Reich Gottes ergänzen. Laßt uns also seinen Gedanken weiterverfolgen, im Christentum die metaphyische Ergänzung zum Konfuzianismus zu sehen. Mit der Taufe müssen wir ihnen aber auch Vorsichtsmaßregeln mit auf den Weg geben, um sie nicht in die Gefahr eines Martyriums zu bringen«, bedachte Adam und wollte gerade die Kapelle verlassen, als die Tür geöffnet wurde und der Superior blaß hereintrat. »Hsü ist tot!«

»Doctor Hsü?«

»Ja, heute Nacht. Ganz plötzlich. Sie haben es mit ihrer merkwürdigen Nadelmedizin versucht. Es war schon zu spät.«

»Mein Gott, mein Gott.« Adam starrte durch einen Tränenschleier in den Innenhof. Wer würde von nun an seine schützende Hand über die winzige Gemeinde im Reich der Mitte halten? Als hätte man den Firstbalken aus ihrem Dach gerissen, standen sie jetzt entblößt vom Schutz des höchsten Hofbeamten unter dem unberechenbaren Himmel Chinas. Trauer und Angst flackerten über ihre Gesichter. Wortlos schritt Longobardo an den Altar und zündete die Kerzen zum zweiten Totengedenken an diesem Tage an.

Danach versammelten sie sich in seinem Amtszimmer.

»Der Hof wird eine traditionelle Totenfeier veranstalten«, eröffnete er erregt die Zusammenkunft. »Die Palastfrauen haben es uns mitteilen lassen. Das bedeutet, Tausende Würdenträger aus dem ganzen Reich werden anwesend sein. Keiner von ihnen wird wissen, daß der getaufte Tote um seine heiligen katholischen Sterbesakramente betrogen wird. Sie werden ihn in Weiß und nach den alten Riten beisetzen und damit stillschweigend über das Christentum triumphieren.« Die vor Wut bebenden Hände des alten Superiors reichten einen Zettel in die Gruppe. »Lest selbst. Unsere Gegner werden ignorieren, daß er die christlichen Taufsakramente erhalten hat. Welch ein Schachzug!«

»Er hatte mich vor einiger Zeit gebeten, ihm die Letzte Ölung zu geben, wenn es soweit ist«, sagte Adam leise.

»Ein Bonzenbegräbnis für einen Getauften als Kampfansage an die Christen«, empörte sich Bento. »Und jetzt, wo unser einflußreicher Freund tot ist, werden unsere Gegner zum Schlag ausholen.«

Mit Grauen dachten sie an die Leiden der befreiten Gefangenen.

ier Jahre waren seit dem Tod des Großkanzlers verstrichen. Die Lage der Christen hatte sich erheblich verschlechtert, immer wieder wurden getaufte Chinesen wegen Nichtigkeiten geviertelt oder weggesperrt. Jedoch – den Jesuiten wurde kein Haar gekrümmt. Der Hof hatte ihren Wert zu schätzen gelernt.

Es geschah im Mai 1638. Adam trat in sein sechsundvierzigstes Lebensjahr, als Giacomo Rho an verdorbenen Speisen starb und sich der siebenundsiebzigjährige Superior Niccolò Longobardo, des Kampfes um die Reinerhaltung der Lehre müde, in eine Brüdergemeinschaft auf dem Lande zurückzog. De Mattos, der Portugiese, und Grassetti, der Italiener, wurden versetzt. Das Novum, das die Pekinger Mission zu notieren hatte, war Adams Ernennung zum Superior und das Eintreffen eines aus Rom entsandten Mitbruders, Boris Goswin. Während das Taufverzeichnis zweihundertfünfzig Katechumenen vermerkte, waren in Peking die beiden nunmehr allein.

»Sieh an! Erstaunlich! Eine Nachricht aus dem Palast.« Seit vielen Jahren erhielt der neue Superior das erste Mal wieder eine topasgelbe Seidenscheide. Mit fliegenden Fingern knüpfte er die Hülle auf. »Ping Pu.« Er kniff die Augen zusammen. »Ministerium der Waffen!« Mit gerunzelter Stirn öffnete er die Mitteilung und las:

> Der hochwürdige T'ang Jo-wang, der sich auf die Militärkunde versteht, komme morgen zur Doppelstunde des Pferdes ins Ministerium der Waffen am Tausend-Schritte-Korridor.
>
> Hochachtungsvolle Grüße, der Minister der Waffen.

Minister der Waffen! Nach all den Jahren wurde Adam wieder an die Bitte des verstorbenen Kriegsministers Leo Li erinnert, als Militärberater aufzutreten. Er wußte nicht, was ihn erwartete, aber eins wußte er, was immer der Kaiser von ihm wollte, kam einem Befehl gleich. Nur widerstrebend folgte er der Einladung. So kam es, daß er entgegen seiner Gewohnheit die chinesische Etikette verletzte und mit Verspätung im Audienzsaal des Ministeriums der Waffen eintraf.

Der Hohe-Gäste-Empfangs-Eunuch rannte dem kräftig ausschreitenden Europäer voraus, riß einen Türflügel auf, verbeugte sich bis zu den Knien, ließ den Besucher hindurchgehen, rannte dann wieder schnell an ihm vorbei, um ihm die nächste Tür aufzureißen, und um, abermals tief verbeugt, den Gast hindurchzulassen. Hinter der letzten rotlackierten Tür und abermaliger Verbeugung warteten schon die Herren im dämmerigen, farbenprächtig ausgestatteten Saal auf ihn. Hinter perlmuttverzierten Teetischchen hatten sich ein Staatsminister und eine Reihe Kriegsmandarine verschanzt. Bei seinem Eintritt schlürften sie bedrohlich schweigend Yünnan-Tee aus feinsten, hauchdünnen Schalen. Der Gerufene verneigte sich. Auch die Herren senkten ihre Häupter. So tief, daß der Rubin auf dem Staatsministerhut und die weniger edlen Steine auf den Mandarinenhüten ihm entgegenblitzten. Der Hohe-Gäste-Empfangs-Eunuch geleitete ihn zu einem Rotholzpodest, das in respektabler Entfernung zu den Würdenträgern stand.

»Astronom T'ang Jo-wang«, knarrte die Stimme des Staatsministers durch den Saal, »wir baten Euch ins Waffenministerium, denn große Sorgen rauben uns den Schlaf. Uns ist, als würden Wolken das Licht der Sonne verschatten.«

Der Staatsminister wandte sich den Kriegsmandarinen aller fünf Waffengattungen zu. »Meine ehrenwerten Mandarine, diese Einladung an einen westlichen Gelehrten bedeutet nicht, daß wir auf Hilfe eines Barbaren angewiesen sind. Aber es erweist sich in diesem besonderen Falle als sinnvoll, aus allen vorhandenen Quellen zu schöpfen, wenn es dem Ming-Reich dient.«

Ein Mandarin, dessen mit einer Luchs-Stickerei geschmückte

Brust sich aufgeregt hob und senkte, fing immer wieder nach Atem ringend an, die vielen heldenhaften Schlachten gegen die Mandschu, aufständische Provinzfürsten und ausländische Beutejäger aufzuzählen.

Als er geendet hatte, schwatzten alle Herren augenblicklich durcheinander und lobten die Kriegslisten der eigenen Kampftruppen in schwindelnde Höhe, um gegen die Schmach der Hilflosigkeit anzureden. Kein Hauch von Fehlbarkeit durfte auf den Ruhm des Reiches fallen.

Aus den Augenwinkeln beobachtete Adam einen kräftigen junger Mann, der mit einem Einhorn auf der Brust gezeichnet war und auf einem Sitzkissen lümmelte, sich aber nicht am Gespräch beteiligte. Ein Spitzel Wei-kungs, durchzuckte es ihn.

Mit brillanter Selbstbeweihräucherung verschleierten die alten Thronbeamten die Tatsache, daß das Ming-Heer einer Meute bestechlicher Befehlshaber ausgesetzt war. Nachdem sie sich gegenseitig hochgelobt hatten, richtete sich ihre Aufmerksamkeit wieder auf den Fremden.

Der Waffenminister hob seine tiefhängenden Augenlider. Mit dürrer Stimme wandte er sich an ihn: »Wir haben beschlossen, dem westlichen Gelehrten noch einmal eine gütliche Chance zu geben, sein Wissen unter Beweis zu stellen. Damit vermag er dem Erhabenen der zehntausend mal zehntausend Jahre und seinem eigenen Leben zu dienen.«

Meinem Leben dienen! Adam schloß für einen Moment die Augen und ließ den Schauer der versteckten Lebensbedrohung durch sich hindurchfahren.

Regungslos genossen die Herren die Wirkung ihrer Macht. Wie auf Kommando tranken sie und beobachteten den einsamen Jesuiten über die Ränder ihrer Teeschalen hinweg.

»Ja«, sagte der Staatsminister und stellte seine Schale mit abgespreizter, juwelengeschmückter goldener Nagelscheide auf ein Konsölchen neben sich, »Eure Residenz und auch der Ort, an dem wir sitzen, ist in großer Gefahr. Zu viele Aufständische scharen sich um einige Rebellenführer und zu groß wird der Druck der Mandschu aus dem Norden. Es wird Zeit, alle Kräfte aufzubieten, um einem Angriff entgegenzutreten. Als Gast des

Ming-Reiches erwarten wir von Euch uneingeschränkte Kaiser-treue.« Er genehmigte sich eine lange Pause.

»Der Erhabene hat angeordnet, Eure landesverräterische Reise an den Mukdener Hof der Mandschu nicht zu bestrafen. Er schätzt Euer Wissen mehr als Eure Staatstreue.«

Die Mandarine beobachteten den zu Tode erschrockenen Jesuiten mit angehaltenem Atem.

Adam spürte, wie ihm ein Schweißtropfen unter der Kappe hervorquoll.

Vater im Himmel! Spitzel, Spione! Mutter Maria, ich danke Euch, daß die Mandschuren kein Geld für Kupfer und Zinn hatten, um nach meinen Angaben Feuerwaffen zu schmieden. Er hat mich fest in der Hand! Und laut sagte er: »Ich verbeuge mich vor der göttlichen Gnade, die der Erhabene der zehntausend mal zehntausend Jahre walten läßt, und dadurch meinen Herzschlag und mein Leben für die Rettung dieses Landes bewahrt. Möge den anwesenden Mandarinen mein bescheidenes Können von ebensolchem Wert sein.« Er senkte sein Haupt in ehrlichster Erleichterung darüber, daß er soeben der Todesstrafe für Landesverrat entkommen war.

»Ich darf Euch belehren, Astronom«, überging der Staatsbeamte Adams offensichtlichen Schrecken, »daß wir Chinesen das Schießpulver erfunden haben. Wißt Ihr, wie das geschah? Eine überaus kurzweilige Geschichte, die Euch als Mensch der Lehren von Natur und Geist sicher ansprechen wird. Es waren taoistische Mönche, die viele Monde lang nach dem zinnoberfarbenen Unsterblichkeitselixier suchten. Durch himmlische Fügung entdeckten sie bei ihren alchimistischen Prüfungen mit Kohle, Salpeter und Schwefel das Feuerpulver.« Die alten Herren nahmen von den herumgereichten kandierten Walnüssen und kraulten sich bei der Erinnerung an die Leistung ihrer Ahnen selbstgefällig die faserigen Bärtchen.

»Ja, hoher Herr Staatsminister, meines ungenügenden Wissens nach war es im achten Jahrhundert, zur erhabenen Zeit der T'ang-Dynastie«, plauderte er brav zurück.

»Sehr gut, Gelehrter T'ang, später wurde dann dieses Pulver in Bambusrohre gefüllt und eine Bambusartillerie ins Leben gerufen. Am beliebtesten waren Brandgeschosse, die fliegendes Feuer hießen. Doch inzwischen haben wir Chinesen verlernt, mit dieser Erfindung der Taoisten zu hantieren. Die Zeiten haben solches Wissen nicht erforderlich gemacht. Heute benutzen wir den Drachenatem nur noch zum Schmücken des nächtlichen Himmels. Sicher habt Ihr die unvergleichliche Schönheit der Feuerblumen und Flammenschmetterlinge schon genossen?«

Zum Wohlergehen wurden gesalzene Kürbiskerne herumgereicht. Eine Weile schwieg der alte Kriegsminister und spuckte seine leergeknabberten Samenhülsen vor Adams Füße. Unvermittelt folgten den Samenhülsen trockene Anweisungen.

»Was Ihr für die Mandschu tun wolltet, werdet Ihr für uns tun, Astronom! Ihr werdet für das erhabene Ming-Reich Kanonen herstellen und die Ausbildung der kaiserlichen Männer an dieser gewaltigen Feuerwaffe betreuen! Es ist schon alles vorbereitet!«

Wieder lauerten die Mandarine.

Der Jesuit spürte, wie ihn sein Gott in die vorderste Front des Gehorsams schob. Der Papst und der Orden erwarteten von ihm als Priester das Missionieren um jeden Preis; der chinesische Kaiser erwartete von ihm Treue um den Preis seines eigenen Lebens; seine Gemeinde erwartete von ihm die Gewährleistung ihres Schutzes. Plötzlich erinnerte er sich, wie ihm während des Noviziats das boshafte Traktätchen *Das Doppelgesicht der Gesellschaft Jesu* in die Hände gefallen war. Dessen Attacken gipfelten in dem Vorwurf, es sei das Wesen der Jesuiten, ihr apostolisches Wirken hinter tausend, den Situationen opportunen Masken zu verbergen.

Jetzt erkannte er, daß ihm einzig und allein die Maske des Opportunisten das Leben retten würde. Robert hatte sein unmaskierter Eigensinn an den Strang gebracht. Die bessere Maske siegt in diesem Spiel. Gott wird wissen, welches Stück er gerade mit mir beginnt.

Die Doppelstunde der Wahrheit war gekommen.

Als Adam aufsah, hatte sich eine metallische Kälte über sein Gesicht geschoben. Nicht die kleinste Regung bat mehr um Freundschaft oder Verständnis. Im Bruchteil von Sekunden hatte er sein wahres Gesicht in der Tiefe seines Herzens verborgen.

Ein winziges, spöttisches Lächeln zuckte in den Mundwinkeln des Kriegsministers: Der Westbarbar hatte die chinesischen Waffen ergriffen.

»Es wird mir eine Ehre sein, mein Können in den Dienst der Devise Großes Gutes Omen zu stellen, der Hofstaat der Ming kann auf mich zählen«, sagte Adam laut.

Die Mandarine atmeten hörbar auf und der Minister lehnte sich zufrieden in sein Polster zurück.

»Weise Männer gehen mit Waffen um, als jäteten sie Unkraut aus Schößlingen oder als säuberten sie Haare mit einem Läusekamm. Wir lieben unsere Feinde am meisten, wenn sie Angst vor uns haben. Da unterscheiden wir uns ein bißchen von Euch Christen. Die Feuerschlünde sollen auf unsere Feinde eine Wirkung haben wie das Züngeln der Kobra auf ein Kaninchen. Jetzt tretet näher und nehmt das kaiserliche Edikt in Empfang.«

Die Staatsbeamten erhoben sich, und Adam schritt mit vorschriftsmäßig gebeugtem Haupt zum Empfang seines Auftrages, Kanonen zu bauen. Damit war die Audienz beendet.

Wenn der Allmächtige gewollt hätte, hätte er diesen Kelch an mir vorbeigehen lassen, ging es ihm durch den Kopf. Er saß still in der Amtssänfte und ließ sich in die Straße der Überfließenden Üppigkeit heimtragen. Gottes Wille geschehe.

»Haben sie Euch Hundefleisch serviert?« fragte Boris Goswin, als Adam mit versteinertem Gesicht in das Refektorium trat.

»Sie haben mich zu ihrem Werkzeug gemacht. Kanonen soll ich für sie gießen, um ihre Haut zu retten. Achtzigpfünder wollen sie, hoffentlich lassen sie mir meinen Kopf, wenn ich ihnen eröffne, daß nur Vierzigpfünder machbar sind. Mit fremdländischer Waffentechnik wollen sie das marode Ming-Reich vor dem Untergang bewahren.« Er reichte seinem neuen Mitbruder das Edikt.

Boris wiegte mit dem Kopf. »Wenn das mal der richtige Weg ist. Superior, geht nicht zuweit!«

Adam schaute den Neuen kühl an. »Boris, hast du den Namen Robert Dupont schon einmal gehört?«

»Oh ja, eine schreckliche Geschichte. Aber er hat sich sein böses Ende selber zuzuschreiben. Er brachte den Hiesigen soviel

435

Achtung entgegen, daß man meinen konnte, er hielte die christliche Taufe für schädlich. Einige Brüder gingen sogar soweit, ihn einen Ketzer zu nennen.«

»Hat man dir so erzählt? Bist du ebenfalls dieser Meinung?«

»Ja selbstverständlich, Superior, das Dogma des Papstes wird die Zukunft auch dieses Kontinentes bestimmen, dafür muß die Lehre reingehalten werden.«

»Nötigenfalls mit einer Bauchkordel?«

Der Pater kicherte. »Zuhause sorgt die Inqisition für die Reinheit der Lehre. Unter den Brüdern hier bedient sich Gott womöglich eines Zingulums.«

Adam trat einen Schritt zurück. »Und was spricht man denn in Rom so über die Missionsarbeit in Peking?«

»Die Gekrönten murren schon mal, daß wir es in China noch nicht soweit gebracht haben wie die in Südamerika. Sie wollen für ihre Spenden bald Handelsmöglichkeiten und Latifundien sehen. Sie fürchten, daß die Niederländer den Portugiesen die besten Happen wegschnappen.«

»Ich meine nicht die Kaufleute, die uns auf den Fersen sitzen, ich meine die Oberen des Ordens und den Vatikan.«

Boris Goswin wurde etwas verlegen. »Dem Schall fehle der Glanz des Ricci, sagen sie, man müsse ihm auf die Finger gucken, haben sie gesagt. Man hat mich geschickt, die Befreiung Chinas vom Joch des Unglaubens zu beschleunigen und Euch zu helfen, den Luzifer aus den Tempeln zu vertreiben.«

»So so, auch ein Soldat Gottes auf der Suche nach dem Feind!«

Boris nickte begeistert. »Superior, kann ich Euch bei den Vorbereitungen zur Hand gehen? Dieser Auftrag öffnet uns endlich Tür und Tor.«

»Du hältst hier die Stellung. Ich werde mich bis zur Komplet zurückziehen.« Adam ging in sein Laboratorium und sank in den Schaffellsessel. Den hat mir Longobardo auf den Hals gehetzt, um mir hinterherzuspionieren. Nun denn, werde ich Waffen bauen.

Keine zwölf Doppelstunden nach seiner Audienz im Waffenministerium erreichte ihn die erschreckende Nachricht, daß eine Gruppe mandschurischer Reiter im Schutze der Nacht bis an das Nordtor des Kaiserpalastes vorgedrungen war. Wäre das Tor des Göttlichen Kriegers nicht verriegelt gewesen, sie hätten den Kaiser im Schlaf überrumpelt.

Es wurde ernst! Er machte sich ans Packen. Schweren Herzens steckte er sich die lateinische Schrift über *Alle Gerätschaften zum Werfen, Schleudern und Schießen von Geschossen* ein. Ebenfalls ein aus der Heimat stammendes Handbuch über *Allerlei Techniken zum Einbringen geschmelzter Metalle in Formen*. Dazu kamen noch sein Kruzifix, das Betbuch, die Stola, ein paar kühle Leibhemden und Beinkleider, die ihm ein geschickter Pekinger Hosenschneider in all den Jahren nach einer portugiesischen Vorlage zu nähen pflegte.

Nach dem üblichen Sänftenritt aus dem Südwesten ins Herz der Nordstadt meldete er sich am westlichen Blütentor der Verbotenen Stadt.

Da die verschlafenen Hüter der kaiserlichen Sicherheit nichts über die Ankunft eines Fremdländers wußten, konnte er ausgiebig die blaugrünen Lichtspiele auf den schillernden Flügeln der um die Blätter der Lotusblüten im Wallgraben schwirrenden Libellen betrachten. Erst nach zwei Stunden Wartezeit nahmen ihn zwei sich Kühle zufächelnde Eunuchen in Empfang und führten ihn durch das rotgetünchte Palastlabyrinth in einen der tausend Innenhöfe. Soweit war er noch nie hinter die hohen roten Mauern vorgedrungen.

Er ließ sich seine Erregung nicht anmerken und folgte den schwitzenden Dienern durch ein Mondtor. Hier ließen sie ihn alleine zurück. An diesem Ort nahm niemand Notiz von ihm. Die Aufmerksamkeit aller Anwesenden lag auf einem höchst komplizierten Vorgang. Unbeobachtet setzte er sich abseits auf einen mit Steinen gefüllten Korb und verfolgte die Vorbereitungsarbeit für seine Kanonenschmiede.

Alle Hände wurden gebraucht, um ein riesiges, dreifach gewebtes und geöltes Schutzsegel zwischen ein Bambusgerüst zu spannen, das den ganzen Hof umzog. Auf jeder Tuchseite standen mindestens zehn Arbeiter, die auf Zuruf an ihrem Seil zogen und damit das Segel um einige zusätzliche Handspannen in die Höhe zerrten. Der Mann, der das Initial zum Ziehen ausrief, stand auf der obersten Stange eines Gerüstes. »*I ... erh ... san*«, brüllte er, »eins ... zwei ... drei, ziiiieht!«

»Achtung!« Sobald die lederverstärkten Stoffränder die richtige Höhe erreicht hatten, sprang er hinunter und wühlte sich mit geducktem Rücken, der sich unter dem tief durchhängenden Seidenstoff abzeichnete, zur Mitte durch. Dort schob sich plötzlich eine Bambusstange durch ein lederumsäumtes Loch und hob den Stoff in die Höhe. Mit lauten Rufen zogen viele Hände die Säume stramm, während der Mann in der Mitte mit der Stange das Zelt aufstellte. Nun lag fast der ganze Innenhof im goldenen Licht eines schattenspendenden und regenabwehrenden Seidendaches. Ein fürwahr kaiserliches Dach für ein kaiserliches Unternehmen, dachte der Beobachter am Mondtor.

Kaum war diese Arbeit erledigt, öffnete ein Junge das Tor zum Nebenhof und dirigierte Pferdefuhrwerke herein, auf deren Pritschen Holzkästen mit Werkzeugen rappelten. Auf Eselkarren folgten Ziegelsteine, Sand oder weißgepuderte Säcke, ein Berg von Holzscheiten und aufgehäufte Kegel aus Kohle, Sand und einem feinen, weißgrauen Pulver. Vor dem letzten Karren stemmten sich sechs Pferdekolosse in knarrende Ledergeschirre, um Kupfer, Zinn und Bleibarren in den Hof zu ziehen. Ihre Hufe fanden auf dem glatten Steinweg kaum Halt. Laut hämmernd glitten sie unter den schäumenden Leibern weg. Jeder mit freier Hand sprang helfend dazu und schob den ächzenden Karren von hinten in die Mitte des Bauplatzes.

Unter dem Segeldach öffnete sich eine tiefausgehobene Grube. Mit aller Anstrengung kämpften sich die Pferde auf die Grube zu.

»Halt, halt! Stop!« Ein muskulöser Bursche warf sich plötzlich von vorne gegen die beiden Pferdebrüste und riß die drängenden Tiere am Halfter zurück. »Stop, halt!«

Doch die Schräge hatte das Gefährt schon ergriffen. Hände, die gerade noch geschoben hatten, versuchten nun, das rollende Gewicht zurückzuhalten. Doch nichts mehr hielt den Wagen auf.

Adam stürzte zum Grubenrand und schirrte blitzschnell die wegrutschenden Pferde aus ihren Halftern. Mit dem Fallen der Führungsstangen sprangen die Tiere wiehernd beiseite – der Karren stürzte behäbig in die Tiefe. Wie Zunder splitterten die Holzbretter unter der Masse des Metalls. Kaum war das letzte Bersten verklungen, brachen die Arbeiter in schallendes Gelächter aus. Erst als sich der große Fremde auf den am Rand der Grube stehenden Ofen zog und auf sie hinabsah, verstummte das Lachen und an die achtzig geschlitzte Augen starrten ihn an. Sofort beugten sich die soeben noch von Lachen geschüttelten Schultern, demütig und schuldbewußt.

Der Bauarbeiten-Aufsichts-Eunuch hatte sich unterhalb des Ofens vor Adam aufgebaut und machte geschwind einen Diener nach dem anderen. »Wie sehr danken wir dem Fremden T'ang Jo-wang für sein weitsichtiges Eingreifen bei diesem soeben geschehenen Unglück. Das Gelächter der Unerzogenen möge an ihm vorbeigegangen sein. Der Palast wird sie, wenn Ihr es wünscht, mit Stockhieben bestrafen.«

Auch Adam verbeugte sich. »Ihr habt mich richtig erkannt. Ich bin T'ang Jo-wang, der beauftragte Westländer für den Bau der Feuerschlünde. Der Bauarbeiten-Aufsichts-Eunuch möge sich seiner Ehre sicher sein. Das Lachen der Handlanger hat keinen Schatten auf sein Gesicht geworfen. In den Augen seines neuen kaiserlichen Kanonenmeisters ist Lachen ein Zeichen von Gesundheit an Leib und Seele. Und das, mein werter Obereunuch, ist laut den auch dir sicher bestens bekannten *feng-shui*-Regeln eine Grundbedingung für das gute Gelingen eines des himmlischen Kaisers würdigen Werkes.«

Er hatte inzwischen herausgefunden, daß Hofbeamte niemals zugaben, etwas nicht zu wissen, deshalb nutzte er des öfteren chinesische Weisheiten, die noch kein Chinese jemals gehört hatte. Auf diese Weise konnte er manche seiner Lebensbedingungen und in diesem Falle die der Arbeiter verbessern.

Die sehnigen Arbeiter starrten ihn befremdet an. Noch nie war einer von ihnen von einem Hochgestellten verteidigt worden.

Adam grinste und faßte sich an seine pompöse Nase. »*Ta-pi-tzu, ta-pi-tzu*, mächtige Nase, mächtige Nase!«

Oft erprobt, brach diese selbstironische Geste den Bann und die gut vierzig Männer lachten erleichtert, machte es doch den Vergleich mit der eigenen Nase, die dem eigenen Gemächte gleichkam, weniger schmerzlich.

Der Bauarbeiten-Aufsichts-Eunuch trieb die Kichernden wieder zur Arbeit, und Adam konnte sich genauer ansehen, worauf er stand. »Ein Schmelzofen!« Leise pfiff er durch die Zähne. Vom Ofen führte eine gemauerte Röhre in die längliche Grube hinab, aus der die Metallbarren gerade wieder herausgeschafft wurden. Dort unten sollte der Guß der Kanonenrohre stattfinden.

Ein gedrungener Handwerker, dem nur eine schlotternde Hosenröhre um die Hüften hing, war auf nackten Füßen hinter ihm auf den Ofen geklettert. Wie er vor ihm stand, verbeugte er sich tief und strahlte ihn mit breiten, weißen Zähnen an. »Der Himmel macht mich zum glücklichsten Metallelement-zu-Waffen-schmelzenden-Handwerker des Reiches, da ich die hohe Kunst des Feuerschlundgießens von Euch, werter fremder Meister, erlernen darf. Ich habe gesehen, mit welch einem Verstand Ihr die Pferde gerettet habt. Mein bei den Ahnen weilender Vater hat immer gesagt: ›Die Hitze eines Ofens mußt du im Zaum halten wie die Ausdauer eines feurigen Pferdes, damit du seinen Segen erfährst‹. Es scheint, als verstündet Ihr etwas vom Wesen des Feuerpferdes. Wir Handwerker können die Ehre, uns für diese Aufgabe ausgewählt zu sehen, nur mit bester Arbeit und Gehorsam erwidern. Wir hoffen, es ist alles zu Eurer Zufriedenheit, hochwerter Meister.«

Wie er »hochwerter Meister« sagte, spinkste er verlegen in die Grube voller Holzsplitter und Eisenteile. »Es wird nicht wieder vorkommen … bei meiner Schwiegermutter.« Er lachte.

»Zur höchsten Zufriedenheit.« Adam entgegnete die tiefe Verbeugung. »Von so einem kleinen Mißgeschick lassen wir uns nicht abschrecken. Wer hat mir soeben diese erfreuliche Zusammenarbeit angeboten? Wer bist du?«

»Hoher Herr, ich bin nur der Oberaufseher der Gießstätte, Han Dao-go, und Euer erster Helfer, gebürtig aus Luo, am Ufer des Flußes Kan. Man hat mich und meine Handwerker hierherbefohlen, weil wir die kunstvollsten Türschlösser und Langschwerter des Landes schmieden. Es ist ungeziemlich das zu sagen, aber wir sind fürwahr die Besten des Landes.« Der kleine Mann nickte völlig unbescheiden und spazierte zu Adams Gepäck. »Mein Gebieter möge mir meinen Vorschlag verzeihen, aber es ist bequemer, die Gießstätte ohne Gepäck zu besichtigen. Wenn Ihr mir gnädigst folgen wollt, zeige ich Euch Euer Gemach.« Han Dao-go hing sich den Sack über den nackten Rücken und ging über den geschäftigen Bauplatz voraus.

Waren die Palastgebäude der südlichen Hofseite in Lagerhäuser umfunktioniert worden, so hatte man die nördlichen, der Sonne zugewandten Räume als Wohnquartiere für die Feuer- und Eisenmeister vorbereitet. Ein kleines Stück gingen sie am Goldwasserfluß entlang, aus dem sie das Wasser zum Kühlen der Menschen und Materialien holen würden. Han Dao-go führte Adam zu einer rotlackierten Tür, hinter der man zu seinem Erstaunen eine wohnlich möblierte Unterkunft mit einem ausladenden Baldachin-Diwan für ihn bereitet hatte. Unter der Decke war ein enorm großer Lackpapierfächer angebracht, der sich mit einer Kordel vom Diwan aus fächeln und bewegen ließ.

Der Oberaufseher lachte. »Das haben wir für Euch gebaut. Ihr Westländer seid ja nicht soviel Hitze gewohnt wie wir. Sagen die Eunuchen. Und die Voraussagen für die Jahreszeit ›Große Hitze‹ sprechen von viel Sonne. Das Waffenministerium hat uns beauftragt, alles zu Eurem Wohle zu bereiten wie für einen Seidenschleierbarsch im kaiserlichen Teich.«

Ein Blick genügte Adam, um zu wissen, daß er sich hier einrichten konnte, ohne etwas zu vermissen. Sogar eine gepflegte weiße Waschschüssel stand auf einer Kommode bereit.

Der Handwerker aus Luo hatte seinen Blick auf die Waschgelegenheit eingefangen. »Richtig waschen könnt Ihr Euch im rückwärtigen Hof, dort habt Ihr ein eigenes Badehaus mit einem Diener.«

Er ziert sich nicht, er betet mich nicht an, er behandelt mich wie einen ganz normalen Menschen, dachte Adam und warf sich zufrieden in seiner Ch'ang-p'ao-Robe auf das Bett. Der Anblick der vorzüglich vorbereiteten Materialien, der Arbeitskulis und

Handwerker erfüllte ihn mit Tatkraft und Schaffensfreude. Der Gießmeister stand mit vorgewölbtem Bauch unter dem Fächer und wedelte sich kühle Luft zu. Sein Gesicht, das aussah wie ein auf der Spitze stehendes braunes Kissen, strahlte über die Zufriedenheit des großen, knochigen Mannes.

Leises Klopfen und ein einladendes »Herein« ließen einen winzigen Eunuch mit einem großen Kopf und einer riesigen Stirn hereinflattern. Beim Anblick des Handwerkers zuckte er zusammen, machte einen Bogen um ihn und verbeugte sich vor Adam. Er hielt ihm eine Schriftrolle entgegen. »Der hohe Herr möge umgehend die Botschaft lesen und dem Diener die Antwort überreichen.«

Schnell hatte Adam die Nachricht überflogen:

Der Feuerschlundmeister, T'ang Jo-wang, wird vom Minister der Waffen gebeten, noch heute abend Bericht über die vorgefundenen Arbeitsumstände zu geben. Man ist bei Hofe bemüht, das Fehlende sofort herbeizuschaffen. So möchte Er sich doch zum abendlichen Speisemahl in der Halle der Tapferkeit einfinden.

Hochachtungsvolle Grüße, der Minister der Waffen.

»Richte ihm aus, daß ich komme.« Adam reichte dem noch immer geduckt auf seine Fußspitzen starrenden, ungelenken Kerlchen die Schriftrolle zurück. Mit ängstlichen Seitenblicken auf den grinsenden, halbnackten Gießmeister buckelte es sich hinaus und schloß blitzschnell die Tür von außen.

»Es soll uns hier an nichts mangeln, haben sie gesagt. Diese Beschnittenen wurden uns zur Verfügung gestellt.« Han Dao-go machte eine obszöne Geste in der Lendengegend. »Mein Glaube verachtet das Wind- und Regenspiel von Männern mit Männern. Aber Männer sind diese armseligen Kreaturen ja schon lange nicht mehr. Es sollen aber einige unruhige Täubchen in den kaiserlichen Taubenschlägen gurren. Wenn sie uns nicht so gut bewachten, hätten bestimmt einige ein bißchen mehr Freude in ihrem einsamen Nest.«

Als Han Dao-go bemerkte, daß ihn Adam befremdet ansah, verbeugte er sich schnell. »Bitte, hochwerter Meister, verzeiht mir mein unwürdiges Geschwätz. Vielleicht müssen wir Leute aus Luo noch die wahren Sitten des Hoflebens erlernen.«

»Schon gut, schon gut. *Jede Jeck is anders* sagt man in meiner Heimat.«

»*J-ed-e ... Je-ck ... is ... an-dels*«, wiederholte Han Dao-go erleichtert, als er in Adams Augen sah, daß dieser ihm die unzüchtigen Gedanken verzieh. »Wenn der hohe Herr mir jetzt zu einem Rundgang folgen möchte! Zunächst möchte ich ihm meine Handwerker vorstellen, die besten Männer des Reiches.«

Im Schatten des Sonnensegels saßen acht ältere Herren um einen Tisch und schlürften plaudernd heißes Wasser. Ihre betagten Bäuche hingen in feinen sonnengebräunten Falten über Pumphosen. Einige trugen Handtücher um den Kopf, deren Knoten ihre Stirnen zierten wie aufgebrochene Blüten. Als sie den Ausländer kommen sahen, winkten sie schon von ferne, eine Begrüßungsverbeugung deuteten sie nur an. Sogleich wurde ihm eine Schale mit heißem Wasser zugeschoben. Er verweigerte die Schale und wies einen vorbeihastenden Eunuchen an, demnächst die Herren mit Tee zu versorgen. Als ob er die Blicke der Männer fürchtete, rannte auch dieser Eunuch blitzschnell davon.

Han Dao-go begann seine Mitarbeiter vorzustellen: »Hier, der beste Schmiedemeister, den das Reich kennt, Meister Wang! Er beherrscht den Ofenbau wie kein zweiter. Ihr konntet Euch ja bereits von seinem Werk überzeugen. Der ehrwürdige Meister Li! Er beherrscht die Feuersglut. Allein durch Blasen mit seinen starken Backen kann er eine gewaltige Feuersbrunst entfachen. Der ehrwürdige Meister Lu! Er versteht sich wie sonst keiner auf den Bau von Gußformen.«

Freundlich nickte ein Chinese, dessen Leibesfülle an einen gewaltigen Dampfkloß erinnerte.

»Weiter in der Runde. Meister Hung-an, er gilt als der wahre Beherrscher der Winde, denn er herrscht über den Blasebalg. Meister Tschin! Er stammt aus Ching-te-chen und kann das hauchdünnste *tz'u-k'i* von ganz China herstellen.«

Meister Tschin erhob sich und legte den Kopf schräg. »*Porcellana, Porcellana!*« Sein einziges portugiesisches Wort kullerte gleich zweimal aus seinem fast zahnlosen Mund, und er lachte glucksend.

Adam verneigte sich tief, denn vom Können der chinesischen Porzellankünstler redeten in Europa alle. »In meiner Heimat denkt man, daß *tz'u-k'i* aus Eierschalen oder aus Seemuscheln gemahlen wird, die vierhundert Jahre unter der Erde gelegen haben. Ist das richtig?«

Die alten Männer lachten laut. »Nein, nein. Das ist eine Verwechslung mit den Hundertjährigen Eiern«, freute sich einer, den Han Dao-go als Meister Liu vorstellte. »Meister Liu! Er kann jedes Metall und jede Legierung auseinanderhalten. Dazu genügt ihm ein Augenaufschlag oder einfach die Zunge. Und neben Meister Liu sitzt Meister H'au, des Reiches bester Zimmermann! T'ang, der Meister mit dem gleichen Familiennamen wie Ihr, ist ein Meister im Rechnungswesen. Er wird dafür sorgen, daß alle benötigten Materialien in ausreichender Menge vorhanden sind.«

Jetzt war Adam an der Reihe, sich vorzustellen. Erwartungsvoll waren neun von Feuerdämpfen gegerbte Gesichter auf ihn gerichtet.

»Werte Meister! Spezialisten eures Faches! Ich bin eurer Gesellschaft nicht würdig, denn ich bin ein schlichter Mensch mit generellem Wissen. Ihr hingegen seid alle so hochspezialisiert, wie uns das in Europa gänzlich unbekannt ist. In dieser Hinsicht können wir Westländer viel von euch Chinesen lernen.« Er lächelte verschmitzt. »Nun ja, vielleicht werde ich eurer Gesellschaft würdig, wenn ich mich bescheiden zurückhalte und auf euren Rat baue.« Er kramte in seiner übervollen Hängetasche. »Ich bringe Buchwissen über das Kanonengießen. In meinem Beruf gehört das Schießen nicht so direkt zur Ausbildung.«

Kaum hatte er die ersten Kladden auf den Tisch gelegt, als die Handwerksmeister schon anfingen, die Hefte von hinten nach vorne durchzublättern.

»Ach, was macht ihr Ausländer für komische Bücher, ist alles ganz, ganz verkehrt herum … von vorne nach hinten!« Die Chinesen lachten den Europäer aus. Doch kaum stießen sie auf eine technische Skizze, wurden sie ernst und debattierten so wild,

444

daß Adams Chinesisch nicht mehr ausreichte. Die sprachlichen Mißverständnisse führten zu technischen Irrtümern, die in lautem Gelächter endeten. Kein Blatt wurde vor den Mund genommen, kein Unwissen vertuscht. Die Ehrlichkeit der Männer versöhnte ihn mit seinem Los, Waffen bauen zu müssen, und ein heiteres Lächeln glättete seine harten Mundfalten. Seit Singanfu war er keinen so herzerfrischenden, natürlichen Menschen mehr begegnet.

Der winzige Eunuch mit dem großen Schädel mußte ihnen noch kannenweise Tee zutragen, da man die Arbeit für diesen Tag auf den darauffolgenden verschob.

Ein zartes Glöckchenklingen riß plötzlich die Aufmerksamkeit der Männerrunde an sich. Dasselbe feiste Grinsen, das Adam bereits bei Han Dao-go gesehen hatte, breitete sich nun auf allen Gesichtern aus.

»Der hohe Herr muß wissen, daß das, was er hört, bedeutet, daß hinter den nächsten Höfen eine Konkubine für des Erhabenen Spiel vorbereitet wird«, erklärte Han Dao-go das feine Klingen und lauschte genüßlich. »Der Meister hat es *Je-de-eck-is-and-els* genannt.«

Der Cöllner mußte schallend lachen. Daraufhin wollten die anderen Herren diesen fremden Satz auch erlernen.

»Zu Tagesanbruch sollen sich alle Meister, Handwerker, Kulis, alle Kehrdiener und Handlanger unter dem Zeltdach einfinden«, rief ein staubverkrusteter Kuli über den Hof und schlug einen Klingstein. Schnell sprang Adam auf und eilte zu seiner Verabredung mit den hohen Kriegsmandarinen.

Der Himmel lag noch sonnenlos und seidenblau über den Höfen des schlafenden Palastes. Bereits im ersten Morgenlicht hatte er sich am Goldwasserfluß gewaschen, wo man ihm einen Badeverschlag errichtet hatte. In den Räumen der Arbeiter regte sich noch nichts.

Er dachte, mit seinem Schöpfer in dieser morgendlichen Frische ganz alleine zu sein. Jedoch auf der gegenüberliegenden Hofseite war schon einer mit Hin- und Hertragen von Dingen,

445

dem Sprengen mit geweihtem Wasser und dem Murmeln segen-
bringender Worte beschäftigt. Manchmal ließ dieser Mensch ein
Glöckchen klingen, dann wieder trug er eine duftende Rauch-
säule hin und her. Über die Weite des Hofes und in seiner tiefen
Einkehr bemerkte der Rezitierende nicht, daß er beobachtet
wurde. Selbst als Adam von einem Stoß hingeworfener Buchenscheite einige besonders dicke auswählte und diese polternd vor
dem Schmelzofen zurechtrückte, ließ er sich nicht stören.

Über den geordneten Klötzen breitete der Jesuit ein weißes
Tuch, zupfte die Ränder zurecht und stellte anschließend eine
Christus-Ikone und eine Madonna darauf. Mit wenigen Griffen
hatte er einen schlichten Altar erbaut. Als die Sonne die goldenen Dachreiter auf den Traufen aufblitzen ließ, kniete er in
Stola alleine mit sich, ins Gebet versunken, vor seinem Altar. Gerade als er mit geschlossenen Augen Gott um Beistand und Hilfe
bat, daß es beim Frieden in Peking bleibe, hörte er hinter sich
Murmeln und Flüstern. Manche Stimmen blieben, andere entfernten sich wispernd, manche mit einem leicht empörten Un-
terton.

Als er sein Gebet beendet hatte, wendete er sich, das Amen
auf den Lippen, um und blickte auf eine kleine Schar erwartungsvoll vor ihm Sitzender. Wieder andere wanderten auf die
gegenüberliegende Seite der Gießgrube.

Er zog sich an der Ofenkante hoch, stellte sich vor sein auf-
schauendes Publikum und breitete die Arme aus. Laut sprach
er:

> Ehre sei dem Vater
> und dem Sohne
> und dem heiligen Geiste,
> wie im Anfang, so auch jetzt und alle Zeit …
> und in Ewigkeit Amen.

Das Amen ging in lautem Trommelanschlagen von gegenüber
unter. Dem Trommeln folgte von drüben der rhythmische
Singsang aus vielen Kehlen.

Die Männer, die um ihn herumsaßen, warteten schweigend
darauf, was er als Nächstes zu tun gedenke.

Wenn ich sie jetzt gut unterhalte, kommen sie morgen wieder, dachte er, setzte sich vor die Männer nieder und begann eine biblische Geschichte zu erzählen. Er dosierte den Inhalt gerade so, daß er den Chinesen verständlich, wenn nicht sogar bekannt vorkam. Zu einigen Geschichten hatte er Illustrationen in seiner Bibel liegen, die er bei solchen Anlässen in die Gemeinde reichte.

Sein Publikum honorierte diese Mühe mit aufmerksamem Lauschen, während das Ritual auf der anderen Hofseite mit einem alles durchschwingenden Glockenton beendet wurde. Jetzt kamen zwei, drei Arbeiter herübergeschlendert und traten zögernd auf den Altar zu, wo sie die Gegenstände lange anstarrten. »Vergleicht doch«, wagte plötzlich einer der alten Meister zu rufen, »die Armseligkeit hier mit der Üppigkeit des Schreines dort.« Aufgeregt deutete er auf den mit Reismehlkegelchen, Früchten und Räucherwerk bestückten roten Schrein an der Ostmauer des Platzes. Sofort pilgerten die Hilfsbereitesten hinüber und kamen mit reichlich Opfergaben zurück, die sie andächtig vor das Bildnis Jesu und der Mutter mit dem Kind drapierten.

»Satte Götter sind wohlgesonnene Götter«, rief Han Dao-go, der die Hälfte eines rosaglasierten Getreidekuchens herbeitrug. Es folgten Blumen, buntverziertes Gebäck und allerlei Schälchen mit Getreidekörnern.

»Alles gesegnet, Meister T'ang Jo-wang, der Mönch hat um Segen gebeten und die himmlischen Kräfte gerufen, in diesen Speisen zum Wohle aller Wesen zu wirken.« Der Oberaufseher verbeugte sich mit aneinandergelegten Händen in Richtung des nun verwaisten Schreins an der Ostmauer. Dort schlug der Mönch gerade seinen Überwurf über die Schulter und verließ auf nackten Füßen den Hof.

»A-men«, murmelte Adam. Was glauben die eigentlich, was ich hier mache? Er segnete die schwatzenden Männer und räumte den Altar ab. Die Buchenscheite ließ er für die nächste Andacht stehen.

Noch bevor der fremdländische Feuerschlundmeister auf der Gießstätte eingetroffen war, hatte man die ersten Brenndurchgänge gemacht, Tonmischungen aus Lehm, Ziegelton, Aschen, Sand und Kaolin ausgebrannt, neu gemischt, verworfen und wieder gebrannt. Beunruhigt stellte Adam fest, daß die Mengenangaben in seinen Büchern nicht für die chinesischen Rohmaterialien galten, da diese in ihrer Art anders waren. Auch war in seinem Buch immer von Schamottmehl und Paulserde die Rede, was die Chinesen nicht kannten. Schließlich verständigte man sich, daß Paulserde etwas Ähnliches wie Kaolin sein mußte.

Die Mängel des Ofens waren bald behoben, die besten Erden ausgewählt, jetzt mußten die Metallegierungen abgewogen, gemischt, geschmolzen und probegegossen werden. Schulter an Schulter mit den erfahrenen Schmelzmeistern schwitzte er über Gußproben, die sie geplatzt, zerbröselt oder unverbunden aus dem glühenden Schlund herausangelten. Jede Mischung wurde gewichtsgenau aufgezeichnet. Bei Mißlingen wurden die Gründe genaustens untersucht. Immer wieder sprangen glühende Metallspritzer aus den kleinen Modeln auf die hantierenden Hände und Füße. Der Wunden-versorgende-Eunuch wurde ebenso wichtig wie der beste Gießmeister.

Über dem Herausfinden der richtigen Rezepturen für das Mengen der Metalle waren schnell vier Wochen vergangen. Adam lernte das Chinesisch des Volkes, die derbsten bäuerlichen Witze und die Kunst des Wartens, war mittlerweile doch keine Eile mehr geboten, da der Druck der mandschurischen Bedrohung nachgelassen hatte.

Es sollte noch einige Tage dauern, bis er sich mit den Spezialisten über die Lage der Gußform in der Grube beratschlagt hatte.

Für die richtige Lage erprobte man das Gefälle in der Gußrinne zunächst mit Wasser, später aufgrund der zäheren Fließeigenschaft des Metalls mit Honig. Die Zylinderform mußte schnell, in einem Zug, ohne Absetzen des Metallflusses aufgefüllt werden, um Blasen und Kühlnähte zu vermeiden. Han Daogo und Adam übertrumpften sich mit genialen Einfällen und schwelgten im unendlichen Reichtum an Materialien, die ihnen auf ein Fingerschnippen zugetragen wurden. Adam fluchte und lachte mit seinen Arbeitern, litt unter seinen Brandwunden und freute sich diebisch mit den landesbesten Gießmeistern, wenn wieder einmal ein Versuch zu dem ersehnten Ergebnis geführt hatte.

Endlich, nach zwei heißen Sommermonaten, war es soweit. Alles war vorbereitet, um den ersten Guß zu wagen. An diesem Morgen versammelte sich die Mehrheit der Arbeiter vor seinem Altar. Nur einige wenige blieben auf der Seite des Osttores dem Mönch treu.

Die ganze Nacht war der Ofen durchgeheizt worden, und so qualmte er wie ein riesiges Räuchergefäß gen Himmel. Seine Mauern strömten Hitze aus, und ab und zu stoben Funken aus seinem Maul auf den üppig gedeckten Altar. Der Jesuit stand vor seiner Gemeinde und segnete sie mit brandblasigen Händen. Die Gedanken aller Männer, vom armseligsten Kehrgehilfen bis zum hochgeehrten Gießmeister, waren beim Gelingen des ersten Gusses.

»A-men!« Als der Priester die Augen öffnete, stand in der hintersten Reihe der Mönch mit aneinandergelegten Händen und schüttelte sie ihm aufmunternd zu. »*Chu cheng-kung*, viel Glück, viel Glück«, rief er ihm über die Köpfe hinweg zu und spazierte freundlich davon.

Jeder wußte, wo er zu stehen hatte, und wenn er es nicht mehr wissen wollte, wußte es sein Nachbar und scheuchte ihn an den richtigen Platz. Die alten Handwerksmeister gaben ihre Anweisungen, nichts wurde von ihnen übersehen, haargenau wurde die Form in der Grube ins Lot gebracht. Dann wurde die Ofentemperatur aufs Höchste hochgefeuert.

Als auch die Sonne den höchsten Punkt erreicht hatte, standen vierzig schweißtriefende Männer um das fauchende Ungetüm und hielten den Atem an.

Han Dao-go schlug den Fluß auf, und eine rotglühende Fontäne schoß in die vorgesehene Rinne, wälzte sich zischend in die Tiefe und verschwand im Holzmantel, der die Form enthielt. Gehilfen standen mit Siebköchern an der Flußrinne, um verunreinigende Brocken aus dem Schmelz zu fischen. Was an Glut zuviel war, lief aus der Form und erstarrte auf den verglimmenden Brettern.

»So«, Han Dao-go kniff Adam in den Arm, »jetzt erst einmal warten. Heh, du da!« Er winkte einem Eunuchen. »Bring Tee und Limonenwasser. Vergiß das Eis nicht!«

Der Bauarbeiten-Aufsichts-Eunuch hatte sich Adams Belehrung über *feng-shui* und die Qualität der Arbeit so zu Herzen genommen, daß er um Erlaubnis nachgesucht hatte, für die Arbeiter aus Gründen der sommerlichen Hitze und der Arbeit am Ofen Eisbrocken aus den Palasteiskellern bereitzustellen. Schweigend und schwitzend hockten die Männer um die Grube, als könnten sie das Erstarren der Schmelze beobachten.

Endlich war es soweit.

Von gescheiten und dummen Ratschlägen begleitet, arbeitete sich Han Dao-go in der Grube durch die Bretter und Sandschichten vor, bis er auf die verbackene Form stieß. Zwei, drei kräftige Hammerschläge, richtig plaziert, und die Brocken brachen auseinander – doch ein Hammerschlag war zuviel! Han Dao-go schlug durch die frischgegossene Röhre. »Verflucht, Wasser, viel Wasser, ich muß sehen, was hier los ist.« Han Dao-go tobte. Irgendwas war schiefgelaufen.

Zischend stoben Dampfwolken empor und bald war das Ergebnis des ersten Gusses freigespült. Unter dem Ansturm der schweren Glut war die Form zur Seite gekippt. Eine Luftblase hatte sich an der Spundverstärkung verfangen und an dieser Stelle das Einströmen des Metalls verhindert. Durch genau diese schwache Stelle hatte der Gießmeister mit seinem Hammer hindurchgeschlagen. »*Kou-shih yi-tui!*« Er zerzauste sich die aufgelösten Haare. Wutentbrannt kroch er aus der Grube heraus, hockte sich enttäuscht neben Adam und blickte auf den jämmerlichen, schwarzbraunen Rohling, den sie soeben zur Welt gebracht hatten. »Welch eine Schande«, flüsterte er, »welch eine Schande!«

Eine unausgesprochene Angst schlich über die Baustelle. Es war schon vorgekommen, daß unzufriedene Kaiser Handwerker für solch ein Mißgeschick hatten köpfen lassen.

»Ohoo«, rief Adam. »Beglückende Verbesserung der Bedingungen, beglückende Verbesserung der Bedingungen! Das ist das beste Zeichen, beweist es doch, daß das chinesische Metall stärker ist, als unsere westlichen Berechnungen erahnen konnten! Ich verneige mich vor den erdgegebenen Bodenschätzen des Reiches der Mitte.«

Aus den Augenwinkeln hatte er entdeckt, daß einer der Palastdiener das Spektakel von der Mauer herunter beobachtete. Anscheinend warteten die Christenfeinde schon wieder darauf, ihm einen Fehler nachzuweisen. So rief er noch lauter: »Ein Grund zur Freude. Der Nachweis ist erbracht, daß der Kaiser das beste Metall der Welt zum Feuerschlundgießen bekommen hat.«

Der Bauarbeiten-Aufsichts-Eunuch trat von hinten an Adam und Han Dao-go heran. »Alles in Ordnung, hoher Herr?« fragte er lauernd.

Angstschweiß rann Han Dao-go an den Ohren hinab.

»Noch besser, noch besser. Der Erhabene darf sich glücklich schätzen. Er wird die besten Kanonen bekommen, besser als wir jemals erwartet haben.« Und dann überschüttete Adam den zurückweichenden Aufseher mit Zahlen, Bezeichnungen, Winkelgraden und Gewichtsangaben, daß diesem Hören und Sehen verging.

»Ich werde die erfreuliche Nachricht dem Kaiser melden. Es wird den Erhabenen mit Glück erfüllen, dieses zu erfahren.« Der Eunuch stolperte rückwärts davon und verschwand hastig.

Schnell zog Adam den verdatterten Han Dao-go in sein Quartier und winkte den anderen Meistern, ihnen zu folgen. Als die Tür hinter dem letzten geschlossen war, sank er, erleichtert aufatmend, auf einen Stuhl. »Meine Herren Meister, das war soeben knapp. Wir müssen den Eunuchen tote Katzen als schlafende Tiger verkaufen. Es wird nicht unser letztes Mißgeschick sein.«

Schweigendes Schmunzeln verband die alten Meister, die die Ursachen für die »beglückende Verbesserung« sorgfältig untersuchten und den Einflußwinkel neu berechneten. Noch ein paarmal durfte der Bauarbeiten-Aufsichts-Eunuch dem Kaiser von »beglückender Verbesserung« beim Schmelzen berichten.

Nach Wochen gelang endlich der erste Guß.

Mit gezahnten und gerieften Werkzeugen wurde das warme

Metall von innen und außen so zurechtgefeilt, daß es nach vielen verschleuderten Schweißtropfen mattgold in der Herbstsonne blinkte.

»Seht, wie wundervoll es blinkt und glänzt, es ist fürwahr ein kaiserliches Rohr.« Genüßlich führte Han Dao-go das Ergebnis dem herbeigerufenen Bauarbeiten-Aufsichts-Eunuch vor.

Während die zweite Kanone entstand, wurde eine zweirädrige Lafette mit Deichsel für das erste Gußrohr gezimmert.

Die vom Palast erlassene Anweisung, ein Mönch solle die Gießarbeiten mit segnenden Ritualen begleiten, und der Wunsch des Kaisers, der ausländische Feuerschlundmeister möge doch auch seinen Gott hinzuziehen, hatte über die Wochen zu einer morgendlichen Ökumene geführt. Besprenkelte der Jesuit hier das Kanonenrohr mit Weihwasser, so schwiegen freundlicherweise die Klanginstrumente auf der anderen Hofseite. Lauschte Adams Gemeinde einer Bibelerzählung, ließ der Mönch seine Anhänger in Meditation schweigen. So kam es, daß die Kanonen, bevor man sie zum Einschießen abtransportierte, von zwei Dienern des Himmels gesegnet wurden.

Mittlerweile war ein ungewohnt strenger Winter über Peking hereingebrochen. Der Beihai-See gefror, und unter freiem Himmel starben die Ärmsten der Armen. Für die Kanonengießer wurde die Hitze des Schmelzofens zu einem Segen. Nachdem zwei Dutzend vierzigpfündige Kugeln gegossen waren, wurden die ersten fünf Kanonen auf Rohrwiegen verschraubt und von Mauleseln vor die nördliche Stadtmauer gezogen.

Das Waffenministerium hatte ein Bataillon Elitesoldaten zusammengestellt, und so zog ein Troß frierender Soldaten, Handwerker, Palasteunuchen, kaiserlicher Beobachter und der eine oder andere Müßiggänger hinaus auf den von Rauhreif weißen Platz nahe dem Erdaltar. Die fünf Kanonen wurden in einer Reihe ausgerichtet, neben jeder einige Kugeln gestapelt und die Zünder vorbereitet. An jeder Kanone stand ein verantwortlicher Feuerschlundmeister: T'ang Jo-wang, Han Dao-go, Hung-an, Tschin und Liu. Der alte T'ang war ausersehen, den Schießbefehl zu geben.

Ein Haufen ungeordneter, halberfrorener Soldaten drängelte sich in dünnen roten Kampfanzügen hinter, um und vor den Kanonenmündungen, so daß Befehl gegeben werden mußte, sich in Reih und Glied hinter den Kanonen aufzustellen. Offensichtlich freuten sich alle Gekommenen auf ein größeres Feuerwerk.

»Habt acht!« brüllte der alte T'ang über den Platz. »Lunte zünden!«

Adam und die anderen hielten ihre brennenden Fackeln an die Lunten.

»Habt acht! Alles zurück!«

Die Flämmchen zischten gierig die Lunte hoch. Die Kanoniere hatten sich die Ohren mit Fellfusseln und Bienenwachs verstopft. Ein ohrenbetäubender Schlag aus fünf Kanonen fegte über die Dächer Pekings. Danach war es totenstill. Schwarzer Schmauch senkte sich auf den weißen Reif. Halbbetäubt vom Donnerhall, liefen die Kanoniere aufs Feld, um ihre abgeschossenen Kugeln zu suchen. In den ungeschützten Ohren der erstarrten Zuschauer klang es noch Minuten nach.

Als der erste seine Kugel in einer Entfernung von einem *li* fand, brach endlich der große Jubel aus. So manch einer applaudierte, auch wenn er nicht verstand, welcher Art von Feuerspektakel er gerade beiwohnte, war doch am Himmel keinerlei Sternenzauber zu entdecken.

Alle Kanonen hatten vorbildlich gefeuert. Nur eine Wiege hatte dem Rückschlag nicht standgehalten und war auseinandergebrochen. Nachdem die Feuerschlünde noch einige Male ihre Gefährlichkeit demonstriert hatten, kehrte der Troß zufrieden in die gutgeheizten Paläste der Verbotenen Stadt zurück. Die Kanonen wurden an den Haupttoren der Nordstadt gegen einen vermuteten Feindesansturm ausgerichtet. Hiermit war Adams Arbeit in der kaiserlichen Kanonenmanufaktur beendet.

Jeder bespitzelte jeden am Hof. Spione der rebellierenden chinesischen Bauern und Spione der Mandschu gingen im Palast unerkannt aus und ein. Intriganten formierten ihre Gefolgschaft hinter dem Fünf-Phönix-Tor. Inzwischen gab jeder jedem die Schuld an den immer unerträglicher werdenden Plagen im Lande. Grenzüberfälle im Norden, Hungersnöte im Westen und Heuschreckenplagen im Süden häuften sich.

Das mandschurische Heer war wieder mal in die Flucht geschlagen worden. Inzwischen nahm niemand mehr eine Bedrohung von diesem Feind aus dem Norden ernst. Den Mandschu selbst war durch diese Niederlagen vor Augen geführt worden, daß sie weder die militärischen noch die politischen Fähigkeiten besaßen, das Ming-Reich in ihre Finger zu bekommen. Die Herrscher im nördlichen Mukden konnten mit Mongolenpferden besser umgehen als mit Kriegsstrategemen, geschliffenen Worten und feinsten Porzellanschälchen.

Es drohte dem Reich eine andere, eine innere Gefahr.

Rebellenführer Li Tzu-ch'eng nahm die Kaiserstadt ins Visier. Sein Reden von Gerechtigkeit, Umverteilung der Güter oder einfach nur seine gewalttätige Dreistigkeit, es dem kaiserlichen Moloch zu zeigen, lockte Rechtlose und Hungernde im ganzen Ming-Reich unter seine Fahnen. Li Tzu-ch'eng rief das chinesische Volk auf, endlich das unersättliche, höfische Untier zu beseitigen, um sich selbst zum Kaiser auszurufen.

Die Nachricht von seinem Vormarsch auf Peking drang in fast aller Ohren – nur nicht in die Ohren des himmlischen Kaisers. Der wurde in dem Glauben gehalten, Herr im eigenen Hause zu sein: Der himmlische Kaiser wurde von seinem Hofstaat belogen. Erst als die Gerüchte zu laut wurden, eilten zivile und militärische Mandarine und Eunuchen in Schwärmen herbei, um mit ihm über Verteidigungsmaßnahmen zu beraten. In seiner behüteten Naivität übertrug er den Generaleunuchen das Oberkommando über die siebzigtausend Soldaten auf Pekings Stadtmauern und die Verteidigung der Verbotenen Stadt.

In jenen unsicheren Zeiten Anno Domini 1644 lebte Adam Schall SJ als einziger Jesuit in Peking. Den undurchsichtigen Boris Goswin hatte er nach Hangchow abgeschoben. Mitbrüder kamen nur zur Stippvisite, vielleicht aus Angst vor dem drohenden Angriff auf die Hauptstadt. Keine Minute dachte Adam an Flucht. Auch waren aus der gemeinsamen Arbeit an den Kanonen einige herzliche Freundschaften zu Handwerkern entstanden. Niemals hätte er seine Gemeinde verwaist zurücklassen können.

Unterstützt von Laienbrüdern segnete, taufte, firmte und weihte er und feierte alle wichtigen Festtage. Oft saß er bis abends spät in seiner Stube und arbeitete an einem Manuskript über abendländische Astronomie. Aus allen Teilen des Landes kamen Belobigungen über seine aufopfernde Priestertätigkeit und seine astronomischen Leistungen. Trotz der unruhigen Zeiten blühte die Mission. Freudig berichteten Reisende, daß sie das Christenkreuz sogar auf kaiserlichem Gelb an den Mastspitzen einiger Dschunken flattern gesehen hätten. Das Christentum gewann wieder an Boden.

Von allem Ruhm unberührt, ging der einzige Jesuit Pekings seinen Aufgaben nach. Täglich erteilte er Absolution für meist kleinere Tugendlosigkeiten. So hatte er sich an einem der letzten Apriltage gerade mit einem Kammerdiener des Kaisers zur Beichte niedergesetzt. Bevor dieser jedoch mit dem Sündenbekenntnis beginnen konnte, stürzte ein Unbekannter blutüberströmt in die Kapelle. Mit klaffender Stirnwunde warf er sich in eine Bank und stammelte etwas von einer Horde Reiter, die durch die Marktstände gesprengt seien und alles niedergerissen hätten. Berittene wären zu Tausenden durch die Straßen gefegt und jetzt auf dem Weg zum Palast.

Das Beichtkind sprang auf und brach in Tränen aus. »Es ist geschehen. Dieser Dummkopf.« Der Kammerdiener biß sich auf die Fingerspitzen. »Achilleus hatte ihm noch geraten, zu fliehen. Aber es ging gegen seine kaiserliche Ehre. Himmelsherr, o Himmelsherr.«

Gemeinsam betteten sie den Verwundeten auf Kissen in einer der verwaisten Kammern und versorgten seine blutende Wunde.

»Um Gottes willen, erzähl, was weißt du, was hat Achilleus gewußt? Wem ging es gegen die kaiserliche Ehre?« Adam schüttelte den Eunuch an den Schultern.

»Das ist der Grund, warum ich hier bin. Bevor es passieren sollte, wollte ich mit Euch meine verwirrte Seele klären. Ich weiß nicht, ob ich in Böses oder Gutes verstrickt bin. Der ganze Palast hat es gewußt. Und ich habe es nicht aufhalten wollen!« Seine

Stimme wurde hart und trotzig. »Über den Herzen der Konkubinen und den Seelen der Verschnittenen liegt ein Schleier des Schweigens. Unter all der vielen Seide der gedemütigten Frauen, verblühten Kaiserinnen und in uns verstümmelten Männern glimmt der Haß. Tränen konnten unseren Schmerz nie löschen, jetzt wollen wir frei sein!«

»Was?« flüsterte Adam. »Was beschlosset ihr, nicht aufzuhalten?«

»Wir Verschnittenen leiden so sehr unter der Willkür des Kaisers, daß wir beschlossen, uns dem Rebellen Li nicht zu widersetzen. Er wird ein Ende machen mit dem kaiserlichen Entmannungsdiktat. Das hat der Befreier uns versprochen.« Der Kammerdiener hielt inne und lauschte dem Lärm, der von der Straße in den Innenhof hallte.

»Das da draußen ist Li, Li Tzu-ch'eng?« Entsetzt hielt Adam beim Reinigen der Wunde inne.

Mit finsterem Gesicht reichte ihm das Beichtkind saubere Lappen. »Li Tzu-ch'eng hat auch dafür gesorgt, daß die Soldaten des Kaisers zu ihm überlaufen. Es war nicht der Wunsch von uns Christen, was jetzt geschieht. Nur haben wir beschlossen, der Strafe Gottes, die durch Li über die kaiserlichen Gemächer kommt, nichts entgegenzustellen.«

Als sie das Opfer der Rebellen versorgt hatten, zerrte der kaiserliche Kammerdiener seinen Beichtvater wortlos auf den Hof, wo er ihm über eine Leiter auf die Mauer vorauskletterte.

»Er hat es tatsächlich getan! Der Eunuch Lu Sung hat ihm die Tore geöffnet. Seht! Niemand hält sie auf!«

Flammenwipfel sprangen von Dach zu Dach, krachend detonierten Pulverlager, Menschen schrien, das Donnern hereinpreschender Pferdehufe erschütterte die Straßen Pekings.

»Vater im Himmel, und das alles hast du gewußt?«

»Nicht nur gewußt, ich habe es bis heute ebenso wie fast alle Frauen und Eunuchen des Hofstaats geheimgehalten. Ich wollte es nicht verhindern. Die Obereunuchen haben uns die Freiheit und die Rückkehr zu unseren Familien versprochen.« Ein haßerfülltes Lächeln flackerte über seinen tränenverwaschenen Wangenpuder. »Es wird die Demütigungen an meinem Leib nicht ungeschehen machen, aber das Feuer der Gerechtigkeit wird mit Li Tzu-ch'engs Kriegern den Ort der Schmach vernichten!«

»Herr, vergib diesem Geschändeten, daß er aus Verzweiflung Genugtuung an diesem Morden findet.« Adam legte seine Hände auf die zitternden schmalen Schultern des jungen Halbmannes und starrte mit ihm über die auflodernden Flammen, unter denen gebrandschatzt und getötet wurde.

Plötzlich hörte der Körper auf zu zittern. »Pater, meine Rache gilt aber nur dem Hofstaat und die liegt jetzt in Gottes Hand. Ihr habt mir beigebracht, meine Nächsten zu lieben.« Aufgeregt zog er ihn vom Dach. »Kommt, Pater, kommt, ich muß mich beeilen, sie werden Frauen aus den Gassen schänden und Kinder und Greise töten. Diese sind doch aber völlig unschuldig. Kommt!«

Die ersten Feuergeschosse surrten aus den Gassen in die Innenhöfe.

»Feuer, Feuer«, schrie der alte Petrus Wang im Hinterhof. »Es brennt!« Er ließ den Schöpfkübel in den Brunnen stürzen. Brandgeruch drang in Fenster und Ritzen. Kübel um Kübel leierten die Männer in Windeseile Wasser aus dem Hofbrunnen heraus und besprengten die Gebäude.

»Das wird uns beschützen«, schrie Adam und warf den Helfern eine Handvoll Agnus Dei-Täfelchen auf das Dach. »Aber gießt ordentlich. Ein bißchen Wasser kann nützlich sein.«

Zischend fielen die ersten Brandfackeln in die Wasserlachen.

Adam eilte dem Diener voraus, um mit ihm nach den Bewohnern der Nachbarhöfe zu sehen.

»Bitte wartet, bitte!« Mit hochgezogenem Rock tippelte der Eunuch hinter Adam her. Offensichtlich war er diese Eile nicht gewöhnt. Mit einem festen Ruck riß Adam ihm die Seitennaht des fesselnden Kleides auf und schob den Verdatterten im Laufschritt vor sich her.

Die Männer Li Tzu-ch'engs hatten die Türen der Häuser eingetreten, geplündert und Liegengebliebenes mit Pferdehufen zertreten, Häuser in der Nachbarschaft und den nahen Weißturmtempel in Brand gesetzt. Die Straßen waren jetzt menschenleer. Aus einigen Hütten drang Wimmern. Drei geschändeten Frauen, die sich blutbesudelt vor Scham aufgehängt hatten, gab der Jesuit den letzten Segen. Ein verschrecktes Kind, eine kranke Greisin, einen verletzten Jungen und drei Marktfrauen brachten sie im Laufe des Tages unter das Dach der Mission. Hereinfliehende Gemeindemitglieder berichteten von Greueltaten, trösteten sich gegenseitig und fanden beieinander Schutz. Aus dem Palast kamen nur wenige der Getauften. Fast alle Frauen hatten sich wie die Kaiserin in den Tod geflüchtet.

Der Sturm der Plünderer hatte am 23. April begonnen und ging über einige bittere Wochen, in denen sich die Residenz mit Verwundeten füllte. Das Gerücht ging um, der Kaiser habe sich erhängt und seine Sippe sei in alle Winde versprengt.

Eine gewaltige Explosion schreckte zur Nacht alle auf. Vom Missionsdach aus konnte man den Flammenturm über den gelben Dächern der Verbotenen Stadt sehen und hören, wie die Holzsäulen der Halle der Höchsten Harmonie barsten.

Li Tze-ch'eng hatte sein Ziel erreicht. Peking lag zu seinen Füßen. Kein Widerstand regte sich mehr. Der Palast war bis auf wenige Herumirrende leer und ausgeplündert. Viele Tausende hatten sich umgebracht, hatten fliehen können oder waren jämmerlich unter den tödlichen Hieben der Plünderer gestorben. Viele der niederen Palastdiener hatten sich erhofft, mit ihrer Beute aus den Schatzkammern zum Dank für die gute Zusammenarbeit mit den Verrätern frei abziehen zu dürfen. Aber wie überall hatte auch hier das Böse keine Freunde. Den schwerbepackten, flüchtenden Eunuchen wurde die Beute abgejagt, und sie konnten froh sein, wenn sie wenigstens mit den Schatullen ihrer Drei Kostbarkeiten entkamen.

Nur einige General- und Obereunuchen hatten ihren Raubzug gründlich vorbereitet. In aller Verschwiegenheit hatten sie schon vor Monaten die Schatztruhen geleert und die Reichtümer von Mittelsmännern aus der Stadt schaffen lassen.

Bis auf kleinere Brandspuren war der Missionsresidenz nichts geschehen. Die astronomischen Werkzeuge, die Druckstöcke und die Bibliothek mit dreitausend Büchern waren unversehrt. Dieses Gotteszeichen bestärkte Adam darin, mit seiner astronomischen Arbeit weiterzumachen. Keine der zwanzig Kanonen, die in zweijähriger Arbeit hergestellt worden waren, war zum Einsatz gekommen. Adam dankte Gott dafür, daß er nicht am Morden beteiligt war.

Der Ch'ung-chen-Kaiser war tot, er hatte sich mit einer Bogensehne stranguliert. Mit ihm erlosch nach einer Dauer von 276 Jahren die chinesische Dynastie der Ming.

Doch noch bevor sich Rebell Li Tzu-ch'eng zum neuen Kaiser ausrufen lassen konnte, hatte er schon wieder die Stadt verlassen und sich in ein neues Kampfgetümmel gestürzt. In Südchina sollte er schon bald all seine Truppen verlieren und ein Jahr später von Bauern erschlagen werden. Wie Heuschrecken waren seine Horden über die Kaiserstadt hergefallen. Sie hatten ein kahles, ausgeplündertes, verteidigungs- und herrenloses Peking hinterlassen.

Die Stunde der Mandschu war gekommen.

Ohne nennenswerten Widerstand überwanden die Reiter die Große Mauer. Überläufer und Mitläufer schlossen sich den Invasoren an. In Eilmärschen erreichten die mandschurischen Truppen Peking und verjagten die restlichen Rebellen. Die Herrscher von Mukden ernteten ohne Anstrengung die Frucht aus Li Tzu-ch'engs bitterer Saat. Sechs Wochen waren verstrichen, der Juni war heiß hereingebrochen, als sie in die Kaiserstadt einritten. Auf struppigen Pferden, mit hochausrasierten Schädeln, von denen lange Haarschweife wie Fahnen wehten, galoppierten sie johlend durch die Straßen. Anders als die chinesischen Rebellen zerstörten sie jedoch nichts, sondern inspizierten die Stadt neugierig auf Nützliches.

Auf vieles konnten sie sich keinen Reim machen. Zwar war Mukden eine steingebaute Palaststadt, aber die wenigsten der Soldaten lebten in festen Häusern oder waren mit dem chinesischen Ausmaß an Zivilisation vertraut. Die Gebildetsten des Steppenreiches wurden umgehend in den Kaiserpalast gebracht. Klug lockten die neuen Herren die heimatlos umherirrenden Eunuchen und Palastdamen, die versprengten Gelehrten und Handwerker in die Verbotene Stadt zurück. Sie brauchten dringend Berater, die mit dem Machtapparat vertraut waren. So nahm sich ein jeder der neu eingesetzten mandschurischen Minister einen chinesischen Berater zur Seite.

Doch nur kurz durften die Pekinger aufatmen. Sobald die Mandschu ihre Machtpositionen abgesichert hatten, sorgten sie für eine klare Trennung. Eines Morgens ordneten sie an, daß alle chinesischen Bewohner innerhalb von drei Tagen die Nordstadt zu räumen und in die Südstadt umzuziehen hätten. Die Nordstadt um den Kaiserpalast wurde zur Mandschustadt erhoben. Von diesem Exodus war auch die Mission bedroht, denn sie lag im Südwesten der Nordstadt.

Adam, der als einziger Ausländer die dramatischen Maitage durchlitten hatte, sah sich einem unsinnigen Umzug mit Tausenden von Büchern, schweren astronomischen Instrumenten, Kirchenzubehör und Mobiliar ausgesetzt. Aufgebracht eilte er zum Großen Hofamt, um ein Bleiberecht zu erwirken. Zu seinem Erstaunen stieß seine Bitte auf offene Ohren, und die kleinen, bäuerlichen neuen Herrscher begegneten ihm mit Respekt. Während die Chinesen ihre Häuser aufgeben mußten, durfte er als Fremder unter Fremden wohnen bleiben. Man erwartete von ihm nur, sich nach Mandschurenart zu kleiden und die Stirn bis auf den Nackenzopf auszubarbieren.

Nachdem er das Bleiberecht zugestanden bekommen hatte, kehrte er über den Marktplatz zurück. Die Sänger der chinesischen Oper, die freundliche Fleischverkäuferin, der Gemüsemann, seine kleinen Hungerleider – sie alle waren verschwunden. Statt dessen hockten mandschurische Gefolgsleute zwischen Zelten und Pferden. In der Mitte des Platzes war ein Haufen Menschen zusammengelaufen. In kurzen Abständen wurde geklatscht und gelacht. Adam konnte die fremden Worte nicht verstehen und trat näher, um zu sehen, was da so Belustigendes stattfand.

Eine Menge johlender Mandschuren hielt eine Handvoll zu Tode verschreckter Chinesen fest. Ein starker Kerl griff den Menschen der Reihe nach in den Nacken, drückte ihren Kopf zu Boden und begann, mit einem Schafschermesser das lange Haar büschelweise abzuschneiden. Jede Haarsträhne, die vom Haupt eines Chinesen fiel, löste ein demütigendes Siegesgejohle aus. Mit hochausgeschorener Stirn, von der Blutrinnsale in die bewegungslosen Gesichter rannen, wurden die mißhandelten Männer aus dem Kreis der Meute gestoßen. Hier wurde der wahre Sieg der Mandschuren über die Chinesen nachgeholt.

Adam schossen die Tränen in die Augen. Die Freundlichkeit, mit der man ihn, den Westbarbaren, im Amt empfangen hatte, galt nur dem verbündeten Fremden. Die Mandschu hatten dieselbe Freude an der Grausamkeit wie die Ming. Schweigend ging er zurück in seine Residenz.

Mit Pomp und Getöse brachte man den sechsjährigen Thronfolger, Prinz Aisin-Gioro Fulin, aus Mukden in die Stadt und ließ ihn elf Tage später zum ersten Kaiser der mandschurischen Ch'ing-Dynastie ausrufen. Das geschah am 19. Oktober Anno Domini 1644.

nser geliebtes Flechtköpfchen liegt hingestreckt wie tot...«

»Hoher Herr, unsere Gebieterin ist sterbenskrank. Allein Eure wohlwollende Hilfe kann sie retten...«

»So helft doch! Wenn sie stirbt, müssen auch wir unser Leben wegwerfen. So fordert es die Sitte.« Mit aller Hingabe hatten sich die drei Zofen vor dem Jesuiten auf die Knie geworfen.

»Auf die Beine«, herrschte er sie an. »Jetzt aber Schluß mit dem Gezeter!«

Erschrocken über soviel Poltern in der Stimme des gerühmten Mannes sprangen die flehenden Zofen auf die Beine und strichen sich über den Hüften die hochgeschlitzten engen Seidenkleider glatt. Mit verweinter Augentusche starrten sie auf den bärtigen Mann.

»Da ihr es nicht vermögt, mit einer Zunge zu sprechen, soll eine erzählen, was vorgefallen ist.« Mit gekreuzten Armen lehnte sich der vierundfünfzigjährige Pater Schall in seinem Sessel zurück und musterte die verzweifelten Palastfrauen.

Eine trat zögernd vor, schlug die Augen nieder und berichtete schluchzend in Mandschurisch: »Unsere Herrin, die kleine Prinzessin Borjikin, Nichte der Mutter des neuen Kaisers und Tochter des Fürsten Jaisang, droht ihr junges Leben auszuhauchen.«

»Moment, langsam, ich muß eure Sprache noch lernen,« unterbrach er sie.

»Ja, bitte, unsere Herrin, die kleine Prinzessin Borjikin, Nichte der Mutter des neuen Kaisers und Tochter des Fürsten Jaisang, droht ihr junges Leben auszuhauchen«, wiederholte sie lauter.

»Der Hof hat doch Ärzte und Heiler zuhauf aus Mukden mitgebracht.«

»Sehr wohl, werter Herr Pater, aber unseren Ärzten fehlen die Heilkräuter aus unseren Wäldern und Steppen. Das Orakel hat sich in Schweigen gehüllt und die Lamas finden anscheinend auch nicht die rechten Mantras gegen die Krankheit. Nun rätselt man allgemein. Da wir Euch vertrauen können, wie die Eunuchen Nestor und Archibald bezeugten, ließ die Mutter des jungen Kaisers um Heilung nach Euch schicken.«

»Nanu? Seit wann gelte ich als Wunderheiler? Ich bin doch kein Arzt.«

»Auch von Eurer Bescheidenheit wird viel erzählt. In aller Stille vollbringt Ihr Eure Heilung.«

Er seufzte. Er wußte, daß es fast unmöglich war, einer Gemeinde einen Glauben, und sei er noch so abstrus, wieder auszureden.

»Und welche Wunder bitte kann ich vollbringen?« fragte er neugierig.

»Ihr vermögt, nach den Sternen zu weissagen.«

»Ooooh, das können eure Astrologen auch«, rief er erleichtert.

»Aber Ihr seid Christ, Herr, Ihr seid ein Bruder von Jesus, dem Heiler. Und Ihr sagt selbst, daß er durch Euch Priester wirkt, Herr. Es wird viel davon geredet. Man hat gehört, daß Ihr den Brand der Rebellen mit magischen Täfelchen von Eurem Hausdach ferngehalten habt«, flüsterte eine andere, hob ihr mit Zöpfchen über Zöpfchen verziertes Haupt und lächelte flehend.

»Dein Wort in Gottes Ohr, mein Kind.« Er stand auf und ging ein Weilchen auf und ab. Die neue Sippe in der Verbotenen Stadt war anscheinend überaus interessiert daran, was es mit dem Heiligen Jesus und seinem einsamen, fremdartigen Gefährten auf sich hatte. In letzter Zeit waren immer mehr Höflinge gekommen und hatten seinen lebensnahen Predigten gelauscht. Er durfte ihre Erwartungen nicht enttäuschen.

»Hier!« Er wühlte in seiner tiefen Tasche. »Das wird ihr Innerstes berühren, es wird sie aus tiefstem Herzen heilen.« Er zog eines der Agnus Dei-Täfelchen aus der Tasche, das er seit Li Tzu-ch'engs Überfall immer bei sich trug. »Doch zuerst laßt uns unsere Sünden den Kranken und den Gesunden und Schwächeren gegenüber betrachten und um Heilung für alle bitten. Später werde ich für eure Prinzessin beten.«

Nach einer kurzen Besinnung reichte er der gefaßtesten der drei Zofen das Agnus Dei-Täfelchen. »Dies ist ein heiliges Ding, die kleine Prinzessin soll es sich auf die Brust auflegen und ebenfalls ihre Sünden und Unachtsamkeiten gegenüber Untergebenen und Älteren bedenken.«

»Wenn das Kind überlebt, dann dürfen auch seine Dienerinnen auf ein langes Leben hoffen«, flüsterte die eine und die anderen weinten aus Dankbarkeit. »Hoher Herr, habt Dank.« Alle drei verbeugten sich tief und eine ließ andächtig das gerühmte Amulett in ihrem Kleid verschwinden. Plötzlich hatten sie es eilig und rannten in ihren kniehohen, buntgepaspelten Filzstiefeln zu ihren Pferden, mit denen sie in die Verbotene Stadt zurückgaloppierten.

Die Mandschu waren mit einem Reitergefolge von Schamanen und Lamamönchen, mit Ritualgegenständen und Buddhastatuen in den Palast eingezogen. Sie glaubten wie die Ming an die Verknüpfung aller Lebewesen und aller Geschehnisse miteinander. Sein Aufgreifen ihrer buddhistischen Gedanken war ein Grund dafür, daß sie sich von ihm verstanden fühlten. War jemand erkrankt, so ließ er stets die ganze Verwandtschaft in der Tiefe ihrer Seele nach eventuellen Ursachen für die Störung der Harmonie suchen.

Gutgelaunt kehrte er aus dem Besucherraum in sein Laboratorium zurück. Entlang der Zimmerwände stapelten sich Bücher. Selbst an der Wandseite seines Kang reihten sich Buchrücken an Buchrücken. Zwischen den gestapelten Buchreihen standen fertige und halbfertige astronomische Instrumente. An der langen Wand hing eine Kalligraphie, ein Herz mit einem darüber hängenden Dolch. Dieses Zeichen bedeutete Geduld. Und Geduld brauchte er über alle Maßen. Seit mehr als fünfundzwanzig Jahren hoffte er nun schon, Zugang zu den inneren Palastgemächern zu bekommen.

Mutterseelenallein leitete er die Pekinger Mission, keiner der

Mitbrüder wollte bei ihm bleiben. Einmal hatte ihn einer einen schweigsamen Eigenbrötler genannt und war schnell wieder in das unterhaltsamere Hangchow weitergereist. Er nahm diese Einsamkeit als ein Zeichen Gottes, seinen Weg alleine gehen zu müssen. Hatte nicht Horaz Rotarius sein Horoskop so gedeutet: Du wirst deine Ordnung gegen die gemeinschaftliche Ordnung setzen, und es kann dir passieren, daß du Tore zu Palästen öffnest, an denen sich andere den Schädel eingerannt haben? Tatsächlich liebte er es, auf seinem einsamen steilen Weg von niemandem gestört zu werden. Andere brauchten mit ihm viel Geduld, da er im Zorn so heftig werden konnte, daß die Beschimpften fürchteten, ihr Gesicht zu verlieren. Der Mensch, der seinen Jähzorn am häufigsten ertragen mußte und geschickt seine Gelassenheit dagegensetzte, war sein neuer Diener P'an Tsin-hsiao. Mit diesem Chinesen war ihm ein loses, aber ehrliches Mundwerk ins Haus gekommen. P'an gab dem spröden Ausländer im rechten Moment das passende Widerwort und sorgte mit seinem Söhnchen, das als einziges Familienmitglied das Rebellenmassaker überlebt hatte, in Küche und Privaträumen für ein wärmendes Zuhause. Adam schätzte seine polternde Nüchternheit, die so manchem gekünstelten Charakter den Auftritt vergällte.

Drei Tage nach dem Besuch der Zofen klopfte es an seiner Tür und P'an überreichte ihm ein Bündel.

Er merkte am Gewicht, daß er etwas Besonderes in Händen hielt. Das Bündel war nicht verschnürt, sondern vernäht, so daß es eines Messers bedurfte, um es zu öffnen. Als er die schwere gelbe Brokatseide aufschlug, funkelte der Glanz von Silberbarren in der Form bauchiger Schiffchen.

»Die mögen ja an die dreihundert Tael wert sein.« P'an staunte.

Adam wiegte jeden Barren in seiner Rechten. »Ich fange allmählich selber an, an die Wunderkraft der Täfelchen zu glauben. Endlich können wir neue Bücher aus Macao bestellen.«

»Wir brauchen auch Kerzen und Weihrauch«, ergänzte P'an.

Mit den Silberschiffchen hatte ihn auch ein Brief erreicht. Die feinen zierlichen Zeichen verschwammen vor seinen zusammengekniffenen Augen. Er streckte den Arm weit aus und versuchte so das Schreiben und den rotglänzenden Stempel zu entziffern. »P'an, mein Freund, hilf, die Augen verweigern ihren Dienst«, bat er und reichte dem allgegenwärtigen, drei Jahre jüngeren Chinesen das Blatt.

P'an, der immer häufiger die Post vorlesen mußte, hob seine struppigen Augenbrauen und las:

Sehr verehrter frommer Herr, Priester T'ang Jo-wang!
Reichtum ist nicht halb so viel wert wie ein friedliches und fröhliches Leben. Unser Geschenk ist wertlos wie ein ausgetrockneter Fluß, verglichen mit Eurer lebenserrettenden Hilfe. Trotzdem nehmt unseren unwürdigen Dank für die Kraft des heilenden Amuletts. Durch Euer Mitgefühl ist unser beunruhigtes Leben wieder friedlich geworden wie die ebenmäßige Bahn des Mondes. Prinzessin Borjikin ist zu neuem Lebensmut genesen. Auf Knien geneigt erlauben wir uns, Euch zum Erhabenen Danksagungsbankett am glückverheißenden zwanzigsten Tag des siebten Mondes, zum verkündenden 108-Glocken-Schlag, im Palast der Irdischen Ruhe aufs Untertänigste willkommen zu heißen.

Während P'an langsam die neu erlernten mandschurischen Zeichen vorlas, tanzte ein Schmunzeln um Adams Mundwinkel. Wehmütig schaute er in den Hof hinaus. Keiner der Brüder, mit denen er so oft über die Missionierung des Kaisers gesprochen hatte, war geblieben, um mit ihm diesen Moment zu teilen. Und kein Europäer teilte mit ihm das Abenteuer, im okzidentalen Cölln geboren zu sein und am anderen Ende der Welt vom erhabenen Sohn des Himmels zu einem Festbankett erwartet zu werden. Diesmal war ihm der Hof wohlgesonnen. Die Christenfeinde waren so schwach wie nie zuvor.

Zur verabredeten Zeit wurde er von einer Abteilung Höflinge abgeholt. Zu seinem Erstaunen kamen sie ohne Sänfte. Das Leben in Peking hatte die Reitfreude der neuen Herren noch nicht eindämmen können. Und so wurde er von einem reitenden, plauderfreundlichen, rundlichen Mandschu in Ministerrobe begrüßt. Auch er mußte auf ein kleines, kräftiges Steppenpferd steigen und den ganzen Ritt über seine Füße anheben. Seitdem es keine Chinesen mehr in der Nordstadt gab, hatte sich das Leben auf den Plätzen und in den Gassen gewandelt. Jederman ritt. Sogar Frauen trabten mit ihren Gemüsekörben hoch zu Roß durch Pekings Straßen. Nur wenige Mandschufrauen waren bisher hinter die Raffinessen der chinesischen Haarknotenkunst gekommen. Sie trugen ihr langes schwarzes Haar in vielen, miteinander verknüpften Zöpfchen, die wie ein schmückendes Netz über ihren Rücken fielen. Die vorbeispazierenden Mandschu sanken beim Anblick des kaiserlichen Würdenträgers nicht auf die Knie.

»Pflegt man am Hofe des Kaisers von Mukden ebenso zu feiern wie im Palast von Peking, werter Herr?« begann Adam ein Gespräch mit dem rotbackigen Reiter, der etwas ungelenk in seinem funkelnagelneuen Seidenkostüm steckte.

»Nicht ganz, fremder Herr, bei uns daheim geht alles etwas, gestatten Sie, nennen wir es lauter, zu. Aber unser neuer Hofstaat hier in Peking bemüht sich sehr, die vorzügliche Etikette der vergangenen Ming-Kaiser zu erlernen.« Verlegen richtete sich der Mandschu im Sattel auf. Mit einem Blick auf Adams angehobene Fußspitzen entschuldigte er sich: »Ich habe noch nicht alle Tiere in den Palastställen. Sie werden gerade von Mukden heruntergetrieben. Doch habe ich schon einen meiner hochbeinigen Arabergäule im kaiserlichen Stall, so daß wir dieses Ungemach, das Ihr werter großer Körper zur Zeit erleidet, bald beheben können.«

»Das wird einem leidenschaftlichen Reiter wie mir eine große Freude und Wohltat sein«, lachte Adam und klopfte seinem Pferdchen die filzige Mähne.

»Der Kaiser hat alle meine Pferde nach Peking geordert. Die Ställe sind ja bis auf die letzte Kakerlake von den Rebellen leergeraubt worden. Dafür hat er mich auf den Posten des höchsten Landwirtschaftsbeamten zu sich in den Palast genommen.«

Schwärmerisch blickte der frischernannte Landwirtschaftsbeamte in den Himmel. »Aber der fremde Herr interessiert sich natürlich mehr für das anstehende Bankett. Man feiert die Genesung der zukünftigen Kaisergattin. Sie wurde vor einigen Wochen in den Palast gebracht, wo sie zur Kaiserin erzogen wird. Prinzessin Borjikin. Die Kleine soll jetzt schon die Augen einer Taube haben und Lippen wie Kirschen, die sich in der Morgenröte wärmen. Ihr Leib ist biegsam wie der Kranichflügel im Wind und verspricht ein würdiger Frauenkörper zu werden, der des Kaisers Söhne tragen wird.« Der Reiter seufzte. »Sie soll zwar nicht gerade porzellanweiße Haut haben wie die chinesischen Kaiserinnen, aber sie bringt das feurige Herz aus den Weiten der mandschurischen Wälder mit. Sie kann jetzt schon reiten und Bogenschießen wie ein Tigertöter. Ein herrliches Mädchen ...«

»Prinzessin Borjikin habt Ihr sie genannt. Dann ist sie diejenige, deren Dankbarkeit mir die Freude dieser Einladung zuteil werden ließ?«

»Jawohl, es ist auch mir deshalb eine große Ehre, Sie in den Palast zu begleiten. Sie haben unser aller Leben durch Ihre Heilungskräfte gesegnet. Das Bankett findet auf Wunsch der dankbaren Kaiserinmutter und des dankbaren Kaisers statt.«

»Das heißt, sie ist vollständig genesen und wird den Kaiser heiraten? Habt Ihr sie schon einmal gesehen?«

»Nein! Niemand darf sie sehen. Der Bräutigam hat sie auch noch nicht gesehen. Vor aller Augen wird sie verborgen. In den Jahren bis zur Hochzeit wird sie mit den Zofen die Rituale des Palastlebens erlernen. Bis sie als Braut in der Roten Kammer, im Palast der Irdischen Ruhe, verschleiert auf dem roten Bett liegen wird, werden noch einige Jahre vergehen. Die Kaiserinmutter will die Hochzeit in das dreizehnte Geburtsjahr des Kaisers legen.«

»Ein dreizehnjähriges Hochzeitspaar. So jung?«

»Zur Freude des ganzen Hofes, ja! Ein Sohn und eine Tochter versäumen doch ihre Pflicht, wenn sie nicht rechtzeitig für Nachkommen sorgen! Und dem Kaiser stehen noch viele Frauen zu. Mal abwarten, auf wieviele Ruhekissen sich unser Fulin betten wird. Die Blüte, die er zur ersten Frau nehmen wird, ist ein unschlagbarer Stein im Spiel um die Thronmacht von Hsiao-chuang.« Der Name Hsiao-chuang schwebte von den Lippen des Mandschu, als wäre schon alleine das Aussprechen ein Nachweis für seine Zugehörigkeit zum kaiserlichen Hofstaat.

»Hsiao-chuang? Wer ist Hsiao-chuang?«

»Verzeiht, ich bin noch nicht lange in das Hofgeschäft verstrickt. Ihr müßt mit meinen tölpelhaften Erklärungen vorliebnehmen. Ihr müßt wissen, hoher Westländer, ich hatte früher zweitausend Pferde und fünftausend Schafe. Ich bin Khorchin-Mongole und war mit den Geistern der Steppe mehr verbunden als mit den Regeln der gelben Paläste. Ich sage es, so gut ich es weiß: Hsiao-chuang ist die Mutter Fulins, des neuen Kaisers, der den Himmel über Mukden und Peking tragen wird. Sie hat die Vermählung zwischen ihrem Sohn und der Tochter ihres Bruders Uksan aufs Raffinierteste arrangiert. Das bringt den Khorchin-Mongolen großen Segen und viele Vorteile. Seit Fulins Inthronisation läßt sie sich als Kaiserinmutter ansprechen und wird keinen Atemzug von der Seite ihres Sohnes und seiner Gemahlin weichen, bis daß der Kaiser die Regentschaft übernimmt. Die Frau ist klug. Sie weiß, daß sie den Vormündern und Beratern des kindlichen Kaisers die Haare der Schreibpinsel vorzählen muß.«

Ihr Weg zum Palast führte die Reiter an einer Mauer vorbei, von der man eine von Adams Kanonen gestürzt hatte.

»Diese Dinger haben die Rebellen mit Recht nicht mitgenommen. Kein Pferd kann sie tragen, geschweige denn die dazugehörige Munition. Ein wahnwitziger Ausländer soll sie erfunden haben.« Der Mandschu lachte über sein ganzes breites Gesicht. »Unsere Soldaten nennen sie ›Des Höllenfürsten Butterfässer‹.«

»Aha!« Der ehemalige Feuerschlundmeister mußte schmunzeln.

Straßenzüge weiter plauderte der höchste Landwirtschaftsbeamte über die leergeplünderten Waffenkammern, zerstörten Brücken und im Plünderfieber zerstörten Gebäude. »Herr T'ang Jo-wang, werter fremder Gast, folgen Sie einem anderen Fremden in diesem Land in den kaiserlichen Palast. Wir bitten Sie in den Hof der Ch'ing-Dynastie einzutreten. Wir sind da!«

Erstmals in seinem Leben durfte Adam den verbotensten Teil der Verbotenen Stadt betreten. Die Torwächter senkten ihre Köpfe vor dem Jesuiten und hießen ihn mit allen Ehren willkommen. Ein Palastdiener führte ihn auf seinem Pferd durch das Tor des Göttlichen Kriegers, und er konnte ab und zu einen Blick in die Ummauerung der kleinen, abgeschlossenen Höfe wagen, die wie Bienenwaben aneinanderlagen. Viele dieser Höfe trugen noch die Spuren des Überfalls. Dachstühle waren in den Flammen eingestürzt, Türen ausgerissen und im Zerstörungsrausch zerschlagener Zierrat lag umher. Die Palastdamen, die einst hier gelebt hatten, waren von den Mandschu tot aufgefunden worden oder die Rebellen hatten sie zum Verlustieren mitgeschleppt.

»In den Jahren konnten wir diese Wunden noch nicht ausheilen.« Achselzuckend fügte der Mandschu hinzu: »Werter Fremder, teilen Sie ausnahmsweise ein Geheimnis mit einem Pekinger Verwaltungsbeamten. Der Himmel möge Ihre Lippen mit Weisheit versiegeln. Aber Sie sehen selbst. Das große Reich des Drachens liegt am Boden. Es ist in Wahrheit ohne Herrscher und ohne Regierung. Wir Leute von Mukden müssen erst noch lernen, diese riesige Staatsfamilie zu führen. Ich teile dieses schändliche Geheimnis mit einem Westbarbaren, weil wir auf jede Hilfe angewiesen sind. Das chinesische Volk darf von dieser Schwäche unter keinen Umständen erfahren! Der neue Kaiser darf das Gesicht nicht verlieren.« Der flehende Blick des Pferdezüchters traf Adam voller Vertrauen.

»Seid Euch gewiß, ich stehe Eurem Hof mit meinem Wissen zur Seite. Erhalten wir dem chinesischen Volk die Illusion, einen starken Kopf zu haben. Auch dieser Kaiser und sein junger Hofstaat werden eines Tages erwachsen. Ich danke für die Ehre Eures Vertrauens.«

Als hätten die Worte dieses Nomaden direkt an sein Herz gerührt, spürte Adam, daß er soeben vertrauensvoll zum Schicksalsgefährten der neuen Herrschersippe gemacht wurde. Wie ein argloses Kind hat dieser ungebildete Mann mir die die Achillesferse des neuen Reiches offenbart: Peking ist ohne Herrscher, ohne Regierung. Die Leute von Mukden können immer noch nicht ohne fremde Hilfe regieren. Fast stockte ihm der Atem, als er sich der Schwäche des Reiches bewußt wurde. Wie geschickt hatten die Mandschu ihre Schwäche überspielt. In Wahrheit beherbergt die Verbotene Stadt ein Häufchen unfähiger Provinzadliger, einen Kindkaiser und ein paar Hundert überlebender Ming-Eunuchen. Die Reichsprovinzen, noch immer zerstritten, sind durch Sprachen und endlose Weiten voneinander getrennt. Im südlichen Nangking verbreitet der geflohene Rest der Ming-Dynastie in seiner Verzweiflung das Gerücht, er könne die Reichsmacht wiedererlangen. Doch hinter all dem Mummenschanz fault in Wahrheit ein verwesender Drachenkadaver. Die hungernden, in die Südstadt verbannten Chinesen sind rachsüchtig, Palastbeamte käuflich und die vertrauensseligen Mandschu leicht vom Segen westlicher Weisheit zu überzeugen. Ein Fingerschnippen von mir, ein kurzes Schreiben nach Macao und die Portugiesen könnten mit ihren Feuerwaffen das zerrissene, wehrlose China übernehmen. Leicht könnten die Gekrönten in Europa für ihre Spenden Handelsmöglichkeiten und Latifundien besitzen, Peking würde unter die Fittiche des Papstes kommen wie São Paulo oder Mexiko, und die Portugiesen hätten den Holländern den fetten Happen weggeschnappt. Wie Adam so nachdachte, stöhnte er unter der Last einer solchen Entscheidung.

Wenn du, Herr, mir schon keine Brüder zur Seite stellst, dann willst du wohl, daß ich dein Wort ohne Hilfe anderer Brüder in das Herz des Kaisers trage. Das Vertrauen dieses einfachen Menschen sei mir dein Befehl.

Als hätte den Mandschu plötzlich Mißtrauen befallen, hielt er sein Tier an und sah dem Jesuiten in die Augen. »Niemand darf von unserer Schwäche erfahren! Der Hof darf das Gesicht nicht verlieren.«

»Der Himmel hat meine Lippen bereits versiegelt!«

Im kaiserlichen Lustgarten wurden ihre Pferde fortgeführt. Der besorgte Landwirtschaftsbeamte verbeugte sich tief und eilte davon. Seine nachtblaue Robe schürzend, folgte Adam einem bereitstehenden Hohe-Gäste-Empfangs-Eunuchen.

Nur wer eine kaiserliche Einladung besaß, durfte dem Festbankett beiwohnen. Die eintreffenden Adligen und Würdenträger waren in Hochstimmung. Man scherzte, plauderte und begrüßte sich. Den auffälligen, die Gesellschaft um Haupteslänge überragenden Europäer versuchte man der Hofetikette entsprechend zu übersehen, doch war es für viele Mandschu das erste Mal, daß sie einen Europäer zu Gesicht bekamen. Den neuen Machthabern stand noch die Weite des nördlichen Himmels in den großen Augen und auf vielen windgegerbten Gesichtern breitete sich ein neugieriges Lachen aus. Von Herzen hießen sie ihn willkommen. Genauso neugierig wie sie spazierte er über die Wege der Palaststadt. Die kaiserlichen Gartenkünstler hatten in Hunderten von Jahreskreisläufen mit Krüppelkiefern, gestutzten Zypressen, Schnurbäumen, Lotusteichen und Bambuswäldchen, zwischen denen ein künstlicher Quell Wasser ausspuckte, eine zauberhafte Scheinwelt erschaffen. Doch auch in diesem grünen Paradies zeugten noch immer verbrannte Baumstämme und niedergetrampelte Mosaikmäuerchen von Li Tzu-ch'engs Wüten.

Die Kühle der arrangierten Wildnis war geschwängert vom Duft des spätblühenden Jasmin und des japanischen Lavendel. Auf einen Hügel aus geschäumtem Gestein hatte man sogar eine kleine Pagode gesetzt. Dieses künstliche Gebirge trennte den Park vom Palasthof der Irdischen Ruhe.

Laut lärmend schoben sich die ersten Gäste die flache Marmortreppe empor, der Banketthalle entgegen, wo soeben die drei Mann hohen Flügeltüren von Palastdienern in den Angeln nach außen gedreht wurden. Der Weg zwischen den blutroten Säulen hindurch blieb jedoch versperrt! Im Licht der Abendsonne gleißten millionenfach gebrochene Sonnenstrahlen aus einem Gespinst von Goldfäden, durch das Edelsteine perlten wie Wassertropfen. Dieses zarte Gewebe zwischen den Türflügeln sollte den Seelen Jenseitiger den Weg in die Banketthalle versperren – so mußte es von Diesseitigen seitlich umschritten werden.

Im Schub der Gäste wurde er über eine kniehohe Schwelle am gleißenden Goldfadengespinst vorbeigedrängt. Drinnen löste sich ein Schwarm Eunuchen von den Wänden und wies den Gästen ihre Plätze an den rotlackierten Bankettischen zu.

Auf Filzsohlen eilten an die zweihundert schwarzweiß gekleidete Palasteunuchen lautlos durch die Tischreihen und gaben mit kaum hörbaren, zu Boden gerichteten Stimmen ordnende Hinweise. Ein älterer Eunuch, der den fünfklauigen kaiserlichen Drachen auf der Brust trug, ging ihm mit vorgestrecktem Armstumpf voraus, bis er vorlas: »Platz für den ehrenwerten Herrn T'ang Jo-wang.«

Adam erspähte seinen Namen auf einem der Namenstäfelchen.

Nur vier Tische von der Empore entfernt, wo der leere Drachenthron stand, hatte man ihn als Ehrengast plaziert.

»Dies«, er hielt den Eunuchen am Ärmel fest und flüsterte ihm auf deutsch ins Ohr, »ist eine Sternstunde in der europäischen Geschichte. Dreiundzwanzig Jahre habe ich auf diesen Moment gewartet, und mit mir ganz Cölln und Rom!« Dann hielt er strahlend inne. »Zur Erinnerung möchte ich dir dieses schenken.« Er griff sich in die Tasche und schob dem verwirrten Platzanweiser ein silbernes Marienmedallion in die unversehrte Hand. »Sollst doch wenigstens du mit mir feiern!«

»Jawohl, der fremde hohe Herr, jawohl, zu Diensten. Wenn der hohe Herr noch etwas brauchen, so rufe Er mich«, flüsterte der Eunuch zu seinen Filzpantoffeln und hielt das Schmuckstück zwischen den Fingerspitzen der unversehrten Hand.

»Heute ist ein besonderer Tag«, fuhr Adam auf chinesisch fort, nahm ihm das Medaillon aus der Hand und schob es ihm hinter die Schärpe. »Du kannst jetzt gehen!« Lachend entließ er den Tiefverbeugten aus seiner Gehorsamsstarre und wandte sich seinem Sitzplatz zu.

Für das Ehrenbankett hatte man üppig beladene Tabletts auf Kuchensäulen gestellt, die die Eßschälchen mit den kalten Vorspeisen wie Aquädukte über die Tischplatten emporhoben. Vor Adams Platz versperrte ein Schüsselchen mit aufgetürmten Spargelspitzen die Sicht auf den Thronsitz. Schnell wechselte er es gegen ein flaches Tellerchen aus. »Man kann nie wissen«, er schmunzelte seinem Tischnachbarn, der ihn beobachtete, zu, »ob einem alle den Blick auf den Kaiser gönnen.«

Sein Tischnachbar saß, in Erwartung des Kaisers, ebenfalls

stumm auf seinem Sitzkissen. Als ihm der Sinn des seltsamen Gebarens des Westländers einzuleuchten begann, überprüfte auch er, ob er einen freien Blick auf den Erhabenen Sohn des Himmels habe. Geschwind tauschte auch er ein zu hohes Gefäß gegen ein flaches aus. Auch Adams Nachbarn zur Rechten war das Austauschen der sichtversperrenden Speisegefäße nicht entgangen, und so setzte sich das Töpfchenrücken bis auf den letzten Platz am Tisch fort. Bevor sich die Herren einander vorstellen konnten, dröhnte ein Gongschlag durch das Portal. Sofort fielen die spalierstehenden Höflinge auf die Knie und am glitzernden Perlenvorhang stürzten die Eunuchen auf die Bodenmatten.

Nur noch das Schlagen des Gongs und das Schnaufen der Betagteren war zu hören. Das Stimmengeplätscher versiegte abrupt. Mit einem ihn umflatternden hundertköpfigen Gefolge stapfte das Kaiserkind in die Halle der Irdischen Ruhe.

Die Gäste warfen sich beim Anblick des Vasallenschwarmes zwischen den festlich dekorierten Tischreihen zum dreimaligen Kotau und neunmaligen Stirnaufschlag auf die Knie. Im Verbeugungsgedränge wurde mancher Allerwerteste eines knienden Vordermannes geehrt und erbebten die Tablettstützen unter haltsuchenden Händen. Nicht nur Adam stöhnte unter Lendenreißen. Auch sein Tischnachbar erhob sich, nach jeder Verbeugung schwerer atmend.

Eine Traube von Leibeunuchen war mittlerweile damit beschäftigt, das Kind auf den Thron zu setzen. Erst als sie mit ihrer Dekorationsarbeit fertig waren, gaben sie den Blick auf den Gastgeber frei.

Aus einem gelbseidenen, mit Drachen, Drachenklauen und Fledermäusen bestickten Kleid, das sich im Sitzen zu einem Seidenberg aufbauschte, hob sich ein zierlicher, hohlwangiger Jungenkopf, dessen Mandelaugen im zartgelben Licht der Laternen schüchtern in den Festsaal blickten. Die hochausrasierte Stirn schimmerte wie makelloser Alabaster. Ebenso die feinen Fingerspitzen, die sich aus den überlangen Ärmelhüllen schoben und sich auf die Polster des Drachenthrones legten. Mit einer kleinen Fingergeste forderte der Kaiserknabe die Gäste auf, sich zu setzen.

Dies also war der mächtigste Herrscher der Welt! Das Wesen also, das vierzehntausend Mandarine geistig in Schach halten, Hunderttausende von Soldaten wie einen Mann befehligen, zwanzigtausend Kriegsmandarine und zehntausend Eunuchen beschäftigen, Hunderte Frauen befriedigen und für 250 Millionen Menschen ein gottgleiches Oberhaupt sein sollte. Wie soll dieses Kind seiner Aufgabe gerecht werden, fragte sich Adam, während er ganz langsam in die Knie ging und seine langen Beine im Brezelsitz unter sich verschränkte. Nach mandschurischer Sitte wurde Milchtee gereicht. Damit war das Festbankett eröffnet.

Dieses Mal hatte er einen hervorragenden Blick auf den Kaiser. In Muße konnte er ihn betrachten. Der lange, hellhaarige Fremde schien auch der Aufmerksamkeit des erhabenen Kindes nicht zu entgehen. Es rief einen seiner Leibeunuchen und flüsterte diesem etwas zu, während es immer wieder zu Adam hinunterschaute.

Dessen Tischnachbar saß in den Anblick des übermenschlichen Wesens versunken vor seinen Schalen.

»Er sieht müde aus, hoher Herr«, wandte er sich plötzlich zur Seite. »Dem Kaiser bekommt das Klima Pekings nicht. Daheim in Mukden war die Luft besser. Gestatten, ich bin ein Onkel dritten Grades des jungen Kaisers. Man nennt mich Mergen Wang.« Der Mandschu straffte den Rücken, dann verbeugte er sich vor dem Jesuiten.

»Gestatten, mich hingegen nennt man T'ang Jo-wang.« Adam streckte und verbeugte sich ebenfalls. »Ich komme aus dem fernen Westen, was sich nicht verbergen läßt. Ich bin im Auftrag des Römischen Stuhls, des Heiligen Vaters, hier in Peking tätig.«

In diesem Augenblick reckte der kleine Kaiser seinen Weinbecher gleich einem Zepter in die Höhe, während der Zeremonienmeister »Haabbttt acchhttt!« rief, und verschüttete vergnügt einige Spritzer. Alle Gäste taten es dem Gastgeber ehrfürchtig gleich und verspritzten aus ihren Bechern etwas Wein über den schwarzglänzenden Marmor und auf die Tische.

Als der Bankettvorsteher »Ch'ing lao-ye-men kan-pei« rief, klang es wie ein Befehl.

»Es wird gewünscht, daß alle sich zutrinken!« flüsterte der mandschurische Kaiserverwandte schnell herüber. Sofort ergriff jeder seinen Becher, hob ihn vor die Stirn, bückte sich bis auf den Tisch und führte ihn zum Mund.

Der chinesische Mandarin zur Linken fühlte sich ebenfalls bemüßigt, dem Fremden die kaiserlichen Trinksitten zu erläutern. »Er lehrt uns, daß Speise und Trank vom Himmel geschenkt sind. Mein Name ist Di Tung-li. Der Kaiser hat mich nach dem schändlichen Ende der Ming-Dynastie wieder an den Hof gerufen. Zur Beratung in Fragen der Riten.« Und leise flüsternd ergänzte er: »Im Palast geht es zu, als hätten Holzhacker das Jadeschnitzen übernommen.« Über diesen Scherz konnte er noch lachen, doch dann glättete sich sein Gesicht und finster schaute er Adam in die Augen. »Und daß wir zwei jemals gemeinsam eine Hun-tun-Suppe essen würden, hat meiner gütigen Mutter auch kein Handleser geweissagt!«

Den letzten Satz hatte Adams Nachbar zur Rechten aufgefangen.

»Werter chinesisch gebürtiger Mandarin, beim Aufräumen des herrschenden Staatschaos, das das mandschurische Kaiserhaus von Euresgleichen übernommen hat, ist eine Hun-tun-Suppe aufs Beste zu Stärkung des *ch'i* und *lung* geeignet. Und was die Anwesenheit des ausländischen Gelehrten bedeutet, können wir uns glücklich schätzen, ihn unter uns zu wissen. Verdankt doch das kaiserliche Astronomieamt ihm und den Seinen die Kalenderberechnung und viele andere wertvolle Entwicklungen, die sie aus Europa zu uns brachten!«

Der Chinese gefror zu Eis und umklammerte mit zitternden Fingern seine jadegrünen Eßstäbchen. »Die himmlische Ordnung im Reich der Mitte bedurfte zu keiner Zeit weder westlicher Berater noch fremder Religionen. Es ist unter der Würde des Gelben Kaisers, die Grenzen des Geistes für Barbaren zu öffnen«, zischelte er.

Der Mandschu zwinkerte dem Jesuiten zu und sprach zu dem Chinesen: »Die Wahrheit schmerzt. Ich weiß! Der ungehobelte Rebell Li Tzu-ch'eng, selber ein Chinese wie Ihr, hat Feuer nur an ein Totenhaus gelegt, denn Ihr Gelehrten der Ming habt

Euch verhalten, als müßtet Ihr das Feld vor Regen schützen. Euer China war geistig ausgedörrt bis in die Wurzeln der simpelsten Vernunft. Das Quellwasser westlichen Wissens und das Blut des mandschurischen Volkes werden nach dreihundert Jahren das Reich der Mitte zu neuem Leben erwecken.«

Mit einem leisen Knacken zerbrachen die Jadestäbchen in den Fingern des Chinesen.

Adam merkte, daß er zwischen zwei Todfeinde geraten war, zwischen einen Christenfeind der besiegten Ming-Dynastie und einen Mandschu, der dabei war, die Regierungsgeschäfte zu übernehmen. Zu seinem Erstaunen waren beide Herren vorzüglich über ihn, den Ausländer, informiert.

»Meine Herren, ist sie nicht wunderbar, diese Hun-tun-Suppe. Sehen Sie her! Hier, sehen Sie, schwimmt ein Klößchen. Ein besonders günstiger Umstand treibt genau diesen Happen heute, zu dieser Stunde an die Oberfläche.«

Erst als er sich vergewissert hatte, daß die beiden Herren in seine Suppenschale blickten, fuhr er fort: »Wenn ich jetzt das kosmische Chaos herstelle, nachdem diese köstliche Suppe benannt ist«, er rührte heftig in der Boullion mit Einlage, »dann, meine Herren, ändert sich die Lage plötzlich und, wie Sie sehen, schwimmen, vom Himmel bevorzugt, die Wolkenohrpilze oben und das Himmelsklare mischt sich mit dem Erdtrüben. In diesem Falle habe ich in dieser Suppe Schicksal gespielt.« Genüßlich schlürfte er seinen Porzellanlöffel leer. »Ich denke, daß es der Seele der Speise, in Ihrem Falle der Reichsordnung Chinas, gut tut, ab und zu gut umgerührt zu werden.«

»Eure Denkweise führt zu einem barbarischen Eintopf. Einem unserer großen Tao-Mönche, den Namen habe ich vergessen, wird der Spruch nachgesagt, ein Herrscher solle einen Staat so regieren, als briete er einen kleinen Fisch: Ganz selten in der Pfanne wenden«, zischelte der Chinese zurück.

Der wiederholte vielstimmige Ruf »Trockener Becher!« beendete das begonnene Wortscharmützel, und die aufschluchzenden Töne zahlreicher Erhu-Kniegeigen glätteten die Seelenfalten.

»Des Kaisers Wunsch sei erfüllt: Reichet die Speisen dar!« Die Zeit für die ersten Platten mit knusprig gefüllten Delikatessen war gekommen. In einer langen Prozession von der Palastküche entlang der Westlichen Allee bis zur Treppe der Banketthalle reichten Hunderte von niederen Dienern die auf silbernen Tablets und in schwarzen Lackkästchen vorbereiteten eßbaren Gaben des Himmels weiter an die ranghöheren Diener, die sie am Eingang zur Halle in Empfang nahmen.

Nach dem Händeklatschen des Bankettvorstehers wurden die wohlgeschützten Speisen an die Servierdiener weitergereicht. Nach erneutem Klatschen wurden die Platten und Schalen mit den tausend Köstlichkeiten niedergestellt. Deckel über gegrillten Schildkröten auf jungen Binsensprossen und gedünsteten Karpfen auf Bambus wurden gelüftet und entließen Duftströme, die den Anwesenden das Wasser auf die Zunge trieben. Es folgten von vier Dienern getragene Platten mit ganzen Schwänen und Pfauen, die zerlegt und gesotten waren, danach aber durch Künstlerhand ihre Körperlichkeit und ihr Gefieder zurückerhalten hatten.

Der inzwischen zehnte Gang war ein Mondgruß aus Täubchen, Wachteln und Fasanen.

Schmatzen begleitete das Knöchelchen-Ablutschen. Sperriges Dörrfleisch wurde mit den Fingern zerlegt. Das Schmackhafte schob man in den Mund, das Ungenießbare streute man zwischen die Tischgerätschaften. Nach einem Verdauungspäuschen, in dem nur Fischlippensuppe floß, wurden honigmarinierte Muscheln und Austern aufgetischt, in echten Bergschnee gebettet. Erstmals machten die Gäste lautstark von den goldenen Spucknäpfen Gebrauch.

Mit lautem »*hao, hao!*« und noch lauterem »*hen hao*«, »sehr gut, sehr gut!«, begrüßten sie Kamelhöcker und Bärentatzen in wildem Knoblauch geschmort. Die Bankettgenüsse steigerten sich mit immer raffinierter dekorierten Kompositionen. Willkommene Pausen bildeten die vom Bankettvorsteher ausgerufenen Trinkeinlagen und Glückssprüche auf die Langlebigkeit des Kaisers und die Schönheit der zukünftigen Kaiserin.

Die Stunde der Heimzahlung war gekommen. Polternde Mandschu belustigten sich am Anblick blaßwangiger, chinesischer Pinselgelehrter.

»In den Händen des Kochs liegt unser Leben, nicht im Schoße der Götter«, prostete es vom Nebentisch aus glühenden Gesichtern einer soeben eingetroffenen Militärschwadron herüber, der offensichtlich die Zeit gefehlt hatte, sich der Pekinger Kleiderordnung zu unterwerfen. Zwischen den Männern lagen Bündel abgeworfener Felljacken, und entblößte Muskeln schimmerten im Schweiße der Genüßlichkeit. An diesem Tisch wurde den Eunuchen das Nachschenken der vergorenen Stutenmilch erleichtert, an diesem Tisch nahm sich ein jeder selbst eine ganze Kanne.

Mit angespannten Backen vertilgte Adams Nachbar zur Linken Speise um Speise. Mehr zu sich selbst als zu dem Christenmenschen an seiner Seite gab er zwischen den Bissen vernichtende Kommentare zu den Tischsitten der neuen Herren. Das Schimpfwort, das Adam am häufigsten heraushörte, lautete: »Pferdeköpfige Bauerntölpel.«

Doch langsam lockerte sich die Zurückhaltung der piekfeinen chinesischen Kaiserberater – in einem Ausmaß, wie es zu Ming-Zeiten niemand erlebt hatte. Sogar der verbitterte Gelehrte zu seiner Linken bekam durch den ständig nachgefüllten und weggeschlürften Reiswein einen versöhnlicheren Blick und raunte Adam verträumt zu: »Warm, süß, dunkel und gut gefüllt, so ist das höchste Glück für uns Chinesen, darin verbergen sich die Paläste der Götter.«

Der mandschurische Gast zur Rechten füllte sich schweigend den Ranzen. Nur einmal unterbrach er seinen Schmaus, zog einen silbernen Ohrlöffel aus dem Gürtel und pulte sich in der Ohrmuschel, um danach befriedigt mit dem Verzehr fortzufahren.

Nach drei Stunden, die Zeit war bereits auf das Ende der Hundestunde um neun Uhr vorgerückt, begann sich das aufgemunterte Essen in ein lustloses Schnabulieren zu verwandeln. Die Jadestäbchen taumelten jetzt nur noch durch die Berge von Fleisch, stocherten in der trüben Hundeleber-Bouillon, der öligen Schwalbennester-Suppe und erklommen nur noch selten die Hügel von Spinat und Sprossen, bestreut mit Lorbeerblüten. Die Platten mit den vierfarbigen, gedrehten Siegel-Küchlein, einem mandschurischen Gebäck, wurden unter Tränen des Heimwehs geleert. In Harmonie stiegen befreiende Rülpser und Reisweindämpfe über den krumm und schief sitzenden Gästen empor. Inzwischen beluden die Gäste ihre Bäuche nur noch, um höflich Appetit vorzutäuschen.

Unbesiegt drohten nachrückende Formationen von fritierten Garnelenröllchen und Berge von Ochsenschwänzen mit Eiweißblüten, zwischen denen Pfirsiche verteilt lagen, die man in der Küche geschält hatte, um ihnen die grünliche Farbe des Tapferkeitsorgans Galle zu verleihen.

Ein Eunuch, der während des Speisens zu Füßen des Drachenthrones ausgeharrt hatte, erhob sich und schlug einen kleinen wimmernden Gong an. »Der erhabene Shun-chih-Kaiser wird zu Ihnen sprechen!« rief er aus und brachte jedermann zum Schweigen und Aufrechtsitzen.

Der kleine Fulin, dessen Wangen jetzt von Weinblut belebt waren, wischte sich mit dem Ärmel die kindlichen Lippen und sprach mit leisem Stimmchen dem vorlesenden Generaleunuch nach:

»Hochwürdige Gäste … An dieser unwürdigen, an allem mangelnden Tafel … möchte der Sohn des Himmels seinen Segen … auf Euch richten … Die Speisen waren Eurer nicht würdig … aber zur Freude des Himmels scheint es … als ob die Mägen gefüllt sind …

Jedes weitere Reiskorn wäre zuviel … wie ein weiterer Tupfer Puder auf den zarten Wangen … meiner zukünftigen Braut … überflüssig wäre.

Mein Segen soll heute besonders … dem Retter meiner zukünftigen Gemahlin gelten … dem Fremden, T'ang Jo-wang … Ich ernenne ihn zum Dank dafür … zum Mandarin vom dritten Rang.«

Der kleine Kaiser zeigte mit seinem Fingerchen auf den Jesuiten und ein zweiter Eunuch trat an dessen Tisch und überreichte ihm eine Seidenrolle. Noch bevor sich Adam erheben konnte, sagte der Vorleser mit lauter Stimme: »Der kaiserliche Hofstaat heißt den westlichen Gelehrten in seinem Schoße willkommen.« Das Faltheft mit dem vorgelesenen Spruch reichte er daraufhin dem Bankettvorsteher, der sich dem Saal zuwandte und ergänzte: »Das Bankett ist beendet, verlasset den Palast in Frieden. Werte Gäste, nehmt den Lippenschleier als glücksbringenden Boten von des Kaisers Festtafel mit hinaus auf den Weg. Er enthält den Segen unseres erhabenen Himmelssohnes.«

Der Cöllner Gast konnte sich nicht rühren, der Magen drohte ihm zu platzen, der Schlund war trocken wie Papier und die Augen tränten ihm vom Räucherwerk, das gegen Ende des Mahles in Schalen abgebrannt wurde. Die Ehrung lag ungeöffnet in seiner Hand. Daß er soeben in den Rang eines Mandarins erhoben worden war, drang nur zaghaft durch den Weinschleier.

Mergen Wang, der Kaiseronkel, erklärte: »Die Familie das Kaisers, meine Wenigkeit eingeschlossen, haben den Kaiser um diesen Schritt gebeten. Wir sind uns des Wertes Ihrer Person als Freund des Palastes sehr bewußt und bitten Sie, die Gastfreundschaft nicht auszuschlagen.«

»Man macht mich zum kaiserlichen Mandarin? Ich danke für diese Ehre«, murmelte Adam verwirrt. Die Fülle in seiner Körpermitte hielt ihn am Boden. »Verzeihung, könnte der werte Herr mir auf die Beine helfen?« bat er.

»Mit Freude, es wird mir eine Ehre sein!« Der Mandschu begann sein Aufstehen, indem er erst einmal auf die Knie ging. So konnte er seinen Nachbarn mit dem Arm umfassen und nach einigen von Stöhnen und Rülpsen begleiteten Anstrengungen standen die beiden Ehrengäste kichernd vor ihren mit Essensresten übersäten Plätzen. Untergehakt, zum allgemeinen Vergnügen der anderen torkelnden Gäste, wurde der betrunkene Jesuit an die frische Luft geleitet.

Die milde Abendbrise, die vom Hügelpark Ching-shan herabwehte, mühte sich, den Nebel aus den Köpfen zu vertreiben. Im Dunkeln wurden die heimziehenden Gäste von Hohe-Gäste-Empfangs-Eunuchen mit leuchtenden Lampions begleitet, bis sich am nördlichen Palasttor die Gesellschaft auflöste.

Einige Pferde wurden von ihren Reitern mehrmals bestiegen. Der Kaiseronkel und der Gesandte Roms standen schwer aneinandergestützt im Lichte einer Drachenlaterne.

»Das war ein guter Tag. Das war ein gutes Mahl, das war ein

guter Wein und das war eine gute Begegnung. Des Kaisers Wille wird uns wieder in diesen Gärten zusammenführen. Der große Westmensch hat seine Neugierde geweckt, der werte Mandarin wird in seiner Gegenwart gewünscht werden.«

»In seiner Gegenwart gewünscht werden, so, so!« murmelte Adam.

»Die Berater haben die Begegnung schon beschlossen. Die Stunde der Begegnung wird Euch bald mitgeteilt. Der Himmel möge unseren Erhabenen segnen. Gute Nacht.«

Zwei kräftige Stalljungen schoben die beiden Herren auf ihre Pferde. Der mandschurische Kaiseronkel gab seinem Tier die Sporen und fegte mit fliegendem Zopf in die Nacht hinaus. Der Jesuit hingegen stieg wieder ab und zog es vor, zu Fuß nach Hause zu gehen.

»Ein schönes Essen, nehm ich an«, lachte P'an, der den leicht schwankenden Bankettgast mit einem Lampion am Mondtor in Empfang nahm. »Man sprach gewiß dem Chrysanthemenwein zu?«

»Es gab allerhand zu trinken. Ja, ich sprach dem Chrysanthemenwein durchaus zu! Vorzüglich, vorzüglich! Auch die vergorene Stutenmilch war vorzüglich. Mein chinesischer Freund, ich besuchte ein mandschurisches Fest!« Mit erhobenem Zeigefinger belehrte er seinen Diener über die Gastfreundschaft und Weitsicht des neuen Kaiserhauses, während ihn P'an sachte über den Hof in seine Kammer schob und für die Nacht zurechtmachte.

Als er am nächsten Morgen erwachte, pochte das Blut noch immer schmerzhaft hinter den Schläfen. P'an hatte ihm eine Schüssel mit kaltem Wasser und einen Lappen bereitgestellt. Die Auszeichnung hatte er ganz vergessen, jetzt entdeckte er die Rolle unter einem Stuhl. »Lies vor!«

Der Chinese stutzte, dann lachte er laut. »Hat dich das Mandschurenpack zum Mandarin dritter Klasse gemacht, zu einem Pfauen-Mandarin. Da schmiert man doch meinem Jesuiten von höchster himmlischer Stelle Honig ums Maul!«

Adam legte sich den kalten Lappen in den Nacken und setzte sich auf. »Vielleicht soll ich das Mandschurenpack, wie du es unhöflicherweise nennst, zum Christentum bekehren. Meinst du, Gott hätte mir sonst diese Ehre zukommen lassen? Die Paläste öffnen sich endlich! Für mich!«

»Und schließen sich für uns Chinesen!« Wütend knallte ihm der Diener die Deckeltasse auf den Tisch. »Und falls du deine geschätzte Medizin haben willst, mußt du sie, falls du das vergessen haben solltest, in der Chinesenstadt kaufen. Dafür mußt du endlich selbst in die Südstadt, wozu du ja bis heute nie Zeit hattest.« P'an schlug die Tür zu und polterte von dannen.

Was weiß dieser Mann schon von meinem großen Auftrag, das Wort Gottes im Namen Roms in das Herz des größten Monarchen zu tragen, dachte Adam und erhob sich äußerst vorsichtig.

In einem Seitengebäude des hinteren Hofes hatte er einen Stall einrichten lassen. Seitdem in Peking wieder geritten wurde, besaß auch die Mission einige Pferde. Zu seiner großen Freude hatte der Landwirtschaftsbeamte noch am Vortag das versprochene Pferd geschickt. Sogar an einen Sattel und Zaumzeug hatte er gedacht. Eigenhändig legte Adam den Sattel auf, denn er wußte, daß er sich nach P'ans Wutausbrüchen immer selbst bedienen mußte. Mit bösem Grimmen hinter der Stirn stieg er auf und ritt zum Tor der Überwältigenden Militärmacht, um sich eine chinesische Medizin zu besorgen.

Den mandschurischen Umsiedlern war eine Hundemeute gefolgt, deren Bellen den Pekinger Nächten die Stille austrieb. Überall lagen, standen und liefen die gelben oder schwarzen Viecher den Menschen vor die Füße. Pferdemist würzte die Luft. Über den Dächern wehten geisterbeschwörende Wimpelchen und an den Türen hingen schadenabwehrende Zaubersäckchen. Vor den Hauseingängen waren mit Pulver heilige Zeichen auf die Wege gestreut. Einige nomadische Verwandte weilten zu einem Dauerbesuch in der Stadt und hatten ihre Jurten auf den breiten Alleen aufgeschlagen.

Vorsichtig stieg sein Pferd durch Horden zotteliger Kinder, die fröhlich neben dem weißen Mann herliefen.

Am Tor zur Chinesenstadt wachten Soldaten. Den passierenden Handwerkern und Händlern wurden die Kappen von den Köpfen gerissen und die Nackenzöpfe in Augenschein genommen. Wessen Zopf zu kurz, wessen Stirn zu überwuchert war, wurde unter Todesdrohung zurückgeschickt. Als er sich dem Tor näherte, rissen sie ihm die Schranke unter tiefen Verbeugungen auf. Ohne Kontrolle ritt er, der Ausländer, in ein jämmerlich verändertes Peking hinein.

Die Vertriebenen aus der Nordstadt hatten hier die Häuser der Verwandtschaft überschwemmt. Menschenschwärme füllten die Straßen. Um Unterkünfte zu schaffen, waren noch im kleinsten freien Gassenwinkel Lehmhütten aus dem Boden gestampft worden. Er ritt durch schlammige Straßen, in denen Heimatlose den Baustoff für ihre Notunterkünfte anmengten. Vom Pferd herab fragte er sich nach einer Apotheke durch. Verkrüppelte Menschen, Opfer von Li Tzu-ch'engs Überfall, streckten ihm ihre Bettelhände entgegen.

Zu seiner Überraschung erspähte er die Witwe Maria T'ien in einem Schlammloch. In Holzkästen formte sie Lehmziegel, die an der Hauswand zum Trocknen in die Sonne gelegt wurden. Er band sein Pferd am Stamm einer Platane fest und schob sich durch die Arbeitenden. Maria hob gerade einen Wassereimer in die Höhe, die Frau des Kohlenhändlers Lou stand neben ihr und vermischte Straßenerde mit einem Spaten, ihre Kinder füllten den Schlamm in die Formen.

Er trat an die Lehmkuhle. »*Ni-hao*«, rief er freudig. »Hallo!«

Alle Augen wandten sich ihm zu. Der Wassereimer sank zurück in den Lehm, der Spaten fiel zur Erde, der Schlamm rann ungeformt zu Boden. Wortlos drehten ihm die Christen den Rücken zu und verschwanden schweigend im Haus.

»Hallo!« Er winkte, das Begrüßungslachen blieb ihm im Halse stecken.

Die Haustür schlug zu.

Er rüttelte an der Klinke. Sie blieb von innen verschlossen.

»Öffnet, bitte ... öffnet!« Hilflos blickte er sich im Kreise der Nachbarn um, die sich in seinem Rücken versammelten. Da bog ein junges Mädchen mit einem Einkaufskorb um die Ecke. Als sie ihn erblickte, verlangsamte sich ihr Schritt. Mit finsterem Blick und kampfgeschürzten Lippen stellte sie sich vor ihn hin. »Verräter! Niederträchtiger Verräter, Mandschurenhure!« Sie spuckte ihm vor die Füße. Dann rief sie laut ihren Namen. Die Tür ging auf und sie schlüpfte ins Haus.

Mandschurenhure! Er wandte sich ab und band das Pferd zitternd wieder los. Seine kraftlosen Knie hoben ihn kaum auf den Pferderücken. Mit hängenden Zügeln ließ er sich von seinem Tier durch die Chinesenstadt tragen. Als hätte ihm die junge Chinesin die Augen geöffnet, wurde er erst jetzt der Krüppel, der Armut, des Elends gewahr, das durch den Untergang der Ming über die einfachen Pekinger gekommen war.

Die Verneigungen der Torgarde bei seiner Rückkehr in die Mandschurenstadt versetzten ihm, dem umworbenen Ausländer, einen Stich ins Herz. Hinter dem Tor lachten ihn einfältige Menschen, denen man die Häuser chinesischer Familien zugewiesen hatte, fröhlich an. Was mag man ihnen wohl über die Vertriebenen erzählt haben, deren Werkstätten, Läden und Wohnräume sie jetzt mit mandschurischem Leben füllten? Schmerzgebeugt kehrte er in die Residenz zurück.

»P'an?« Leise suchte er seinen Diener. Er fand ihn im Hof und setzte sich zu ihm. »P'an, ich habe alles verloren!« Tränen liefen über seine tiefen Falten in den Bart. »Ich bin von Hochmut, Eitelkeit und Macht geblendet gewesen. Zur Strafe hat Gott mir meine Täuflinge genommen. Ich habe mit den neuen Herren gepraßt und gefressen und meine Schafe in die Wildnis laufen lassen. ›Mandschuhure‹ hat mich Lous Tochter genannt.«

»Mandschuhure ist gut«, P'an lachte. »Anscheinend hat sie dir deine verblendeten Auge geöffnet. Was ist passiert? Warte, ich mache uns einen Tee. Gott spricht eben nicht nur im Erfolg, mein Guter.«

Als der Chinese mit zwei Tassen zurückkehrte, war Adam auf der Bank zusammengesunken. Mit gequälter Stimme erzählte er von den elenden Zuständen auf der anderen Seite der Mauer, von der eisigen Begegnung mit den ehemaligen Gemeindemitgliedern, und daß er sich jetzt wegen der Beförderung zum Mandarin schäme. »Ich hatte gedacht, sie meldeten sich nicht, weil die Rebellen sie erschlagen hätten.«

»Deine Scham ist gut. Sehr gut. Wie oft habe ich dir gesagt, daß du selbst nach drüben gehen mußt, aber du hattest ja alle

Hände voll zu tun mit den Pferdeköpfen. Wir Chinesen lassen uns nicht einfach so durch Mandschuren ersetzen. Im Palast mag es sinnvoll sein, im Herzen ist es eine Sünde.« Er hob seine Brauen und guckte dem unglücklichen Priester freundlich in die feuchten Augen. »Mach es wieder gut!«

»Meinst du, ich kann ihr Vertrauen zurückgewinnen?«

»Der Herr muß schon ein bißchen nachhelfen!« P'an erhob sich. »Denk nicht soviel! Tu das Richtige! Komm, jetzt müssen wir die neuen Katechismen auspacken ...«

»Danke!« Adam blieb noch ein paar Minuten sitzen und überlegte. »Gut!« murmelte er und unterstützte P'an tatkräftig beim Auspacken der Kisten.

Schon eine Woche nach dem Palastbankett kam die angekündigte Einladung des Kaisers. P'an entrollte das Schreiben. »Ha, sieh an, ein Brief vom Kaisersäugling persönlich. Hört:

Werter Mandarin vom dritten Rang des Pfaues! Ich habe Sie auf meinem Dankesbankett in Augenschein genommen. In mir ist das Interesse für Ihre fremde Herkunft erwacht. Ich erwarte, daß Sie pünktlich am glückverheißenden zwölften Tag des neunten Mondes zur Doppelstunde des Affen in meinem Palast anwesend sind!
Der Shun-chih-Kaiser.

P'an reichte den Brief herüber. »Ein Kaiser ist ein Kaiser. Auch als achtjähriger Pimpf. Befehl ist Befehl«, höhnte er.

»... erwarte, daß Sie pünktlich anwesend sind! ... der Kaiser.« Nachdenklich drehte Adam das Schreiben zwischen seinen Fingern. »Was, meinst du, passiert, wenn ich dieser Einladung nicht folge?«

P'an hob seinen Zeigefinger und fuhr sich blitzschnell über die Kehle.

»Ist es nicht merkwürdig, sie vertrauen mir, aber ich darf ihnen nicht vertrauen. Also bleibt mir nur, auf Gott zu vertrauen. Aber der Kaiser ist noch ein argloses Kind. Ich werde meine Aufgabe annehmen. Aber diesmal, mein chinesischer Freund, werde ich eure Leiden nicht vergessen. Ich werde das Richtige tun.«

In den Inneren Gemächern der Verbotenen Stadt empfingen die Kaiser ihre persönlichen Gäste in einem schlichten Hofareal. Auch hier trugen rotlackierte Stützpfeiler die geschwungenen Glasurdächer der einstöckigen Gebäude. Unter den hervorspringenden Dächern leuchteten buntbemalte Trägerbalken. Vor dem Gebäude standen hohe Fahnenstangen, an denen ausgeblichene Gebetsfahnen im eisigen Wind flatterten.

»Der hohe Herr setze seinen Fuß in den Palast der Pflege des Herzens.« Der Hohe-Gäste-Empfangs-Eunuch, der ihn am nördlichen Tor Shen Wu Men abgeholt hatte, hob die dickwattierte Seidendecke zur Seite, die den Raum vor der Winterkälte schützte. »Er folge mir weiter in die Ostkammer der Wärme.«

Im Palast der Pflege des Herzens war es dunkel, denn die Holzgitterfenster hatte man vorsorglich mit gesteppten Polstern gegen die Winterwinde abgedichtet. Der Eunuch führte ihn in einen Raum, der vom knackenden, knisternden Feuer zweier Öfen mit feinmaschigen Funkenschutzgittern erhellt wurde.

Vier weitere Eunuchen eilten mit leuchtenden Lampions herbei und hängten diese seitlich von einem breiten Thronsitz aus schwarzrotem Rosenholz unter die Decke. Prächtige Vogelbilder aus Perlmutt leuchteten im Lampionlicht auf. Der Besucher wurde angewiesen, sich in die Mitte des gelben Teppichs zu stellen, jedoch das Betreten des eingewebten Drachenornamentes zu vermeiden.

Lautes Stimmengeschnatter kündigte den Dienerschwarm an, in dessen Mitte sich das erhabene Kind durch sein kaiserliches Leben bewegte. Wieder wurde es auf ein erhöhtes Podest gesetzt, das fellgefütterte Seidenkleid zurechtgezupft, die Füße, die in schwarzweißen, mit Edelsteinen verzierten Filzstiefelchen steckten, ausgerichtet und der kleine Zopf sorgfältig auf dem Rücken geradegestrichen. Auf die Stirn hatten sie ihm einen roten Samthut gesetzt, unter dem die kaiserlichen Augen flink nach dem sonderlichen Gast ausschauten.

Stolz über ihr Arrangement, traten die Kammerdiener beiseite und zogen sich in den Schatten eines Wandschirmes zurück.

Plötzlich mußte Adam auflachen, verbeugte sich jedoch

schnell entschuldigend und glättete sein Gesicht vorschriftsmäßig. Es war ihm nicht entgangen, daß an der Verschnürung der schwarzen Stehkragenweste eines Eunuchen die echte Taschenuhr baumelte, die er einst als Gastgeschenk für den letzten Ming-Kaiser in den Palast gebracht hatte.

Nur des Kaisers väterlicher Leibeunuch blieb zur Seite des Thrones stehen und gebot dem Jesuiten, die drei Verbeugungen und den neunmaligen Stirnaufschlag zu machen. Kaum hatte er sich auf der zugewiesenen Sitzmatte, die man in ehrerbietender Entfernung des gottgleichen Wesens ausgelegt hatte, niedergelassen, als das Kaiserkind zum Schrecken der herbeieilenden Dienerschaft vom Thron heruntersprang und schnurstracks zum Westbarbaren hinüberlief, gebannt vor ihm stehenblieb und ihm ins Gesicht blickte.

Hingerissen hob der Herr der zehntausend mal zehntausend Jahre sein gestrecktes Zeigefingerchen und führte es ganz nah an die blauen Augen heran. »Du hast Wasser in den Augen, und das ...? Wieso hast du das?« Dabei griff er fest mit beiden Händen in Adams vollen Bart. »Das hat sonst niemand!«

Das lebendige Kerlchen warf Adams Kappe ab und untersuchte das graublonde Haar. Das einzige, was der Zerwühlte dabei tun durfte, war laut lachen. Weder durfte der Erhabene angefaßt noch aufs Geratewohl angesprochen werden. Das Verbot, ihm in die Augen zu sehen, hatte Adam schon übertreten.

Die Kammerdiener standen mit besorgten Gesichtern um ihren Herrn und dessen Objekt der Neugierde herum und versuchten, mit ausgestreckten Händen rettend einzugreifen.

Doch das Schlimmste geschah. Das edle Kind griff an des Fremden große Nase, worauf dieser mit seinem Finger auf des Kaisers kleine Nasenspitze klopfte. Genau in dem Moment scheuchte eine Hand die entgeisterten Eunuchen zur Seite. Eine Frau trat in den Kreis, hockte sich hinter das Kind und nahm es lachend in die Arme. Anschließend schickte sie die Diener hinaus, die böse wispernd die Ostkammer der Wärme verließen.

»Der Sohn des Himmels hat Freude an Ihnen, hoher Herr. Und das macht uns Freude. Ich bin seine Amme.«

Eine zweite Frau war ihr gefolgt. Auch sie trug die schräg-geknöpfte, schlichte mandschurische Alltagskleidung. Sofort wollte der Gast aufspringen, doch der Kaiser hinderte ihn daran. »Das ist nur meine Mutter«, stellte er sie vor und ergriff ihre Hand.

»Kaiserinmutter, bitte verzeiht mir den unerlaubten Umgang mit Eurem kaiserlichen Sohn, aber ich …«

»Ist schon verziehen, wir nehmen die höfische Etikette nicht so ernst wie unsere chinesischen Vorgänger oder ihre verbitter-ten Eunuchen. Es ist ein gutes Zeichen, wenn der zukünftige Kaiser den Wert eines Gelehrten erkennt.« Nach diesen Worten setzten sich die beiden Damen auf zwei Bodenpolster. »Bitte mein Sohn, der hohe Herr ist deinetwegen gekommen. Schenke ihm die Ehre deiner Aufmerksamkeit.«

»Meine Mütter, erlaubt ihm, mit mir zu sprechen, ich will ihn etwas fragen.«

»Bitte, T'ang Jo-wang, der Kaiser möchte mit Ihnen Worte wechseln. Es ist Ihnen erlaubt, ihre Zunge zu lockern. Auch wir möchten die Worte eines Fremden hören.«

»Warum hast du Wasser in den Augen, als wenn der Himmel darin weint? Wie heißt du?«

»Meine Augen weinen um die gütige Liebe des himmlischen Sohnes, der wegen unserer Sünden am Kreuze starb.«

»Der Sohn des Himmels bin ich«, rief Fulin aus. »Mutter, du sagst immer, ich bin der Sohn des Himmels …?«

»Natürlich, mein kleiner Kaiser, und du sollst auch nicht am Kreuze sterben. Dein Gast kommt aus einem fremden Land. Dort essen sie die Speise einer anderen Religion.«

»Und ich heiße« – der Gast schmunzelte – »Adam- Schall-von-Bell-zu-Schloß-Lüftelberg-in-der-Eifel-bei-Cölln-im-deutschen-Reich-Europa.«

Der Kaiser schüttelte sich. »T'ang Jo-wang ist besser.«

»Verehrter Gast«, wandte sich die Kaiserinmutter schnell ihm zu, »mein Sohn hat eine Frage ans Licht gebracht, die ich und die anderen Frauen des Palastes oft gemeinsam bedenken. Wie Ihr ja vielleicht wißt, bin ich Anhängerin des nördlichen Bud-dhismus. Und viele meiner Palastdamen haben den Schamanenglauben im Herzen aus der Heimat hierher getragen. Aber einige haben sich schon taufen lassen. So wissen wir manchmal nicht mehr, wie viele Herren des Himmels es gibt. Alle ähneln sich und sind doch verschieden. Vielleicht ist heute ein günstiger Tag, uns diese Fragen zu beantworten?«

»Mutter, schweig. Er ist mein Gast. Sag, was spielst du mit deinem Sohn? Kannst du das auch mit mir spielen?«

»Ich habe keinen Sohn.«

»Jeder hat einen Sohn. Ich befehle dir, mit mir zu spielen, was du mit deinem Sohn spielst!«

Adam dachte an P'ans Handbewegung. »Selbstverständlich kaiserliche Heiligkeit, in den nächsten Wochen.«

»Versprochen?«

»Versprochen!«

Mit erwartungvollen Blicken warteten die beiden Frauen auf eine Antwort.

»Heute ist eine günstige Gelegenheit. Wo ich schon einmal hier bin, kann ich gerne mit den Damen über meinen Himmelsherrn reden. Doch, Kaiserinmutter, zuvor möchte ich gerne von einigen bedeutenden Erkenntnissen aus meiner sternseherischen Arbeit berichten.«

»O, bitte. Laßt uns dazu den Orakelmeister rufen, denn wir Frauen wissen so wenig über diese Dinge.« Die Kaiserinmutter klatschte in die Hände und ein Eunuch nahm den Befehl entgegen.

Eine Weile später kam er mit einem krummbeinigen, mit Perlenschnüren behängten, fast zahnlosen Mann zurück. Nachdem dieser drei Stirnaufschläge vor dem Kaiser gemacht hatte, verbeugte er sich vor Adam und setzte sich mit gekreuzten Beinen nieder. »Ich bin der Leibschamane der kaiserlichen Familie. Ich habe schon im kaiserlichen Mukden für die Familie aus den Orakeln gelesen, die Schafgarben geworfen und die Sterne gedeutet. Was möchte der westliche Gelehrte von mir wissen?« Er schob sich seine Fellmütze in den Nacken und zupfte erwartungsvoll im Flor des gelben Drachenteppichs.

»Welch ein glückverheißender Tag, einem Kollegen begegnen zu dürfen. Ich habe in den Sternen gelesen, daß die Ausgewogenheit zwischen Ungewöhnlichem und Gewöhnlichem wieder in Einklang gebracht werden sollte.« Adam schob die Augenbrauen zusammen, als er mit besorgter Stimme weitersprach: »Das Hohe wäre zu hoch und das Niedere zu niedrig, sagen die Sterne. Das Gleichgewicht der Kräfte scheint bedroht. Besonders das *feng-shui* des Energiegefälles in der kaiserlichen Hauptstadt ist der Gesundheit abträglich. Mein verehrter Herr Kollege hat diese Hinweise vielleicht auch bei seinem letzten Orakel in den Tiergedärmen gelesen?«

»Ja, ja, natürlich!« Der Schamane nickte heftig. »Wir wollten diese Botschaft soeben dem Kaiser vortragen.«

»Das trifft sich gut, das trifft sich gut. Dann stimmen gewiß auch die Hinweise überein, dem niederen chinesischen Volk aus den Kammern des hohen Palastes ausgleichende Kräfte und segnende Erleichterungen hinunterfließen zu lassen?«

»Auch das. Auch diese Zeichen fand ich in meinem Opfertier«, versicherte der Zahnlose geschwind und schielte zur andächtig lauschenden Kaiserinmutter hinüber, die ihrem Söhnchen den Zopf flocht.

»Darf ich dann in unser beider Namen an den Kaiser das Bittgesuch richten, den chinesischen Beamten in den Hofämtern das Gehalt zu erhöhen und die Erniedrigungen der Chinesen in der Südstadt aufzuheben, indem man ihnen die Rückkehr in die Nordstadt und den freien Handel gewährt? Das Niedere könnte sich sonst über das Höhere erzürnen. Das sagen die Sterne«, orakelte Adam weiter.

»Durchaus, durchaus«, nuschelte der Alte beipflichtend. »Es liegt auch in meinem Sinne, die Energien im Lande meines Kaisers ausgewogen zu erhalten!« Über der Nasenwurzel des Schamanen stand eine steile, fragende Falte, während er Adam anstarrte.

»Habt Ihr das gehört, erhabene Hoheit, es stehen dringende Ausgleichungen an. Gestattet Eurem Orakelmeister, alles zur Verwirklichung des kosmischen Gleichgewichtes in die Wege zu leiten.«

»Der Kaiser wird es veranlassen«, erwiderte die Kaiserinmutter.

Zufrieden nickte Adam dem Leibschamanen zu, der auf ein Klatschen der Kaiserinmutter wieder hinausgebracht wurde.

»Unter einem ausgewogenen Himmel läßt sich leichter Zeit für ein Gespräch mit den Palastdamen finden. Wo, Kaiserinmutter, treffen wir die ehrwürdigen Fräuleins, von denen Ihr spracht?« wollte er nun wissen.

»O, welch eine Freude!« Ein rosa Schimmer huschte über ihr hellgepudertes Gesicht. Sie klatschte und der Eunuchentrupp eilte herbei.

»Der Kaiser möchte sich zurückziehen!« rief die Kaiserinmutter.

Empört weigerte sich dieser, als der Leibeunuch ihn von Adams Knien fortzog. »Ich bin der Kaiser und ich will bei T'ang Jo-wang bleiben!« brüllte er und biß dem Eunuchen in die Hand.

»Noch weiß deine Mutter, was der Kaiser will!« Energisch stülpte die Kaisermutter ihm seinen Hut über und schob ihn zur Tür. In seinem Rücken hastete ein Eunuch mit einer Nachtpfanne hinterdrein.

Adam erhob sich und behielt den Bediensteten mit der Uhr im Auge. Als dieser den Raum verlassen wollte, packte er ihn am Handgelenk und zog ihn unauffällig beiseite. »Werter kaiserlicher Diener«, flüsterte er ihm ins Ohr. »Zu meiner Freude und deiner Schande muß ich dir eröffnen, daß ich die Herkunft dieses Dinges sehr gut kenne und sogar weiß, daß du es während der unglücklichen Umstände aus der Schublade der Dame Katharina Lü entwendet haben mußt.« Er griff nach der Uhr und hielt sie ans Ohr. »Um Gotteswillen, sie schweigt! O, o, o! Du mußt fürwahr um deine zukünftigen Wiedergeburten besorgt sein. Scheinbar kennst du dich aus mit verschwundenen Schätzen. Willst du deinen kostbaren Menschenkörper und dein tägliches Auskommen retten, solltest du dich schnellstmöglich bemühen, herauszufinden, wo sich das Fernrohr aus dem Astronomischen Amt finden läßt. Denn dieses wird seit den unguten Tagen ebenfalls schmerzlich vermißt.«

Der Eunuch war leichenblaß geworden. Haßerfüllt riß er die Silberkette mitsamt der Taschenuhr von der Verschnürung seiner Weste ab und stieß sie Adam in die aufgehaltene Hand.

»Man dankt, guter Mann. Und um das Schweigen zu erhalten, werden wir uns bald wiedersehen. Ich erwarte dich in Begleitung des Fernrohres.« Vergnügt eilte Adam der Kaiserinmutter und der Amme hinterher.

Erst spät am Abend kehrte er auf dem geschenkten Mandschurenpferd in seine Residenz zurück, wo cr sogleich in die Küche eilte.

P'an hatte *chiao-tzu* gedämpft, aber mit seinem Sohn Shih-hung auf ihn gewartet. »Wenn alles gut geht, kommen bald wieder unsere alten Gemeindemitglieder zur Messe. Ich habe heute beim Kaiser ein bißchen herumorakelt, seine Frau Mutter war durchaus beeindruckt. Eine sehr aufgeschlossene Dame!«

Schnell sprach er das Tischgebet über die ausgekühlten Speisen. Dann setzte er sich. »Teigtaschen! Mein lieber P'an, du weißt, daß ich in Italien lebte und dort mit kaltgewordenen Nudeln gemästet wurde.«

»Und du weißt, daß Shih-hung meine *chiao-tzu* so gerne ißt. Nur weil du noch heute unter einem italienischen Kostfehler leidest, wird mein Sohn nicht auf seine Lieblingsspeise verzichten müssen. Aber für deine Fürsprache möchte ich dir danken.«

»Schon gut, schon gut. Ich werde mich in Demut fügen. Wenigstens am häuslichen Speisetisch kann ich die Armutsgelübde einhalten. Shih-hung«, er wandte sich dem kauenden Kind zu, »ich war heute beim Kaiser!«

»Pa-pa, der T'ang Jo-wang war beim Kaiser!« Shih-hung staunte.

»Weißt du, daß der Kaiser fast genauso alt ist wie du?«

»Aber ich bin doch noch ein Kind«, lachte der Achtjährige ungläubig.

»Der Kaiser auch. Und weißt du, was er mich gefragt hat? ›Was spielst du mit deinem Sohn?‹«

P'an schlug mit den Handflächen auf den Tisch. »Pater Adam als Kinderfrau! Wie oft, mein Sohn, hat dieser Mann mit dir gespielt? Nie! Er hat dich kaum wahrgenommen. Er hat wie alle Westbarbaren nur Zahlen im Kopf. Und Titel! Jetzt, wo es um den Kaiser geht, erwacht sein Interesse an meinem Sohn.«

Vater P'an hatte recht. Es war ihm noch nie in den Sinn gekommen, mit dem Kind zu spielen. »Ich werde mich nie wieder über deine Teigtaschen beschweren. Ja, es stimmt, daß ich mich nicht um dein Kind gekümmert habe. Aber bitte verzeih mir, ab heute wird es anders. Shih-hung, ich brauche deine Hilfe. Bitte bring mir bei, wie man mit einem Jungen spielt. Das, was dein Vater aus seinem Herzen lernt, muß ich von dir lernen.«

»Willst du den Kaiser adoptieren? Willst du die Mutter heiraten?« fragte P'an gespannt.

»Der Kaiser hat sich entschlossen, mit mir zu spielen. Es ist für uns alle von Vorteil, wenn ich es tue.« Adam strich Shih-hung über den Kopf. »Und wenn du mein Lehrmeister bist, wird vielleicht in mir Westbarbar die Kunst der Kinderliebe entstehen, wie sie euch Chinesen zu eigen ist ...« Mit einem vielsagenden Blick auf Shih-hungs Vater bemerkte er: »Bevor eure Väter euch Chinesenkinder als Dienstboten verschleißen.«

»Werde ich mit dem Kaiserjungen spielen?« fragte Shih-hung neugierig.

»Ich glaube nicht, der arme Junge wird Tag und Nacht von besorgten Beschnittenen bewacht. Die tragen ihm sogar seinen Nachttopf hinterher«, brummte P'an.

»Und du kaufst mir einen Drachen?«

»Ich kaufe dir einen Drachen, den schönsten, den du haben möchtest.«

»Morgen?«

»Morgen!«

»Und ich bekomme einen neuen Hausjungen, Shih-hung wird dann ja keine Zeit mehr für die Wäsche und das Putzen deiner Räume haben.«

»Ganz recht, dein Sohn wird mich belehren, und ich werde ihm Lesen und Schreiben beibringen.«

Kopfschüttelnd erhob sich P'an. »Shih-hung, räum den Tisch ab. Das alles gilt erst ab morgen! Pater?« fragte er dann leiser, »meinst du, ich kann von dir auch das Lateinische erlernen, während mein Sohn bei dir die Kunst des Schreibens erlernt?«

»Natürlich, ich wollte mich im fortgeschrittenen Alter schon immer mit gebildeten Leuten umgeben.«

Drei Wochen hatte er Zeit, sich von Shih-hung das Spielen

beibringen zu lassen. Der kleine Kerl führte ihn zu seinen Freunden, die den ganzen Tag unter den Ligustersträuchern auf der Straße der Überfließenden Üppigkeit spielten. Stolz lehrte ihn Shih-hung diverse Tier-Einsperr-Spiele, das Bauen von Zikadenkäfigen, Hüpfspiele, Steinchenwurfspiele, das Drachensteigenlassen und die schlimmsten Schimpfworte. Dafür malte er mit ihm und seinem Vater die ersten lateinischen Buchstaben.

Mit Papierbündeln, Schnurrolle, Leim und Holzstöcken unter dem Arm, betrat Adam pünktlich den gelben Teppich im Palast der Pflege des Herzens. Wieder mußte er warten. Noch bevor der Kaiser kam, begrüßte ihn ein junger Palastsekretär mit einer tiefen Verbeugung. »Der erlauchte Dorgon, der kaiserliche Vormund, hat mich beauftragt, Herrn T'ang Jo-wang mitzuteilen, daß die chinesischen Berater es nicht gerne sehen, wenn der junge Kaiser zu engen Kontakt zu Westbarbaren hat. Sie halten es geradezu für einen Fehler, seine Hoheit der Begegnung mit dem westlichen Geist auszusetzen. Sie beugen sich selbstverständlich den Wünschen des Erhabenen, werden aber ihren Einfluß geltend machen, um diese Beziehung zu unterbinden. Sie legen Euch nahe, diesen Wunsch zu respektieren und Euch vom Erhabenen der zehntausend mal zehntausend Jahre zurückzuziehen. Dieses soll ich Euch in Dorgons Auftrag mitteilen!« Der junge Mensch verbeugte sich noch einige Male tief und zog sich rückwärtsgehend zurück, noch ehe der Besucher etwas erwidern konnte.

Sich den Wünschen eines enttäuschten Kindkaisers zu verweigern, kann lebensgefährlich werden, sich den Befehlen intriganter Berater zu widersetzen, kann Ärger geben! Als Adam sich für den Ärger entschied, kam der kleine Kaiser hereingelaufen und griff neugierig nach dem mitgebrachten Bündel.

Unter den strengen Augen des Protokolleunuchen warf sich Adam dreimal zu Boden, dann riß ihn der Kleine schon an der Hand. »Was spielen wir? Was hast du mitgebracht? Was ist das?«

»Wir werden heute einen Drachen bauen. So einen wie die Kinder auf der Straße zum Spielen haben. Shih-hung hat es mir beigebracht.«

»Wer ist Shih-hung?«

»Shih-hung ist mein Sohn.«

»Wo ist Shih-hung? Er soll mit uns den Drachen bauen.«

»Erhabener, Ihr dürft mit solchen gewöhnlichen Kindern nicht spielen. Er ist zuhause.«

»Der Kaiser darf spielen, mit wem er es befiehlt. Ich werde Shih-hung besuchen.«

Achselzuckend stand Adam vor den sich windenden Leibeunuchen und sagte zu ihnen gewandt: »Der Kaiser muß einen Narren an mir gefressen haben, meine Herren Kindererzieher, wir sollten besser allen seinen Befehlen gehorchen.«

Die Leibeunuchen nickten und zogen sich zurück; es wurde ein überaus vergnüglicher Nachmitag. Fulin lernte schnell und hatte geschickte Fingerchen. P'ans Sohn hatte mit seiner Straßenerziehung Großartiges geleistet, und der einsame Gelehrte ließ sich von der Fröhlichkeit des Kaiserkindes anstecken. So kam es, daß sie sich prächtig verstanden. »Soll ich noch etwas darauf malen? Es ist dann trocken, wenn wir ihn fliegenlassen«, fragte Adam, als sie den vor ihnen liegenden Papierdrachen begutachteten.

»O ja«, bat Fulin andächtig und kraulte in Adams Vollbart, während er mit ihm auf dem Boden hockte. Begeistert sah er zu, wie der haarige Mann das straffgespannte Papier bemalte.

In den folgenden Wochen ließen sie den Drachen auf dem Platz vor der Halle der Höchsten Harmonie in die klirrende Kälte steigen. Der ganze Hofstaat lief zusammen, um mitanzusehen, wie der Kaiser die Drachenschnur führte und das Bildnis eines wohlgenährten Engels über den Dächern der Verbotenen Stadt gegen den Wind hielt.

Pelziger Rauhreif überzog die Dachziegel der Residenz mit gräulichem Weiß. Gegen die Kälte der Nacht hatte man Häute und gesteppte Decken vor die Fenster- und Türgitter gehängt. Seit Wochen lag über ganz Peking eine gelbe Wolke aus dem Rauch Tausender gefeuerter Ofenbetten und Kochherde. Trotzdem schnatterten die Pekinger vor Kälte in ihren Häusern.

Noch immer war versäumt worden, eine Läutevorrichtung an

der Missionspforte anzubringen. So stapfte auch dieser überraschende Besuch unbemerkt zwischen aufgetürmten Baumaterialien hindurch, die Adam und P'an durch Spenden zusammengebracht hatten. Zögernd öffneten die Fremden die erstbeste Tür und standen zu ihrer Überraschung in einem gut geheizten Konversationszimmer.

»Wärme, wie gut! Bei einer so dümmlich ausrasierten Stirn wird mein Hirn vor Kälte taub«, schimpfte der vorbildlich frisierte Europäer, während er das Reisebarett vom Kopf hob und seinen langen, hellbraunen Zopf aus dem Kragen zog.

»Da kommt ja einer! Heh, Knecht, du bist sicher der Hauskuli, sag, ist Pater Adam da?«

»Wenn ihr Wanderpfaffen mir sagt, wer ihr seid, wird Pater Adam wissen, ob er da ist.«

»Ein guter Scherz. Melde ihm doch einfach zwei römische Brüder. Er wird dann sicher da sein.«

Kaum war P'an aus der Tür, wandte sich der gut sechzigjährige Europäer auf Latein an seinen Begleiter: »In was für einer Verfassung wir den Mitbruder wohl antreffen?« Neugierig sah er sich im Besucherraum um. »Ein verschrobener Kauz soll er geworden sein.«

»Das sagt man von allen Patres, die alleine die Stellung halten«, antwortete der Jüngere. »Bei ihm soll aber so einiges andere nicht mehr richtig im Oberstübchen sein. Unter seiner Supervision soll's zugehen wie in einer mandschurischen Sippschaft.« Ganz vorsichtig wischte der Pater mit seinem weißbehandschuhten Finger über den Kaminsims, konnte jedoch zu seiner Überraschung kein Staubhäufchen zusammenschieben. Auch das Geradehängen eines Rollbildes erübrigte sich, da der kleinste Windhauch es bewegte.

Ausgiebig schauten sich die auswärtigen Besucher in der Empfangsstube um, die auch als Skriptorium und Handbibliothek diente. »Einladende Räumlichkeiten, sauber und ...«

Drei junge Mandschuren schoben scheppernd eine Kiste mit silbernen Kerzenleuchtern in die Tür und verschwanden, ohne die fremden Patres zu beachten.

»... still!«

»Schau, Rialto, ich vermisse ...«

Gerade als der Ältere entdeckt hatte, daß im Raum kein Kruzifix hing, öffnete sich leise die Tür.

Herein trat der Superior in einem knöchellangen, mausgrauen Mantel, aus dessen Ärmeln und Säumen die Schaffellfütterung quoll. Das gefütterte Winterkleid gab ihm mehr Fülle als er tatsächlich hatte. Sein schmales, faltiges Gesicht verbarg sich in einem felsgrauen Bart, der über die Brust fiel. Auf dem Scheitel türmte sich eine Seeotternkappe, die ihm bis auf die mächtigen Ohren hinuntergerutscht war. Bevor er seine Grußworte aussprechen konnte, mußte er mehrmals in ein besticktes Schnupftuch niesen. »In Christo, welch überraschender Besuch. Westliche Menschen! Wie lange habe ich keine runden Augen mehr gesehen!« Voller Freude trat er auf den älteren Mitbruder zu, um ihn zu umarmen. Doch der wehrte ab. »Pater Adamus, nehme ich an? Ich bin Pater Paolo, ich habe meinen italienischen Landsmann Rialto aus Macao mitgebracht. Er wurde der chinesischen Ordensprovinz zugeteilt.«

Der Erkältete streckte dem jungen Italiener beide Hände entgegen. Doch dieser nickte nur kühl zurück. Mit väterlicher Geste lud Adam sie ein, Platz zu nehmen. »Ihr müßt ja ganz durchgefroren sein. Zieht Eure Stiefel und Jacken aus und macht es Euch auf dem Ofenbett bequem. Ihr hitzeverwöhnten Südchinesen habt Euch ja die schlimmste Zeit für eine Pekingreise ausgesucht. Ihr braucht jetzt sicher etwas Heißes?« Bevor er P'an rufen konnte, mußte er sich noch einmal kräftig schneuzen.

»Euch scheint der Frost ja schon ganz schön zugesetzt zu haben. Man wünscht baldige Genesung!«

»Danke. Es ist weiter nichts. Es war ein bißchen zu frisch für so einen alten Knochen wie mich, als ich das letzte Mal einen Drachen steigen ließ.«

»Drachensteigenlassen ist durchaus eine ungewöhnliche Beschäftigung für einen Superior.« Der Jüngere kniepte dem Älteren zu. »Ihr pflegt solche Methoden bei der Missionierung einzusetzen? Näher mein Gott zu dir? Warum auch nicht ...« Der Italiener setzte sich feixend.

Adam lächelte versonnen. »Der kleine Kaiser ist ja noch ein

Kind, er liebt dieses Spiel sehr. Und ich alter Esel habe dabei meine Freude.«

P'an öffnete Shih-hung die Tür, der die große Teekanne vor sich herjonglierte und vorsichtig auf die Tischplatte schob. P'an folgte mit Tassen und Gebäck und nahm ebenfalls Platz.

An den Blicken der Besucher bemerkte Adam, daß diesen die Anwesenheit eines chinesischen Dienstboten am Tisch des Hausherren ungewohnt war.

Sie räusperten sich, offensichtlich warteten sie darauf, daß der Mann und das Kind den Tisch verließen. »Ihr irrt euch. Dies ist mein Missionsgefährte, P'an Tsin-hsiao«, stellte Adam ihn vor, »Ihr könnt offen reden.«

»Ich verstehe sehr gut Latein, der Pater ist ein guter Lehrer«, ergänzte P'an und schob den Gästen kandierte Früchte zu. »Es sei denn, die Herren haben etwas gegen die Anwesenheit eines unwürdigen Bediensteten.«

»Durchaus nicht, durchaus nicht.« Beschwörend hoben sie die Hände. »Wir haben Euch einsam und verwaist erwartet, Pater Adamus. Aber scheinbar ist ja ein reges Kommen und Gehen, ja geradezu eine *alacris vita communis.*«

Lautes Geschrei, dem ein schurrendes Poltern folgte, erscholl vom Hof.

»Ein sehr lebendiger Platz!«

»Ja«, strahlte Adam, »seitdem wir eine Kirche bauen, ist hier der Teufel los.« Wieder rumste es verdächtig laut von draußen. »Entschuldigt!« Adam riß das Fenster auf und brüllte etwas Mandschurisches in den Hof. »Wir sind gleich wieder da.« Laut hustend eilte er mit P'an hinaus.

»Weiß Gott herzlich der Empfang.« Die Visitatoren nippten an ihrem heißen Getränk. »Er scheint arglos zu sein. Hast du bemerkt, die Mittagsstunde ist vergangen ohne Glockenruf.«

Der Ältere stand auf und öffnete das Fenster einen Spalt. »In seinem mandschurischen Fellgelumpe ist unser Professe kaum vom Pöbel zu unterscheiden. Und wie er beim Säckeschleppen flucht. In diesem Haus wird die Würde des Ordens mit Füßen getreten.« Er setzte sich wieder und schweigend warteten sie.

»Die Herren mögen sich bedienen. Die Väter müssen sich

immer um die Arbeiter kümmern, die haben nämlich *duo manus sinistrae*, sagt Vater Adam.«

»So, sagt Vater Adam das?« fragte der Ältere und starrte den kleinen chinesischen Jungen an, der doch tatsächlich gerade lateinisch gesprochen hatte.

»Und was sagt Vater P'an?« fragte der zweite spitz.

»Tarde, tarde.« Der Kleine lachte stolz.

»Siehst du, der Verdacht bestätigt sich.«

Nachdem im Hof Ruhe eingekehrt war, kehrten die beiden außer Atem zurück.

»Adam ist ein guter Bauherr. Sie wird ganz im Stil Roms. Eine Sensation für Peking«, schwärmte P'an.

»Entschuldigt bitte, aber wir mußten die zerbrechlichen Stukkaturen verstauen. Wir statten unser Gotteshaus so prächtig aus, daß es sich auch in Rom sehen lassen kann.« Zufrieden klopfte sich Adam Gipsstaub von der Schulter, wobei der prächtige Saphirring an seinem staubigen Finger aufblitzte.

Eine ganze Weile plauderten die Ankömmlinge über Gott und die Welt. Adam brannte auf Neuigkeiten aus Macao, Rom und den südlichen Häusern der Ordensprovinz. »Wie kommt Ihr in Hangchow voran?« wollte er wissen.

»Als wir aufbrachen, stand alles bestens«, erwiderte der Ältere. Dann hob er sein spitzes Kinn und blickte streng. »Also, Mitbruder, wir kommen nicht aus Hangchow.«

»Wie soll ich das verstehen?«

»Zumindest nicht direkt. Wir weilen bereits eine Woche in Peking, drüben in der östlichen Mission der Patres Buglio und Magalhâes.«

»Schau an, schau an«, Adams Augen funkelten plötzlich durchdringend blau. »Hier«, er schlug mit der flachen Hand auf die Sitzdecke, »hier ist die Pekinger Mission, es gibt nur die eine!«

»Natürlich, Pater, beruhigt Euch. Beruhigt Euch. Vielleicht braucht er noch einen Tee? Diener! Natürlich habt Ihr recht. Diese Niederlassung ist viel älter als die neue. Diese Mission hat eine längere Geschichte. Und in der Vergangenheit hat man hier sogar recht gute Arbeit gemacht. Wir denken nur manchmal an die Zukunft. Doch, doch, es wird dort drüben Gottes

Wort im Sinne des Ordens gelehrt! In Schlichtheit und frommer Stille. Und scheinbar verfügt man dort auch über die strategisch klügeren Kontakte. Damit meinen wir den Anschluß an die politisch erfolgversprechenderen Kräfte!«

Tatsächlich hatte sich in Peking eine zweite Jesuitenmission niedergelassen. Dieses Ordenshaus im östlichen Stadtteil wurde von einem getauften Piraten finanziert, der die Macht im Lande anstrebte. Hierfür bekam er in die eine Hand Geld von portugiesischen Kaufleuten und in die andere von holländischen Handelskapitänen.

»Schlichtheit im Geiste, fürwahr! Die Priester drüben hängen an Uneinsichtigen, die noch immer das neue Kaiserhaus bekämpfen. Wenn es nach ihnen ginge, würde Fulin verjagt und China hätte bald einen japanisch-chinesischen Bastard auf dem Thron. Käme dieser Piratenschurke Coxinga an die Macht, wäre das der Beginn eines Volksaufstandes.«

»Nein, der getaufte Seemann würde die primitiven Mandschu vertreiben und Chinas Seehäfen für den Westen öffnen. Es wäre der Beginn der Zivilisierung des chinesischen Geistes«, warf Rialto ein.

Adam schneuzte wütend in sein Tuch. P'an stand auf und knallte ein Büchlein mit Tagessprüchen von Konfuzius auf den Tisch. »Fangen Sie doch gleich hiermit an, den primitiven Geist zu zivilisieren ... falls Sie es lesen können.« Polternd setzte er sich wieder.

»Mein Ziel war, ist und wird der regierende Kaiser in Peking bleiben. Die Mandschu halten dieses Reich zusammen. Sie verfügen über hochgebildete Gelehrte und ein ausgeklügeltes Militärwissen. Ich konnte mich selber von ihrer überwältigenden Stärke überzeugen. Keiner kann sie schlagen. Und das, meine Herren Visitatoren, können sie in der Ostmission dem Piraten Coxinga zum besten geben!«

»Und daß diese Pferdeköpfe der Garant für die Missionierung Chinas sind, habt Ihr wohl im heidnischen Kalender nachgelesen? Wohl sieht man die Zukunft Chinas hier anders als drüben in der Ostmission.« Der Jüngere kicherte wieder und warf dem älteren Visitator bedeutungsvolle Blicke zu.

»Sie bimmeln drüben pünktlicher als wir, falls ihr darauf hinaus wollt. Aber sie haben noch keinen Fuß in die Verbotene Stadt gesetzt. Wollen die Herren noch ein Täßchen?« P'an hielt auffordernd die Kanne in die Runde.

Rialto legte seine feine, bleiche Hand über die Tasse. »Danke nein. Wir werden auch noch heute dorthin zurückkehren. Man hat uns Logis angeboten.« Mit einem abfälligen Blick auf die Bautätigkeiten im Hof fügte er hinzu: »Es ist dort eventuell etwas besinnlicher. Wir möchten uns bedanken. Man wird voneinander hören.« Mit einem kurzen Blick auf den Knaben stand Rialto auf. »Ein reizendes Kind. Was macht es hier?«

»Es ist unser Sohn, Herr Visitator«, grinste Adam und strich dem Kind über den Schopf.

Als die beiden gegangen waren, wußte Adam, daß er nun auch im Orden Gegner hatte. Scheinbar lag einigen Brüdern in Südchina sehr am Piraten Coxinga. Tief in sein Schneuztuch vergraben, dachte er an den kleinen Fulin. Der versprengte Rest der Ming und Europas Kolonialherren umkreisen seinen Thron. Aber von mir wird niemand von der Zerbrechlichkeit seiner jungen Regierung erfahren. Der Himmel hat meine Lippen versiegelt.

Der Kirchenbau zog sich hin. Für einen einzigen Jesuiten war es eine gewaltige Aufgabe, die Baupläne voranzubringen und gleichzeitig eine blühende Gemeinde zu betreuen. P'an war der beste Freund, den Adam sich für all diese Aufgaben wünschen konnte. Längst war der Chinese zu seinem engsten Vertrauten geworden. Zum Erhalt der Etikette nannten sie sich weiterhin Pater und Diener.

»Ich muß dich noch einmal dafür loben, mit wieviel Geschick du es geschafft hast, die alten Gemeindemitglieder wieder auf unsere Seite zu bekommen. Und die Spenden fließen reichhaltig. Die Konkurrenz in der Ostmission haben wir weit abgeschlagen!« Gut gelaunt hockte Adam auf dem Boden und nagelte ganz vorsichtig eine geschnitzte Blattranke an den Altarsockel.

»Ich habe es am Anfang selbst nicht geglaubt. Ich lasse mir auch nicht gerne ausländische Herren vor die Nase setzen und mich aus meinem Haus vertreiben.« P'an war damit beschäftigt, das ornamentale Gegenstück spiegelbildlich auf der anderen Altarseite zu befestigen. »Aber scheinbar hattest du recht, die Mandschu sind nach so vielen Jahren schon nicht mehr vom Ming-Kaiserhaus zu unterscheiden. Dank deiner geschickten Taktik haben wir einigermaßen Frieden zwischen den alten und den neuen Pekingern. Gib mir mal den Hammer. Aber eins ist klar, die chinesischen Handwerker und Künstler sind die besseren.« P'an schob sich die nächste Ranke zurecht. »Und wir zwei basteln am schönsten Gotteshaus der Welt.«

»Wenn die in Rom noch immer nicht fertig sind, wirst du wohl recht haben.«

Laut quietschend wurde das provisorisch eingehängte Kirchenportal aufgeschoben und der Scheitel des alten Gemeindemitglieds Simon Di, des Baumeisters, schob sich herein. Mit gekrümmtem Rücken, auf einen Stock mit Cloisonné-Knauf gestützt, taperte er zwischen Marmorbrocken und Bretterstößen hindurch und blieb schweratmend vor ihnen stehen. Er verbeugte sein nahezu kahles Haupt, dem er am Hinterkopf ein Nichts von einem weißen Zöpfchenrest abrang, als wolle er sagen: Ich bin noch da, man muß noch mit mir rechnen. Sein breites Gesicht schlug tausend Fältchen, als er sich zuckelnd auf den Filzsohlen um die eigene Achse drehte und das hochaufragende Kirchenschiff begutachtete.

Nach einer Weile tippte er dem Pater mit gichtgekrümmten Fingern auf die Schulter. »Gute Arbeit, ungewöhnliche Dachkonstruktion, mein Sohn, wie gerne würde ich mich hier noch einmal von dir taufen lassen. Oder vielleicht noch einmal verheiraten!« Simon Di seufzte.

»Wir können eine schöne Totenfeier für dich abhalten«, lachte Adam und zog sich an der Altarkante hoch.

»Wenn du nicht vor mir ins Gras beißt, Alterchen!« Simon Di verfügte nur noch über einen Vorderzahn. Wie er kichernd an Adams grauem Barthaar zupfte, ragte der Zahn vorwitzig hervor. »Wie schade, daß wir nur noch so wenige sind, die damals von dir und Dias getauft wurden. Der Tod, der Tod! Jetzt, wo es uns Christen gut geht. Aber es wachsen ja immer neue nach.«

Wie auf ein Stichwort kam Shih-hung hereingelaufen. Vor seiner Brust trug er eine kaisergelbe Seidenrolle. »Hier, wurde gerade abgegeben. Der Bote wartet. Soll ich ihm etwas bestellen?« rief der inzwischen Dreizehnjährige ungeduldig.

»Nein, ist schon gut, verschwinde, komm aber nicht zu spät.« Sein Vater hatte die Rolle angenommen und blickte Adam fragend an.

»Väterchen Simon, was hältst du von einem Teepäuschen? P'an, komm, wir gehen hinüber und lesen dort nach, was es zu gehorchen gibt.«

Vorsichtig schob Adam den alten Baumeister vor sich her über die Straße der Überfließenden Üppigkeit zum hinteren Residenztor. »Man hat mich schon länger nicht mehr eingeladen. Ich durfte im Palast die christlichen Damen nur unter strengster Bewachung besuchen. Simon, jetzt sind die Türen des Palastes geöffnet, und nun verschließt man mir das Herz des Kaisers.«

»Nur Mut, mein Sohn. Immerhin ist er jetzt dreizehn. Es gibt das bevormundete Kind nicht mehr. Fulin hat die Regentschaft übernommen. Wenn die Winde eurer Seelen sich berührt haben, dann tanzen sie auch noch nach zehntausend Jahren miteinander.«

Kaum standen sie im Refektorium um den langen Tisch, da rollte P'an die Seidenrolle auseinander. »Soll ich vorlesen?«

»Ich bitte darum. Simon, meine Augen, ich habe mich schon von den Nadelmedizinern behandeln lassen. Ich brauche mittlerweile drei Armlängen, um eine Schrift zu lesen. Nichts hat geholfen.«

»Das *yang* sieht. Das *yin* will gesehen werden. Unbeweibt bist du doch selbst fast eine Frau geworden«, kicherte der alte Baumeister.

»Hört her! Ich lese:

Kaiserlicher und so weiter und so weiter ... den hochverehrten Mandarin T'ang Jo-wang zu einer Audienz zwecks einer Besprechung über die Kalenderberechnungen im

Palast der Pflege des Herzens am glückverheißenden ersten Tag des vierten Mondes zur Doppelstunde des Pferdes zu empfangen.

Hier steht etwas Ungewöhnliches ... in einer anderen Schrift.« P'an stutzte, dann las er weiter:

Lieber T'ang Jo-wang. Ich habe Sie in guter Erinnerung und freue mich auf ein Wiedersehen. Mein Vormund Dorgon ist endlich tot und kann mir nicht mehr sagen, was ich darf oder nicht darf. Ich bin jetzt selber der Kaiser.
Euer Kaiser.

P'an reichte das Schreiben über den Tisch. Der Jesuit und der Baumeister beugten sich über die Schriftrolle. Tatsächlich, der Kaiser selbst hatte mit noch jungenhafter Schrift eine persönliche Botschaft daruntergeschrieben.

»Da siehst du es, da siehst du es!« Di lachte laut mit seinem einsamen Zahn. »Du scheinst den Sohn des Himmels damals tief beeindruckt zu haben. Wenn ich nicht so ewig alt wäre, würde ich mich jetzt vor dir niederwerfen. Welch eine Ehre, welch eine Ehre!«

»Eine Ehre? Ja, das Kind erinnert sich an mich. Der Kaiser von China erinnert sich an T'ang Jo-wang. Wie sehr habe ich gehofft, meinen kleinen Freund wiederzusehen.« Adam rollte das Schreiben zusammen. »Also auf! Simon, ich werde dir berichten. Aber stirb mir nicht vorher.«

Simon Di schmunzelte verschmitzt. »Ich nehme täglich Ginsengwurz. Damit überlebe ich dich, du vertrockneter Grauzopf!«

Der Jesuit eilte in seine Studierstube, um die alten Aufzeichnungen zu suchen. Den Stoß mit den alten Berechnungen und die Kalenderbücher hatte er irgendwo in Sicherheit gebracht und im Laufe der Jahre vergessen. Ungeduldig wühlte er sich durch Berge von Fragebriefen, Rechnungen und Bauanweisungen. Plötzlich hielt er inne. In einem Papierstoß tauchte eine Skizze zur Kirchenfassade auf. »Brillant!« murmelte er. »Brillant! Ich will mich ja nicht loben. Aber, brillant, brillant. Ich mache es genauso, wie Max es mir beigebracht hat. Max Blaugarn, du wärest jetzt stolz auf mich.« Dann suchte er weiter. Endlich fand er die Kalenderberechnungen unter den Notizblättern seiner angefangenen Biographie *Historica narratio.*

Zum gewünschten Termin ritt er am Tor des Göttlichen Kriegers vor. Er war im Palast angekündigt und durfte ohne Halt passieren, nachdem er sein Pferd einem Wächter überlassen hatte. Diesmal stand kein Hohe-Gäste-Empfangs-Eunuch für ihn bereit. Aber er kannte ja den Weg in die Inneren Palastgemächer. Alleine spazierte er durch die Höfe und erreichte den Garten des Kaiserlichen Seelenfriedens, den er besonders liebte. Zwischen den niedrigen gelben Steindächern wuchsen zwei alte, langes Leben verkörpende Kiefern, deren Kronen man vor Ewigkeiten miteinander verflochten hatte. In ihrem Schatten sprudelte eine künstliche Quelle. Ein kleiner Mensch lag weitübergebeugt mit dem Bauch im Becken und schien nach etwas zu greifen.

»T'ang Jo-wang!« Fulin sprang auf und drehte sich mit tropfenden Ärmeln um. »Mein Gast!« Seine Pfirsichhaut strahlte zartgepudert und die Mandelaugen leuchteten in jugendlicher Anmut. Er verbeugte sich mit ineinandergeschobenen Händen. Aus dem Kind war mittlerweile ein zerbrechlicher junger Mann geworden. Er war gewachsen und reichte Adam schon bis zur Schulter.

»Mein himmlischer Kaiser, welch eine Freude, Euch wiederzusehen. Fünf Jahre lang hat man mir den Weg zu Euch versperrt.«

»Das wird nicht wieder vorkommen«, sagte der kleine Monarch bestimmt.

Adam verbeugte sich noch einmal. »Darf ich Euch an diesem bezaubernden Ort zu Eurer Regentschaft gratulieren! In den langen Jahren habt Ihr auch geheiratet, auch dazu möchte ich meinen Segen geben. Entschuldigt, daß ich diese Gratulationen so ohne Protokoll vorbringe, aber bei Eurem Anblick liegt es mir auf dem Herzen.«

»Ich danke. Das Regieren macht Spaß. Die Kaiserin macht auch Spaß. Aber nicht immer.«

Es raschelte im Gebüsch und Fulins Leibeunuchen traten hervor, um ihn vor dem Unbekannten zu beschützen.

»Tschsch, tschsch!« Der Junge verscheuchte seine Schatten wie einen Schwarm Stare. »Glaubt nicht, daß ich hier im Wasser plansche wie ein kleines Kind. Ich möchte diesen Stein dort haben.« Er zeigte auf einen dunklen Stein, der außer Reichweite unter einem kleinen Wasserfall lag. »Das ist kein gewöhnlicher Stein.«

»Kein gewöhnlicher Stein?«

»Nein, dieser Stein fiel vom Himmel. Ein Stein von einem fremden Stern. Dort oben.« Wieder angelte Fulin mit seinen Armen im Becken.

»Also ein Meteorit.«

»Nicht Meteorit. Der kommt aus dem Himmel. Im Himmel heißt nichts mit einem Namen«, belehrte ihn der Kaiser.

»Was halten der Erhabene davon, wenn ich dabei helfe, den Stein zu holen?«

Fulin hielt im Grapschen inne. »Es geht einem mandschurischen Mann gegen die Ehre, sich bei so etwas helfen zu lassen. Wenn Euch der Kaiser von China aber den Befehl gibt, den Stein zu holen, kann er sein Gesicht bewahren.«

»Und trockene Kleider obendrein.«

Adam reichte Fulin den Brocken, den dieser kaum mit beiden Armen tragen konnte. Fulin legte den schwarzglänzenden Stein schnell zu Boden und blickte schräg zu Adam auf. »Ma-fa! Darf ich Euch Ma-fa nennen?«

Der alte Mann stutzte. »Ma-fa, das heißt ehrwürdiger Vater!«

»Genau, Ma-fa!« Ein wehmütiges Lächeln huschte über Fulins Gesicht. »Jeder hat einen Vater, einen Ma-fa. Ich möchte auch einen Vater wie dich. Mein leiblicher Vater hat für mich nicht gelebt, ich war nur der neunte Sohn. Dorgon hat nicht getaugt. Aber das« – er stemmte den Stein hoch – »sowas macht ein Ma-fa für seinen Sohn.«

Adam nahm ihm den Meteoriten wieder ab und legte ihn auf die Erde.

Jetzt stutzte Fulin. Der Ma-fa streckte ihm auffordernd die Hand hin. »Was soll das bedeuten?«

»Gebt mir die Hand, schlagt ein! Das heißt: ja. So machen es die Männer des Westens.« Strahlend schlug der Junge ein und sie schlenkerten lachend ihre ungleich großen Hände. »Darf ich den Kaiser daran erinnern, daß er sogleich eine Audienz zwecks der neuen Berechnungen des Kalenders mit mir und dem Hofstaat hat?« Adam bückte sich und hob Fulin den Stein auf die Arme.

»Ach ja. Ist es unterhaltsam, kann ich etwas dabei lernen? Macht es Spaß?« Er machte ein skeptisches Gesicht und stieg neben Adam durch das Mondtor in den Hof des Studios der Azurblauen Edelsteine.

Der schwere Stein machte ihm zu schaffen, aber Adam wollte den zarten Jüngling nicht noch einmal in seiner Mannesehre treffen. »Für den Sohn des Himmels müßte die Sternkunde sehr interessant sein. Immerhin nennt er den Himmel sein Zuhause.«

»Hilft die Sternenkunde gegen Langeweile?«

»Als ich so alt war wie Ihr, hat es mich recht gut unterhalten«, antwortete Adam.

Er blieb alleine unter der Kiefer zurück. Eunuchen führten den Kaiser fort, um ihn in trockene Gewänder zu kleiden. Erst im Palast der Pflege des Herzens sah der Besucher ihn wieder.

Sie hatten Fulin in ein steifes, besticktes Kleid mit einem spitz über den Schultern auslaufenden Kragen eingeschnürt. Die schilfgrünen Kugeln einer mächtigen Jadekette rollten auf den Bruststickereien. Über das erstarrte Jungengesicht hatten sie einen schwarzen Samthut gestülpt, auf dessen Spitze ein Edelsteinknopf inmitten eines karminroten Fellhaarbüschels funkelte. Fulin hatte seine Regentenmiene aufgesetzt und musterte die Anwesenden mit frühreifer Blasiertheit. Auf ein Zeichen machten alle ihren Kotau und ließen sich auf den hufeisenförmig ausgelegten Kissen nieder.

»Die Doppelstunde des Pferdes beginnt.« Der kleine Gong des Zeremonienmeisters wimmerte auf. »Der kaiserlichen Audienz mit dem Fremdländer sei Himmelsglück beschieden. Erhabener, den Anwesenden wurde Schweigen befohlen. Alle Ohren werden auf Eure Stimme hören. Die Gäste erwarten, Eure Worte zu vernehmen.«

»Ehrwürdiger fremder Mandarin mit dem Namen T'ang

Jowang, sei in meinen Gemächern wieder von Herzen willkommen«, begann der Kaiser und seine nerzbraunen Augen streiften Adam. »So viele Sterne wie der Himmel zählt, so viele Fragen bewegen mich. Meine Minister sind noch nicht so weit gereist wie du und können mir meine Fragen nicht beantworten. Aber ich habe mir schon etwas überlegt. Ich werde eine Flotte mit den stärksten Männern zusammenstellen, um in deine Welt zu reisen. Was hältst du davon?«

Die anwesenden Minister blickten erschrocken auf und steckten murmelnd ihre Köpfe zusammen.

»Meine Herren, meine Herren!« Der Gong ertönte. »Der Ausländer möge bitte die kaiserliche Frage beantworten!«

»Hoheit, es scheint mir, daß das Reich der Mitte einen klugen Kaiser eher hier im Lande braucht und nicht einen, der mitsamt seinem Hofstaat über die Weltmeere segelt.« Adam suchte blitzschnell nach Argumenten, um diesen verständlichen Wunsch des jungen Mannes aus der Welt zu schaffen. Er konnte ihm doch nicht die schändliche Wahrheit sagen, daß die kaiserliche Dschunkenflotte für die Hochseeschiffahrt nicht taugte. »Die Weisheit des Himmels hat es so eingerichtet, daß die Welt zu Euch kommt wie das Wasser vom Berg zum Meer, wie das Blatt im Strudel zu des Strudels Mitte. Ich bin gekommen, um Euch diese mühselige Reise zu ersparen.«

»Und wenn ich es befehle?«

»Bis jetzt hat noch kein kaiserlicher Befehl aus einem Jadeklumpen einen Schwan gemacht.«

Der Kaiser schwieg eine Weile und kratzte sich mit seinem silbernen Rückenstab unter dem Kragen. »Na gut. Dann erzähl mir von diesen Dingen, die einem Kaiser versagt bleiben.«

»Gerne.« Adam begann zu erzählen und der Hofstaat lauschte. Wo er geboren wurde, wieviele Geschwister er hatte und was er mit dreizehn Jahren am liebsten gemacht hatte. Er erzählte von den Prügelcien mit den Schülern des Montaner-Gymnasiums und seinem Ritt nach Rom und der unseligen Ozeanüberquerung. »Ihr wart noch nicht geboren, da betrat ich im portugiesischen Macao das Reich der Mitte. Von dort aus reisten wir zu Fuß, mit der Sänfte, mit Dschunken und auf einem Floß hierher nach Peking. Am Ende des zweiten Jahres der Ära Himmels-anfang trafen wir bei Eiseskälte in Peking ein. Nach unserer Zeit, die ab der Geburt unseres Gottessohnes, Jesus Christus, gerech-net wird, war es das Jahr 1623.«

»Wie glücklich mußten sich die damaligen Kaiser gefühlt haben, als du großer Ma-fa unseren Boden betreten hast. Erzähl von den Begrüßungsfeierlichkeiten.«

»Hoheit, es war sehr kalt, man hatte uns nicht erwartet, man reichte uns einen Sorghumschnaps. Um die Wahrheit zu sagen, einige des kaiserlichen Hofstaates hätten uns zur Begrüßung am liebsten gleich gevierteilt.«

»Wer?« Fulin lehnte sich neugierig vor. »Warum wollten sie dich töten? Hast du gegen die kaiserlichen Regeln verstoßen?«

»Nein. Es gab und gibt auch noch heute im Hofstaat chinesi-sche Beamte, die eifersüchtig sind, wenn wir westlichen Gelehr-ten dem Kaiser unser Wissen unterbreiten. Zum Beispiel mit dem Kaiser auf die Sternwarte gehen oder mit ihm tickende Zeitmaschinen bauen. Sie töten uns lieber, als daß sie sich ihrer Dummheit schämen.« Adam brach der Schweiß aus. Hoffentlich hatte er den Bogen nicht überspannt.

Fulins Augen musterten halbgeschlossen die vor ihm sitzende Ministerrunde. Die chinesischen Berater waren blaß geworden. Der europäische Gelehrte saß regungslos unter ihnen wie ein Kranich zwischen brütenden Hühnern.

Fulin winkte mit dem Yakschwanz-Wedel zum Protokolleunu-chen. »Dies ist ein Befehl: Der Gelehrte T'ang Jo-wang wird für die Dauer meiner Regierungsdevise Harmonisches Regieren unter meinen persönlichen Schutz gestellt. Der Hofstaat wird angehalten, sein Leben zu schützen, solange ich lebe. Ich will vom Wissen der westlichen Gelehrten kosten. Bitte Ma-fa, fahr in deinen Erzählungen fort.«

Adam schloß die Augen und faltete die Hände. Bitte Herr, laß mich dieses erhabene Kind so beschützen wie dieses Kind mich beschützt, Amen. Erst jetzt bemerkte er, daß die Staatsminister, die Eunuchen und die kaiserlichen Anverwandten atemlos lauschten. Soeben hatten sie aus höchstem Munde vernommen, daß er ab jetzt unangreifbar war.

»Warum hast du diese gefährliche und weite Reise überhaupt gemacht?« fuhr Fulin mit seiner Befragung fort.

Reisen gehörte nicht zu den Dingen, auf die der kaiserliche Nachwuchs vorbereitet wurde. Warum sollte der edelste Mensch aller Menschen die Mitte von allem, was unter dem Himmel ist, den bedeutendsten Ort allen Lebens verlassen? »Was bringst du uns aus Europa, was meine Gelehrten noch nicht kennen?«

Mit Blick auf die finster schauenden chinesischen Berater erzählte Adam gutgelaunt von Uhren, Fernrohren, Musikinstrumenten und all den herrlichen technischen Errungenschaften, die die jungen Männer in Europa zum Experimentieren hatten. »Am liebsten bringe ich jedoch das Wort meines Herrn, Jesus Christus«, schloß er seinen Bericht.

Als Fulin auch noch ein Gespräch über Jesus Christus begann, konnten einige der Mandarine ihre Erregung kaum noch unterdrücken und rutschten unruhig hin und her.

»Seine chinesischen Anhänger nennen ihn Himmelsherrn. Ich habe von ihm gehört. Einige der Palastdamen sind ganz verrückt nach ihm. Sie nennen ihn ›unser Vater im Himmel‹. Und seine Mutter sieht aus wie die Göttin Kwan-jin. Mich nennen sie Himmelssohn. Sehr ähnlich, nicht wahr!«

»Zum Verwechseln ähnlich, Majestät.«

Adam wechselte schnell das Thema und erzählte noch ein wenig von der Zeit, als er als Junge auf dem Lüftelberger Schloß wohnte.

»Erhabener der zehntausend mal zehntausend Jahre, es gab da noch das kleine Anliegen, über die Kalenderberechnungen zu debattieren. Der Mandarin Schu erbittet Aufmerksamkeit«, wagte der Zeremonienmeister einzuwerfen, ohne seinen Gong zu schlagen.

Mit seinem Yakschwanz-Wedel verabreichte Fulin einem steinalten, runzligen Alten zur Linken des Thronsitzes einen Klaps auf die Schulter. »So tragt denn vor, was Euch auf dem Herzen brennt, ehrwürdiger Schu.«

Der gebrechliche Chinese schlurfte vor, verbeugte sich, ohne auf dem gelben Drachenteppich niederzuknien, vor dem Kaiserknaben und dann auch vor dem Gast. »Der Reichskalender«,

begann er mit gebrechlicher Stimme, »muß erneuert werden.«
Er deutete auf das nachtblaue Kalenderbuch in Adams Schoß.
»Der ausländische Herr hat seine Berechnungen bereits mitgebracht … Laßt mich einmal sehen.« Fordernd streckte er seine
hagere Hand vor. »*Si-yang-ch'eh-jih-li*, Kalender nach westlicher
Handhabung. Darf ich das so übersetzen, Mandarin T'ang Jo-
wang?«

Adam nickte erfreut. »Durchaus! Ich verwahre die Dokumente aus dem achten Ch'ung-cheng-Jahr. Es stimmt, die Berechnung muß neu gemacht werden, sie ist veraltet. Für die
Jahre Eurer Regentschaft fehlen mir noch die Berechnungen.«
Seit langem hatte sich Adam nicht mehr mit der Kalenderarbeit
beschäftigt.

»Das Ritenministerium ernannte Euch vor langer Zeit zum
Siegelverwahrer des Astronomischen Amtes. Man war des Lobes
voll. Erinnere ich das richtig?«

»Ja, im Jahre 1644 unserer westlichen Zeitrechnung!« Adam
verstand nicht, worauf die Fragerei hinaus sollte, aber ihn
durchfuhr plötzlich ein ganz anderer Gedanke. »Hoheit, die
astronomische Arbeit war niemals mein alleiniges Werk und
wird es auch in Zukunft nicht sein. Das Lob sollte auf meine vierundfünfzig Mitarbeiter im Astronomischen Amt ausgedehnt
werden. Bei Tag und bei Nacht hüten sie die Sternwarte. Leider,
ich schäme mich zu sprechen …«

»Unterwirf deine Zunge keinem Zwang …« rief Fulin dazwischen.

»Nun gut. Die Chinesen erhalten zuwenig für die harte Arbeit. Es fehlt ihnen an Alltäglichem, an Reis, Tee und Salz. Ich
bitte um zweihundert Tschin Reis, zwanzig Tael Tee und fünfzehn Tael Salz pro Monat für meine Mitarbeiter.«

»Gut, notiert die Zahlen«, kommandierte der Kaiserknabe
und winkte wieder dem Protokolleunuchen zu. »Alles sei genehmigt. Aber sag, warum hast du nicht den Kalender für mein
Shun-chih-Jahr …«

»Nun«, Adam lächelte verlegen, »die Berechnungen sind
noch nicht reif.«

Mandarin Shu war einen Schritt beiseite gegangen und trat

jetzt wieder vor. »Der Kaiser möchte den westlichen Gelehrten, den Siegelverwalter des Astronomischen Amtes, ehren. Er hat in langen Gesprächen erfahren, daß die Kalenderberechnungen dem Staat vorzüglich gedient haben.«

Da bot auch schon ein Lakai kniend eine Rolle in feinstem Drap d'Or dar. Der Großkanzler trat vor, zog die Schrift schwungvoll aus der Scheide und verlas feierlich:

> Mandarin T'ang Jo-wang wird den alten Kalender mit Hilfe der westlichen Handhabung überarbeiten und einen neuen für die Regentschaft des Shun-chih-Kaisers erstellen. Für diese Tätigkeit erhält er den Ehrentitel Oberaufseher des Kaiserlichen Marstalles, den wir *Tai-p'u-sze-king* nennen.

Der alte Schu verneigte sich vor dem Kaiser und vor dem hochgeehrten Jesuiten, der die Urkunde in Empfang nahm.

»Euer Untertan fühlt sich beschämt von soviel Ehre.« Überrascht drohte Adam dem Sohn des Himmels liebevoll mit dem Finger. Fulin lachte ihm zu und freute sich von Herzen über die gelungene Überraschung. Wieder wimmerte der Gong und der Zeremonienmeister posaunte voller Würde: »Die Audienz findet ihr Ende.«

Adam erhob sich aus dem Brezelsitz und stützte sich vorsichtig mit gebeugtem Rücken an den hüfthohen Vasen, die den Alkoven schmückten, zum Hauptraum hinüber. An der Tür drehte er sich nochmals um. Mit einer so überraschenden Beförderung hatte er nicht gerechnet. Bevor er noch etwas sagen konnte, war der Kaiser schon wieder in der Wolke seiner Bediensteten aus dem Raum verschwunden.

Als er am Palasttor in den Sattel seines Pferdes geschoben wurde, lief ein kleiner Eunuch herbei und reichte ihm einen losen, schiefgefalteten Zettel hinauf. »Bitte, werter Mandarin, Sie sollen es sofort lesen, denn der Kaiser wartet sofort auf Ihre Zustimmung.«

Adam streckte seinen Arm soweit aus wie es ging und kniff ein Auge zu.

In Fulins holperigen Schriftzeichen stand da:

Ma-fa, großer Gelehrter! Es ist mein ausdrücklicher Wunsch, dich auf die Sternwarte zu begleiten. Der schwarze Stein liegt neben meinem Schreibpult und ich muß immer hinsehen. Bitte, ich möchte mehr über die Sterne wissen. Wann kann ich kommen? Der Shun-chih-Kaiser.

Adam überlegte. Auf der Sternwarte hatte er angefangen, die alten Geräte abzubauen und neue, präzisere herstellen zu lassen. Es würde noch einige Monate dauern, bis das Observatorium in einem vorzeigbaren Zustand war. »Richte dem Kaiser aus, daß ich ihm vor einem Besuch auf der Sternwarte erst einmal einige Lektionen in Sternkunde geben möchte. Die Instrumente sind zur Zeit im Umbau. Ich werde ihn im Palast belehren. Wenn der Sommer über Peking liegt und die Nächte warm sind, werde ich ihn auf die Plattform zur Beobachtung der Himmelserscheinungen mitnehmen.« Der knabenhafte Eunuch, kaum älter als der Kaiser, wiederholte mit sehnsüchtiger Stimme die Botschaft. »Und sag deinem Herrn, er soll dich dann als teereichenden Eunuchen mitbringen.«

Der Knabe strahlte und rannte mit fliegendem Zopf zurück in den Palast.

In den folgenden drei Jahren wurde der Kaiser zu Adams eifrigstem Schüler. Auch die Mahnungen der Kaiserinmutter, der Staatsminister, ja selbst seiner Staatslehrer konnten ihn nicht davon überzeugen, daß es für einen Kaiser angemessener sei, die Geheimnisse der Politik, der Kriegskunst und der Staatslenkung zu erlernen. Nichts half – Fulin folgte seinen Gelüsten und lernte lieber, in den Himmel zu schauen. Und das tat er besonders gerne hinter dem Palast auf dem Kohlehügel, zu dem er mit seinem gelehrten Ma-fa ritt. Als ihre Pferde Seite an Seite zu der sternenbeschienenen Kuppe hinauftrabten, folgte in verordnetem Abstand der gewohnte Eunuchentrupp.

Eines Abends trug Adam ein Lattenbündel unter dem Arm. Oben angekommen, zog er das Bündel hervor und klappte es auseinander. Zu Fulins Erstaunen stellte er ein Höckerchen zwi-

schen die Grashalme. »Damit wir keine nassen Hintern kriegen.«
Er freute sich über des jungen Kaisers verwundertes Gesicht.
»Ich habe mir die letzten Regentage mit Tüftelei verkürzt. Dieses
Möbelchen läßt sich klappen, tragen und, vertrau mir, auch be-
sitzen.« Lachend ließ er die Hölzer und Brettchen eines zweiten
Bündels ebenfalls auseinanderklappen und reichte es Fulin.
»Nimm Platz! Und wenn du fällst, fällst du nicht tief.«

Bedachtsam ging der Kaiserknabe in die Knie und ließ sich
mit gerafften Röcken auf dem Reisemöbel nieder. Die Erfindung hielt wie versprochen.

»Es hält! Ma-fa, ich sitze!« Der Sohn des Himmels hatte wieder
zu atmen begonnen. Seine Mandelaugen strahlten »Ich gratuliere! Wahrhaft ein Meisterwerk.« Während sie noch probe-
saßen, entfaltete der Sternenhimmel all seine Pracht. »Ma-fa, sie
nennen mich den Sohn des Himmels, doch mir ist das, was hier
auf Erden ist, viel kurzweiliger als all die heiligen Lehren. Mich
langweilen die Rituale.«

»Das ist für dein Alter ganz gewöhnlich.«

»Ich mache mir auch nicht viel aus den Staatsgeschäften. Soll
Mutter es doch für mich tun, und dich kann sie ja fragen, wenn
sie nicht weiter weiß. Ist es auch gewöhnlich, daß mich die
Frauen mehr verlocken als die Bücher?«

»Zum Beginn des Erwachsenwerdens glauben wir, die Welt
bestünde nur aus Leidenschaft. Mit den Enttäuschungen kommt
auch die Abwendung vom Sinnenspiel. Du wirst mit dem Älter-
werden verzichten lernen. Durch die Überwindung der Skla-
verei deiner sinnlichen Bedürfnisse wirst du frei für die Gaben
Gottes. Sieh zum Beispiel diesen prachtvollen Himmel mit seinen ausgestreuten Diamanten. Gott schenkt ihn dir und mir,
um uns und die Welt zu erkennen. Um zu erfahren, daß alles mit
ihm und wir mit allem verbunden sind.«

»Ich weiß, ich weiß, alle erklären mir Tag für Tag, daß alles,
was ich tue, den Rest der Welt beeinflußt. Die betenden Mum-
melgreise und die zahllosen Knochenwerfer reden es mir täglich ein. Doch weißt du, Ma-fa, und dies ist mein geheimstes
Problem ...«

Er sah sich um und scheuchte einen Eunuchen davon, der

gerade mit einer Kanne Tee herbeikam. »Ich, der Himmelssohn, glaube es nicht!«

Adam stand auf und blickte auf das nächtliche Peking hinunter. Fulin, dieser aufmüpfige Kerl, hatte keine Lust am Regieren! Immer wieder hatte seine Mutter ihn gebeten, Fulin zur
Vernunft zu bringen. Dabei hatte sie recht, das Reich brauchte
einen starken Kaiser, sonst würde es zerbrechen und von lauernden Beutezüglern zerpflückt.

»Noch glaubst du es nicht, aber ich werde es dir beweisen!«
Adam drehte sich um und hob sein Höckerchen, entriegelte die
Sperre, klappte es zusammen und wieder auseinander. »Dieses
Stühlchen unterliegt den gleichen Gesetzen wie der Mond und
die Sterne und die Menschen. Wie du, wie ich! Wenn ich an die-
sem Ende hebe, bewegt sich jenes Ende mit. Wenn ich beide Enden zusammenfüge, verformt sich das Ganze und aus einem
Stühlchen wird ein Bündel Holz. Das eine Teil folgt dem anderen, denn es ist ein Ganzes und als Ganzes hängt es zusammen.
So verhält es sich mit Himmel und Erde, mit den Sternen und
den Menschen. So ist es mit dir und deinen 250 Millionen Untertanen. Deshalb ist das, was du tust, für alle Menschen deines
Reiches von großer Wichtigkeit.« Fulin staunte. »Und wenn dein
Reich seinen Kaiser verliert, ist es so« – Adam drehte blitzschnell
die Schrauben aus ihrem Gewinde – »als wenn du diesem Bündel Holz den Halt nimmst.« Mit diesen Worten warf er dem verdutzten Knaben die losen Leisten vor die Füße.

Diese Lektion wirkte, aber die Wirkung hielt nicht lange an.
Fulin verträumte seine Tage. Und wenn er nicht träumte, jagte
er mit seinem Pferd durch die kaiserlichen Jagdgründe. Je weiter er in das Mannesleben hineinwuchs, desto mehr Frauen ver-
brauchte er zum Zeitvertreib.

Nach jeder Moralpredigt sah er mit sehnsüchtigen Augen in
die Ferne, verglich sich mit einem unzähmbaren Falken oder
sah sich eingespannt in das unausweichliche Rad des Lebens.
»Wenn du mein Freund bist«, bat er, »dann laß mich wachsen
wie das Gras, auch das wächst ganz von selbst!«

Adam ließ ihn und hoffte nur, daß Fulin von selbst über seine
Jugendtorheiten hinauswachse. Da aber Fulins Interesse am

Regieren nicht zunahm, mußte er doch, zumindest bei weitreichenden Entscheidungen, mit Rat zur Seite stehen. So konnte der Jüngling vor den größten Torheiten bewahrt werden. Im letzten Moment konnte Adam verhindern, daß der höchste Würdenträger der tibetischen Religion, seine Heiligkeit der fünfte Dalai Lama Ngawang Losang Gyatso, mit dem Pomp eines Königs empfangen wurde. Statt dessen durfte der angereiste höchste Lama nur in einem Jagdschloß bei einem kleinen Staatsempfang vorsprechen.

Als der dritte Mond die erste Wärme des Jahres bescherte, mißachtete der junge Kaiser wieder einmal den Rat der Mandarine und beschloß, sich außerhalb der Palastmauern zu verlustieren. Er wollte ein Elefantenrennen zu seinen und T'ang Jo-wangs Ehren inszenieren. Es war auch Zeit für eine Vorführung seiner Macht.

Die Verkünder großer Festlichkeiten waren schon Tage vorher durch die Straßen gelaufen und hatten mit Schalmeien-Gedudel die Menschen zum Aufmarsch eingeladen. An diesem Tage hatte die Maisonne in aller Frühe die Wolkendecke weggeschoben, um sich mit dem tiefen Blau des Himmels zu vermählen. So wurden die ersten Platzergatterer von ihren zarten Strahlen aufgemuntert. Doch es sollte noch Stunden dauern, bis Kracher die Schwalbenschwärme in den Himmel scheuchten und den Aufbruch des Erhabenen der zehntausend mal zehntausend Jahre im Palast ankündigten. Und es sollte noch eine weitere lange Wartezeit folgen, bis in der Ferne die kaiserlichen Musikmacher zu hören waren. Endlich dröhnte das Schlagen der Kesselpauken und übertönte das Hämmern der Kupfertreiber und das Klacken der Webstühle. In das Krachen und Dröhnen mengte sich das Scheppern und Klirren von Gongs und Zimbeln, die von vorauseilenden Zeremonienmeistern angeschlagen wurden. Gebetsgemurmel stieg im Nebel aus geschwenkten qualmenden Räuchergefäßen gen Himmel, baumhohe, von Seidenschals umflatterte Stelzenläufer machten den Weg mit dumpfen rhythmischen Tritten für die Schutzdämonen frei. Tänzelnd oder mit drehenden Sprüngen, hinter dämonenverschreckenden Masken, verjagten Schamanen alle bösen Geister auf dem Weg der Parade.

Wenn man den Erhabenen schon nicht von seinem verwegenen Vorhaben abbringen konnte, so bot man doch alle Kräfte auf, um zusätzliches Unheil zu verhindern. Peitschenschwingende Reiter kümmerten sich um die irdischen Störenfriede, indem sie die Massen von Schaulustigen von der Süd-West-Allee in die Gassen abdrängten. Doch kaum waren die Ordnungshüter vorbei, da schwappte der Pöbel aus dem Häusergewirr zurück in die für den Zug freigehaltene Schneise.

Den Reitern folgten aufgeputzte Elefanten, die weichfüßig vor ihren Pflegern daherschlenderten. Indische Samtdecken, mit Tausenden von kleinen Spiegeln benäht, bedeckten ihre hohen Rücken. Fingerdicke Stickereien, die das Leben des Buddha Gautama darstellten, säumten die funkelnden Stoffe und schlugen gegen die schwingenden Bäuche. Unter den goldenen, glöckchenbeschwerten Fransen, die weit über ihre Stirnen fielen, blinzelten sie aus umfältelten Äuglein in die ängstlichen Menschengesichter.

Metallschlagwerke kamen auf Holzgestellen dahergerollt und gewaltige Gongs wurden im Fahren schmerzhaft laut geschlagen.

»Der Erhabene der zehntausend mal zehntausend Jahre! Alles zurücktreten, die Blicke senken, alles zurücktreten.« Vier Bannerträger liefen laut schreiend einher.

Still, andächtig und reglos thronte der Kaiser über der hektischen Prozession. Fulin lehnte in einer goldenen Sänfte, die auf den Schultern von vierundzwanzig kaisergelben Trägern über die Köpfe der Pekinger vorwärtszuschweben schien. Er war in eine schwarzseidene Militärrüstung gekleidet. Das dickwattierte, steife Gewand war mit Goldnieten gegen Pfeilgeschosse gespickt. Über seinem Herzen beschützte ihn eine runde Metallscheibe. Aus dem hohen Stehkragen ragte sein schwarzgoldener Helm, auf dessen Spitze ein hoher Federbusch wippte. Das Symbol des kosmischen Himmels, ein gelbseidener, drachenbestickter Baldachin, schützte sein blasses Gesicht gegen die Sonne.

Mit unbewegter Miene, den Kopf in die seidenverhüllte Rechte gestützt, überflogen seine Augen die Untertanen, die auf Kommando in die Knie gingen.

Sonnenfächer auf vergoldeten Stangen versperrten den Zaungästen den Blick auf ihren Herrscher.

Hinter dem Troß der Reserveträger liefen hundert schwitzende Palasteunuchen mit Schatullen, Gießkannen, Schwenkkesseln, Tischchen, Hockern, Tiegelchen, Kräuterhauben, Wärmewickeln, Vogelkäfigen und allerlei verpackten, lebenserleichternden Utensilien. Niemals durfte es dem Himmelsohn an etwas mangeln.

Der langsam vorankommende Fluß aus glitzernden Fahnen, bestickten Baldachinen mit bauschigen Quasten, kunstvoll bemalten Riesenfächern, Hundertschaften rotberockter Lakaien unter Wolken segenerflehender Brandopfer stieß das wartende Volk in die Gosse. Doch gerade die Ausgemergeltsten und Zerlumptesten staunten gebannt wie Erdmännchen.

Zur mittäglichen Doppelstunde des Pferdes wälzte sich die Prunkkarawane auf die südliche Stadtmauer zu, die die vornehme mandschurische Nordstadt von der verelendeten chinesischen Südstadt trennte.

Schon vor Tagen war die breite Allee entlang der Mauer am Tor der Überwältigenden Militärmacht mit Bambuszäunen abgesperrt worden. Neben den gelbgoldenen Stoffbahnen, mit denen man die Mauer verziert hatte, zeigten sich die umliegenden Wohnhäuser in schäbigster Armseligkeit. Geschickt stand die Tribüne so ausgerichtet, daß der Blick des Kaisers nur auf die gegenüberliegende seidendrapierte Stadtmauer fallen konnte, wo zu lesen war: »*Wan-sui* zehntausend Jahre!« Den Anblick seiner jämmerlich lebenden Untertanen wollte man ihm ersparen.

Solch einen Menschenauflauf und öffentlichen Prunk hatte Adam noch nie erlebt, seit er in China lebte.

Eine kaiserliche Sänfte hatte ihn schon früh abgeholt und zur Ehrentribüne getragen. Jetzt saß er alleine unter dem Seidenbaldachin auf einem Drachenteppich zwischen hin- und hereilenden Dienern. Einer der Eunuchen stellte ihm ein Lacktischchen vor die untergeschlagenen Beine, ein zweiter stopfte ihm ein Kissen in den Rücken, ein dritter reichte eine Teeschale und Schüsselchen mit eingelegtem Ingwer und kandiertem Sesam. Er wollte schon protestieren, als ihm zwei Eunuchen die Seidenrobe glattstrichen und die Samtkappe geraderückten. »Mandarin T'ang! Die kaiserliche Prozession wird bald eintreffen. Sie passierte soeben das Hsi Tan-Schmucktor. Genießt Euren Tee und sorgt für Eure Gesundheit.«

Als sein Blick über die staubige Rennbahn, die verhängte Stadtmauer und die schwarzbezopften Köpfe der Zuschauer schweifte, näherte sich ein bescheidener, offener Tragestuhl der kaiserlichen Tribüne. Mit halbgeschlossenen Augen ließ sich ein alter Mann, der um die siebzig sein mochte, mit spiegelglatt rasiertem Schädel zum Tribünenaufgang schaukeln. Freundlich verabschiedete er sich von den Trägern, warf sein safrangelbes Wickeltuch über die linke Schulter und stieg bedächtig die Stufen empor. Er ging gebeugt, als würde sein Kopf von der langen, umgehängten Holzperlenkette abwärtsgezogen. Ein Eunuch sprang hinab, begrüßte den Alten überschwenglich und geleitete ihn die letzten Stufen hinauf.

Den einsam wartenden Ehrengast beschlich Unbehagen. Schnell setzte er seine Teeschale ab, strich sich die Robe glatt und rückte nochmals seine Kappe zurecht.

Die Diener wiesen dem neuen Gast den Platz zu seiner Rechten an. Der neue Gast rückte sich umständlich sein Sitzkissen zurecht, erhob sich noch einmal, bestellte bei einem Eunuchen noch zwei weitere Sitzkissen, stopfte diese mal hierhin, mal dahin, bis er sich endlich schnaufend niederließ.

»Ehrwürdiger Meister, nehmt reichlich.«

Wie Adam aus den Augenwinkeln verfolgen konnte, ließen sie dem anderen haargenau die gleiche Bedienung angedeihen wie ihm.

Sechs helle Brandmale auf dem Schädeldach, safrangelbe Robe, Kette. Ein Mönch, ein Bonze des Buddha, wohlmöglich ein Anhänger des Dalai Lama, überlegte Adam und rückte zur Seite.

»Nehmt, man gab mir reichlich, Essen wärmt das Herz.« Der Buddha-Mönch reichte seinem erstarrten Nebenmann ein Schälchen mit Wassermelonengelee. Aus dem flachen Gesicht lächelten ihn zwei freundliche Augen an, die unter weichen Lidern hervorschimmerten.

Adam nickte höflich. Diese Köstlichkeit hatte man ihm vorenthalten. »Einen schönen Tag«, wünschte er, nachdem er den Bissen hinuntergeschluckt hatte.

»Viele schöne Erlebnisse wünsche ich Euch, ausländischer Herr. Hat der Himmel uns schon einmal zusammengeführt?« fragte der Chinese und nippte an seiner Tasse.

»Ich glaube nicht. Ihr gehört zum Hofstaat des Dalai Lama, vermute ich?«

»O nein, o nein. Ich bin ein Chinese, kein Tibeter. Aber wir sind beide Kinder Buddhas, das verbindet uns im Geiste.«

Eine Weile saßen sie schweigend nebeneinander. Der Tribünenplatz war so exponiert, daß ihre Köpfe einsam aus den noch leeren Reihen herausragten. Im Publikum erregten der alte Ausländer und der alte Bonze große Aufmerksamkeit. Man zeigte mit Fingern auf sie, einige verbeugten sich sogar trotz der großen Entfernung.

»Sind Eure und meine Verdienste an der Menschheit gar so groß, daß wir« – Adam deutete auf die gelbgeschmückten Logenplätze um sie herum – »den ersten Rang mit dem Kaiser teilen dürfen?«

»Vielleicht sind es noch Verdienste, die wir im letzten Leben erworben haben. Nutzen wir sie, um das Glück der Wesen zu fördern.« Der Mönch schlürfte andächtig seinen Tee und genoß offensichtlich das vor ihm stattfindende Schauspiel.

Lautes Elefantentrompeten ertönte vom Startplatz. Jetzt konnte Adam seine Neugierde nicht mehr zurückhalten. »Ihr seid also ein Anhänger dessen, den man den Elefantengeborenen nennt, des Buddha?«

Die beiden alten Herren mußten lachen.

»Ich wollte eigentlich fragen, zu welchem Kloster Ihr gehört?«

Der Buddhist schmunzelte noch immer und schaute in die Richtung, aus der der Elefant trompetet hatte. »Buddhas Mutter träumte einst, daß ein weißer Elefant das Kind Siddharta in ihr entstehen ließ. Der Gottesmutter brachte ein unsichtbarer Geist die Saat für Jesus.« Der Buddha-Mönch freute sich über das erstaunte Gesicht seines Nachbarn und fuhr fort: »Ich gehöre zum Kloster des Himmelsjungen. Wir stehen der *Ch'an*-Lehre sehr nahe. Ebenfalls der kaiserlichen Sippe. Gestatten Sie meine unverhohlene Direktheit, aber ich kenne Ihren werten Namen. Sie sind T'ang Jo-wang, der christliche Astronom. Der Kaiser erzählt gerne von Ihnen. Er hält Sie für einen brillanten technischen Kopf. Er hat schon viel von Ihnen gelernt, sagt er immer wieder.«

»Sagt er immer wieder? Das heißt, Ihr seht ihn oft?«

»Er kommt in den Tempel im Palast der Barmherzigen Ruhe zur Amitabha-Praxis, zum Rezitieren der Sutras.«

»Mein Schüler rezitiert Sutras?« Wie ein Messerstich hatte den Jesuiten diese Offenbarung ins Herz getroffen. Fulin hatte ihm nie etwas von seinen Besuchen im Tempel erzählt.

»Er hat eine sehr einflußreiche Mutter. Hsiao-chuang ist klug und sie praktiziert eifrig. Der Dharma entspricht ihrem Wesen, leider aber nicht seinem.«

Mit einem Schlag kamen die Kniegeigen-Fiedler durcheinander und die Menschen hinter den Absperrzäunen reckten die Hälse, denn auf der Westseite des Platzes passierte etwas.

Rüsselschwenkend liefen ausgerissene Elefanten auf die Rennstrecke. Stallknechte rannten den Tieren hinterher und führten sie mit beschwichtigenden Worten an die Startrampe zurück.

»Seht, der Graue dort hinten. Er hat sich unter die Pferde gemischt.«

Ein Elefantenbulle hatte sich zwischen die Pferde der berittenen Garden geschoben. Er stand ganz still und schien zu hoffen, nicht entdeckt zu werden. Sein Versteckspiel löste lautes Gelächter aus.

»Der Dicke hat die karmischen Gesetze noch nicht begriffen«, lachte der Buddhist und klopfte dem Jesuiten munter auf den Unterarm. »Schaut an! So lernt jedes Wesen auf seine Weise und nach seinen Fähigkeiten.«

Gerade als Adam nachhaken wollte, schwoll das Getöse an und der Wind pustete eine Staubwolke unter das knatternde Zeltdach der Kaiserloge.

Woge auf Woge brandete jetzt der Lärm der Pauken, Gongs und Zimbeln herüber. Lange bevor das gelbe Fahnenmeer zwischen den Platanen und Gingkos hindurchfloß, roch es bereits nach Elefantenfladen und Roßäpfeln. Aus tausend und mehr Kehlen stieg der Ruf »Zehntausend mal zehntausend Jahre« in den Himmel.

Die beiden Ehrengäste erhoben sich von ihren Kissen, um den Einzug der Prozession besser sehen zu können. Welch ein Triumph!

Segenswimpel wurden geschwenkt, Kinderköpfe vor dem verbotenen Anblick des Kaisers zu Boden gedrückt, Augenlider demütig gesenkt, Weihrauch zur Stirn gewedelt, Gebetsketten gewirbelt, vereinzelt wurde auch in die Hände geklatscht. Fast alle Pekinger feierten nach zehn Jahren Mandschurenherrschaft ihr Einverständnis mit dem neuen Herrscherhaus.

Kaum war die goldblinkende Thronsänfte vor der Tribüne abgesetzt und der junge Kaiser auf den drachengeschmückten Teppich komplimentiert, breitete sich andächtiges Schweigen aus. Nur noch das Trompeten der unruhigen Elefanten tönte über die Rennstrecke. Stolz lächelnd erklomm der Shun-chih-Kaiser die Plattform unter dem gelben Baldachin. Ihm folgten die Fächerträger, die sich jetzt seitlich der Logen aufstellten und so dem Volk den Blick auf ihn verwehrten.

»Ich hoffe, daß die Zeit eurer Anwesenheit auf diesem erhöhten Platz ausgereicht hat, um dem Volk meinen Begleiter zur Rechten« – Fulin verbeugte sich vor dem christlichen Ausländer – »und meinen Begleiter zur Linken« – jetzt verbeugte er sich vor dem buddhistischen Chinesen – »ausgiebig zu präsentieren. Die Kaiserinmutter hat auf die Notwendigkeit eines ausgewogenen Auftretens bestanden. Ihr müßt wissen, meine Freunde, es ist gut für einen Regenten, gewissen Vorurteilen entgegenzuarbeiten.« Er ließ sich die Paradeuniform lockern und den Schweiß unter dem Helm fortwischen. Erst jetzt setzte er sich. »Ma-fa, es ist mir eine Freude mit dir zu feiern! Auch mit Euch, werter Großlehrer Yü-lin.« Er lehnte sich auf dem Polstersessel zwischen den beiden zurück. »Ma-fa, darf ich dir den weisen buddhistischen Lehrer Yü-lin vom heiligen Fünf-Terrassen-Berg Wu-t'ai vorstellen. Meine Mutter bestellte ihn schon vor vielen Jahren für mich.« Nach einem ersten Schluck legte er seine Hand auf das Knie des Jesuiten. »Daß das Volk Pekings dem

Mandschu Fulin zujubelt, ist vor allem dir zu verdanken, mein guter Ma-fa. Als ich noch ein Kind war, hat mein Herz dir zugestimmt, wenn es um die Großzügigkeit mit den Chinesen ging. Jetzt beginne ich die Vernunft in deinem Rat zu verstehen. Hört!« Der Kaiser gebot zu schweigen. Noch immer hörte man Hochrufe aus den Straßen. »Durch deine weisen Ratschläge, den Handel, das Wohnrecht und die Tempelbauten für Chinesen in der Nordstadt zu erleichtern, haben die Mandschu genügend Freunde im chinesischen Volk gefunden, um sagen zu können: Wir sind der kaiserliche Hofstaat des großen gelben Reiches.« Fulin sah seinen väterlichen Freund verschmitzt von der Seite an. »Bei der Ehre meines Bartes.« Er kicherte. Ein kleiner Hauch von Männlichkeit war auf seiner Oberlippe gewachsen. »Das Volk soll wissen, wie stark sein Kaiser ist. Schließlich gehört die Kampfkunst zum Wesen der Mandschu. Es ist jetzt an der Zeit, die große Militärparade abzuhalten.« Der Kaiser wandte sich dem Spektakel zu und Adam musterte nachdenklich sein flaches, glattes Profil.

Mein Fulin rezitiert Sutras – und mit mir betet er zum einzig wahren Gott. So! So!

Von der Startrampe ertönte ein schrilles Militärorchester und eine wohlgeordnete Formation Fahnenträger marschierte auf den Platz. Mit präzisen Schritten folgten die vierundzwanzig Bannereinheiten aus tausend Offizieren und zehntausend grüngekleideten Soldaten mit runden Rotanschildern, Tausenden von aufgerichteten Ahu-Speeren, Mao-Lanzen, Shu-Langschwertern und den wilden Kriegern der Leopardenschweiftruppe. Vor der Kaiserloge machten die Bogenschützen halt und verschossen Pfeilschwärme, die auf der Stadtmauer in Strohballen stecken blieben. Ihnen taten es die Feuerwaffenschützen nach und zum großen Vergnügen Adams wurden zwei seiner Kanonen von Elefanten herbeigezogen und donnernd abgefeuert. Den Schluß der Parade bildeten die Ringkampfbataillone der beiden Shaolin-Klöster, die ein akrobatisches Handgemenge zur Freude der Zuschauer vorführten.

Als die Rennstrecke wieder frei war, machten sich am Start die Tierpfleger und ihre schwergewichtigen, grauen Wettläufer bereit. Man hatte Wettstellen eingerichtet, um dem Rennen die nötige Spannung zu verleihen.

»Ma-fa, koste diese Gelegenheit aus, das Rennen findet zu deinen Ehren statt!« rief Fulin und gab das Startsignal; der Protokollbeamte gab das Zeichen weiter an einen Kommandobeamten. Dieser winkte einem dritten und vierten und fünften. Schließlich wurde der kaiserliche Wink am weitentfernten Gatter registriert.

Jeder der drei Herren in der Kaiserloge wählte sich ein numeriertes Tier und feuerte seinen Elefanten mit lauten Rufen und noch mehr Gelächter an.

Nicht alle Tiere hielten sich an die Rennregeln. Einige spazierten Häppchen einsammelnd an den vorderen Zuschauerreihen entlang, wohingegen andere ihre Masse gegen den Wind warfen und mit erstaunlicher Geschwindigkeit ins Ziel liefen.

»Reiskuchen-Liu, renn du doch mit ihren dicken Hintern um die Wette«, rief Fulin dem kleinen, fetten, Gebäck servierenden Diener zu, der schief lächelte, dann mit seinem Tablett stolperte, so daß die Reisküchlein die Tribüne hinunterkollerten.

Sofort sprangen die Mandarine auf den unteren Plätzen auf und lockten damit die naschhaften Tiere.

»Was meint Ihr, Großlehrer Yü-lin, bekommt das den Tieren?«

»Eure göttlichen Küchlein werden ihnen ein Segen sein. Sie scheinen sich zu freuen. Sie vergessen, daß sie kämpfen sollen«, antwortete der buddhistische Lehrer.

Während des Spektakels hatte sich ein Eunuch von hinten an den Jesuiten herangeschlichen und tippte ihm auf die Schulter. Als Adam sich umdrehte, lag bereits etwas in seinem Schoß.

Der Eunuch mit der gestohlenen Taschenuhr!

Doch schon war dieser über die Logentreppe entwischt.

»Das Rohr!« Völlig intakt glitt das Sehrohr aus der Lederhülle in seine Hände. Schwer, bronzeschimmernd und blankgeputzt war dieser kostbare, geniale Gegenstand zu ihm zurückgekehrt. »Fulin, sieh, davon habe ich dir immer erzählt. Er hat es tatsächlich gebracht. Nach sechs Jahren!« Adam strahlte mit feuchten Augen. Vorsichtig legte er das Fernrohr aus Galileis Werkstatt in die Hände des jungen Kaisers. »So herum, so mußt du hindurchsehen!«

Fulin traute seinem Auge nicht. »Unglaublich, Ma-fa, ein Wunder. Jetzt sehe ich jede Runzel am Kopf meines Elefanten. Wie nah, unglaublich. Er hat Borsten in den Ohren. Meister Yü-lin, seht durch, seht!« Aufgeregt schob er dem Mönch das Fernrohr vor das Auge. »Seht!«

Yü-lin schwieg und blinzelte tief beindruckt. Lange schaute er in die Ferne. Doch dann reichte er abrupt das Gerät zurück. »Das, was Ihr erkennen sollt, vorbildhafter Himmelssohn, werdet Ihr durch ein Fernrohr nicht erkennen. Die Wahrheit liegt direkt vor Eurer Nase.«

»Spielverderber!« Fulin hob das Fernrohr wieder ans Auge und verfolgte das tumultartige Rennen zu seinen Füßen. »Jetzt, jetzt! Die nächste Runde, seht doch!« Den jungen Mandschu hatte das Rennfieber gepackt. Er war aufgesprungen und fuchtelte wild mit dem bronzenen Tubus vor dem Auge. »Jetzt ist er bockig, seht, o weh, wahrlich, eher ein Hängebauchschwein. Ma-fa, er hat mir zugeblinzelt. Durch dein Wunderrohr sehe ich einfach alles! Schneller, schneller.«

Ein faltiger Koloß trabte unter dem heiseren Geschrei seines Reiters ins Ziel. Eine Rüssellänge später ging der zweite Dickhäuter über die weiße Linie. Es folgte in Staub gehüllt noch ein Grüppchen eilender Elefanten.

Noch war das Rennen keineswegs entschieden. Ein weiterer Durchgang der ersten vier und die Endausscheidung zwischen den beiden an der Spitze stand noch an. Gegen Abend war die Entscheidung endlich gefallen. Weder der Kaiser noch seine Gäste hatten auf den Gewinner gesetzt.

Matt und staubverhüllt schleppte sich der Sieger und sein glücklicher Reiter vor die kaiserliche Tribüne.

Die beiden Ehrengäste traten nach vorne an die Brüstung und beglückwünschten den Sieger mit einer tiefen Verneigung. »Dem Sieger gehört die Kaiserprämie: hundert Scheffel polierter Reis, ein Ballen feinster Tschekiang-Seide und zwanzig Silbertael«, trötete der Zeremonienmeister in eine Schallröhre. Dann schlossen sich die Fächer wieder um die Kaiserloge.

»Welch ein Tag!« Fulin hatte sich erschöpft vom vielen Anfeuern und Gelächter in die gelben Kissen sinken lassen. Auf einen Wink zogen die Eunuchen das Sonnensegel fort. Er legte den Kopf zurück und blickte lange durch das Fernrohr in den Himmel, wo gerade der erste Stern aufzog.

»Ma-fa, wie heißt der Stern dort oben? Ist es die Venus, der Planet der Liebe, wie du ihn nanntest?«

»Ja, Venus, mein Kaiser, es war auch der erste Stern, den ich mit Namen kannte.«

Unbemerkt hatte sich der Mönch erhoben und war leise davongegangen.

Die letzten Kirchgänger hatten das neue Gotteshaus verlassen und Adam war durch die Hinterpforte in die Residenz zurückgekehrt, als P'an völlig verstört die Tür zu seiner Kammer aufstieß. »Guck raus, draußen, eine gelbe Sänfte. Eine, die nur dem Kaiser selbst gebührt.«

Der Innenhof hinter dem Mondtor füllte sich mit gelben Bannern, gelben Dienerröcken, gelben Fächern. Mittendrin die gelbe Sänfte, aus der gerade der Kaiser stieg und Shih-hung begrüßte.

»Der Erhabene, niemand darf ihm in die Augen sehen, niemand darf ihn anfassen. Was tut er da?« P'an war völlig durcheinander. »Er spricht mit meinem Sohn wie mit seinesgleichen. O, du großes Unglück, wo kriegen wir denn nun das ganze Essen her, das einem Kaiser gebührt?«

»Guter Mann, bevor du anfängst zu kochen, hilf mir erstmal aus den Kleidern.« Adam zog sich das Meßgewand über den Kopf. Kurz darauf standen Fulin und Shi-hung bei ihm im Besucherzimmer.

Auf seinem Handteller trug der Kaiser eine kleine, aus Draht gebaute Armillarsphäre. »Ma-fa, sieh mal, was dein Sohn Begabtes gebaut hat!«

»Noch immer mein Sohn. Die Begabung hat er sicherlich nicht von unserem Barbaren geerbt«, brummte P'an, während er die untersten Verschlüsse am Saum von Adams Gewand zuknöpfte. Dann kniete er sich vorschriftsmäßig nieder und berührte neunmal mit der Stirn den Dielenboden. Adam schloß schnell den obersten Knopf.

»Ma-fa, ich wollte dir die Urkunde selber bringen.« Er hielt Adam, der gerade zu Boden gehen wollte, um sich ebenfalls zu verbeugen, am Ärmel fest. »Das ist für meinen höchsten Beamten im Staat vorbei. Keinen Kotau mehr vor deinem Kaiser.«

»Fürwahr eine Lebenserleichterung«, freute sich der Sechzigjährige. »Aber Fulin, du kannst doch nicht einfach aus dem goldenen Käfig entwischen und einen alten Mann in seiner schäbigen Behausung besuchen. Das widerspricht jeder höfischen Vorschrift und Tradition.«

»Habe ich jemals etwas auf Etikette gegeben? Wenn ich regiere, benehme ich mich doch ganz manierlich.« Er deutete aus dem Fenster. »Und sieh, du brauchst dir keine Gedanken um den goldenen Käfig zu machen, der läuft mir ganz von selbst hinterher.«

Inzwischen waren die Wohlbefindens-Eunuchen mit Hausrat, Proviant und Baldachinen eingetroffen. Sie belagerten den Brunnenrand oder lehnten wartend am Paternosterbaum.

»Hier«, der Kaiser nestelte eine seidene Schriftrolle aus der Tasche und schob sie Adam in die Hand.

»Ich danke dir ... P'an, bitte.«

Shih-hung stand an den Türrahmen gelehnt und kaute Melonenkerne, während sein Vater vorlas:

Der Shun-chih-Kaiser, der das Mandat des Himmels genießt, schätzt sich würdig, dem Mandarin T'ang Jo-wang, der auf unseren Wunsch die Ehre der dritten Mandarinklasse angenommen hat, den Titel *Großmeister der prunkvollen Glückseligkeit* zu verleihen. T'ang Jo-wang! Verwahrer des Siegels des Astronomischen Amtes! Es sei Euch fortan vergönnt, die Reihen der höchsten Staatsräte und der Kaiserprinzen zu beglücken und Euren Mandarinhut mit dem Rubin und Eure Brust mit dem flügelschlagenden Kranich zu schmücken. Als Direktor des Astronomischen Amtes habt Ihr durch die Kalenderberechnung und das Bestimmen der Segenstage und Unglückstage Eure Aufgabe ganz im Sinne der kaiserlichen Tradition und zum Segen des Landes verwaltet. Ganz besonders möchten Euch der Hof und die Kaiserinmutter dafür danken, daß Ihr den Erhabenen daran gehindert habt, gegen den Piraten Coxinga zu kämpfen. Mit dieser Tat habt Ihr den Erhabenen vor einem möglichen Tod auf dem Schlachtfeld bewahrt. Da ein neues Gebäude auf den von den Älteren geschaffenen Fundamenten ruht, ist es geziemend, die Ehrung weit nach rückwärts auszudehnen. So seien auch die hochwürdigen Ahnen des Kranich-Mandarins bis in die dritte Generation mit Bankettnamen geadelt. *T'ang-der-Edelstein* möge der erlauchte Name des Urgroßvaters sein, *T'ang-der schmückende Jade* der des Großvaters und *T'ang-Nutzbringer-des-Landes* möge T'ang Jo-wangs Vater heißen. Mögen die Ahnen zu seinem Wohle wirken.

Ehrwürdiger T'ang Jo-wang! Dank Eurer Tugend wird sich Euer Haus immerdar der kaiserlichen Wohltaten erfreuen. Der Kaiserhof erlaubt sich, den Ahnen des Kranich-Mandarins die amtlichen Urkunden nach Europa-Mitte mit einer Seidenkarawane zu senden.

Ehrwürdiger T'ang Jo-wang! Möge Eure erstrangige Stellung unter allen Mandarinen des Reiches dem Wohle aller Lebewesen des Ostens wie des Westens dienen. Mögen alle Eigenschaften, die wir dem Kranich zuschreiben, auf meinen ehrwürdigen ausländischen Vater zutreffen, den ich mit dem Namen *Lehrmeister der Geheimnisse des Universums* ehren möchte. Der Himmel schenke ihm Weisheit, Väterlichkeit und ein langes Leben.

P'an ließ die Ediktrolle sinken und sah kopfschüttelnd, wie sich der Kaiser vor seinem väterlichen Freund verbeugte.

Über Adams faltiges Gesicht liefen die Tränen und seine Hände streichelten zitternd die Schulter des Niedergesunkenen. Da keiner der Männer wußte, wie er sich in diesem höchst ehrfürchtigen Moment protokollarisch korrekt verhalten sollte, freuten sich alle vier, als Shih-hung seine Tüte Melonenkerne herumreichte und grinsend »zehntausend mal zehntausend Jahre« rief.

Vater P'an wackelte noch immer mit dem Kopf. »Welch große Ehre! Welch übergroße Ehre. In der Geschichte seit dem Gelben Kaiser ist noch keinem Sterblichen unter den Fremdländern so viel Ehre widerfahren.« Er guckte sich in der fröhlichen Runde um. »Aber das hier wird uns kein Geschichtsschreiber glauben. Meine Herren, es ist Zeit für eine Runde Tee.« Vergnügt schob er seinen krummen Rücken aus der Tür.

»Dich kann man so schön überraschen, Ma-fa«, sagte Fulin. »Aber jetzt habe ich keinen Titel mehr. Jetzt kannst du nur noch Kaiser werden ... und das werde ich verhindern! Was hältst du davon, wenn du mir jetzt deinen Palast zeigst?«

»Es ziemt sich nicht, einem so hohen Gast seinen Wunsch abzuschlagen. So muß es wohl geschehen.« Adam schob schnell das Edikt in eine Schublade und ging Fulin voraus. »Mein Reich! Ein Pult zum Arbeiten, mein Kang zum Wärmen und Schlafen«, er schwenkte seinen Arm einladend aus. »Und einige Bücher, Instrumente und andere Kleinigkeiten. Reichlich vollgestopft, mein Wolkenpavillon. Ich war auf so hohen Überraschungsbesuch nicht eingestellt.«

»Wie im kaiserlichen Magazin abgelegter Kostbarkeiten! Viele der Dinge dort nehme ich nie zur Hand. Brauchst du das wirklich alles? Gleich zwei hölzerne Mützenständer? Ein ganzer Korb voller Namenssiegel, lederne Schuhanzieher, drei Teekannen, Stoffballen?«

»Alles Geschenke von dankbaren Kirchenmitgliedern«, murmelte Adam.

»Diese Berge von Papier. Und diese Instrumente, deren kaltes Metall einen schon beim Ansehen frösteln läßt, im Schlafgemach! Das sollte mein *feng-shui*-Meister sehen! Ich werde ihn mit seinem Kompaß vorbeischicken!«

»Meine Schätze willst du mir ausreden. Nein, mein lieber Fulin, in diesen Räumen herrsche ich, mein Chaos bleibt!«

»Gut, gut, schon gut. Und außer diesem Magazin, verzeih, ich meine Wolkenpavillon, hast du da noch einen Platz zum Leben?«

»Nun ja, gegessen wird im Refektorium oder in der Küche, dann haben wir ja noch eine Amtsstube, den Konversationsraum, eine Kapelle, eine Speisekammer und eine Kammer, in der wir uns und die Wäsche waschen. Und das neue Gotteshaus nebenan nicht zu vergessen.«

Er öffnete eine Tür. »Hier ist noch ein Raum.«

Bis unter die Decke stapelten sich auf Wandregalen frischgedruckte Exemplare des Katechismus, Liederheftchen, Sprachfibeln, Heiligenbilder, Landkarten und Folianten über Folianten.

»Des großen Fremden sagenhafte Bibliothek.« Fulin blieb mit schiefem Kopf vor einer Wandkarte stehen. »Viel erzählt man sich im Palast von deinem Wolkenpavillon. Du sollst so viele Bücher besitzen wie der Buddha Lehrreden verfaßt hat.«

»Und wie viele, sagt man, hat der werte Kollege verfaßt?«

»84000.«

»Doch so viele! Na ja, da kommen wir auch noch hin.«

Der Kaiser sah sich um und griff nach dem Büschel eines kräftig duftenden Krautes, das zwischen Papierstapeln lag.

»Das ist aus den kaiserlichen Gärten. Den Rat hat mir deine werte Frau Mutter gegeben. Ich hatte ihr mein Leid geklagt, daß die Hälfte unserer kostbaren Bücher dem Wurmfraß zum Opfer fällt. Sie hat mir dann dieses Weinrauten-Kraut genannt.«

Nachdem Fulin sich ausgiebig im ganzen Anwesen umgesehen hatte, machte er es sich auf dem Kang bequem.

Sorgenvoll beobachtete Adam, wie sich der Jüngling auf seinem Schlafmöbel breitmachte. Dann räusperte er sich. »In aller Bescheidenheit, aber wo der Kaiser seinen Hintern draufgesetzt hat, darf nie wieder ein gewöhnliches Lebewesen sitzen. Alles muß dann für immer mit gelben Seidentüchern abgedeckt werden. Es ist mir eine große Ehre, aber ich habe nur dieses eine Bett, bitte, Fulin.«

»Ach, glaub doch diesen Aberglauben nicht«, lachte ihn der Kaiser aus.

Plötzlich erklang vom Hof ein Gong. »Man ruft mich, ich muß in den Palast zurück, die *pao-an*-Siegelzeremonie abhalten. Mafa, glaub mir, dieses hier ist der einzige Ort auf der Welt, wo der Sohn des Himmels ein gewöhnlicher Mensch sein darf. Ich danke dir, leider kann ich den Tee nicht abwarten.« Er verbeugte sich tief, schlug Shih-hung auf die Schulter und eilte in den Hof.

Der gelbe Troß formierte sich und Fulin schlüpfte zurück in seine kaiserliche Welt.

Die christliche Gemeinde Pekings war auf über tausend Mitglieder angewachsen, so daß das Erntedankfest in diesem Herbst besonders üppig ausfiel. In den besseren Kreisen gehörte es schon fast zum guten Ton, sich von Adam, dem Kranich-Mandarin, taufen zu lassen. Für viele blieb es ein exotisches, unterhaltsames Erlebnis, doch einige Täuflinge wurden das, was man einen guten praktizierenden Katholiken nennt. Sie lernten und formten sich nach dem Vorbild der Gottesmutter und des Herrn Jesus Christus.

Nachdem der Priester mit einigen unermüdlichen Damen die Speisereste und Segensgaben fortgeräumt hatte, war er alleine in der Sakristei zurückgeblieben. Noch immer fehlte ihm ein Helfer, der das Wachs von den Kerzenleuchtern so säuberlich abpulte und die Leuchter aufpolierte wie er selbst. So stand er vor dem großen Holztisch und putzte eigenhändig die vielen Kandelaber. Gelernt ist gelernt, sagte er sich jedesmal, trank ein Schlückchen Meßwein, den er inzwischen Jahrgang für Jahrgang aus Longobardos Weinstock kelterte.

Er horchte auf. Das Kirchenportal hatte geknarrt. Eine Männerstimme rief ihn in lateinischer Sprache beim Namen.

»Hier«, rief er zurück. »Ich komme!« Sich die Hände am Talar abwischend, trat er aus der Sakristei, um den Rufenden zu begrüßen. Er hielt inne.

Zwei Fremde beugten gerade ihre Knie vor dem Hochaltar. Nach einem kurzen Gebet erhoben sie sich und wandten sich ihm zu.

»Willkommen im ›Kleinen Abendland‹, der Kirche *T'ien-chu-t'ang*.« Er öffnete die Arme und eilte freudig auf die Europäer zu. »Welche Freude, alter Pekinger Kumpan, und jetzt kommst du als mein Provinzial, sieh an, Bruder Manuel in Begleitung von …«

»Francesco Brancati, Visitator der chinesischen Ordensprovinz. Wir kommen aus Hangchow.«

»Welch eine Freude. Welch eine Freude in unserem neuen Gotteshaus die ersten römischen Brüder empfangen zu können!«

»Auch ich begrüße dich. Mein Gott, wie viele Jahre ist es her, seit ich Peking verließ? Dreißig werden es schon sein. Es ist nicht zu übersehen.« Der alte Dias, Provinzial aller chinesischen Ordensniederlassungen, und der alte Schall, Superior von Peking, standen voreinander und betrachteten die Lebensfurchen in ihren Gesichtern.

»Deine blauen Augen gucken noch genauso eigensinnig wie damals. Der Charakter ändert sich eben nicht. Da mag die Haut noch so knitterig werden«, lachte Dias trocken.

»Das stimmt, das stimmt!« Adam griff seinem Besuch unter die Ellenbogen und begann, ihn durch das Kirchenschiff zu führen. »Unser Gotteshaus wird von den Pekinger Taschendieben ›Kleines Abendland‹ genannt. Die Spitzbuben schwänzeln unauffällig durch die Schar der Neugierigen, zeigen aufgeregt zur Decke hinauf und erklären den nach oben Glotzenden etwas Unverständliches über den Baustil des Abendlandes. Unten stibitzen sie gleichzeitig die Geldsäckel«, erzählte er lachend.

»Ich finde Diebstahl durchaus nicht amüsant, Collega. Die Chinesen sollten gerade die Moral von uns Jesuiten erlernen.« Visitator Brancati sah den gutgelaunten Hausherrn von oben herab an.

»Oho, so streng! Noch nicht lange auf dieser Seite des Planeten, stimmt's, junger Mann?«

»Seit ein paar Monaten lebe ich in Macao! Doch ich war in Rom lange mit der Bearbeitung überseeischer Provinzangelegenheiten betraut.«

»Dann kennt Ihr Euch ja mit den Menschen hier in China vorzüglich aus!« Adam schmunzelte und ging ihnen weiter durch die Bankreihen des gut achtzig Fuß langen Mittelschiffs voraus. An den Seitenwänden waren die Szenen der biblischen Geschichte, Engel, Heilige und Bilder zu den Zehn Geboten angebracht. Dem Begründer des Ordens und einem verstorbenen

534

Bruder waren in den Seitenschiffen kleinere Altäre gewidmet. Durch die ausgemalte Kuppel, die von Fenstern durchbrochen war, fiel Licht auf die Blumenmalereien und bunten Schnitzereien. Eine schmale, hohe Flügeltür neben den Beichtstühlen trennte das Hauptschiff von einer kleinen Seitenkapelle.

»Die Marienkapelle für die separate Messe mit dem weiblichen Geschlecht. Meine Gemeinde besteht aus einem sehr großen Anteil Frauen. Sie sind eifrig beim Kirchgang und helfen beim Spendensammeln und allen notwendigen Arbeiten. Und hier, meine Herren, ist die Sakristei.« Er öffnete noch eine Tür und ließ die beiden eintreten. Bitte setzt euch.« Er schob die Leuchter beiseite und setzte sich auf den Tisch.

Manuel Dias war sehr alt geworden. Eine steile Falte stand zwischen den Augen, die leidenschaftslos Adams Hinweisen folgten. Schweigend hatte er der Kirchenführung gelauscht.

Der junge Brancati hingegen ließ nichts ungefragt. Als hätte er einen Abakus verschluckt, wollte er eine genaue Kostenbeschreibung für die Erstellung des Kirchengebäudes. Wieviel Prozent der römischen Gelder und wieviel Prozent der Gemeindespenden in den Bau geflossen sei, wieviel Taufen man sonntäglich habe und wie viele gläubige Katholiken am Ende wirklich glaubenstreu blieben. Er bemäkelte, daß ein volkstümliches, mit einem glücksbringenden Drachen beschnitztes Holzkästchen den Weihrauch am Hochaltar enthielt. Außerdem rügte er, daß der Gottessohn mit seinen Schülern, die Mutter Maria zur Linken, der heilige Michael mit den Engeln zur Rechten, chinesische Gesichtszüge trügen. Am meisten erregte er sich darüber, daß auf dem Altargemälde im Hintergrund der Heiligen eine kleine Pagode zu sehen war. Mit eisiger Miene belehrte er Adam, daß eine Pagode ein Symbol heidnischen Glaubens sei und nichts, aber auch gar nichts auf einem weihevollen Bild verloren hätte.

»Für Chinesen ist der Sohn Gottes naturgegeben ein Chinese, wie soll ihn sich ein Chinese sonst vorstellen?« Adam schaute Brancati verständnislos an. »Ihr laßt doch euren Malern bei der Ausstattung eurer Kirchen in Hangchow auch die nötige schöpferische Freiheit, damit sie mit Freude den Herrn malen und

ihre ganze gläubige Liebe in das Bild hineingeben, oder?«
fragte er ihn und betrachtete zufrieden die von Pekinger Künstlern nachempfundenen Bibelbilder, die an die Wand gelehnt noch auf ihren Platz warteten.

»Wir in Hangchow achten auf die richtige römische Darstellung des Gotteswerkes. Wo kämen unsere Christusbilder hin, wenn wir nicht peinlichst genau Anweisungen für die Ikonographie gäben? Die Pagode muß aus dem Altargemälde verschwinden. Nehmt es als päpstlichen Befehl!«

Adam lachte laut auf und kramte ein zerlesenes Blatt hervor:

T'ien-chu! Zerstör die Mauern des Himmlischen Palastes und komm schnell zu uns herunter, mach alle Tore auf und reiß alle Schlösser und Riegel ab.
T'ien-chu! Laß es regnen, komm als Wolke, fall herab, auch über das Haus von Jacob … und so weiter und so weiter …

Das war ursprünglich ein Lied von Friedrich Spee, meinem Schulfreund. Was habt ihr daraus gemacht? Eine lausige Übersetzung! Solche Übersetzungen schickt ihr uns zuhauf aus Hangchow. Ist das die richtige römische Darstellung des Gotteswerkes? Soll ich mir daran ein Vorbild nehmen? Und daß gerade ihr mir altem Knochen vorschreiben wollt, wie die Bilder in meiner Kirche auszusehen haben, ist wohl ein bißchen anmaßend.«

»Und dieses?« Brancati hatte den Wein in der Teeschale entdeckt. »Soll ich Weinseligkeit in der Sakristei so mir nichts, dir nichts als Anpassung an die besondere kulturelle Lage der Pekinger durchgehen lassen?«

»Moment mal, ist das hier eine Inspektion? Wird der alte Schall überprüft?« Er war vom Tisch gerutscht und warf seine Kappe auf die Tischplatte. »Manuel, könntest du dich vielleicht mal an diesem immer unerfreulicher werdenden Gespräch beteiligen! Gerade du, du Schnapsbruder, kannst doch nicht seelenruhig zusehen, wie er mir mein Schlückchen Wein verwehrt?«

»Schon gut Brancati. Adam, wir sind aus einem ganz besonderen Grunde hier. Nicht nur, um deinen chinesisch-barocken Kirchenbau zu bewundern, sondern weil wir mit dir über einige Unstimmigkeiten reden müssen.«

»Unstimmigkeiten? Die kriegen wir gerade. Mit wem habt ihr Unstimmigkeiten, was habt ihr für Probleme, sprecht.«

»Nicht wir haben Probleme, sondern du.«

»Ach? So, so!« Adam setzte sich wieder auf die Tischkante und verschränkte die Arme.

»Die Lage ist sehr ernst.« Provinzial Dias blickte seinen Untergebenen kühl an und bat Brancati, mit dem unangenehmen Prozedere zu beginnen.

Nach dieser Aufforderung zog der eifrige Mitbruder ein Couvert aus der Brusttasche hervor. »Das hier ist eine Anklageschrift gegen Euch, deren Wahrheitsgehalt ich zu überprüfen habe.«

»Eine Anklage?« brauste Adam auf. »Wer wagt es, mich anzuklagen?«

»Immerhin einige namhafte Brüder des Ordens. Doch bitte beruhigt Euer Gemüt und hört mir zu:

An Manuel Dias, weiterzuleiten an den Ordensgeneral Francesco Piccolomini. Dem deutschen Ordensbruder Adam Schall sei die kanonische Mahnung zu erteilen. Wir begründen diese Mahnung wie folgt: Die Leitung des kaiserlichen Astronomischen Amtes läßt sich nicht mit dem christlichen Glauben vereinen, weil diese Tätigkeit mit chinesischer Astrologie und Kalenderberechnung zu tun hat, diese aber voller Wahrsagerei und Aberglauben sind, was zu der Annahme führt, daß der Beschuldigte selbst dieser Dinge kundig ist, das heißt, sie selbst betreibt ...

»Wer hat euch gesagt, daß ich Wahrsagerei und Aberglauben betreibe? Wer wagt es, so ungeheuerliche Anschuldigungen vorzubringen?« Adam lief erregt durch die Sakristei.

»Wir kommen nicht unvorbereitet.« Der Visitator reichte ihm einen handgeschriebenen Text in lateinischer Schrift.

Entgeistert entzifferte Adam die sinnverdrehte Übersetzung seiner letzten kaiserlichen Beförderung:

... er sagt die glücksbringenden und unglücksbringenden Tage für die Regierungsgeschäfte voraus ... das Orakel richtig gelesen, so daß der Kaiser nicht im Kampf gegen einen

Piraten gefallen ist … er bittet seine adligen Ahnen zu seinem Wohle zu wirken … es sollen die Kräfte des Kranichs in ihn fahren ….

Er schüttelte den Kopf. »Wo habt ihr das her? Das hat einer heimlich abgeschrieben … Ein Spitzel in meiner Mission?« Erblassend griff er nach der Lehne und ließ sich auf den Stuhl fallen.

»Das wurde uns zugespielt«, lautete Brancatis schroffe Antwort. Gnadenlos fuhr er mit der Anklageschrift fort:

Der Professe der Gesellschaft Jesu hat mit dem Armutsgelübde verkündet, keine Prälatur oder Würde außerhalb des Ordens anzustreben. Doch als Direktor des Astronomischen Amtes des Kaisers von China verletzt er dieses Gelübde und mit der hochdekorierten heidnischen Mandarinwürde erst recht. In der Pekinger Residenz gibt es zwei Altäre, einen für Jesus und einen für den chinesischen Kaiser, der Himmelssohn genannt wird. Er hat sich mit arabischen Kameltreibern bei rauhen Spielen vergnügt, und man hat gesehen, daß er sich mit kostbaren Juwelen schmückt. Zu diesem Vorwurf gesellt sich noch der Vorwurf, daß der angeklagte Professe ein sehr schroffer, reizbarer und mürrischer Mensch ist. Auch das ungehobelte Auftreten des Missionsdieners P'an Tsin-hsiao ist stadtbekannt und dem guten Namen unseres Ordens erheblich abträglich. Dem persönlichen Verhältnis zu diesem Chinesenmann haftet etwas Anrüchiges an. Ein Dominikaner aus Singan-fu behauptet andererseits, er treibe Unzucht mit mandschurischen Weibern, und den Sohn des chinesischen Dieners hätte er gar selbst gezeugt.

Die verwirrenden Gerüchte um den Ordensbruder Adam Schall erlauben dem Dominikaner Vittorio Riccio und dem Präfekten des Franziskanerordens, Bonaventura Ibanez, die schlimmsten Vorwürfe gegen die Gesellschaft Jesu bei der Propaganda fide zu erheben. Beide nutzen die Vorfälle um die Person von Adam Schall aus, um die Chinamission der Gesellschaft Jesu in Verruf zu bringen. Sie klagen ihn vor dem Heiligen Stuhl an, daß er vor dem Kaiser eines heidnischen Volkes den Kniefall in ketzerischer Anbetung vollzieht, und daß die Chinamission der Gesellschaft Jesu den Korpus dogmatischer und moralischer Glaubenswahrheiten verwässert.

Da der Superior von Peking all dies zu verantworten hat, möge er aus der Gesellschaft Jesu ausgeschlossen und mit der Exkommunikation bestraft werden.

Gezeichnet von den Professen Gabriel de Magalhâes, Ludovico Buglio, Francisco Furtado, Niccolò Longobardo ...

»Niccolò Longobardo?« Adam unterbrach den Visitator entgeistert. »Erst hat er hier den großen Linienhalter markiert und mir die Profeß verweigert, und jetzt stänkert er wieder herum? Was ist nur in diesen Mann gefahren? Und ich Idiot benutze seinen sauren Tropfen als Meßwein.« Wütend stand er auf. »Gestatten, bin gleich zurück!« Er lief vor das Kirchenportal, wo er die Kanne Roten in die Regentraufe goß. »So, jetzt ist mir besser.« Schon ruhiger setzte er sich wieder. »Mein Gott, wie habe ich mich geirrt!«

»Weiterhin haben unterschrieben Fernandez Ferrariis, Michael Trigault, Etienne Le Fèvre und Ignacio da Costa.« Visitator Brancati faltete das Pergament behutsam zusammen. Und während er es knickte, war seine hölzerne Stimme zu hören: »Hofräte, ja selbst Hochadelige werfen Euch vor, ihre Spendengelder zu vergeuden, da bisher keinerlei Handelsangebote aus China vorlägen. Es sei längst überfällig, daß chinesische Gebiete der portugiesischen Krone und dem Pontifex unterstellt werden.«

»Und für dich ist das alles so in Ordnung?« Adam rüttelte Manuel Dias an der Schulter. »Ich erinnere mich vage, daß hier ein ganz schöner Saustall war, als wir in deiner Ruine ankamen. Seit Jahren habe ich keine römischen Brüder mehr hier gehabt. Alles was du hier siehst, habe ich mit Gottes Hilfe alleine geschaffen. Alleine«, brüllte er, riß die Sakristeitür auf und zeigte in das Kirchenschiff. »Ich habe mein Alleinsein mit Arbeit für den Orden gefüllt. Nicht mit Brettspielen und Saufen!«

»Wühl nicht alte Geschichten auf. Trotz deines Zorns bin ich aufs ehrlichste von deiner Arbeit beeindruckt. Aber in meiner Position muß ich diesen Vorwürfen nachgehen. Dein Ruf berechtigt zur Sorge. Und was den Saustall angeht, haben Zeugen hier ein familiäres Leben vorgefunden, das einem Ordensbruder zu größter Schande gereicht. Dein jähzorniges Gebrüll in einem Gotteshaus bestätigt leider die Urteile aus der Ostmission.«

Adam brachte kein Wort mehr hervor. Kleine Schweißperlen schimmerten auf seiner Stirn. Schweratmend strich er sich mit der verarbeitete Rechten über die Brust. »Viele Jahre fühlte ich mich im Leben geborgen. Und nur ein paar Minuten braucht der Klerus, um einen einsamen Mann aus mir zu machen.«

Die Augen geschlossen, schwieg er lange.

»Ich bleibe dem Weg und den Menschen, die Gott mir ans Herz gelegt hat, aus tiefster Überzeugung treu«, flüsterte er bei sich. Langsam wich die Blässe aus seinem Gesicht und er richtete sich auf. »Dann gehörten die beiden hochnäsigen Besucher damals schon zu euren Spitzeln? Sie waren ungefähr in eurem Alter. Ihre Namen habe ich vergessen. Sie flohen geradezu vor meinem Sündenbabel in die Ostmission. Provinzial Dias, ich könnte wetten, daß dein sauberer Landsmann Magalhâes die Verschwörung gegen mich angezettelt hat. Ich soll entmachtet werden. Ja, vernichtet von den eigenen Ordensbrüdern. Ganz nach dem Vorbild von Abel, der von seinem Bruder erschlagen wurde. Weil ich eine erfolgreiche Anpassung unserer Religion betreibe; weil ich Liebe und Geduld den Menschen hier gegenüber aufbringe und, –« er mußte an Fulin denken, » weil ich junges Gras nicht ungeduldig aus der Erde ziehe, sondern hier gelernt habe, daß es von selber wächst. Weil ich die Hefe im Sauerteig des Herrn sein will, soll ich exkommuniziert werden!«

»Wir sind hier, um die Anklage zu untersuchen.«

»Als unabhängige Schiedsrichter«, ergänzte Brancati und blätterte in seinen Unterlagen. »Da die Anklage in der Pekinger Ostmission ihren Ausgang nahm, begann unsere Inspektion dort…«

»Ich sag's doch, Magalhâes und Buglio aus der Trockenfischgasse! Ach, ihr Hangchower! Wißt ihr überhaupt« – erregt fuchtelte er in Richtung der Pekinger Ostmission – »was die beiden mir zu verdanken haben?«

»Wir müssen beide Seiten anhören. Du brauchst nicht so zu schreien, auch wenn die Akustik dieses Gebäudes dazu einlädt.«

»Mir haben sie es zu verdanken, daß sie sich noch lebend durch Peking bewegen können. Ohne meinen Schutz hätten die Mandschu sie schon längst enthauptet. Als Bastion der hiesigen Mandschugegner wird ihre Mission vom Piraten Coxinga finanziert. Der Piratenbastard hat sich christlich taufen lassen, um die Patres für sich einzunehmen. Jetzt sitzt er im Staatsgefängnis. Eine Jesuitenmission, die auf Blutgeld gebaut ist, ist ein Skandal ohnegleichen.«

»Auch das sind heftige Vorwürfe. Wir werden dem nachgehen.«

»Bruder Buglio hat sich zweifellos Verdienste erworben«, unterbrach ihn der junge Visitator spitz. »Er gilt als unser bester Übersetzer. Nicht ohne Grund hat ihn Macao mit der Übertragung von Meßbuch und Brevier ins Hochchinesische beauftragt...«

»Wenn ich mich recht erinnere, hat Furtado auch diesen inquisitorischen Fetzen Papier unterschrieben. Vielleicht dient es eurer Erhellung, wenn ihr hört, daß er es war, der mich in Briefen immer wieder bedrängte, am chinesischen Hof einen hohen Posten anzustreben.« Adam ging mit großen Schritten auf und ab. »Es mag vielleicht im Zusammenhang mit unserem hochgebildeten, von Vernunft durchdrungenen Orden etwas erstaunlich klingen, aber ich befürchte, die Angriffe entspringen einem tiefen Neid. Wer von uns jungen Weltpriestern hat beim Auszug aus Lissabon nicht davon geträumt, in die Fußstapfen von Matteo Ricci zu treten und dem höchsten Regenten der Welt das Wort Gottes zu offenbaren? Vor euch steht der Mann, der es geschafft hat. Sonst keiner von den Brüdern!«

Die beiden schwiegen.

»Im übrigen war ich es, der die Stadtbehörden mit siebzig Silbertael, meinen persönlichen Ersparnissen, bestach, um Dominikaner und Franziskaner, die allzu offen mit dem Kruzifix hausieren gingen, vom Tod freizukaufen. Und ausgerechnet sie werfen mir unchristliches Verhalten vor!«

Francesco Brancati wiegte den Kopf. »Euch liegt sehr viel am freundschaftlichen Umgang mit den Hiesigen, den Pekingern, der Kultur … und ihr bedient euch aller Mittel … ich beginne zu verstehen!«

Der Angeklagte beobachtete besorgt den über das Papier eilenden Stift.

»Brancati, Ihr führt so eifrig Protokoll, wollt Ihr einen Bericht verfassen?«

»Ganz recht. Die Ordensleitung ist jedoch bereits unterrichtet. Eure Gegner haben ihren Bericht bereits nach Rom geschickt. So kann mein Protokoll nur in Eurem Interesse sein.«

Adam strich sich mit beiden Händen über das Gesicht. »Nun gut! Schreibt Ihr, was Ihr für richtig haltet. Ich werde mich selbst zu verteidigen wissen.«

Als Brancati den Stift sinken ließ, stand Manuel Dias auf und verabschiedete sich förmlich. »Wir werden eine korrekte Untersuchung durchführen. Alles weitere wird sich zeigen.«

»Geht nur, geht nur, laßt mich in Ruhe. Der Herr wird es richten.«

Leise zogen die Hangchower die Sakristeitür hinter sich zu und ließen ihn alleine. Leicht gebeugt und niedergeschlagen überschritt er eine Weile später die Straße der Überfließenden Üppigkeit und kehrte in die Residenz zurück. Auf dem Weg zu seiner Kammer kam er an der Küche vorbei, wo er P'an teetrinkend vorfand. »Bitte richte die Kammer für die Gäste her und bewirte sie wie Brüder.«

»Sie haben es vorgezogen, in der Ostmission zu nächtigen. Sie sind mit Sack und Pack verschwunden. Es ist nicht schade drum. Ich habe sie über uns reden hören.«

Adam sank auf seinen Lehnstuhl und gab sich seinen Gedanken hin.

Je länger ich unter den Hiesigen lebe, umso weniger verstehe ich meine Landsleute. Bin ich denn wirklich noch von Herzen ein Vertreter des heiligen römischen Glaubens?

P'an trat leise ein und schob ihm eine Schale mit roten Bohnen und weißem Reis auf den Tisch. »Du brauchst jetzt einen klaren Kopf. Der Pfeil ihrer Beschuldigungen muß die Quelle deiner Erkenntnis öffnen.« Er stellte sich hinter ihn und massierte mit kräftigen Fingern seinen verwirrten Schädel. Unter den knetenden Griffen beruhigte sich Adams Gemüt.

»Ich werde mich mit den Vorwürfen auseinandersetzen. Schwarz auf weiß, wohlformuliert und argumentiert und meine Verteidigung nach Rom schicken. In zwiefacher Ausführung, einmal für die Prokur in Macao, dann mit direkter Post via Manila nach Rom an den Ordensgeneral. Vielleicht sogar dreifach. Bei einer dreifachen Ausfertigung stehen die Chancen größer, daß wenigstens einer der Briefe einem Straßenraub oder einem Seeüberfall entgeht.«

Eines kühlen Morgens im März räumte er den Pinsel und den Tuschstein weg, spitzte den Federkiel und begann mit weiten Schwüngen zu schreiben. Sein Gefährte P'an stellte ihm zu jeder Doppelstunde frischen Grüntee hin.

Er zitierte in seiner Apologie Thomas von Aquin, der zwischen wahrer und falscher Astrologie unterscheidet, und für den die Sterne, vor allem die Wandelsterne, auf alles Körperliche und Physikalische wirken. Er schrieb: Gottes Wille wirkt durch die Kraft der Gestirne und ruft auf der Erde alle möglichen Wirkungen hervor, denn in der Natur herrscht eine Allverbundenheit. Weiter argumentierte er:

In dem Kalender, der im kaiserlichen Astronomischen Amt unter meiner Direktion erarbeitet wird, sind auf Befehl des Hofes die Tage in »günstige« und »ungünstige« unterteilt. Das ist als eine Empfehlung zu bewerten. Diese Empfehlung bezieht sich auf Handlungen wie Heirat, Beerdigung, Aussaat, Opferrituale und vieles mehr. Die Chinesen und auch die Mandschu bedenken ihre Entscheidungen aufgrund dieser Empfehlungen gründlicher. Sie können sich danach richten oder auch nicht. Sie setzen weiterhin ihren freien Willen ein. Ich bin nicht der Meinung, daß der Mensch ein bloßes Anhängsel von Himmelsereignissen ist. Für mich benutzt der Mensch seine Vernunft zur freien Handlung. Als Direktor des kaiserlichen Astronomischen Amtes nehme ich mir das Recht, Daten mit der Anmerkung

»Nach der neuen europäischen Regel« zu versehen. Damit grenze ich meine Kalenderberechnungen von alten, abergläubischen chinesischen Vorstellungen ab. Wenn es im hiesigen Kalender Hinweise darauf gibt, daß Geister in den Gliedern der Menschen wohnen, ist das sinnbildlich gemeint, um dem einfachen, ungebildeten Volk ein Gleichnis zu schaffen für eine im Menschen wirkende Lebenskraft namens *ch'i*. Seit jeher gibt es für die Chinesen keine Trennung von Astronomie und Astrologie. Der Stand der Planeten dient ihnen als Hilfsmittel, das menschliche Handeln mit der Natur in Harmonie zu bringen. Mir liegt es fern, die Sterne wie allmächtige Götter zu verehren, das wäre fürwahr Aberglauben, ja, das wäre Zauberei und müßte mit Geldstrafe geahndet werden.

Jedoch der Einfluß der Planeten auf ungewöhnliche Naturereignisse ist sogar in der Heiligen Schrift beschrieben. Oder stellt Rom den Stern von Bethlehem und die Sonnenfinsternis beim Tode Christi in Frage? Oder die zwei Kometen, die in Gallien im Jahre 729 die Ankunft der Sarazenen verkündeten? Ich selbst hatte eine Begegnung mit einem Kometen im Jahre 1618, als ich in Goa weilte. Für mich war es ein Hinweis, daß eine Umwälzung im Anzug war. Und tatsächlich, es war das Jahr, in dem der Dreißigjährige Krieg begann. Das belegt doch auch die Abhandlung *Astrologia sacra* des Ingolstädter Mitbruders Adam Tanner, den Rom gewiß nicht als abergläubischen Ketzer bezeichnen würde. Auch für ihn gibt es planetare Konstellationen, die Aderlaß, Aussaat, Heirat, Beerdigung begünstigen. Tanner deutet auch das Erscheinen von Meteoren und Kometen. Damit folgt er dem Beispiel des ehrenwerten Andre do Avellar, des großen Mathematikers von Coimbra. Gemeinsam mit diesen Gelehrten möchte ich nochmals hervorheben, daß der Mensch trotz aller naturgegebenen Einflüsse über einen freien Willen verfügt, um den Einfluß der Gestirne zu überwinden.

Die für uns alle ungeklärte Frage ist, wie weit geht die schicksalhafte Verbundenheit des Menschen mit den Planeten?

Oder anders gesagt, wie ist die planetare Rückwirkung mit dem menschlichen Schicksal verknüpft? Die Hauptfrage ist doch, inwieweit der Mensch der Lenker seines Schicksals ist? Weder die seriösen morgenländischen noch die seriösen abendländischen Gelehrten maßen sich an, diese Frage beantwortet zu haben. Bekanntlich verschließt sich jedoch ein offener Geist keiner Möglichkeit der Welterkenntnis. Und ist das Ringen um Welterkenntnis nicht immer ein großes Anliegen des Ignatius von Loyola gewesen?

Omnia ad maiorem Dei gloriam!

Schließlich weise ich die Vorwürfe gegen die Annahme von Ämtern und Würden als unberechtigt zurück, denn bei meinem Direktorenposten handelt es sich um eine rein akademische Würde. Und diese ist weitaus geringer als die eines Rector Magnificus einer europäischen Universität. Es ist unter den Gelehrten des Ordens üblich, solch gut dotierte Posten zum Zwecke der Lehre in Anspruch zu nehmen. Die undurchsichtigen Verhaltensweisen des hiesigen Volkes machen meine Freundschaften mit Höflingen für mein Überleben noch bedeutsamer, als Freundschaften zwischen Menschen ohnehin sind. Täglich danke ich dem Herrgott für die Fürsorge, die er mir durch meinen Diener P'an zukommen läßt.

All dies und vieles mehr schrieb er nieder. Es war der 6. Mai Anno Domini 1652, als er dem Kompendium seiner Apologie den letzten Schliff gab.

Der Kaiser kränkelte. Für Staatsaudienzen fühlte er sich zu schwach. Der Appetit am Regieren wollte sich nicht einstellen, lustlos blätterte er in den Amtsakten und Dedikationen, ohne sie zu lesen. Sein Appetit kam nur beim Anblick eines Konkubinentäubchens. Frauen erfüllten ihn mit Leben, wohingegen ihm schon die Nähe eines faltenstirnigen Beamten die Schwäche in die Knochen trieb. Doch regiert werden mußte. Also ließ der engste Beraterkreis um die Kaiserinmutter nach T'ang Jo-wang rufen. T'ang Jo-wang war der einzige, auf den der achtzehn-jährige Regent hörte.

So hatte sich Adam mal wieder der Gemeindearbeit entziehen müssen und war zur frühen Morgenstunde an das kaiserliche Nachtlager geeilt.

»Der Erhabene wird bald erwachen, wenn der hohe Mandarin solange an seinem Lager warten möchte, man darf den Erhabenen nicht wecken.«

»Danke, ich werde warten!« Adam ließ sich auf einem Podest nieder und lehnte den müden Rücken an die Wand. Kaum hatte der Lakai den Raum verlassen, weckte er den Schlummernden mit einem Pfiff.

Hinter dem Hundert-Söhne-Schleier bewegte sich etwas. Auf zwei winzige Pantöffelchen folgte eine kleine, von Kopf bis Fuß in Laken gehüllt Gestalt, die fluchtartig das Lager verließ. Jetzt erwachte auch der Kaiser im Gemach der Schmiegsamkeit aus einem unerquicklichen Schlaf.

Der Leibdiener war zurückgekehrt und warf strafende Blicke auf den bärtigen Fremden.

Fulin wühlte sich aus dem Kissenmeer. Ächzend strich er sich über den Kopf, um den Schmerz hinter der Stirn zu verscheuchen. Er fühlte sich zerschlagen, war er doch in dieser Nacht wieder ausgiebig seiner Lieblingsbeschäftigung nachgegangen. Schwarze Ringe lagen unter seinen Augen. Das fettsträhnig zerlegene Haar klebte wie nasser Seetang an der weißen, verschwitzten Haut. Er blinzelte. »Ma-fa, bist du zu mir gekommen? Das heißt, daß heute wieder einer dieser Tage ist. Sogar an mein Bett haben sie dich heute geholt.« Ein dürres Lächeln zuckte um seine Lippen. Er ließ sich in die Kissen zurücksinken und schloß die Augen. »Man muß sich wohl entscheiden. Für die Weisheit der Lenden oder die Weisheit des Schädels. Findest du nicht auch, daß wir da gut zusammenpassen?« Gerade als er sich noch einmal dem Schlaf hingeben wollte, traten neun alte Männer in das Gemach.

»Ach, dieser tägliche Aufwand!« Fulin verabscheute die ewig gleichbleibende Visite seiner Leibärzte. Doch seine von Kindesbeinen an schwächliche Gesundheit und die drückende Schlaflosigkeit, unter der er seit seiner Hochzeit litt, erforderten höchste Aufmerksamkeit. Der Großarzt zückte seinen Notizpinsel.

»Dreimal«, maulte Fulin, bevor der Großarzt seine Frage gestellt hatte.

»Dreimal?« notierte dieser kopfschüttelnd. »Der Erhabene sollte sich an die ärztlichen Anweisungen halten: einmal alle drei Tage im Frühling, zweimal monatlich im Sommer und Herbst und überhaupt nicht im Winter. Die zugeführten Konkubinen sollen nur der Anregung des kostbaren *yang* dienen, doch nicht zu dessen Verschleuderung führen. Noch seid Ihr jung. Der Samen ist Euer ganzer Schatz. Ihr müßt ihn für die Kaiserin bewahren. Und für ein langes Leben!«

Fulin seufzte. Was wußten all die alten Männer, die ihn umgaben, schon vom Wind- und Regenspiel! Er brauchte sich nur leicht einem Weibe zuzuneigen, da schoß auch schon das hitzige Blut in sein Kahl-Eselchen.

»Dem Reich droht die Spaltung, wenn der Kaiser schwach ist«, schlossen die Ärzte ihre Visite, nachdem sie flüsternd ihre Häupter zur *ta-p'ien*-Examination über seine Nachtvase gebeugt hatten.

»Kleiner Wu, bringe mir meine Medizin und etwas Delikates.« Mit halbgeschlossenen Lidern schob er sich zum Sitzen hoch. Er versuchte seine Laune, die genauso schlecht war wie sein Atem, mit einem Schluck Tee wegzuspülen. Als der Jasmintee nichts half, verlangte er wieder nach seinem Leibeunuch. Dieser kam schon mit einem beladenen Tablett hereingeeilt.

»Dem Himmelssohn die beste Speise«, sprach er mit einer vom Stimmbruch verschonten Stimme. »Erlaubt mir zu servieren.« Mit gesenktem Blick schob er ein gedecktes Lacktischchen auf das Bett. »Euer erwärmter Ginseng-Sud und Schwalbennest in Kristallzucker. Und noch ein winziges Portiönchen gerösteter Entenschwimmhäute!«

»Dasselbe für meinen Gast, und laß den Vorhang offen«, ordnete der Kaiser an.

Der Diener klatschte in die Hände. »Vorkoster!« Ein jämmerlich aussehender Kerl sprang herbei und schluckte von allem etwas.

547

»Ist alles so, wie Ihr es gerne habt? Der Großarzt läßt ausrichten, Ihr möget seinen Kräutertee mit Gedanken an die großen Staatsgeschäfte trinken.«

»Schon gut, schon gut, laßt den Quälgeist anfangen.« Fulin stöhnte. »Ma-fa, höre gut zu und ersetze mir meinen verschleuderten Verstand.«

Adam war auf solche Zuweisungen vorbereitet. Er legte sich sein Schreibzeug zurecht und lauschte, während er aß.

»Großsekretär, was steht an?« Fulin pickte mit seinen Silberstäbchen nach den knusprigen Schwimmhäutchen, tauchte sie in schwarzen Essig und verschlang die papierdünne Leckerei gierig.

Der dazugekommene Großsekretär hockte auf einem Schemel am Bettrand, während der Himmelssohn mit reispapierbleichem Gesicht und eingefallener Brust hinter dem Tablett hervorlugte.

»Viel steht an! Erstens, gleich nach Eurem Tee: Die Audienz mit dem Großen Kronrat. Dafür solltet Ihr den Drachenmantel umlegen und Euch in die Halle der Höchsten Harmonie bemühen. Die Schatullen mit den Throneingaben, die heute Nacht abgegeben wurden, harren Eurer gnädigen Aufmerksamkeit. Zweitens ... Für den Nachmittag werden die Nei Yüan-Staatsminister zu einer Unterredung eintreffen. Nach dem Kalender ist der heutige und der morgige Tag überaus günstig für Staatsgeschäfte. So wurde im Anschluß an den Rapport der Staatsminister eine Audienz der Gouverneure aller vierzehn Reichsprovinzen einberufen ...«

»Von wem?«

»Von wem?« Der Großsekretär stellte sich unwissend. »Vielleicht von der Kaiserinmutter?«

Der unausgeschlafene Jesuit meldete sich: »Von mir! In deinem Namen, Fulin. Nachdem du die letzten Monate fast ausschließlich bei der Fasanenjagd in den Westbergen verbracht hast, mußte ich diese Versammlung einberufen. Man erwartet sie dringlichst vom Kaiser.«

Erbost griff der Kaiser nach einem der edlen Schälchen und schleuderte es wutentbrannt zu Boden. »Immer mußt du dich einmischen. Wer regiert das Reich, ich oder du oder meine Mutter?«

»Köpfe, die vermeiden, ihren Verstand zu verschleudern. Deine nächtlichen Exzesse machen dich zum Hohlkopf. Solange werden andere für dich regieren«, antwortete Adam trocken.

Schuldbewußt rührte Fulin in seiner Medizin.

Der Großsekretär hatte einen Fächer aus seinem weiten Ärmel geangelt und flink vors Gesicht gespannt, damit seinem Gebieter sein dreistes Grinsen verborgen blieb. Sich räuspernd trug er weiter vor: »Drittens steht für morgen die Begegnung mit dem Verwahrer des kaiserlichen Jaspisstempels an. Viertens... Der Großschatzmeister und der Präsident des Oberhofgerichtes werden Euch ebenfalls morgen aufsuchen, um Euch die Listen mit den Tributzahlungen vorzulegen...«

Der Kaiser gähnte.

»Fünftens erwartet man vom Erhabenen das Ritual des Niederkniens vor dem Tableau der Verstorbenen in der Halle der Ahnenverehrung. Und sechstens wartet eine ausländische Gesandtschaft auf eine Gelegenheit, beim Kaiser eine Staatsaudienz zu bekommen.«

Adam horchte auf.

»Von welcher ausländischen Gesandtschaft ist die Rede?« mischte er sich ein.

»Es sollen Westländer wie Ihr sein. Sie nannten sich Gesandte der Vereinigten Niederlande.«

»Wo befinden sie sich? Von wo schickten sie ihre Eingabe?«

»Sie befahren den Kaiserkanal nach hier. Vom Gelben Fluß aus schickten sie einen Boten mit ihrem Bittgesuch voraus. Sie werden bei Zustimmung des Kaisers die Reichshauptstadt in zehn Tagen erreichen.«

Adam schob dem Diener sein Tablett zu. »Fulin, diese Menschen sprechen eine Sprache, die der meinen sehr ähnlich ist. Bitte gib mir die Vollmacht, diesen Besuch zu regeln. Ich werde übersetzen, was sie vorzutragen haben. Wenn meine Vermutungen zutreffen, wirst du meinen Eifer in dieser Sache nach der Audienz verstehen.«

»Wenn du die Leute verstehst, dann bitte ich dich um deine Anwesenheit. Das Großsekretariat wird deinen Anweisungen folgen. Das ist ein Befehl«, rief er streng.

»Es wird mir eine Ehre sein, dem werten Kranich-Mandarin die genauen Zeiten der Ankunft der fremden Gäste zu vermelden. Verzeiht, Erhabener, da ist noch eine Kleinigkeit am heutigen Tag zu erledigen. Ihr müßt zur Stirnrasur, denn im dritten Mond ist der vierte Tag für diese Handlung günstig.«

Nach seinem langen Vortrag erhob sich der Großsekretär und verließ buckelnd das Gemach der Schmiegsamkeit.

»Großer Himmel! Diese zermürbenden Geschäfte für die unersättlichen Staatsmünder.« Mit leerem Blick starrte Fulin seinen väterlichen Freund an. »Ich bin ein unwürdiger Kaiser, manchmal scheint es mir, als wäre mein Leben eine Herausforderung, den Gehorsam zu brechen, und die Seele eines Khorchin-Mongolen gegen die Zwänge der chinesischen Etikette zu bewahren.« Wieder strich er sich ausholend über die leidende Stirn.

»Es ist müßig, sich gegen sein Schicksal aufzubäumen. Außerdem schadet das der Gesundheit. Ich kenne da ein kluges Sprichwort: Du sollst neben deiner Kaiserin kein anderes Weib beschlafen, den Rest deiner Kraft stelle in den Dienst des Himmels.«

»Wie öde, nur mit einer, da kann ich mich ja gleich den Staatsgeschäften widmen.«

»So etwas Ähnliches ist damit gemeint«, schmunzelte der Jesuit.

Zwei Palastdiener huschten herein und zauberten die Essensreste weg.

Mit Fußtritten befreite sich Fulin von seiner Bettdecke und stieg von der kühlenden Elfenbeinmatte seines Kang auf den Schweif eines gewebten Drachens, der sich über den gewaltigen blauen Teppich schlängelte, lief die verhängte Fensterfront entlang und verschwand hinter einem mit Perlmutt verzierten Paravent. Dahinter verbarg sich ein winziges Kabinett, wo er sich auf einem Gestühl mit doppeltem Boden erleichterte.

Der für die Haare zuständige Eunuch hatte sein Handwerkszeug schon ausgebreitet, verneigte sich flüchtig und schlug ein Etui aus Echsenleder auf.

Im lachsroten Schlafmantel setzte sich Fulin kerzengerade auf den Bettschemel. Sofort machte sich der Haarkunstmeister wie ein Magier über den Kopf des Kaisers her. Knetend befreite er die Stirn, die Schläfen und das dritte, das Seelenauge von nächtlichen Nebeln. Ohne Naß wuschen seine scheinbar knochenlosen Hände die stoppelige Kopfhaut bis zum Haarsaum. Anschließend griff er sich das zerzauste Hinterkopfhaar. Er striegelte und strähnte und schließlich flocht er in Windeseile einen taillenlangen Zopf.

Mit gespitzten Lippen tupfte der Weißbezopfte einen puderpuffenden Bausch über des Kaisers Wangen und Stirn.

Ein Fingerschnippen sagte den wartenden Wächtern über die kaiserlichen Kleiderspeicher, daß sie jetzt mit dem Ankleideritual beginnen könnten.

Der eine Alte umtänzelte feengleich den Himmelssohn mit wehendem Fadenbart, der andere sprang hinzu und reichte die himmelswürdigen Gewänder an. Ein dritter stieg auf ein Treppchen und angelte Zierat aus der Tiefe des Garderobenschrankes. Mitsamt ihrer Kunst des Einkleidens brachten sie eine strenge Wolke unguten Geruches mit sich. Die älteren Eunuchen litten im fortgeschrittenen Alter unter den Folgen ihrer Beschneidung: Das Element Wasser entzog sich ihrer Kontrolle. In ihrer Not hängten sie sich duftölgeschwängerte Auffangpolster zwischen die Schenkel, was sie zu einem weiblichen Trippelgang zwang. Adam hob unauffällig sein Schnupftuch unter die Nase und mühte sich, nicht einzuschlafen, denn der Kaiser hatte ihn gebeten zu bleiben. So beobachtete er aus halbgeschlossenen Augen das kaiserliche Morgenritual.

Ein Gespinst aus Seide durfte der Monarch auf seiner nackten Haut behalten. Dann fädelten sie ihn in die unterste, eng anliegende Wäsche, die mit Bändchen seitlich verschnürt wurde. Auf diese folgte eine großzügigere Hemd-Hose-Kombination und darüber stülpten sie eine steife Hülle, die mit Tussah-Wildseide wattiert war. Auch diese wurde seitlich mit geflochtenen Bambusknebeln verknöpft.

Wehe, wenn einer der Diener den Körper des Himmelssohnes auch nur leicht berührte! Waren die Gewänder geschichtet, mußten die kaiserlichen Füße in goldbestickte Tuchstiefel geschoben werden. Die letzte Handlung brachte die blendende Pracht des kaisergelben Drachenmantels ans Licht. Er sprühte wie geschmolzenes Gold und nur sein schwarzer Saum schien das Zerfließen zu verhindern. In die schwere Tchekiang-Seide eingewoben waren Hunderte von Drachen mit fünf bedrohlichen Klauen, dem Privileg des mächtigsten Herrschers aller Zeiten und aller Richtungen. Nach mandschurischer Tradition trug er einen Gürtel, an dem Dolch, Feuerstein, Ahle, der Daumenring des Bogenschützen und ein kleiner Beutel mit dem magischen Schutzgift von Skorpion und Viper hingen. Jedes Mal, wenn sich diese Aureole der Macht auf seinen schmalen Körper legte, durchrieselte Fulin ein kraftvoller Schauer. Der Drachenmantel half ihm, in die Autorität des Regenten zurückzukehren. Um den Kaiser vollkommen zu kleiden, bedurfte es noch des schwarzen Samthutes mit Fellhaarbüschel und Edelsteinknopf.

Als die alten Herren ihr Werk vollendet hatten, schlugen sie die hochgeschobenen Ärmel ihrer rostbraunen Roben nach vorne und verbeugten sich gemeinsam: »Der Erhabene der zehntausend mal zehntausend Jahre ist angekleidet!« Stolz tippelten sie von dannen.

Als hätte die Bekleidungsprozedur auch seine Gesichtszüge gerafft, war aus dem Bleichling ein aufrechter Mann geworden. »Ma-fa!« Fulin mußte den alten Jesuiten wecken. »Ma-fa, ich bin fertig für die Aufgaben des Tages. Man wird dich zur Audienz mit den Fremden rufen. Ich werde mich bemühen, kein verantwortungsloser Hohlkopf zu sein.« Er verbeugte sich vor ihm und wandte sich seinem Begleittroß zu.

Er war froh, den Weg zur Halle der Höchsten Harmonie in einer geschlossenen Sänfte zurücklegen zu dürfen. So wurde ihm die steife Prozession von Leibeunuchen, Sekretären, Schreibern und Schildwachen durch hallende Höfe, öde Korridore und über endlos lange Treppen in die Thronhalle erspart.

Drei Monate hatte der Hof die niederländischen Gesandten in der Südstadt warten lassen. Am Morgen vor ihrer Audienz traf sich der Staatsrat zum regulären Plenum in der Thronhalle der Höchsten Harmonie. Außer einigen angereisten Provinzialbeamten nahm auch der kaiserliche Mentor am Plenum teil. Allerdings schickte man den Vierundsechzigjährigen hinter den Thron, wo er sich mit Tusche und Pinsel dem Gesagten widmen sollte. Durch einen Seidenvorhang verborgen, lauschte er ungesehen, um nicht die Fremdenfeindlichen aus den Provinzen gegen den Kaiser aufzubringen.

Keiner der Staatsräte stellte heikle Fragen. Alle gaben sich so harmonisch wie es der Name des ehrwürdigen Ortes verlangte. Nicht einmal als zwischen dem Kriegsminister und dem Schatzminister der schwelende Streit über die Soldhöhe für die Streitkräfte aufbrach, brauchte der Kaiser zu schlichten. Niemand riskierte sein Gesicht. Die größten Konflikte wurden unter einem glatten Lächeln erstickt. In den Herzen aber wurden schon die Waffen der Intrige geschliffen.

Mit entrückter Gelassenheit rekelte sich der Erhabene auf dem Goldbrokat seines Thronsitzes und trank weißen Tee. Hätte einer der Beamten seine Gedanken erraten, er wäre vor Scham errötet.

Über die Staatsgeschäfte wurde so leidenschaftslos und unehrlich verhandelt, daß der Lauscher hinter dem Seidenvorhang bald den Pinsel niederlegte und sich auf die angekündigten Gäste vorbereitete.

Am Fünf-Phönix-Tor, keine zwei *li* südlich der Thronhalle, stieg derweil ein Trio Europäer aus ihren Sänften und entlohnte die Träger.

»Ebbe vor Vlieland«, grunzte der massige Holländer van de Keyzer in seinen fuchsroten Bart und sammelte von seinen Begleitern die letzte Barschaft ein. »Nichts Flüssiges mehr.«

»Die Träger kosten uns den letzten Stüber«, schimpfte Jan Nieuhoff, sein hagerer, baumlanger Landsmann.

»Die Reise von Kanton und die drei Monate Warterei in Peking haben uns Tausende von Gulden gekostet. Die Geschenke gaben uns den Rest.« Der Rotbart stopfte den ausgelaugten

Geldsack in seinen Hosenbeutel und ließ die Formalitäten der Torwächter über sich ergehen.

»Hooh, Geschenke«, höhnte der kleingeratene, zerzauste Van Goyer und schnaubte durch seine abgespreizten Nasenflügel. »Bestechungsgelder hier, Wegzoll da, Bankette, Trinkgelder und Mätressenfutter ist wohl angebrachter zu sagen. Sicher halten die Wachen dieser vermauerten Stadt auch gleich ihre Griffel auf.«

»Halt dein ausgefranstes Maul, gleich empfängt uns der Kaiser von China. Dies ist unsere größte, unsere letzte Chance, den Fuß in die Tür zu kriegen«, fuhr ihn der vorausstapfende Fuchsbart an.

»Hah!« Der Verbitterte höhnte. »Der Kaiser von China. Van de Keyzer beim Kaiser. Der gute Herr sollte sich bei dir für die Strapazen in seinem unübersichtlichen Land entschuldigen. Was soll dieses Teekränzchen noch am Fehlschlag unserer Mission ändern? Nicht mal Blumen haben die hier.« Abfällig sah er sich auf der Brücke über den Goldwasserfluß um. »Ein Kniefall mehr vor diesen chinesischen Pinselköpfen! Ja und?«

»Reiß dich zusammen!« Van de Keyzer stockte, drehte sich um und packte van Goyer so heftig am Kragen, daß diesem das Wams aufsprang und vier, fünf Pimpernußknöpfe über das Pflaster der Goldwasserbrücke hüpften. Zu dritt gingen sie auf die Knie und krochen über die Steinplatten, um die raren Verschlüsse einzusammeln.

Van Goyer lugte über die Balustrade und atmete erleichtert auf. »Man hat uns nicht gesehen, weit und breit nur zwei Verschnittene, kein Mensch.«

Sie schritten weiter zur Halle der Höchsten Harmonie.

»Eine feine Gesandtschaft kommt da zur Audienz«, wisperte ein alter Eunuch, während er ein Fernrohr wie eine Muskete auf die Fremdländer gerichtet hielt, die schimpfend auf das Tor der Höchsten Harmonie zuliefen.

»Sie scheinen sich gleich schlagen zu wollen, diese Ausgeburten der Unsitte«, sagte ein zweiter, der jetzt durch das hinterhältig aufgepflanzte Spährohr guckte. »Was wetten wir, Alt-Mung? Keine zwanzig *fen* lang werden sie in der Thronhalle geduldet.«

»Dreißig *fen* gebe ich diesen Zottelkerlen schon. Vergiß nicht, sie haben einen Fürsprecher.«

»Ich wette hundert Kupferkäsch, daß sie nur zwanzig *fen* bleiben.«

»Einverstanden und einen Krug gereiften Shao-hsing-Wein.«

Während sich die drei Gesandten der niederländischen Generalstaaten um eine würdige Figur bemühten, gaben die Spioneunuchen auf der Mauer mit einem Bronzespiegel ein Zeichen und kurz darauf schallten Fanfaren über den Hof vor der Thronhalle.

In der Halle der Höchsten Harmonie erstarb das Gespräch.

Der Zeremonienmeister schlug seinen wimmernden Gong und beendete das Plenum. Kaum hatten die Provinzbeamten die Halle verlassen, kam Adam hinter dem Seidenvorhang hervor und gesellte sich zu den Neugierigen, die im Schatten der Flügeltüren den Anmarsch der Fremden beobachteten. Aller Blicke richteten sich auf das Drachenpflaster des Kaiserweges, der auf das steinerne Postament der Halle zuführte.

»Beim Himmel, Berge von Muskeln und Knochen, plump wie Ochsen«, war aus der Gruppe der feixenden Jungeunuchen zu hören.

»Ihre Riesennasen glühen wie Ofenkohle und die Backen wie Rotlackpapier.«

»Was haben sie nur auf ihren eckigen Köpfen? Sieht aus wie vertrocknete Bambusbüschel. Wo haben sie bloß ihre Haare?« raunte der alte Schu.

»Das sind ihre Haare!« flüsterte Adam, dessen Haarblond längst dem Allerweltsweiß gewichen war. Seine Stirn war mandschurisch ausrasiert und im Nacken trug er einen harten, weißen Zopf.

»Seht nur, was sie am Leib tragen. Ob das wohl Häute sind?«

Erst beim Hämmern der eisenbeschlagenen Absätze vor der Halle verstummte das Getuschel. Als die Gesandten ihre ausgetretenen Stiefel über die Schwelle hoben, wurde es ganz still im Säulensaal. Sandelholzrauch wehte ihnen entgegen, als sie auf den atemlos lauernden Hofstaat zustampften. Kaum merklich wichen einige der zierlichen Höflinge vor den Hünen zurück.

»Ich dachte schon, du wärest groß«, flüstete Fulin Adam mit aufgerissenen Augen zu, »aber die …«

»Das kommt, weil es dort, wo die herkommen, keine Berge gibt. Weil aber auch diese Menschen in die Weite sehen wollen, müssen sie ganz besonders hoch wachsen«, flüsterte Adam ihm ins Ohr.

Zum Gongschlag begaben sich die Anwesenden zu ihren Sitzen. Der Jesuit und der Kaiser nahmen die höchstgelegenen Plätze ein. Der eine auf dem Thronkissen, der andere wispernah daneben.

Der Gongschlag bebte noch im Gebälk, als sich die Hände der Fremdlinge beim Kniefall in das Tigerfell des Thronvorlegers gruben. Aus den Augenwinkeln schielten sie nach dem Europäer, der lässig am Kaiserthron saß und sich zu diesem speziellen Anlaß sein goldenes Festtagskruzifix über die Kranich-Stickerei gehängt hatte.

Verwirrt suchten die Holländer nach Stühlen, doch man hatte ihnen nur Sitzkissen auf den schwarzglänzenden Hallenboden gelegt. Mühsam ließen sie sich nieder und schoben ihre sperrigen Beine unter den Leib.

Nachdem sie zur Ruhe gekommen waren, eröffnete der Zeremonienmeister die Begrüßung.

»Im Herzen des gelben Reiches heißen tausend Blumen die Blüten von jenseits der großen Wasser willkommen. Der erhabene Sohn des Himmels begrüßt Euch. Von Westen reisten die Gesandten Jan Nieuhoff, Pieter van Goyer und Jakob van de Keyser, edle Bürger des Inselkönigreiches der niederen Lande an, um dem Kaiser von China Tribut zu zollen. Ihre seltenen Geschenke erfüllen die Qualitäten, die eine Audienz rechtfertigen. Sie brachten Rosenblumenwasser, Wein aus Trauben, kunstvoll gelöchertes weißes Tuch, ein Gemälde in fremdländischem Stil und eine silberne Pulverwaffe. Diese Gaben erheben sie über die niederen Geschöpfe und zeigen, daß sie in friedfertiger Absicht kommen. Sie mögen ihr Anliegen vortragen.«

Da der Zeremonienmeister mandschurisch gesprochen hatte, verharrten die Holländer reglos.

Erst als der Kaiser dem bärtigen Alten zuflüsterte »Ma-fa, als

Mittler zwischen Mensch und Gott, wie du deinen Beruf immer zu bezeichnen pflegst, zeig jetzt, was du als Übersetzer zwischen Fremden und dem Himmelsohn taugst«, kam Unruhe in die Gäste. Wachsam verfolgten ihre Augen jede Regung des kreuzbehängten Kaiserberaters. Blitzschnell verstanden sie, daß sie vor allem sein Wohlwollen gewinnen mußten.

Adam nickte dem Kaiser zu und sprach ganz langsam in mundigem Cöllsch: »Werte Herren Gesandte der Vereinigten Niederlande, der Kaiser von China heißt Euch willkommen und dankt für den Tribut. Er heißt die gesamte vierzehnköpfige Gesandtschaft willkommen. Er läßt den nicht Anwesenden seinen Segen übermitteln. Euer geduldiges Warten trug schließlich Früchte, und jetzt kommt Ihr in den Genuß der Gnade, empfangen zu werden. Mein Name ist Adam Schall von Bell, Diener Roms und Professe der Gesellschaft Jesu. Ihr könnt, wenn Ihr sehr sorgfältig und langsam sprecht, niederländisch reden. Im Falle von Verständnislücken haben wir Weltreisenden ja noch den einen oder anderen Brocken einer anderen Sprache.«

»Sehr wohl, der Kurzgewachsene hier hat eine italienische Mutter.

Priester, Ihr stammt aus demselben Flecken Europas wie wir und wißt, daß nach dreißig Jahren Krieg endlich wieder Frieden herrscht ...«

»Eine Freude, wenn Frieden ist zwischen den Landesfürsten. Aber zwischen den Kirchenfürsten sehe ich keinen Frieden. Aber bitte, fahrt fort.«

Jakob van de Keyzer war der Wortführer, ihm oblag es, die Würde seines Volkes in die Welt zu tragen. Langatmig berichtete er über den Aufschwung seines Landes. »Das Königreich der Niederlande verfügt über eine gewaltige Flotte. Wir haben Spanien und Portugal den Rang im Überseehandel abgelaufen. In Indien beherrschen unsere Kompagnien den Handel mit Silber, Gewürzen und Tee.«

Mit jeder Lobpreisung wurde sein Gesicht röter und praller. »Unsere Stützpunkte in Malakka und Japan sind zu den wichtigsten Umschlagplätzen des Fernosthandels geworden. In unserem Inselkönigreich hat die Zukunft schon begonnen. Doch das chinesische Reich ist leider noch ein leerer Fleck auf der Welt-kar...«

»Das chinesische Reich ... ein leerer Fleck?« hieb Adams Stimme dazwischen. Und plötzlich war sie wieder da, die Erinnerung an die Schlacht um Macao vor vierunddreißig Jahren. »Ein Niemandsland?!« Wütend schob er den Wasserlaufärmel seiner Mandarinrobe bis zum Ellbogen hoch und strich über die unsauber vernarbte Wunde. »Ein leerer Fleck! Wenn ich das übersetze, werdet Ihr auf der Stelle einen Kopf kürzer ge-macht.«

Keyzer hob erschrocken die Hände. »Verzeiht! Ich wollte sa-gen, auf unserer Weltkarte.«

»Auf Eurer calvinistischen Weltkarte!« entgegnete Adam schneidend.

»Ma-fa, übersetze!« Der Kaiser lehnte sich beunruhigt vor. Er hatte noch nie einen so frostigen Ton aus Adams Mund gehört.

»Der Holländer erzählt, daß sie froh sind, die Überfahrt so gut überstanden zu haben und daß sie im Reich sehr freundlich aufgenommen wurden. Er hat auch erzählt, daß sie in ihrem Land zufriedenstellende Fortschritte machen.«

»Was wollen sie bei uns, frag sie, was sie hier wollen?« drängte Fulin, der befürchtete, daß sich die Sprachbande der beiden Westländer zu seinem Nachteil verschlingen könnten.

»Der Erhabene will wissen, was Ihr hier im Lande wollt?« übersetzte Adam hart.

»Majestät! Das Königreich der Niederlande«, der Gesandte holte tief Luft und sah den Cöllner verschreckt an, »bittet um das Alleinrecht des Handels mit China.«

Der Jesuit lehnte sich zurück und brach in schallendes Gelächter aus.

»Er sagt, daß sein Volk Land zum Leben braucht, weil ihr ei-genes Land so klein sei. Und dann möchten sie, daß das große Reich China ausschließlich nur noch mit ihm, dem kleinen Nie-derländer, Geschäfte macht.«

Fulin schmunzelte.

»Ja! Das Alleinrecht auf den Außenhandel mit Eurem Reich«, wiederholte Jakob van de Keyzer nachdrücklich. Leise zischte er seinem Nachbarn zu:»Dieser Cöllsche Kathole steckt mit den Mandschu unter einer Decke.«

»Der graue Jesuitenfuchs versaut uns das Geschäft. Aber wir haben noch einen Trumpf«, wisperte Jan Nieuhoff zurück und rammte Goyer den Ellenbogen in die Rippen.

Hilflos mußten die drei mit ansehen, wie der Cöllsche Mandarin dem Monarchen etwas in unverständlichem Mandschurisch ins Ohr flüsterte:»Diese Männer geben sich als etwas aus, was sie nicht sind. Sie haben kein Inselkönigreich, sie haben noch nicht einmal einen König. Sie haben nur einen Prinzen, und ihr unbedeutendes Heer untersteht einem Statthalter. In Wirklichkeit suchen sie Land für ihr Volk. Und was sie nicht freiwillig bekommen, nehmen sie sich mit Gewalt.«

Des Kaisers Augen verengten sich zu schwarzen Schlitzen.

»Sie führen einen mörderischen Feldzug gegen Gläubige meiner Religion. Menschen wie sie würden dein Volk aus seinen kulturellen Wurzeln reißen und eine Steinwüste hinterlassen. Wie sie es überall mit den Tempeln Andersgläubiger zu tun pflegen. Sie sind so barbarisch wie sie aussehen.«

Adam sah voller Spott auf die Calvinisten hinab, die sich angemaßt hatten, China zu erobern.»Der eine hat noch nicht einmal Schließperlen«, zeigte er Fulin.

»Nun gut, bevor ich sie wieder in ihr zu kleines Land zurückschicke, frag sie, ob sie noch etwas zu sagen haben?«

»Der Erhabene läßt den Fussichen fragen, ob er noch etwas mitteilen möchte?«

Dem fuchsroten Keyzer liefen Schweißbäche in den Kragen. »Danke Majestät«, er verbeugte sich gegen den Kaiser,»bitte Goyer!«

»Hier, Majestät, noch ein besonderes Geschenk.« Pieter van Goyer öffnete die Ziegenledertasche an seiner Seite und holte eine kleine Schachtel hervor.»Das Gold der Niederlande«, sagte er feierlich.

In Samt gepolstert war etwas Rundes monatelang in der Geborgenheit seiner Gürteltasche um die halbe Welt gereist, das er nun aus Pergament enthüllte. Andächtig legte er sich eine bräunliche, knisternde Knolle auf den Handteller. Die Niederländer nickten sich zu und schauten dem Geschenk liebevoll hinterher. Die Gabe wurde dem Protokolleunuchen überreicht, der sie dem Kaiser unter die Nase hielt.

»Bitte übersetzt. Das ist die Zwiebel einer Kelchblume, die wir Tulpe nennen. Sie wurde unter strengster Geheimhaltung vom königlichen Tulpenzüchter für die königlichen Gärten in langen Jahren gezüchtet. Eines der wenigen kostbaren Exemplare.«

Die Delegation der niederländischen Generalstaaten atmete tief.

Adam übersetzte: »Eine Zwiebelknolle. Es ist eine Zwiebelknolle.«

Fulin hatte genug gerochen. Er gab die Knolle dem Zeremonienmeister, der sie dem nächststehenden Eunuchen weiterreichte. Von diesem wanderte sie zu einem dritten, zu einem vierten, von diesem zu einem fünften Eunuchen und zu guter Letzt wurde sie dem Speiseminister überreicht, der daran roch, sich tief verbeugte und eilig mit ihr in Richtung Palastküche verschwand.

Zutiefst befriedigt hatte der Jesuit den kleinen Vorfall beobachtet.

»Ma-fa, sag Ihnen, daß wir schon Knoblauchzwiebeln haben. Dann sag Ihnen noch, daß wir selber genug Menschen im Lande sind. Wenn Sie etwas mit Gewalt nehmen wollen, wird Ihnen bei lebendigem Leib die Haut abgezogen. Und dann ist es auch genug.« Fulin lehnte sich gelangweilt zurück.«Ma-fa, schick Sie weg!«

Nachdem Adam diese Worte übersetzt hatte, erhob er sich. »Verehrte Gesandte, Jakob van de Keyzer, der Kaiser läßt Euch auch noch ausrichten, daß Eure Geschenke wenig Eindruck gemacht haben, die Audienz ist beendet. Man wird Euch die Kasse auffüttern, damit nichts der Heimreise im Wege steht. Nun entfernt Euch. Aber nicht, ohne noch einmal vor dem kaiserlichen Jaspissiegel niederzuknien.«

»Du infame Jesuitenratte, fahr zur Hölle«, fluchte van de Keyzer, während er sich ächzend erhob.

»Noch genieße ich es, Teil des Himmels zu sein«, warf ihm Adam hinterher, als er hinausgeführt wurde.

»Was hat er zuletzt gesagt? Das klang nicht sehr höflich«, wollte Fulin wissen.

»Er hat mich zum Höllenfürsten gewünscht.«

»Ja, aber was erwartet er denn auch bei so einem Geschenk? Knoblauch!«

Nachdem die wütenden Gesandten von Lakaien hinausgeleitet worden waren, scharten sich die Höflinge um den Thron, wo sie den Kranich-Mandarin umringten. Man erkundigte sich nach den Körperkräften der Niederländer, dem Aussehen der Weibsbilder, der verquirlten Haarfrisur, und ob es wahr sei, daß sie geronnene Rindsmilch essen. Langsam dämmerte Adam, daß seine Freunde bei Hofe all diese Fragen, sogar nach der Größe der Hoden der Westländer, schon lange mit sich herumtrugen, und er beantwortete alle geduldig. Dann kamen sie wieder auf die Gesandtschaft zurück.

»Was hältst du von dieser Gesandtschaft, Ma-fa?«

»Wenig, wenig. Die Niederländer stammen aus der Nähe meiner Heimat. Ihr Volk lebt am selben Fluß wie meines, doch ihre Seelen sind so karg wie ihre Gottesdienste. Man sagt in meiner Heimat, daß das von der Weite des Meeres komme. Vor neunzig Jahren gab es in ihrem Land einen kriegerischen Sturm auf die Gebetshäuser meiner Religion. Sie haben ihren Glauben über den unseren gesetzt und unsere Heiligenstatuen, Bilder der Muttergottes und Ritualstätten zerstört. Viele katholische Menschen wurden getötet« – er warf einen langen Blick in die Runde – »hoffentlich muß das gelbe Reich nie solch einen Glaubenssturm erleben.«

»Dieses Reich wird immer von einem göttlichen Herrscher regiert. So etwas ist bei uns nicht möglich.«

»In eurem unendlich großen Reich ist fürwahr Platz für viele Religionen!«

»Solange der Himmelssohn es duldet. Was sich gegen diesen Thron verschwört, wird weggewischt.« In Fulins Augen blitzte der schwarze Drache, als er seinen väterlichen Freund angrinste. Den Schauer, der Adam unter diesem Blick über den Rücken huschte, vertrieb er schnell, indem er weiterplauderte: »Die Niederländer sind von unsteter Natur, sie befahren wie Piraten die

Meere. Schätzungsweise haben sie die Geschenke geraubt, denn kein Wein wächst in ihrem Land und die Knolle brachten sie von Beutezügen aus Persien mit. Ihr Hunger auf fremde Länder ist unmäßig. Seit neuestem kämpfen sie gegen ein Inselreich, das Britannia heißt.«

»Es scheint, du rätst mir vom Handel mit diesen Menschen ab. Dein Rat ist mir teuer. Ja, teurer als der aller Minister zusammen.« Der Kaiser klatschte in die Hände. »Was rätst du mir?«

Die herumstehenden Staatsminister, Beamten und der Großkanzler warteten mit gespannten Gesichtern auf die Antwort.

»Ich rate dir, mit allen Westländern äußerst vorsichtig zu sein. Sie haben keine Zeit für Freundschaft. Sie wollen alles gleich und sofort. Sie sind so gierig, daß sie Menschenvölker fällen wie Wälder, um die Saat für ihre Städte auszustreuen. Schickt sie fort! Laßt die Gesandtschaft auf ihrer Rückreise bis nach Kanton eskortieren. Sie dürfen auf keinen Fall eine Gefolgschaft unter rebellischen Chinesen zusammenstellen. Bedenkt! Immerhin sind es vierzehn an Feuerwaffen geschulte Männer. Damit verhinderst du, daß sie sich militärisch in deinem Reich festsetzen. Mach ihnen Abschiedsgeschenke, die ihnen die Kräfte rauben. Vielleicht die eine oder andere Frucht, das eine oder andere Heilkraut, vielleicht Ginseng-Wurz und Gingko-Gestoßenes. Medizin, die bei zu hoher Dosis den Darm durchputzt. Aus eigener Erfahrung weiß ich, daß Ausländer zum Übermaß neigen. Das erschwert das Reisen und vergällt die Lust zur Rückkehr.« Befriedigt lehnte sich der Jesuit zurück und blickte vergnügt in die erstaunten Gesichter.

Der uralte Schu beugte sich vor und boxte mit schwacher Faust gegen seine Brust. »Denen geben wir's, einen guten Denkzettel haben diese Wildmenschen verdient, raus mit ihnen!«

»Ja, alter Schu, das wußte ich, daß dir das Freude macht.«

Adam ließ sich von seinem Sitz hochziehen und streckte seinen steifgewordenen Rücken. »Soweit meine Ratschläge. Ein alter Mann muß jetzt nach Hause.«

Der Kaiser sprang auf. »Wir werden alles so machen, wie du es angeordnet hast, Ma-fa. Ich danke dem Himmel für so einen weisen Ratgeber.«

Lachend schüttelten sie sich die Hände nach abendländischer Sitte und sogar einige der Mandarine folgten schüchtern ihrem Beispiel.

Zur Doppelstunde des Hundes fiel ein Schwarm von Eunuchen über die Lampions her. Nachdem sie wispernd abgezogen waren, erstrahlte die Säulenhalle der Höchsten Harmonie in aprikosenrotem Licht und die Versammlung löste sich auf.

Als Adam zu Hause eintraf, erwartete ihn P'an im Refektorium. Der Chinese schmunzelte und wackelte geheimnisvoll mit seinem kahlen, weißumkränzten Schädel.

»Na, du bist so vergnügt, gibt es was Neues?«

»Erst erzähle du, auch dir sehe ich an, daß du zufrieden bist.«

»Durchaus, es ist alles nach meinen Plänen gelaufen.« Adam setzte sich zu ihm an den Langtisch. »Die Niederländer haben keine Aussichten, in China Fuß zu fassen. Solange ich lebe! Ich habe den Calvinisten heute den Weg in den Palast versperrt. Der prüde Hobel der Westländer wird die Tempel Chinas nicht schleifen.« Er lachte in sich hinein. Dann erzählte er von der Knolle und dem wütenden Abzug der Gesandten.

»Du scheinst in Harmonie mit dem Kosmos zu handeln, denn ...« P'an winkte mit einem Schreiben. »Auch hier gibt es Neues ... und ebenfalls Gutes. Ich habe es schon gelesen.«

»Bitte, was gibt's?«

Geheimnisvoll hob er seine weißen Brauenbüschel. »Ein Brief aus Lissabon, ich fasse zusammen:

Die Propaganda fide ist bezüglich der Vorwürfe der verleumderischen Ordensbrüder aus der Ostmission und der Angriffe der anderen Orden zu der Ansicht gekommen, daß du dir bei der Kalenderarbeit nichts Abergläubisches hast zu schulden kommen lassen. Du kannst so wie bisher weiterarbeiten ...

»Ha!« Der Verleumdete schlug mit der flachen Hand auf den Tisch.

P'an sprach weiter:

Und der Papst sieht in deinem Amt als Direktor des Astronomischen Amtes nur die größten Vorteile für die Verbreitung unseres Glaubens. Er erteilt dir alle nötigen Dispensen und so weiter und so weiter… Die römische Kirche wünscht sich, daß wir hier Frieden miteinander schließen. Katholiken sollen sich nicht verfeinden, vor allem nicht in einem so unsicheren Land wie China… Dann steht da noch, daß dieser Brief dir zur Beruhigung dienen soll, der offizielle Brief aus Rom wird demnächst nachgeschickt. Unterzeichnet von…

P'an las nochmals nach: »Pater Ramolha, Ordensprokur Lissabon.«

Tränen verfingen sich in Adams faltigen Augenwinkeln. »Siehst du wie Gebete erhört werden? Gerade heute hat mir der Herrgott gezeigt, daß er mit mir ist. Ausgerechnet heute durfte ich dieses Land vor geistigem und kulturellem Schaden bewahren. Der Herrgott hat mir geholfen, dieses Land gegen die Protestanten zu schützen. Welch ein Fingerzeig, daß ich gerade heute diese tröstliche Nachricht erhalte. Und dieses China ist, bei Gott, unter den Mandschu kein unsicherer Ort mehr für uns.« Er faltete die Hände über dem Bauch. »Pater Laurentius hat mich nicht vergessen. Er muß ja jetzt uralt sein.«

Mit geschlossenen Augen ließ er den langen Weg an sich vorbeiziehen. Er fand sich wieder im nächtlichen Kirchenschiff, das nach Narzissen und Mimosen duftete, und erlebte noch einmal den Moment, als er und die anderen jungen Priester in Lissabon verabschiedet wurden. Kopfschüttelnd erinnerte er sich an die Worte des Abschieds vor achtunddreißig Jahren:

Darum geht zu allen Völkern und macht alle Menschen zu meinen Jüngern: Tauft sie auf den Namen des Vaters und des Sohnes und des Heiligen Geistes. Gehet hin, und seid das Salz der Erde.

Er kniff ein Auge zu und schaute mild auf seinen chinesischen Freund. »Als wenn es in China kein Salz gäbe!«

Mutter!«

»Der Hofstaat erwartet es von Euch. Nehmt Euch gefälligst zusammen!«

»Mutter, habe ich Euch nicht schon tausendmal gesagt, daß mich dieses ganze Theater anödet! Reicht es nicht, wenn ich wie ein Rind alles über mich ergehen lasse? Ist es nicht genug, wenn ich die kaiserlichen Rituale zum Segen der Ernte, zum Erhalt der kosmischen Harmonie, des Landeswohles und so weiter und so weiter nach allen Regeln der Tradition verrichte. Bitte hört auf, von mir zu fordern, daß ich mich auch noch in meinem Herzen damit befasse!«

»Man hat mir berichtet, daß Ihr Eure Aufgaben ohne innere Anteilnahme verrichtet, was die Palastschamanen und Priester zu großer Sorge veranlaßt.«

»Ihr fordert, daß ich mein Hirn mit totem, alten Zeug vollstopfe. Ihr könnt Euch noch so bemühen, aber die Mauern meines Gefängnisses haben Risse bekommen. Das Licht der Veränderung, der Erneuerung, der Möglichkeit eines neuen Denkens schimmert in mein Leben.«

Fulin zog eine lange silberne Kette aus seinem Kragen. An ihrem Ende blitzte das bombierte Silbergehäuse der Taschenuhr. »Versteht Ihr denn alle nicht, daß unter dem Himmel Dinge geschehen, die mich viel mehr interessieren als das Ausstreuen von Schafgarbenstengeln zu Vollmond?«

»Ihr seid der himmlische Kaiser, Ihr müßt dem Volk die himmlischen Zeichen vermitteln.«

»Die Zeichen des Himmels erzeugen in mir nur Langeweile, seit Hunderten von Jahren passiert unter dem gelben Himmel immer das gleiche: Hungersnöte jagen Hungersnöte, Fürsten verjagen Fürsten, Eunuchen lügen und bestechen und die Mönche brabbeln ihre Sutras. Aber so etwas« – Fulin ließ den Uhrendeckel aufspringen – »so etwas wird nur von außen in unser Land hereingebracht ... aus einer Welt, die Neues liebt. Dieses Zeitmeßgerät ist fürwahr keine zehntausend mal zehntausend Jahre alt.«

»Ihr wißt, daß Eure Mutter die Klugheit der westlichen Gelehrten ebenso schätzt wie ihr erhabener Sohn. Und daß auch ich glaube, daß der Gott am Kreuz über Kräfte verfügt, die unseren Göttern fehlen. Aber trotzdem flehe ich Euch an, Euch von ganzem Herzen dem Glauben Eurer Ahnen zu widmen. Den Tempeln fehlt der kaiserliche Segen, die Schreine sind leer ohne Eure Gebete.«

Hsiao-chuang standen Tränen in den Augen. »Bitte sprecht mit Yü-lin, bitte laßt Euch von ihm belehren, bitte, werdet ein ernsthaft praktizierender Sohn Buddhas! Euer Volk wartet auf ein Zeichen Eurer Heiligkeit.«

»Solange der Himmel mir kein Zeichen sendet, daß ihm mein Handeln mißfällt, so lange bleibt mir unbenommen zu tun, wonach es mich gelüstet.« Fulin klatschte in die Hände. »Bitte Mutter, geht jetzt. Gleich wird man die Pferde für mich und Tung-o herbeiführen. Unser Gebet wird ein lustvoller Ritt sein. Nehmt meinen Segen.«

»Erhabener Sohn, vergeßt nicht, Tung-o wird schon sehr bald Euer Kind gebären ... bitte schont die Mutter Eures Kindes.« Mit flehenden Händen verbeugte sich Hsiao-chuang vor ihrem Sohn und eilte schließlich kopfschüttelnd aus dem Gemach.

Immer wieder hatte sie ihren Sohn derart ermahnt. Immer wieder hatten gewissenhafte Hofbeamte den Himmelssohn gedrängt, sein Leben zu ändern. Immer wieder hatte er sie abgewimmelt, hinausgeworfen oder einfach ausgelacht.

Doch in letzter Zeit nahm er sich die Ermahnung seiner Mutter, deren Klugheit er insgeheim schätzte, zu Herzen. In einer der vielen Nächte, in denen sein Schlafgemach in der Halle der Pflege des Herzens als einziges der 9999 Palastgemächer erhellt blieb, traf er den Entschluß, seinen Großlehrer Yü-lin vom Fünf-

Terrassen-Berg Wu-t'ai nach Peking rufen zu lassen. Daß er auch seinen christlichen Freund zum Gespräch bat, verheimlichte er.

Zur Zeit, da die Wildgänse gen Süden ziehen, machten sich die beiden auf, ihren Schüler in den Inneren Höfen der Verbotenen Stadt zu treffen.

Als Adam zwischen den zinnoberroten Palastmauern hindurchschritt, öffnete sich überraschend eine kleine Seitenpforte und der buddhistische Großlehrer stieg mit gerafftem Gewand über eine hohe Schwelle in seinen Weg.

»Meister T'ang« – Yü-lin lachte freudig auf – »seid gegrüßt. Wohin des Weges?«

»Der Kaiser hat mich rufen lassen. Anscheinend geht ihm so einiges durch den Kopf.«

»Dasselbe schrieb er mir ins Kloster. Nun ja. So gehen wir doch das letzte Stück zu unserem Zögling gemeinsam.« Die beiden verbeugten sich kaum, hatte sie doch das Alter genug gebeugt.

»Der Kaiser braucht wohl unsere Belehrung. Der Hof murrt über seine Nachlässigkeit. Seine Mutter hat mir zutragen lassen, daß er seine tägliche Praxis versäumt, man hat ihn schon lange nicht mehr im Tempel gesehen. Außerdem soll er das Spiel mit seinem Neugeborenen dem Regieren vorziehen. Die Kaiserin ist voller Zorn, weil er seine Nächte fast nur noch mit seiner Lieblingskonkubine teilt. Keine Ordnung hält er ein. Leider weilte ich länger auswärts. Er soll ja Dinge tun, die sich sogar den wachsamen Augen seiner Leibeunuchen entziehen.« Der kleine, magere Mönch blickte zu Adam auf und kniff schelmisch ein Auge zu. »Ist er vielleicht die ganze Zeit bei Euch gewesen?«

Der Jesuit mußte lachen. »Nein, Meister Yü-lin, mir ist Euer Kaiser nicht ins Netz gegangen. Obwohl ich es schon gerne sähe.« Adams alterstrübe Augen blickten für einen Moment verträumt in den wolkigen Himmel.

»Der Wind seines Schicksals wird ihn schon zur rechten Zeit am rechten Ort in das Haus des Glaubens wehen.«

Der Mönch eilte dem Priester voraus.

In diesem Teil des Palastes war Adam noch nie gewesen. Wildwucherndes Gestrüpp bedrängte die Marmorpfade und aus Steinritzen sprengten sich Moose in die Herbstsonne. Kein

Strauch war gestutzt, kein Wegrand von Unkraut freigeschnitten. In dieser Wildnis stand ein Tempel im Schatten einer mächtigen Kiefer. Die ersten kalten Winde spielten in der ausladenden Krone. Noch immer schwärzten die Brandspuren der Rebellen die geschnitzten Dachvorsprünge des Tempels.

Vier vorausgeeilte Eunuchen hatten das angeflämmte Holzportal aufgestemmt. Die übermannsgroßen Weltenhüter rechts und links hinter der Türschwelle blickten grimmig auf den Buddhisten und den Christen herab. Wenige Talglichter flackerten im Luftzug. Tief im Bauch des fensterlosen Raums glühte der Schrein der Kuan-yin im Licht einer Reihe Opferlämpchen. Weitere Schreine und Hunderte von gemalten Buddhas an den Wänden, manche mit unzähligen Armen, versanken goldblinkend in der staubigen Dunkelheit. Spinnen hatten ihre Fäden über lächelnde Bronzelippen gezogen und auf den geschwungenen Augenlidern Maitreyas lagen noch die Rußflocken des Brandangriffes.

Der Großlehrer blieb vor der hohen Statue stehen. »Buddha Maitreya, der Buddha des kommenden Weltzeitalters.«

»Er sitzt wie ein Westländer, das ist mir sehr sympathisch«, flüsterte Adam.

»Seine Sitzhaltung bedeutet, daß er zu gegebener Zeit aufsteht und in die samsarische Welt kommt, nicht unbedingt, daß er ein im Westen Geborener sein wird«, erläuterte Yü-lin.

»Ein Westländer als Buddha! Welch ein verwegener Gedanke! Ein Cöllner wäre angemessen«, murmelte Adam schmunzelnd, als sich ihnen ein Tempeldiener näherte.

»Der Kaiser hat uns gebeten, die hohen Gelehrten mit ihm alleine zu lassen. Falls Sie etwas benötigen, die Dienerschaft wartet draußen auf Anweisungen.« Mit einer Verbeugung verschwand er wieder.

Während Yü-lin seine drei Niederwerfungen machte, trat der Jesuit beiseite. Dabei zuckte seine Hand, als wolle sie das Kreuz schlagen. Verwirrt schaute er in den tiefroten Schrein. Von verblichenen Papierblüten umkränzt, stand eine kräftige, aufrechte Frauengestalt auf einem Bronzesockel. In ihren Bronzearmen hielt sie ein dickes Kind mit Grübchen in den Wangen. Sie trug einen Schleier, der aufs Feinste gefaltet über einen unsichtbaren Haarknoten golden vom Scheitel bis zu den Hüften fiel. Ihr rundes Gesicht war ebenso gütig und abwesend wie das Antlitz der anderen Buddhas.

In dieser Form hatte er noch keine Statue in China gesehen. Ungeduldig wartete er, bis sich der Buddhist wieder erhoben hatte.

Yü-lin schmunzelte. »Erinnert Euch an die Mutter Eures Jesus, nicht wahr?« Er zündete einige Räucherstäbchen an und legte sie in ein längliches Holzkästchen. »Als Li Ma-tou sie das erste Mal sah, hat er ausgerufen: ›Das ist die schlichte Wahrheit. Das Weib gebiert das Göttliche. Ob in Galilea, Rom oder Peking. Das wahre Lob gehört der Gottesmutter‹.«

»Verehrter Meister, diese Figur soll doch aber mit Sicherheit nicht die Gottesgebärerin Maria darstellen?«

»Nein, diese Figur ist die weibliche Ausprägung von Avalokiteshvara, dem Buddha der Barmherzigkeit. Sie dient den Menschen als eine Wesenheit des Mitgefühls. Diese Form der Kuan-yin mit Kind unterstützt die Meditationspraxis zur Vermehrung mütterlicher Kräfte. Aber Meister T'ang sagt, wie alt seid Ihr?«

»Achtundsechzig. Warum?«

Der Buddhist kräuselte die Stirn und erwiderte nachdenklich: »Dann habt Ihr Euren berühmten Mitbruder Li Ma-tou nicht mehr erlebt.«

»Nein! Matteo Ricci starb bereits zehn Jahre bevor ich in Peking ankam.«

»Zu schade, zu schade. Mein Wissen über Euren Glauben erhielt ich durch lange Gespräche mit ihm. Wir sahen uns oft in Eurer Mission, da habe ich Eure Mutter Maria das erste Mal gesehen. Ich war damals noch ein sehr junger Mann, jünger als Fulin. Heute trage ich siebenundsiebzig Jahre auf den Schultern.«

»Deshalb versteht Ihr soviel vom christlichen Glauben.«

»Wir debattierten oft über die Lehre vom Himmelsherrn.«

Das Portal schob sich auf, für einen Moment stand der Schatten Fulins schmal vor dem Tageslicht, dann schlossen sich die Türflügel wieder. Mit entschlossenen Schritten kam der Kaiser durch den Schreinraum auf die beiden Alten zu. Die Tür öff-

nete sich noch einmal und ein Diener folgte mit einem goldglänzenden Armsessel.

Fulins schmale Augen blickten schnell von einem zum anderen.

»Ma-fa, das Saatkorn deines Glaubens vom Himmelsherrn
sprießt in mir.«

Dann wandte er sich seinem Großlehrer zu. »Ernsthaft habe
ich erwogen, Euch auf den heiligen Wu-t'ai-Berg als Mönch zu
folgen. Bis dorthin würden mich Mutter und die anderen wohl
nicht verfolgen ... Nein, setzt mich nicht auf diesen Sessel, bitte
laßt mich auf dieser einfachen Mönchsmatte sitzen.«

Yü-lin hatte ihm den Sessel zugeschoben.

»Heute ehre ich euer Alter, ehre ich eure Weisheit, ich mag
mich heute nicht über meine Ratgeber erheben.«

Sich an einem großen Trommelständer festhaltend, setzten
sich die beiden Alten ächzend zu ihm auf rote Bodenpolster.

»Der Kaiser hat euch in diesen Tempel gebeten, weil dieses Gebäude seiner Seele am ähnlichsten ist. Altes verstaubtes Zeug. Ein
Sturm, und der Kaiser mitsamt seinem Reich wird davongerissen.
Aber Mutter, du, Ma-fa, und Ihr, Yü-lin, seid meine klügsten und
besten Berater. Ihr wollt, daß ich meinem Leben eine Bedeutung
gebe. Ihr alle drängt mich, daß ich mich mit den Göttern befasse.
Warum? Ich weiß, ihr beide habt stets versucht, mit viel Geduld
die kaiserlichen Ohren zu erreichen. Doch eure sicher klugen
Worte verhallten ungehört in der Musik meiner Gedanken.«

Fulin zog einen Zettel aus seinem bescheidenen Kleid und
faltete ihn auseinander. Ein einziger Leibdiener lief mit einem
Licht herbei und stellte es neben ihm nieder. Auch scheuchte
Fulin ihn gleich wieder hinaus. »Ich habe meine Fragen aufge-
schrieben, damit ich in meiner Dummheit nichts ungefragt
lasse. Mein Sekretär wird mitschreiben, so daß mein schwaches
Hirn einen Halt hat.«

Auffordernd blickte er die beiden an. »Es ist mir ernst. Diesmal
werde ich mich nicht in Träume davonstehlen.«

Mit steilgeradem Rücken begann er die erste Frage von seinem Zettel abzulesen: »Was geschieht durch das Begießen-mit-
Wasser-Ritual, Ma-fa?«

Adam mußte lachen. »Das letzte Mal haben wir dieses Frage-
und Antwortspiel gespielt, als du acht Jahre alt warst. Also gut! Begießen mit Wasser meint, daß ich deinen Scheitel mit geweihtem
Wasser segne. Dadurch wirst du in die große Christengemeinde,
die liebende Weltfamilie Jesu, aufgenommen. Du entscheidest
dich, die Zehn Gebote einzuhalten, dein Leben von Grund auf zu
ändern und ein besserer Mensch zu werden. Doch mehr dazu
lernst du im Katechumenen-Unterricht.«

Adam stutzte, dann wandte er sich dem Buddhisten zu. »Nutz
ich doch die Gelegenheit zu fragen, wie Ihr Eure Schüler ein-
weiht, Meister Yü-lin?«

»Will Fulin dem Weg seiner Mutter folgen, dann erhält auch
er einen Dharma-Namen. Der neue Name ist Ausdruck eines
neuen Seins. Ich würde ihm einige Haare abschneiden, was bedeutet, daß er sein altes Leben weggibt. Wir nennen das nicht
Taufe, sondern Zuflucht.«

Nach diesen Worten wandte er sich an Fulin. »Wir nehmen Zuflucht, um im Schutze Buddhas den Kreislauf des Leides zu durchbrechen. Leid ist dem menschlichen Wesen zu eigen ... auch
Eurem, mein Kaiser. Ihr solltet die Meditationspraxis nutzen, um
die Ursachen des Leides zu verstehen. So erlernt Ihr leidverur-
sachende Handlungen zu erkennen. Daraus entwickelt Ihr die
Fähigkeit, Leidschaffendes in Euren Handlungen zu vermeiden.
Schließlich wird in Euch die Saat der Weisheit aufgehen, zum Mitgefühl aufblühen und am Ende wird die Welt mit der Frucht
Eurer Erleuchtung gesegnet. Das ist das Ende Eures Leidens.«

»Würde nicht ein schneller Tod das Leid verkürzen? Antworte
du mir, Ma-fa.«

»Fulin, hast du dir das Leben selbst gegeben? Nein! Deine
Geburt ist nicht dein Anfang und dein Tod nicht dein Ende. In
unseren Schriften steht, daß Gott dem Menschen das Leben
als einmalige Gabe geschenkt hat, mit der er verantwortungs-
voll umgehen soll. Du verstößt gegen das fünfte Gebot: Du
sollst nicht töten. Mord und Selbsttötung sind eine große
Sünde und werden mit der Hölle bestraft. Dort wäre das Leid
noch um vieles schlimmer als die Qualen, unter denen wir im
Leben leiden.«

»Unterlassenes Mitgefühl«, sagte Yü-lin, »auch gegenüber sich selbst, ist für uns Buddhisten keine Sünde, sondern Dummheit. Die Menschen verhindern durch die Erzeugung von Schmerz, Haß und Streit die schnelle Erleuchtung der Wesen. Dummheit, Haß und Gier halten den Kreislauf der Wiedergeburt aufrecht. Und damit auch die Höllenbereiche. Töten heißt, die Reifung zum Buddha unterbrechen. Und das wiederum hält das getötete Wesen länger im Kreislauf der Wiedergeburten fest. Doch letztendlich werden alle Lebewesen zu Buddha-Wesen werden, jedes in seiner Geschwindigkeit und nach seinen Möglichkeiten.«

»Haben die Christen eine Hölle? Ma-fa, gibt es bei euch auch Höllenbereiche?« wollte Fulin wissen.

»Natürlich. Es steht geschrieben: Gott schickt den Sünder in die Hölle, wenn er eine Todsünde begangen hat. Die kleineren Sünden werden im Fegefeuer bereut, danach kommt der Geläuterte in den Himmel. Wer ohne Makel stirbt, geht gleich in das Paradies zu Gott ein. Dort ist es licht und voller Wonne. Engel spielen zu Gottes Ehre die schönste Musik. In der Dunkelheit der Hölle jedoch herrscht ewiges Quälen durch Feuer und verzweifeltes Zähneknirschen, Würmer nagen in den Leibern. Der gefallene Engel Luzifer mit seinen Gehilfen herrscht schrecklich über die Gottlosen, die die Zehn Gebote verletzt haben.«

Adam schaute Fulin eindringlich an. »Aber für mich persönlich gibt es diese ewige Verdammnis nicht mehr. Als Naturwissenschaftler habe ich die Beobachtung gemacht, daß es einen Kreislauf gibt von Licht und Finsternis, Tag und Nacht, Werden und Vergehen. Sünde führt zu Schmerz und damit in die Dunkelheit, Reue führt zur Umkehr und damit wieder ins Licht.«

Der Kaiser lauschte mit ernster Miene, und sorgfältig las er die aufgelisteten Fragen ab. »Wer schickt mich bei den Buddhisten in die Hölle, Großlehrer Yü-lin?«

»Es gibt niemanden außerhalb von Euch selbst, der Euch in die Hölle verbannt. Für die Auswirkungen seines Karma ist jeder selbst verantwortlich.« Schmunzelnd schaute Yü-lin Adam an. »Kein Vater im Himmel, der einen bestraft, kein Sohn, der einem die Sünden abnimmt.« Und zum Kaiser gewandt, fuhr er fort: »Für uns gibt es keine ewige Verdammnis. Wenn ein Mensch schädliche Handlungen begeht, kann es ihm passieren, daß er in den Höllenbereichen wiedergeboren wird. Dieses ist eine zeitlich begrenzte, qualvolle Wanderschaft durch niedere Bereiche, in denen die größte Kälte oder die größte Hitze herrschen. Ihr würdet dort von Höllendämonen gefoltert, zerhackt, zerstückelt, von Vögeln gefressen, von klingenscharfen Blättern der Bäume zerschnitten. Wer jedoch sein negatives Karma bereinigt hat, dessen Geist ist wieder frei für eine Wiedergeburt in einem behaglicheren Daseinsbereich. Werter Fulin, nichts in Eurem Leben geschieht zufällig, alles entspricht Eurem Karma, Eurer Ernte aus Euren Handlungen von Körper, Rede und Geist in diesem oder einem vorangegangenen Leben. Alles ist die Saat für neues Karma. Die Früchte Eurer Handlungen werdet Ihr in Form von Freude und Leid ernten. Auch diese Begegnung hier im Tempel ist die Frucht unserer vorangegangenen Handlungen.«

Adam schüttelte den Kopf. »Für uns Christen gibt es diesen Kreislauf von Wiederkehr in dieser Welt nicht, mit dem Tod endet auch das Schicksal, das Gott jedem einzelnen zugemessen hat. Im Tod scheidet sich die Seele vom Leib. Die Seele ist ewig, aber der Leib ist zeitlich, deshalb stirbt nur der Leib. Es gibt aber auch im Christentum die letztendliche Wiederkunft. Gottes Sohn wird wiederkehren und die Toten auferwecken, dann wird Gott über die Menschen zu Gericht sitzen. Die Verfluchten werden in das ewige Feuer kommen, die Verklärten in das ewige Paradies.«

»Schreib alles genau mit«, herrschte Fulin seinen Sekretär an, »darüber muß ich später noch einmal nachdenken.«

»Frauen! Ma-fa, mein Leben ist so stark mit dem Begehren nach Frauen verwoben. Ist Frauenliebe schädlich für meine Seele?«

»Du hast einige Frauen ihren angetrauten Gatten weggenommen und sie zu deinen Konkubinen gemacht. Keine ist dein rechtmäßig angetrautes Weib, sie gehörten einem anderem. In den Schriften steht das zehnte Gebot: Du sollst nicht die Ehe mit der Frau deines Nächsten brechen. Das Handeln gegen die göttlichen Gebote kann dich ins Unglück führen.«

Fulin zuckte die Achseln. »Bis jetzt hat mir noch kein Gott und kein Karma den Geschmack an den Täubchen verdorben. Genau deshalb bezweifle ich die Richtigkeit eurer Gebote. Im Gegenteil! Seit einer Weile teile ich mein Nachtlager mit der Göttlichkeit selbst. Tung-o ist die bezauberndste aller Nachtgefährtinnen, die der Himmel je erschaffen hat und vor drei Monden hat sie mir einen Prachtjungen geboren.«

Der Buddhist nickte. »Es mag durchaus sein, daß du dir viele Vergnügungen im letzten Leben verdient hast. Doch auch wir haben Gelübde, die uns daran erinnern, tugendhafte Handlungen zu vollführen und untugendhafte Handlungen zu unterlassen. Dem christlichen zehnten Gebot entspricht dieses: keine unheilsamen geschlechtlichen Beziehungen zu pflegen. Dem fünften der Christen entspricht: Kein Lebewesen zu verletzen oder zu töten. Und weiterhin: Nicht zu nehmen, was einem nicht gegeben wurde. Nicht die Unwahrheit zu sagen. Keine Verleumdung auszusprechen. Nicht raffgierig zu sein. Keine Feindschaft zu unterstützen.«

»Was muß ich tun, um den Anforderungen des Hofes gerecht zu werden? Was muß ich täglich tun, was ich bisher vermieden habe, Meister Yü-lin?«

»Geistesschulung ist Arbeit, damit meine ich ernsthafte Beschäftigung. So ein Faulpelz wie Ihr muß dann früher aufstehen und darf während der Sutra-Rezitation nicht einschlafen.« Yü-lin drohte dem Kaiser väterlich mit dem Finger. »Dies dient dem Erwachen des Geistes. Wohlbemerkt dem Erwachen. Der Weg der Befreiung aus Dummheit, Haß und Gier ist die Meditation, das bewußte Wahrnehmen der inneren Bewegung. Das Beobachten der Gedanken, um die positiven Handlungen und die schädlichen Taten in der Wurzel des Entstehens zu erkennen. Bei fortgeschrittener Meditationspraxis versiegen die Gedanken und Konzepte. Geistige Freiheit entsteht.«

Yü-lin zeigte auf einen großen goldenen Buddha. »Was ich nicht ausdrücken kann, zeigt diese Figur. Sie schweigt. Mit seinem stillen Lächeln zeigt dieser Meister, daß er bedürfnislos und friedvoll ist. Sein Wesen ist der Respekt vor allen Lebewesen, was auch immer sie sind, glauben oder tun. Jedes Lebewesen ist ein kommender Buddha und muß daher mit Mitgefühl und Achtsamkeit behandelt werden. Da alles, was uns begegnet, die Frucht unseres eigenen Tuns ist, geben wir niemandem die Schuld für unser Leid. Das alles erkennen wir durch die meditative Praxis.«

»Und wie praktiziert der Christ?« Fulin war für einige Augenblicke in der Betrachtung des Buddha versunken.

»Wir sitzen nicht so viel herum wie der da. Gute Taten bringen uns näher zu Gott, schlechte entfernen uns von ihm. Wenn ein Gemeindemitglied die Nächstenliebe lebt, wenn es beichtet, betet, den Sonntag heiligt und die Zehn Gebote einhält, ist das die beste Praxis. Das Wesen meines Meisters ist es, dem Nächsten zu helfen. Und zwar nach der einfachen Regel: Das Heil meiner Seele liegt in Gottes Hand, das Wohl meines Nachbarn liegt in meiner Hand. Jesus fordert die Menschen auf, in seiner Gemeinschaft die Nächstenliebe zu erlernen. Die Muttergottes ist unser Vorbild für diese unermüdliche Gabe, neues Leben, neue Hoffnung und einen neuen Anfang in diese Welt zu bringen.«

»Ihr sprecht beide von euren Meistern wie von guten Freunden, als würdet ihr ihnen tagtäglich begegnen«, wunderte sich Fulin.

Der Priester und der Mönch mußten lachen.

»Mir begegnet Jesus zum Beispiel, wenn mir P'an liebevoll ein Beifußkegelchen auf den Scheitel setzt und mir die heilende Hitze in den Leib schickt. In der Zerbrechlichkeit des Menschen begegnet mir der verletzte Leib Jesu.«

»Mir begegnet mein Meister, wenn ich im großen Raum der Wesensgleichheit aufgehe.«

Fulin stöhnte. »Und wo führen mich die Lehren hin?«

»Glaube, und dir werden die Himmel geöffnet, heißt es in den Büchern«, belehrte ihn Adam. »Die Himmelswelt ist der Ort der Erlösung, auf den du dich im Diesseits vorbereitest. Es ist die endgültige Heimstatt deiner geläuterten Seele. So sagt es die christliche Lehre.«

»Und wo spaziert meine, wie nannte Ma-fa es so schön, ›geläuterte Seele‹, unter Eurer Belehrung hin, Großlehrer Yü-lin?«

»In die reinen Länder, über die die verschiedenen Buddhas

herrschen. Das sind Orte des Überganges ins Nirvana, der Verlöschung des Ich. Diese Bereiche sind wie alles, was wir erkennen, nur Gedankenformen. Endgültig ist nur, daß nichts ist und nichts vergeht.«

»Ma-fa, wenn ich mit dir in den Himmel gehe, dann wartet da dein Gott auf mich?«

»Ja, Gottvater nimmt dich in sein Haus.«

»Und wenn ich mit Yü-lin nach Hause gehe, bin ich dann nichts mehr?«

»Ihr seid nichts oder alles, je nachdem wie Ihr es sehen wollt.«

»In Yü-lins Himmel wirst du keinen Hausherrn finden.« Der Buddhist lachte. »Und auch keine posaunenden Engel.«

Fulins Blick blieb an Adams Rosenkranz hängen. »Betketten haben ja wohl beide!«

»Den haben die Buddhisten bei uns abgeguckt«, verriet ihm der alte Jesuit mit einem zwinkernden Auge.

Der Großlehrer war in die Betrachtung der Frauenstatue versunken und bemerkte unvermittelt: »Fulin, vielleicht solltet Ihr öfter hierher zum Schrein der Kuan-yin kommen und mit ihrer Hilfe Euren Geist klären.«

Nach längerem Schweigen flog plötzlich ein spöttisches Grinsen über des Kaisers Gesicht. »Mit einer Frau den Geist klären, so, so! Euch beiden sind die Weiber fremd. Auch unter diesem Bronzerock dampfen Frauenschenkel. Und die dicken goldenen Buddhas sind innen so hohl wie die Köpfe meiner Palastberater.« Er war aufgestanden und klatschte mit seiner flachen Hand auf den vorquellenden Bauch von Buddha Mile-fo. »Meine beiden Lehrer, was ihr gesagt habt, war recht unterhaltsam.« In Gedanken sah er eine ganze Weile auf die beiden Alten hinunter, schließlich ging er mit einer hilflosen Abschiedsgeste. Der Sekretär raffte seine Pinsel und eilte dem Kaiser hinterher.

Der Priester und der Mönch blieben alleine im Tempel zurück. Sie saßen noch ein Weilchen im flackernden Licht der Opferflämmchen. Plötzlich zwinkerte Adam Yü-lin zu. »Derjenige von uns, der ihm die dampfenden Frauenschenkel als tägliche Meditationspraxis angepriesen hätte, hätte ihn sogleich als frommen Schüler gewonnen.«

Über dem Wortwechsel war aus den Winden ein Sturm geworden, der zwischen die brüchigen Dachziegel fuhr und Fledermäuse weckte. Fiepend schossen die aufgeschreckten Tiere durch den dunklen Raum, während die beiden Alten plaudernd über die hohe Schwelle hinausstiegen.

Es regnete wie selten. Ohne Unterlaß ging ein Sintflutregen über Peking nieder. Siele, Alleen und Höfe verwandelten sich in Bäche und Seen. Unrat staute sich in den Gassenwinkeln. Das viele Wasser spülte die Abfälle der Pekinger ans Licht. Die schnellgebauten Lehmhütten der Ärmsten schmolzen wie Schnee in der Sonne. Seit Jahrzehnten hatte der Himmel seine Schleusen nicht mehr so gnadenlos geöffnet.

In der Jesuitenresidenz mußte den Gebeten um besseres Wetter handwerklich nachgeholfen werden. Überall regnete es durch. In vielen Stuben standen Eimer, aus denen ein rhythmisches Tropfenkonzert erklang. Die Luft war so feucht und klamm, daß die Kleider kaum noch trockneten. Das hatte schon drei der Hausdiener mit geschwollenen Mandeln und schmerzenden Gliedern auf die Ofenbetten getrieben, so daß der fast siebzigjährige Superior noch selbst auf das Dach steigen mußte. Völlig durchnäßt hockten er und der zwanzigjährige Shih-hung seit Tagen im Regen und stopften notdürftig die gröbsten Löcher.

Mit wirrem Haar und fieberspitzer Nase, den Hals in Kräuterwickel eingehüllt, die ihm bis über die Ohren reichten, schob P'an die Kesselpfannen auf dem Herd hin und her. Bei ihm hatte die Behandlung mit glühendem Beifußkraut keinen Erfolg gezeigt. Hingegen war Adams Gesundheit durch die allabendliche Hitzebehandlung erhalten geblieben. Auch an diesem Tag krochen er und Shih-hung naß und durchfroren auf den angeheizten Kang.

P'an hatte die Kräuterkegelchen schon zurechtgemacht. Geschickt legte er den beiden ein Scheibchen Knoblauch auf den kalten Scheitel, setzte ein Kegelchen darauf und zündete es an. Feurige Hitze sickerte tief in die Knochen und vertrieb die Tageskälte. Nachdem der Beifuß verglimmt war, reichte er ihnen eine heiße Tasse Tee. Die nassen Kleider hingen dampfend am Herdfeuer.

Gerade als Adam seinen Rücken wohlig anlehnte, flog die Hoftür auf. Ein Reiter stürmte herein, sprang ab und kam, ohne das Pferd anzubinden, in die Stube gerannt. Sogar die Verbeugungen ließ er aus.

»Mandarin T'ang, Ihr müßt sofort mitkommen. Mit dem Himmel über Peking weint der Kaiser in seinem Palast. Stellen Sie jetzt keine Fragen. Im Palast werden Sie die Antworten selbst sehen.« Dann stürmte er wieder hinaus und stellte sich wartend mit dem Pferd unter das Vordach.

»Du kannst aber nicht mit den nassen Kleidern aus dem Haus, warte, ich suche was Trockenes.« P'an schlurfte eilig davon und brachte Adam einen Arm voll Kleider.

»Können die denn nichts alleine regeln? Diese Mandschurentölpel, kommen aus den Wäldern und glauben, sie könnten so mir nichts, dir nichts Kaiser von China spielen. Ja, ja, der T'ang Jo-wang wird's schon richten. Ma-fa hier, Ma-fa da. Jetzt ist der Kaiser schon zwanzig und läßt sich noch immer treiben wie ein Blatt im Wind.« Adam stieg schimpfend in die trockenen Kleider. »Allmählich bin ich zu alt für diese Überfälle. Shihhung, bitte mach mein Pferd fertig. Ma-fa sofort, Ma-fa jetzt gleich. Ich wünsche euch einen warmen, friedlichen Abend!« Türknallend eilte er auf den Hof.

Der Bote sprengte ihm voraus. So eilig hatten sie es noch nie mit ihm gehabt. Schlamm spritzte hoch, wie ihn sein Pferd durch die aufgeweichten Rinnsale der Straßen trug. Der Regen floß ihm in den Kragen, dabei schossen ihm die Geschehnisse des letzten Jahres durch den Kopf.

Dem Kaiser war sein Thronerbe im Alter von drei Monaten gestorben. Seitdem hatte er sich weitgehend aus der Öffentlichkeit zurückgezogen. Sogar ihn hatte er nicht mehr zu Beratungen rufen lassen. Gerüchteweise hatte er gehört, daß die Mutter des Kindes über den Verlustschmerz nicht hinwegkam. Keines der von Fulin mit fünfzehn Konkubinen gezeugten Kinder hatte ein so vielversprechendes, außergewöhnliches Horoskop wie das gestorbene Kind der Konkubine Tung-o. Am Tag seiner Geburt hatte der Große Regler, Saturn, alle fünf Planeten im selben Lunarhaus versammelt.

Während sie die Eile mäßigten, damit die Pferde nicht auf dem überfluteten Marmorpflaster ausglitten, versuchte er sich an Hinweise auf ein nahendes Unglück zu erinnern. Habe ich die Sterne zu positiv gedeutet und die Bedrohung übersehen?

Vor den kaiserlichen Privatgemächern nahm man ihnen die Tiere ab. Im Laufschritt durcheilten sie den Wandelgang zur Ostkammer der Wärme.

Fulin hockte in seinem lachsroten Schlafmantel zusammengesunken auf der Bettkante. Ringe lagen um seine Augen, die Haare hatten sich aus der Knotenspange gelöst.

Im Schlafgemach hatte man ringsum Rollbilder mit Beschwörungsformeln aufgehängt. Darunter flackerten Opferlichter. Der Raum empfing ihn duster, und der Qualm eines Rauchopfers stand noch unter der Decke. Offensichtlich hatte soeben eine Geisterbeschwörung stattgefunden. Den unglücklichen Gesichtern der Ritualmeister nach zu schließen, war die heilende Zeremonie mißlungen. In einer unbeleuchteten Ecke saßen die Kaiserinmutter, zwei kaiserliche Nebenfrauen, Prinzen, ein Schwarm Großärzte, Minister und Generaleunuchen. Eiseskälte strömte Adam von dort entgegen.

Ein alter Mandschu trat auf ihn zu und wies angewidert auf den geöffneten Hundert-Söhne-Schleier des kaiserlichen Kang. »Hochverehrter Kranich-Mandarin, helfen Sie uns, die mandschurische Sonne an Chinas Himmel zu erhalten.« Ohne weiter auf das schamanistische Mißgeschick einzugehen, setzte er sich wieder beobachtend in die dunkle Ecke.

»Fulin?«

»Ma-fa, haben sie dich wieder geholt!« Ein dürres Lächeln zuckte um Fulins Lippen. »Niemand sollte meinen Schmerz sehen. Sie haben in den letzten drei Tagen versucht, störende Kräfte aus uns zu vertreiben.« Aschfahl umklammerte er seine zitternden Knie. Seine Schultern und Rückenwirbel traten knochig unter dem nach Rauch und Schweiß riechenden Morgenmantel hervor. »Es wird nur alles schlimmer. Sieh das Elend um mich her. Wie schlecht muß ein Kaiser sein, daß der Himmel ihm seinen Thronerben raubt. Wie schlecht muß ein Herrscher sein, daß ihm das geliebte Weib entgleitet.«

Im zerknüllten Kissenmeer lag hingestreckt der kleine Körper seiner Lieblingskonkubine, der Mutter des gestorbenen Kindes. Man hatte Tung-o ein segenspendendes Säckchen umgehängt. Dieses hatte sich geöffnet und weiße Kügelchen lagen über ihre kleinen, seidenübergossenen Brüste gestreut.

»Meine Liebe war nicht in der Lage, ihren Schmerz über den Tod des geliebten Kindes zu stillen. Jetzt folgt sie willig dem Dämon des Rausches und findet Trost in den süßen Armen des Mohngeistes. Bei welchem Gott findet der Kaiser Trost? Bin ich doch selber fast ein Gott.«

Fulin legte seine Hand in einen nassen Fleck auf dem Kang, neben dem eine ausgeschüttete Phiole lag. »Sie haben meinen tödlichen Trost verhindert. Sie hat mich nicht sterben lassen. Läge der Kaiserinmutter nicht soviel am Regieren, wäre der Todestrunk nicht verschüttet, und du hättest eine ruhige Nacht«, flüsterte er bitter.

Als wäre dies alles nicht ihre Welt, hielt Tung-o in ihren schneeweißen Fingern eine lange Pfeife mit kleinem Kopf und sog daran. Langsam ließ sie den schweren, süß duftenden Rauch wieder aus den Nasenlöchern strömen. Ihr Kopf sank zurück. Sie atmete ganz still. Ein zauberhafter Frieden lag auf ihrem ausgezehrten Gesichtchen.

»Nein, nimm ihr die Pfeife nicht weg, Ma-fa!«

Adam hatte seine Hand ausgestreckt, um diesem Spiel ein Ende zu bereiten.

»Immer, wenn ich sie so sehe, möchte ich dort sein, wo sie ist. Ihr Leben liegt ganz in den Händen des Mohngeistes. Er ist mächtiger als das Leben selbst. Aber etwas hält mich zurück. Irgendetwas hält mich zurück!«

Blaß starrte er auf sein berauschtes Weib. Als wenn er sie erreichen könnte, begann er, auf sie einzureden: »Ich behandelte dich doch wie meine erste Kaiserin, alle Vergünstigungen einer ersten Kaiserin hast du bekommen. Kannst du mir nicht verzeihen, daß die Säfte mich zu oft in die Laken anderer Frauen getrieben haben? Ist es das, Ma-fa, kann es das sein, was sie so gram macht, daß sie ihr Leben wie einen rissigen Lumpen fortwirft? Dann Liebchen, mein teuerster Goldlotus, mein Herzjuwel, vergib mir. Ich werde mein Leben, meinen Wesensgrund für dich verändern. Du leidest, das Volk bettelt um Reis und Gerechtigkeit, und unser Orchideenkind ist tot. Der Himmel meines Reiches braucht eine neue Sonne, der Kaiser braucht eine neue Seele, der Brunnen meines Herzens ist verdorrt. O, mein Goldjuwel, laß deine Atemseele nicht so einfach gehen!«

Tung-os schneeweiße Hand winkte leicht. Aus halbgeöffneten Lidern schien ihr Blick ihn zu rufen.

»Nein, nicht, noch nicht«, schrie Fulin, »das kann nicht der einzige Weg aus dem Leid sein.« Er schüttelte den entkräfteten Frauenkörper, als wolle er den Mohngeist aus ihr herausschleudern.

Adam hielt den Verzweifelten an den Schultern zurück.

Die Kaiserinmutter war leise hinter ihn getreten und flüsterte. »Was mit einem Pfeifchen des Trostes kurz nach der Einäscherung ihres Söhnleins angefangen hat, wurde sehr bald zu dieser unstillbaren Gier. Noch niemand ist davon genesen. Doch sein Leben … sein Leben geht weiter. Es wird sich bald eine neue geeignete Konkubine finden, die seinem *yang* dient. Ehrwürdiger Mandarin T'ang Jo-wang, bitte helfen Sie ihm auf den Weg der Selbstachtung zurück. Mit ihm verlieren wir unser Gesicht. Der mandschurische Stolz duldet diese Schwäche nicht. Wir brauchen einen Kaiser, der die Achtung des Volkes verdient.«

»Bevor Ihr an den Ruf des Palastes denkt, erinnert Euch an die Tugenden einer Mutter.« Adam hielt ihren zitternden Sohn fest umschlungen und fuhr sie scharf an: »Um ein gebrochenes Herz zu heilen, bedarf es eines liebevollen Herzens, verehrte Kaiserinmutter. Mehr als alles brauchen diese beiden verzweifelten Menschen Eure Liebe.«

Aus der Ecke der versammelten Palasthonoratioren dröhnte Hohngelächter. Ein Chinese fuhr die Kaiserinmutter schneidend an: »Als Dieb des gelben Thrones sollte der Mandschure, wenn es ihm schon an Bildung mangelt, wenigstens ein kriegerischer und tapferer Mann sein. Mit Liebe macht man einen Säugling aus ihm. Kaiserinmutter, der Lehrer, dem Ihr Euren Sohn anvertraut, weiß selber nicht, was die Welt von einem Mann erwartet, ist er doch nicht besser als ein Verschnittener. Und vergeßt nicht, seine Religion betet einen Verlierer an. Beschützt Euren Sohn vor diesem kraftlosen Pack. Das Reich der Mitte darf sich niemals seines Herrschers schämen müssen.«

»Die Sonne über dem mittleren Reich ist seit zehntausend mal zehntausend Jahren vom Himmel gesandt, und die Brunnen unserer gelben Erde werden den Durst Chinas noch zehntausend mal zehntausend Jahre stillen. Vielleicht will uns der Himmel durch all dies Elend sagen, daß dieser Mandschu nicht zum Kaiser taugt«, rief ein anderer aus der chinesischen Ecke.

Die Mandschu erstarrten.

Bei diesem eisigen Ton durchfloß Adam eine längst vergessene Angst. Er erhob sich sofort. »Werte Meister der Heilkunst, auch ich bin Ihrer Meinung, daß ein schwacher Kaiser ein schwacher Beschützer ist. Es wäre mir eine zu große Anmaßung, über die stärkenden Heilverfahren für einen Träger der gelben Kaiserwürde zu entscheiden. Ich möchte den Wunsch der Kaiserinmutter an Sie weitergeben. Bitte walten Sie Ihres Amtes und führen diese beiden der Genesung zu. Und was die Tauglichkeit zum Regieren betrifft, denke ich, daß auch dieser noch junge Mann von Ihren Gelehrten geformt werden kann.«

Ganz ruhig verbeugte er sich vor der schweigenden Runde. »Es war mir eine Ehre, gerufen zu werden, doch scheinen die Besseren schon anwesend zu sein. Gute Nacht.«

Fulin sprang auf und rief: »Warte, Ma-fa, bitte geh nicht! Wenn hier einer geht, dann sind es die. Geht, geht! Schon bei der Rettung der ersten Kaiserin habt ihr versagt. Dieser Mann hat Borjikin das Leben gerettet. Wann werdet ihr alten Männer begreifen, daß das Elend um mich her aus dem Elend meines Herzens rührt. So wie es bisher gegangen ist, so geht es nicht weiter.«

Der schmächtige Kaiser stand bebend in der Mitte des Raumes. Er brüllte in die finstere Ecke des Gemaches, wo seine Berater sich noch tiefer in den Polstern verbargen. Fulin verwandelte seinen Schmerz in Zorn. »Ihr alle taugt zu nichts. Zu gar nichts! Der Lehrer, dem die Kaiserinmutter ihren Sohn anvertraut, weiß im Gegensatz zu euch, wie man Zeitmeßgeräte, Musketen, Fernrohre und Schiffe baut. Ihr Gelehrten aus dem bedeutendsten Reich der Welt seid noch nicht einmal in der Lage, Schiffe zu bauen, die über die Weltmeere fahren, wie es die Menschen aus dem winzig kleinen, kaiserlosen niederen Land verstehen. Das ist eine Schande, ich schäme mich, wenn ich die Waffen der Westländer sehe, ich schäme mich, daß er unseren Kalender besser berechnet hat. Mit euch verliere ich mein Gesicht!«

Mit der Kraft der Verzweiflung schleuderte Fulin den Leibärzten, Ministern, Eunuchen und Schamanen alle Erkenntnisse seiner letzten durchgrübelten Nächte entgegen.

Immer wieder hatte er sein Innerstes nach den Ursachen seines Unglücks durchforscht, hatte die Auswirkungen seiner Regentschaft auf sein Volk überprüft und die Schande der mangelhaften Naturwissenschaften seiner Gelehrten durchlitten. »Ich schäme mich zugeben zu müssen, daß der Barbar T'ang Jo-wang mein neugieriges Herz mit seinem Wissen mehr befriedigt hat als ihr alle zusammen mit euren zehntausend mal zehntausend überlieferten Weisheiten. Ihr Konfuzianer beschäftigt euch nur mit dem strengen Einhalten meiner Etikette. Ihr Taoisten habt nur die Auswirkungen meines Handelns auf die Natur im Sinn, und ihr Buddhisten wollt, daß ich mich in Nichts auflöse. Nur mit T'ang Jo-wang könnte ich auf die andere Seite des Himmels segeln! Schert euch hinaus … der Kaiser wird einen neuen Hofstaat ernennen.«

Mit unbewegten Mienen kamen sie aus dem schützenden Dunkel. Angstschweiß blitzte unter Mandarinkappen hervor, als sie sich der Reihe nach verbeugten, zur Tür schritten und eilig ihre Röcke über die Schwelle hoben, um in die Weite der Palastkorridore zu entfliehen.

Seiner Mutter rief er hinterher: »Kaiserinmutter, mein Zorn soll unser Vertrauen nicht schmälern. Ihr werdet noch stolz auf die Frucht Eures Leibes sein. Euer Sohn wird frisches Wasser auf die staubige Erde des Reiches gießen.«

Kaum hatte sein Kammerdiener die Tür hinter den Verjagten verschlossen, lief Fulin mit kleinen Schritten auf dem Drachen, der sich über den blauen Teppich schlängelte, auf und ab. Sein Gesicht war von Zorn gerötet, die schmalen Augen hatten neuen Glanz bekommen. Das erregte Gesicht steckte auf einem dünnen Hals, der aus dem lachsroten Schlafmantel herausstand wie eine Elfenbeinschnitzerei.

»Ma-fa, du bist der letzte Mensch, auf den ich hoffe. Tung-o und ich haben uns oft aus dem Palast hinausgeträumt. Im Geiste bin ich mit ihr durch die Wälder meiner Kindheit geritten, frei wie zwei Vögel sind wir über Mukdens Felder geflogen. Doch durch den Kindstod hat sie ihren Lebensmut verloren, und jetzt habe ich sie an den Mohngeist verloren. Im Palast habe ich keine Seelenverwandten mehr. Mir scheint, als würde ich bestraft. Dies muß die Hölle sein, von der ihr spracht. Ma-fa, du hast mich gelehrt, nicht zu sündigen und der leiblichen Gier zu widerstehen, da das Gott gefällt. Kann es sein, daß Gott mich jetzt für meine Gelüste bestraft?«

»Fulin!« Adam reichte ihm beide Hände; haltsuchend schoben sich eiskalte Finger in die seinen. Wie der junge Kaiser so vor ihm stand und ihn flehend anblickte, erkannte er sich selbst in diesen verzweifelt suchenden Augen wieder. Wie in dieser Welt voller oberflächlicher Lustbarkeiten leben, wenn in der Tiefe die Seele nach Erfüllung des göttlichen Auftrages fleht?

Dort in den Laken lag Tung-o, die sich dem süßen Leben des Rausches hingegeben hatte; hingestreckt wie einst sein Vater. War auch sie eine Warnung vor dem falschen Weg? Und jetzt bin ich der welterfahrene Mann, der einem jüngeren Hoffnungen auf einen gangbaren, einen lebenswerten Weg gemacht hat.

»Du hast mir erzählt, daß dir dein Gott geholfen hat, als du einen Schritt auf ihn zugetan hast und Jesuit geworden bist, nicht wahr?« Mit leichtgeöffneten Lippen stand Fulin vor Adam und vergrub seinen Blick in dessen Augen. Seine Fingernägel krallten sich in Adams Handflächen.

»Ma-fa, mach aus mir einen Jesuiten. Begieße mich mit Wasser und taufe mich. Dann wird mir dein Gott den Segen senden,

den er auch dir gesendet hat, und meinem Volk durch mich neuen Segen zukommen lassen.«

Der alte Jesuit schloß die Augen.

»Ma-fa, in den schwarzen Stunden der zurückliegenden Wochen habe ich mich nicht selten hingekniet und habe versucht, zu deinem Gott zu beten. Wie ein Fluß vor dem Sturz in das unendliche Meer darum bittet, in einem Staubecken aufgehalten zu werden, um die Äcker zu tränken, bittet der Kaiser dich, sein Leben in dieser Welt zurückzuhalten, um den Millionen Blumen dieses Reiches ein himmlischer Tau zu sein.«

Fulin schwankte vor Schwäche. Im Licht der Opferflämmchen glänzte seine gespannte Haut, das Sprechen strengte ihn an. »Ich will nicht mehr weinen wegen meines fensterlosen Daseins. Ich will keinen Trost, ich will keine Träume, ich bin auf der Suche nach dem heilenden Glauben. Man hat mir gesagt, wozu ich lebe, was richtig und falsch ist, und wofür ich mich entscheiden soll. Es scheint, daß mir die Weisheit fehlt, die richtigen Entscheidungen zu treffen. Ich habe mich für die Freuden des Lebens entschieden und die geliebte Frau an den Mohngeist verloren. Ich habe mich für die kindischen Freiheiten entschieden und mein Kind verloren; wenn ich mich jetzt für deinen Glauben entscheide, werde ich wohl den Tod gewinnen. Ma-fa, dein Meister Jesus Christus hat durch das Leid zu Gott gefunden. Mein Schmerz verbindet mich zutiefst mit ihm.«

Adam hatte seine Hände aus der Umklammerung des Kaisers gelöst und sah aus dem Fenster. Draußen regnete es noch immer.

Unbeirrt sprach Fulin in seinem Rücken weiter: »Ich möchte Astronom werden, ich möchte nicht zwischen den Palastritualen verdörren. Ich möchte nicht wie meine Vorgänger die Tage vertrödeln, ich möchte kein Hohlkopf sein, dem das Hofgesindel die Regentschaft abnimmt. Ich möchte mir an dir ein Vorbild nehmen, und die Forschung und den Glauben für mein Land einsetzen. Diese Hoffnung teilte ich mit Tung-o und diese Hoffnung erfuhr ich durch deine Worte. Ich weiß nun, daß mir nur die Aussicht, mit deinem Gott zu leben, Mut machen kann. Der Gott des Westens lehrt euch Dinge, die unsere Götter uns nicht lehren. Du bist mir ein leuchtendes Vorbild. Ich möchte so wie du im Namen deines Gottes mit einem großen Schiff die Welt bereisen.«

Immer noch in den Regen schauend, fragte Adam: »Ich habe gehört, daß du dich öffentlich zum Buddhismus bekannt hast. Ist das wahr?«

Fulin kicherte leise. »Ma-fa, versteckst nicht auch du dich in dem, was am Hofe die Beziehungen glättet? Ich spiele doch nur das übliche Spiel; je mehr Gesichter einer hat, desto mehr Verbündete bekommt er. Aber, daß ich von dir getauft werden will, das meine ich ehrlich.«

Langsam drehte sich Adam um. »Bist du jetzt fertig?«

Fulin nestelte an den Bändchen seines Schlafmantels herum und mit Blick auf Adams Wams beschwerte er sich: »Unsere Gelehrten sind noch nicht einmal in der Lage, solche Schließperlen zu erfinden, nur solch weibische Schleifen!«

Adam schwieg eine Weile.

»Fulin, habe ich dich richtig verstanden? Du, der Shun-chih-Kaiser, der Erhabene der Devise Harmonisches Regieren, du willst zum römisch-katholischen Glauben übertreten und dich von mir taufen lassen, wirklich?«

»Jawohl!« Fulin richtete sich gerade auf und strahlte Adam an. »Jawohl, ich bitte um das Begießen mit Wasser!«

»Nein. Ich werde dich nicht taufen! Nein!«

Während Adam in den Regen hinausgestarrt hatte, waren ihm Bilder des von Kakerlaken übersäten Leichnams von Christian Ch'en, des geschundenen Vagnoni und der zerstörten Residenz durch den Kopf gegangen. Er hatte sich an die aufgehetzten Landsknechte hinter Mainz und an die Folter Andersgläubiger erinnert und an all die bewaffneten Fäuste, die sich seit Jahrtausenden immer wieder im Namen ihrer Religion gegeneinander erhoben hatten. Wenn ich ihn taufe, wird er auch von seinem Volk die Taufe verlangen. Dazu werden aber nicht alle Herzen bereit sein; so wird er die Taufe befehlen. Die Standhaften werden sich widersetzen und es wird zu einem Blutvergießen ungeheuren Ausmaßes kommen. Gottvater, hilf mir! Als ich die Kanonen goß, habe ich dich gebeten, sie mögen niemals einen Menschen töten. Jetzt bitte ich dich, diesen Kaiser nicht taufen zu müssen.

»Fulin, ich werde dich nicht zum Christen machen«, sagte Adam mit Nachdruck.

Fulin starrte ihn ungläubig an.

»Du hast seit Jahren davon erzählt, welch ein Segen deine Religion für die Welt ist, und jetzt willst du mich, deinen Freund, nicht taufen.«

»Nein, mein erhabener junger Freund. Es ist dein Wunsch, in Frieden und Weisheit dein Volk in die Zukunft zu führen. So öffne dein Reich dem Wissen des Westens, aber verschone es vor einem unausweichlichen Glaubenskrieg mit Millionen von Toten.«

»Du willst dem Erhabenen der zehntausend mal zehntausend Jahre den Segen deines Gottes vorenthalten? Ich soll nicht teilhaben an dem, was für euch Westländer von Segen ist? Und wenn ich es befehle?« Fulin sah Adam lauernd von der Seite an.

»Dann werde ich es auch nicht tun. In diesem Fall gehorche ich weder dem Papst noch dem Orden noch dem Kaiser von China. Ich höre auf die Stimme meiner Vernunft!«

»Und wenn ich dich dafür töten lasse?«

»Dann stirbt nur ein alter Jesuit. In den römischen Annalen wird man nur verzeichnen: Pater Adam Schall hat als Missionar nichts getaugt. Aber Millionen deiner Untertanen werden in Frieden weiterleben.«

Fulin schwieg lange, bis er sagte: »Ma-fa, du bist der mutigste Mann, den ich kenne. Deshalb gebe ich uns beiden Bedenkzeit. Mir, auf welche Art ich dich für deinen Ungehorsam bestrafen lasse und dir, ob du mich nicht doch noch taufen willst.«

»Fulin, ich danke dir. Möge Gott unsere Freundschaft mit der besseren Lösung segnen. Bitte verzeih mir, aber ich mußte so handeln!« Adam schritt zur Tür. Als er sie aufzog, huschte ein Schatten davon.

Shih-hung schloß das Gesangbuch und reichte es Adam über den Altar. Dessen Augen hatten so sehr nachgelassen, daß Shih-hung in der Messe vorlesen mußte. Wenn er für seine Predigten Notizen brauchte, malte sich Adam seit kurzem große Blätter mit übergroßen Stichworten.

Das Gotteshaus hatte sich geleert.

Vor wenigen Tagen hatte man ihm zugetragen, daß Tung-o ihrem Orchideenkind gefolgt war. An einer Überdosis Opium war sie in den Armen ihrer Zofe gestorben.

Er suchte sein Bündel Notizen auf dem Altar zusammen und wollte die abgebrannten Kerzenleuchter gerade in die Sakristei bringen, als ihm eine kleine vermummte Gestalt auffiel, die noch immer im Kirchengestühl saß. So ging er durch die Bankreihen, um den beharrlichen Gläubigen nach seinen Wünschen zu fragen. Erst als er ganz nahe gekommen war, erkannte er zwischen den weißen Wollschals das faltige Gesicht des Buddhisten Yü-lin. »Collega, welch eine Überraschung. Bei dieser Kälte findet Ihr in dieses Haus.«

Bevor er ein Wort herausbrachte, schob Yü-lin seine Hand unter dem Schaffellärmel hervor, zog Adam neben sich auf die Bank, legte die Hände in den Schoß und sah ihn mit feuchten Augen an. »Er ist tot!«

Haltsuchend griff Adam nach Yü-lins Arm. Die Altarleuchter fielen scheppernd zwischen die Bankreihen.

»Bevor die Sonne am Himmel stand, hat er heute morgen seinen Leib verlassen.«

»Mutter Maria! Gottvater sei seiner ungetauften Seele gnädig.« Adam schloß die Augen und bekreuzigte sich. »Woran, wie, was ist passiert? Mord?«

»Es gibt viele Gerüchte. Er hat schon seit längerem Arsen gegen das Pflaumengift-Übel bekommen, Ihr wißt doch, die Hurenseuche. Er wurde aber auch mit einer sehr harten Schnupfbehandlung gegen die Krankheit der himmlischen Blume, die Ihr Pocken nennt, behandelt. Aber nichts konnte ihn retten. Nach drei Tagen Fieber starb er heute früh vor Sonnenaufgang.«

Durch ein offenes Seitenfenster blies der Wind Schneeflocken über Betstühle und Altar.

Adam weinte. Yü-lins verwitterte Hand legte sich tröstend auf seine gebeugte Schulter. »Unser Kaiser hat sich vor seinem Tod den Dharma-Namen ›Törichter Mönch‹ geben lassen. Mit diesem Namen ist er zu seinen Ahnen eingegangen, was zum Segen für die nachfolgenden Kaiser gereichen wird. Vielleicht ist das ja ein Trost für Euch. Unser Schüler geht gut vorbereitet auf den Pfad durch die Todesniederungen. Als er die Zeichen des Todes erkannte, ließ er nach mir rufen. Da Euch der Zugang zu den kaiserlichen Gemächern verwehrt wurde, konnte ich Euch nicht mehr holen, wie er es wünschte. Er wollte Euch nochmals unter vier Augen sprechen. Im Angesicht des Todes griff er nach der Hand, die ihm am nächsten war. ›Vielleicht muß mein Ma-fa noch einige Leben auf mich warten‹, waren seine letzten Worte über Euch.«

Stumm klaubte Adam die Kerzenleuchter unter der Bank hervor, dann zog er sich mit zitternder Hand an der Kirchenbank hoch. »Laßt mich ein Gebet für ihn sprechen. Bitte bleibt.« Er trug die Leuchter wieder auf den Altar, stellte zwei frische Kerzen hinein und zündete sie mit den kostbaren Schwefelhölzchen an, von denen die Niederländer ein ganzes Päckchen dagelassen hatten.

»Herr im Himmel«, begann er sein Gebet, »ich habe meinen Freund und wir Christen unseren freimütigen Fürsprecher verloren. Bitte vergib mir, daß ich diesen Menschen nicht taufte, aber ich konnte nicht gegen meine Vernunft handeln. Bitte hilf ihm, im Schutze Buddhas seinen Seelenfrieden zu finden.«

Als er zu Yü-lin zurückkehrte, war dieser mit seiner Sandelholzkette zwischen den Fingern eingeschlafen. Er weckte ihn sanft.

»Die Nächte waren lang« – der alte Mönch mußte gähnen – »laßt uns noch ein Weilchen hier ausruhen, bevor wir in den Palast gehen. Eigentlich bin ich hier, um Euch schnellstmöglich zur Trauerzeremonie abzuholen. Die Sänften warten schon draußen. Aber wir beiden Alten haben ein Recht auf Langsamkeit.«

Adam setzte sich wieder neben ihn. »Wir haben einen Sohn verloren und das Reich seinen Kaiser. Auch wenn wir die Zeichen am Himmel im voraus lesen, können wir Gottes Handeln nicht aufhalten. Ich habe an der Schwelle des neuen Mondjahres sein Horoskop nach der Sonne im Zeichen Fische berechnet. Ich wollte es ihm zu seinem dreiundzwanzigsten Geburtstag überreichen.« Er seufzte. »Sein Mondknoten im Tierkreiszeichen Fische war im Abstieg begriffen. Vor vier Tagen habe ich einen Kometen am Nachthimmel gesehen. Ungute Zeichen, die der Himmel vorwegschickte.« Er lehnte sich zurück und musterte den alten Chinesen aus verweinten Augen. »Manchmal, Yü-lin, kommt mir mein Haus Gottes zu klein vor. Manchmal scheint mir, als wären wir unter einem gemeinsamen Dach einer Göttlichkeit, die größer ist als eine einzige seligmachende Kirche.«

»Wir haben alle unsere eigene Art, mit den Illusionen des Daseins zu spielen. Euer Spiel heißt Christentum, mein Spiel heißt Buddhismus. Noch trennt uns der Schlaf der Unwissenheit, T'ang Jo-wang, doch eines Tages werden wir erwachen. Das wird eine nette Überraschung!« Yü-lin lachte und stopfte sich den Wollschal fester um die Ohren. »Ich glaube, wir sollten jetzt aufbrechen.«

Mühsam zog Adam seinen Fellmantel über die Soutane und setzte sich den rubingeschmückten Mandarinenhut auf. Bevor er die Kirche verließ, steckte er seinen Rosenkranz und ein Fläschchen mit Weihwasser ein. Dann griff er seinen gedrechselten Stock und folgte Yü-lin zu den gelben Sänften.

Weicher, weißer Schnee fiel vom milchigen Himmel. Die Geräusche des Lebens wurden in seinen Flocken erstickt. Eisige Kälte hielt die Pekinger hinter den Türen, so daß die Nachricht vom Tod des himmlischen Kaisers in der Sterbekammer der Verbotenen Stadt eingeschlossen blieb.

Lautlos liefen die Sänftenträger über den unberührten Schneeteppich durch das Palasttor des Göttlichen Kriegers. Eunuchen hasteten weißgekleidet die Mauern und Balustraden entlang. Eilig entfernten sie Hunderte Lampions, die wie riesige, rotbackige Äpfel für das Frühlingsfest aufgehängt worden waren. Zwei stiegen auf Leitern und rollten die von den Torpfosten herabhängenden Neujahrsbilder ein.

Als der Priester und der Mönch auf die Halle der Pflege des Herzens zuschritten, sahen sie, wie zwei, ein kleiner Junge und ein Erwachsener, über eine Leiter auf das verschneite Dach stiegen. Der Junge trug einen Hut mit einer Bambusleiste, auf deren Enden zwei rote Kerzen brannten. Über den Schultern des Kindes lag der goldgleißende Kaisermantel. In seinen winzigen Händchen hielt das Kind ein Seil. Adam hörte sein Stimmchen laut nach jemandem rufen, dabei warf der Kleine das Seil in den Himmel und der Erwachsene winkte mit dem Drachenmantel.

»Er ruft die Atemseele seines Vaters zurück«, sagte Yü-lin zu Adam. »Aber Fulins Atemseele wird nicht zurückkehren.«

Scharen von Palastdienern hasteten um das Gebäude und knüpften Tausende weißer Seidenblumen in die schwarzen Äste der kahlen Bäume. Die Purpurstadt verschwand unter fahlem Weiß, der Farbe der Leere, in der die lebensspendende Sonne verlöscht.

In der Ostkammer der Wärme war aller Zierrat mit weißen Tüchern überhängt. Karge Talglichter flackerten im Luftzug. Weiße Lampions erhellten die Totenstätte mit kaltem, reglosem Licht.

Zwei Eunuchen schoben den beiden alten Herren schnell Stühle zu, auf denen sie die lange Zeremonie aushalten sollten.

Alle Anwesenden hatten sich in zierdelose, grobgewebte Wollhemden und Tücher gehüllt. In Büscheln stand das gestutzte Haar von ihren gesenkten Scheiteln ab. Bis auf die körperlich Gebrechlichen saß die trauernde Familie im Kreuzsitz auf Kissen zu Füßen des aufgebahrten Leichnams.

Der Boden war mit Sesamstengeln bestreut, über die die weißen Stiefel der herbeigerufenen Mönche Runde um Runde den Sarg umschritten. Ihre Gesänge tönten wie aus der Tiefe der Erdmitte herauf. Zarte Glockentöne und feine Trommelwirbel füllten die Leere zwischen den Gebetswechseln. Unter dem Dach ballten sich Räucheropfer und rollende Sutragesänge zu grollenden Wolken. Die Mönche bereiteten dem Verstorbenen den Weg durch die jenseitigen Daseinsbereiche vor, indem sie glühende Höllendämonen mit geweihtem Wasser tränkten, Hungrige Geister mit gesegneten Speisen nährten und störende Kräfte mit heiligen Dolchen bannten. Und immer wieder riefen sie mit ihren brodelnden, tiefen Stimmen und scheppernden Zimbeln den Segen des Buddha Amitabha herbei, um ihm die Atemseele des Kaisers zu empfehlen. Nach Stunden beendeten sie das Ritual und verließen den Sargraum, um aus der Stille ihres Klostertempels den Verstorbenen weiterzubegleiten.

Kaum waren sie gegangen, erhob sich das schrille Klagen und

Schluchzen der ersten und der zweiten Kaiserin und der vierzehn Konkubinen. Die Männer fielen mit dem rhythmischen Rezitieren seelenbegleitender Mantras ein. Mit lärmenden Bronzebecken vertrieben die Palastmönche ungeladene Geister und die Kleinsten der über zehn Nachkommen wehrten sich mit kräftigem Geschrei gegen die verordnete Trauer.

Jetzt, wo Yü-lin des Kaisers Atemseele in Sicherheit wußte, machte er auf seinem Stuhl ein behagliches Nickerchen.

Nur der Jesuit saß in Stille gehüllt inmitten des Trauergetöses und weinte. Niemand störte ihn in seinem Schmerz. Unbemerkt nahm er seinen Stock, erhob sich und trat neben dem Totentisch, auf dem eine Schale Hirse und ein von neun Stöckchen durchstoßener, offener Fächer lag, an den Sarg.

Fulins eingesunkenes Gesicht war bis zur Unkenntlichkeit mit weißer Schminke verkleistert, Nase und Mund hatte man mit Jadesteinen verschlossen. Der Leichnam lag unter einer roten Decke, auf der goldgestickte Mantra-Texte schimmerten. Mit Totengeld, Buddha-Statuetten, Goldbarren, Seidenblumen, mit Edelsteinen und silbernen Eßbestecken, einer Sammlung seiner Staatsstempel, seinem *ju-i*-Zepter und seinen Schreibpinseln war er überschüttet.

Langsam schlug Adam das Kreuz über Fulins Sarg und besprengte den Leichnam mit Weihwasser. Kein Lebender hörte im Trauerlärm sein Gebet, das er für sich und Fulin sprach:

Atme in uns, du Heiliger Geist, daß wir Heiliges denken
treibe uns, du heiliger Geist, daß wir Heiliges tun
locke uns, du heiliger Geist, daß wir Heiliges lieben
stärke uns, du heiliger Geist, daß wir Heiliges hüten
hüte uns, du heiliger Geist, daß wir das Heilige nimmer ...

Der Silberfaden seiner Worte riß, gebeugt befiel ihn tiefste Wortlosigkeit. Die Blüte der Dankbarkeit hatte sich im Leid geöffnet. Die Freundschaft mit dem Verlorenen zog in seinem Inneren vorbei. Sechzehn Jahre in Frieden habe ich in deinem kaiserlichen Schutz wirken dürfen, mit deinem Kinderlachen hast du mein Gelehrtenleben erhellt, deine Ehrlichkeit hat mir in diesem Lande ein Zuhause geschenkt, deine Fragen haben mich weiser gemacht.

Danken wir dem Herrn, daß wir keinen Schaden über das Volk gebracht haben. Ich habe aus Vernunft widerstanden, den Sieg über den Glauben deines Volkes zu erringen, und du hast aus freundschaftlicher Liebe widerstanden, mich für einen Ungehorsam zu töten. Möge dieses große Reich noch viele so weitherzige Kaiser erhalten und sie beschützen. Liebevoll legte er seinen Rosenkranz zwischen Smaragde, Perlen, Jade, Elfenbein, Goldschmuck und Rubine über Hände, die ein blinkendes Zepter zur Abwehr von Dämonen umfaßten.

Gerade als er den Raum verlassen wollte, spürte er den leichten Druck einer Hand auf seinem Unterarm.

»Wartet!« Fulins Mutter hielt ihn am Arm zurück. Klein und elend stand sie in weißen Trauerlumpen mit kurzgeschorenem Kopf vor ihm. Ihr ungeschminktes Gesicht, im Kummer entblößt, blickte flehend zu ihm auf. Unauffällig zupfte sie ihn am Ärmel.

»Kaiserinmutter!«

Schweigend traten sie zusammen ins Freie.

»Bitte, gehen wir weiter«, bat sie und zog ihn in den verschneiten Garten.

»Mandarin T'ang Jo-wang!« Schnell blickte sie sich um, ob sie auch nicht beobachtet würden. Doch alle waren mit der Totenfeier beschäftigt.

»Keine neue Träne wird den Schmerz leichter machen.« Hsiao-chuangs Unterlippe zitterte. Ihr rundes Gesicht verbarg bereits wieder jede Regung, meisterlich beherrschte sie ihre Verzweiflung. »Sein Tod war unabwendbar.« Ohne Umschweife fuhr sie fort: »Das Land braucht einen neuen Thronfolger. Da mein Kaisersohn bruderlos verstarb, müssen wir schon morgen den Nachfolger unter seinen vier hinterbliebenen Söhnen wählen. Es eilt, Mandarin T'ang Jo-wang, Ihr wißt, die vertriebenen Ming im Süden haben einen Gegenkaiser aufgestellt, und sie sind in ihren Angriffen unberechenbar ...«

Eine Gruppe Palasteunuchen trug einen Stoß Trauerfahnen vorbei. Schnell schob sie ihn tiefer in ein Gebüsch. »Die Spitzel der chinesischen Ming sitzen schon wieder im Palast und haben nur auf den Tod des Kaisers gelauert, um wieder an die Macht zu kommen. Erst wenn einer seiner Söhne inthronisiert ist, ist die Linie meiner Sippe vom Himmel gefestigt. Bitte, habt Ihr eine Vision, welcher von Fulins Söhnen die Tugenden zur Nachfolge hat?«

»Welch eine gewaltige Entscheidung legt Ihr in meine Hände!« entfuhr es Adam erschrocken. Für einen Atemzug macht der Herrgott mich zum Nachfolger Fulins. Wenn ich in seinem Sinne den Sohn wähle, in dem seine Neugierde und die Liebe zu meinem Glauben weiterleben, wird diesem Land die Freizügigkeit erhalten.

Mit beiden Händen stützte er sich auf seinen Gehstock und überlegte lange. Der dritte Sohn war ihm durch sein begabtes Spiel mit dem Rechenbrett und seine Ausdauer im Lernen aufgefallen. Zudem hatte er die Pocken überlebt. »Hsüan-yeh, den dritten Sohn, das Kind der Konkubine Ning, schlage ich vor.«

»Hsüan-yeh! Auch ich habe an ihn gedacht. Warum wählt Ihr dieses Kind?«

»Unter Chinas Himmel werden die Kaiser nicht alt. Wichtiger als die Tugend, die erlernbar ist, scheint mir die Fähigkeit zum langen Leben. Deshalb empfehle ich dieses Kind. Es ist jetzt acht und hat bereits die Pocken überlebt, die Krankheit, mit der der Himmel Fulin zu sich nahm.«

»Diese Übereinstimmung wird Segen bringen. Wie klug Ihr die tödliche Gefahr mitbedacht habt, Mandarin T'ang.«

Wieder spähte sie gehetzt um sich. »Eure Zustimmung ist eine Angelegenheit von entscheidender Bedeutung unter den zehntausend Angelegenheiten. Ich danke Euch. Ihr habt viel für die Festigung der mandschurischen Kaisermacht getan. Ohne Eure weisen Ratschläge hätte meine Sippe dieses Reich niemals durch die Zeiten der Umwälzungen zusammenhalten können. Auch wenn die Stimmen der Christengegner wieder laut werden, bleibt Ihr ein Freund des Kaiserhauses. Ich bitte Euch, haltet ebenfalls eine christliche Totenzeremonie für meinen Sohn in Eurem Gotteshaus ab.« Während sie sich verbeugte, schob sie ihm eine Handvoll Barrengold zu und huschte zurück in die Halle der Pflege des Herzens.

Langsam durchschritt er das verwaiste Labyrinth der Purpurstadt.

Niemand nahm Notiz von dem gebeugten Alten, der an seinem Stock vorsichtig durch den unberührten Schnee tappte. Sein gläserner Schritt führte ihn zur Halle der Höchsten Harmonie, wo er sich durch angereiste Scharen von Trauergästen hindurch einen Weg hinauf zur Plattform bahnte. Weiße Hauben lagen auf den Bronzewegweisern und dem Rand der Löschwasserkessel. Mit seinem Stock stieß er dem Bronzekranich den Schnee von der Stirn.

Zu seinen Füßen, weit entfernt auf dem menschengefüllten Platz, wurde die Eisdecke des Goldwasserflusses aufgehackt, damit in angefeuerten Kupferkesseln Wasser gekocht werden konnte. Scharen edler Trauergäste errichteten im zertrampelten Schnee Hütten aus Bambusgestellen und Reisstrohmatten. Hier sollten sie während der siebenundzwanzig Tage andauernden Klagezeremonie ausharren, sich nicht waschen und nur fade Fastenspeisen essen dürfen. Mandarine, die als die Gliedmaßen des Kaisers galten und an Seide gewöhnt waren, liefen in weißen Sterbegewändern aus durchlöcherten Ziegenfellen und groben Webtüchern zwischen aufgerollten Zeltbahnen hin und her. Ihre pelzverwöhnten kahlgeschorenen Stirnen wurden, nur mit einem weißen Trauerband umwunden, dem Frost ausgesetzt. Diese Unbequemlichkeiten forderten mancher Würdenmumie neues Leben ab. So sorgte der Tod des ersten mandschurischen Kaisers für eine ungewohnte Lebendigkeit auf diesem sonst so toten Platz.

Zwei Tage später wurde Hsüan-yeh im Alter von acht Jahren zum mächtigsten Herrscher der Zeit gekrönt.

Weit spannte sich der seidenblaue Himmel über Peking. Von der Straße drang sommerlicher Kinderlärm in den Hof der Residenz. In diesem Jahr hatten sie es endlich geschafft, das Hofbrünnlein gestalten zu lassen. Die Brüder der Ostmission, mit denen sie endlich Frieden geschlossen hatten, hatten ihnen eine echte portugiesische Madonna aus ihren Beständen überlassen. Die Gottesmutter stand nun, mild lächelnd, mit ihren Füßen im Wasser und reichte das fromme Kind in Richtung seines Sitzplatzes.

Da der alte Jesuit die mittägliche Hitze liebte, hatte er seinen Stuhl in die Sonne gerückt. Mit durchwärmtem Scheitel horchte er dem Locken eines Pirols.

Noch steckten nur harte kleine Knollen zwischen den Weinblättern der Pergola; im Herbst jedoch würden sie erneut als dicke schwarzblaue Trauben über den Köpfen baumeln. Er hatte dem mittlerweile verstorbenen Longobardo die Anklage verziehen und genoß wieder den Wein, den der Sizilianer als Steckling aus Macao hergetragen hatte.

Hinter den Fenstern, die zum Hof hinausgingen, war das geschäftige Rumoren von Gemeindehelfern und Haushilfen zu hören. P'an schlief um diese Zeit.

Quietschend schob sich die marode Hoftür auf.

Er lauschte.

Eine große Gestalt trat mit gebeugtem Kopf herein und schien sich umzusehen.

»Wer da?« Der Alte richtete seine halbblinden Augen auf den Eintretenden. »Komm her, laß dich von nahem sehen!«

Er kam näher. Breit und hochgewachsen schob er sich vor die

Sonne. Adam hob schirmend die Hand über die Augen und blinzelte dem Fremden auf das weite Rüschenhemd. »Ist das die neuste römische Mode? Ja, glaubt man's denn, nach dieser weiten Reise noch alle Knöpfe am Wams!«

Er zog den Schatten am Ärmel zu sich herunter, um auch das Gesicht in Augenschein zu nehmen. »Ich sehe, ein Europäer, welch eine große Freude ...« Er überlegte und kniff ein Auge zusammen. »Will ich doch hoffen!«

Der Fremde lachte. »Fürchtet Euch nicht, denn ich komme in Frieden. Ihr müßt der alte Bruder aus Cölln sein, den die Hiesigen T'ang Jo-wang nennen?«

»Ja, so nennen mich die Chinesen.«

»Verbiest, mein Name, Ferdinand. Ein Ordensbruder aus Pittem.«

»Wie? Aus Pittheim? Pittheim in der Eifel?«

»Nein, Pittem bei Kortrijk! In der Grafschaft Flandern. Also im katholischen Teil der Niederlande, wohlgemerkt, im katholischen ... Sucht aus, was Euch besser gefällt!«

»Katholisch, protestantisch und was sonst noch! Haah, Europa und der Glaube!« Der alte Jesuit hatte sich am Sextanten hochgezogen und zupfte den Flamen unter die schattenspendende Pergola.

»Ewiges Gezänk um die richtige Lehre. Lächerlich! Und traurig dazu! All die Kriege um Gebiete, die nicht größer sind als ein Fliegenschiß.« Tastend schob er den Besucher auf ein Bambusmöbel. »Fliegenschiß, verglichen mit dem chinesischen Reich.«

»So, so ...« Der Angereiste legte höflich die samtbedeckten Beine übereinander, deren Füße in hochhackigen Schnallenpumps steckten.

»Er reist in Eleganz, nun ja, wahrscheinlich trägt man die Herren Jesuiten mittlerweile in goldenen Sänften durch ganz Asien. Zu meiner Zeit, mein Lieber, wären wir mit solchen Schuhen nicht bis vor die Stadtmauern Colonias gekommen.« Dabei wackelte er fröhlich mit seinen nackten Zehen, die aus zerfetzten Bastsandalen lugten. »Doch bitte, erzählt, erzählt, Brüderchen, was hört man aus Europa?«

»Im neuen Europa ist nach dreißig Jahren Krieg endlich Frieden. Ein Drittel der Bevölkerung ist tot und ein Großteil der Länder verwüstet. Wir Jesuiten können uns nach all den Totenmessen wieder der Wissenschaft widmen, und die neuen Herren lassen die Wissenschaft endlich zu Wort kommen.«

»Ein Drittel aller Menschen … tot!« Adam wischte sich müde über das Gesicht. »So etwas Ähnliches habe ich hier verhindert. Doch bleiben wir lieber bei der Wissenschaft. Neugierige Herren regieren also. Das Neue bringt bekanntlich den Geist in Schwung. Und welcher Wissenschaft widmet sich die Brüderei?«

Der Flame zwirbelte sein Lippenbärtchen. »Von dem vielen Neuen möchte ich fürs erste nur die Phänomenologie der Temperatur erwähnen. Zum Beispiel den galileischen Temperaturmesser. In ihm verwendet man Alkohol zum Messen von Kälte und Hitze …«

»Man mißt die Temperatur?«

»So ist es, drum heißt die Invention auch Thermometer.«

Der alte Jesuit lachte auf. »Die Welt hungert nach Genialität. Doch was für kleine Früchte tragen Europas Geistesblüten! Haah! Ein Meßgerät für heiß und kalt!« Er schlug sich auf die spitzen Knie und rief: »Junger Mann! Ich verlasse mich auf mein Gefühl. Mal ist mir kalt, mal ist mir heiß. Ich bin mir selber Thermometer… Schon gut, von anderen Erfindungen erzählt mir später. Wie seid Ihr gereist?«

Er streckte den runzeligen Hals weit vor und kniff die milchig verhangenen Augen noch enger zusammen.

»Zunächst per Schiff von Lissabon nach Indien, dann weiter nach Macao …«

»Ach ja … Macao! In Macao hatte ich vor vielen Jahren ein feines Scharmützel mit einem Landsmann von Euch.« Verschmitzt fältelte sich sein Gesicht.

Verbiests braune Augen musterten den Kauz, der einiges erlebt haben mochte. »Von Macao reiste ich nach Westchina.«

»So aus dem Ei gepellt habt Ihr den Staub durchreist?«

»Man hat sich in einem Gasthaus für den Besuch bei Euch gerichtet. Ein Bruder in Macao gab mir den Ratschlag mit dem staubdichten Ledersack für Wams und Hose. Ohne Umweg kam ich von Westchina mit dem Maultier her.«

»Dann seid Ihr wohl der eleganteste Pater Asiens. Der Westen ist zwar der dreckigste Winkel von ganz China, aber dort leben prächtige Menschen.«

Der Flame klopfte mit seiner breiten Hand auf das tadellose Leinenkamisol. »Für Euch, werter Mitbruder, komme ich als frischgewaschener Bote aus der Heimat.«

»Als Bote für mich?« Der alte Jesuit ruckte herum. »Für mich eine Botschaft?«

»In meinem Gepäck steckt ein Brief für einen gewissen Joannes Adamus Schall a Bell SJ. Das seid doch Ihr? Wartet, ich hole nur schnell mein Reiseutensil.«

Während die hohen Absätze auf dem Steinpflaster in den Nebenhof hallten, kam der alte P'an mit einem Tablett und setzte sich zu Adam, dem er Medizin in den Tee rührte. Auf einem Bambustischchen arrangierte er ein Schälchen mit Lotusnüssen. Mit krummem Rücken goß er Tee in die Deckeltassen, während der Halbblinde zum Mondtor hinüberhorchte.

»Hier Superior!« Verbiest war mit einem schweren Seesack zurückgekehrt. Er begrüßte P'an. Während er schweigend trank, beobachtete er die beiden weißhaarigen Alten.

Zögernd nahm Adam das Couvert zur Hand und befühlte es auf Beschädigungen. Das verbackene Siegel beäugte er dicht vor seinen trüben Augen. Der erste und einzige Brief aus der Heimat, seit er vor zweiundfünfzig Jahren Cölln verlassen hatte. Seine knorrige Hand zitterte wie unter einer gewaltigen Last. Er wog die Botschaft. »Anscheinend ist der Tag gekommen, mich meiner Vergangenheit zu widmen. Wenn einer auf die siebzig zugeht, wird es Zeit, das Seelengerümpel aufzuräumen. Wie alt seid Ihr, Ferdinand?«

»Neunundreißig!«

Adam lächelte gerührt. »Dann darfst du gerade mal halb soviel Gerümpel haben wie ich.« Er schob Ferdinand den Brief hin. »Bitte lies, meine Augen wollen nicht mehr.«

Der Flame knickte das Siegel, schlug das zweifach gefaltete Schweinspergament auf und schüttelte den Löschsand heraus. Mit fester Stimme begann er zu lesen:

An Johann Adam, meinen lieben Bruder!

Ich mußte alt werden, um mich unserer Blutsbande zu erinnern. In der Stunde meines näherrückenden Todes – ich leide an einer Brustgeschwulst – vermisse ich Dich. Von vielen Seiten wurde mir zugetragen, daß Du am chinesischen Kaiserhof eine sehr hohe Stellung einnimmst. Wundersames erzählt man sich hier! Du seist der erste Berater des Kaisers von China. Was für eine Ehre für unser Geschlecht, was für eine Ehre für die Gesellschaft Jesu! Es ist gut zu wissen, daß wir beide Gott dienen: Du als sein Gesandter unter Heiden, ich seit neununddreißig Jahren als katholischer Domkapitular im lutherisch bedrängten Bistum Hildesheim. Von unserer Stiefschwester Sibilla kann ich nur berichten, daß sie vor vielen Jahren als Nonne im Cöllner Sankt Mauritius-Stift verstarb. Von unserer Stiefmutter Katharina weiß ich nur soviel, daß sie noch lange mit dem Onkel um die Leibrente stritt und sogar das kurfürstliche Hohe Weltliche Gericht zu Bonn anrief.

Verbiests Stimme brach ab. Während er das zweite Blatt glättete, fragte er fürsorglich: »Soll ich pausieren?«

»Nein, nein, fahr fort!«

»Nun gut. Euer Bruder schreibt weiter:

Erstaunliches habe ich von unserem jüngeren Bruder Heinrich zu berichten. Da Du längst in Rom studiertest, weißt Du vermutlich bis heute nicht, daß ich ihm auf Anraten von Erzbischof Ferdinand von Bayern das väterliche Lüftelberger Schloß vererbt habe. Das geschah schon im Jahr 1615. Ich lebe seit 1619 in Hildesheim, bescheiden, aber in Seelenfrieden. Das kann ich von Heinrich nicht sagen. Er wurde der Kammerherr des Kurfürsten. Diesen Titel hat er sich mit 9500 Reichsthalern erkauft. Wie kam unser Bruder zu so viel Geld? Als Amtmann zu Flerzheim und Neukirchen, Rheinbach, Godesberg und Mehlem wurde er der mächtigste Pfandherr im ganzen Swisttal und profitierte gehörig von den Hexenverbrennungen in der

Eifel. Zwar gibt es keine Beweise, daß er in diesen Prozessen eine finstere Rolle spielte. Es gibt aber Beweise, daß er sein Amt jahrelang mißbrauchte, um mit der Todesangst Verfolgter Geschäfte zu machen. Von Cöllner Gewährsleuten weiß ich, daß unser sauberer Bruder dem Rheinbacher Bürgermeister zur Flucht in die Niederlande verholfen hat, weil diesem eine Anklage als Hexer drohte. Allein dafür kassierte er vierhundert Thaler.

Verbiest räusperte sich. »Weiter?«
»Ja, natürlich weiter!«

Nach dieser Offenbarung noch eine weitere erschütternde Nachricht. Du erinnerst Dich an Meinradt, unseren Cöllner Pferdeknecht. Er ist, das kam mir sehr spät zu Ohren, unser illegitimer Bruder!
Soweit meine Kenntnisse aus der Heimat. Wir schreiben heute den Monat Mai, Deinen Geburtsmonat, Anno Domini 1658. Unsere Heimat kommt nicht zur Ruhe. Die Folgen von dreißig Jahren Krieg sind schrecklich, ganze Landstriche sind öd, ohne Menschen, ohne Tiere. Das alte Kaisertum ist für immer vernichtet. Bleib, wo Du bist. Von hier kann ich Dir wenig Erfreuliches berichten. Verzeih mir nochmals mein langes Schweigen.
Dein Bruder in Christo, Johann Reinhardt Schall Merode.

Nachdem er den Brief verlesen hatte, faltete der Flame das Pergament gewissenhaft entlang der alten Knicke zusammen und reichte es dem Alten, der neben ihm zusammengesunken war. Lange schwiegen sie, auch P'an saß stumm.

»Eine saubere Familie«, seufzte Adam und strich sich über das gefurchte Gesicht, dann schwieg er wieder.

Abrupt wuchtete er sich hoch. »Willkommen in Peking, darf ich dir mein Refugium zeigen.« Schlurfend durchquerte er den Hof zwischen den einstöckigen Gebäuden. P'an zockelte hinterdrein. Unter dem Vordach winkte Adam dem jungen Flamen nachzukommen.

»Und was, junger Mann, willst du hier in der Mission?«

»Ich bin von der Gesellschaft Jesu als Mathematiker und Astronom nach Peking geschickt worden, ich soll Eure Nachfolge antreten, ehrwürdiger Superior.«

Adam stockte im Gehen. »P'an, mein Freund, wir sind offensichtlich alt geworden. Da sprach einer von Nachfolge. Ich bin noch nicht unter der Erde, und mein Nachfolger ist schon eingetroffen! Deinen wird Verbiest sich selber suchen müssen.«

Schmunzelnd betrachteten die beiden Alten den aufgeputzten Burschen, der ihnen, mit abgespreiztem kleinen Finger seine angeschlagene Deckeltasse haltend, in das Arbeitszimmer gefolgt war.

»Dieses ist mein Reich!« Adam ließ sich auf seinem abgeschabten Schaffell nieder. »Dieser Stuhl ist meiner!«

Er betonte: »Meiner! Mein Arbeitsstuhl, der Rücken . . ., man wird nicht jünger. Alles, was du brauchst, steht hier oder in der Bibliothek, alphabetisch geordnet. Es wird nicht lange dauern, dann wirst du alles gefunden haben und mir zur Hand gehen können.«

»Zur Hand gehen? Erlaubt, ich habe ein abgeschlossenes Studium des Ingenieurwesens und der Naturwissenschaften, ich bin selbstverantwortliches Arbeiten gewohnt!«

»Das wird sich zeigen, aber wenn du das« – Adam hob Verbiests Teetasse, die auf einem Pergament einen braunen Ring hinterließ, in die Höhe – »noch einmal mit deiner Tasse auf meinen Unterlagen machst, wirst du wohl eher dem guten P'an zur Hand gehen.«

Mit hochrotem Kopf nahm Verbiest das Corpus delicti entgegen.

»Bitte nimm Platz. Damit du weißt, in wessen Fußstapfen du treten willst, beginne ich mit meiner Position als Direktor des kaiserlichen Astronomischen Amtes! Um in China auf so hoher Ebene missionieren zu können, hat die *Propagande fide* genehmigt, daß ich die Gelübde großzügig handhaben kann. So ist es in Rom geduldet, daß ich die Titel: Oberaufseher des Kaiserlichen Marstalls, Präsident des Amtes der kaiserlichen Opfer, Vorsteher der Abteilungen Frühling, Sommer, Herbst und Winter im Astronomischen Amt und Großmeister der prunkvollen Glückseligkeit innehabe. Mir ist es als Kranich-Mandarin vergönnt, die Reihen der höchsten Staatsräte und der Kaiserprinzen zu beglücken und den Mandarinhut mit dem Rubin und meine Brust mit dem flügelschlagenden Kranich zu schmücken – ich bin quasi der zweite Mann im Staat. Vor dem Thron brauche ich mich schon lange nicht mehr niederzuwerfen. Der Shun-chih-Kaiser erhob mich zum ›Lehrmeister der Geheimnisse des Universums‹.«

Ferdinand Verbiest machte große Augen.

»Klingt großartig, nicht wahr? Das beeindruckt dich tief.« Adam wischte die Titel aus der Luft. »Aber was uns heute in diesem Lande zum Helden erhebt, kann uns morgen in Ketten legen. Mein Kaiser Fulin ist tot, solange sein Geist am Hof weiterlebt, sind diese Titel Gold wert. Die ersten Anzeichen von Veränderungen werfen jedoch schon ihre Schatten voraus. Wie lange bist du in China?

»Zwei Jahre.«

»Dann kennst du nur die guten Seiten. Nimm meine Gebrauchsanweisungen für dieses Land, vor allem für diese Stadt, denn da, wo der Kaiser lebt, sind die Veränderungen am radikalsten. Meine Zeit wird nicht mehr reichen, um alles für die Nachwelt aufzuschreiben. Für mich waren die Menschen hier lange schwer zu verstehen. Zu lange habe ich vom äußeren Bild auf ihren inneren Zustand geschlossen, bis ich entdeckte, daß für sie innen und außen getrennte Welten sind. Nicht nur der Kaiser wohnt in einer Verbotenen Stadt, auch die einfachen Leute ummauern ihren Besitz, oft sogar sich selbst. Sie leben in einer anderen, für uns Westmenschen unverständlichen Welt. Wenn sie einen Gedanken fassen, dann ist das so, als würden sie essen. So leiblich spielen sich ihre Gedanken ab. Wenn P'an mich fragt, wieviele Leute bei der Taufe waren, fragt er mich, wieviele Menschenmünder bei der Taufe waren! Als ich zu Lebzeiten des Shun-chih-Kaisers Gast in der Verbotenen Stadt sein konnte, bestanden meine Besuche hauptsächlich aus Freßgelagen.«

»Verstehe ich das recht, Ihr dürft nicht mehr in den Palast?«

»Ganz recht. China hat einen neuen Kindkaiser. Und unter den neuen Vormündern wächst die Christenfeindlichkeit schon wieder nach. Das Kind wird von seinen drei Regenten vorsorglich vor meinem Einfluß verschlossen.« Lachend sprach er weiter: »Als Kaiserfreund hab ich gewonnen, als Kaisertäufer hab ich versagt. Mein Freund Yü-lin hat ihn unter seine buddhistischen Fittiche genommen.« Er schmunzelte hintersinnig. »›Setzt man ein neues Dach auf's Haus, läßt man den Firstbalken, wo er ist‹, sagt ein altes chinesisches Sprichwort.«

»Ein buddhistischer Bonze? Ein Heide und Christenfeind?« Verwundert betrachtete der Flame den Alten, der so leichthin den Kopf des Reiches an einen Buddhisten verloren hatte.

Der Alte lächelte. »Den Dingen ihren Lauf lassen, das heißt nichts anderes als: Gottes Wille geschehe. Das Unergründliche, das Göttliche ist größer als meine kleinen menschgedachten Dogmen. Das zu wissen, hat meinem Leben Frieden gegeben. Mein Lieber, wir werden Zeit genug haben, um über all das zu reden. Auch über den Umgang mit den Menschen hier. Wie gesagt, hier dreht sich alles ums Essen. So kennen die Leute hier nur zwei Arten von Menschen, die einen nennen sie die rohen, die von draußen vor der Mauer, die anderen, die drinnen leben, die garen. Mich nennen meine Freunde den garen Fremden.«

»T'ang Jo-wang ist sein chinesischer Name … *t'ang* heißt Suppe«, fügte P'an hinzu.

»Ich denke, wir sollten dir jetzt dein Refugium zeigen.« Adam zog sich aus seinem Sessel hoch und ging Ferdinand voraus. Im Gehen drehte er sich um. »Und, junger Freund, du wirst mehr Arbeit bekommen, als dir lieb ist, denn, wie du bemerkt haben wirst, ist mein Augenlicht sehr schlecht. Ich werde dir mit meinem Wissen zur Hand gehen. Der neue Kaiser wird dein Kaiser. Aber den Sessel, den behalte ich.«

Und so kam es auch. Ferdinand Verbiest entpuppte sich als ein Mensch ganz nach Adams Gusto. Was er am ersten Tag durch die feine Eleganz seiner Kleidung dokumentiert hatte, übertrug er in die Präzision seiner Arbeit und den fürsorglichen Umgang mit den Gemeindemitgliedern. Der rothaarige, kräftige Flame ergänzte die beiden alten Käuze prächtig. Bei der wissenschaftlichen Arbeit saß Adam in seinem abgeschabten Schaffell und der junge Astronom mit Stift und Zirkelwerkzeug am großen Tisch.

P'ans Aufgaben beliefen sich nunmehr auf das Sieden, Seihen und Verabreichen von stärkender Kräutermedizin. Doch meistens saß er still in einer Ecke und lauschte den Pinselgesprächen von Schüler und Lehrer. So vergingen zwei arbeitsreiche, fruchtbare Jahre von 1662 bis 1664.

Es war ein wohlig warmer Tag. Die drei Residenzbewohner saßen Seite an Seite im sonnigen Innenhof. Hinter ihrer Holzbank reckte der alte Sextant seine grünspangrünen Zeigerarme in den Himmel und um das Madonnenbrünnlein knospten in Töpfen samtrote Rosen.

Ferdinand und P'an sorgten sich, weil der nun zweiundsiebzigjährige Adam noch immer unter den Folgen eines Schlaganfalls litt, der ihn vor zwei Monaten niedergestreckt hatte. In der Kirche war er zusammengesunken und seitlich mit dem Kopf aufgeschlagen. Die herbeigerufenen Ärzte hatten etwas von »Schwächung der durchdringenden Winde« gebrummt. Auf ihre Anweisung brauten ihm die Freunde dreimal täglich Kräutersud. Einmal täglich wurde ihm in die *Große Straße am Paßtor*, den *Vierten Abzugsgraben* und den *Brunnen des Himmels*, wie die Ärzte die Punkte nannten, mit einer Nadel gestochen. Für heute waren die Heilprozeduren beendet.

Der Gelähmte hing blaß in seinem Sessel, ein Speichelfaden lief ihm aus dem rechten Mundwinkel, sein rechtes Augenlid war weder geschlossen noch geöffnet. Das Schlimmste war, daß er nicht mehr deutlich sprechen konnte. Nur mit der linken Hand konnte er seine Kommentare zu Ferdinands Erzählungen aus dem Astronomischen Amt geben. Seine ganze rechte Körperseite war wie tot. Durch Stöhnen, durch Heben der Linken oder Knöchelklopfen auf die Armlehne versuchte er, seine Meinung kundzutun.

Plötzlich, als ginge es um Leben und Tod, schlug jemand an die Hinterpforte. Auf einem Tragstuhl brachten zwei Mönche

Yü-lin in den Hof und trugen ihn außer Atem bis dicht vor Adams Sessel.

Dem buddhistischen Großlehrer war das Alter derart in die Knochen gefahren, daß er nicht mehr ohne fremde Hilfe gehen konnte. So blieb er zur Begrüßung in seinem Sitzgestell hocken. »T'ang Jo-wang, mein Freund, hörst du mich? P'an! Junger Mann, bitte, höchste Achtsamkeit ist geboten! Heute morgen wurde mir von einem Freund im geheimen zugetragen, daß der Christengegner Yang Kuang-hsien aus dem Astronomischen Amt Anklage wegen Volksverhetzung gegen Euch und die Priester der Ostmission erhoben hat. Als Grund nennt er die Schriften, die von der Ostmission zur Verteidigung des christlichen Glaubens unter die Leute gebracht werden. Ich mache mir große Sorgen, denn sie werden Euch noch heute abholen. T'ang Jo-wang, in meinem Alter sind mir die Kräfte geschwunden, mich für Euch einzusetzen.« Yü-lin drückte die reglose Hand des Gelähmten. »Ich werde Euch in meine Segenserflehungen einbeziehen. Möge das Leben uns wieder zusammenbringen.«

Adam vermochte nur leicht zu nicken. Ferdinand war aufgesprungen und bot ihm eine Erfrischung an, aber Yü-lin winkte ab. »Niemand darf mich hier sehen, ich bringe meine Schüler in Gefahr, möge Euch bald Erleuchtung wiederfahren.« Kaum daß er geendet hatte, rannten die beiden Mönche mit dem Greis wieder hinaus auf die Straße.

Adam atmete schneller, seine linke Faust ballte sich zornig und er schlug verzweifelt gegen die Armlehne.

»Er sah es in den Sternen.« P'an war aufgestanden und zupfte Adams Decke zurecht. »Er hat schwere Zeiten vorhergesehen. Er darf sich doch jetzt nicht aufregen.«

»Wer war das?« fragte Ferdinand, der noch immer zum Mondtor hinüberschaute.

»Das war der Buddhist Yü-lin. Er und der Pater haben sich das Seelenheil des Kaisers geteilt. Aber was machen wir jetzt? Sie dürfen ihn doch nicht wegholen. Wir müssen uns verstecken.«

Der krumme P'an stand verwirrt vor dem Kranken. »In die Kirche oder zu Maria T'ien ... wohin, wohin?«

»Sie werden uns alle holen, guter Mann. Wie soll sich ein Europäer in China so schnell in Luft auflösen? Ihnen liegt doch nur an einer Verhandlung, er hat nichts von Gefängnis gesagt. Und vor Greisen, mein Alterchen, habt ihr Chinesen doch jede Menge Respekt. Oder?«

Gemeinsam trugen sie den Kranken in sein Laboratorium, wo sich entlang der Wände Bücher über Bücher stapelten. Neben dem Kang, auf den sie ihn legten, reihten sich astronomische Instrumente neben zwei Kleiderständern und aufeinandergestapelten Ledertruhen auf. Vergilbt und rußgeschwärzt hing die Kalligraphie mit dem Herzen und dem darüber hängenden Dolch, das Zeichen für Geduld, hoch oben an der nackten Wand.

Gegen Nachmittag, Adam war auf dem Kang eingeschlafen, weckte ihn Ferdinand und flüsterte fürsorglich: »Reg dich jetzt nicht auf, dein Freund hatte recht. Wir werden abgeholt. Ich und du. Auch P'an muß mit.« Vorsichtig schob er ihm einen Arm unter den Rücken und zog ihn hoch.

»Aufstehen, raus aus dem Bett, verneigt euch vor den Soldaten des Kaisers.« Zwei Bewaffnete rissen Ferdinand zur Seite und zwangen ihn zum Stirnaufschlag auf die Knie. Den Kranken zerrten sie am Arm in die Höhe, doch er sank stöhnend vom Lager. Sofort sprang der Flame in voller Lebensgröße auf und brüllte den Bütteln in die dümmlichen Gesichter. Als sie verstanden hatten, daß der alte Mann weder laufen noch reden und kaum sehen konnte, dämpften sie ihren Eifer und gestatteten den beiden, den Gelähmten in den Hof zu tragen.

Im Freien spürte Adam, wie ihn feindliche Hände übernahmen und in das geschlossene Gehäuse einer Sänfte zwängten. Anstatt nach Duftölen roch das Holz nach Angstschweiß. Er hörte, daß sie den laut protestierenden P'an ebenfalls in eine Sänfte drängten und ihm das Türfenster verriegelten. Ferdinands kräftige Stimme blieb ruhig und bedacht.

Der Tumult verstummte. Im Laufschritt wurde er durch das sommerliche Peking getragen. Halbseitig gelähmt, fast blind und zum Lallen verdammt tragen sie doch eigentlich nur noch mein Gehirn zu dieser Verhandlung, dachte er. Jetzt werde ich

Zaungast in meinem eigenen Prozeß. So muß ich wohl Gott auch in diesem Elend finden. Das schien ihm der einzige logische Schluß für seine aussichtslose Situation. Er horchte, doch konnte er sich im Straßenlärm nicht orientieren.

Als um ihn herum Türen geschlagen wurden und die Stimmen gedämpft klangen, der Straßenlärm aber ausblieb, nahm er an, daß er sich in einem Amtsgebäude befand. Da die nackten Sohlen der Träger lange über Steinplatten getappt waren, mußte das ein Ministerium am Tausend-Schritte-Korridor sein.

Jetzt verstärkte sich das Stimmengewirr wieder, er wurde abgesetzt. Die Hände, die ihn jetzt aus der Sänfte hoben, gehörten Ferdinand.

»Wir sind im Tribunalsaal des Kulturministeriums.« Ferdinand stellte sich neben ihn und ergriff seine Hand. »Wir werden alle angeklagt, auch die Mitbrüder der Ostmission und drei unserer Gemeindemitglieder, Kronräte, Staatsminister, Kriegs- und Zivilmandarine sind hier. Man hat sich wohl an der Streitschrift verschluckt. Dieser Yang Kuang-hsien hat eine ordentliche Lawine losgetreten«, flüsterte Ferdinand. Warm drückte er Adams Hand. Der Gelähmte hörte am Atem, daß Ferdinand dicht neben ihm blieb.

Nach aufwendigen Begrüßungsformalitäten rief eine strenge, hohe Stimme: »Wir sehen, die Angeklagten sind anwesend. Nennt eure Namen.«

»Verzeiht, ehrwürdiges Hohes Gericht«, hörte er Ferdinand neben sich, »der von Ihnen als Angeklagter bezeichnete Kranich-Mandarin T'ang Jo-wang kann kaum sprechen, er ist noch sehr krank. Wenn Ihr erlaubt, werde ich als sein Assistent alle Eure Fragen beantworten.«

Der Gelähmte versuchte sein Einverständnis mitzuteilen, aber es gelang ihm nicht. Das Wispern des Publikums drang wie kleine Pfeile in sein Hirn, Speichel tropfte ihm auf die Hand. Ärgerlich erinnerte er sich an das Abschlußgebet in Lissabon: Wenn du aber alt geworden bist, wirst du deine Hände ausstrecken und ein anderer wird dich gürten und dich führen, wohin du nicht willst. Noch nicht, noch nicht! Er betete darum, daß ihn Ferdinand dahin führte, wohin er wollte.

Der einundvierzigjährige Ferdinand Verbiest, die Jesuiten der Ostmission, der sechzigjährige Luigi Buglio und der vierundfünfzigjährige Gabriel de Magalhâes, der neunundsechzigjährige P'an Tsin-hsiao und drei Chinesen, deren Namen er nicht verstand, mußten Name, Sippe, Herkunft, Wohnsitz und Alter nennen, den ehrerbietenden Kotau vollführen und dem Kulturminister Rede und Antwort stehen.

Jedesmal wenn sein Name fiel, griffen ihm von links Ferdinand und von rechts ein Wachmann unter die Arme, ließen ihn auf den Teppich in die Knie sinken, zogen ihn wieder hoch, hielten ihn aufrecht, bis Ferdinand für ihn ausgesagt hatte. Bei allen weiteren Fragen wiederholte sich die Höflichkeitsprozedur. Erst als ihm der kalte Erschöpfungsschweiß ausbrach, hatte ein Beamter ein Einsehen, und er durfte auf dem Teppich sitzen bleiben.

Kaum war die Vorstellungsprozedur zu Ende, kaum hatten sich die Angeklagten vorschriftsmäßig aufgestellt, schepperte ein Gong und eine Stimme rief: »Der hochverehrte und rechtschaffene Privatgelehrte Yang Kuang-hsien aus der Kreisstadt She-hsien der östlichen Reichsprovinz Anhwei möge seine Anklage vortragen.«

Wieder das Scheppern und alsbald eine metallene, jähzornige Stimme: »Diese Menschen sind allesamt Aufrührer gegen die Menschlichkeit, die Rechtschaffenheit, den Anstand und die Weisheit. Wir klagen sie vor dem Himmel an: des Hochverrates, der Aussaat einer trügerischen Religion und der Verbreitung einer falschen Himmelskunde. Der alte Fremde, der sich T'ang Jo-wang nennt, riß das Siegel des Astronomischen Amtes an sich, um in das Erhabene Mandarinat aufgenommen zu werden und fremdländische Tempel in China bauen zu können. Füchsisch durchtrieben schmuggelten er und die Seinen ihre Lehre von ihrem Himmelsherrn ein, indem sie diese Lehre als die jenseitige Ergänzung der ehrwürdigen Lehre des Konfuzius ausgaben.«

Der Gelähmte hörte Ferdinand für ihn antworten: »Kein Geringerer als der Erhabene der zehntausend mal zehntausend Jahre, der Shun-chih-Kaiser, zollte der Lehre Gottes, den wir dem chinesischen Verständnis entsprechend mit Himmelsherrn übersetzen, Respekt. Bereits zu Beginn seiner Regentschaft ernannte er T'ang Jo-wang zum Direktor des Astronomischen Amtes und übertrug ihm die Reform des Reichskalenders. Der Vorwurf, T'ang Jo-wang hätte das Amt an sich gerissen, entspricht nicht der Wahrheit. Als erster Kaiser der Ch'ing-Dynastie, der die Ära Harmonisches Regieren begründete, hat der Shun-chih-Kaiser seiner Kirche einen Besuch abgestattet und eine Ehrentafel gespendet.« Verbiests sachliche Stimme ließ kein Flüstern zu.

»Hohes Gericht! Hören Sie den nächsten Anklagepunkt: Aussaat einer verwerflichen Lehre.« Die alte Stimme des Anklägers Yang Kuang-hsien krächzte verächtlich zu ihm herüber: »Diese Menschen behaupten in ihrer Schrift *Ursprung und Ausbreitung des göttlichen Gesetzes,* das Christentum sei die älteste und vollkommenste aller Religionen. Sie behaupten, ihr Himmelsherr, den sie Gott nennen, sei der einzige und ausschließliche Herr über Himmel und Erde. Damit erheben sie ihre Religion über alle anderen Religionen des Erdenrunds. Ungeheuerlich, anmaßend! Aber weiter! Die Fremdlinge leugnen, daß der Himmel durch die Zusammenfügung von *yin* und *yang* entstanden ist. Sie nennen diese beiden nur Dinge ohne Geist, halten sie schlichtweg für Luft und meinen, daß der Himmel unbedingt einem Wesen namens Gott seine Erschaffung zu verdanken hat. Angenommen, der Himmel wäre von ihrem Gott erschaffen worden, dann wäre er doch ein stumpfes und unwissendes Ding. Wie hätte dann der Himmel, die für uns höchste Institution, alle Lebewesen ins Leben rufen können?«

»Zu diesen Vorwürfen möchte das Oberhofgericht den Angeklagten Luigi Buglio hören.«

»Wir Christen haben ein anderes Verständnis vom Himmel. Da ist der weite, blaue Himmel, wie wir ihn täglich sehen. Dieser ist von Gott erschaffen und gehört tatsächlich zu den stumpfen und unwissenden Dingen. Daß dieser sichtbare Himmel die zehntausend Wesen nicht ins Leben gerufen hat, ist gewiß. Gott hat den Himmel mit Sonne, Mond, Sternen und außerdem die zehntausend Wesen erschaffen. Weil diese nicht in der Lage sind, sich selbst zu bewegen, bewegt sie einer, der selbst Geist besitzt, nämlich Gott. Das ist der Herrscher. Er ist das geistigste geheimnisvolle Wesen, war vor uns da und ist ohne Anfang. Er handelt stets und ist immer ruhig. Er ist uralt und stets neu. Alle Wesen, ob formhaft oder formlos, sind durch ihn hervorgebracht worden. Er ist der Herr über Himmel und Erde.«

Adam stöhnte. Unerlöste Gedanken ballten sich hinter seiner Stirn. Schwer atmend lauschte er.

Yang Kuang-hsiens Antwort donnerte augenblicklich hernieder: »Wenn sie fälschlicherweise behaupten, der Ohne-Anfang-Seiende sei der Himmelsherr, dann müssen sie doch sagen, daß der Himmelsherr nicht-seiend ist, also können sie von ihm nicht als einem seienden Wesen sprechen ...«

»Falsch! In Jesus wurde Gott, der Himmelsherr, Mensch ...«

»Wenn ihr Jesus wirklich für den menschgewordenen Himmelsherrn haltet«, entgegnete Yang Kuang-hsien schnell, »aus welchen Kräften wurde er denn erschaffen, wenn die kosmischen Kräfte *yin* und *yang* von euch Angeklagten geleugnet werden?«

»Nun ja, die Tatsache, daß Gott Fleisch annahm und Mensch wurde, überstieg seit jeher das menschliche Vorstellungsvermögen, gewiß auch das eines Privatgelehrten wie Yang Kuanghsien. Wie pflegen die Alten zu sagen? Mit einem Brunnenfrosch kann man nicht über das Meer reden, er ist beschränkt auf sein Loch.«

»Weiche nicht aus, fremder Priester!« Eine schneidende Stimme stoppte Buglios verächtlichen Ausbruch.

»Wenn der Himmelsherr sich nun in Jesus inkarniert haben soll, dann frage ich, wer nahm ihn und steckte ihn in den Schoß der Maria? Wie steht es mit seinem Vater? Die Behauptung, ein Weib habe ohne die *yang*-Kräfte eines Mannes ein Lebewesen in die Welt gebracht, ist der Beweis dafür, daß die Angeklagten an ein ganz niedriges, nicht mit den kosmischen Kräften des *yin* und *yang* harmonisierendes Wesen glauben, ja, dieses sogar anbeten und unserem Himmel überordnen. Für jeden ehrbaren Chinesen haben alle Geburten, entstammen sie nun dem Mutterleib wie bei Säugetieren oder wie bei Vögeln dem Ei, einen leiblichen Vater. Nur die Geburten aus dem feuchten Schlamm wie bei Würmern und Fischen kennen keinen Vater. Ach ja, dann gibt es noch die unwürdige Geburt durch Umwandlung wie bei Motten aus Puppen. Auch den Dämonen ist die Selbsterzeugung zu eigen. Und damit hätten wir den Beweis, daß die Christen einen vaterlosen Dämonen anbeten.«

»Das ist dummsinnige Borniertheit eines Mannes, der mit einem linsenlosen Rohr den Himmel und mit einem Flaschenkürbis das Meer vermessen möchte! Verzeiht, ehrwürdige Richter, erlaubt mir, das Wunder der Fleischwerdung zu erklären. Die Fleischwerdung des Himmelsherrn ist das wichtigste Geheimnis unserer heiligen Lehre. Als Gott Fleisch annahm, geschah dies nicht anders als dadurch, daß er die ursprüngliche Substanz seiner Grundnatur als geistiger Schöpfer mit der materiellen Natursubstanz von uns Menschen zu der einen Person Jesus verband. Dieser Jesus ist also eine Person und besitzt zwei Naturen – die Natur Gottes und die Natur des Menschen. Erlaubt mir, dies vergröbert mit dem Bild eines Baumes zu vergleichen: Gott ist dabei der Stamm. Er trägt oben zwei Äste, der eine geht von der Wurzel aus und ist von der Natur Gottes. Der andere ist von außen aufgepfropft und ist von menschlicher Natur. So bilden die beiden Äste zusammen eine formhafte Einheit, einen Baum, welchen man nicht in zwei teilen kann. Jesus ist nicht aus der Vereinigung von Mann und Frau entstanden, sondern aus der Allmacht Gottes. Seine Mutter trug ihn lediglich aus und zog ihn auf; so blieb sie immer noch Jungfrau. Diese Art der Geburt möchte ich mit dem Sonnenlicht vergleichen, das in eine Glasflasche fällt. Das Licht dringt in das Glas, ohne es zu beschädigen. Auch dringt es durch das Glas wieder nach außen, ohne es zu verletzen.«

»Was für widrige Umstände der Herabkunft«, warf Yang Kuanghsien höhnisch ein. »Ein wahrhaft allmächtiger Gott hätte beim Herabkommen in die Welt gewiß die einengende Schwangerschaft im Mutterschoß vermieden und mehr Ehrwürdigkeit bezeugt.«

»Hätte er so gehandelt, er hätte die Sinne der Menschen erschreckt. Gott wollte den Menschen so nah wie möglich kommen. Daß er freiwillig in Armut auf die Erde herabkam, geschah, um unsere Gier zu brechen. Und er ließ sich trotz seiner Göttlichkeit, um unsere Vergnügungssucht zu heilen, am bittersten und kältesten Tag in einem ärmlichen Land namens Judäa gebären.«

Kaum hatte Buglio geendet, parierte Yang Kuang-hsien: »Angenommen, es gäbe diesen einzigen, alles beherrschenden Gott, dann wäre unter allen Ländern der vier Meere innerhalb des Universums keines, über das er keine Gewalt hätte, dann wäre das Land seiner Geburt, Judäa, nicht das einzige Land, über das er herrschte?«

»So ist es tatsächlich. Wer behauptet denn auch, daß Gott nur das eine Land Judäa beherrsche?« fragte Buglio verwundert.

»Da er nun Himmelsherr oder von euch der einzige, wahre Gott genannt wird, unterliegen dann wirklich alle Arten von Dingen oben im Himmel und unten auf der Erde in allen Ländern der vier Meere seiner Herrschaft?« Ein Lauern schwang in den Worten des Anklägers mit. »Auch die Erschaffung des ersten Menschen?«

»Ja, selbstverständlich!«

»Und der von Gott geschaffene erste Mensch, von dem alle Menschen abstammen, namens Adam, wurde von ihm, laut eurer Schriften, in einem Land, das später Judäa genannt wurde, aus Lehm geformt? Hohes Gericht, bitte notieren Sie: ein Wesen aus Schlamm. Steht es so in eurer Bibel?

»Durchaus, so ist Gottes Wort!«

»Hohes Gericht, damit behauptet der Ausländer also, daß alle Wesen, auch die erhabensten, aus diesem Wesen, sie nennen es Adam, hervorgegangen sind. Ist das nicht eine ungeheuerliche Anmaßung, mit der sie die Pietät verletzen und die große Harmonie unter dem Himmel zerstören wollen?«

Die Stimme des Anklägers drohte sich vor Zorn zu überschlagen. »Der erhabene Fu-hsi, Kaiser und Urvater unserer Kultur, Erfinder der ersten Regierungswerkzeuge, der Schafgarbenstengel des Orakels *I-ching* und Erfinder jenes Emblems, das *yin* und *yang* ist, soll der Abkömmling jenes ersten Menschen sein, den sie Adam nennen! Adam, wie sich jener Greis dort auf dem Teppich nennt. Ungeheuerlich, unseren Ersten Kaiser vom Anfang der Zeiten, der in den Dingen des Himmels und der Erde gleichermaßen bewandert ist, zum Sohn ihres ersten, die Kräfte von *yin* und *yang* verhöhnenden Schlammwesens herabzuwürdigen. Aber damit nicht genug! Unser Erster Kaiser soll nicht dort geboren sein, wo die Mitte unter dem Himmel ist, sondern in einem fremden Land namens Judäa. Diese ungeheuerliche Lehre muß mit den schlimmsten Strafen gesühnt werden«, schrie der aufgebrachte Gelehrte.

Adam hörte, daß sogar Ferdinand den Atem anhielt.

»Verteidigt euch!«

Luigi Buglio räusperte sich. »Ja, es ist in den Schriften belegt: Der erste Mensch hieß Adam. Von ihm stammen alle Menschen ab, auch Euer großer Erster Sohn des Himmels. Gegen die Bibel werdet auch Ihr keine Zeugnisse vorweisen können. Adam war ein asiatischer Mensch, denn sein Geburtsland Judäa liegt zwischen Europa und China in Asien.« Leise fügte er hinzu: »In Vorderasien, wie unsere Weltkarten belegen.«

Adam hörte Buglio mit Papier rascheln und nach vorne an den Richtertisch treten. »Hohes Gericht, wir möchten Sie bitten, diese Weltkarten zu studieren, um den für Sie leider bedauernswerten Irrtum, der chinesische Kaiser wäre ohne den Vorvater Adam in diese Welt gekommen, auszuräumen.«

»Er hat ihnen die Weltkarten von Ortelius und Mercator vorgelegt«, flüsterte Ferdinand in Adams Ohr.

Der raffinierte Buglio! Auf den veralteten Karten verschwammen die westlichen Grenzen des chinesischen Reiches mit den östlichen Grenzen vorderasiatischer Reiche in einem unbekannten Niemandsland. Wo auf diesem weißen Fleck die Wiege der Menschheit gestanden haben mochte, unterlag der Interpretation des Kartenlesers.

Aufgeregt wisperten und murmelten die Staatsrichter an ihrem Tisch. Sie riefen den Ankläger hinzu und schienen sich über die dargestellten Reichsgrenzen uneinig zu sein. »Die erste Verhandlung ist beendet, die Angeklagten mögen in ihre Residenzen zurückkehren und sich bereithalten«, verkündete der Vorsitzende. »Der Hohe Gerichtshof zieht sich zum Studium der Karten zurück.«

Am nächsten Tag und in den Wochen danach ging die Vernehmung weiter. Mit jeder Verhandlung gewann Yang Kuanghsien mehr Mitstreiter.

»Ihr Jesus ist ein Aufrührer, der gekreuzigt wurde. Als Beweis lege ich diese drei Holzschnitte dem Hohen Gericht vor. Sie wurden von jenem Alten dort auf dem Teppich gefertigt. Seht selbst, der Aufrührer, den sie Jesus nennen, starb an ein Kreuz genagelt. Ihr Jesus ist ein Rebellenführer, der sich gegen die Ordnung des natürlichen Staatsgebildes in seiner Heimat auflehnte. Dieser Alte dort und seine Priester planten ebensolchen Aufruhr und Verschwörung in unserem Reich. Hohes Gericht, das Haupt der Verschwörung ist T'ang Jo-wang. Unter dem kaiserlichen Gewand eines Kranich-Mandarins verbirgt sich nicht nur ein Aufrührer, sondern auch ein Zauberer. Er und seine Anhänger, verwirrte Chinesen und Mandschu, sind Unholde, die Tücher, die vom Blut der Monatsnachricht von Jungfrauen verschmutzt sind, unter der Türschwelle vergraben, damit die Frauen nicht aus dem Haus weglaufen. Sie benutzen Zaubertäfelchen, behaupten, Himmel und Erde, Feuer, Luft, Wasser, Boden, Metall und Stein seien nur Seiendes, aber ohne Leben. Gräser und Bäume nur Lebendes, aber ohne Wahrnehmung. Vögel und wilde Tiere hätten nur Wahrnehmung, aber keinen Geist. Und der Mensch nur Geist, aber keine Reinheit. Sie brauen aus ungeborenen Kindern Medizin. Als Amulett tragen sie ein Kreuz, an dem ihr Verbrecher abgebildet ist. Hier...«

Etwas wurde Adam vor die Füße geworfen. Ferdinand legte es ihm in den Schoß. Es war sein Rosenkranz, den er Fulin in den Sarg gelegt hatte.

»Heimlich hat der da dem Shun-chih-Kaiser dieses Ding auf den toten Leib gelegt, um seine Seele zu bannen und sie ihren Dämonen verfügbar zu machen. Doch haben wachsame Augen diesen Frevel verhindern können. Seht, seht nur, wie er sich vor Scham windet.«

Geschwächt war Adam nach vorne gesunken.

»Auch als Gelehrter hat er versagt.« Der Ankläger ließ nicht locker. »Als Siegelverwahrer des Astronomischen Amtes hat er den Tod eines Prinzen zu verantworten. Unter dem Deckmantel der Kalenderreform fügte er als Amtsdirektor die Bezeichnung ›Nach der neuen europäischen Regel‹ in den Kalender ein und verunreinigte damit die ehrwürdige Lehre der Holz-Feuer-Erde-Metall-Wasser-Elemente. So wurde eine ungünstige Stunde für das Begräbnis des Kronprinzen berechnet. Das erzürnte den Himmel und brachte den verfrühten Tod des Kaisers. Reicht das nicht als Beweis, daß jener Alte dort die Kalenderberechnung benutzte, um den Untergang der Dynastie zu betreiben?«

Ein glühender Strom von Haßtiraden ergoß sich an diesem und weiteren Verhandlungstagen über die Angeklagten.

Ferdinand übernahm Adams Verteidigung so gut es ging.

»Wenn es bei der Kalenderreform Berechnungsfehler gab, dann unterliefen sie nicht meinem Meister, sondern den untergebenen Beamten im Hofastronomischen Amt. Wir hegen außerdem den Verdacht, daß astronomische Instrumente auf der Sternwarte verschoben wurden. Das geschah aus böswilliger Absicht, wie einst im Palast, als Eunuchen die Position einer Armillarsphäre mutwillig veränderten, damit eine Mondfinsternis von ihm nicht korrekt berechnet werden konnte.«

»Dieser Vorwurf wird vom Hohen Gericht nachgeprüft werden, da den Justizbeamten diese Vorfälle bekannt sind. Bitte, Gelehrter Yang Kuang-hsien, fahren Sie fort.«

»Die fremden Priester handeln im Auftrag einer westlichen militärischen und dämonischen Macht, die von Macao aus unsere Welt erobern will. Mit ihrem größenwahnsinnigen, alleinseligmachenden Gottesglauben wollen sie uns umerziehen, wie in unserem Lande Kaiserverräter umerzogen werden, um uns ihrer Religion gefügig zu machen. Ich beschwöre das Hohe Gericht, unser Land hat ein naturgegebenes Recht, seine kulturellen Werte zu schützen und zu erhalten. Das Reich der Mitte darf nicht in die Hände westlicher Barbaren fallen.«

Höhnisch lachte Luigi Buglio auf. »Wir Handvoll Westländer, die neunzigtausend li von jenseits des großen Wassers kamen, sollen das große, erhabene, hochgestellte, unsterbliche Reich der Mitte angreifen wollen? Fühlt Ihr Euch im Rücken von 250 Millionen Menschen so schwach? Womit sollen wir Euch angreifen? Ich frage das Hohe Gericht, mit welchen Waffen?« Buglios Fäuste donnerten auf den Richtertisch. »Und der da …« Buglio trat hinter Adam und richtete dessen schlaffen Körper auf. »Und der hier war wohl eher einer, der Euren Gelehrten aus der Hand gefressen hat, als daß er die Waffen der Eroberung gewetzt hätte. Wir alten Männer sind zu schwach, um Eure Millionen Brunnen mit Taufwasser zu vergiften.«

Er schlurfte zurück in die Reihe der Angeklagten und fuhr leiser fort: »Nein, nein! Unsere Lehre will die große Harmonie zwischen Mensch und Gott wie der ehrwürdige Konfuzius die große Harmonie zwischen dem Herrscher und dem Volk, dcm Manne und dem Weib, den Eltern und den Kindern wollte. Seht in unserer Lehre eine Ergänzung, eine weitergehende Ergänzung seiner weltlichen Lehre. Wenn Konfuzius von Menschlichkeit und Sittsamkeit unter dem Volke spricht, sprechen wir von der Güte und Liebe zwischen Gott im Himmel und den Menschen auf Erden. Gott ist wie ein Aufseher, der die Heuchelei der Menschen, aller Menschen, hinter den verschiedensten Masken erkennen kann. In seinem Königreich, dem Paradies, herrscht die höchste Gerechtigkeit für die Menschen, die unter seinem wachsamen Auge Gutes taten, und in der Hölle straft er die, die Ungutes taten. Wir Christen streben nicht nach weltlichen Dingen. Wir streben danach, den Geboten Gottes zu genügen, um dann nach dem Tod in sein Paradies einzutreten.«

Yang Kuang-hsien lachte höhnisch. »Da hört das Hohe Gericht, wie diese Menschen das Lehrgebäude des Konfuzius mißbrauchen, um im Schutze seiner Mauern ihre schandhaften Lügen zu verbreiten. Sie mißachten in Wirklichkeit die Ordnung in diesem Leben, die Gesetze zwischen Mann und Frau, Kind und Eltern, Etikette und Harmonie. Als ihr Himmelsherr herabkam, um die Welt zu erlösen, hätte er lieber die Riten und die Musik fördern und sich der Pietät und dem Pflichtgefühl verschreiben sollen. Das wäre der richtige Weg gewesen, um die Menschen in ein Weltparadies zu führen. Aber nein, er zog es vor, nur kleine Wohltätigkeiten zu vollbringen wie Kranke zu heilen, ein paar Tote wiederzubeleben, auf dem Meer zu wandeln, durch Zauberei Nahrung zu schaffen. Außerdem hatte er, wie die Buddhisten und Taoisten, nur Dinge wie jenseitige Paradiese und Höllen im Sinn, die dem Menschen im Alltag nichts nützen.«

Da Buglio als gewandter Übersetzer die Sprache am besten beherrschte, wurde er im weiteren Verlauf des Prozesses zum

Redner für die Angeklagten. »Der Privatgelehrte Yang Kuang-hsien sieht nur, was er anfassen kann. Es fehlt ihm jedes Verständnis für das Wechselspiel zwischen Gott und Mensch. Unser Widersacher, der sich auf die Staatsordnung des Konfuzius stützt, macht den verleumderischen Versuch, alle von ihm ungeliebten Religionen in einen Topf zu werfen. Ich distanziere unseren Glauben aufs Schärfste von den anderen genannten Religionen. Der Glaube der Buddha- und Tao-Bonzen umfaßt nur das Ursache- und Wirkungsprinzip menschlichen Handelns. Sie kennen nicht das Wesen der Gottesgnade und des Vergebens. In ihren Religionen ist die Gottesschau das Ergebnis von bewußt herbeigeführten geistigen Prozessen und Körperübungen. Wir Christen hingegen halten den Menschen für zu schwach, als daß er ohne Gnade eines alleinseligmachenden Gottes das Paradies erblicken könnte. Jesus hat uns gelehrt, daß, wenn wir sein Königreich auf Erden errichten, das heißt seine Gebote einhalten, wir auch das Paradies Gottes gewinnen, denn Gott belohnt die, die seine Gesetze erfüllen, und verzeiht den Sündern, denn wir Menschen werden niemals ohne Sünde sein. So können wir nur durch seine Gnade nach dem Tod den gleichen, ewig andauernden Platz einnehmen wie all die Himmelsgeister, die wir Engel nennen, und die Heiligen. Auch ist die Hölle für uns Christen etwas anderes. Die Hölle der anderen Religionen kommt aus der Vorstellung von Schwerterbergen und Sichelwäldern. Bei ihnen werden Köpfe abgeschnitten und Fersen geschleift, aber wenn das Leid erschöpft ist oder, wie sie sagen, das Karma abgearbeitet ist, dann kommt der Sünder aus diesen Bereichen wieder heraus, um in einem besseren Leben wiedergeboren zu werden. Dieser Kreislauf von Saat und Ernte guter oder schlechter Handlungen ist uns Christen fremd. Bei dem, was wir unter Hölle verstehen, gibt es einen inneren und einen äußeren Schmerz. Der innere Schmerz ist, daß man auf ewig, ich sage auf ewig, die Hoffnung auf die Herrlichkeit des wahren Herrn verliert und ewigen Kummer und Hader in sich trägt. Der äußere ist, daß der Leib ewig im grausamen Feuer brennt.«

»Auch hier widersprecht ihr euch selbst. Wie bei den Buddhisten gibt es bei euch einen Weg aus der Hölle. Eure Lehre behauptet, wenn man in großer Bedrängnis zu Jesus' Mutter fleht, dann vergibt sie die Sünden und läßt einen ins Paradies hinaufsteigen ...«, entgegnete der Chinese.

»Die Macht, Sünden zu vergeben, hat nur der Himmelsherr«, rief Ferdinand, vor Erregung zitternd.

»Ruhe, ich verbitte mir jegliche Unterbrechung. Also, nach eurer betrügerischen Lehre können alle Verbrecher und alles Gesindel zu himmlischen Wesen werden und euer Paradies ist in Wirklichkeit ein Schlupfwinkel für flüchtige Verbrecher. Nein, Hohes Gericht, in Wirklichkeit gibt es weder Paradies noch Hölle in einer anderen Welt als dieser. Tut man Gutes, so kommt alles Glück herab, und tut man Böses, so kommt alles Böse herab. Ich sage, alles Gute und alles Böse sind nämlich Paradies und Hölle in diesem Leben.«

Im Laufe der Verhandlungen wurden immer mehr Schriften gewälzt und Aussagen gedreht und gewendet. Die Europäer warfen den Chinesen vor, sie hätten alles von ihnen gestohlen, und die Chinesen beschuldigten die Europäer, ihre Kultur und Wissenschaft zu verhöhnen. Die Ankläger fanden mehr und mehr Argumente für den Vorwurf, die Christen hätten versucht, das chinesische Reich zunächst mit einer Religion, dann mit einer Militärinvasion und zuletzt durch die Befehlsgewalt über den Kaiser und seine himmlischen Erben im Palast zu unterwandern. In Ermangelung sachlicher Beweise aller Parteien griff der Staat auf ein bewährtes Mittel zurück – auf die Gewalt.

Am 12. November hieß es: »Kniet nieder! Das Gesicht zum Palast! Auf kaiserliche Anweisung seid ihr Gefangene des Justizministeriums. Wachen! Legt ihnen Ketten an und schafft sie in den Kerker.«

Kein Protest half.

Gabriel de Magalhâes, der sich wild aufbäumte und wüste Beschimpfungen ausstieß, wurden Ketten um Hals, Hände und Füße gelegt. Adam hörte Metall klirren, dann rasselten Ketten zwischen seinen Handgelenken und eiskaltes Metall legte sich um seinen Hals. Mit Ketten um Hals, Hände und Fußknöchel wurde er auf eine Bahre gehoben und hinter den vorausgehenden Brüdern hergetragen. Lautes Klirren verriet, daß einer neben ihm ging. »Ich habe ein Faustpfand«, hörte er Ferdinand flüstern. »Am 16. Januar haben wir eine Sonnenfinsternis, vielleicht können wir damit unser Leben retten.«

»Auseinander, die Gefangenen dürfen nicht miteinander flüstern.« Ein Peitschenhieb knallte durch die Luft, klatschte, und er hörte Ferdinand schmerzlich aufstöhnen.

Unter dem Deckmantel der Nacht brachten Soldaten ihn und die anderen sieben Angeklagten über einen gepflasterten Hof, dann kippte seine Liege und er wurde einen dumpf widerhallenden Gang hinuntergetragen. Beizende Wolken von Schnaps und Urin hüllten ihn ein.

Fluchend bugsierten die Träger seine sperrige Liege durch enge Gänge. Gittertüren wurden aufgeschlossen, man warf ihn auf kalten Lehmboden. Jemand griff ihm unter die Achseln und zog ihn an eine feuchte Mauer, an die er sich anlehnen konnte.

»Verzeiht, Mandarin«, wisperte eine junge Stimme. Hände lockerten blitzschnell die schmerzenden Ketten, dann war er schon alleingelassen. Eine Gittertür nach der anderen wurde scheppernd zugeknallt und quietschend verriegelt. Aus den großspurigen Bemerkungen der Soldaten hörte er heraus, daß man alle Angeklagten in Einzelzellen untergebracht, ihnen Holzjoche umgelegt und für jeden Gefangenen fünf Wachmänner bereitgestellt hatte. Außerdem hatte man aus Angst vor Aufwiegelung die Jesuiten von den anderen Gefangenen isoliert und diese in andere Gefängnisse verlegt.

Schon bald zogen sich die Wächter in die gutbelüfteten Räume der oberen Stockwerke zurück, wo sie sich lärmend dem Brettspiel widmeten.

Totenstille lag über dem finsteren Kerker. Nur in den Lüftungsschächten raschelte es ab und an von Ungeziefer. Kälte kroch die Mauern entlang.

Die Gefangenen froren. Vor Kälte zitternd durchstöberten sie ihr Innerstes nach Antworten; mal fühlten sie sich mit der Gnade des Martyriums beschenkt, dann wieder examinierten sie sich für diese Höllenstrafe. In der ignatianischen Weisung, daß sich ein Priester im Kampf um die Rettung der Seele nicht vor dem Martyrium fürchten solle, fand keiner so richtig Trost.

Aus den oberen Gängen wurde das Glücksspiel lauter, und Adam hörte die Mitbrüder von Zelle zu Zelle miteinander wispern. Als die Wächter nicht reagierten, riefen sie sich lauter beim Namen. Ketten klirrten an seinen Gitterstäben und die Stimme von Gabriel de Magalhâes flüsterte: »Adam, wenn du hier bist, gib ein Zeichen.«

Adam schüttelte seine linke Hand, so daß seine Ketten aneinanderschlugen.

»Gut, neben dir sitze ich, Gabriel, eine Zelle weiter Ferdinand, dann folgt Luigi, dann dein Diener P'an und Hü Shih-hsien, Li Tsu-pe und Hü-kung. Wenn du kannst, setz dich ans Gitter.«

Er ließ sich auf die linke Seite fallen und schob sich mühsam zu den Gitterstäben. Als er in Reichweite von Magalhâes lag, griff dieser durch die Stäbe und half ihm, sich aufzusetzen. Die kleinste Bewegung kostete unendliche Anstrengungen. Zu den anderen Gebrechen kam jetzt noch ein Druck auf der Brust, der ihm die Luft nahm.

»Es geht ihm sehr schlecht«, hörte er den Mitbruder rufen. »Er braucht Wasser.«

Halb benommen leerte er einen Becher, den er wenig später an die Lippen gehalten bekam.

Das Atmen schmerzte, nur noch von Ferne hörte er die anderen Gebete sprechen. Mit letzter Kraft zog er sich Alis Saphirring vom Finger und tastete nach Gabriels Hand. »Ferdinand«, hauchte er, dann hatte das Kerkerdunkel sein Herz erreicht und er versank in einem Schlaf der Ohnmacht.

Als er erwachte, hatte ihm jemand die Ketten abgenommen, er lag auf einer warmen Decke.

»Adam!« Gabriels Stimme brachte ihn zu sich.

»Er lebt!« rief Gabriel ins Dunkle. »Hier, trink, den Kampf mit dem Tod hast du wohl in den letzten Tagen gewonnen.«

Dankbar drückte Adam die durch die engen Ketten heiß angeschwollene Hand seines Mitbruders. Dann sank er wieder in sich zusammen und verfiel in traumlosen Schlaf. Im Finstern dämmerte er durch Tage und Nächte.

In den wenigen lichten Momenten durchfuhr ihn die Angst, daß dieses jetzt die Strafe Gottes für seinen Ungehorsam gegenüber dem Papst und dem Orden sei. Doch auch in tiefster Verzweiflung blieb er bei seinem Nein zur Taufe des leichtfertigen Kaisers. Hatte er sich doch entschieden, dem Christentum in China Zeit zur Reifung zu lassen und jede gewalttätige Bekehrung zu verhindern. Innig hoffte er, daß Gott seine einsame Entscheidung annehme.

Keinen Gedanken konnte er mehr klar fassen, Bilder stoben durcheinander, keines blieb.

Es vergingen Wochen. In den Nachbarzellen fingen die Brüder an, sich die Beichte abzunehmen. Als das getan war, aber der Tod noch immer nicht näherrückte, fingen sie an, sich zu streiten.

Es geschah am Morgen des 16. April Anno Domini 1665: Die Jesuiten wurden aus den Verliesen geschleppt. Mittlerweile hatte die Obrigkeit auch die Missionare aus den entferntesten Landesteilen nach Peking holen lassen. Nach immer demütigenderen Verhandlungen wurde nun Anklage gegen alle christlichen Priester in China erhoben. Zum Schutz gegen Neugierige und empörte Getaufte war das Justizgebäude von bewaffneten Soldaten umstellt. Die höchsten Richter des Reiches waren vollzählig anwesend.

Nichts war aus ihren beherrschten Stimmen herauszuhören, schweigend saßen sie in ihren Stuhlreihen, als die Gefesselten den Tribunalsaal betraten. Die Christen waren den Anklägern nicht die Andeutung einer Verbeugung wert, aufrecht blieben sie in ihren seidenbestickten Mandarinroben sitzen. Als Ruhe eingekehrt war und die Gefangenen auf ihren Plätzen standen, trat Stille ein. Nur das Rauschen eines Bambus im aufkommenden Wind war durch die geöffneten Fenster zu hören.

Auf leisen Sohlen lief ein Gerichtsdiener durch den Saal, schlug seinen Scheppergong und meldete: »Hohes Gericht, die Angeklagten und die werten Herren Richter sind anwesend. Es wurde alles getan, um die Sicherheit der Gerichtsverhandlung zu gewährleisten. Aus Gründen der Menschlichkeit wurde dem alten, kranken Fremden ein Lager gestattet. Das Gericht kann unbesorgt beginnen.« Er schlug noch einmal seinen Gong und lief hinaus.

Der größte Prozeß gegen die Christenheit stand kurz vor seinem Ende.

Ein Diener trat vor den Sitz des Gerichtspräsidenten und reichte ihm eine Schriftrolle. Bedächtig rollte dieser das Dokument auseinander und las laut, jede Silbe betonend, vor: »Das Hohe Gericht ist nach einem viele Monate dauernden Prozeß, der Anhörung der Ankläger und der Angeklagten zu folgendem Urteil gekommen: Erstens: Der Hauptangeklagte T'ang Jo-wang ist der Verunglimpfung der Weltordnung überführt, denn er lehrt, daß der Himmel nur der Sitz Gottes sei, nicht Gott selbst. Zweitens: Es gilt als erwiesen, daß die Christen die Machtübernahme im Reich der Mitte angestrebt haben. Ihre Kirchen sind die Tempel eines gefährlichen Kultes, in der die Menschen mit magischen Ritualen beeinflußt werden. Drittens: Es gilt als bewiesen, daß sie sich in ihren Versammlungen mit Geheimlosungen und geheimen Gesten verständigen. Die Anmerkung im Kalender ›Nach der neuen europäischen Regel‹ ist eine Geheimbotschaft eines Fürsten des Westens. Durch den Mißbrauch unseres Kalenders für ihre Interessen haben sie die Ehre des Kalenderwesens unserer Ahnen beschmutzt.«

Die Liste der Anschuldigungen war um viele Gerüchte angewachsen.

Aber unter den Angeklagten war keiner mehr stark genug, eine Verteidigung vorzubringen. Nach Aufzählung ihrer Vergehen wurden sie angeherrscht, sich niederzuknien. In seinen gemarterten Körper eingeschlossen, unfähig sich mitzuteilen, lag Adam Schall wehrlos zwischen seinen Brüdern.

»Die Strafen für diese Vergehen sind erstens: Jeder der gewöhnlichen Fremden, wie sie hier armselig vor uns knien, erhält hundert Stockschläge und wird aus dem Reich verbannt. Zweitens: Die Chinesen, die sich der fremden Sekte angeschlossen haben, werden enthauptet. Drittens: Dem Hauptangeklagten T'ang Jo-wang werden alle Titel und Ämter genommen, er ist als Hochverräter überführt. Als Oberhaupt der Verschwörung wird er auf ein Kreuz gefesselt, Glied um Glied wird ihm vom Leib getrennt. Um seine Todesqualen zu erhöhen, wird der Blutfluß mit Gluteisen gestoppt.«

Die Stimme des Gerichtspräsidenten ging unter in Entsetzensrufen.

In das Wehklagen der zum Tode Verurteilten mischte sich anschwellendes Grollen.

Adam spürte, wie unter seinem Rücken ein Zittern durch die Marmorplatten ging. Als stampfte eine Herde Elefanten durch den Saal, rüttelte der Boden. Es knisterte im Gebälk.

»Hoher Gerichtshof«, hub der Gerichtspräsident noch einmal an und versuchte sich im aufkommenden Tumult Gehör zu verschaffen, »das Gericht ist zu folgenden Vollstreckungsterminen ...« Weiter kam er nicht.

Staub rieselte aus den Ritzen der Decke. Die hohen Saalsäulen knirschten, schwankten, der rote Firnis platzte ab. Das Reispapier in den Holzrahmen der Fenster knisterte wie frisches Feuer, Rollbilder schlugen gegen die Wände und Schmuckvasen begannen zu tanzen, bevor ihr Blumendekor in tausend Stücke zerbrach.

Unter Adams Körper hob und senkte sich der Boden.

Das ganze Gebäude geriet in Bewegung. Aus allen Ecken, von oben, von unten, ächzte und knackte es. Die schrille Stimme eines Flüchtenden schrie: »Der weiße Tiger und der grüne Drache bekämpfen sich, wir sind verloren.«

Das Grollen ebbte ab. Totenstille kehrte ein. Niemand wagte zu sprechen, und selbst die Gebete der Dominikaner, Franziskaner und Jesuiten verstummten.

Doch dann brach das Inferno aus, wie das Trampeln Tausender und Abertausender Steppenpferde. Dröhnend fuhr ein Beben durch die Mauern. Der Boden bäumte sich auf, Balken splitterten, Steinplatten knirschten, Glasurziegel prasselten von den Dächern. Es war, als würde sich das Erdinnere nach außen stülpen. Die Hohe Gerichtsbarkeit stürzte ins Freie, gefolgt von ihren Lakaien und den aneinandergeketteten Verurteilten.

Den Gelähmten hatte man vergessen.

Um ihn barst Holz, rissen Wände auf und stürzte die Erde ein. Ein Deckenbalken brach krachend aus der Halterung und schlug splitternd neben seinem Kopf in den Marmorboden.

»Vater im Himmel, Mutter Maria hilf!« Lautlos sang er das Lied seiner Kindheit:

Maria, breit den Mantel aus, mach Schirm und Schild für mich daraus, laß uns darunter sicher stehn, bis alle Stürm vorübergehn. Patronin voller Güte, uns alle Zeit behüte. Dein Mantel ist sehr weit und breit, er deckt die ganze Christenheit, er deckt die weite, weite Welt, ist aller Zuflucht und Gezelt. Maria hilf der Christenheit, dein Hilf erzeig uns allezeit, komm uns zu Hilf in allem Streit, verjag die Feinde all von uns weit.

Steine prasselten auf ihn herab, beizender Rauch stob aus den Richterstühlen, die in Feuer aufgingen. Bald zog nur noch die Hitze der Flammen durch die Luft, über den Trümmern lag regloses Schweigen. Langsam legten sich die Staubschwaden auf die Verwüstung. Die ersten Helfer trauten sich zaghaft zum Löschen in den Saal. Unter Wassergüssen fanden sie die verkohlte Leiche eines Mandarins des Hohen Gerichtes.

Ein Teil der paarweise zusammengeketteten Gefangenen hatte versucht zu fliehen, wurde aber schnell wieder eingefangen. Nur Ferdinand und P'an kehrten freiwillig zurück. Von ihren in Ketten gebundenen Händen wurde Adam ins Freie geschleppt. Sie hockten sich vor ein umgestürztes bronzenes Drachentier und setzten Adam zwischen sich. Unter einem fahlen Himmel warteten sie zu Tode erstarrt auf die Trommelschläge der Henker.

In Adams faltiges, staubbedecktes Gesicht zeichneten sich Spuren von Tränen. »Hört, die Sterne singen«, flüsterte er und lehnte sich lächelnd zurück.

Der Himmel hatte gesprochen.

Über Peking setzte heftiger Regen ein und wusch die Staubwolken aus dem Wind.

Als nach dem Erdbeben auch noch eine Feuersbrunst im Palast ausbrach, begnadigte der junge neue Kaiser auf Fürsprache der Kaiserinmutter die Ausländer und schenkte T'ang Jo-wang das Leben.

Adam Schall von Bell SJ starb im vierundsiebzigsten Jahr seines Lebens, im achtunddreißigsten seiner Profeß und im neunundvierzigsten seines Priestertums eines natürlichen Todes – an Mariä Himmelfahrt. Es war der 15. August Anno Domini 1666.

Drei Jahre später übergab der fünfzehnjährige K'ang-hsi-Kaiser dem neuen Direktor des Astronomischen Amtes, dem Jesuiten Ferdinand Verbiest, die in Drap d'Or eingeschlagene Schrift:

O, T'ang Jo-wang, du kamst hierher über die Grenzen des Westens. Da du in der Astronomie erfahren warst, wurde dir die Verwaltung der astronomischen Angelegenheiten des Reiches der Mitte anvertraut. Du hinterläßt unsterblichen Ruhm und einen, in höchster Ehrfurcht geweihten Namen. Wir erlauben uns, dir den unrechtmäßig abgesprochenen Ehrentitel »Lehrmeister der Geheimnisse des Universums« zurückzugeben.

Glossar

Albus: Weißpfennig (siehe auch Mark, Gulden, Thaler)

Alumne: Schüler einer geistlichen Lehranstalt

Azimut (arabisch): Der Azimut eines Gestirns ist die rechtsweisende Peilung vom Beobachter zum Gestirn (der Winkel zwischen der Vertikalebene eines Gestirns und der Südhälfte der Meridian-Ebene).

Birett: viereckige Kopfbedeckung der katholischen Geistlichen

Ch'ang-p'ao: knöchellange Stehkragenrobe, seitlich unter der Achsel geknöpft

Ch'i: Lebensenergie

Fen: 1 fen = 1 Minute

Feng-shui: (Wind und Wasser) chinesische Lehre der Geomantik. Der grüne Drache des Ostens, der zinnoberrote Vogel des Südens, der weiße Tiger des Westens und die schwarze Kröte des Nordens sorgen für die Harmonie der vier Himmelsrichtungen.

Fuß: 1 Fuß = 31,5 Zentimeter

Gulden: 1 Gulden = 24 Albus

Kamisol: kurzes Wams

Kang: nordchinesisches Ofenbett

Keutebier: obergäriges Bier im Rheinland

Klafter: 1 Klafter = 1,90 Meter

Knoten: 1 Knoten = 1,85 km/h

Li: 1 li = 444 Meter

Mark (Rechnungseinheit): 1 Mark = 6 Albus = 72 Heller

Meile: 1 Meile = 7,75 Kilometer

Mondtor: In seinem vollkommenen Rund verkörpert es das weibliche Element *yin* und die Tugend.

Professe: In der Gesellschaft Jesu wird zwischen Professe (*professio* = Versprechen) und Koadjutor (*adiuvare* = helfen) unterschieden. Die Professen bilden das Rückgrat des Ordens. Sie haben außer den drei Gelübden (Armut, Ehelosigkeit, Gehorsam) das Gehorsamsgelübte gegenüber dem Papst abgelegt.

Quart: 1 Quart = 1,3 Liter

Regierungsdevisen:
»Himmelsanfang«; T'ien Ch'i-Kaiser; Yu Hsiao (1621–28)
»Gutes Großes Omen«; Ch'ung Cheng-Kaiser; Yu Chien (1628–44)
»Harmonisches Regieren«; Shun-chih-Kaiser; Fulin (1644–62)
»Gedeihlicher Weltfrieden«; K'ang-hsi-Kaiser; Hsüan-yeh (1662–1723)

Scudo: 1 Scudo = 7 alte Lire = 140 Soldi

Singan-fu: die alte Kaiserstadt Chang'an, heute X'ian

Stapelrecht: Auf alle Waren, die aus dem Norden kamen, hatte die Stadt Köln den ersten Kaufanspruch. Alle Güter, die die Stadt nicht wollte, kamen in die Stapelhalle, wo sie zum Weiterverkauf rheinaufwärts neu verpackt wurden.

Tael: 1 Tael = 36 Gramm (1 Silbertael = 2 Thaler)

Tao: gilt im Taoismus als der Weg des Universums, das Absolute, der Urgrund aller Dinge

Tchin: 1 tchin = 1 Pfund

Thaler: 1 Thaler = 74 Albus = 110 Fettmännchen = 890 Heller

Yin & yang: die kosmischen Energien des Weiblichen und Männlichen

Zingulum: Gürtel oder Schnur zum Halt des Habits um die Taille

Danke

Bei diesem Buch handelt es sich um die Verknüpfung histori-
scher Tatsachen und zeitloser Fiktionen. Die in ihm ausgedrück-
ten Ansichten sind die unseren. Ebenso alle sachlichen Fehler,
die sich im Text finden können.

Von größtem Wert waren für uns Alfons Väths SJ Biographie
›Johann Adam Schall von Bell SJ‹ (Nettetal: Steyler Verlag
1991) sowie Matthias Klaues wissenschaftliche Abhandlung
›Wider das BUDEYI‹ (in: ›Monumenta Serica. Journal of Orien-
tal Studies‹ 45 (Vol. XLV); Sankt Augustin 1997, S. 101–259).

Folgenden Archiven und Institutionen verdanken wir wertvolle
Hinweise und Hintergrundinformationen:

Historisches Archiv Stadt Köln
Norddeutsche Provinz S.J., Köln
Paulus-Haus S.J., Bonn
Institutum Historicum S.I., Rom
Biblioteca Apostolica Vaticana, Rom
Pontificia Universita Gregoriana, Rom
Bibliotheca Hertziana, Rom
Protéria, Lissabon
Jesuítas em Macau, Macao
The First Historical Archives of China Palace Museum, Peking

Unser ganz besonderer Dank gilt:

Dai Shifeng, Ch'ing-Geschichte
Frau Dr. Shu-Jyuan Deiwiks, Chinesisch & Mandschu
Oliver Großmann, Latein & Italienisch

Frau Yang Li, Ming-Geschichte

Die Wiedergabe der chinesischen Wörter, Namen und Begriffe erfolgt in der historischen, international bekannten Umschrift von Wade/Giles.

Uli Franz
Atandra Köster